KARL STROBEL

DAS IMPERIUM ROMANUM
IM ‚3. JAHRHUNDERT'

HISTORIA

ZEITSCHRIFT FÜR ALTE GESCHICHTE · REVUE D'HISTOIRE
ANCIENNE · JOURNAL OF ANCIENT HISTORY · RIVISTA
DI STORIA ANTICA

EINZELSCHRIFTEN

HERAUSGEGEBEN VON
HEINZ HEINEN/TRIER · FRANÇOIS PASCHOUD/GENEVE
KURT RAAFLAUB/WASHINGTON D.C. · HILDEGARD TEMPORINI/TÜBINGEN
GEROLD WALSER/BASEL

HEFT 75

FRANZ STEINER VERLAG STUTTGART
1993

KARL STROBEL

DAS IMPERIUM ROMANUM IM ‚3. JAHRHUNDERT'

MODELL EINER HISTORISCHEN KRISE?

ZUR FRAGE MENTALER STRUKTUREN
BREITERER BEVÖLKERUNGSSCHICHTEN
IN DER ZEIT VON MARC AUREL
BIS ZUM AUSGANG DES 3. JH. N. CHR.

FRANZ STEINER VERLAG STUTTGART
1993

Die Deutsche Bibliothek - CIP-Einheitsaufnahme
Strobel, Karl:
Das Imperium Romanum im "3. Jahrhundert" : Modell einer
historischen Krise? Zur Frage mentaler Strukturen breiterer
Bevölkerungsschichten in der Zeit von Marc Aurel bis zum
Ausgang des 3. Jh. n. Chr. / Karl Strobel. - Stuttgart : Steiner,
1993
    (Historia : Einzelschriften ; H. 75)
    Zugl.: Heidelberg, Univ., Habil.-Schr., 1988/89 u.d.T.: Strobel, Karl:
    Mundus ecce mutat et labitur?
    ISBN 3-515-05662-9
NE: Historia / Einzelschriften

Jede Verwertung des Werkes außerhalb der Grenzen des Urheberrechtsgesetzes ist unzulässig und strafbar. Dies gilt insbesondere für Übersetzung, Nachdruck, Mikroverfilmung oder vergleichbare Verfahren sowie für die Speicherung in Datenverarbeitungsanlagen. Gedruckt mit Unterstützung der Deutschen Forschungsgemeinschaft. © 1993 by Franz Steiner Verlag Wiesbaden GmbH, Sitz Stuttgart. Druck: Druckerei Peter Proff, Starnberg.
Printed in Germany

Inhaltsverzeichnis

Vorwort 9

I. Einführung 11
    Mundus ecce mutat et labitur? 11
    Aspekte und Perspektiven der Fragestellung 21
    Zu den theoretischen Grundlagen einer Geschichte mentaler
    Strukturen 26
    Thematische Schwerpunkte 32
    Die Geschichtserwartung der späten tannaitischen und der frühen
    amoräischen Rabbinen: Krisenreflexionen in der Sicht des Imperium
    Romanum? 36
    Appendix: Der Stilwandel in spätantoninischer Zeit und im 3. Jh.
    n. Chr., Ausdruck der Krise des Reiches? 39

II. Visionen und Spuren des Zeiterlebens im Schrifttum des späteren
    2. und frühen 3. Jh. n. Chr. 49
    1. Die Welt des achten Buches der Oracula Sibyllina 49
    2. Zur Verbreitung und Alltagsbedeutung von Vaticinationes und
       Orakelschrifttum im 2.–3. Jh. n. Chr. 59
    3. Mentalgeschichtliche Aspekte der christlichen Eschatologie ... 74
    4. Tertullian und die Haltung der karthagischen Gemeinde ... 88
       Das Katechon für das Kommen des Antichristen bei Tertullian ... 89
       Tertullian: Zeitoptimismus und Loyalität 95
       Der Montanist Tertullian, ein Zeuge für die Endzeitstimmung
       montanistischer Kreise? 100
    5. Die Vorgaben des Irenaeus von Lyon 106
    6. Montanismus und adventistische Bewegungen im Osten ... 110
    7. Die Chronographie des Judas von 202 n. Chr. 113
       Frühe christliche Chronographen 116
    8. Die Sicht des römischen Reiches bei Hippolyt von Rom ... 118
    9. Abschließende Bemerkungen 128

III. Zeitgenössische Geschichtsbilder in breiten Bevölkerungsgruppen
    nach dem Ausgang der severischen Dynastie 139
    1. Geschichtsbild und zeitgeschichtliche Aspekte im 12. Buch der
       Oracula Sibyllina 139
    2. Die Frage eines drohenden Weltendes im Schrifttum Cyprians ... 146
       Eine persönliche Überzeugung des drohenden Weltendes bei
       Cyprian? 151
       „De mortalitate": der Katechismus des christlichen Sterbens ... 167
       Die Problematik der Schrift „Ad Demetrianum" 171

IV. Die politischen und militärischen Krisen des Reiches zwischen 260 und 274 n. Chr.: Zur Frage ihres zeitgenössischen Widerhalles in den Quellen 185
  1. Dionysius von Alexandrien 185
    Die Chronologie der Briefe und Osterfestbriefe des Dionysius 188
    Die Chronologie der Ereignisse in Alexandria 248–249 n. Chr. 190
    Der Brief an Hierax 194
    Der Osterfestbrief an die Brüder in Alexandria 199
    Der Brief an Hermammon und die Brüder in Ägypten 200
    Die Frage des zeitgenössischen ägyptischen Chiliasmus 207
  2. Geschichtsbilder aus der 2. Hälfte der 60er Jahre des 3. Jh. n. Chr.: Das 13. Buch der Oracula Sibyllina 211
  3. Das Imperium Palmyrenum: Das Erleben eines Kontinuitätsbruches durch die Bevölkerung Ägyptens 256
    Die Ereignisse in Ägypten nach dem Tode des Claudius II. (Gothicus) 260
    Die mentalgeschichtliche Wirksamkeit 266
    Der Zusammenbruch des fiduziären Währungssystems in Ägypten 270
  4. Die koptische Elijah-Apokalypse 279
  5. Das Imperium Romanum im Übergang 285

V. Das ‚3. Jahrhundert': Zur Problematik des Krisenmodells 299
  1. Die Muster des zeitgenössischen Denkens 299
  2. Historisches Verstehen in der Sicht der Strategien von Gegenwartswahrnehmung und Problembewältigung 324
  3. Der Übergang des Imperium Romanum in die Spätantike: Gedanken zu einer Epochenkategorisierung 340

Anhang I: Die Vorgaben der sibyllistischen Tradition und Topik 349
Anhang II: Die christlichen Bücher I/II, VI und VII der Oracula Sibyllina .. 356
Anhang III: Die apokryphe Epistula Apostolorum 360
Anhang IV: Commodian – ein Zeuge für ein Krisenbewußtsein im mittleren oder späteren 3. Jh. n. Chr.? 364

Abkürzungsverzeichnis 371

Indizes 375

Dem Andenken meines Vaters

KARL STROBEL

(1905–1973)

Vorwort

Die vorliegende Studie ist eine gekürzte und überarbeitete Fassung meiner Habilitationsschrift „Mundus ecce mutat et labitur? Beiträge zu einer Geschichte der mentalen Strukturen breiterer Bevölkerungsschichten im Imperium Romanum von der Zeit Marc Aurels bis zum Ausgang des 3. Jh. n. Chr.", die im Wintersemester 1988/89 von der Fakultät für Orientalistik und Altertumswissenschaft der Ruprecht-Karls-Universität Heidelberg angenommen wurde. Mehrere Abschnitte der ursprünglichen Untersuchung erscheinen als selbständige Beiträge in leicht erweiterten Fassungen: „Inflation und monetäre Wirtschaftsstrukturen im 3. Jh. n. Chr." (MBAH 8, 2, 1989, 10–31); „Aspekte des politischen und sozialen Scheinbildes der rabbinischen Tradition: Das spätere 2. und das 3. Jh. n. Chr. Mit einem Anhang zur Münzprägung von Diocaesarea-Sepphoris in severischer Zeit" (Klio 72, 1990, 478–487, 640–641); „Landwirtschaft und agrarische Gesellschaft Palästinas im 3. Jh. n. Chr. – Bemerkungen zu Daniel Sperbers Bild einer agrarischen und allgemeinen Krise in Palästina"(MBAH 1991/2); „Soziale Wirklichkeit und irrationales Weltverstehen in der Kaiserzeit: I. Sortes Astrampsychi und Sortes Sangallenses" (Beiträge zur Wirtschafts- und Sozialgeschichte der Antiken Welt 2, 1991). Angesichts der notwendigen Beschränkung des Umfangs für die Drucklegung wurde der gesamte Abschnitt der Habilitationsschrift über „Zeiterleben und Sicht des Imperium Romanum in den Generationen der späten tannaitischen und der frühen amoräischen Rabbinen" bis auf ein Resümee der Ergebnisse in der Einführung ausgegliedert. Dies erscheint auf Grund der Eigenständigkeit des Quellenmaterials, seiner methodischen Probleme und der speziellen Fragen seiner historischen Wertung gerechtfertigt. Die Untersuchung zum rabbinischen Geschichtsbild vom späteren 2. bis zum frühen 4. Jh. n. Chr. soll zum einen im Rahmen einer breiteren Auseinandersetzung mit dem Werk von M. Hadas-Lebel, Jérusalem contre Rome (Paris 1990) und zum anderen in einer Untersuchung zur Spiegelung von Mechanismen römischer Herrschaft in den talmudischen Quellen folgen. Methoden- und Quellenfragen zur rabbinischen Literatur sind in dem Straßburger Kolloquiumsbeitrag „Jüdisches Patriarchat, Rabbinentum und die Priesterdynastie von Emesa: Historische Phänomene innerhalb des Imperium Romanum der Kaiserzeit" zusammengefaßt.

Die Beschäftigung mit der Mentalitätsgeschichte des 3. Jh. n. Chr. geht nicht zuletzt auf Anregungen zurück, die dieses Thema durch die Arbeiten von G. Alföldy und R. MacMullen erfahren hat. Die Themenstellung der vorliegenden Studie wurde von Prof. Dr. Dr. h.c. mult. G. Alföldy angeregt und in gemeinsamen Gesprächen in konkrete Bahnen gelenkt. Die Durchführung der Untersuchung wurde von der Deutschen Forschungsgemeinschaft durch die Gewährung eines Habilitationsstipendiums ermöglicht und von Professor Alföldy fördernd betreut. Dem Seminar für Alte Geschichte der Universität Heidelberg und seinen Direktoren Prof. Dr. G. Alföldy und Prof. Dr. F. Gschnitzer habe ich für die großzügigen Arbeitsmöglichkeiten zu danken, die den raschen Fortgang der Arbeit an der Habilitationsschrift erst ermöglicht haben. Ebenso gilt mein Dank den für das Habilitationsverfahren bestellten Gutachtern, den Herren Professoren G. Alföldy, K. Beyer, H. A. Gärtner, F. Gschnitzer und D. Hagedorn für ihre Hinweise.

Das Manuskript wurde im WS 1989/90 für den Druck überarbeitet. Da sich eine gewisse Verzögerung bis zum Beginn der Drucklegung ergab, die außerhalb der Einflußmöglichkeiten des Autors lag, wozu 1991 noch eine Lehrstuhlvertretung kam, war es möglich, bis Herbst 1991 wichtige neue Literatur in einer Auswahl zu berücksichtigen. Die Drucklegung wurde auf Empfehlung der Fakultät für Orientalistik und Altertumswissenschaft der Universität Heidelberg von der Deutschen Forschungsgemeinschaft großzügig unterstützt; hierfür möchte ich meinen besonderen Dank aussprechen. Danken möchte ich weiterhin den Herausgebern der Reihe „Historia-Einzelschriften", insbesondere Herrn Prof. Dr. H. Heinen, für die Aufnahme der Studie als Band 75 der Reihe. Herrn Heinen schulde ich auch für seine hilfreichen Hinweise Dank. Zu danken habe ich dem Franz Steiner-Verlag für die zuverlässige Zusammenarbeit auch in schwieriger Situation und für die rasche und sorgfältige Betreuung der Drucklegung. Das Stellenregister erstellte Frl. R. Cengia, Heidelberg.

Heidelberg, im Frühjahr 1992

I. Einführung

Mundus ecce mutat et labitur?

Die vorliegende Studie möchte den Ausschnitt der Mentalitätsgeschichte breiterer Bevölkerungsschichten im Imperium Romanum des späteren 2. und des 3. Jh. n. Chr. aufgreifen, der mit der Formel *mundus ecce mutat*[1] *et labitur?*, einer leichten und dennoch sehr bewußten Abwandlung des bekannten Zitates *mundus ecce nutat et labitur* aus Cyprians Schrift „De mortalitate"[2], umschrieben werden kann. Die verfolgte Fragestellung hat die entsprechenden mentalen Strukturen in der Zeit zwischen Marc Aurel und dem ausgehenden 3. Jh. n. Chr., ihre Untersuchung nach möglichen charakteristischen Elementen und die Problematik der hierfür aus der modernen Sichtweise der Epoche entwickelten Deutungen zum Gegenstand. Eine zentrale Bedeutung erlangen dabei die in der Forschung akzentuierten und auf dem von ihr entworfenen Krisenmodell aufbauenden Vorstellung einer zeitgenössischen Wahrnehmung von Wandel und Krise, eines Krisenbewußtseins und einer Krisenmentalität im 3. Jahrhundert, wobei diese Begriffe deutlich mit ihren modernen Bedeutungsinhalten, teilweise aber auch in einem wenig spezifischen Gebrauch verwendet werden[3]. So wird die Formel „Krise" schließlich zur inhaltlich nicht mehr präzisierten Bezeichnung von Übergangsperioden[4] oder aber sie findet sich nicht selten als inhaltlich unreflektierter Epochenbegriff von variabler Abgrenzung, der bisweilen zum Äquivalent für Geschichte selbst wird[5].

Einen wesentlichen Einfluß auf die Sicht einer ‚Krise des 3. Jahrhunderts' hatte ohne Zweifel J. Burckhardts höchst suggestive Zeichnung der „Lebenskrise der alten Welt" in der „Abenddämmerung des Heidentums"[6]. Verfestigt wurde diese historische Kategorisierung über M. Rostovtzeffs Darstellung mit einer sozialrevolu-

---

1 Vgl. TLL VIII 2, 1966, p. 1728f., bes. I B.
2 Cypr., Mort. 25, 426 (CCL III A, p. 30).
3 Vgl. zur Problematik dieser neuzeitlichen Begrifflichkeit und ihrer Implikationen u. S. 324ff., 340ff.; mit einer ähnlichen Problemstellung etwa Chr. Meier, Res publica amissa, Frankfurt ²1980, XXIIf.
4 In die Richtung der Bezeichnung einer Übergangsepoche weist G. Walser, Schweizer Beitr. z. allgem. Geschichte 18–19, 1960–1961, 142 „. . . als die große Krisenzeit zwischen dem Kaiserfrieden und der Spätantike. In allen Bezirken des geschichtlichen Lebens scheinen wesentliche Wandlungen vor sich zu gehen . . . Am Schlusse des 3. Jahrhunderts steht die römische Welt in veränderter Gestalt da".
5 So bei R. Rémondon, La crise de l'Empire romain de Marc Aurèle à Anastase, Paris ²1980; die „crise du IIIe siècle" erscheint dagegen für die Jahre 235–284 im Übergangsprozeß des Reiches: „alors apparaissent les formes multiples d'une crise . . . "; in der französischen Forschung begegnet man der Formel „la grande crise du IIIe siècle" zunehmend als pauschalem Epochenbegriff und bisweilen als Schlagwort von fast unbegrenztem Erklärungswert. K. Christ, Geschichte der römischen Kaiserzeit, München 1988, 600ff. läßt die „Reichskrise des 3. Jahrhunderts n. Chr." die Zeit von 193 bis 305 n. Chr., von den Severern bis zum Ende der 1. Tetrarchie, umfassen.
6 J. Burckhardt, Die Zeit Constantins des Großen, München 1982 (= Gesammelte Werke I, Basel – Stuttgart 1978), 1ff., 194ff., bes. 1f., 194, 198f.; vgl. K. Christ ebd. 365, auch 368.

tionären Deutung[7] hinaus nicht zuletzt durch A. Alföldi[8], der sie zum Begriff der „Weltkrise" des 3. Jh. n. Chr. steigerte[9]. Die früh erfolgte Erstarrung zum Epochenbegriff dokumentiert sich etwa in dem Forschungsbericht von G. Walser und Th. Pekáry von 1962[10]. G. Alföldy, dessen Beiträge die Problemstellung für die Krise des 3. Jh. auf die Frage nach Krisenbewußtsein und -reflexion hin akzentuiert haben[11], charakterisiert die Periode dieses ‚3. Jahrhunderts'[12] in folgender Weise: „Die bedeutendsten konstituierenden Elemente dieser Krise [des 3. Jh. n. Chr.] waren ... nicht nur die Labilität und der ‚beschleunigte Wandel' (J. Burckhardt) des Römischen Reiches, sondern auch die Erkenntnis oder zumindest das Gefühl der Labilität und des Wandels"[13]. Sein Verständnis der Epoche seit der späteren Antoninenzeit verdichtet sich in der Aussage: „Das Gefühl der Bedrohung breitete sich jedoch keineswegs erst in der Mitte des 3. Jahrhunderts aus: Schon die Umwälzungen seit dem Ende des 2. Jahrhunderts wie der Sturz der antoninischen Dynastie und die Bürgerkriege seit 193 riefen das Gefühl eines krisenhaften Wandels in der Geschichte der römischen Welt hervor, das sich wie ein roter Faden durch die gesamte Geschichte des 3. Jahrhunderts hinzog – freilich mit einer wahren Katastrophenstimmung um die Mitte des Jahrhunderts aufgrund solcher Ereignisse wie des Todes der Decier auf dem Schlachtfeld oder der Gefangennahme Valerians durch die Perser"[14].

Die vorliegende Studie verfolgt in der notwendigen Straffung ihrer Zielsetzung besonders die Frage, ob die traditionell für eine solche Sicht der Mentalitätsgeschichte des späteren 2. und des 3. Jh. n. Chr. herangezogenen Quellen die Annahme einer konkreten Reflexion der Krise, die sich auf Grund des Zeiterlebens um die Mitte des 3. Jh. zur allgemeinen Erwartung des drohenden universellen Zusammenbruchs, ja des Endes der Welt gesteigert habe, zu tragen vermögen und die notwendige Eindeutigkeit in ihrer Interpretation aufweisen. Denn es muß als methodischer Grundsatz gelten, daß die Beweislast für eine spezifische Interpretation wie im Sinne eines konkreten Krisenbewußtseins eben von jener Deutung der Quellen zu erbringen ist. So bildet die Frage nach den im Quellentext und im zeitgenössischen Vorstellungs- und Traditionshorizont möglichen Deutungsalternativen einen zen-

---

7   In einer engen Analogie zur russischen Revolution; vgl. M. Rostovtzeff, Musée Belge 27, 1923, 233–242; ders., The Social and Economic History of the Roman Empire I, Oxford ²1957, 433ff, bes. 492ff.
8   So etwa ders., AntClass 7, 1938, 5–18; CAH XII, 1939, 165–231. F. Altheim, Niedergang der Alten Welt. Eine Untersuchung der Ursachen II, Frankfurt 1952, 2–43, bes. 3f., 26f., 34ff. gibt dem deutlich in der durch A. Alföldi repräsentierten Tradition stehenden Begriff der Krise bzw. Reichskrise keinen exakteren begrifflichen Inhalt.
9   Studien zur Geschichte der Weltkrise des 3. Jahrhunderts n. Chr., Darmstadt 1967.
10 Walser-Pekáry, passim. Einen knappen Abriß für die Entwicklung der Sicht des 3. Jh. gibt G. Walser, Bucknell Review 13, 1965, 1–3 („The third century is ... regarded as, so to speak, a dark age of crisis..."), der hier nun die Notwendigkeit der regionalen und zeitlichen Differenzierung betont (ebd. 1–10, bes. 3).
11 Jetzt in Alföldy, Krise, bes. 295ff., 319ff. Im Grundsatz folgend Chastagnol 82–84 (Die Einbeziehung der Rückblicke bei Eutr. 9, 9, 1, der HA und des Zosimos ist charakteristisch).
12 Nicht im strengen chronologischen Sinne; vgl. etwa Alföldy, Krise 319ff.
13 Alföldy, Krise 346.
14 Ebd. 384f.

tralen Bestandteil der Forschungsdiskussion. Es wird die Frage nach der Existenz einer konkret abzuleitenden zeitgenössischen Untergangserwartung zu stellen sein, ebenso jene grundsätzliche, ob mit den Begriffen „Krise", „Krisenwahrnehmung" oder „Krisenmentalität", die dem neuzeitlichen Denken mit seiner spezifischen Begrifflichkeit entstammen, die historischen Phänomene und das Erfahren der Geschichte durch die Zeitgenossen adäquat zu erfassen sind. Dabei darf das Problem des modernen Epochenverständnisses für die Zeit nicht aus den Augen verloren werden, da letzteres den Zugang zu den Quellen und deren Interpretationsspanne entscheidend bestimmt.

Die Quellen sind hinsichtlich der Spuren von Wahrnehmung und Verarbeitung des Zeiterlebens, der Ausformungen von zeitgenössischen Geschichtsbildern und der zeitspezifischen Interpretations- bzw. Erwartungshorizonte breiterer Bevölkerungsschichten zu untersuchen. Ein solches Vorhaben muß natürlich im Rahmen seiner Fragestellung eine bewußte Ökonomie der betrachteten Gegenstände verfolgen, wobei die grundsätzliche Problematik der ungleichen zeitlichen, räumlichen und vor allem gruppenspezifischen Verteilung der erhaltenen Quellen zu beachten bleibt. So tritt die Frage nach Aussagegehalt und -fähigkeit derjenigen Zeugnisse in den Vordergrund, aus denen die Belege für die Annahme von Krisenreflexion, Krisenbewußtsein oder Untergangserwartung abgeleitet werden. Damit soll ein Beitrag zu den Grundlagen einer Geschichte der mentalen Strukturen breiterer Bevölkerungsschichten im Imperium Romanum des späteren 2. und des 3. Jh. n. Chr. geleistet werden.

Eine weitgehende Kritik an der bisherigen Betrachtungsweise der Forschung für die angenommenen Phänomene von Wahrnehmung oder Bewußtsein der Krise hat R. MacMullen geäußert[15]; aber auch er läßt sich in seiner Sicht der Strukturen staatlichen Denkens und Handelns teilweise stark von modernen rationalistischen Urteilen leiten[16]. Aber man wird nicht umhinkommen, in den mentalgeschichtlichen Fragen von der Skepsis MacMullens, von der Auseinandersetzung mit seinen Einwänden und von seinen Bedenken auszugehen[17]. Weiter betont MacMullen zu Recht die zwingende Notwendigkeit, das Imperium Romanum und seine Entwicklung nicht monolithisch zu sehen[18], sondern in seiner regionalen und zeitlichen Differenzierung zu erfassen[19]. Zudem müssen wir uns stärker von einer traditionel-

---

15 MacMullen, Response 1–23, bes. 3f., 5f., 8, 14ff.; nochmals betont in ders., Corruption and the Decline of Rome, New Haven – London 1988, 1, 16f.
16 Vgl. ders., Response passim.
17 Eine Gegenposition bei Alföldy, Krise 343–348, bes. 345ff.
18 Chastagnol 11f. stellt die Differenziertheit hinter das Ziel einer „vue globale" zurück; es fragt sich jedoch, ob nicht die wachsende Differenzierung das Charakteristikum des 3. Jh., gerade nach 235 n. Chr., bildet und nur so der historische Zugang eröffnet wird. Charakteristisch für die Übernahme des traditionellen Bildes der Krise für das Reich als ein undifferenziertes Ganzes etwa I. Touratsoglou, Die Münzstätte von Thessaloniki in der römischen Kaiserzeit, Berlin – New York 1988, 15ff. („Die Verelendung und Dezimierung der Bevölkerung, die Zerstörung der Städte und die Verwüstung des Ackerlandes beschleunigten die Auflösung des Staates und den wirtschaftlichen Zusammenbruch... Nach 250... wird die Lage jedoch so gut wie auswegslos...").
19 MacMullen a.a.O. 1988, X, 11f., 19f., 21, 26f., 36. So zeigt etwa Kreta nach den jüngeren For-

len Fixierung auf die Grenzen des Reiches an Rhein und Donau lösen, zumal auch hinter diesen Grenzen mehr zeitliche und geographische Unterschiede in der Entwicklung vorhanden waren als gängige Darstellungen des 3. Jh. erkennen lassen. Auch bleibt das Problem einer Spirale von wechselseitigen Zirkelschlüssen zwischen antiker respektive moderner Historiographie und der Deutung sowie Datierung archäologischer Befunde, was unser Bild der Provinzgeschichte nicht selten prägt und etwa das Bild des ‚Limesfalls' durch den Germanensturm von 259/60 n. Chr. geformt hat[20].

Durch die entsprechende Differenzierung und die Aufgabe teilweise dogmatischer Niedergangsvorstellungen zugunsten einer eigengewichtigen Würdigung von positiver Evidenz kann MacMullen in zahlreichen Aspekten des 3. und 4. Jh. ein wichtiges Gegenbild aufbauen[21]. Ein weiterer, nach meinem Urteil methodisch notwendiger Schritt ist der Verzicht auf die übliche kumulierende Sichtung der Quellen mit entsprechender summierender Vorstellung von Belegen über weltanschauliche und gruppenbezogene Grenzen hinweg. Die verschiedenen, scheinbar oder tatsächlich in ihrer Aussage relevanten Quellenstellen müssen in ihrem jeweiligen theologischen, ideologischen, zweckbezogenen oder werkspezifischen Kontext sowie in ihrer Traditionsgebundenheit analysiert werden[22]. Das Zeiterleben ist dabei in seiner Grundebene von subjektivem Erfahren und Verarbeiten nicht nur nach den konstituierenden sozialen und weltanschaulichen Gruppen, sondern auch individuell und nach dem Grad der zugrundeliegenden direkten Betroffenheit zu differenzieren[23]. Methodisch notwendig ist weiter die Frage nach der geographischen und chronologischen Differenzierung, da es schon auf Grund der zeitgenössischen Verkehrs- und Informationsbedingungen in dem vom Imperium Romanum umspannten Großraum kein zeitlich oder qualitativ vereinheitlichtes Erleben der historischen Umwelt geben konnte[24]. Hierfür fehlte auch als eine Grundvoraussetzung

schungen eine positive Entwicklung in Städten und gesellschaftlichem Leben nach der Mitte des 3. Jh. n. Chr. (Für den Hinweis danke ich Herrn A. Chaniotis, Heidelberg). J. Lallemand, NAC 19, 1990, 241–250 hat, um noch dieses Beispiel notwendiger Differenzierung zu erwähnen, auf den überaus reichen, mit der Antoninenzeit zu vergleichenden Münzumlauf während der Regierungszeit des Postumus und des Gallienus (dessen Münzen mit Verzögerung kursierten, d. h. insgesamt ca. 260–275 n. Chr.) in den belgischen Vici hingewiesen.

20 Siehe u. S. 292f.
21 Vgl. a.a.O. 1988, 1–53, bes. 26ff., 44ff. (Situation der Decurionen). So hat M. Drew-Bear, CÉ 59, 1984, 315–332 einer angenommenen Verarmung der städtischen Eliten und auch der Städte im 3. Jh. n. Chr. für Ägypten widersprochen und die Zunahme des Reichtums in dieser Schicht gerade nach der starken Inflation um 275 n. Chr. betont. Die systematische Zusammenschau der Papyri (im Gegensatz zu der häufig beobachteten Auslese negativer Aussagen innerhalb eines beschränkten zeitlichen Rahmens) zeigt die Kontinuität des Lebens über die ‚Strukturkrise des 3. Jh.' hinweg.
22 Charakteristisch ist das Zitat aus Cypr., Dem. 3 bei H. Berthold, in: Roma renascens. Festschrift I. Opelt, Frankfurt – Bern – New York – Paris 1988, 47, das Kontext und Ziel der Argumentation Cyprians unberücksichtigt läßt; nur so bleibt die Stelle ein offenbar eindeutiger Beleg für die „genaue Beobachtung der Krisensymptome", während der Kontext die Qualität der Aussage in einem anderen Licht erscheinen läßt.
23 Vgl. auch MacMullen, Response 22f.
24 Vgl. die charakteristischen Schlaglichter bei Synes., Epist. 148, 10.

eine in Sinngebung und Daseinsorientierung monopolisierende, das Denken vereinheitlichende Weltsicht, wie sie erst das Christentum als charakteristisches Substrat der abendländischen Kultur etablierte. Die zeitgenössische Erfahrung respektive das Miterleben historischen Geschehens muß in Rom oder Alexandria, ebenso entlang der zentralen Seewege oder auch der großen Straßenrouten eine andere Qualität besessen haben als in den Binnengebieten der Provinzen. Die erfahrbare Welt war für die Bevölkerung unterhalb der sozialen und bildungsmäßigen Führungsschichten wesentlich auf Ort und Region sowie auf das eigene tägliche Leben[25] bezogen. Historische Ereignisse erfuhr man immer als mehr oder weniger lange zurückliegendes Geschehen, wobei das Gefühl der Nähe oder die Gefahr persönlichen Betroffenseins emotional wirksame Momente sein mußten. Es wird davon auszugehen sein, daß selbst massive Einbrüche in den Gebieten an Rhein und Donau, ja selbst eine Beunruhigung der Ägäis in den jeweils betroffenen Zonen ganz andere psychologische Wirkungen hatten als etwa in Nordafrika, Palästina oder im Inneren Anatoliens, Spaniens oder selbst Südwestgalliens und daß militärische Erfolge oder weitgehende Stabilität im näheren Umkreis Mißerfolge in anderen Teilen des Reiches überlagern konnten[26]. Auch die uns erhaltenen Quellen zeigen so für den griechischen Osten des Reiches ganz charakteristische Unterschiede in der Berücksichtigung und Gewichtung von Regionen und Ereignissen. Wir müssen vermeiden, von den Zonen entlang der Nordgrenze des Reiches auszugehen, die natürlich in der Entwicklung der althistorischen Forschung im 19. und 20. Jh. einen sehr unmittelbaren Bezug boten.

Das Augenmerk der Untersuchung gilt einmal der zeitgenössischen Wahrnehmung dessen, was wir als Ereignisgeschichte bezeichnen, seiner Einordnung und seinem Verständnis in entwickelten oder sich entwickelnden Welt- bzw. Geschichtsbildern: Mentalitäten und Wahrnehmung stehen in einem komplexen wechselseitigen Bedingungszusammenhang (s. u.). Daß auch der Rekonstruktion von Ereignisgeschichte und dem ‚Sitz im Leben' der Quellen Platz einzuräumen ist, braucht nicht weiter gerechtfertigt zu werden. Ferner müssen die ideologischen respektive traditionsgegebenen Hintergründe für Formeln und Interpretationsschemata erfaßt werden, um die zugrundeliegenden zeitspezifischen Denkstrukturen zu fassen und die Aussagen nicht verfälschend für die tatsächlich erlebte Geschichte zu interpretieren. Um diese Gefahr zu vermeiden, muß sich die Studie in einer bewußten Distanz zu dem modernen Vorverständnis der Periode als der ‚Krise des 3. Jahrhunderts' bewegen[27].

25 So etwa das Betroffensein durch Steuern und öffentliche Leistungspflicht; vgl. Synes, a.a.O.; u. S. 21ff., 285ff.
26 M. Christol, L'état romain et la crise de l'Empire sous le règne des empereurs Valérien et Gallien (253–268), Thèse de doctorat, Paris 1981 (Maschinenschr.; das Manuskript wurde mir nur unvollständig zugänglich), stellt den Krieg als das konstante Kennzeichen der Regierungszeit der beiden Herrscher heraus (Kap. IV). Natürlich waren ihre Politik und die Anspannung der Ressourcen auf die militärischen Herausforderungen und Zwänge ausgerichtet; der Krieg als solcher blieb jedoch auch in diesen Jahren ein regional und zeitlich begrenztes bzw. differenziertes Erlebnis.
27 Sonst macht das moderne Vorverständnis in letzter Konsequenz die angenommene allgemeine Krise und das für sie entworfene mentale Bild zum Erklärungsmodell für Phänomene wie die

Krise und Krisenterminologie als Leitvorstellung bzw. Modell implizieren zwangsläufig eine bestimmte, verengende Bandbreite für Sicht und Interpretation der Ereignisse und der Quellen, bestimmen aber auch den Verständnisrahmen und die subjektive Erwartungshaltung, von denen die Arbeit jedes Historikers zwangsläufig ausgeht[28]. „Krise" auf der einen Seite und „Wandel" respektive „Übergang" auf der anderen stellen zwei grundsätzlich verschiedene Betrachtungsweisen dar, wobei erstere in einem hohen Maße inhaltliche, wertungsmäßige und verständnisbezogene Vorgaben enthält[29]. Diese Begriffe sind nicht nur Etikettierungen; sie sind unterschiedliche Sichtweisen einer Epoche oder eines historischen Prozesses. Es bestehen dabei grundsätzliche Bedenken, ob Vorgänge von längerfristigem historischem Wandel mit dem Krisenbegriff[30] oder etwa in der späten Republik mit dem Revolutionsbegriff angemessen zu erfassen sind[31]. Eine wesentliche Problematik entsteht durch die Tendenz, eine an sich in ihrer Aussage spezifische Begrifflichkeit nur als unreflektierte Wendungen der Alltagssprache aufzugreifen oder als konventionelle Bezeichnung eines geschichtlichen Zeitraums zu verwenden[32]. Nicht nur die theoriebezogenen Begriffe strukturieren durch ihre Erklärungskonzepte oder Modellvorstellungen das Material und seine Interpretation. Auch die konventionelle Formel oder Epochenbezeichnung und die unreflektierte Übernahme aus dem gängigen Sprachgebrauch, der selbst ein spezifisches Denken und Bewußtseinsmuster impliziert, prägen das Verständnis für die entsprechende Epoche und die Deutung bzw. Gewichtung der Quellen[33]. Historische Kategorien-

---

großen Christenverfolgungen und umgekehrt diese so gedeuteten Phänomene dann wieder zum Beweis für die Richtigkeit des Krisenmodells.
28 Vgl. anschaulich etwa Ph. Ariès, Zeit und Geschichte, Frankfurt 1988, bes. 43ff., 87, 93.
29 Vgl. auch R. Reece, in: A. King – M. Henig (Hg.), The Roman West in the Third Century, BAR Internat. Ser. 109, Oxford 1981, 27–38, bes. 27, der ebenfalls die grundsätzliche Frage nach dem Zutreffen der Krisenmetapher stellt.
30 Vgl. auch Chastagnol 9f. („la «crise» du IIIème siècle" als Epoche des Überganges zum «Bas-Empire»).
31 Vgl. R. Rilinger, AKG 64, 1982, 279–306; auch K. Bringmann, GWU 31, 1980, 354–377, bes. 370f.; zur Problematik etwa von R. Symes Revolutionsbegriff Rilinger a.a.O., bes. 282f. mit Anm. 24; zum Begriffsproblem ferner etwa A. Heuß, HZ 182, 1956, 1–28; 216, 1973, 1–72; U. Hackl, RSA 9, 1979, 95–103; die Beiträge in: La rivoluzione romana. Inchiesta tra gli antichisti, Neapel 1982.
32 Vgl. auch Rillinger a.a.O. 280f.; die Implikationen selbst durch bloße Etiketten und Konventionen sind stärker zu betonen. Den uneigentlichen Sprachgebrauch von Begriffen entsprechend der Umgangssprache charakterisiert Heuß a.a.O. 1973, bes. 1f. als Auflösung der Termini.
33 Die weitergehenden Implikationen für die historische Deutung aus einer axiomatischen Übernahme des Schemas von der allgemeinen Krise und ihrem Bewußtsein zeigen sich etwa bei M. M. Sage, WS 96, 1983, 137f. Die ‚Krise' im Sinne einer in sich umfassenden historischen Erklärung finden wir bei G. Alföldy, Römische Sozialgeschichte, Wiesbaden ³1984, 147: „Da die Krise des 3. Jahrhunderts eine totale war, übte sie auf das Sozialgefüge des Imperium Romanum eine entschieden tiefere Wirkung aus als etwa die Krise der römischen Republik". Die soziale Veränderung ist hier nicht mehr ein Indikator der Krise bzw. ihr spezifischer konstituierender Bestandteil, sondern die Krise wird zur autonom wirkenden, axiomatisch vorausgesetzten Größe. Dabei ist dieser tiefe soziale Wandel eine langfristige Entwicklung seit dem ausgehenden 1. Jh. n. Chr., der seit der 1. Hälfte des 2. Jh. mit einer grundsätzlichen geographisch-politischen und sozialen Wandlung und Verbreitung der höheren Schichten des

bildungen bieten ihren Erkenntniswert unter gleichzeitiger Vorgabe von Interpretations- und Verständnismustern, wie sie natürlich auch bei der bloßen Übernahme der entsprechenden Begrifflichkeit wirksam bleiben. Sie strukturieren, bewußt oder unbewußt, den Erkenntnisvorgang. Historiographische Terminologie ist deshalb einschließlich der in der Forschung verfestigten Epochenbegriffe stets ein erstrangiges historisches Problem; ihm wird das letzte Kapitel ausführlicher gewidmet sein. Es darf nicht außer Acht gelassen werden, daß bei der Abgrenzung der ‚Krisenphase des 3. Jh.' gegenüber dem Zeitraum von Augustus bis zu den Antoninen die Periodisierungsvorstellungen von Edward Gibbon wirksam weiterleben[34], der die Schwelle zum Niedergang auf 180 n. Chr. legte[35]. Gibbons Niedergangsbild und die in der Folgezeit entwickelten Niedergangskonzeptionen sind auch heute präsent. Diese traditionelle Sicht der Forschung faßt A. Chastagnol prononciert zusammen: „... depuis la fin des Antonins pour les uns, depuis la chute des Sévères pour les autres, une période de décadence continue qui se prolongeait au moins jusqu'à la disparition du dernier empereur d'Occident ... Une telle conception pessimiste, devenue traditionelle, voyait dans l'ensemble de l'Antiquité tardive, depuis la fin du IIème siècle ou les débuts du IIIème, une période de crise continue sur tous les plans"[36].

Reiches angelegt ist. Mit der Umorientierung der Rekrutierung des Heeres wurde der soziale Aufstieg, den der Heeresdienst in entscheidender Weise bot, neu formiert. Die Karrieren, die von Severus Alexander bis Gallienus einsetzten, bestimmten die politische Entwicklung in der 2. Hälfte des 3. Jh. Die stehende Formel „während der Krise" (a.a.O. 148ff.) weckt einseitige Assoziationen (siehe auch a.a.O. 152f.).

34 E. Gibbon, The History of the Decline and Fall of the Roman Empire, hg v. J. B. Bury, I, London 1896, Chap. I, bes.p. 1, im Grundsatz nach der Periodisierung bei Cassius Dio und ihm folgend bei Herodian (vgl. u. S. 18. Die Hypothese von L. Polverini, in: Alte Geschichte und Wissenschaftsgeschichte. Festschrift K. Christ, Darmstadt 1988, 357, Herodian habe beabsichtigt, die Geschichte der Krise des Reiches zu schreiben, kann nicht überzeugen). Gibbons Bild zum mittleren 3. Jh. n. Chr. (nach 235: „The whole period was one uninterrupted series of confusion and calamity") führt a.a.O. I 237 (vgl. auch I 283) zur traditionellen Formulierung des ‚Siedepunktes' der Krise (ausgehend von den literarischen Quellen, insbesondere der Historia Augusta, mit der traditionellen Aufwertung der Kaiser nach Gallienus) für die Zeit nach den Säkularspielen von 248 n. Chr.: „twenty years of misfortune and shame", eine „calamitous period", in der jeder Teil des Reiches zutiefst erschüttert worden sei.
35 Zur Urteilsbildung und zur Wirkungsgeschichte vgl. G. W. Bowersock – J. Clive – St. R. Graubard, Edward Gibbon and the Decline and Fall of the Roman Empire, Cambridge Mass. – London 1977, bes. Bowersock ebd. 27–35; P. Ducrey (Hg.), Gibbon et Rome à la lumière de l'historiographie moderne, Genf 1977. Die Vorstellung vom Jahr 180 n. Chr. als Epochenschwelle geht bis in solche Formulierungen wie bei Walser (o. Anm. 4) 134 „Warum bricht die sichere Thronfolgeordnung nach dem Tode Mark Aurels ab und macht dem Kampf der Heerführer Platz?", was doch erst für 192/193 n. Chr. zutrifft. Zur Betonung der Vorgaben Gibbons vgl. auch Chastagnol 7–9.
36 Chastagnol 7f.; 235 n. Chr. letztlich zurückgehend auf die traditionelle Schwarz-Weiß-Schablone für Severus Alexander und Maximinus Thrax bei Heriodian, Aurelius Victor u. a. Vgl. zusammenfassend zur Frage der Niedergangskonzeptionen auch M. Mazza, Lotte sociali e restaurazione autoritaria nel III secolo d. C., Bari – Rom 1973, 17–93, 96–101; seine Sicht ist eine innere soziale bzw. sozioökonomische Krise im marxistischen Sinne, in der äußere Faktoren nur als Katalysatoren gewirkt hätten (ebd. 8, 93ff., 105–115, 268–270).

Die vorliegende Arbeit versteht sich als ein Beitrag zur Frage der zeitgenössischen mentalen Strukturen, ohne den Anspruch zu erheben, die Mentalitätsgeschichte des römischen Reiches im 3. Jh. n. Chr. abschließend zu klären; denn hierfür sind noch weitere Grundlagenuntersuchungen und nicht zuletzt interdisziplinäre Arbeitsschritte notwendig. Methodisch sollen, wie oben betont, kumulative Auswertungen der verfügbaren schriftlichen Quellen vermieden und die theologischen, weltanschaulichen und zweckbezogenen Kontexte erfaßt sowie regionale und individuelle Bedingungen einbezogen werden. Dabei schließt die Studie die Quellen für die politische und soziale Führungsschicht des Reiches und die literarisch-intellektuellen Zirkel mit Bedacht aus, so auch den senatorischen Historiker Cassius Dio oder den weniger anspruchsvollen Literaten Herodian[37]. Gleiches gilt für Selbstdarstellung und Ideologie der Reichsführung. Dies muß weiteren Schritten der mentalitätsgeschichtlichen Betrachtung vorbehalten bleiben, nicht nur wegen der notwendigen Begrenzung einer solchen Einzelstudie, sondern auch wegen der notwendigen Differenzierung. Cassius Dios historische Reflexion ist vom Standpunkt des Senates, von der Wertung des Verhaltens der Herrschenden gegenüber dieser Körperschaft, die seit 180 n. Chr. in relativ rascher Folge ‚Säuberungen' erlebte, und von der senatorischen Standeselite her entwickelt. Die Königsherrschaft wandelt sich von einer „goldenen" zu einer „eisernen und rostigen", von ihrer Vollendung in antoninischer Zeit zu ihrem Verfall seit Commodus; das neue „eiserne" bzw. „rostige" Zeitalter steht dabei in pointiertem Gegensatz zum Anspruch des Commodus, das *aureum saeculum* zu verkörpern (Cass. Dio 71 (72), 36, 4; 72 (73), 15, 6; auch 16, 1). Auch für Herodian war in der Nachfolge Dios der Verfall seit 180 n. Chr. primär im Sinne einer Entartung der Monarchie gegeben (1, 1, 4–6). Die spezifische Wahrnehmung von politischen Krisen durch Dio kann nicht ohne weiteres als ein Indiz für ein breites oder gar allgemeines Krisenbewußtsein gewertet werden. Außerdem müssen wir zwischen der Reflexion von krisenhaften Phänomenen und einem inhaltlich breit angelegten Krisenbewußtsein ebenso unterschieden wie zwischen einem punktuell bezeugten Krisenwahrnehmen und der Existenz von Krisenmentalität. Letztere entwickelt sich aus der Wirkung von tatsächlichem Krisenempfinden erst durch die Permanenz über die Generationenfolge(n) hinweg.

Es ist ferner unabdingbar, die grundlegenden Veränderungen in dem für uns überlieferten Spektrum der einschlägigen Quellen und ihrer weltanschaulichen

---

37 Vgl. zu ihm knapp zusammenfassend D. Roques, Hérodien. Histoire des empereurs romains. De Marc Aurèle à Gordien III (180 ap. J.-C. – 238 ap. J.-C.), Paris 1990, 1–15, bes. 1–7, der zu Recht betont, daß die Fragen der sozialen Herkunft und Stellung, der öffentlichen Funktion, der geographischen Herkunft und der Datierung seines literarischen Schaffens offen sind. Als Lebensspanne plädiert er etwa für ca. 175–245 n. Chr., wobei das Werk, das 238 n. Chr. als einen bewußt gewählten Schlußpunkt besitzt, in Nordwestkleinasien entstanden sein dürfte und sich an die griechischsprachige Oberschicht richtete. Zu diesem Problemkreis, insbesondere zur Frage einer späten Datierung der Schaffenszeit, bei der ein Zirkelschluß mit der Annahme eines universellen Krisenbewußtseins um 250 n. Chr. droht (Eigenart und Abstand zu Dio aus der mentalen Veränderung um 250 erklärt und so gedeutet als Beweis eben für dieses Krisenbewußtsein in der Mitte des 3. Jh. genommen), werde ich mich an anderer Stelle ausführlich äußern.

sowie gruppenspezifischen Zusammensetzung zu berücksichtigen. Die mentalen Strukturen und Mentalitäten sind mit den religiösen, ideologischen, sozialen und bildungsmäßigen Bedingungen in einem komplexen wechselseitigen Geflecht von Voraussetzungen und Wirkungen verbunden. Religiöse Systeme sind darin nicht nur transzendental verankerte Daseins- und Weltinterpretationen, die eine letzte Plausibilität vermitteln; ihre Plausibilitätsnetze konstituieren vielmehr das Denken und prägen das Handeln nicht nur der breiten Schichten. Sie durchdringen mit ihren Riten die Alltagswelt und das Brauchtum als Identifikationsfaktor der Menschen. So erhält die christliche Überlieferung nicht nur auf Grund ihrer nunmehr dominierenden Breite eine vorrangige Bedeutung, sondern auch durch die Eigenart der christlichen Religionsgemeinschaft(en). Das Christentum ist die erste moderne Glaubensbewegung, ja sie bildete auf diesem Feld Strukturen aus, welche die ganze weitere Geschichte des Abendlandes und der modernen Welt mit ihren Ideologiebewegungen prägen. In der respektive den christlichen Kirchen formierte sich eine religiöse Bewegung von totalem Anspruch und grundsätzlich nicht begrenzter missionarischer Dynamik. Sie entwickelte eine interne ‚Kaderorganisation', um hier einmal diesen Begriff zu gebrauchen, und vertrat ein in seinem Gültigkeitsanspruch universelles und absolutes Dogma. Das Christentum zeichnete sich durch systematische Formen der Indoktrination aus, die durch die Überzeugung von der Existenz der einen (eigenen) Wahrheit, die sich auf eine entsprechende Offenbarung stützte, getragen wurde und zwangsläufig nach Innen und nach Außen intolerant auftrat. Die Schriften der Kirchenväter waren Teil des gezielten Wirkens aus der eigenen Glaubensüberzeugung heraus nach Innen und Außen und sie waren, ohne die bildungsmäßigen und intellektuellen Vorgaben der Autoren leugnen zu wollen, auf die entsprechende gruppen- und öffentlichkeitsbezogene Wirksamkeit hin ausgerichtet, zumindest auf eine Breitenwirkung innerhalb der eigenen Funktionsträger als der wesentlichen Multiplikatorenschicht; ihre apologetischen Schriften zielten dabei in der Argumentation bewußt auf eine mögliche Breitenwirksamkeit in der allgemeinen Diskussion[38]. Das Christentum schuf eine eigenständige Glaubenswelt, die nicht nur die Interpretation dieser Welt mit ihrer einzigen Wahrheit bestimmte, sondern zugleich die Strukturen des Lebens und des Denkens veränderte[39]; die Bekehrung bedeutete den Eintritt in diese einzige, heilsbringende Wahrheit. Es bleibt die Frage, ob sich hier ein Krisenbewußtsein im eigentlichen Sinne, das nicht

---

38 Vgl. allgemein L. W. Barnard, TRE III, 1978, 371–411.
39 Vgl. zum tiefgreifenden Wandel in der Vorstellung über den Wert des Einzelnen etwa Alföldy, Gesellschaft 374–376. Zu derartigen zentralen Aspekten des Christentums auch J. Janssen, Vita e morte del cristiano negli epitaffi di Roma anteriori al secolo VII, Rom 1981, bes. 331ff.; P. Salmon, Population et dépopulation dans l'Empire romain, Brüssel 1975, 161–172 (generatives Verhalten); zum Phänomen der Konversion die Beiträge in: La conversione religiosa nei primi secoli cristiani, Rom 1987 (zur Entwicklung der modernen Betrachtung bes. F. Parente ebd. 9–25 mit weiterer Literatur); zum Wirken der Christlichwerdung des Reiches im 4. Jh. auf die Denkmuster auch F. Millar, Gnomon 62, 1990, 41. Die grundsätzliche Neuheit der Situation des christlichen Glaubens und des christologisch ausgerichteten Weltverständnisses mit der Entwicklung der heilsgeschichtlichen Dimension der Geschichte, die damit eine grundlegende futurische Dimension erhält, betont etwa H. v. Campenhausen, Urchristliches und Altkirchliches. Vorträge und Aufsätze, Tübingen 1979, 20–62, bes. 21f. mit Anm. 4, 58f.

mit Glaubenskontexten oder apokalyptischen Grunderwartungen gleichgesetzt werden muß, entwickeln konnte. Die Schriften des Alten und des Neuen Testaments sowie die Sprache von Liturgie und Predigt formten neben ihrer Wertewelt auch eine eigenständige Sprachwelt, eine Welt von Bildern, Formeln und Begriffsinhalten, die Grundlage für den Übergang in das frühe Mittelalter wurde.

Es stellt sich bei der Betrachtung der modernen Urteile über das 3. Jh. n. Chr. die Frage, in wieweit hier unser zeitgenössisches Weltbild[40], das Geschichtserleben Europas seit dem 18. Jh. und selbst der jüngste ‚Zeitgeist‘, vor allem aber die intellektuelle Reflexion über Struktur und Systemkrisen ihre Spuren hinterlassen haben[41]. Das Gleiche gilt für die vielfach bis in Nuancen hinein ähnliche Wertung oder Modellbildung für jenes Phänomen, das wir mit dem ‚Fall Roms‘ zu umschreiben pflegen[42]. Doch gerade die Rückschau auf die mentalgeschichtlichen Phänomene der letzten beiden Jahrzehnte im westlichen Europa und in Nordamerika zeigt uns prägnant die grundsätzliche Gruppenbezogenheit und die unüberbrückbare Kluft zwischen der intellektuellen Reflexion und den Ansichten bzw. Vorstellungsschemata der breiten Bevölkerung. Auch die tiefgreifende Widersprüchlichkeit innerhalb der literarischen Produktion und ihr Bezug auf Adressaten und Weltbilder können hier deutlich verfolgt werden. Dabei sind aber die Unterschiede in der Verbreitung und Verfügbarkeit von Wissen, Information und Medien gegenüber der Zeit des Imperium Romanum qualitativ und quantitativ unüberbrückbar. Für die breiten Schichten der Bevölkerung ist eine reflektierende Wahrnehmung nicht vorauszusetzen, sondern es stehen für sie allein die Wahrnehmung von Institutionen und von Geschehen im täglichen Lebensvollzug im Vordergrund[43].

Es sind deshalb Zweifel angebracht, ob die auf Grund einer modernen Denkweise herausgearbeitete Sicht der Krise für das Imperium Romanum des 3. Jh. n. Chr. dazu berechtigt, letztlich die Entstehung eines entsprechenden antiken Bewußtseins für dessen Gegenwart und Geschichte zu erwarten[44]. Es muß die Frage aufgeworfen werden, ob sich eine Krisenmentalität in diesem Sinne, die also nicht mit Glaubenskontexten oder apokalyptischen Grunderwartungen gleichzusetzen ist, überhaupt entwickeln konnte. Wie auch F. Kolb herausstellt, wird das 3. Jh. n. Chr. in der so wirksamen Tradition des Dekadenzbildes als jene Epoche auf den Niedergang des römischen Reiches respektive der Antike bezogen, in der dieser Verfall einsetze oder sich erstmals klar zeige[45].

---

40 Vgl. hierzu auch R. Herzog, „Wir leben in der Spätantike". Eine Zeiterfahrung und ihre Impulse in der Forschung, Bamberg 1987, bes. 3f. (mit charakteristischen Beispielen 7ff., 20f.).
41 Ein Dokument moderner Zeitströmung war in gewisser Weise auch der Sammelband von G. Alföldy – F. Seibt – A. Timm (Hg.), Krisen in der Antike, Düsseldorf 1975.
42 Vgl. systematisierend A. Demandt, Der Fall Roms, München 1984.
43 Vgl. etwa V. Sellin, HZ 241, 1985, 573.
44 Diese Tendenz zeigt auch das Krisenbild bei G. Alföldy (Krise 295 u. a.); vgl. u. S. 322f. Hier bemerkt L. De Blois, Historia 33, 1984, 363f., treffend: „Nowadays we speak of the third century crisis but contemporaries did not view it in the same light. At least until 250 there was no realization of a general, all-pervasive crisis".
45 F. Kolb, in: Bonner Festgabe J. Straub, Bonn 1977, 277.

Aspekte und Perspektiven der Fragestellung

Wie ein modernes, intellektuelles Vorverständnis die Auswahl und die Auswertung der Quellen zu prägen vermag, wie im konkreten Fall die Verpflichtung gegenüber der (neo-)freudianischen Schule der Psychoanalyse und gegenüber dem psychologisch-anthropologischen Ansatz von William James die historischen Urteile und Analysen bestimmt, dafür sei beispielhaft auf das Werk „Pagan and Christian in an Age of Anxiety" von E. R. Dodds hingewiesen[46]. Dodds geht bewußt von seinen modernen Voraussetzungen und schematisierten historischen Vorstellungen aus[47]; die daraus resultierende Problematik ist der Kern der breiten Auseinandersetzung mit der „Dodds Hypothesis" etwa in dem wichtigen Sammelwerk „Pagan and Christian Anxiety. A Response to E. R. Dodds"[48]. Ein weiteres zentrales Problem ist nicht nur bei Dodds die Frage der Verallgemeinerung. „It is a false generalisation to regard an excessively anxious individual as an indicative of an ‚anxious age'; an anxious person may live in any age", bemerkt hier R. C. Smith mit vollem Recht zu Dodds' Gewichtung des singulären Exempels in der Person des Intellektuellen Aelius Aristeides[49]. Auch Dodds Periodisierung von „anxiety" bleibt mit schwerwiegenden Fragen behaftet, wie sie Erscheinungen von „anxiety" gerade in julisch-claudischer Zeit oder die kontinuierliche Bedeutung von Divination und Magie aufwerfen[50]. Religiöse Vertiefung wird zum Prozeß der (modern verstandenen) Irrationalität, in dem die „gesamte Kultur der Heiden wie der Christen" sich einem Zustand näherte, „in dem Religion und Leben umfangsgleich werden sollten und in dem die Gottessuche ihren Schatten über alle anderen menschlichen Tätigkeiten werfen sollte"[51]. Verkürzungen wie der direkte gegenseitige Bezug von Elend und Mystik werden den religionsgeschichtlichen Phänome-

---

46 E. R. Dodds, Pagan and Christian in an Age of Anxiety, Cambridge 1965; jetzt: E. R. Dodds, Heiden und Christen in einem Zeitalter der Angst. Aspekte religiöser Erfahrung von Mark Aurel bis Konstantin, Frankfurt 1985; zur Würdigung der Vorbedingungen des Ansatzes von Dodds vgl. P. Brown, Religion and Society in the Age of Saint Augustine, London 1972, 18–20, 74–93, bes. 75f.; zu James' individual-psychologischer Auffassung W. James, The Varieties of Religious Experience (Cambridge Mass. 1902), hg. v. A. D. Nock, London 1960 (Einführung von Nock ebd. 15–21); L. J. Pongratz, in: Lexikon der Psychologie II, Freiburg [6]1988, 1031f. Weiter ist auf das Verhältnis zur Religionspsychologie von C. G. Jung hinzuweisen, was hier jedoch nicht weiter ausgeführt werden kann.
47 Historisch verkürzt ist bei dem bekennenden Agnostiker Dodds (a.a.O. 20f.) die grundsätzliche Bedeutung religiösen Denkens (vgl. C. Warren Hovland, in: Smith – Lounibos (s. u.) 191–216, bes. 191f.; s. etwa Dodds a.a.O. 90f., 93f., 105ff.); für das 3. Jh. geht er letztlich von einem vereinfachten Zerrbild aus (a.a.O. 90 „intellektuell so verarmt, materiell so unsicher und so voll von Furcht und Haß"), wobei er das „Zeitalter der Angst" als die Periode zwischen Marc Aurel und der Bekehrung Constantins I., als Phase von materieller und bereits vorausgehender moralischer (und intellektueller) Unsicherheit sieht (a.a.O. 19f., auch 43).
48 R. C. Smith – J. Lounibos (Hg.), Pagan and Christian Anxiety. A Response to E. R. Dodds, Lamham – New York – London 1984; bes. J. G. Gager ebd. 1–11.
49 Vgl. R. C. Smith ebd. 48.
50 Vgl. J. H. W. G. Liebeschütz, Continuity and Change in Roman Religion, Oxford 1979, 155–166, 199f.; u. S. 59ff.
51 Dodds a.a.O. 91.

nen nicht gerecht⁵². Mit welchen langfristigen, eigenständigen geistes- und mentalgeschichtlichen Entwicklungen wir im Grund konfrontiert sind, hat auch R. MacMullen betont⁵³; zugleich hat er mit Recht darauf hingewiesen, daß wir eine ‚pessimistische Welle', eine Neigung zum extremen Verhalten gegenüber der Welt, gerade in den Blütephasen der Antoninenzeit, in den Jahrzehnten vor 160 n. Chr. feststellen können⁵⁴. Die historische Realität des Reiches hat dem in keiner Weise entsprochen.

Die Probleme der Verallgemeinerung zeigen sich in anderem Sinne etwa bei der Frage des sozialen Abstiegs und der Auseinandersetzung der Menschen mit dieser individuellen Bedrohung, die von der Forschung vielfach noch wenig berücksichtigt wurde. So spiegelt sich die Gefährdung durch sozialen und materiellen Abstieg als ständige Begleitung des Lebens ebenso deutlich im Traumbuch des Artemidor von Daldis, der die Traumdeutung bis zum mittleren 2. Jh. n. Chr. zusammengefaßt hat, wie in dem astrologischen Handbuch des Firmicus Maternus aus dem 4. Jh. n. Chr.

Es ist für den modernen Forscher, der notwendigerweise von seinen zeitgenössischen, auch unbewußt stets präsenten Vorstellungen und Denkgewohnheiten ausgeht, ein Grundproblem, eine Lebenswelt zu betrachten, in der es für den Alltag keine ausreichende technische und vor allem medizinische Beherrschbarkeit der Lebensumstände gab, in der Subsistenzkrisen von Einzelnen oder von Gruppen keine Ausnahmeerscheinungen bildeten und in der weder ein öffentliches subsidiäres Prinzip vorhanden noch die physische Unversehrtheit des Einzelnen garantiert war⁵⁵. Die in den traditionellen Wertungen durchscheinenden Vergleiche des Imperium Romanum der hohen Kaiserzeit mit der rechtsstaatlichen Sicherheit in Teilen Europas im späteren 19. und frühen 20. Jh. sind verfehlt gewesen. Dazu kommt, daß die Menschen vor der Durchsetzung der christlichen Glaubensvorstellungen keine vereinheitlichten, dogmatisch verfestigten Erwartungen hinsichtlich einer Existenz nach dem Tode und eines Wirkens der Gerechtigkeit Gottes als Kompensation des irdischen Lebens hatten. Die Lebenswirklichkeit des Einzelnen blieb von Labilität und existentiellen Risiken gekennzeichnet und hat für die breiten Schichten der Bevölkerung selbst in den Blütezeiten des Reiches eine Sicherstellung des Existenzminimums bereits als relativen Wohlstand erscheinen lassen⁵⁶. Für sie konnten

---

52 Ebd. 90 mit Anm. 97.
53 Vgl. MacMullen, Response 13f.
54 Vgl. ebd. 14–16. Zu verweisen ist auf die psychosomatisch schwer belastete Gestalt des Aelius Aristeides, auf gnostischen Dualismus und christliche Weltverneinung, auf die Verbreitung der Systeme des Markion und Valentinus in den 30er bis 50er Jahren des 2. Jh.; vgl. A. v. Harnack, Marcion, Leipzig ²1924, ND. Darmstadt 1985; B. Layton (Hg.), The Rediscovery of Gnosticism I. The School of Valentinus, Leiden 1980; zu den beiden Formen des valentinischen Christentums J. D. Kaestli ebd. 391–403.
55 Vgl. hierzu grundsätzlich A. E. Imhof, VSWG 71, 1984, 175–198; ders., Die verlorenen Welten. Alltagsbewältigung durch unsere Vorfahren, München 1984.
56 Vgl. P. Garnsey, Famine and Food Supply in the Graeco-Roman World. Responses to Risk and Crisis, Cambridge – New York – New Rochelle – Melbourne – Sydney 1988; ders. – R. Saller, The Roman Empire. Economy, Society and Culture, London 1987, 43ff., bes. 51f., 75ff., 97f., 197f.

witterungsbedingte Ernteausfälle jederzeit zu schweren Konsequenzen führen. Das Leben des Einzelnen blieb tagtäglich prekär und der Bezugspunkt seiner Sorge auf die Lebensgrundlagen, auf das Risiko temporärer und örtlicher Versorgungs- oder Gesundheitskrisen gerichtet. Politische Krisen wurden von breiteren Schichten in einer solchen Lebenswelt außerhalb des hauptstädtischen Milieus und eines unmittelbaren Betroffenseins mit ganz anderer Gewichtung empfunden als von den politisch aktiven Führungsschichten, von der Frage der Informationsdichte ganz abgesehen. Es ist grundsätzlich zu fragen, ob im Rahmen der zeitgenössischen Mentalitäten und Denkstrukturen ein tatsächliches Krisenbewußtsein in breiteren Schichten auf Grund des politischen Geschehens möglich war. Dies gilt ebenso für die christlichen Gemeinden, die auf religions- und glaubensbezogene Kontexte ausgerichtet waren.

Das vormoderne Denken der Menschen umfaßt notwendigerweise andere Erfahrungen von Leben, Tod und physischer Bedrohtheit[57], und diese Erfahrungen waren jederzeit emotional zu aktivieren und suggestiv einzusetzen. Als ein neuzeitliches Beispiel, wie diese Gegenstände des menschlichen Denkens gezielt verwendet und ohne die gleichzeitige Existenz von (real-)geschichtlichen Extremsituationen bis zur Evozierung von urchristlichen Formen der Naherwartung gesteigert werden konnten, kann hier auf die Masse der Predigten aus Reformation und Gegenreformation hingewiesen werden[58], von den tradierten Schemata der Bekehrungspredigt bei Sekten und Kirchen sowie in der Mission ganz zu schweigen. Wollte man ein Extrem der möglichen kumulierenden Wertung erhaltener Einzelaussagen aus dem eschatologisch-apokalyptischen Glaubensbereich geben, wie dies vielfach für die Zeit des späten 2. und des 3. Jh. n. Chr. geschieht, so könnte man aus der Johannes-Apokalypse, 4 Esra sowie Buch IV und Teilen von Buch V der Oracula Sibyllina eine konkrete und allgemeine Untergangserwartung im Imperium Romanum des ausgehenden 1. Jh. n. Chr. postulieren. Bei konsequenter Anwendung des Krisenmodells müßte man auch die Ausbreitung der urchristlichen Naherwartung im 1. und frühen 2. Jh. n. Chr. als Zeichen einer verbreiteten Krisenmentalität werten.

Es ist an dieser Stelle nochmals zu betonen, daß sich die vorliegende Studie als ein Beitrag zu den Grundlagen einer Mentalitätsgeschichte der breiteren Bevölkerungsschichten im Imperium Romanum versteht. Sie kann dabei nur einen der Schritte auf dem methodischen Weg zu einer Aufhellung der mentalen Strukturen der Zeit bilden. Auch ein Vergleich mit Zeiterleben und Geschichtsverständnis in der Periode des 4.–6. Jh. n. Chr. ist nur in einzelnen Hinweisen möglich. So müssen für ein Gesamtbild der Mentalitäten der Zeit, soweit noch erfaßbar, weitere Bausteine folgen, die uns im Spektrum der Quellen zugänglich werden, so die mentalitätsbezogene Untersuchung für den ganzen Bereich der ‚Öffentlichkeitsarbeit' der Reichsführung[59], der Münzprägung[60] und der Texte von Gesetzen oder Verlautba-

---

57 Vgl. auch B. D. Shaw, Past and Present 105, 1984, 3–52.
58 Vgl. die Fülle der Zeugnisse etwa in: Corpus Catholicorum. Werke katholischer Schriftsteller im Zeitalter der Glaubensspaltung, Münster 1919ff.
59 Vgl. als zusammenfassenden Versuch MacMullen, Response 24ff., der jedoch etwa ebd. 45 die tatsächliche Bedeutung der zentralen Schlagworte und Formeln unterschätzt.

rungen. Gleiches gilt für die weitere Vertiefung der Kenntnisse über die immanenten religionsgeschichtlichen Entwicklungen. Dabei ist jedoch immer die Problematik präsent, daß die einzelnen erhaltenen Überlieferungskomplexe in der Regel momentbezogene Ausleuchtungen bieten und historische Kontinuitäten durchaus verfälschen können[61].

Aus den angesprochenen Themen möchte ich nur beispielshalber auf das Symbol des Phoenix als Zeichen der Wiedergeburt bzw. der erneuerten Jugend in der römischen Münzprägung hinweisen, das seit frühhadrianischer Zeit erscheint[62]. Hadrian zielte mit ihm auf die Propagierung der Kontinuität des Herrschertums, des Wiedererstehens des Optimus Princeps in seiner Person und auf die Verkündung des neuen glücklichen Zeitalters seiner Regierung[63]. Der Phoenix war seit seleukidischer Zeit das Symbol für das Auftreten eines neuen Herrschers oder einer neuen Dynastie und des damit verbundenen Verkündens einer neuen Ära[64]. An der fortgesetzten Verwendung dieser Symbolik in der kaiserlichen Münzprägung zeigt sich die Notwendigkeit ihrer differenzierten Interpretation besonders in direkter Verbindung mit der (Selbst-)Darstellung von Herrschaftsübergängen sowie mit der Ideologie der *aeternitas* und dem traditionellen Schema der Propagierung eines neuen Zeitalters, eines *novum saeculum*[65].

60 Zur Bedeutung der Prägeprogramme vgl. K. Strobel, Germania 65, 1987, 438f. Eine übergreifende Auswertung der kommunalen und institutionellen Prägungen in den östlichen Provinzen versucht K. Harl, Civic Coins and Civic Politics in the Roman East A.D. 180–275, Berkeley – Los Angeles – London 1987 (vgl. hierzu N. M. Kennell, Phoenix 43, 1989, 276–279; P. Weiß, HZ 249, 1989, 667–670, auch zur Problematik der aktualisierenden Deutung von Motiven für das 3. Jh.), der sich a.a.O. 83f., 86ff. gegen das Bild der großen politischen und ökonomischen Krise des späten 2.–3. Jh. wendet (widersprüchlich dagegen ebd. 92). Symbolik und Ikonographie lassen eine grundlegende Kontinuität erkennen, die gerade als Charakteristikum des 3. Jh. gelten kann.
61 Vgl. auch MacMullen a.a.O. 42ff.
62 Vgl. hierzu M. Christol, RN VI 18, 1976, 82–96, bes. 82–90, 95 mit weiterer Lit.
63 Vgl. Christol a.a.O. 82–85; D. Mannsperger, ANRW II 1, 1974, 970–972; J.-P. Martin, in: Mélanges d'histoire ancienne offr. à W. Seston, Paris 1974, 327–337, bes. 335f.; zur SAEC(ulum) AUR(eum)-Prägung RIC II, p. 356 Nr. 136; Christol a.a.O. 84 Anm. 1. Zur Propagierung der *providentia deorum* durch Hadrian im Zusammenhang mit seiner Adoption und mit der seines Nachfolgers, wofür 137/138 n. Chr. in der alexandrinischen Prägung der Pronoia-Typ mit dem Phoenix-Symbol verbunden wurde, vgl. M. P. Charlesworth, HThR 29, 1936, 118; Christol a.a.O. 83 Anm. 1.
64 Vgl. Christol a.a.O. 84; zusammenfassend R. van den Broek, The Myth of the Phoenix according to Classical and Early Christian Traditions, Leiden 1972, bes. 103ff., 113ff., 186ff., 415ff.
65 Vgl. Christol a.a.O. 88 (als Thema der dynastischen Propaganda aber stets eng mit dem Herrscherwechsel verbunden!); M. P. Nilsson, RE I A 2, 1920, 1708f., 1719; Charlesworth a.a.O. 107–132, bes. 117ff., 122ff.; P. Brind'Amour, L'origine des Jeux Séculaires, ANRW II 16,2, 1978, 1334–1417; auch Polverini (o. Anm. 34) 347, der a.a.O. 354 das publizistische Umfeld der Tausendjahrfeier zu sehr mit der „riflessione . . . ai problemi del proprio tempo" und „drammatica incertezza del futuro" verbindet (bezeichnenderweise mit Berufung auf E. Gibbon); vgl. dagegen J. Gagé, Transactions of the International Numismatic Congress 1936, London 1938, 179–186, bes. 185f. Aber auch ein Antoninus Pius läßt sich als *restitutor Italiae* stilisieren (vgl. etwa A. M. Cavallaro – G. Walser, Iscrizioni di Augusta Praetoria. Inscriptions de Augusta Praetoria, Aosta 1988, p. 26f.).

Die Deutung der ROMA AETERN(a-)Prägungen des Aemilianus (Roma mit Phoenix auf Globus)[66] ist nun kaum zwingend mit der aus dem gängigen Bild des mittleren 3. Jh. n. Chr. übernommenen Annahme einer Untergangserwartung zu einer „référence à la crise" des 3. Jh. zu verbinden[67]. Während Trebonianus Gallus das Symbol des Phoenix mit der Formel AETERNITAS AUGG(ustorum) kombiniert[68] und zur Hervorhebung der Garantie einer dynastischen Herrscherfolge verwendet hatte[69], steht der Münztyp des Aemilianus in der Tradition der Propagierung der *renovatio temporum* sowie der Ankündigung des neuen (glücklichen) Zeitalters als eines werbenden und legitimierenden Elements vor allem in und nach Bürgerkriegsphasen oder dynastischen Umbrüchen[70]. Bereits 68/69 n. Chr. wurde die *restitutio* Roms als die Befreiung der *res publica* von einem unwürdigen Herrscher und als deren Wiederherstellung verkündet[71].

Nicht zu vergessen ist schließlich der überaus problematische Bereich der materiellen Relikte. Hier hat zuletzt P. A. Février mit vollem Recht vor den Gefahren einer vereinfachenden und generalisierenden Deutung materieller Kultur gewarnt und eine Revision bisheriger Sichtweisen verlangt[72]. So ist es nicht möglich, die Entwicklung der Funerärkunst im Reich mit der Ereignisgeschichte zu parallelisieren, und für die Oberschicht zeigt sich in dem reichen Material aus der 2. Hälfte des 3. und der 1. Hälfte des 4 Jh. n. Chr. eine durchaus konvergente „histoire des sensibilités"[73]. Février verweist weiter auf die notwendige regionale Differenzierung, auf die Vielschichtigkeit von Stilentwicklungen und darauf, daß die bisherigen ereignisgeschichtlichen Deutungen für das Ende von Steinbrüchen, Werkstätte etc. keineswegs so stichhaltig sind. Er stellt das Erklärungskonzept der ‚Krise' für Wandel und Brüche in Formen und Traditionen materieller Kultur, wie es etwa von K. Fittschen 1975 explizit formuliert wurde[74], grundsätzlich in Frage[75]. Daß in diesem Bereich bereits die Definition von Krise problematisch bleibt, zeigt nicht

---

66 RIC IV 3, p. 195 Nr. 9, 199 Nr. 38, 200 Nr. 49.
67 So Christol a.a.O. 90–94, 95.
68 RIC IV 3, p. 161 Nr. 17, 162 Nr. 30, 171 Nr. 102, 176 Nr. 154.
69 So auch Christol a.a.O. 86f.
70 Siehe unter Verzicht auf allegorische Symbolik den Panegyricus des jüngeren Plinius; vgl. K. Strobel, in: ders. – J. Knape, Zur Deutung von Geschichte in Antike und Mittelalter, Bamberg 1985, 9–112. Vgl. u. S. 305, 320f.; zu Pescennius Niger u. S. 135ff. ROMA RESURGE(N)S-Prägungen Vespasians RIC II, p. 51 Nr. 310, 65 Nr. 407, 69 Nr. 445, 76 Nr. 520, 101 Nr. 735; vgl. Charlesworth a.a.O. 126; zu *aeternitas/aeternus* den Index RIC II–III; zu *Roma aeterna* auch Mannsperger a.a.O. 972–974.
71 RIC² I, p. 208 Nr. 60–63; sie gehören zur gallischen Prägegruppe, die Vindex im März/Mai 68 n. Chr. herausgab (vgl. ebd. p. 198f.). Vgl. zum Verständnis auch Alföldy, Krise 354.
72 P.-A. Février, in: E. Frézouls (Hg.), Crise et redressement dans les provinces européennes de l'Empire romain, Straßburg 1983, 27–48, bes. 30, 36, 48; auch ders., in: A. Giardina (Hg.), Società romana e impero tardoantico III, Bari 1986, 731–760, 917–923. Zur Problematik des ‚Limesfalls' s. u. S. 292f.
73 Février a.a.O. 1983, 30.
74 K. Fittschen, in: Krisen in der Antike (o. Anm. 41), 133–144. Alföldi, Weltkrise 420, 425 sah in der von ihm negativ gewerteten Kunstentwicklung ein unmittelbares Krisenthermometer.
75 Die Problematik einer solchen Interpretation hat auch MacMullen, Response 16–22 deutlich aufgezeigt.

zuletzt der Beitrag Fittschens, wenn er den Begriff der „Krisenzeit" für das 3. Jh. n. Chr. als tiefgreifende Veränderung des Überkommenen und „Krisenbewältigung" vorrangig als das bloße physische Überleben der alten Formen bestimmt, eine Krise im Sinne der Bedrohung einer bestehenden Ordnung für das 3. Jh. jedoch ausschließt[76]. Hier werden im Grunde die Fragen nach Veränderung und Kontinuität in einem grundsätzlichen kunst- und geistesgeschichtlichen Wandlungsprozeß angesprochen. Weder Art noch Geschwindigkeit weisen dabei diesen Wandlungsprozeß als ‚Krise' aus; auch ist ein Vergleich der ‚Geschwindigkeiten der Veränderung'[77] im Falle eines solchen grundlegenden Stilwandels mit Entwicklungen innerhalb fortbestehender Stilformen bzw. -epochen nicht möglich.

Zu den theoretischen Grundlagen einer Geschichte mentaler Strukturen

Angesichts der Breite der interdisziplinären Erkenntnisse auf dem Gebiet kognitiver, psychischer und sozialer Vorgänge können wir heute an eine mentalgeschichtliche Auswertung historischer Zeugnisse nicht mehr ohne einen expliziten, humanwissenschaftlich und erkenntnistheoretisch begründeten Ausgangspunkt herangehen. Die überkommenen Deutungs- und Verständnisschemata der Geschichtswissenschaft genügen als Voraussetzung nicht. Es ist notwendig, sich den Phänomenen über die Erkenntnisse für die Prozesse von Wahrnehmung, Denken und Bewußtsein zu nähern. In der mentalgeschichtlichen Analyse dürfen Stimmungen, Momentreaktionen, quellenbedingte Akzentuierungen oder gruppenspezifische Mentalitäten nicht undifferenziert verallgemeinert oder auf eine Ebene gestellt werden. Ebenso zwingend ist eine Abgrenzung der Position innerhalb des weitgefächerten Ansatzes der neueren Mentalitätsgeschichte.

Der gewählte Ansatz für die Betrachtung mentaler Strukturen ordnet sich in die breite Konzeption der modernen Mentalitätsgeschichte[78] ein, ist jedoch nicht identisch mit dem etwas unscharfen, zu einer „histoire totale" des (täglichen) Lebens tendierenden Begriff der „histoire des mentalités" der neueren französischen Sozialgeschichtsforschung[79]. Er zielt auch nicht auf Mentalität im Sinne der summierenden, verhaltenspsychologisch ausgerichteten Definition von A. Nitschke[80]. Der hier gewählte Ansatz möchte mentale Strukturen im Sinne des affektiven und

76 Fittschen a.a.O., bes. 133.
77 So bei Fittschen a.a.O. 137.
78 Vgl. ausführlich Sellin (o. Anm. 43) 555–598 mit Diskussion des Mentalitätsbegriffes; allgemein auch E. Schulin, Traditionskritik und Rekonstruktionsversuch. Studien zur Entwicklung von Geschichtswissenschaft und historischem Denken, Göttingen 1979, 144–162. Einen Überblick über die Theoriediskussion bietet J. Meran, Theorien in der Geschichtswissenschaft, Göttingen 1985.
79 Vgl. M. Erbe, Zur neueren französischen Sozialgeschichtsforschung, Darmstadt 1979, bes. 110–117; ders., in: H. Süssmuth (Hg.), Historische Anthropologie, Göttingen 1984, 19–31; zur Geschichtskonzeption der Annales-Schule die kritische Kurzcharakteristik bei E. Schulin, HZ 245, 1987, 21–23; auch G. G. Iggers, HZ 219, 1974, 578–608. Der Versuch in Richtung auf eine „histoire psychoanalytique" bei A. Besançon, Annales 24, 1969, 594–616, 1011–1033, scheitert an der Situations- und Schulgebundenheit.
80 Vgl. A. Nitschke, Historische Verhaltensforschung, Stuttgart 1981, 10f.

kognitiven Bereiches der Leistungen des menschlichen Gehirns verstehen und dabei einen erkenntnistheoretischen Akzent setzen[81]; er frägt nach den Mustern von Gegenwartswahrnehmung, Zeiterleben und Verarbeitung für historisches Geschehen, ebenso nach der Orientierungsfindung der Zeitgenossen und den Mustern ihres Bildes von Gegenwart und Vergangenheit. So verstanden schränkt der hier verfolgte Ansatz die Konzeption der neueren Mentalitätsgeschichte unter einer Präzisierung der Fragestellung ein.

Der zugrundeliegende Ansatz ist dem Konzept einer historischen Anthropologie verpflichtet, wie es Th. Nipperdey entwickelt hat[82]. Die Fragestellung richtet sich entsprechend auf die Erlebens- und Erwartungshorizonte sowie auf die Interpretationsmuster der zeitgenössischen Menschen für ihre Lebenswelt. Es werden also die Bereiche geschichtlicher Wirklichkeit berührt, die R. Koselleck als die zugleich symmetrischen und doch zeitlich asymmetrischen Kategorien von Erfahrungsraum und Erwartungshorizont umschrieben hat[83]. In ihnen verschränken sich in einer für das menschliche Denken konstitutiven Weise Vergangenheit und Zukunft, d. h. Erfahrungen und Erwartungen, zu jenem Interpretationshorizont[84], der Wahrnehmung und Erkenntnisprozeß strukturiert und die Dispositionen von Analyse, Prognose und Handlungsoptionen bestimmt.

Das Vorverständnis der erlebten Welt sowie der erfahrenen Handlungen und die daraus resultierende Bandbreite von Erwartungen bilden die wesentlichen Dispositionen für Verhalten, Mittelwahl, Antriebsformen und subjektiv-funktional verstandene Rationalität. Ausgangspunkt der historischen Anthropologie ist die Tatsache, daß menschliches Verhalten und soziale Strukturen wesentlich durch solche Verhaltens-, Erwartungs- und Reaktionsdispositionen festgelegt sind[85]. Der für die vorliegende Arbeit entwickelte Begriff der mentalen Strukturen konkretisiert damit die Mentalitätsdefinition von Th. Nipperdey, die nur „jenes vage, wenig reflektierte und eben gruppentypische Vorstellungsgeflecht, in dem Anschauungen und Denknormen wurzeln und das gleichsam den Untergrund der expliziteren Ideologien bildet", faßt[86]. Das Konzept der mentalen Strukturen bindet die wechselseitige

81 Vgl. auch B. Bailyn, The American Historical Review 87, 1982, 19f.; zu weiteren Aspekten etwa H. Joas, Kölner Zeitschr. f. Soziologie und Sozialpsychologie 37, 1985, 411–430.
82 Th. Nipperdey, in: Die Philosophie und die Wissenschaften. Festschrift S. Moser, Meisenheim am Glan 1967, 350–370; ders., in: G. Schulz (Hg.), Geschichte heute, Göttingen 1973, 225–255; ders., Gesellschaft, Kultur, Theorie. Gesammelte Aufsätze zur neueren Geschichte, Göttingen 1976, 12–58, 418f., ders., in: Th. Schieder – K. Gräubig (Hg.), Theorieprobleme der Geschichtswissenschaft, Darmstadt 1977, 286–310. Vgl. zu einer Würdigung des Ansatzes Th. Schieder, in: ders. – K. Gräubig a.a.O. XXXf.; zur historischen Anthropologie allgemein W. Lepenies, in: R. Rürup (Hg.), Historische Sozialwissenschaft, Göttingen 1977, 126–159; H. Süssmuth, in: ders. (o. Anm. 79) 5–18; auch J. Kocka ebd. 73–83.
83 Vgl. R. Koselleck, Vergangene Zukunft. Zur Semantik geschichtlicher Zeiten, Frankfurt 1979, 349–375.
84 Vgl. Koselleck a.a.O., bes. 353–355.
85 Vgl. Nipperdey (o. Anm. 82) 1977, 286f.; gefragt wird „nach Grundstrukturen und -kategorien des menschlichen Daseins, nach menschlichen Verhaltens-, Handlungs-, Denk- und Antriebsformen, nach ihrer Prägung durch soziale Institutionen und nach dem wechselseitigen Geflecht und dem Entstehungsprozeß von Institutionen, Kultur und Person".
86 Nipperdey a.a.O. 301.

Verflechtung dieser Anschauungen und Denknormen mit den expliziten Ideologien religiöser oder säkularer Art ein, die aus dem Aufbau der individuellen bzw. gruppenspezifischen mentalen Disponierung des Denkens und Verhaltens nicht zu lösen sind. W. K. Blessing nennt Mentalität die gruppenspezifische Ausrichtung des Denkens und Fühlens, der Weltanschauung und des Selbstverständnisses, „virtuelle geistig-seelische Dispositionen", die sich zu situationsbezogener Reaktionsbereitschaft, zu Attitüden und schließlich zu Handeln (bzw. Nichthandeln) konkretisieren[87]. Mentale Strukturen sind mehr und zugleich doch auch spezifischer als Begriffe wie ‚handlungsleitende Ideen', ‚Gesinnungen', ‚geistige Horizonte' oder ‚kollektives Unbewußtes'.

Die Mentalitätsgeschichtsforschung zielt auf die Problematik, menschliches Verhalten in einer bestimmten Zeit und in einem bestimmten Raum verständlich zu machen und greift dabei grundsätzlich über Einzelpersönlichkeit und Einzelaktion hinaus[88]. V. Sellin betont zu Recht Mentalitäten als „Strukturgegebenheiten der geschichtlichen Wirklichkeit" in ihrer Orientierungfunktion für den Menschen[89]. Ihre geschichtstheoretische Verankerung liegt in der Erkenntnis, daß „die kollektiven Einstellungen wesentliche Bestimmungsgründe für soziales Verhalten und politisches Handeln bilden" und daß die Berücksichtigung der mentalen Dispositionen einen Fortschritt im Sinne größerer Annäherung an den historischen Gegenstand bedeutet[90]. Historische Wirklichkeiten bestehen für den Menschen allein als „jeweils nur auf bestimmte Weise gesehene und verstandene Wirklichkeiten"[91]. Die Realität kann nur mit den Mitteln der Kognition, der Erkenntnis- und Denkprozesse, auf der entscheidenden Grundlage des menschlichen Symbolvermögens als eine hypothetische Wirklichkeit erfaßt werden, die im Vorstellungsraum des Gehirns konstruiert wird[92]. Unsere ‚Wirklichkeit' bleibt deshalb immer eine Deutung von Realität unter sehr weitgehender Selektion von Informationen. Es ist eine strukturierte und an vorgefaßten Hypothesen bzw. Denkmustern ausgerichtete Repräsentation

---

87 W. K. Blessing, Staat und Kirche in der Gesellschaft, Göttingen 1982, 14f.
88 Vgl. Sellin (o. Anm. 43) 571; auch R. G. D'Andrade, Cognitive Science 5, 1981, 179–195; D. Sperber, Man N.S. 20, 1985, 73–89.
89 Ebd. 580, 598.
90 Ebd. 597.
91 Ebd. 597. Vgl. zur Konkretisierung dieses Problemkreises etwa J. Knape, Historie in Mittelalter und früher Neuzeit, Baden-Baden 1984; zum Grundsätzlichen E. Oeser, in: ders. – F. Seitelberger, Gehirn, Bewußtsein und Erkenntnis, Darmstadt 1988, 139, 145, 162.
92 Vgl. Oeser a.a.O. 131; zusammenfassend zum grundlegenden neuroepistemologischen Ansatz für Bewußtsein und Erkenntnis Oeser – Seitelberger a.a.O., bes. 123ff.; s. speziell ebd. 71f., 74f., 88ff., 95ff., 119f., 180ff., weiter F. Seitelberger, in: K. Lorenz – F. M. Wuketits (Hg.), Die Evolution des Denkens, München – Zürich 1983, 167–196, ders., in: P. Weingartner – J. Czermak (Hg.), Epistemology and Philosophy of Science, Wien 1983, 174–184; zu den Symbolstrukturen etwa J. Riedel, Farben, Stuttgart 1983; dies., Formen, Stuttgart 1985. Zur stringenten nichtidealistischen Position vgl. M. Bunge, Das Leib-Seele-Problem, Tübingen 1984; E. Oeser, Psychozoikum. Evolution und Mechanismus der menschlichen Erkenntnisfähigkeit, Berlin – Hamburg 1987; zur evolutionären Erkenntnistheorie R. Riedl, Die Spaltung des Weltbildes. Biologische Grundlagen des Erklärens und Verstehens, Berlin – Hamburg 1985; ders., Begriff und Welt, Berlin – Hamburg 1987; R. Riedl – F. M. Wuketits (Hg.), Die evolutionäre Erkenntnistheorie, Berlin – Hamburg 1987.

der Realität, der Gegenwart, der Vergangenheit und der prognostizierten Zukunft im Vorstellungsraum unserer Verstandesleistung und unseres Gedächtnisses. Es ist letztlich eine Modellbildung hypothetischer Wirklichkeit(en) durch das Gehirn unter interner Konstruktion einer relativen Raum-Zeit-Struktur[93]. Die Wahrnehmung selbst bleibt immer ein intentionaler Akt[94]; ihre Repräsentationsleistung ist als selektive Informationsverdichtung zu verstehen, bei der die weitaus größte Anzahl potentieller Informationen unterdrückt wird[95]. Sinnstrukturen und Mentalitäten prägen in diesen Prozessen nicht nur die Wahrnehmung, sondern auch die Entwicklung der materiellen und sozialen Wirklichkeit; sie bestimmen und begrenzen den Rahmen für Optionen und realen Wandel. Wahrnehmung, Sinnstrukturen, Mentalitäten und die über sie erfaßte wie auch veränderte Realität stehen in einem direkten wechselseitigen Bedingungsgeflecht, in dem die Realität keineswegs den primären Faktor stellt. Subjektives Zeiterleben und das fundamentale Verhältnis zur Zeit, das die Einstellung zur Zeitenfolge, zum Heute und Morgen bestimmt, sind dabei in ihrer komplexen Grundstruktur kultur-, traditions- und epochenbezogen und zugleich individuell ausgebildet. Der innere subjektive Zeitsinn stellt die lineare Orientierung für das Jetzt, Vorher und Nachher; er ist eine spezifische Orientierungsdisposition, die erst gegen das Ende des 10. Lebensjahres zur vollen Reife kommt und somit in der Auseinandersetzung mit der Umwelt entwickelt und kulturell geprägt wird[96].

Mentale Strukturen stellen grundlegende Leistungsebenen der Wahrnehmung, der Verrechnung und der selbstreflexiven Aufarbeitung von Umwelt(informationen) sowie der Eigenreflexion des Individuums dar. Sie sind Orientierungs- und Verrechnungsmuster der menschlichen Kognition, wobei ‚Sinn' ein grundlegendes Kriterium bildet[97]. ‚Sinnhaftigkeit' wird in der gedanklichen Möglichkeit des Voraus- und Nachvollziehens der Zusammenhänge von Ursache und Wirkung respekti-

---

93 Vgl. Oeser – Seitelberger a.a.O., bes. 47ff., 70ff., 89, 93, 95ff., 162ff., 181f., 187; allgemein H. R. Maturana, Erkennen: Die Organisation und Verkörperung von Wirklichkeit, Braunschweig – Wiesbaden 1982; A. Baddeley, Die Psychologie des Gedächtnisses, Stuttgart 1979; ders., So denkt der Mensch, München 1986; M. Halbwachs, Das kollektive Gedächtnis, Frankfurt 1985; zur Problematisierung des geschichtstheoretischen Faktors ‚Vergessen' s. jetzt L. Hölscher, HZ 249, 1989, 1–17.
94 Vgl. bes. Seitelberger, in: Oeser – Seitelberger (o. Anm. 91) 95f., auch 115ff.; Oeser ebd. 144ff., 168ff.
95 Vgl. etwa Oeser a.a.O. 187.
96 Vgl. Oeser-Seitelberger a.a.O. 89f., 183f.; N. Elias, Über die Zeit. Arbeiten zur Wissenssoziologie II, Frankfurt 1984, 120f. Der Zeitsinn beruht auf der Interaktion großer Hirnrindengebiete; in fast allen höheren Hirnfunktionen sind zeitliche Relationen enthalten, deren Bedingungen sowohl präfiguriert wie durch individuelle Lernprozesse ausgeformt sind. Zeit als gesellschaftlich standardisierter Geschehensablauf, als soziales Phänomen (Orientierung, Koordination, institutionalisierter Bezugsrahmen, Mittel der symbolischen Kommunikation) sowie als Element des historisch und individuell bedingten Denkens betont Elias a.a.O., bes. 1ff., 44ff., 57f., 100f., 113ff.
97 Vgl. zu Sinn und Präferenzordnung H. Wilke, Systemtheorie, Stuttgart – New York ²1987, 25–37, bes. 31ff., 113–115, 175; allgemein P. Berger – Th. Luckmann, Die gesellschaftliche Konstruktion der Wirklichkeit, Frankfurt ⁵1977; zur Lokalisierung von Selbstbezug, Sinnstiftung und ethischer Dimension des Verhaltens in den Funktionsregionen der Großhirnrinde vgl. Seitelberger (o. Anm. 94) 87f.

ve von Zweck und Ergebnis empfunden und steuert die selektive Wahrnehmung von Information; sie ist die Basis für die gedankliche Konstruktion einer Wirklichkeit bzw. von Erwartungshorizonten. ‚Sinn' bewirkt als Präferenzsystem die entscheidende Selektion der Handlungsoptionen.

Der Aufbau dieser Sinnstrukturen gehört zu den grundlegenden Leistungen des menschlichen Gehirns, das in seiner Selbstreferentialität für die eigene Aktivität und damit für die innere Informationsproduktion und -assoziation um ein Vielfaches empfänglicher ist als gegenüber der äußeren Welt[98]. Hier liegt zusammen mit den individuell ausgebildeten neuronalen Strukturen des Gehirns die Grundlage für subjektives Erfahren, Erleben und Empfinden. Die tatsächliche Realität wird dabei nur als eine konstruierte, subjektive Wirklichkeit erfaßbar, und dies gilt in besonderer Weise für das ‚historische Wahrnehmen' des Menschen. Erlebte Realität und das Erleben bzw. Wahrnehmen von Umwelt, Eigenwelt, sozialen Strukturen oder Ereignissen durch den Einzelnen, durch Gruppen und ganze Gesellschaften sind nur mittelbar verbunden, wobei irrationale Erklärungsmodelle und allgemeine anthropologische Phänomene wie das ‚Erkennen' des Übernatürlichen wesentlich werden. Sieht man von einem durch moderne aufgeklärte und rationale Geisteshaltungen geprägten Denken ab, ist die Ordnung der Welt für den Menschen entsprechend durch geschlossene und übergreifende Sinnschemata konstituiert, wie sie von Magie, Religion und Mythos gebildet werden.

Wahrnehmung ist in ihren verschiedenen Ausprägungen ein strukturiertes, sinnhaft geordnetes Erfassen von Wirklichkeit in einem komplexen Prozeß. Der Gesamtvorgang der Kognition selbst umschließt Wahrnehmung, Informationsspeicherung, Informationsabruf aus dem Gedächtnis sowie integrierte Informationsverarbeitung und Informationsbildung, die in der für den Menschen fundamentalen realitätsfreien Denkbewegung im eigenen Vorstellungsraum gipfeln[99]. Bei diesen Prozessen sind psychische und neurophysiologische Faktoren ebenso konstitutiv einbezogen wie persönlichkeits- und sozialpsychologische oder affektiv-emotionale Bedingungen, die tiefenpsychologische Faktoren wie die Abwehrmechanismen von Verdrängung und Verleugnung, Kompensation und Projektion einschließen[100]. In dem Prozeß der menschlichen Informationsverarbeitung besitzen dabei die Menge der nichtbewußt verarbeiteten Information und die vorbewußte Strukturierung ein grundlegendes Übergewicht gegenüber dem bewußtseinsverpflichteten Anteil, der seinerseits nur eine bereits gefilterte und hochverdichtete Information umfaßt[101].

---

98 Vgl. etwa H. v. Foerster, Sicht und Einsicht. Versuch einer operativen Erkenntnistheorie, Braunschweig – Wiesbaden 1985, bes. 34f., 39f., 78f.; Seitelberger a.a.O. 77.
99 Vgl. Oeser – Seitelberger (o. Anm. 91) 69ff., 123ff.; V. Hobi, in: J. v. Ungern-Sternberg – H.-J. Reinau, Vergangenheit in mündlicher Überlieferung, Stuttgart 1988, 9–33.
100 Vgl. M. S. Gazzaniga – J. E. LeDoux, The Integrated Mind, New York – London 1978; C. E. Izard, Die Emotionen des Menschen, Weinheim – Basel 1981; H. J. Fisseni, Persönlichkeitspsychologie, Göttingen 1984; N. Schwarz, in: D. Frey – S. Greif (Hg.), Sozialpsychologie, München – Weinheim ²1987, 101–104; W. D. Fröhlich, Psychophysiologie der Aufmerksamkeit. Grundlagen der selektiven Orientierung, Bern 1985; auch ders., Angst. Gefahrensignale und ihre psychologische Bedeutung, München 1982.
101 Vgl. bes. Seitelberger (o. Anm. 94) 111f., auch etwa 89.

Der Verrechnungsprozeß der Kognition ist eine im höchstem Maße selektive Registrierung der Um- und Eigenwelt des Individuums, wobei präkognitiv vorgegebene Analyse- und Interpretationsschemata, vorgefaßte gruppen- und normenspezifische Hypothesen über die Welt und die Eigenpersönlichkeit nicht nur den Vorgang der Wahrnehmung prägen, sondern ebenso die Akzentuierungs- und Organisationsmuster für die Speicherung von Informationen bestimmen. Das Gedächtnis bildet außerdem das Gerüst für den invariabel gerichtete Zeitsinn. Beide Momente sind grundlegend für die Kontinuität des bewußten Erlebens, das seinerseits untrennbar mit der Identität, der kulturellen und sozialen Einbindung, der individuellen Geschichtlichkeit und den Erfahrungen des einzelnen Menschen verknüpft ist[102]. Wahrnehmung, Denken, Wissen, Wollen und Handeln respektive soziales Verhalten sind somit unlösbar vernetzte Leistungsbereiche innerhalb der Gesamtfunktion des Systems des menschlichen Gehirns[103]. An diesen komplexen Prozessen haben die oben definierten mentalen Strukturen als kognitive Muster und alltagsübergreifende Orientierungsschemata einen entscheidenden Anteil. Sie wirken unmittelbar in Wahrnehmung und Kognition und prägen die subjektive Konstruktion von Wirklichkeit durch das Individuum ebenso wie die Ausformung und Weitergabe der Erfahrungsmuster von Gruppen. Mentale Strukturen bilden damit zugleich die wesentlichen Bestimmungen und Grundlagen für soziales Verhalten respektive für das menschliche Handeln auf den verschiedenen Ebenen.

Mentalitäten sind gruppenspezifische „Sinnstrukturen der kollektiven Wirklichkeitsdeutung"; sie tragen für den zeitgenössischen Menschen die „Sinngewißheit der jeweils gegebenen Wirklichkeit"[104]. Sie sind nicht die unmittelbaren Ursachen des Verhaltens, sondern sie bezeichnen die Tendenzen für die Deutung von Situationen und die Dispositionen von Verhalten; sie erscheinen eher „als Bedingungen dafür, daß bestimmte Ereignisse in bestimmter Weise als Ursache wirken können"[105]: Die gruppenspezifischen, und das heißt nicht zuletzt die kultur-, religions- und ideologiespezifischen mentalen Strukturen bestimmen die Wahrnehmung und das Bild der Gruppen von sich selbst, von ihrer Umwelt und von ihrer Rolle in der Gesellschaft. Dabei ist es keineswegs zwingend, einen verhältnismäßig engen zeitlichen Zusammenhang zwischen gesellschaftlichen und politischen Veränderungen und dem Entstehen und Vergehen von Mentalitäten zu postulieren. Auch V. Sellin bezieht sich in dieser Frage nur auf die dramatischen Wandlungsprozesse der jüngeren Vergangenheit und insbesondere auf mentale Brüche[106]. Mentalitäten können aber den Vollzug von historischem Wandel sehr wohl längerfristig überleben, wie gerade zahlreiche Beispiele für die Kontinuitäten zwischen römischer Republik und Kaiserzeit oder die Ergebnisse vor allem der französischen Mentalitätsforschung, trotz möglicher Einwände gegenüber ihren Ansätzen, zeigen. Obwohl es im fortgeschrittenen 19. Jh. n. Chr. eine bisher ungeahnte Verwandlung der

---

102 Vgl. etwa Seitelberger a.a.O. 94; R. A. Shweder, Ethos 7, 1979, 255–311; 8, 1980, 60–94.
103 Vgl. ebd. 88ff., bes. 88.
104 Sellin (o. Anm. 43) 589f.
105 Ebd. 588.
106 Ebd. 589f.

Lebenswelt für breiteste Schichten gab und der Verfügungsanspruch des modernen Staates mit seinem Verwaltungshandeln weit über die bisher bekannte Präsenz von Herrschaft hinausging, führte der fundamentale soziale und ökonomische Wandel in der Regel nur mit einer erheblichen Verzögerung nach ein oder zwei Generationen zu einem mentalen Wandel, wobei sich religiöse fundierte Einstellungen als alltagsübergreifende Orientierungen als überaus widerstandsfähig erwiesen[107]. Mit dieser Epoche vergleichbare Informationsdichten oder Grade von Entwicklungsdruck, Brüchen und Veränderungen in der Lebenswelt der breiteren Schichten hat aber das in der vorliegenden Studie zu betrachtende 3. Jh. n. Chr. auch nach 235 n. Chr. nicht gekannt. Ähnliches gilt auch für den Vergleich mit der Entwicklung des Westteils des Reiches im 5. Jh. n. Chr., die den bei der modernen historischen Betrachtung – bewußt oder unbewußt – gewählten Bezug zu bilden pflegt.

Thematische Schwerpunkte

Stellen wir die Betrachtung der Zeitspanne des Imperium Romanum zwischen MarcAurel und dem späteren 3. Jh. n. Chr. unter den Gesichtspunkt, ob das ‚3. Jahrhundert' als Modell einer historischen Krise gesehen werden kann, also nicht nur in einer sachlichen Retrospektive des Historikers, sondern in der erlebten Gegenwart und in der Geschichtswahrnehmung der Zeitgenossen, so müssen wir das Ziel verfolgen, ein entsprechendes aussagefähiges Bild breiterer mentaler Strukturen zu gewinnen. Die verfügbaren Texte und direkten Zeugnisse sind hierbei auf spezifische mentale Faktoren von Geschichtserleben, Gegenwartswahrnehmung und Erwartungshorizont hin zu untersuchen und die Fragen ihrer diesbezüglichen Aussagefähigkeit zu prüfen. In den erhaltenen Zeugnissen, ihren Inhalten, Autoren und Adressaten liegen uns nur räumlich, zeitlich und auch gruppenbezogen sehr ungleich verteilte bruchstückhafte Ausschnitte respektive Zugangsmöglichkeiten zu dem Gesamtphänomen der mentalen Strukturen dieser Epoche vor. Ein für das Gesamtphänomen repräsentatives Quellenmaterial steht uns nicht zur Verfügung. Wir müssen in den vorliegenden expliziten Zeugnissen und Äußerungen nach spezifischen Aspekten des jeweiligen Teilbereichs mentaler Strukturen bzw. von Mentalitäten suchen, die Grundlinien des Gesamtbildes erkennen lassen oder die Überprüfung von Annahmen entsprechender Elemente erlauben. Für das Erreichen tragfähiger Ergebnisse ist es dabei von zentraler Bedeutung, die Kontexte und Traditionszusammenhänge der Quellen zu erfassen, insbesondere wenn es sich um religiöse und dogmatische Zusammenhänge handelt respektive Subjektivität oder Adressatenbezogenheit herauszuarbeiten sind.

In den Mittelpunkt der Studie werden nicht zuletzt jene Zeugnisse treten, welche in der Forschung für das bisherige Bild einer mentalen Spiegelung der ‚Krise des 3. Jahrhunderts' herangezogen wurden; hier ist zu klären, ob ihre scheinbar eindeutigen Aussagen, Bilder, Formeln und ‚Untergangsstimmungen' – eindeutig in dem Sinne, daß sie unseren Erwartungen für das Zeiterleben auf Grund des von uns entworfenen Bildes der Epoche entsprechen – tatsächlich solche Folgerungen zu

---

107 Vgl. beispielhaft Blessing (o. Anm. 87) 265, 268.

tragen vermögen, zumal diese Quellen in der Regel aufs engste verbunden sowohl für die Rekonstruktion einer historischen Krise wie für die Postulierung ihrer Wahrnehmung bzw. ihres mentalen Spiegelbildes herangezogen werden. Es ist bei der Verfolgung der Fragestellung unumgänglich, gerade für die Zeit nach 230 n. Chr. wiederholt in die Klärung und Darstellung historischer Abläufe einzutreten, um bei der Analyse nicht von einem übernommenen Bild der Epoche oder gar den häufigen, bisweilen suggestiv verdichteten Krisenzeichnungen auf der Grundlage älterer Arbeiten auszugehen. Gerade für den Osten des Reiches, aus dem ein wesentlicher Teil unserer nachseverischen Zeugnisse stammt, ist die Aufarbeitung des historischen Kenntnisstandes zur Frage der römischen Ostgrenze und der Bildung des Imperium Palmyrenum unerläßlich. Daß diese Fragen der Chronologie und die Rekonstruktion historischer Ereignisse als Ausgangspunkte der mentalgeschichtlichen Betrachtung bzw. der Textanalysen mehrfach breiter in die Darstellung einfließen werden, ist dabei eine gewisse methodische Schwierigkeit, doch zum Gewinn differenzierterer und zutreffender Sichtweisen unerläßlich. Das zentrale Anliegen bleibt aber auch dort die Frage nach der Existenz oder dem Fehlen von spezifischen mentalen Aspekten einer ‚Krise des 3. Jahrhunderts'.

Ein weiteres zentrales Anliegen der gewählten thematischen Schwerpunkte ist es, in dem aus diesen Quellen möglichen Umfange Denk- und Verständnismuster sowie mentale Mechanismen aufzuzeigen und so einen Zugang zur zeitgenössischen Lebenswelt zu gewinnen. Zugleich erkennen wir hier Grundlagen des historischen und politischen Geschehens, Muster der Wahrnehmung, Erwartungshaltung, Sinngebung und Handlungsoption, welche die Möglichkeiten von Gestalten, Planen und Reaktion beschränkten. Hierzu gehören auch die Bilder von Vergangenheit und Geschichte als Identitäts- und Orientierungshorizonte. Geistige, religiöse und mentale Vorgaben sind entscheidende Voraussetzungen der historischen Entwicklung wie der sozialen, wirtschaftlichen und politischen Realität. Die Arbeit für die zu verfolgende Fragestellung wird an den exemplarischen Gegenständen der spezifischen Komplexe von Texten und Einzelzeugnissen erfolgen, wobei der Zeitraum von der Mitte der 60er Jahre bis in die beginnenden 80er Jahre des 3. Jh. auf Grund der ungünstigen Überlieferung eine Verlagerung im Spektrum der zeitgenössischen Quellen und zugleich eine Konzentration auf Ägypten mit sich bringt.

Die Frage nach Konstanten und zeitspezifischen Elementen, nach konkreten Aspekten der Zeitreflexion respektive der Geschichtskonzeption kann, wie gesagt, nur für begrenzte Ausschnitte der mentalen Lebenswelt und ihre Manifestation gestellt werden. Dennoch ist damit eine zureichende Basis für die Auseinandersetzung mit der Annahme von spezifischen mentalen Strukturen gegeben, die das allgemeine Wahrnehmen und Erleben einer alle Bereiche des Lebens erfassenden Krise des Reiches im 3. Jh. n. Chr. bzw. eines permanenten und umfassenden krisenhaften Wandels dokumentieren sollen; werden die Erwartungen einer entsprechenden Spiegelung nicht oder nicht in einem relevanten Umfange erfüllt, so muß die Annahme einer dementsprechenden mentalen Grundstruktur in ihrer postulierten Gültigkeit in Frage gestellt werden. Gleiches gilt unter Einbeziehung eines differenzierten Bildes wesentlicher historischer Entwicklungen für die Frage eines allgemeingültigen Erklärungsmodells der ‚Krise' für den Übergangsprozeß des

Imperium Romanum in die von uns so bezeichnete Spätantike. Die Bedeutung einer solchen Diskussion verfestigter historischer Sichtweisen liegt nicht zuletzt in der Wirkung auf die Deutung von nicht explizit zu uns sprechenden Zeugnissen, die der Interpretation im historischen Kontext bedürfen.

Die vorliegende Studie, deren Aufbau neben bestimmten thematischen Komplexen einem chronologischen Orientierungsschema folgt, setzt mit dem ersten Teil des 8. Buches der Oracula Sibyllina, seiner Reflexion von Geschichte und sozialer Umwelt in den 70er Jahren des 2. Jh. n. Chr., ein. Die Vorgaben der sibyllistischen Traditionsbildung und die christlichen Sibyllen werden ergänzend im Anhang erfaßt, ebenso die apokryphe Epistula Apostolorum und die Frage ihres möglichen Bezuges auf das Erleben der Seuche unter Marc Aurel. Der folgende Teil des zweiten Abschnitts fragt ausgehend von der anzunehmenden Rezeption und psychologischen Wirksamkeit von Prophezeiungen nach der Bedeutung von Weissagung und Orakelwesen, nach den entsprechenden Vorstellungs- und Erwartungshorizonten und nach der Kontinuität solcher Vorstellungen und ihrer Implikationen, woran sich die Problematik der modernen Sicht von Rationalität und Irrationalem, einer Mittelwahl in Mantik und Magie, anschließt. In einem nächsten Schritt muß das Augenmerk auf grundlegende Phänomene der Prägung mentaler Strukturen durch die christliche Glaubenswelt, insbesondere durch die Vorgaben von Eschatologie und Apokalyptik sowie die zugehörigen Bilder der Schrift gerichtet werden. Nur von diesen Voraussetzungen aus kann die zutreffende Wertung der christlichen Aussagen erfolgen, die nun durch die drastische Veränderung des Überlieferungsspektrums in den Vordergrund treten und mit der Gewißheit des christlichen Glaubens und seinen dogmatischen Vorgaben konfrontieren. Im Mittelpunkt der betrachtung für das ausgehende 2. und das frühe 3. Jh. n. Chr. werden die Schriften Tertullians und Hippolyts stehen, über die sich ein Zugang zu den großen christlichen Gemeinden in Rom und Karthago eröffnet. Hier sind die Entwicklung der (groß-)kirchlichen Vorstellungen für die Heils- und Weltchronologie sowie das faßbare Verhältnis der Christen zum Imperium Romanum zu berücksichtigen. Zu beiden finden wir wesentliche Ansätze bei Irenaeus. Dabei wird stets auf die Frage zu achten sein, welche Spuren zeitspezifischer Reflexionen zur Geschichte des Imperium Romanum und seiner monarchischen Spitze 161–235 n. Chr. zu erkennen sind. Dies soll in dem abschließenden Kapitel unter Einbeziehung weiterer Quellen, so des „Octavius" des Minucius Felix, nichtchristlicher Äußerungen und auch der Frage einer Wertung der Münzpropaganda des Pescennius Niger nochmals zusammengeführt werden.

Der dritte Abschnitt der Studie wird das 12. Buch der Oracula Sibyllina mit seinem Bild der Geschichte der römischen Kaiser bis Severus Alexander für eine breitere Geschichts-‚Vulgata' nach dem Ende der severischen Dynastie zu werten suchen, um dann den Komplex der Schriften Cyprians aufzugreifen, den auch G. Alföldy in den Mittelpunkt einer Betrachtung der ‚Krise des 3. Jh.' und ihrer zeitgenössischen Wahrnehmung – mit einer Steigerung zur konkreten Untergangserwartung für das *saeculum* – gestellt hat. Hier muß ausführlich auf Kontext, Ziele, Schriftbezug und Traditionsbildungen eingegangen werden, die Cyprian für seine rhetorisch ausgefeilten, suggestiven Exhortationes und Argumentationsgänge in den dogmatischen und kirchenpolitischen Kontroversen benutzt. Im Mittelpunkt von Denken und Werk Cyprians steht die Schrift; hier stellt sich mit besonderer Deutlichkeit das Problem einer historischen Auswertung außerhalb der christlich-dogmatischen Weltsicht und ihres Verhältnisses zur irdischen Welt und damit die Frage, ob die säkulare Welt oder aber die Welt der Kirche und des Glaubens reflektiert werden, also welche Realität oder subjektive Verwendung in dem scheinbar so eindeutig zeitgeschichtlich zu wertenden Bilder- und Formelschatz zu fassen ist. Schriftbezug und christliche Traditionsbildung treten hier als zentrale Momente hervor.

Im vierten Abschnitt werden die überlieferten Teile aus dem Werk des Dionysius von Alexandrien untersucht, die sich für die Zeit 248–257/8 n. Chr. mit Cyprian überschneiden und eine spezifische Quellenlage für den Osten hinzufügen, um dann bis 262 n. Chr. hinaufzuführen. Hier ist gerade für die Jahre 248–251 n. Chr. die Behandlung chronologischer und historischer Fragen sowohl für die Vorgänge in Alexandria wie im Reich notwendig, wobei die Chronologie für die (Hirten-)Briefe des Kirchenführers zur Aufgabe traditioneller Wertungsschemata im Sinne der Rezeption der Krise zwingt. Damit verlagert sich unsere Betrachtung auf Grund der Überlieferungsproblematik auf die östlichen Teile des Imperium Romanum, um mit dem 13. Buch der Oracula Sibyllina erneut ein breiteres Geschichtsbild und seinen Gegenwartsbezug aufzugreifen. Hier ist in besonderer Intensität die Rekonstruktion der politischen Geschichte für die Jahre nach 235 n. Chr. mit Schwerpunkt auf der Entwicklung in den Räumen an der Ostgrenze des Imperium Romanum aufzunehmen. Die Frage einer möglichen mentalen Krisenwahrnehmung muß hier mit der historischen Betrachtung der Auseinandersetzungen zwischen Rom und den Sassaniden verbunden werden. Das 13. Buch der Oracula Sibyllina leitet dabei bereits in die Frage der Entstehung des Imperium Palmyrenum und des entsprechenden historischen Erlebens der Zeitgenossen über. So muß auch eine Klärung historischer und chronologischer Zusammenhänge vor allem der Bildung des Imperium Palmyrenum 270 n. Chr. folgen, wobei wir die Vorgänge im papyrologischen Material Ägyptens in charakteristischer Weise dokumentiert finden. Vor hier aus läßt sich die Frage nach der mentalen Situation in Ägypten und ihren möglichen Konsequenzen in der 1. Hälfte der 70er Jahre stellen. Daran schließt sich die Frage weiterer Spuren in der Traditionsbildung der Elijah-Apokalypse an, um die Situation des 3. Viertels des 3. Jh. in Ägypten nochmals kurz zu überblicken. Der als Zeitzeuge für die Krise wiederholt herangezogene christliche Autor Commodian wird in der Problematik seiner Einordnung und seiner Aussage im Anhang vorgestellt.

Ein erstes Resümee und eine Weiterführung der Diskussion zur Sicht des 3. Jh. n. Chr. wird das abschließende Kapitel des vierten Abschnittes zu geben suchen, um von hier aus zum letzten Teil der Studie überzuleiten, der sich grundsätzlichen mentalen Strukturen zuwendet, die wir für die Epoche zwischen Marc Aurel und dem Ausgehenden 3. Jh., ja überhaupt für die kaiserzeitliche Antike vorauszusetzen haben, um uns den Mustern des Denkens und Handelns zu nähern. Die grundsätzlichen, kontinuierlichen Phänomene eines Niedergangs- und Verfallsschemas auf der Basis des organischen Modells, der Vorstellung des Alterns der Welt und der eigenen Gegenwart in der Altersphase dieser Welt, das römische Dekadenzdenkschema sowie die Frage nach den positiven Perspektiven, Utopien und Modellen im Erwartungshorizont sind hier zu berücksichtigen. Grundlegende Vorstellungsmuster von Christen und Heiden werden bei der Betrachtung von Origenes und Lactanz sichtbar, besonders aber auch das religiös geprägte Ursachendenken und seine Bedeutung. Im zweiten Abschnitt wird im Rahmen der Muster von Gegenwartswahrnehmung, Optionenwahl, Erwartungshorizont und Problembewältigung die Frage des Fortschrittsdenkens und seiner Implikationen ebenso einzubeziehen sein wie Normensuche und Legitimationsstrategien, wobei die Stellung des Religiösen mit seiner ‚Kausalität' und der entsprechenden ‚rationalen' Lösungssuche in diesem Geflecht herausgestellt werden muß. Dabei ist der mentale Hintergrund in der mit Blick auf den Umfang der Studie gebotenen Kürze zu behandeln. Im abschließenden Teil sollen die Frage der Epochenkategorisierung und der Wertungen für die Periode des Überganges des Imperium Romanum in die von uns so bezeichnete Spätantike und die Problematik des Krisenbegriffs sowie der Verwendung dieser historischen Modellbildung diskutiert werden.

Die Behandlung der rabbinischen Quellen als Zeugnisse einer religiösen und ideologischen Sondergruppe innerhalb der Bevölkerung in den östlichen Provinzen des Reiches konnte hier mit Rücksicht auf den Umfang der Studie nicht in den Druck aufgenommen werden, zumal neuere Arbeiten eine zusätzliche Verbreiterung der Diskussion und der Untersuchung der kontextgegebenen Voraussetzungen notwendig machen. Dies muß an anderer Stell erfolgen. Deshalb sollen hier im nun Folgenden nur die für unseren Zusammenhang unmittelbar relevanten Ergebnisse kurz zusammengefaßt werden. Sie lassen weder eine konkrete Wahrnehmung der allgemeinen Krise noch eine reale, zeitbedingte Untergangserwartung für das Imperium Romanum erkennen. Auch das Perserreich erscheint hier nur im Rahmen der jüdischen Traditionsbildung.

Die notwendige Einbeziehung der Frage nach einer Spiegelung von Krise und Krisenwahrung in der Kunst der Epoche soll im Appendix dieses ersten Abschnittes der Studie folgen, wobei selbstverständlich auf den Stand der Diskussion zur Kunstentwicklung des 2. und 3. Jh. von Seiten der maßgebenden Spezialisten der klassischen Archäologie zu rekurrieren ist. Mit der dort geleisteten Aufarbeitung des Materials und Fortentwicklung der Interpretationsansätze kann und will die hier gegebene Zusammenfassung bestimmter Aspekte natürlich nicht in Wettbewerb treten; deshalb kann sie auf eine breitere Dokumentation relevanter Bildzeugnisse verzichten und sich auf einzelne Verweise beschränken.

Die Geschichtserwartung der späten tannaitischen und der frühen amoräischen Rabbinen: Krisenreflexionen in der Sicht des Imperium Romanum?

Für die religiös definierte und regional konzentrierte Gruppe des rabbinischen Judentums innerhalb der Bevölkerung der östlichen Provinzen des Imperium Romanum respektive innerhalb des römischen Palästina besitzen wir eine reiche Überlieferungstradition, welche die Sichtweisen und die Verarbeitung des Zeiterlebens für diese theologisch-intellektuelle Elite und die mit ihr verbundenen Kreise des Judentums faßbar werden läßt[108]. Es handelt sich um eine von der römischen Herrschaft direkt betroffene Gruppe, die durch ihr spezifisches religiöses und geschichtliches Weltverständnis Rom gegenüber in einer notwendigen Distanz bleiben mußte. In den Quellen des rabbinischen Kanons tritt uns die Reflexion einer alltäglichen Lebenswelt entgegen, welche zugleich durch eine religiöse und ideologische wie auch eine breite volkstümliche Brechung gekennzeichnet ist[109]. Dabei wird die für eine mentalgeschichtliche Analyse so zentrale Bedingung erfüllt, daß wir das Weltbild ausreichend kennen, das die Religionsgruppe und ihre intellektuelle Bewegung in der zeitgenössischen Umwelt konstituierte, das den autoritativen Rahmen für die Wahrnehmung und Verarbeitung der politischen oder sozialen Umwelt lieferte und in dessen Dogmatik sich das historische Erinnern vollzog. In der rabbinischen Tradition, deren zentraler Ort die rabbinischen Zirkel und Lehrhäuser waren, hat sich über narrative Kontexte, Exegese, Predigttexte, religiöse Erbauung und didaktische Exempel bedeutendes Material aus Volksmund, Legenden, mirakulöser Fantasie und allgemeinen Erzählstoffen bewahrt. Obwohl die Rabbinen noch im 4. Jh. n. Chr. keine für die jüdische Bevölkerung Palästinas bzw. Galiläas repräsentative oder gar normativ wirkende Gruppe darstellten, reflektiert ihre halakhische Auseinandersetzung die zeitgenössische, von Heidentum, nichtrabbinischen jüdischen Gruppen und römischer Herrschaft bestimmte Umwelt in durchaus unterschiedlich gezogenen dogmatischen Grenzen. Als Vorgriff auf eine detailliertere Untersuchung soll hier ein knappes Resümee der in unserem Zusammenhang wesentlichen Aspekte vorgetragen werden[110].

Die zeitgenössische Lebenswelt und Alltagserfahrung wurden im rabbinischen Denken in einem in Logik und Weltverständnis eigenständigen Interpretationsrah-

---

108 S. zum ursprünglichen zweiten Abschnitt der Habilitationsschrift bereits die Bemerkungen im Vorwort. Die methodischen Voraussetzungen für den Zugang zur rabbinischen Literatur habe ich in einem Straßburger Kolloquiumsbeitrag (Jüdisches Patriarchat, Rabbinentum und Priesterdynastie von Emesa: Historische Phänomene innerhalb des Imperium Romanum der Kaiserzeit, Ktema 1991) zusammengefaßt. Nicht syn- und diachronische Summierung von Quellenbelegen, sondern die Analyse der Entwicklung der Traditionsstoffe im kritischen Vergleich der jeweils selektiv auswählenden, eine bestimmte Stufe der Traditionsbildung repräsentierenden rabbinischen Werke muß die methodische Grundlage des Vorgehens bilden, um den Entwicklungsgang der Traditionsausbildung für die bedeutenden Schulkreise und die einzelnen Lehrgenerationen aufzuschlüsseln. Vgl. zum Kanon der talmudischen Literatur einführend H. L. Strack – G. Stemberger, Einleitung in Talmud und Midrasch, München ⁷1982; G. Stemberger, Das klassische Judentum, München 1979; ders., Midrasch. Vom Umgang der Rabbinen mit der Bibel, München 1989; J. Neusner, Judaism in Society. The Evidence of the Yerushalmi, Chicago – London 1983; ders., Judaism. The Evidence of the Mishnah, Atlanta ²1987.
109 Zum zentralen Identifikationsbegriff ‚Israel' vgl. J. Neusner, Judaism and Its Social Metaphors. Israel in the History of Jewish Thought, Cambridge – London – New York – New Rochelle – Melbourne – Sydney 1989, bes. 21–91 für 70 n. Chr. bis beginnendes 4. Jh., wovon Neusner zu Recht die Phase des weiteren 4. und 5. Jh. absetzt.
110 Vgl. zu dem Komplex G. Stemberger, Die römische Herrschaft im Urteil der Juden, Darmstadt 1983 (Erstfassung ANRW II 19,2, 1979, 338–396); zur Studie von M. Hadas-Lebel, Jérusalem contre Rome, Paris 1990 werde ich an anderer Stelle ausführlich Stellung nehmen.

men erfaßt; zugleich versuchte man, die Herrschaft Roms über Israel mit dem eigenen religiös-nationalen Geschichtsdogma zu vereinbaren. Es wurde eine Scheinwelt aufgebaut, die eine allgemein anerkannte und durchsetzbare Autorität der Rabbinen und ihres umfassenden, normativen Religionsgesetzes für das 2., 3. und 4. Jh. n. Chr. postulierte[111]. In dem von den Gelehrten entworfenen Konstrukt eines politisch-religiösen und sozialen Systems auf der Basis der Tora und der halakhischen Autorität der Rabbinen tritt der Patriarch oder Nasi (Fürst), eine real im Rahmen der römischen Provinzgesellschaft, nicht jedoch als quasistaatliche Größe hervortretende Gestalt, an die Spitze einer postulierten effektiven rabbinischen Führung Israels, deren Autorität eine allgemeine Anerkennung von heidnischer Seite zugewiesen wird.

Die Realität der römischen Herrschaft hatte nach den beiden gescheiterten Erhebungen von 66–70 und 132–135 n. Chr. auch innerhalb der Weltsicht der rabbinischen Zirkel ihren festen, prophezeiten Platz gefunden; kein anderes Reich dieser Welt komme Rom gleich oder werde ihm nachfolgen. Rom ist das vierte und letzte Reich, auf das nur mehr die messianische Zeit mit dem Triumph des geheiligten Israel über die Völker der Welt folgen werde. Eine konkrete Erwartung für das Kommen oder Näherrücken dieser messianischen Heilszeit wurde durch das Zeiterleben des 3. Jh. n. Chr. nicht hervorgerufen. Die messianische Perspektive blieb in unhistorische Ferne gerückt. Es stand nicht das notwendig einmal kommende Ende des römischen Reiches, sondern dessen Existenz im Mittelpunkt des allgemeinen Denkens. Eine Fortschrittsperspektive fand sich in dieser Welt für die Zeit vor der messianischen Verheißung nicht.

Die amoräischen Rabbinen des 3. Jh. n. Chr. waren von der Richtigkeit ihres heilsgeschichtlichen Glaubens überzeugt, doch ihre Stellungnahme zum Imperium Romanum war überraschend neutral und hinsichtlich der Zukunft von der Erwartung geprägt, daß es bis zu dem nun in ahistorische Ferne gerückten Kommen der messianischen Endzeit bestehen werde. Es sind gerade diese neutralen respektive von der Beständigkeit der römischen Herrschaft auf absehbare Zeit hinaus erfüllten Sentenzen, die vor dem Hintergrund traditioneller Dogmatik und Formelhaftigkeit hervorzuheben sind, zumal die amoräische Fixierung der Tradition bereits in der Phase der Verschlechterung des Verhältnisses zu dem christlich gewordenen und zunehmend instabil werdenden Reich seit dem späten 4. Jh. n. Chr. fällt. Die zeitgenössischen Rabbinen des späteren 3. und des 4. Jh. haben entgegen traditionellen Vorstellungen in der Forschung, die meist auf einseitigen, von einem vorgeprägten Geschichtsbild ausgehenden Auswahlen von Quellenstellen basieren[112], an dem gewachsenen Bild der römischen Macht und ihrer Fortexistenz in dieser Welt festgehalten. Die erlebten außen- und innenpolitischen Ereignisse des 3. Jh. n. Chr. haben im rabbinischen Judentum Palästinas bei einer kritischen Aufarbeitung der

---

111 Vgl. zusammenfassend K. Strobel, Klio 72, 1991, 478–497, 640–641; ferner o. Anm. 108.
112 So etwa die Thesen von S. W. Baron, A Social and Religious History of the Jews II, New York 1952, 177, messianische Hoffnungen und Erwartungen seien nach 260 n. Chr. angewachsen. Dem traditionellen Bild noch verhaftet Stemberger (o. Anm. 110) 1983, 117–121.

Quellen[113] keine erkennbaren (oder gar längerfristigen mentalen) Spuren hinterlassen. Es wurde für die Zeit des 3. Jh. weder ein wesentlicher Wandel noch eine Krise des Reiches empfunden oder intellektuell reflektiert. Die konkrete Zukunftserwartung blieb das Fortbestehen des Imperium Romanum auf jede absehbare Zeit; Rom war auch im abstrakten Sinne die Verkörperung weltlicher Herrschaft, an deren Spitze ein „König aus Fleisch und Blut" als eine mit Legenden umhüllte, vielfach entrückte Gestalt stand. Die Gefangennahme Valerians durch die Perser hat trotz der räumlichen Nähe keinen Niederschlag gefunden; entsprechende Interpretationsversuche in der Forschung blieben unbegründet. Auch die Einfälle Schapurs I. 253 und 260 n. Chr. zeigten keine Wirkung, und der Gestalt des Palmyreners Odaenath respektive der palmyrenischen Reichsbildung ist nur geringe Aufmerksamkeit mit negativer Wertung geschenkt. Palästina war im 3. Jh. n. Chr. nicht von größeren kriegerischen Ereignissen betroffen worden. Auch im 3. und 4. Jh. zeigt sich eine Kontinuität des Lebens der breiteren Bevölkerung und eine grundsätzliche Prosperität des Raumes[114]. Eine allgemeine, wirtschaftliche und soziale Krise läßt sich für Palästina im 3. Jh. n. Chr. nicht nachweisen, ebensowenig eine Zeit von Verfolgung und Widerstand für die Juden nach 138 n. Chr., wie dies ein orthodoxes Bild der Judaistik zeichnet[115].

Appendix:
Der Stilwandel in spätantoninischer Zeit und im 3. Jh. n. Chr., Ausdruck der Krise des Reiches?

Im Rahmen dieser Untersuchung kann nicht ausführlicher auf die Analyse der Kunstentwicklung mit ihren geistesgeschichtlichen und mentalen Kontexten eingegangen werden. Dennoch kann dieser Teilbereich der antiken Lebenswelt nicht ausgeklammert bleiben, da man daraus wesentliche Argumente einerseits für den ‚Niedergang' der antiken Welt und andererseits für die Existenz von Krisenreflexion bzw. für die mentale Wirkung und Verarbeitung der Krise(n) seit Marc Aurel gezogen hat. Es stellt sich deshalb für uns die Frage, ob hier das Erklärungsmodell der Krise zutrifft oder aber grundsätzliche Akzentverschiebungen und geistesgeschichtliche Umwandlungen vorliegen, die langfristig angelegt waren.

Der Versuch einer Parallelisierung der grundlegenden kunstgeschichtlichen Entwicklungen mit der Zeitgeschichte des Imperium Romanum nach der Mitte des 2. Jh. n. Chr.[116] ist, von spezifischen, aus der ideologischen Selbstdarstellung der einzelnen Herrscher stammenden Ausdrucksinhalten abgesehen, als nicht gelungen zu werten. So ist es von wesentlicher Bedeutung, daß die Themen und Inhalte der Kunstwerke, die dem Stilwandel zwischen 235 und 310 n. Chr. unterlagen, traditionelle Stoffe und Vorbilder fortführten, also gerade keine neuen Inhalte zeigten[117], wenn auch wechselnde

---

113 So ist etwa I Henoch 56, 5–7 noch vor 70 n. Chr. zu setzen, das hebräische Eliasbuch jedoch erst in das frühe 7. Jh.
114 Vgl. K. Strobel, Landwirtschaft und agrarische Gesellschaft Palästinas im 3. Jh. n. Chr., MBAH 1991/2.
115 Gegen die Thesen eines römischen Drucks auf die jüdische Bevölkerung nach 138 n. Chr. vgl. etwa M. Rabello, JJS 35, 1984, 147–167, bes. 147–155; zum juristischen Material A. Linder, The Jews in Roman Imperial Legislation, Detroit – Jerusalem 1987.
116 Sehr vorsichtig in einer historischen Wertung von Stiltendenzen auch B. Andreae, Die römische Kunst, Freiburg – Basel – Wien ³1978, 303ff., 312ff.; vgl. o. S. 25f.
117 Vgl. Fittschen (o. Anm. 74) 138; auch Andreae a.a.O. 314; T. Hölscher, JDAI 95, 1980, 313–317, 318 (mit Betonung der zugrundeliegenden mentalen und strukturellen Kontinuität).

Akzentuierungen einzelner Aspekte zu fassen sind. Wir haben in der Entwicklung dieses Zeitraums einen Stilwandel und eine Veränderung des Kunstgeschmacks, genauer der Kunstauffassung vor uns, die zur Aufgabe der klassizistischen Orientierung an der Natur zugunsten einer abstrakten, transzendierenden Form führten[118]. Es ist ein Veränderungsprozeß, in dem die verschiedenen Tendenzen vielfach gleichzeitig nebeneinander auftreten und sich dabei auf die einzelnen Bereiche des Kunstschaffens unterschiedlich verteilen.

Der Verzicht auf Organizität und naturalistische Individualität, der Übergang von individuellen Einzelzügen und persönlicher ‚Erkennbarkeit' zu einer abstrahierenden, einer primär inhaltlich-ausdrucksbezogenen respektive überindividuellen Gestaltung, die wir gerade in der Porträtkunst beobachten können, wurden zu den Prinzipien der Kunst und Kunstauffassung von Spätantike und Mittelalter; das Ausklingen der klassischen Formentraditionen, das in dem keineswegs einheitlich verlaufenden Stilwandel des 3. Jh. n. Chr. mit seinen Brechungen und ‚klassizistischen' Rückgriffen einsetzt, war das Ergebnis eines immanenten, langfristigen und grundsätzlichen geistesgeschichtlichen Entwicklungsprozesses[119]. In der Porträtkunst des 3. Jh.[120] äußert sich dieser Prozeß im fortschreitenden Verzicht auf organische Stimmigkeit, im Übergang vom plastischen Stil zum expressiven Ausdruck von Inhalten, im Verlust der Individualität zugunsten unterschiedlicher Stilisierungen, wobei sich allgemeinere Bildideale im Herrscherporträt mit spezifischen positiven Aussagen verbanden. Die bislang gängige Zuordnungsschematik der Veränderungen auf soziale und regionale Herkunftsgruppen einschließlich des sogenannten ‚Soldatenkaisertypus' sind dabei ebenso fraglich geworden wie die traditionelle Kategorisierung in ‚Klassizismus' und ‚Realismus'[121]. Letzterer muß vielmehr als eine gezielte Stilisierung zum Zwecke der expressiven Darstellung inhaltlicher Aussagen gesehen werden, was im Falle des römischen Herrscherporträts, das ja keine Charakterstudie war, natürlich bedeutete: der Darstellung von – allgemein auch so verstandenen – positiven Werten und Aussagen[122]. Das männliche Virtus- oder Leistungsporträt[123] kann mit seiner Stilisierung in Al-

---

118 Eine Abwendung von dem Erklärungsmodell der ‚Krise des 3. Jh.' wird bei K. Fittschen, in: Eikones. Festschrift für H. Jucker, Bern 1980, 108–114 (Bezug auf die Militärgesellschaft und dessen zeitweise Zurückdrängung unter Gallienus); J. Balty ebd. 49–56 deutlich. Vgl. grundsätzlich M. Bergmann, in: Spätantike und frühes Christentum, Frankfurt 1983, 41–59.
119 Vgl. A. Grabar, CArch 1, 1946, 15–34; H. v. Heintze, JbAC 6, 1963, 35–53, bes. 48ff.; D. Rößler, WZBerlin 25, 1976, 499–507; E. Kitzinger, Byzantine Art in Making, Cambridge Mass.–London 1977, bes. 10ff.; Wood (u. Anm. 120) 11, 21ff., 116, 118f.; R.R.R. Smith, JRS 75, 1985, 209–221, bes. 219ff.; auch Walser – Pekáry 121; zum Herrscherbild seit dem späten 3. Jh. n. Chr. J. Engelmann, RAC XIV, 1988, 966–1047, bes. 967f., 972f.
120 Vgl. hierzu Bergmann a.a.O.; dies., Studien zum römischen Porträt des 3. Jahrhunderts n. Chr., Bonn 1977 (mit entsprechender Dokumentation); J. D. Breckenridge, ANRW II 12,2, 1981, 477–512, bes. 499ff.; S. Wood, Roman Portrait Sculpture 217–260 A.D., Leiden 1986.
121 Vgl. bes. Bergmann (o. Anm. 118), bes. 57f.; (o. Anm. 120) 5–8, 14f.
122 Vgl. auch Bergmann a.a.O. 1983, 42; P. Zanker, in: K. Vierneisel – P. Zanker, Die Bildnisse des Augustus, München 1979, 112. Dieser Grundzug einer positiven programmatischen Aussage wurde in der Interpretation der Porträts gerade des 3 Jh. n. Chr. bisher vielfach nicht beachtet, so auch unzureichend bei Wood a.a.O. 78, 80, 87 (Die Interpretation der Privatporträts a.a.O. 78f. überzeugt nicht; vgl. gerade ebd. 80–82); zur Unbrauchbarkeit der Unterscheidung „realistisch" – „ideel" in der Repräsentationskunst auch Hölscher (o. Anm. 117) 265–321, bes. 312f., 317ff., 321, auch 266–268.
123 Zusammenfassend Bergmann (o. Anm. 118) 41ff.; (o. Anm. 120), bes. 11f. mit T. 25,1–2, 12ff.; ebd. 7, 89ff., 180ff.; (o. Anm. 118), bes. 41, 57, wo zu Recht auch auf den Unterschied zum zeitgleichen Frauenporträt verwiesen wird, das zwar eine Betonung von ausdrucksbestimmenden Teilen erfährt, aber keine vergleichbare Stilisierung und Expressivität unter Aufgabe der Organizität. Sie bleiben mimisch fast unbewegt. Vgl. hierzu auch K. Fittschen – P. Zanker, Katalog der römischen Porträts in den Capitolinischen Museen und den anderen kommunalen Sammlungen der Stadt Rom III. Kaiserinnen- und Prinzessinnenbildnisse. Frauenporträts, Mainz 1983; Smith (o. Anm 119) 214f. Gegenüber der glatten beruhigten Plastizität werden in-

terszügen[124] und mimischer Expressivität für innere Anspannung und abstrakte Werte, für die Aussage von Erfahrung und Anstrengung, von Tatkraft und Leistung als Grundzug der Stilentwicklung seit der späteren Antoninenzeit[125] bis in das beginnende 4. Jh. herausgestellt werden.

Hiervon ausgenommen waren der unter Aufnahme zahlreicher älterer Formzitate in abstrakten, alterslosen Formen stilisierte Porträttypus des Gallienus während seiner Alleinherrschaft und sein später, in der Tendenz zum Abstrakten und starr Überhöhten noch gesteigerter Bildnistyp; hier haben wir einen eindeutigen Vertreter des charismatischen, ja hieratischen Herrscherbildnisses vor uns, wie es die Kaiserdarstellungen des 4. und 5. Jh. bestimmte[126]. Die Inhalte, die in diese abstrakte und unbewegte Form übersetzt wurden, sind aber in der kaiserlichen Herrschaftsauffassung und Herrscherideologie schon lange angelegt: das statische Ideal von *aeternitas*, das Erwähltsein des Herrschers und sein Charisma bzw. seine Numinosität, seine menschliches Maß übersteigenden Qualitäten. Die erhabene, von der angestrengten Leistung des Virtus-Porträts befreite Ruhe und die charismatische Inspiration werden zu zentralen Aussagen für den Herrscher als entrücktes, übermenschliches Wesen, die seit spätkonstantinischer Zeit zur starren Unnahbarkeit und spirituellen Entrückung gesteigert werden.

Nach Gallienus verbindet sich in dem auch für die Bildniskunst der Oberschicht richtungsweisenden Kaiserporträt die weitere Steigerung des abstrakten Bildschemas des späten Gallienustypus mit dem Leistungsporträt und seiner physiognomischen Expressivität (s. u.). Während Carinus nochmals auf nicht so streng geometrische, gerundetere, an spätseverische Traditionen anklingende Formen zurückgreift[127], erfährt die Entwicklung der inhaltsbezogenen Expressivität unter Diokletian und seinen Zeitgenossen[128] ihre höchste Steigerung in einer Stilisierung durch Typisierung, Deformation, Disharmonie und scheinbar rohe Technik, um schließlich in das völlig entindividualisierte

dividuelle, realistische Merkmale auch in spät- und nachseverischer Zeit sparsam dargestellt; die idealisierenden Tendenzen bleiben im 3. Jh. n. Chr. vorherrschend (vgl. Fittschen ebd. 109, etwa mit Nr. 144.169). Die Porträts alter Frauen (ebd. 110f., 112 Nr. 164.168) aus nachseverischer Zeit bzw. um 240/250 n. Chr. wirken zwar realistisch, doch bleiben sie gegenüber den Männerporträts viel gemäßigter; es kommt zu keiner vergleichbaren (linearen) Zergliederung. Zu den Frauenporträts vgl. auch D. Stutzinger, in: Spätantike und frühes Christentum, Frankfurt 1983, Kat.-Nr. 2.8.9.11.14.15.22 mit p. 42 Abb. 7 (ca. 80er Jahre des 3. Jh. n. Chr.; zunehmende Formalisierung und Unbewegtheit unter Verlust an Plastizität und Zurückdrängung des Sinnlich-Äußerlichen gegenüber dem Ausdruck von Spiritualität); zu tetrachenzeitlichen Frauenbildnissen Fittschen – Zanker a.a.O. 117 Nr. 177; Stutzinger a.a.O. Kat.-Nr. 31.36.

124 Bergmann (o. Anm. 120) 15, 26ff.; (o. Anm. 118) 45f., 47 betont, daß von der Typologie des Leistungsporträts das Jünglingsbildnis grundsätzlich zu trennen ist, das in seiner Stilisierung eines Mannes jugendlichen Alters die ‚klassizistische' Unbewegtheit der Bildnisse des Severus Alexander und der Söhne des Maximinus Thrax oder des Philippus Arabs bedingt. Vgl. K. Fittschen – P. Zanker, Katalog der römischen Porträts in den Capitolinischen Museen und den anderen kommunalen Sammlungen der Stadt Rom I. Kaiser- und Prinzenbildnisse, Mainz 1985, 117–121 Nr. 99 (Severus Alexander); zu dem ‚gealterten' Bildnis Gordians III. ebd. 127f., 129f. Nr. 107.109; s. auch Stutzinger (o. Anm. 123) Kat.-Nr. 6.7; Bergmann a.a.O. 8–11, 15f.
125 Vgl. etwa Bergmann (o. Anm. 118) 43f. mit 51 Abb. 10.11 (Pompeianus- und Pertinax-Porträt).
126 Vgl. Bergmann a.a.O. 48f., 57f.; dies. (o. Anm. 120) 47ff., 101–103; u. S. 43f.; zum spätantiken Herrscherbildnis W. v. Sydow, Zur Kunstgeschichte des spätantiken Porträts im 4. Jh. n. Chr., Bonn 1969; R. H. W. Stichel, Die römische Kaiserstatue am Ausgang der Antike, Rom 1982; Engelmann (o. Anm. 119), bes. 978f.; P. Zanker, in: Fittschen-Zanker a.a.O. 155.
127 Fittschen, in: Fittschen – Zanker (o. Anm. 124) 141f. Nr. 117 (Die Zuweisung auf Carinus ist nicht völlig sicher); Stutzinger (o. Anm. 123) Kat.-Nr. 19; Bergmann (o. Anm. 120) 104f., 118.
128 Vgl. Stutzinger a.a.O. Kat.-Nr. 25.26.27.32.33.34 und p. 56 Abb. 31.32 (typisierte Bildnisse von allgemeiner Expressivität, die individuelle physiognomische Details nur selten erkennen lassen).

Tetrarchenbildnis zu münden, dessen ‚Porträt der Gleichheit', gegliedert in Augusti und Caesares, einen unmittelbaren Symbolträger für die Ideologie der tetrarchischen Ordnung bildete[129].

Das vorläufige Ende der klassischen Formtradition in einem nunmehrigen Überwiegen einzelner inhaltsbezogener Ausdruckselemente und in einer transzendierenden Tendenz, womit das Porträt erkennbar zum Träger von abstrakten Inhalten wird und sich von der Individualität sowie der naturalistischen Wirkung löst, ist Teil einer langfristigen, auf Introversion und transzendente Wahrheitsschau ausgerichteten geistes- und philosophiegeschichtlichen Entwicklung. So haben wir in diesem Zusammenhang auf die Äußerung des Clemens von Alexandrien, die kurze Haarmode sei eine Ausdrucksform des Ideals der ernsten Strenge (αὐστηρός)[130], ebenso zu verweisen wie auf die Lösung von der Naturtreue bei Philostrat[131], wenn die Kunst über die Nachahmung der sinnlich wahrnehmbaren Welt auf die Sichtbarmachung des εἶδος durch die Formkraft in der Materie hinausgeführt wird[132]. Bei Plotin findet die vorrangige Gewichtung des Geistig-Schönen gegenüber dem Sinnlich-Schönen ihren gültigen Ausdruck: die Seele erkenne das Schöne als wesensverwandt, das Kunstwerk selbst sei ein Schatten des wahren Seins; das beseelte Abbild der Idee in der Materie schaffe als Teilhabe am εἶδος die Schönheit[133]. Die Idee des Schönen ist endgültig in den Bereich des Transzendenten gerückt[134]. Sie ist nicht mehr im Äußeren begründet, sondern in der Beseelung des Leibes; dem künstlerischen Schönheitsideal der klassischen Proportionalität, des Ästhetisch-Äußerlichen, wird eine Absage erteilt[135]. Die Absage an das sinnlich direkt Wahrnehmbare und die Definition des Seienden als des unkörperlich Intelligiblen, nur dem Intellekt Zugänglichen vertrat in charakteristischer Weise bereits der Platoniker Numenius als der bedeutendste Vorläufer des Plotin in den ersten beiden Dritteln des 2. Jh. n. Chr.[136]. Der entwickelte Neuplatonismus des 3. Jh.[137] hatte seine Vorbereitung im 2. Jh., als auch die philosophisch-religiöse (eklektische) Spekulation unter Antoninus Pius einen Höhepunkt erreichte[138].

Nehmen wir nun als konkretes Beispiel für unsere Betrachtung das wohl am häufigsten abgebildete Porträt des 3. Jh., den Bildniskopf des Decius aus den Capitolinischen Museen[139], der weithin als der Ausdruck für den inneren, zerrissenen Zustand der Menschen in der Krise der Zeit des

---

129 Vgl. Bergmann (o. Anm. 118) 49f.; Stutzinger a.a.O. Kat.-Nr. 28; Engelmann a.a.O. 972–977; zur Ideologie der tetrarchischen Ordnung F. Kolb, Diocletian und die Erste Tetrarchie, Berlin – New York 1987, bes. 115ff.
130 Clem. Alex., Paid. 3, 11, 62,1; auch 60,2–61.
131 Die Eikones Philostrats repräsentieren die Vorstellungswelt des vollzogenen ‚Stilwandels'; vgl. auch H. Wrede, MarbWProgr 1984, 299f.
132 Philostr., VA 2, 22; auch 6, 19; vgl. Plot., Enn. 6, 7, 22 (Vorrang der Bewegtheit als Ausdruck innerer Werte gegenüber glatter (klassizistischer) Wohlproportioniertheit); auch D. Stutzinger, in: Spätantike und frühes Christentum, Frankfurt 1983, 223–240.
133 Plot., Enn. 1, 6, bes. 6, 2.3; 1, 6, 32; 4, 3, 11; 6, 7, 22; 6, 9, 10.
134 Plot., Enn. 1, 6, 1.3.4.6.7; 6, 9, 11. Vgl. zu Plotin H. J. Blumenthal, ANRW II 36,1, 1987, 528–570; K. Corrigan – P. O'Cleirigh ebd. 571–623, bes. 584–587 zum wichtigen gnostischen Hintergrund bei Plotin.
135 Plot., Enn. 1, 6, bes. 6, 1.3; 6, 7, 22. Vgl. zum Verhältnis zwischen Seele und materiellem Körper P. Hadot, ANRW II 36,1, 1987, 624–676.
136 Vgl. M. Frede, ANRW II 36,2, 1987, 1034–1075, bes. 1054, der a.a.O. 1040f. den Begriff des ‚Mittelplatonismus' als künstlich geschaffene Unterteilung ablehnt.
137 Zum Neuplatonismus vgl. zusammenfassend die Beiträge in ANRW II 36,1–2, 1987, mit weiterer Lit.
138 Vgl. C. Zintzen (Hg.), Der Mittelplatonismus, Darmstadt 1981, bes. C. Moreschini ebd. 244; ferner dens. ebd. 219–274. Zur Entwicklung des kaiserzeitlichen Platonismus vgl. J. Whittaker, ANRW II 36,1, 1987, 81–123 (Bibliographie L. Deitz ebd. 124–182); zu Plutarch und der weiterführenden Tradition G. Soury, La Démonologie de Plutarque, Paris 1942; die Beiträge in ANRW II 36,1, 1987, bes. F. E. Brenk ebd. 248—349; U. Bianchi ebd. 350–365.
139 Fittschen, in: Fittschen – Zanker (o. Anm. 124) 130–133 Nr. 110 (mit weiterer Lit.).

mittleren 3. Jh. galt und noch 1975 von Fittschen in dieser traditionellen Weise bewertet wurde: außerordentlich starke realistische Züge, „die man wohl nicht zu Unrecht als Ausdruck der seelischen Stimmung des Jahrhunderts werten darf"[140]. Es ist für die Entwicklung der archäologischen Deutung charakteristisch, daß Fittschen in seiner nunmehrigen Kommentierung dieses Kaiserporträts völlig davon abgerückt ist, in ihm einen Repräsentanten der Zeitstimmung zu sehen[141]. Wie Fittschen nun betont, wird der optische Eindruck des Bildniskopfes, der gerade nicht von hoher handwerklicher Qualität ist, sehr stark von seinem Erhaltungszustand verursacht[142]. Dem Bildnis liegt ein abstraktes Konstruktionsschema zugrunde, das wir bis Caracalla zurückverfolgen können; seine ikonographische Tradition reicht aber noch in das 2. Jh. n. Chr.[143]. Die Expressivität des Bildniskopfes beinhaltet eine programmatische Aussage zur Herrschaftsauffassung des Decius; es ist das mit Alterszügen und mimischer Spannung verbundene Virtus- oder Leistungsporträt, das Energie und Durchsetzungsvermögen mit dem Leitmotiv der *cura imperii*, der Anspannung und verzehrenden Sorge für die *salus publica* verbindet, das in der römischen Herrscherideologie einen zentralen Platz einnahm[144]. Seit Caracalla war der ‚realistische' Stil eine Stilisierung für Härte, Disziplin, angestrengte Leistung und Ausdauer; inneren Ernst und Fürsorge als Inhaltselemente finden wir bereits bei Antoninus Pius[145].

Der Bronzekopf aus der dakischen Colonia Ulpia Traiana Sarmizegetusa, der mit einiger Wahrscheinlichkeit ebenfalls Decius zuzuweisen ist[146], zeigt einen abweichenden Typus, ein beruhigtes, würdevolles Porträt, das auf die ‚klassizistische' Tendenz unter Valerian und Gallienus vorausweist und m. E. in den Zusammenhang der Propagierung des Decius als *restitutor Daciarum* und *novus Traianus* einzuordnen ist[147]. Der Kopf steht dem Bildnistyp des Trebonianus Gallus näher, dessen Bildnis zu jener Porträtgruppe aus der Mitte des 3. Jh. gehört, die weniger oder keine ‚realistischen' Züge im Sinne der expressiven, unklassischen Stilisierung aufweisen[148]. „Realismus" und „Klassizismus" bilden nur mehr unterschiedliche Inhaltstendenzen der Darstellung. Die Harmonisierung der Form unter Abbau des Affekts im ‚Klassizistischen' oder besser Nicht-‚Realistischen' der gallienischen Zeit bringt nur scheinbar den Rückgewinn klassizistischer Körperlichkeit; der Doppelcharakter zeigt sich in den abstrakten Zügen, die das Entwicklungsmoment der abstrahierenden Formbildung als eines spezifischen Inhaltsträgers weiterführen.

Die Porträts der Samtherrscher Valerian und Gallienus nehmen diesen expressiven Stil des zweiten Viertels des 3. Jh. zurück[149]. Gallienus griff in seinem ersten Porträttypus auf Formzitate aus der julisch-claudischen Epoche zurück, wohl um das dynastische Element zu betonen[150]; nach 260 glich er seinen zweiten, als abstrakte Aussage angelegten Bildnistypus verstärkt Alexander und Augustus an und brach zugunsten einer Charismatisierung mit der Formtradition des Virtusporträts,

140 Fittschen (o. Anm. 74) 139; noch Christ (o. Anm. 5) 662.
141 Fittschen (o. Anm. 139), bes. 132; allenfalls sei in der Häufung der Formeln eine Anspielung auf die besondere Anstrengung der Zeit zu sehen. Dies wäre jedoch ebenfalls eine ideologische Aussage.
142 Vgl. Fittschen a.a.O. mit Anm. 4.
143 Vgl. Fittschen a.a.O. 132, 140; Wood (o. Anm. 120), bes. 116f.
144 Vgl. Fittschen a.a.O. 132; Zanker (o. Anm. 122) 110, 112.
145 Vgl. Fittschen, in: Fittschen – Zanker (o. Anm. 124) 132, 140; vgl. die Büste des Antoninus Pius um 140 n. Chr. (ebd. 63–66 Nr. 59, bes. p. 63).
146 M. Wegner, Das römische Herrscherbild III 3. Gordianus III. bis Carinus, Berlin 1979, 64f.; vgl. Bergmann (o. Anm. 120) 42f.; Fittschen a.a.O. 130.
147 S. u. S. 230, 339; vgl. ähnlich zu Konstantin I. Engelmann a.a.O. 978.
148 Vgl. Fittschen a.a.O. 131f. mit Anm. 20; es handelt sich um die Parallelität von unterschiedlichen Stilströmungen, wie auch das ‚realistische' Bildnisschema der Münzen des Aemilianus zeigt. Vgl. auch Wood (o. Anm. 120), bes. 77; Bergmann (o. Anm. 120) 59f., 65, 68.
149 Vgl. Fittschen a.a.O. 133f. Nr. 111; Bergmann (o. Anm. 118) 47–49, 57; (o. Anm. 120) 47ff., 59f., 101–103.
150 Vgl. Fittschen a.a.O. 135f. mit Nr. 112.113.

zweifellos ein unmittelbarer Spiegel seiner ideologischen Selbstdarstellung und Herrschaftslegitimation[151]. Seine Nachfolger griffen auf die vorherige Bildauffassung des Leistungsporträts mit physiognomischer Expressivität und Alterszügen zurück, steigerten jedoch zugleich das im spätesten Gallienustypus ausformulierte abstrakte und überhöhteBildnisschema. Mit dem Porträt des Probus und seinem völligen Verzicht auf eine Bildnisähnlichkeit war der endgültige Wechsel von der klassischen, auf die Erfahrung der diesseitigen Wirklichkeit ausgerichteten Kunst zur Kunstauffassung der Spätantike vollzogen[152]. Die Rigorosität der Bildnisgestaltung mit ihrer strengen stereometrischen Ordnung und dem abstrakten geometrischen Konstruktionsschema ist die Vollendung einer Entwicklungslinie, die in antoninischer Zeit angelegt wurde, unter Caracalla hervortrat und über die Porträttypen des Maximinus Thrax, des Philippus Arabs[153], des Decius und des späten Gallienus zu Claudius II. Gothicus[154] und Probus führte. Bei Probus findet wie bei dem kapitolinischen Decius die *cura imperii* zentralen Ausdruck; die unpersönliche, abstrakte Form der Physiognomie zeigt hier aber keine Person mehr, sondern verkörpert nun eine überindividuelle Institution[155].

Bei der Betrachtung der kunstgeschichtlichen Entwicklung ist im übrigen zu betonen, daß Privatporträts der Zeit diesen drastischen Veränderungen zwar in gemilderter Form gefolgt sind, aber schon in der Phase zwischen 205 und 220 n. Chr. beginnende Entstofflichung und Abstraktion des Plastischen hin zum spätantiken Porträt zeigen[156]. So kann die Porträtsplastik um 220 n. Chr. nicht zu Unrecht als eine erste Ausprägung „spätantiken Ausdruckswollens" bezeichnet werden[157]; die späte Severerzeit weist einen Übergangscharakter auf, in dem expressive, nicht mehr in klassischem Sinne formulierte Ausdruckswerte zur kennzeichnenden Stilkomponente werden und zu einer überhöhten Bildnisaussage von suggestiver Wirkung führen. In mittel- und spätseverischer Zeit werden diese Tendenzen teilweise bereits überzeichnet, weshalb dann bisweilen eine Datierung in das fortgeschrittene 3. Jh. vertreten wurde.

Gerade Mitte 3. Jh. bis ca. (im Sarkophagrelief) 280 n. Chr. zeigt sich im Geschmack der Oberschicht eine (in ihrem Grad variierende) Rückkehr zu plastischeren Formen, deren klassizistischere Wirkung wie eine Phase größerer Beruhigung nach dem Fortschreiten der expressiven, unklassischen Strömungen bis zur Mitte des 3. Jh. erscheint, aber dabei trotz klassizistischer Rückgriffe klassische Gliedrigkeit abstreift und organische Plastizität abstrahiert[158]. Dieser gezwungenermaßen

---

151 Vgl. Fittschen a.a.O. 138 mit Nr. 114.115; M. Bergmann a.a.O.; dies., JbGött 1980, 24–27; auch Wegner (o. Anm. 146) 106–120; R. Delbrueck, Das römische Herrscherbild III 2. Die Münzbildnisse von Maximinus bis Carinus, Berlin 1940, 121–123.
152 Fittschen a.a.O. 139–141 Nr. 116; Stutzinger (o. Anm. 123) Kat.-Nr. 17, wo zu Recht betont wird, daß die Bildnisse der Kaiser des späten 3. Jh. n. Chr. nicht mehr in Serien nach festen Typenvorbildern kopiert werden, sondern jeweils charakteristische Physiognomieformeln kombinieren, vgl. auch Bergman (o. Anm. 118) 50; Bergmann a.a.O. 49f., 57f. und Kat.-Nr. 18 (Bronzekopf des Probus aus Brescia); dies. (o. Anm. 120) 105ff., bes. 117f.
153 Stutzinger a.a.O. Kat.-Nr. 10.
154 Ebd. Kat.-Nr. 16.
155 Vgl. Fittschen a.a.O. 140.
156 Vgl. ebd.; Stutzinger a.a.O. Kat.-Nr. 21.25; zu den Privatporträts J. Meischner, JDAI 97, 1982, 401–439 (Hinwendung zu intensiver, ‚realistischer' Mimik und Hervortreten abstrakt-geometrischer Werte im Porträtaufbau; für 218–235 n. Chr. dies., JDAI 99, 1984, 319–351 mit den deutlichen Unterschieden zwischen Männer- und Frauenporträts hinsichtlich der stärkeren Bewahrung einer klassizistischeren Formtradition, während im Männerporträt expressionistische Zeichnung und Abstrahierung von natürlichen Formen einsetzen. Vgl. auch Smith a.a.O. 213f.
157 Vgl. Meischner a.a.O. 1984, bes. 332, 333ff.; zu Caracalla Bergmann a.a.O. 45.
158 Vgl. Bergmann (o. Anm. 118) 49; (o. Anm. 120) 17, 60ff., 86, 101, 123ff.; auch Wood a.a.O. 104ff. Es ist für die typologisch-stilistische Variationsbreite entsprechend den gewählten programmatischen, abstrakten Gesichtspunkten bezeichnend, daß die beiden Hauptstempelschneider der Münze von Antiochia unter Aurelian und Tacitus verschiedenen Strömungen

ausschnitthaft bleibende Blick auf die Stilentwicklung seit dem späten 2. Jh. n. Chr. zeigt die Problematik der bisherigen mentalen Deutungen, deren Niedergangsurteil für die Kunstentwicklung zudem nicht selten von einem klassizistischen Formverständnis geprägt war.

So hat auch H. Jung mit vollem Recht hervorgehoben[159], daß die Sicht des so bezeichneten ‚spätantoninischen Stilwandels' im Sinne einer „krisenhaften Wende" nicht möglich ist[160]. An die Stelle der Vorstellung von einem Umbruch tritt heute jene eines sich allmählich vollziehenden Prozesses, dessen Ergebnis des Stilwandels aus einer folgerichtigen und konsequenten Entwicklung seit trajanischer und insbesondere frühhadrianischer Zeit hervorging[161]. Mit den aktuellen historischen Ereignissen unter Marc Aurel *und* Commodus möchte Jung gegebenenfalls höchstens deren Beschleunigung verbinden, während Richtung und Tendenz des Stilwandels weit über diese Phase in die 1. Hälfte des 2. Jh. n. Chr. zurückweisen[162], ja in wesentlichen Aspekten bis in flavische Zeit zurückzuverfolgen sind. Selbst Jungs sehr zurückgenommene Parallelisierung zwischen Stilentwicklung und historischem Verlauf gelingt heute nicht mehr voll[163], wie K. Parlasca hervorhebt und die eindeutig phasenweisen Entwicklung betont[164]. Man kann zusätzlich darauf verweisen, daß unabhängig von der Parallelität zwischen Sarkophagporträts und der aktuellen Mode der Kaiserbildnisse[165] die Generation der Auftraggeber der Sarkophage des ‚Stilwandels' selbst noch in der Welt der mittelantoninischen Zeit verwurzelt war. Jung[166] betont die Notwendigkeit, die bisher in den Vordergrund gerückte Annahme *politisch*-geistesgeschichtlicher Hintergründe[167] für den ‚Stilwandel' zu-

    folgten, nämlich einer dem ‚realistischen' Bildnisschema, der andere der Stilisierung des späteren Gallienus (vgl. M. Weder, NC 144, 1984, 203).
159 H. Jung, in: B. Andreae (Hg.), Symposium über die antiken Sarkophage, MarbWProgr 1984, 59–103, bes. 72f., 83; den Begriff „Volkskunst" würde ich durch ein den klassizistischen Gestaltungsprinzipien bzw. Kunstgeschmack Fernerstehen ersetzen.
160 Schon G. Rodenwaldt, Über den Stilwandel der antoninischen Kunst, Abh. Berlin, Phil.-hist. Kl. 1935, 3, Berlin 1935, 25 sah den Stilwandel seit dem Ausgang der hadrianischen Zeit vorbereitet sowie in einem als Reaktion gedeuteten Durchbruch des „römischen Wesens" begründet.
161 Zu den Beispielen der Anwendung von nichtklassischen, abstrahierenden und auf perspektivische Illusion der Figurenanordnung verzichtenden Gestaltungsmittel sollte stärker auf die Reliefs der Trajansäule hingewiesen werden. Gleiches gilt auch für die Reliefs des großen trajanischen Frieses.
162 Die Dissertation von Frau Vanda Papaefthimiou, Grabreliefs späthellenistischer und römischer Zeit aus Sparta und Lakonien (Würzburg 1990) hat mit der Aufarbeitung von Grabstelen ‚typische Erzeugnisse des 3. Jh.' anhand der Datierungen dem frühen 2. Jh. und zuletzt auch Angehörigen höherer Schichten zuweisen können. Es handelt sich hierbei um eine durchgehend präsente, breite Form des handwerklichen Kunstschaffens und seiner Rezeption bzw. Akzeptanz, wobei der Begriff „Volkskunst" nur einen Teil des Phänomens erfaßt. Charakteristisch für das Nebeneinander von entgegengesetzten Kunstniveaus an einem Stück ist etwa der Vergleich der Vorder- und Rückseite des dionysischen Wannensarkophags mit Bacchuszug in Dresden.
163 Jung a.a.O. 73f., 83 („Sicher darf angenommen werden ..., daß diese Beschleunigung etwas mit den sich überstürzenden Ereignissen in der Zeit des Marc Aurel und des Commodus [?] zu tun hatte. Aber man muß sich daneben bewußt bleiben, daß es nur die Gangart war, die damit verändert wurde").
164 Parlasca, in: Andreae (o. Anm. 159) 299.
165 Vgl. hierzu unter besonderer Berücksichtigung von Sarkophagen mit den Porträts verschiedener Personen K. Fittschen, in: Andreae (o. Anm. 159) 129–161.
166 Vgl. a.a.O. 62.
167 Vgl. etwa zur Übernahme der chronologischen Parallelität der Markomannenkriege Marc Aurels als zentrales Erklärungsmodell Th. Kraus, Das römische Weltreich, Berlin 1967, 96 „Der Klassizismus alter Prägung, die Stilsprache der friedlichen Blüte des Imperiums, weicht in der Krise des Reiches dem neuen, ganz auf unmittelbaren Eindruck eingestellten Stil".

gunsten der folgerichtigen Eigengesetzlichkeit der Formentwicklung innerhalb des künstlerischen Schaffens, in Komposition und Formgebung, zurückzunehmen[168]. Die mittelantoninischen Formtendenzen führen unmittelbar bis in die 70er Jahre des 2. Jh.[169] hinein zu einer Weiterentwicklung im Sinne des Prozesses dieses komplexen Stilwandels[170], dessen Kern ein neues Ausdruckswollen und –ziel darstellt. Deren Wurzeln liegen im nichtklassischen bzw. nichtklassizistischen Kunstgestalten und in einer dem klassischen respektive klassizistischen Geschmack fernstehenden Kunstauffassung. Ihre Durchsetzung bedeutete eine Öffnung zu alternativen Gestaltungsformen[171], worin die Literatur zum Teil in charakteristischer Weise vorausgegangen war[172].

Die Durchsetzung nichtklassizistischer Gestaltungsmittel und -prinzipien, wie sie im nichtoffiziellen, provinzialen und nichtaristokratischen Kunstschaffen immer präsent waren und die mit einigen zentralen Elementen bereits in der offiziellen Kunst seit dem 1./2. Jh. n. Chr. aufgegriffen wurden[173], bedeutet eine Entwicklung der Stil- bzw Gestaltungsmode, also eine geistesgeschichtliche Entwicklung. Für die zentrale mittelantoninische Stilphase sind dabei zwei Grundelemente herauszustellen, einmal der formale Reduktionsprozeß, der sich in der zunehmenden Reduzierung der kalligraphischen, plastisch stark differenzierten Formensprache der frühantoninischen Reliefs äußert, und zum zweiten eine unmittelbare Vorbereitung des Expressiven der spätantoninischen Reliefs, also der optischen Auflösung plastischer Formen in Hell-Dunkel-Kontrasten, des Drängens der Figuren, der Ablösung von Figur und Grund, der unruhigen Oberflächengestaltung[174].

Hinsichtlich dieser Elemente des Wandels, wobei technische Faktoren wie die spätantoninisch zum formbestimmenden Gestaltungsmittel werdende Bohrarbeit nicht unberücksichtigt bleiben können, hat M. Pfanner auf die grundsätzliche Frage des Kunstschaffens für eine „Massenkultur" mit einer breiten Verfügbarkeit von Kunst hingewiesen[175], wo die Produkte den Wertevorgaben und Bedingungen eines relativ breiten Kunstmarktes folgten und einer stärker rationalisierten, arbeitsteiligen Herstellungstechnik, welche auf Preis und Beschleunigung der Arbeitsabläufe blickte, unterla-

---

168 So auch bereits H. Jung, JDAI 93, 1978, 328–368 zur Entwicklung ab dem spätantoninischen Stilwandel.
169 Vgl. auch P. Kranz, BullCom 84, 1974–1975, 173–198 zur Betonung der Übereinstimmungen der in einer deutlichen Entwicklungslinie stehenden späteren mittelantoninischen Reliefs einerseits und der früh- bzw. mittelseverischen andererseits, was zu gegenseitigen Fehlzuweisungen (früh-/mittelantoninisch – severisch) geführt hat (ebd. 189ff.).
170 Vgl. etwa Jung (o. Anm. 159) 69f.; G. Koch – H. Sichtermann, Römische Sarkophage, München 1982, 254f., 255f. setzen als chronologisches Schema die mittelantoninische Phase der Sarkophage auf ca. 150–170/180 n. Chr., die spätantoninische mit verstärkter Unruhe, Bewegung, Pathossteigerung etc. auf 170/180–200 n. Chr.; der Stilwandel der attischen Sarkophage folgte in einem langsamen Übergang um 200 n. Chr. (ebd. 456f.). Die Bedeutung der mittelantoninischen Entwicklung tritt heute in den Vordergrund (vgl. Kranz a.a.O. 192–197, 198; Koch – Sichtermann a.a.O. 254f.
171 Vgl. etwa Jung a.a.O. 71ff., 80ff.
172 Vgl. etwa A. Dihle, Die griechische und lateinische Literatur der Kaiserzeit von Augustus bis Justinian, München 1989, 274f.
173 Vgl. Jung a.a.O., bes. 74ff., 81f.; H. Wrede, Consecratio in formam deorum. Vergöttlichte Privatpersonen in der römischen Kaiserzeit, Mainz 1981, 165f. mit Anm. 28, auch 168–172, der Frontalität, Bedeutungsgröße, mangelnden Sinn für stimmige Proportionen und realistische Handlungsabläufe sowie die symbolische Verkürzung als syntaktische Elemente einer breiten Formensprache in den italischen Municipien und in den Provinzen insbesondere für die Selbstrepräsentation der dortigen *ordines* betont („plebeische" Formensprache).
174 Kranz a.a.O., bes. 193f. Innerhalb des spätantoninischen Stilwandels ist die Rolle der Bohrarbeit hervorzuheben (vgl. hierzu etwa Jung a.a.O. 62f.), welche starke Licht-Schattengegensätze und die Auflösung plastischer Formen im Gefolge hatte; sie tritt aber bereits seit hadrianischer Zeit hervor.
175 M. Pfanner, JDAI 104, 1989, 157–257, bes. 226, 233f.

gen. Bohren und Polieren sowie die damit erzielten Effekte, welche die notwendige Arbeitsleistung und damit den Prestigewert des Produkts nach seinen Effekten und dem erkennbaren Preis erhöhten, wurden im 2. Jh. n. Chr. offensichtlich zu höchsten Qualitätsmerkmalen in der Werteskala der Skulptur[176]. Mit dieser Entwicklung der Herstellungsprozesse in den spezialisierten Werkstätten waren aber auch neue Strukturen in der Formgestaltung verbunden; hier ging eine grundlegende Stilentwicklung vor sich, in der Veränderungen im Geschmack und in der Technik sowie in der Formensprache in einem längerfristigen, wechselseitigen Prozeß gestanden haben müssen[177].

Aktuelle politische und soziale Vorgänge sind für die Veränderungen von Kunstverständnis und für die faßbaren Kunstmoden nicht als alleinige und auch nicht als vorrangige Kausalitäten zu werten[178]; auch ist dem persönlichen Vorbildcharakter Einzelner, allerdings unter Zurücktreten des Künstlers, eine hohe Bedeutung zugekommen. Die meist sehr deutlichen Verzögerungen in der weiteren Verbreitung von Kunsttendenzen und veränderten Sehgewohnheiten dürfen nicht vernachlässigt werden. Eine andere, sehr stark schematisierte Position hat B. Andreae nochmals 1981 vertreten[179], wenn er den „Stilwandel in spätantoninischer Zeit[180] . . . unter dem Eindruck der beginnenden Krise des römischen Reiches" sieht. Die „bis zu einem gewissen Grade" angenommene Parallelisierung der Stilphasen mit den Epochen der politischen Geschichte ist dabei natürlich eine direkte, nicht selten reziproke Konsequenz der Datierung nach den Moden der Kaiserbildnisse[181]. Durch die oben skizzierten Ergebnisse zur Vorgeschichte des sogenannten spätantoninischen Stilwandels ist das von Andreae vertretene Bild historischer und kunsthistorischer Parallelentwicklung in Frage gestellt. Es ist kaum mehr möglich, mit Andreae[182] die Anzeichen der Krise – daß diese 162 n. Chr. mit dem doch siegreichen Partherkrieg beginnen sollte, bleibt m.E. grundsätzlich problematisch – in den formalen und inhaltlichen Veränderungen zu sehen, „denen die Sarkophagkunst in der 2. Hälfte der Regierungszeit des Marcus Aurelius und unter Commodus unterworfen ist", d.h. in dem Stilwandel, „der die ersten Anfänge nachantiker Formstrukturen erkennen läßt." Mit einer „Barbarisierung"[183] kann der Durchbruch nichtklassischer Elemente kaum charakterisiert werden, und es überzeugt in dieser Vereinfachung nicht mehr, daß die Künstler [doch wohl vorrangig der Kunstgeschmack der Auftraggeber] „unter dem unmittelbaren Eindruck schreckenserregender Ereignisse wie der Barbareneinfälle, Kriege, Hunger, Revolten, Bedrohung der persönlichen Sicherheit" zu expressiven Formgestaltungen geführt worden seien[184]; auch für die Kunstentwicklung im 3. Jh. zeigt sich, daß damit nicht in einem linearen Ursachenverhältnis der „Unsicherheit aller Verhältnisse . . . formkünstlerischer Ausdruck" verliehen worden ist. In dem expressiv formulierten, in der Konnotation vertieften Verhältnis zu Leistung und Sieg, letzteres in den Kampfdarstellungen seit spätantoninischer Zeit faßbar[185], muß m.E. eine positive Bewältigung der

---

176 Vgl. Pfanner a.a.O. 227f., 233f.
177 Vgl. auch Pfanner a.a.O. 228; Koch – Sichtermann a.a.O. 4f.
178 Die Betonung als geistesgeschichtliche Wandlungsprozesse finden wir etwa bei Andreae (o. Anm. 116) 268f.; R. Bianchi Bandinelli, Rom. Das Zentrum der Macht, München 1970, 320f.
179 B. Andreae, ANRW II 12,2, 1981, 10–16, bes. 12f.
180 162/170–190/193 n. Chr., wobei eine Überschneidung mit der früheren antoninischen Phase (bis 162/170 n. Chr.) vorliege.
181 Zu den erheblichen, die bisherige Schematik durchaus relativierenden Umdatierungen von Werken vgl. etwa Fittschen, in: Andreae (o. Anm. 159), bes. 129, 132.
182 Andreae (o. Anm. 179) 12–14.
183 Ebd. 13.
184 Ebd. 13; Andreae bleibt in einem gewissen Maße traditionellen Bildern über die Zeit und ihre Herrscher verhaftet. Natürlich haben die Historiker die Aussagen der Sarkophage zu berücksichtigen (so ebd. 16), doch entspringt deren modernes Verständnis seinerseits den Vorgaben literarischer Quellen und unseren Geschichtsvorstellungen.
185 Vgl. zu den Schlachtsarkophagen zusammenfassend Koch-Sichtermann a.a.O. 90–92; zum spätantoninischen, klassische Plastizität durch expressiven optischen Ausdruck ersetzenden Schlachtsarkophag von Portonaccio (letztes Jahrzehnt des 2. Jh.) ebd. mit Anm. 14; B. Andreae,

Zeiterfahrungen gesehen werden, die Verstärkung einer positiven Sicht und Perspektive der eigenen Position. Hinzu trat der grundsätzliche und langfristige kunst- und geistesgeschichtliche Wandlungsprozeß. Das Virtus-Porträt wie der charismatische Bildnistyp des Herrschers sind als Träger und Ausdruck allgemeiner positiver Erwartungen und Inhalte zu interpretieren. Gleiches gilt für die ‚Brutalisierung' der Darstellung des siegreichen Kampfes gegen die Barbaren, deren Steigerung im Vergleich mit der Trajanssäule für die in den 80er Jahren entstandene Säule Marc Aurels charakteristisch ist. Der Kampf wird mit tiefer innerer, mimisch formulierter Entschlossenheit als Vernichtung der in den Barbaren verkörperten negativen Kräfte vorgestellt, wobei die Niederlage der Feinde prädeterminiert erscheint. Der römische Sieg bleibt in seiner aus der Triumphalkunst hergeleiteten gesteigerten Form ein beherrschendes Grundelement der im Bild und seiner inhaltlichen wie kontextspezifischen Konnotation dokumentierten Erwartungshaltung.

in: R. Helbig, Führer durch die öffentlichen Sammlungen klassischer Altertümer in Rom III, Tübingen ⁴1969, 14–20. Seine verdichtete Massenkampfszene bringt die absolute Sieghaftigkeit der Römer mit einer Abwertung des barbarischen Gegners in der maskenhaften, bisweilen grotesken Stilisierung (Köpfe, Gesichter) als des von vorne herein Unterlegenen zum Ausdruck. Der noch von Andreae a.a.O. 19 betonte „schwere unglückliche Zug" auf den Gesichtern der Römer ist demgegenüber als positive Konnotation zu interpretieren. Der um 260 n. Chr. entstandene Große Ludovisische Schlachtsarkophag, mit dem die römische Sarkophagkunst ihren Höhepunkt erreicht (vgl. Koch-Sichtermann a.a.O. mit Anm. 16), zieht Kampf, Triumph und Untergang des Gegners symbolisch überhöhend zusammen, wobei die zum Invictus gesteigerte Zentralgestalt des römischen Feldherrn bereits deutlich zum Träger religiöser Inhalte wird.

II. Visionen und Spuren des Zeiterlebens im Schrifttum des späteren 2. und frühen 3. Jh. n. Chr.

1. Die Welt des achten Buches der Oracula Sibyllina

Das 8. Buch der uns überlieferten Oracula Sibyllina[1] gehört zu jener Sammlung ursprünglich eigenständiger jüdischer und christlicher sibyllinischer Orakelschriften, welche in der Überlieferungstradition als Serie der Bücher I–VIII in der Kollektion der Manuskriptgruppen Φ und Ψ zusammengefaßt und in Gruppe Φ um ca. 500 n. Chr. mit einem anonymen Prolog versehen wurden[2]. Sie sind jene jüdisch-christlichen ‚Sibyllen‘, die von den Kirchenvätern vielfach zitiert werden[3] und offensichtlich weit verbreitet waren. Hierzu kommt eine zweite antike Sammlung, die in der Handschriftengruppe Ω überliefert ist und neben den sekundär kompilierten Büchern IX (= VI, VII 1, VIII 218–428), X (= IV) und XV (= VIII Eingang) allein die Bücher XI–XIV enthält, für die antike Zitate nicht nachzuweisen sind[4].

Das 8. Buch besteht aus zwei deutlich getrennten Teilen[5], einmal V. 1–216 und dann V. 217–500; letztere stellen eine christologische Schrift dar, die ihren theologisch-dogmatischen Inhalt in der Form christlicher Orakel

---

1 Vgl. zum überlieferten Corpus der Oracula Sibyllina zusammenfassend Rzach 2117–2169; Collins 421–459, bes. 422–427, 454–456; ders., Pseudepigrapha 317–326; ders., Apocalyptic 93–95, 191; M. Goodman, in: G. Vermes — F. Millar — M. Goodman (Hg.), The History of the Jewish People in the Age of Jesus Christ (175 B.C.—A.D. 135) III 1, Edinburgh 1986, 618–654; Potter 95ff.; u. Anhang I; auch A. Kurfess, in: Hennecke-Schneemelcher³ 498–502; A.-M. Denis, Introduction aux pseudépigraphes grecs d'Ancient Testament, Leiden 1970, 111–122; M. Hengel, in: Pseudepigrapha I, Vandeuvre – Genève 1971, 286–293 (mit 303–308); M. Simon, in: Hellholm, Apoc. 219–233; U. Treu, in: Graeco-Coptica. Griechen und Kopten im byzantinischen Ägypten, Halle 1984, 55–60. Text nach der Ausgabe von J. Geffcken, Die Oracula Sibyllina, Berlin 1902; siehe ferner die textkritischen Bemerkungen bei Collins, Pseudepigrapha; U. Treu, in: Hennecke – Schneemelcher 605–616.
2 Vgl. zur Überlieferungsgeschichte Geffcken a.a.O. XLVIII-LIII; Rzach 2119–2122; Collins 422; ders., Pseudepigrapha 302–322; zum Prolog Geffcken, Komposition 76.
3 Vgl. etwa Rzach 2119 sowie die zahlreichen Verweise in A. Kurfess, Sibyllinische Weissagungen, München 1951; Collins, Pseudephigrapha. Zum Fortwirken der ‚Sibyllen‘ nach dem 3. Jh. n. Chr. vgl. Rzach 2169–2183; Kurfess a.a.O. 208–279, 341–348.
4 Vgl. Rzach 2152.
5 Vgl. zusammenfassend Collins 446–448; ders., Pseudepigrapha 415–417; Rzach 2142–2146. Gegen die von Geffcken, Komposition 38–46, bes. 38–44 vorgenommene Betonung der Aufgliederung insbesondere des 1. Teiles in Einzelstücke müssen die kompositionelle Leistung und die Entwicklung einer klaren Intention (nicht berechtigt die negative Sicht von Geffcken, Komposition 40f.) durch den sicher stark kompilatorisch arbeitenden Verfasser in den Vordergrund gestellt werden. Als (gewollte) „Musterkarte sibyllinischer Dichtung" (Geffcken a.a.O.) kann das 8. Buch sicher nicht bezeichnet werden.

bietet[6]. Der erste Teil hingegen enthält in V. 1–193 eine diaspora-jüdische Orakelschrift[7], die in die Zeit zwischen 169 und 175, vermutlich genauer sogar 175 n. Chr. zu datieren ist (s. u.). Die eschatologische Passage der V. 194–216 des ersten Teiles ist in der heute vorliegenden Form das Werk eines christlichen Redaktors[8]. Die Versuche, auch für die Verse 1–193 eine christliche Autorenschaft zu erweisen, führten zu keinem stichhaltigen Ergebnis[9]; die vermuteten unmittelbaren Abhängigkeiten von neutestamentlichen Passagen bleiben ohne Beweiskraft, zumal immer wieder alttestamentliche Parallelen oder Vorbilder in älteren Sibyllen aufscheinen[10]. Der nichtchristliche Kernbestand von Or. Sib. VIII in V. 1–193 steht in seiner romfeindlichen Tendenz deutlich in einer politischen Orakeltradition der jüdischen Sibyllisten, die wir insbesondere in der Endredaktion des 3. Buches aus der Zeit der Auseinandersetzung zwischen Kleopatra VII. und Antonius auf der einen und Rom, als dessen Repräsentant sich Oktavian in seiner Propaganda stilisierte[11], auf der anderen Seite finden[12]. Verschärft wurde die antirömische Polemik dann in jüdi-

---

6 Zum christlichen Teil vgl. Collins 448; Kurfess (o. Anm. 3) 320–333; auch J. H. Charlesworth, in: E. Sanders u.a. (Hg.), Jewish and Christian Self-Definition II, Philadelphia 1981, 52–54. Neben der Christologie stehen zentral die ethisch-religiöse Exhortatio und die individuelle, Gericht und Strafe des Einzelnen betonende Eschatologie. Der Teil ist als einheitliche Komposition (vgl. auch Geffcken, Komposition 44f.) im 2. oder 3. Jh. n. Chr. verfaßt und von Lactanz ausführlich zitiert worden (hierzu und zur Verwendung in der „Oratio ad sanctos" sowie bei Augustin vgl. auch. M.-L. Guillaumin, in: J. Fontaine – M. Perrin (Hg.), Lactance et son temps, Paris 1978, 185–202; dazu Potter 99f. mit Anm. 15).

7 Vgl. zum jüdischen Grundbestand Rzach 2144f.; Collins 446–448; ders. Pseudepigrapha 415f.; ders., Apocalyptic 94, 191; auch Stemberger 56 Anm. 126 (zu Unrecht nach 180 n. Chr. datiert).

8 Vgl. bes. Collins 446f.

9 Die christliche Autorenschaft für das gesamte 8. Buch vertreten Geffcken, Komposition 38–46 (nicht überzeugend in der Analyse der Eschatologie a.a.O. 40f.); H. Fuchs, Der geistige Widerstand gegen Rom in der antiken Welt, Berlin 1938 (ND. 1964), 79; Kurfess (o. Anm. 3) 316–320; ders., in: Hennecke–Schneemelcher[3] 498–502, bes. 501 (die Schrift zeuge von dem „wilden, von der Verfolgung entflammten Haß gegen Rom"); M. Hengel, JANES 16–17, 1984–1985, 154f. (im weiteren von dieser Prämisse abhängig); V. Nikiprowetzky, ANRW II 20, 1, 1987, 461; ohne Berücksichtigung der Tradition A. Demandt, Der Fall Roms, München 1984, 56. Traditionelles Argument der Vertreter eines christlichen Ursprungs ist die Annahme einer großen Christenverfolgung unter Marc Aurel (vgl. völlig überzogen Geffcken, Komposition 46); s. hierzu jedoch Molthagen 34–37; R. Freudenberger, TRE VIII, 1981, 25; u. S. 109.

10 Als vermeintlich nur auf neutestamentliche Stellen zurückführende Passagen werden etwa genannt: V. 1 – I Thess 1, 10: keine Abhängigkeit nachweisbar, ganz allgemeine thematische Parallele in Mt 3, 7; Lk 3, 7; V. 27 – Hebr 13, 4: kein Bezug erkennbar; V. 86: neutestamentliche Abhängigkeit weder ersichtlich noch notwendig; V. 190: nur allgemeine eschatologische Topik, vgl. Collins, Pseudepigrapha 422; die Stellen aus der Johannes-Apokalypse zu V. 88, 91, 92, 102, 103 deuten nur auf ähnliche Formeln und Bilder aus dem Schatz der eschatologisch-apokalyptischen Tradition. Weitere Anklänge in den Vorstellungstraditionen bei Collins a.a.O. 418–422. Vermutete Parallelen zum Alten und Neuen Testament ausführlich bei Kurfess, in: Hennecke–Schneemelcher[3] 514–518; zu Recht zurückhaltend U. Treu, in: Hennecke–Schneemelcher 605–610; vgl. auch Fuchs a.a.O. Charakteristisch ist bereits bei Kurfess das Fehlen solcher Stellen für die großen Partien V. 28–85, 104–189.

11 Vgl. etwa D. Kienast, Augustus, Darmstadt 1982, 53ff.

12 Siehe u. Anhang I. Nicht überzeugend der erneute Versuch von H. Kippenberg, in: Spiegel und

schem Sinne in dem jüngeren 5. Buch der Oracula Sibyllina[13]; aus diesen beiden älteren ‚Sibyllen' hat das ursprüngliche achte Buch, im folgenden als Or. Sib. VIII/1 bezeichnet, in starkem Maße geschöpft[14].

Der Beginn von Or. Sib. VIII/1 mit V. 1–16 stellt eine prophetische eschatologische Schematisierung dar, die mit dem Turmbau zu Babylon beginnt und unmittelbar auf die Geschichtsperiodisierung von Or. Sib. 4, 49–104 und besonders von Or. Sib. 3, 159–161 zurückgreift; Rom wird als das fünfte Reich an das traditionelle Vier-Reiche-Schema angehängt (V. 9). Am Ende dieser Schematisierung der Weltgeschichte steht in VIII/1 die Voraussage der allgemeinen Zerstörung der Welt, verbunden mit dem bekannten Bild der ‚Mühlen Gottes' (V. 14–16). Das fünfte Reich (Rom) wird bezeichnet als die berühmte βασιλεία ἄθεσμος der Italiker (V. 9); diese Betonung des italischen Elements hat bereits in Or. Sib. 4, 102–104[15] ihr Vorbild. Eine ideologische Trennung zwischen der Stadt Rom, die im folgenden explizit erscheint, und den Italikern bzw. den *cives Romani* ist von dem Sibyllisten sicher nicht bezweckt worden.

Die Herrschaft Roms wird als das letzte irdische Reich nach den Worten des Sibyllisten allen Menschen viele Übel bringen und die mühevollen Leistungen der Menschen auf der ganzen Erde verschwenden (V. 10–11). Rom führt die Könige der Völker in den noch nicht erschöpften Westen (V. 12). Dies ist zweifellos eine direkte Anspielung auf die Schicksale verschiedener Herrscher im Raume der römischen Euphratgrenze und ihres Vorfeldes in Armenien und Mesopotamien, vermutlich insbesondere auf die Beseitigung der kommagenischen Dynastie durch Vespasian. Für Rom, das den Völkern Gesetze gibt und sich alles unterwirft (V. 13), prophezeit der Sibyllist in der Fortsetzung seines Orakels gegen Rom in V. 37–49 eine Zerstörung durch Feuer und den Untergang seines Reichtums (V. 37–42). Neben die Polemik gegen die heidnischen Götter und die pagane Götterverehrung (V. 43f., 45–49) tritt hier die dezidierte Polemik gegen die römische Herrschaft selbst, genauer gegen ihre offiziellen Kulte und gegen die römischen Senatsbeschlüsse, die offenbar als Charakteristikum römischer Herrschaftsausübung und –macht gesehen werden (V. 44f.): ἢ τότε ποῦ σοι δόγματα συγκλήτου. Während hier traditionelle hellenistische und sibyllinische Themen sowie Topoi aus der älteren Sibyllistik, aber auch solche aus dem Alten Testament[16] verarbeitet sind, fällt gegenüber diesen politisch-moralischen Prophezeiungen die drastische Exhortatio gegen die Habgier auf, ja sie erscheint sofort als ein für den Verfasser zentraler Aufruf zur Umkehr (V. 17–36)[17]. Unverstand und Habgier, das Verlangen nach Gold und Silber werden als der Anfang der Übel gebrandmarkt, ebenso die Tatsache, daß Gold und Silber höher geschätzt werden als alle anderen Werte, höher

---

Gleichnis. Festschrift J. Taubes, Würzburg 1983, 40–48, Or. Sib. 3, 350–380 in die Zeit des Mithradates VI. von Pontos zu setzen.
13 Siehe u. Anhang I.
14 Vgl. die Kurzkommentare und Angaben bei Collins, Pseudepigrapha 418–422.
15 Vgl. auch Or. Sib. 5, 342f.
16 Vgl. die Stellenangaben bei Collins, Pseudepigrapha 418f.
17 Die Passage schließt an die Untergangsprophezeiung von V. 14–16 an; für die traditionelle Deutung als Angriff gegen die Habgier des Imperium Romanum gibt es keine Grundlage.

selbst als die Erde und als Gott. Gold sei die Ursache von Gottlosigkeit, Unordnung und Krieg[18]. Nur für die Besitzenden scheint nach den Worten des Sibyllisten die ganze Welt eingerichtet zu sein: Sie berauben die Armen, um sich noch mehr Ländereien zu erwerben (V. 31–32). Der Angriff gegen die besitzenden Schichten insgesamt gipfelt in dem Ausbruch der V. 33–36: Wäre die Erde nicht so weit vom Himmel entfernt, so würde auch noch das Licht verkauft werden und den an Gold Reichen gehören, und Gott müßte eine andere Welt für die Armen schaffen.

Es zeigt sich hier deutlich, daß Or. Sib. VIII/1 eine ethisch-religiöse Abkehr von den Gütern der Welt predigen soll; in diesen überaus scharfen Angriff auf die Besitzenden und ihre Gier nach Reichtum und Landbesitz wird aber die Herrschaft Roms nicht als Ziel der Polemik einbezogen. Der Angriff der V. 17–36 ist gerade nicht gegen das Imperium Romanum gerichtet[19], sondern gegen die bestehende soziale und materielle Ordnung und die Verhaltensweisen der reichen Schichten einschließlich ihres Strebens nach Ausweitung des Großgrundbesitzes. Auch der sonst in den antirömischen Passagen der Oracula Sibyllina wiederkehrende Angriff gegen das ausschweifende Sexualverhalten fehlt hier. Gleiches gilt für das an sich überraschende Ausbleiben jeder Polemik wegen der Herrschaft Roms über einzelne Völker und insbesondere natürlich über Israel. Das „Volk der Hebräer" erscheint nur unter den Opfern des eschatologischen Widersachers Nero (V. 140f.), dort allerdings in einer für die nichtchristliche Zuordnung von VIII/1 entscheidenden Stellung.

Während sich die Polemik gegen Rom sehr deutlich an Or. Sib. 3, 350–380 orientiert, finden wir in VIII/1 aber einen ganz anderen eschatologischen Tenor: Nach den – bis auf das Orakel gegen die Perser[20] – traditionellen Prophezeiungen gegen pagane Völker und Städte einschließlich Rom (V. 160–168), die den Vorlagen und allgemeinen Sibyllenstoffen folgen[21], beschreiben die V. 169–193 keine Perspektive der Erlösung etwa in der Form des Triumphes und der Herrschaft Israels in der messianischen Zeit. Stattdessen gibt es eine Erlösung nur in der ewigen Herrschaft Gottes[22], welcher die Toten auferwecke[23]. Zuvor läßt der Sibyl-

---

18 Ihren Vorläufer findet die im Sozialen konkretisierte Kritik an der Gier nach Geld in den hellenistischen Schriften des Alten Testaments (vgl. Eccl 5, 9; auch R. Bogaert, RAC IX, 1976, 813f.).
19 Deshalb falsch auch Collins 447f.
20 V. 167–168: Später wird das Unheil auch über die Perser kommen für ihren Hochmut, und jede Hybris wird zerstört werden. Sonst sind gerade die Perser ein traditionelles positives Element der jüdischen Apokalyptik, zumal im Zusammenhang mit der Wiederkehr Neros. Die Erklärungen, hier werde auf von jüdischer Seite auf die Beglückwünschung des Titus für die Einnahme Jerusalems durch Gesandte des Vologaeses in Zeugma (Ios., B.J. 7, 5, 1, 105f.) reagiert, kann nicht überzeugen. Eher scheint sich eine spezifische Haltung gegenüber den Persern im Zusammenhang mit dem Partherkrieg von 162–166 n. Chr. zu zeigen.
21 Vgl. etwa Rzach 2143. Bereits Kelsos hebt polemisch die zum Standardrepertoire gehörenden weitläufigen Prophezeiungen gegen Länder und Städte hervor, welche von den selbsternannten Propheten und Untergangsverkündern des nahöstlichen Raumes vorgetragen würden (Orig., C. Cels. 7, 9)
22 Vgl. auch Collins, Pseudepigrapha 422.
23 Es ist charakteristisch, daß das Thema von Gericht und Auferstehung nur beiläufig zitiert wird; auch V. 82f. zeigt kein Interesse an einer Ausführung der Gedanken.

list Gott das eschatologische Chaos über Rom[24] und die Welt bringen; das Endzeitchaos, das mit der Vernichtung der Unbelehrbaren und der Frevler und mit der kosmischen Katastrophe enden werde[25], steht für den Autor gegenüber der Erlösungsperspektive oder der Auferstehung eindeutig im Mittelpunkt[26]. Die historische Perspektive der Schrift ist allein die Zerstörung Roms und seiner Herrschaft in dem eschatologischen Chaos; ihre grundlegende Erwartung ist das Ende dieser Welt im Chaos und das ewige Reich Gottes für die Gerechten. Es zeigt sich keine positive Aussicht in dieser Welt, aber auch keine spezifische oder gar akute Naherwartung des Chaos.

Als Bringer des Chaos, als Akteur der Endzeit wird Nero dreimal prophezeit, und zwar eindeutig in der Gestalt des Nero redivivus und Antimessias[27]. Die Wiederkehr des als frevelhafter Durchstecher des Isthmus und als Muttermörder gekennzeichneten Nero aus dem Exil an den Grenzen der Welt ist nun ganz durch die Nerolegende geprägt[28], wie wir sie in christlicher Form aus der zeitlich von Or. Sib. VIII/1 wohl nicht weit entfernten Ascensio Isaiae kennen[29]. Nero bringt für den jüdischen Sibyllisten der antoninischen Zeit das eschatologische Chaos als Heerführer der endzeitlichen Kriegswirren und als Vernichter Roms und der Völker, zugleich als Protagonist Asiens gegen Rom an der Spitze asiatischer (d. h. persischer bzw. parthischer) Heerscharen. Dies ist jedoch bereits ein traditionelles Thema der jüdischen Sibyllistik und keine Schöpfung des Autors unserer Schrift.

Für die Datierung von VIII/1 hat man von dem chronologischen Überblick der V. 50–70 auszugehen. Die einleitende Orakelserie mit ihrer Schematisierung der Geschichte bringt hierfür nichts. Der Aufriß der jüngeren Geschichte des Imperium Romanum beginnt mit Hadrian, der als 15. Herrscher der römischen Weltherrschaft zu einer negativen Gestalt gezeichnet wird (V. 50–64). Diese scharfe Verurteilung ist jedoch kaum erst der Feder des Sibyllisten entflossen, sondern aus der entsprechenden Tradition Hadrians als des endgültigen Zerstörers des Tempels und Juden-

---

24 Zu V. 171f. mit dem apokalyptischen Topos der drei, welche Rom den Untergang bringen, vgl. 4 Esra 11–12; Or. Sib. 3, 52; auch Collins, Pseudepigrapha 422.
25 V. 171–193; zu V. 190f. vgl. Or. Sib. 2, 202; auch 8, 339ff.; Text nach der Ausgabe von Geffcken (o. Anm. 1) 151. Nicht zwingend Kurfess (o. Anm. 3) 1951, 320.
26 V. 173–198 gehören zu den charakteristischen Beispielen für die Verbindung von Unheilsprophezeiung mit den entsprechenden Vorzeichen, dem Motiv des Zornes Gottes und der implizierten Mahnung zur Umkehr, wobei von dem Sibyllisten alttestamentliche, jüdische und heidnische Prodigien kombiniert werden. Vgl. ähnlich Or. Sib. 1, 150–220; 4, 159–178 (zu der letzteren Stelle vgl. auch Berger, ANRW II 23,2, 1980, 1434f.).
27 V. 70–72, 139–150, 151–159; entsprechend nochmals in V. 176f.
28 Nicht überzeugend Geffcken, Komposition 38f.; ders., NGG 1899, 1, 443–445, daß Nero in V. 151–159 nur mit wenig mythologischer Umformung gezeichnet sei und hier ein heidnisches Orakel aus der Zeit kurz nach Neros Tod vorliege.
29 Asc. Isai. 4, 2–12; in 4, 2 wird Nero ausdrücklich mit Beliar, dem Antichristen im Besitze der satanischen Macht, gleichgesetzt. Er kommt in der „Gestalt eines Menschen, eines ungerechten Königs, eines Muttermörders". Die Kompilation bzw. Abfassung der Schrift ist erst nach der Johannesapokalypse in das 2. Jh. n. Chr. (wohl nach Mitte 2. Jh.) zu datieren; Ziel war die Bekämpfung von Zuchtlosigkeit und Spaltung in der Kirche, wobei bereits vorhandene Traditionen und Stoffe aufgenommen und der verfolgten Absicht dienstbar gemacht wurden. Vgl. C. D. G. Müller, in: Hennecke–Schneemelcher 547–562; Vielhauer 523–528; A. Yarbo Collins, Semeia 14, 1979, 84f.; M. Himmelfarb, Semeia 36, 1986, 97–111.

verfolgers genommen[30]; das grundsätzliche negative Bild Hadrians blieb offenkundig nicht auf Kreise des Judentums in Palästina beschränkt. Allerdings finden wir bei der formelhaften Zeichnung Hadrians als Negativtypus in Or. Sib. VIII/1 eben nicht die Elemente des Gegners von 132/135 und des Verfolgers[31], sondern der entscheidende Vorwurf sind die Verbreitung der Irrlehren der Mysterien, wovon sich der Sibyllist oder genauer seine Vorlage wohl direkt betroffen fühlte, und die Vergottung des Antinous (V. 57f.)[32]. Ansonsten werden als Charakteristika seine Reisetätigkeit („mit besudeltem Fuße"), seine Liberalitas in den Provinzen[33] bei gleichzeitigem Vorgehen gegen das Vermögen seiner Feinde und seine Hingabe an die Mysterien genannt (V. 53–56). Mit dem Ende seiner Herrschaft nahen nach dieser Passage die Endzeit und ihre Schrecken (V. 59–64).

In scharfem Kontrast steht hierzu die Passage der V. 131–138, deren Entstehung zweifelsfrei durch die Einführung Hadrians als des 15. (römischen) Königs Ägyptens[34] in Alexandria zu lokalisieren ist. Die Passage ist schon lange als nachträglicher Einschub in Or. Sib. VIII/1 erkannt worden[35]. Dieses Enkomion auf Hadrian steht in der alexandrinischen Tradition eines positiven Hadrianbildes mit dem korrigierenden Einschub von Or. Sib. 5, 46–50 und der Hadrian-Passage des nach 235 n. Chr. geschriebenen 12. Buches[36]. In der offenbar maßgebend über die Diasporagemeinde Alexandrias laufenden Tradierung der Sibyllen kam es zu der gegenüber den V. 50–64 korrigierenden Interpolation der V. 131–138, die Or. Sib. 5, 46–51 und 12, 163–176 direkt nahestehen: Hadrian als der vorbildliche Weltherrscher, der nach den Ratschlüssen Gottes regiert und eine Blütezeit heraufführt. Weder für die Tendenz des originalen Bestandes von VIII/1 noch für dessen Entstehungsort oder dessen Datierung ist diese Passage relevant.

Nach dem negativen Hadrian-Porträt bringen V. 65–70 die letzte Herrschergeneration bis zum Einbruch des endzeitlichen Chaos. Hier folgen auf Hadrian noch

---

30 Vgl. Stemberger 82–86; vgl. die etwas neutralere Tanchuma Bereschit 7 (s. zur Stelle P. Schäfer, Der Bar Kockba-Aufstand, Tübingen 1981, 90f.), wo als Minimum der Angriffe die sogenannte dritte Zerstörung des Tempels erscheint.

31 Vgl. KohR 2, 16; KlglR 3, 58; das direkte Bild des Judenverfolgers blieb entsprechend der Begrenztheit der Maßnahmen weitgehend auf Palästina beschränkt. Zur hadrianischen Verfolgung in Palästina vgl. mit einer wesentlichen Relativierung des traditionellen Bildes Schäfer a.a.O. 194–235.

32 Daß der Antinous-Kult Gegenstand weitverbreiteter und nicht nur jüdischer und christlicher Kontroversen war, zeigt seine Wahl durch Kelsos als negativ verstandene Parallele zur Vergöttlichung Jesu durch die Christen (Orig., C. Cels. 3, 36; 8, 9 mit dem Hinweis, selbst die Ägypter würden die Gleichstellung des Antinous mit den traditionellen Göttern nicht zulassen).

33 Liberalitas als *virtus Augusti* wird hier in einen eindeutig negativen Wertungszusammenhang gestellt, selbst aber neutral formuliert. Vgl. zur positiven Konnotation des Begriffes seit dem 1. Jh. n. Chr. etwa C. E. Mannig, Greece & Rome 32, 1985, 73–83 (mit weiterer Lit.).

34 So V. 138.

35 Vgl. etwa Collins 446; ders., Pseudepigrapha 415. Die von Geffcken, Komposition 39 vertretene These, hier sei ein heidnisches Orakel eingefügt (auch Collins a.a.O. vermutet noch einen heidnischen oder christlichen Sibyllisten), ist nicht gerechtfertigt. Vgl. zum positiven Hadrianbild in der jüdischen Tradition Stemberger 78–81; auch Schäfer (o. Anm. 30) 236–244 (nicht immer zu Recht kritisch gegen Stemberger); auch S. 354f.

36 Or. Sib. 12, 163–175. Vgl. S. 139f., 142.

drei Herrscher am Ende der Zeiten, von denen der letzte, ein alter Mann, der weithin herrsche, die Wiederkehr des flüchtigen Muttermörders als des Antichristen erleben werde. Alle Schätze des Kosmos habe dieser bejammernswerteste Herrscher in seinen Gemächern verschlossen und bewacht; dennoch würden sie bei der Wiederkehr Neros allen und vor allem Asien (zurück)gegeben (V. 70–72).

Das Kommen des Antichrist wird von dem Sibyllisten noch für die Regierungszeit Marc Aurels[37] angekündigt und die endzeitliche Rache, die Strafe für Rom, in den V. 73–106 mit alttestamentlicher Bildhaftigkeit heraufbeschworen[38]: Rom werde gebeugt, der Ruhm seiner „adlertragenden Legionen" dahinsinken (V. 78), das italische Land alles verlieren (V. 95ff.). Welches Land werde dann noch als Bundesgenosse rechtlos von Rom versklavt sein, fragt die ‚Sibylle' (V. 79f.). Noch konkreter ist die Prophezeiung der V. 123–130: Kein Syrer, kein Hellene, kein Barbar und kein anderes Volk werde seinen Nacken mehr unter dem Joch der römischen Knechtschaft beugen; Rom werde für alle seine Taten büßen und zerstört.

In den Prophezeiungen gegen Rom von V. 73–106 und 123–130 sind m. E. sehr deutlich die Übernahmen älterer romfeindlicher nahöstlicher Orakel zu erkennen, von denen ein Teil relativ unveränderte hellenistische Prophezeiungen gegen Rom vom 2.–1. Jh. v. Chr. beinhalten dürfte[39]. Vermutlich hat sie der Autor und Kompilator von VIII/1 aus einer uns unbekannten, aber Or. Sib. III und V benützenden jüdisch-sibyllistischen Schrift übernommen und sie vor allem durch die Unterbrechung der V. 107–122[40] umgestaltet, denen damit bei der Analyse des Buches besondere Bedeutung zukommt (s. u.). Der Sibyllist der antoninischen Zeit hat zwar sicher die scharfe romfeindliche Einstellung seiner Vorlage geteilt, doch wäre es wohl ebenso falsch, hier von einem genuinen, zeitgenössischen Ausbruch gegen Rom zu sprechen. Der wesentliche Beitrag des Verfassers von VIII/1 war offenkundig die geschichtliche Aktualisierung auf die Zeit Marc Aurels und die ausgedrückte Erwartung jenes Kommens des Nero-Antimessias und mit ihm des Chaos noch während seiner Regierung. Der Sibyllist wird in V. 147–150 noch präziser, wenn er die Rom bis zu seinem Untergang zugemessene Frist auf 948 Jahre prophezeit, das Verhängnis also nach der Erfüllung von 948 Jahren (195 n. Chr.) voraussagt.

Es ist nun aber m. E. völlig abwegig, in dieser Endzeitberechnung eine Leistung oder Neuerung des Verfassers von Or. Sib. VIII/1 sehen zu wollen. Es handelt sich bei dieser Berechnung der Rom zugemessenen Frist ohne Zweifel um eine alte

37 Ohne Basis ist die Annahme bei J. Schwartz, DHA 2, 1976, 413, 415, die genannten drei Herrscher nach Hadrian seien mit Lucius Verus, Marc Aurel und Commodus zu identifizieren. Gleiches gilt für seine Datierung von Buch VIII auf ca. 250 n. Chr. mit einer Entstehung in „Antioche?" (a.a.O. 416–418). Die von ihm postulierte chronologische Folge 12, 176 – 8, 65 – 5, 51 ist unrichtig; Ausgangspunkt ist vielmehr 8, 65ff. für 12, 176 und 5, 51. Siehe u. S. 139.
38 Vgl. bes. V. 100–106; zu den Parallelen Collins, Pseudepigrapha 420; vgl. u. a. Gen 19, 24; Jes 13ff., 34; Hesek 38.39 sowie das 1 Henoch.
39 Geffcken, Komposition 40–45, bes. 41 hat für V. 73–130 den ersten der von ihm postulierten zwei christlichen Autoren angenommen, ohne die Eigenständigkeit und den Einschubcharakter von V. 107–122 zu berücksichtigen. Älterer hellenistischer Orakelbestand sind wohl die V. 76–80, 126–130; vgl. die Nähe zu Or. Sib. 3, 350–380.
40 Die Absatzeinteilung erst nach V. 109 etwa bei Collins, Pseudepigrapha 420 ist unrichtig.

gematrische Spekulation auf der Basis traditioneller Zahlen- und Buchstabenmystik zum Namen ῾Ρώμη[41], wie Or. Sib. 8, 150 im Kern selbst einräumt[42]. Für den Autor liegt dieser Zeitpunkt in der Zukunft und zwar in einer hinsichtlich der noch zu erwartenden Regierung Marc Aurels ‚absehbaren' zeitlichen Nähe. Es ist dabei mehr als fraglich, ob der Sibyllist das genaue Verhältnis zur varronischen Ära kannte; das daraus resultierende Jahr 195 n. Chr. ist also nur ein ungefährer Anhaltspunkt. Wir können davon ausgehen, daß der Sibyllist das traditionelle und zweifellos allgemein bekannte gematrische Datum des Namens ῾Ρώμη kannte. Er hat es für seine eigenen Zwecke und Vorstellungen als passend übernommen und wohl durch die Nähe des enthaltenen Zeitpunkts zur Begründung seiner Verkündung eines Zeitenendes noch in der Regierung Marc Aurels benutzt.

Wir können den vermutlichen Zeitpunkt der Abfassung von VIII/1 auf einem anderen Wege noch näher eingrenzen. Es ist m. E. deutlich zu erkennen, daß hier ein östlicher Provinziale nicht aus den gehobenen Schichten der lokalen Bevölkerung spricht, dessen Wissen über die regierenden Herrscher sich wohl auf ihre offizielle Nennung in Erlassen, Ehrungen und Eiden sowie in der Münzprägung beschränkte. Er kannte die Herrschertrias Antoninus Pius, Marc Aurel und Lucius Verus, die ihm in ihrer Überschneidung von Augustus-Caesar-Verhältnissen und Doppelprincipat offenbar als eine zusammenhängende, auf Hadrian folgende Herrschergeneration erschien, deren Mitglieder er jedoch zugleich in zeitlicher Folge aufgefaßt hat: Antoninus Pius, Lucius Verus als der Augustus im Osten und schließlich die Alleinherrschaft Marc Aurels, dessen seit 147 n. Chr. gezählte *tribunicia potestas*[43] den Eindruck einer überaus langen Regierungszeit erwecken mußte. Ansonsten beschränkte sich das Wissen des Sibyllisten für letzteren auf das stereotype Bild des Königs, der die Reichtümer der Welt hortet – was im Sinne der auf den Provinzialen lastenden Steuern des Reiches zu verstehen ist.

Der Verfasser weiß noch nichts über Commodus, den Sohn Marc Aurels, der 176/177 n. Chr. nacheinander die kaiserlichen Würden und Machtbefugnisse sowie schließlich den Augustustitel erhalten hat[44]. Das Jahr 177 ist deshalb mit dem Beginn des Doppelprincipats von Vater und Sohn und den entsprechenden Eidesleistungen der sichere Terminus ante quem für die Entstehung von VIII/1. Die Münzemissionen für Commodus Caesar hatten neben anderen Maßnahmen zur Herausstellung des designierten Thronfolgers schon 175 n. Chr. als Reaktion auf die Erhebung des Avidius Cassius begonnen[45] und wurden nach dem Ende der Usurpation auch

---

41 Vgl. grundlegend F. Dornseiff, Das Alphabet in Mystik und Magie, Leipzig-Berlin ²1925; zur weitverbreiteten und wirkungsreichen Gematrie in der Antike ebd. 91–118, bes. 105.
42 Vgl. auch Geffcken, Komposition 40; Rzach 2143.
43 Vgl. etwa U. Schillinger-Häfele, Consules. Augusti. Caesares, Schriften des Limesmuseums Aalen, Stuttgart 1986, 63f.
44 Vgl. A. R. Birley, Marcus Aurelius. A Biography, London ²1987, 195, 197; Schillinger-Häfele a.a.O. 64f.
45 BMC Emp. IV, p. 476–480, 641–646; RIC III, p. 262–264; Marc Aurel und Commodus Caesar 175 n. Chr. BMC Emp. IV, p. 475, 625; p. 641* mit RIC III 1153. Zur dynastischen Reaktion vgl. bes. Birley a.a.O. 187–189; zur Münzprägung für Commodus unter Marc Aurel W. Szaivert, Die Münzprägung der Kaiser Marcus Aurelius, Lucius Verus und Commodus (161/192), Wien 1986, 125, 127, 132–141; auch C. H. Dodd, NC IV 14, 1914, 34–59.

im Osten aufgenommen⁴⁶. Zudem hat Commodus als Caesar an der Reise Marc Aurels in den Osten des Reiches teilgenommen, die frühestens im August 175 n. Chr. begann und über Bithynien, Kappadokien, Syrien und Palästina nach Ägypten führte, wo der Kaiser den Winter 175/176 n. Chr. wahrscheinlich in Alexandria verbrachte, bis er 176 n. Chr. über Antiochia und Kleinasien zurückkreiste⁴⁷. Der Terminus ante quem für unsere Schrift dürfte demnach ziemlich sicher auf die letzten Monate des Jahres 175 n. Chr. vorzuverlegen sein. Der ebenfalls zuverlässig zu ermittelnde Terminus post quem ist der Beginn der Alleinherrschaft Marc Aurels im Jahre 169 n. Chr.

Sehen wir uns nun die Zeichen an, die in Or. Sib. VIII/1 für das Nahen des Weltenendes eingeführt werden, nämlich Hungersnot und Bürgerkrieg (V. 90f.)⁴⁸, so gehört zwar der Bürgerkrieg nicht zu dem traditionellen heidnischen Prodigienschatz, ist aber doch unter den Topoi der apokalyptischen Zeichen sehr geläufig⁴⁹. Zum anderen gehört Bürgerkrieg zu den durchgängigen Katastrophenvisionen der Antike⁵⁰. Dennoch erscheint es angesichts der möglichen Zeiteingrenzung für die Entstehung von VIII/1 nicht abwegig, einen zeitgeschichtlichen Hintergrund in der Usurpation des syrischen Statthalters und Oberbefehlshabers im Osten C. Avidius Cassius im Frühjahr 175 n. Chr. zu sehen⁵¹, von der entsprechende Gerüchte und Voraussagen einer schweren Erschütterung der Region ausgegangen sind⁵². Avidius Cassius hatte sich, offenbar auf der Grundlage einer Absprache mit der Kaiserin Faustina, nach dem Eintreffen einer falschen (oder gefälschten?) Nachricht vom

---

46 Zu den lokalen Münzprägungen für Commodus 175–177 n. Chr. vgl. etwa D. O. A. Klose, Die Münzprägung von Smyrna in der römischen Kaiserzeit, Berlin 1987, 18 (Prägung anläßlich des Kaiserbesuches im Frühherbst 176 n. Chr.); ferner A. Spijkerman, The Coins of the Decapolis and Provincia Arabia, Jerusalem 1978 (mit p. 307); zu den Prägungen in Syrien und Phönikien G. F. Hill, BMC Greek Coins. Phoenicia, London 1910; W. Wroth, BMC Greek Coins. Galatia, Cappadocia, and Syria, London 1899 (Commodus Caesar, Prägung von Antiochia ebd. p. 192 Nr. 344). Speziell zu Aelia Capitolina vgl. The Rosenberger Israel Collection I, Jerusalem 1972, p. 6 Nr. 37; zu Alexandria A. Geißen, Katalog Alexandrinischer Kaisermünzen der Sammlung des Instituts für Altertumskunde der Universität zu Köln III, Opladen 1982, 84f. Bezeichnend sind die Commodus Caesar-Prägungen von Bostra (vgl. A. Kindler, The Coinage of Bostra, Warminster, Wilts. 1983, 109f.); das völlige Übergewicht dieser Prägungen gegenüber jenen für Marc Aurel fällt ins Auge.
47 Vgl. Halfmann 213; Birley (o. Anm. 44) 191–193.
48 V. 175 bringt Hunger, Pestilenz und Wirren als undifferenzierte apokalyptische Zeichentopoi (vgl. u. a. Hesek 6, 11; auch Berger u. Anm. 49).
49 Vgl. K. Berger, ANRW II 23,2, 1980, 1436ff., bes. 1458.
50 Vgl. P. Jal, La guerre civile à Rome. Étude littéraire et morale, Paris 1963, bes. 55–59, 231–254, 489ff.
51 Vgl. zur Erhebung des Avidius Cassius Birley (o. Anm. 44) 184–190, der ebd. 190 mit Anm. 18 den tatsächlichen Charakter einer sich weit verbreitenden Rebellion betont; R. Syme, HAC 1984/1985, Bonn 1987, 207–222, bes. 221f. Zu Person und Karriere des Usurpators vgl. auch M. L. Astarita, Avidio Cassio, Rom 1983, deren Darlegungen allerdings weit über diesen Gegenstand hinausgehen; hierzu korrigierend Syme a.a.O. 207–222.
52 Vgl. etwa Cass. Dio 72 (71), 27, 3²; 28, 2; Joann. Antioch. fr. 118; für den Westen des Reiches etwa Cass. Dio 72 (71), 27, 1a; HA, Marc. 25, 2; HA, Avid. 7, 7. Ulpian (Coll. 15, 2, 6) erwähnt die *relegatio in insulam* durch Marc Aurel für jene Person, *qui motu Cassiano vaticinatus erat et multa quasi ex instinctu deorum dixerat*.

Tode Marc Aurels in Syrien zum Kaiser ausrufen lassen und die Gebiete südlich des Taurus einschließlich Ägyptens, wo er spätestens im April 175 n. Chr. anerkannt worden war, in seine Hand bekommen. Das kappadokische Heer und sein Legat blieben jedoch loyal, so daß der militärische Konflikt in der Euphratregion wohl unausweichlich scheinen mußte. Doch wurde der Usurpator schon nach drei Monaten von eigenen Offizieren getötet.

Trotz seiner Zeitstellung hat der Sibyllist weder von der Krise an der Nordgrenze des Reiches Notiz genommen, noch spielte er auf die Seuchenwelle der Jahre ab 166 n. Chr. an, obwohl beides im Falle einer akuten Naherwartung auf Grund einer allgemeinen Krisenstimmung im Osten des Reiches zu erwarten wäre. Zentral ist für ihn vielmehr eine ethisch-eschatologische Perspektive, der er V. 107–122[53] widmet und an prominenter Stelle in die Endzeitprophetie gegen Rom einschiebt. Sie ergänzt die Exhortatio von V. 17–36 als seine spezifische Aussage. Die grundlegende eschatologische Perspektive, die hier innerhalb der Schilderung des endzeitlichen Chaos und des Unterganges Roms erscheint, verkündet die Gleichheit Aller am Ende der Zeiten: die Gleichheit von Arm und Reich (V. 107–109), das Verschwinden der gesellschaftlichen Unterschiede, von Herren, Tyrannen, Königen und Sklaven (V. 110f.), das Verschwinden der Gerichtsredner und der Magistrate (ἄρχοντες) als käuflichen Richtern (V. 112) – letzteres zweifellos eine alltägliche Lebenserfahrung der einfacheren Bevölkerung in der Provinz, ihres wiederholten Scheiterns bei der Suche nach weltlicher Gerechtigkeit. Weiterhin verkündet der Sibyllist, daß es am Ende der Zeiten keinen Götzendienst und keine anstößigen kultischen Rituale mehr geben werde (V. 113ff.).

Faßt man dies zusammen, so dürfte man als Verfasser von VIII/1 einen Angehörigen der Humiles in den östlichen Provinzen des Reiches vor sich haben, genauer einen hellenisierten, fundamentalistisch ausgerichteten Juden aus einer Diasporagruppe abseits der großen städtischen und militärischen Zentren, wo man vermutlich über etwas konkretere Informationen zum zeitgenössischen Geschehen verfügt hätte. Während eine Lokalisierung der Herkunft von Or. Sib. VIII/1 in Palästina oder Ägypten zu Recht auszuschließen ist, dürfte eine solche im weiteren syrischen Raume mit guten Gründen anzunehmen sein[54]. Zweck dieses Sibyllisten war offenkundig im Gegensatz zu Or. Sib. III oder V, aus denen er in starkem Maße schöpfte, nicht eine politische Propaganda und Zielsetzung, sondern die Formulierung eines glaubensinternen Weltbildes, das auf die Normierung des eigenen Verhaltens abgestellt war und eine Absage an die erlebte soziale Ordnung und an die gesamte zeitgenössische Herrschaftsstruktur beinhaltete. Beide abgelehnten Elemente wurden von dem fünften Reich, d. h. von der Herrschaft Roms, verkörpert

---

53 Die ursprünglichen Verse ab V. 121 sind nur bruchstückhaft überliefert (V. 122). Ob und in welcher Form nach V. 193 eine theologische Eschatologie vor der christlichen Bearbeitung zur Angliederung des akrostichischen Gedichts des 2. Teiles vorhanden war, läßt sich nicht mehr sagen. Doch es wäre möglich, daß dort an die V. 120.121.122 mit der Ankündigung des kommenden Zustands ohne Streit und Feindseligkeit für die Gerechten angeschlossen wurde.

54 Dabei ist auch nochmals auf die Beziehungen zum 4. Buch in seiner Fassung von 79/80 n. Chr. hinzuweisen. Insbesondere Heiden- und Nero-Orakel zeigen parallele Traditionen.

gesehen; deren Ende ist die vom Sibyllisten vorgegebene Perspektive. Sie wird mit dem Rückgriff auf das gematrische Datum für Rom zur Immunisierung der eigenen Weltordnung gegenüber der erlebten Umwelt bekräftigt. Verbunden ist dies mit einer allgemeinen Eschatologie[55], mit der Hoffnung auf eine Erlösung und eine Befreiung von Ungleichheit, Ungerechtigkeit und von der Lästerung Gottes im Götzendienst, wenn die mit der Zerstörung Roms und der irdischen Welt zum Reich Gottes führende Endzeit angebrochen sein wird. Der reale Hintergrund von VIII/1 liegt in dem Erleben der politischen und sozialen Herrschaftsstrukturen der Hohen Kaiserzeit durch die nahöstliche Provinzbevölkerung, genauer durch eine jüdische Gruppe aus Angehörigen einfacher sozialer Schichten, die für uns sonst stumm bleiben.

Die Schrift negiert zum einen durch die Übernahme der Erwartung, daß die römische Herrschaft in historisch absehbarer, ja in einer als berechenbar gesehenen Zeit untergehen wird, das ideologische Selbstverständnis des Reiches[56], zum anderen richtet sie aber ihren Hauptangriff gegen die örtlichen besitzenden Oberschichten bzw. deren Verhalten[57]. In Or. Sib. VIII/1 ist m. E. vor allem ein Zeugnis von allgemeinen Mißstimmungen in der einfacheren Provinzbevölkerung des weiteren syrischen Raumes zu sehen; die aktuelle Erschütterung durch die Usurpation des Avidius Cassius dürfte den Sibyllisten stimuliert haben, in Verbindung mit einem bekannten und zeitlich naheliegenden gematrischen Datum seine Aufforderung zur Umkehr angesichts des drohenden Endes der Zeiten[58] zu verkünden und das Weltbild der jüdischen Diasporagemeinden in der Erwartung eines künftigen und gewissen Endes der gegenwärtigen politischen, sozialen und religiösen Umstände zu bestärken. Eine Endzeiterwartung innerhalb eines allgemeinen zeitgenössischen Krisenbewußtseins ist bei dem Sibyllisten nicht nachzuweisen. Weder die Epidemienwellen noch die kritischen Entwicklungen der Donaukriege finden sich als apokalyptische Zeichen oder Stimmungsmomente. Die geradezu selbstverständliche Verbreitung dieser Art von exhortativen Untergangsprophezeiungen im nahöstlichen Raume hat bereits Kelsos herausgestellt[59].

2. Zur Verbreitung und Alltagsbedeutung von Vaticinationes und Orakelschriften im 2.–3. Jh. n. Chr.

Die Analyse von Or. Sib. VIII/1 erweist die Schrift als eine allgemeine Vaticinatio des Unterganges, verbunden mit einer Polemik gegen Rom im Sinne der von ihm im Bewußtsein der Provinzbevölkerung verkörperten politischen, sozialen und religiösen Ordnung, an deren Spitze der Kaiser stand[60]. In dieser Vatici-

---

55 Vgl. zu einer solchen auch Or. Sib. I/II (u. Anh. II).
56 Vgl. H. U Instinsky, Hermes 77, 1942, 313–355 = in: H. Kloft (Hg.), Ideologie und Herrschaft in der Antike, WdF 528, Darmstadt 1979, 416–472.
57 Vgl. allgemein M. P. Nilsson, Geschichte der griechischen Religion II, München ²1961, 482.
58 Vgl. bes. V. 172f., 182ff.
59 Orig., C. Cels. 7, 9.11; vgl. u. S. 72f.
60 Zum Standardrepertoire philosophischer Kritik am politischen, moralischen und gesellschaftlichen Leben Roms, an Reichtum und Verhalten der Oberschicht, an Wohlstand und Ansehen vgl. Lukian, Nigrin., bes. 4.17.19.21.22.30.

natio zeigt sich die Stimmungslage der nicht zu dem Kreise der Honesti gehörenden Provinzialen, auch wenn hier ein spezifischer Adressatenkreis mit einer religiös-ideologischen Vorgabe angesprochen wurde, deren monotheistische Denkform die Verdammung des religiösen Lebens der zeitgenössischen paganen Umwelt bedingte.

Die Oracula Sibyllina und andere für uns noch greifbare Reste der antiken Sibyllistik[61] sind selbstverständlich nur ein Bruchteil solcher negativer Zukunftsaussagen[62]. Ein charakteristisches Beispiel für die gängigen Unheilsprophezeiungen außerhalb der Sibyllistik ist uns in P. Oxy. 2554 aus dem 3. Jh. n. Chr. erhalten geblieben. Hier findet sich eine allgemeine, insbesondere sozial ausgerichtete Prophetie kommenden Unheils: Wirren und Krieg, den Reichen wird es schlecht ergehen; ihr Hochmut wird gebrochen und ihr Besitz konfisziert werden. Daneben treten Beschwörungen der Wechselfälle des Schicksals, von Hunger und Krankheiten und schließlich eine kryptische Voraussage über den gewaltsamen Wechsel auf dem Kaiserthron[63].

Aus dem Erleben und dem für breite Schichten gegebenen Erleiden der politischen und sozialen Herrschaftsordnung, welche das Imperium Romanum trug und zugleich von ihm garantiert wurde, erwuchs offensichtlich ein allgemeinerer Horizont negativer Grundstimmungen in jenen Gruppen der Bevölkerung, die über keine Privilegien, sozialen Beziehungen oder Einflußmöglichkeiten und über keine materiellen Vorteile verfügten. Hinzu kommt, daß solche Gefühle der Bedrückung durch die Strukturen von gesellschaftlicher Macht und staatlicher Exekutive in eine geistige Umwelt eingebettet waren, welche durch religiöses Denken und die Dominanz von Formen des Aberglaubens in allen Schichten der Bevölkerung geprägt wurde. Dieses mentale Geflecht stellte den latent vorhandenen und stets aufnahmebereiten Nährboden für die von Ulpian als *artes inprobae contra publicam quietem imperiumque populi Romani* charakterisierten Vaticinationes[64] dar. Im römischen (Rechts-)Denken steht dem Begriff der *religio* jener der *superstitio* für die gegen die Norm verstoßenden religiösen Praktiken, für Divination außerhalb der öffentlichen religiösen Praxis, befremdende Riten, Magie oder exzessive religiöse Furcht gegenüber[65]. Der in der Forschung häufig mit dem umschriebenen Bereich der Vaticinationes verbundene Begriff des Widerstandes scheint mir die Phänomene nicht adäquat zu treffen[66]. Von derartigen, offenkundig allgemein verbreiteten Phänome-

---

61 Vgl. Rzach 2073–2117, auch 2169f.; H. W. Parke, Sibyls and Sibylline Prophecy in Classical Antiquity, London – New York 1988.
62 Siehe auch u. Anhang I.
63 P. Oxy. 2554, Col. I, Z. 4ff.
64 Ulp., in: Coll. 15, 2, 3.
65 Vgl. M. R. Salzman, VChr 41, 1987, 172–175; zur Gegenüberstellung der Begriffe auch W. F. Otto, ARW 12, 1909, 533–554; Morton Smith, Jesus der Magier, München 1981, 124 mit 302 betont, daß eine klare faktische Trennungslinie zwischen Magie und (persönlicher) Privatreligion nicht möglich ist; auch die Magie enthält das Bittgebet und die Religion das Zwinggebet (vor allem des Priesters).
66 Dies gilt auch für die im Grunde unscharfe Verwendung des Begriffes durch H. Fuchs, Der geistige Widerstand gegen Rom in der antiken Welt, Berlin 1938 (ND. 1964).

nen der Mentalitätsgeschichte der Kaiserzeit[67] haben wir in der Regel Zeugnisse nur in Ausnahmefällen erhalten. Dies darf bei der historischen Wertung aber nicht als Argument für eine tatsächliche Ausnahmestellung genommen werden.

Die kaiserliche Autorität suchte seit augusteischer Zeit wiederholt mit gesetzlichen Maßnahmen solche Vaticinatores und ihre Voraussagen wie überhaupt das private Weissagungs- und Orakelwesen[68] in Schranken zu halten[69]. Sie tat dies nicht nur in der klaren Erkenntnis der möglichen öffentlichen Wirksamkeit solcher Unheilsprophezeiungen[70], sondern auch aus dem allgemein anerkannten und nur von kleinen intellektuellen Kreisen nicht geteilten Glauben heraus, daß man die Zukunft durch öffentliche mantische Zeremonien oder private respektive okkulte Prophezeiungen, durch Astrologie oder Traumdeutung erkennen könne[71]. Träume etwa galten als existentielle Erlebnisse des Menschen, die ihn unmittelbar mit dem Transzendenten und Numinosen verbanden[72]; die Traumgläubigkeit blieb gerade im griechischen Kulturraum konstant[73].

67 Vgl. etwa zum Zweig der Universalhoroskopie für Länder, Völker und Städte über Katastrophen, Erdbeben, Seuchen, Überschwemmungen und Krieg W. Gundel, RAC I, 1950, 817f., ebd. 817–831 zur Übernahme vieler Aufgaben der numinosen Orakel durch die Astrologie.
68 Vgl. hierzu grundlegend A. Bouché-Leclercq, L'astrologie grecque, Paris 1899 (ND. Brüssel 1963), 546–570; ders., Histoire de la divination dans l'Antiquité II, Paris 1879 (ND. Brüssel 1963), 93–226; K. Latte, RE XVIII 1, 1939, 829–866; F. H. Cramer, Astrology in Roman Law and Politics, Philadelphia 1954 (in der Übernahme antiker Quellenurteile mehrfach unkritisch); R. MacMullen, Enemies of the Roman Order. Treason, Unrest, and Alienation in the Empire, Cambridge Mass. – London 1967, 128–162.
69 Siehe zu Augustus: Suet., Aug. 31, 1; Cass. Dio 56, 25, 4f.; Tiberius: Suet., Tib. 36; 63, 1; Ulp., Coll. 15, 2, 1; Antoninus: Ulp., Coll. 15, 2, 4. Vgl. zusammenfassend Cramer a.a.O. 232–281; MacMullen a.a.O.; auch Bouché-Leclercq, Histoire de la divination dans l'Antiquité IV, Paris 1882 (ND. Brüssel 1963), 319–358; E. Massonneau, La magie dans l'Antiquité Romaine. La magie dans la littérature et les moeurs romaines, la répression de la magie, Paris 1934, bes. 177ff.
70 Vgl. etwa Cass. Dio 57, 18, 4f. (19 n. Chr.). Ein besonders drastisches Beispiel für die historische Wirksamkeit ist das messianische Orakel unter den auslösenden Faktoren der jüdischen Erhebung von 66/70 n. Chr. (Ios., Ant.J. 20, 5, 1; 20, 8, 5–6.10), das heute überzeugend mit Num 24 identifiziert wird (anders noch MacMullen a.a.O. 147f. mit Anm. 19); zur militanten jüdischen Prophetie dieser Zeit vgl. Ios., B.J. 6, 5, 4, 312; Tac., Hist. 5, 13, 2; Suet., Vesp. 4, 5; zur Atmosphäre der Zeit auch Smith (o. Anm. 65).
71 Zur Bedeutung von Weissagung, Astrologie und Orakel im Leben der Menschen der Kaiserzeit, in Gesellschaft und Politik vgl. MacMullen a.a.O., bes. 131f., 134; ders., AncSoc 2, 1971, 105–116; J. Sünskes, in: Migratio et Commutatio. Festschrift für Th. Pekáry, St. Katharinen 1989, 60–67; ferner Gundel (o. Anm. 67) 821–825, auch 828ff.; W. und H. G. Gundel, Astrologumena. Die astrologische Literatur in der Antike und ihre Geschichte, Wiesbaden 1966, 283f., auch 312ff.; K. Latte, Römische Religionsgeschichte, München 1960, 288–290. Zur intellektuellen Kritik und zur philosophischen Überformung des Weissagungswesens vgl. Bouché-Leclercq (o. Anm. 68) 1899, 570ff.; siehe auch Artem. 1, praef. 1–2 gegen die philosophischen Gegner der Mantik und göttlichen Vorsehung sowie zum aktuellen Bedarf für sein Handbuch der Traumdeutung.
72 Vgl. Lukian., Somn., bes. § 14; ferner u. Anm. 73.
73 Vgl. Th. Hopfner, RE VI A 2, 1937, 2233–2245; H. Kenner, RE XVIII 1, 1939, 448–459; J. S. Hanson, ANRW II 23,2, 1980, 1395–1427; zu der als Vergleich notwendigen modernen Traumforschung E. Aeppli, Der Traum und seine Deutung, Zürich ⁷1977; W. W. Kemper, Der Traum und seine Be-Deutung, München 1977; zusammenfassend zu den antiken Systemen der Traumanalyse A. H. M. Kessels, Mnemosyne IV 22, 1969, 389–424.

Die Spielarten von Wahrsagung und Zeichendeutung gingen dabei von den gewerbsmäßigen Straßenhellsehern[74] bis zum ‚wissenschaftlich' bzw. ‚empirisch' arbeitenden Spezialisten und Fachschriftsteller[75]. Gerade das 2. Jh. n. Chr. hat mit Schwerpunkt in den 50er und 60er Jahren das Schaffen herausragender, von ihren Gegenständen zutiefst überzeugter Fachautoren in den Bereichen von Astrologie und Traumdeutung hervorgebracht, die zugleich die vorausgehende Tradition kompilierten: Klaudios Ptolemaios[76], Vettius Valens[77] und Artemidor von Daldis[78].

Ebenso grundlegend war für die Welt der antiken Menschen, von einem sehr begrenzten Kreis von Intellektuellen abgesehen, der selbstverständliche und von keinem religiösen System abhängige, allgemeinanthropologische Glaube an die Beeinflußbarkeit des Numinosen und Dämonischen, des menschlichen Schicksals, der aktuellen Lebensumstände und schließlich der Welt als solcher durch Magie und magische Praktiken[79]. Zu diesem Komplex gehören auch die Gebete in den entwickelten Religionssystemen einschließlich des Christentums, deren Beschwörungsfunktion oft deutlich zu erkennen ist. Moderne psychologische und anthropologische Untersuchungen haben die traditionelle Dreiteilung der geistesgeschichtlichen Betrachtung in Magie bzw. Aberglauben, Religion und Wissenschaftlichkeit

---

74 Vgl. etwa Artem. 1, praef. 3, auch 2. Die Frage der Orakelpapyri und der Orakelbücher werde ich an anderer Stelle ausführlicher behandeln.
75 Vgl. W. u. H. G. Gundel (o. Anm. 71) 140–339, bes. 202–227; zur Spätantike ebd. 227–274; auch F. Cumont, L'Égypte des Astrologues, Brüssel 1937. Betont wird die theoretisch-intellektuelle Ebene des Klaudios Ptolemaios, die beim Leser Vorkenntnisse voraussetzt und von der tatsächlichen Praxis, wie sie bei Vettius Valens repräsentiert wird, gelöst ist, von M. Riley, TAPA 117, 1987, 235–256. Zu dem in der Kaiserzeit so hoch geschätzten pseudepigraphischen Werk der Astrologumena des Nechepso und Petosiris, das in Ägypten im 2. Jh. v. Chr. entstand und in seinem historischen Hintergrund von der Auseinandersetzung zwischen Ptolemäern und Seleukiden (= ‚Ägypten' bzw. ‚Syrien') geprägt ist, vgl. W. Kroll, RE XVI 2, 1935, 2160–2167; Gundel a.a.O. 27–36. Das astrologische Kompendium wurde von Vettius Valens und Firmicus Maternus ausgeschrieben und ist auch in Or. Sib. 8, 192–193 zitiert (siehe E. Riess (Ed.), Nechepsonis et Petosiridis fragmenta magica, Philol. Suppl. 6, 1891–1893, 325–394, bes. 345). Zweifellos kennen wir in vielen Fällen die älteren Vorlagen späterer astrologischer und mantischer Kompedien nicht ausreichend, so daß historische Interpretationsversuche bestimmter Partien stets mit Unsicherheitsfaktoren belastet bleiben.
76 Vgl. zum astrologischen Werk E. Boer, RE XXIII 2, 1959, 1831–1839; W. u. H. G. Gundel (o. Anm. 71) 202–213.
77 Vgl. E. Boer, RE VIII A 2, 1958, 1871–1873; Gundel ebd. 216–221. Die Horoskope führen zeitlich bis 188 n. Chr. hinauf (B. III–V, VII–VIII 152/166; I–II; IV, IX bis 188 n. Chr.).
78 Vgl. K. Brackertz, in: ders., Artemidor von Daldis, Das Traumbuch, München – Zürich 1979, 349–391).
79 Vgl. zusammenfassend D. E. Aune, ANRW II 23,2, 1980, 1507–1557; Smith (o. Anm. 65), bes. 122–136; A.-M. Tupet, ANRW II 16,3, 1986, 2591–2675; Betz (u. Anm. 92) XLI, XLIV–VIII; auch R. Turcan, Les cultes orientaux dans le monde romain, Paris 1989, 264–271; zum ägyptischen und vorderasiatischen Bereich, der den Hintergrund gerade für Judentum und auch Christentum bildete, J. F. Borghouts, Lexikon d. Ägyptologie III, 1980, 1137–1151; J. Bottéro – V. Haas, RAssyr VII 3/4, 1988, 200–255, bes. 203ff.; zu Dämonen- bzw. Geisterglaube und Exorzismus zusammenfassend C. Colpe – A. Kallis – J. Maier – C. D. G. Müller – P. G. van der Nat – E. Schweizer – J. ter Vrugt-Lentz – C. Zintzen, RAC IX, 1976, 546–797; K. Thraede, RAC VII, 1969, 44–117.

für das vormoderne Weltverständnis als unzutreffend erwiesen[80]. Entsprechend sind Magie und Geisterglaube und ihre religiöse Definition von Realität, die zur Bewältigung von Ungewißheit und Unbeherrschbarkeit der Lebensumstände respektive der Umwelt dienten, auch selbstverständliche Bestandteile des Lebens im *orbis Romanus* der Republik sowie der frühen und hohen Kaiserzeit gewesen[81]. Wir haben hier das Grundproblem der (modernen) zeitgebundenen Subjektivität des Zugangs und des Deutungsansatzes für diese Befunde zu überwinden, nicht zuletzt auch die älteren Entwicklungsschemata und Vorurteile, um uns einer Geschichte der Mentalitäten im Altertum zu nähern[82]. So treffen hier die Begriffe von Säkularisierung oder Profanem gerade auch für die vorchristlichen römischen Göttervorstellungen nicht[83]. Zudem haben wir die vielfältigen örtlichen, gruppen- und zeitbezogenen sowie ethnisch-kulturellen und persönlichen Einbindungen respektive Differenzierungen stets im Auge zu behalten.

Nur in knappen Zügen kann im Rahmen dieser Untersuchung auf das breite Spektrum astrologischer und magischer Vorstellungen respektive Praktiken hingewiesen werden[84], in dem gerade der allgemeine Glaube an astrale Mächte eine

---

80 Wissenschaftlichkeit im Sinne eines rationalen Weltbildes, einer ‚säkularisierten' Rationalität. Vgl. zu diesem Problemkreis I. C. Jarvie – J. Agassi, in: B. R. Wilson (Hg.), Rationality, Oxford ⁴1979, 172–193; Chr. R. Philipps, in: Studia Patristica XVIII 1, Kalamazoo Mich. 1985, 65–70, bes. 67; auch ders., ANRW II 16,3, 1986, 2677–2773; zusammenfassend zu soziologisch-anthropologischen Grundaspekten P. Berger – Th. Luckmann, Die gesellschaftliche Konstruktion der Wirklichkeit, Frankfurt ⁵1977, bes. 3, 21f., 112f., 119f.; P. L. Berger, The Social Reality of Religion, Harmondsworth 1973, bes. 13ff., 41; auch E. Topitsch, Erkenntnis und Illusion, Hamburg 1979, bes. 97ff., 221ff.; B. Wilson, Religion in Sociological Perspective, Oxford – New York ²1983, bes. 34, 57f., 148ff.
81 Vgl. A.-M. Tupet, La magie dans la poésie latine I. Des origines à la fin du règne d'Auguste, Paris 1976 (zum Allgemeinen bes. a.a.O. 3–103); dies. (o. Anm. 79); F. E. Brenk, ANRW II 16,3, 1986, 2068–2145; D. P. Harmon ebd. 1933–1935; Smith a.a.O. Zu Prophetie, Prodigienwesen, Wahrsagung und Astrologie in der römischen Republik des 2.–1. Jh. v. Chr. und ihren politischen Aspekten vgl. (unter Eliminierung marxistischer Dogmatik) auch R. Günther, Klio 42, 1964, 209–297. Zur Auseinandersetzung des Plutarch siehe bes. Plut., Superst. (zugleich gegen atheistische Tendenzen); vgl. G. Soury, La démonologie de Plutarque, Paris 1942, bes. 46ff.; F. E. Brenk, ANRW II 36,1, 1987, 275–294, auch 322–327; S. Schröder, Plutarchs Schrift De Pythiae oraculis, Stuttgart 1990.
82 Vgl. P. Scherrer, in: H. Ch. Ehalt (Hg.), Volksfrömmigkeit, Wien – Köln 1989, 67–115, bes. 69, 72f., auch zur Betonung der trotz Christianisierung noch bis in die Gegenwart vorhandenen Vorstellungskontinuitäten in der breiten Bevölkerung. Einem traditionellen vereinheitlichenden Schema folgt etwa Chastagnol 77f. (Niedergang der paganen Religiosität, Blüte der Magie im 3. Jh., religiöse Bewegungen aus der realhistorischen Situation des 3. Jh. heraus).
83 Vgl. Scherrer a.a.O. 95f.
84 Vgl. Th. Hopfner, Griechisch-ägyptischer Offenbarungszauber, 2 Bde., Leipzig 1921–1924 (ND. Amsterdam 1974–1983); allgemein Nilsson (o. Anm. 57) 218–231, 520–542 (zu Wunder und Zauber ebd. 520–529, Okkultismus, Askese, Spiritismus ebd. 529–534), 539–543, auch 485–507. Zur Verbindung von Astrologie und Magie vgl. auch H.-G. Gundel, Weltbild und Astrologie in den griechischen Zauberpapyri, München 1968, 65–78; M. P. Nilsson, Die Religion in den griechischen Zauberpapyri, Lund 1948 (= Bull. Soc. royale des Lettres Lund 1947–1948,2, 59–93), 87–92.

wesentliche Rolle spielte[85]. Diese Bereiche des Irrationalen behielten, wie die Masse des einschlägigen archäologischen, papyrologischen und literarisch überlieferten Materials erkennen läßt[86], ihre überragende Bedeutung für das Weltverständnis und das Verhalten breitester Schichten über den Prozeß der Christianisierung des *orbis Romanus* hinaus[87]. Der Glaube, daß die in der Welt vorhandenen Mächte, Dämonen, Kräfte und Formen von menschlichem wie übernatürlichem Willen durch Zwangsformeln, Zauberopfer, Weihen, Gebete, Zaubersprüche, Beschwörungsrituale und Amulette beeinflußt, bezwungen, abgewehrt oder in den Dienst des eigenen Wollens gestellt werden könnten, hatte alle Ebenen des Denkens der Menschen geprägt[88]. Offenbarungs-, Schutz-, Abwehr-, Schadens- oder Liebeszauber waren durchaus ‚rational' verstandene und eingesetzte Problemlösungen[89]. Dies galt dabei nicht nur für die breiten Schichten der Bevölkerung einschließlich der christlichen Gläubigen[90], sondern ebenso für die überwiegende Mehrheit der sozialen und auch bildungsmäßigen Oberschicht, wobei die philosophisch überformte Ebene der Theurgie eine immer größere Bedeutung im intellektuellen Denken erlangte[91].

85 Vgl. noch grundlegend F. Boll – C. Bezold – W. Gundel, Sternglaube und Sterndeutung. Die Geschichte und das Wesen der Astrologie, hg. v. H.-G. Gundel, Darmstadt ⁵1966, bes. 1–32, 72ff., 85–109, 164ff., 210f.; auch W. Gundel, Sterne und Sternbilder im Glauben des Altertums und der Neuzeit, Bonn – Leipzig 1922, bes. 167–215, 237ff., 250ff.; ders., Sternglaube, Sternreligion und Sternorakel, Heidelberg ²1959; T. Christensen, Christus oder Jupiter, Göttingen 1981, 33ff.
86 Vgl. zum Komplex der aramäischen, mandäischen und syrischen Zaubertexte W. Fauth, WO 17, 1986, 66–94; zu den koptischen Zaubertexten A. Kropp, Ausgewählte koptische Zaubertexte, 3 Bde., Brüssel 1930–1931; zu magischen Gemmen und Amuletten H. Philipp, in: Spätantike und Frühes Christentum, Frankfurt a.M. 1983, 153–160 (mit weiterer Lit.); Objektbeispiele ebd. 554–561 Nr. 158–159.161–165, Nr. 160 Abraxas-Statuette, ein Orakelzaubertisch aus Pergamon ebd. 552—554 Nr. 157; dies., Mira et Magica, Mainz 1986, bes. 5–26; weiterhin W. Beltz, AfP 29, 1983, 59–86; 30, 1984, 83–104; 31, 1985, 31–41; 32, 1986, 55–66; J. Schwartz, in: M. J. Vermaseren, Die orientalischen Religionen im Römerreich, Leiden 1981, 485–509; u. Anm. 92.
87 Vgl. G. Luck, Arcana Mundi. Magic and the Occult in the Greek and Roman World, The John Hopkins Univ. Press 1985, bes. 3–60, 135–140, 163–175, 229–260, 309–321; ferner etwa H.-G. Gundel (o. Anm. 84) bes. 1f., auch 78ff.; Smith (o. Anm. 65) 122ff.
88 Eine Zusammenstellung wichtiger Textauszüge bei Luck a.a.O. Vgl. etwa Plin., N.h. XXVIII.
89 Siehe den Bereich des Fluchzaubers; vgl. A. Audollent, Defixionum tabellae, Paris 1904; K. Preisendanz, AfP 9, 1930, 119–154; 11, 1935, 153–164; ders., RAC VIII, 1972, 1–29, bes. 24ff. zur christlichen Fortsetzung des Bindezaubers; D. R. Jordans, Contributions to the Study of Greek Defixiones, Ann Arbor 1982 (Mikrofilm); ders., GRBS 26, 1985, 151–197; W. Speyer, RAC VII 1969, 1160–1288, bes. 1174ff., 1240ff. (christl.). Schadensmagie war allgemeines Gedankengut. Vgl. ferner etwa Synes., De insomn., bes. 2; den frühchristlichen Heilzauber P. Princ. III 159 (3./4. Jh. n. Chr.); ein weiteres Fieberamulett etwa PGM 5a; vgl. auch O. Weinreich, Antike Heilungswunder. Untersuchungen zum Wunderglauben der Griechen und Römer, Gießen 1909 (ND. Berlin 1969).
90 Vgl. Anm. 86; u. S. 327ff.; Nilsson (o. Anm. 84) 1948, 93; allgemein zum Element des Wunder(baren) H. C. Kee, Miracle in the Early Christian World, New Haven – London 1983, 78ff.; ders., Medicine, Miracle and Magic in New Testament Times, Cambridge 1986.
91 Vgl. die Zeichnungen bei Lukian., Iupp. trag. 53; Peregr. 39–40; Philops. 2–3, 7–10, 16 (allgemein 7ff., 22ff., 30ff.); Demon. 23, 37, 45, 63; siehe auch C. P. Jones, Culture and Society in Lucian, Cambridge Mass. – London 1986, 33–45, 46–58. Vgl. ferner etwa Galen. 11, 792f. (ed.

In welcher Weise sich Astrologie, Okkultismus und Zauberei, also Mantik, Offenbarungs-, Fluch- und Zwingzauber sowie Geister- und Wunderglaube, zu einem unauflöslichen Geflecht verbanden, zeigen uns vor allem die Zauberpapyri aus Ägypten[92]. In ihnen haben wir erstrangige Quellen für die lebendige Volksreligion der Kaiserzeit vor uns. Ihre wesentlichen griechischen Textzeugnisse[93] stammen zwar erst aus der Zeit ab 300 n. Chr., doch ist ihre Traditionsformung schon zuvor erfolgt gewesen und ihr Inhalt damit für das 2.-3. Jh. ebenso relevant[94]. Durch die breite Existenz demotischer und hieratischer Texte bzw. Glossen im Kontext der griechischen Zauberpapyri ist die kontinuierliche Anknüpfung an spätägyptische Traditionen außer Frage gestellt[95]. Die Zauberpapyri zeigen eine synkretistische Vielschichtigkeit der religiösen Vorstellungen mit ganz undogmatischen und nicht selten in sich widersprüchlichen Kombinationen, Assoziationen und Gleichsetzungen oder mit ganz zweckgebundenen Götterkonstruktionen, die deutlich von dem Bild der antiken Religionen abweichen, wie es in den literarischen, epigraphischen und numismatischen Quellen erscheint[96].

Unter den griechischen Zauberpapyri, die ja Texte für die Praxis des täglichen Lebens respektive für den berufsmäßig ausgeübten Zauber darstellten[97], ist heute insbesondere auf den von Chr. Harrauer erschlossenen Komplex der Meliouchostexte hinzuweisen, in dem die oben angesprochenen Komponenten des Denkens der Menschen des 3. und 4. Jh. n. Chr. hervortreten[98]. In den großen Zaubertexten bzw. Zauberbüchern wird im übrigen noch ein weiteres Grundelement der Mentalität der Zeit deutlich, nämlich die Brutalität des Denkens und der alltäglichen Vorstellungswelt sowie der Phantasie, ebenso ein offensichtlich erhebliches latentes Potential an Aggressionen. Doch soll auf den Komplex der Zauberpapyri an anderer Stelle detaillierter eingegangen werden.

Astrologie-, Orakel-, Magie-, Dämonen- und Wunderglaube sind somit nicht nur als Relikte ältester anthropologischer Vorstellungen über die Welt und ihre Erklärung bzw. Bewältigung anzusehen, sondern als das Denken prägende Konstanten des antiken und des spätantiken Weltbildes der zeitgenössischen Bevölkerung

Kühn); Plot., Enn. 4, 4, 40–44. Zur Theurgie vgl. zusammenfassend Th. Hopfner, RE VI A 1, 1936, 258–270; ferner u. Anm. 101.

92 K. Preisendanz, Papyri Graecae Magicae, 2 Bde., hg. v. A. Henrichs, Stuttgart ²1973–1974; wesentlich erweitert und um demotische Texte bzw. Passagen ergänzt H. D. Betz (Hg.), The Greek Magical Papyri in Translation including the Demotic Spells, Chicago – London 1986; vgl. bes. Betz ebd. XLI–LIII; J. H. Johnson ebd. LV–LVIII; A. D. Nock, Essays on Religion and the Ancient World I, Oxford – Cambridge Mass. 1972, 176–194; Nilsson (o. Anm. 57) 1948, 59–93; weitere Lit. bei Harrauer (u. Anm. 98) 95f.

93 Zu den Texten in ägyptischer Sprache vgl. Johnson a.a.O. LVff.

94 Vgl. Betz a.a.O.; Johnson a.a.O.; beispielhaft zur Formung der Texte Harrauer (u. Anm. 98); zu den Zauberpapyri des späten 1. Jh. v. Chr.W. Brashear, ZPE 33, 1979, 261–278.

95 Vgl. bes. Johnson a.a.O. (mit weiterer Lit.).

96 Vgl. zuletzt etwa Betz a.a.O. XLI, XLVff.

97 Vgl. zur Traditionsbildung der berufsmäßigen Magie, die sich in den PGM niederschlägt, H. D. Betz, in: Ben F. Meyer – E. P. Sanders (Hg.), Jewish and Christian Self-Definition, Philadelphia 1982, 161–170, 236–238.

98 Chr. Harrauer, Meliouchos. Studien zur Entwicklung religiöser Vorstellungen in griechischen synkretistischen Zaubertexten, WS-Beih. 11, Wien 1987 (PGM III, Z. 1–164).

des *orbis Romanus*[99]. Dabei müssen wir uns vor Augen halten, daß die mentale Wirksamkeit dieses Vorstellungsgeflechtes jener des Mittelalters nicht nachgestanden haben dürfte, zumal vor der allgemeinen Durchsetzung des Christentums weder ein vereinheitlichendes theologisch-dogmatisches Grundgerüst für die Vorstellungen des Volksglaubens noch ein übergeordneter Bezugspunkt in der Allmacht des christlichen Gottes gegeben war. Was bisher vielfach als Magisierung der Geisteshaltung oder als Dämonisierung der (spät-)antiken Religiosität[100] bezeichnet wurde, scheint zum einen mit eine Folge der Textüberlieferung zu sein, zum anderen entspricht es der Durchsetzung von spiritualistischer, theosophischer und mystischer Spekulation sowie von systematisierter Dämonologie und Theurgie in der intellektuellen Weltschau unter Rückgriff auf das breite Substrat irrationaler Komponenten menschlichen Denkens[101]. Zu dieser langfristigen geistesgeschichtlichen Entwicklung gehörte natürlich auch das Phänomen der Hermetik, die Offenbarungsglauben, okkulte Religiosität, Theurgie und gnostische Tendenz in einer theosophischen bzw. mysteriosophischen Überformung verband und in ihrem populären Zweig Kleinliteratur okkulten Inhalts hervorbrachte[102]. Seit dem 1. Jh. n. Chr. finden wir die kontinuierliche Entfaltung eines neuen magischen Horizontes[103].

99 Zu den religiösen Grundelementen von existentieller Angst und Suchen nach der Beherrschung von Furcht, Unsicherheit und Fremdbestimmung vgl. etwa A. Kehl, in: J. Martin – B. Quint (Hg.), Christentum und antike Gesellschaft, Darmstadt 1990, 103–142, bes 106ff. Im 5. Buch der Paulus-Sentenzen aus dem ausgehenden 3. Jh. n. Chr. (siehe u. Anm. 113) werden sechs Zaubereitatbestände unter dem Titel *XXIII. Ad legem Corneliam de sicariis et veneficiis* behandelt (Paul., Sent. 5, 23, 14–19). Der Tatbestand des Besitzes von Zauberbüchern (5, 23, 18) ist unter schwerste Strafen gestellt: die *libri magicae artis* werden verbrannt, das Vermögen eingezogen, der Besitzer auf eine Insel verbannt oder als *humilis* mit dem Tode bestraft. Magie, d. h. Schadenszauber und Verzaubern, werden mit Mord und Giftmord gleichgestellt und damit als gleichgewichtige Taten gesehen. Bereits das Wissen über Magie steht unter Todesstrafe (5, 23, 17): *Magicae artis conscios summo supplicio adfici placuit, id est bestiis obici aut cruci suffigi. Ipsi autem magi vivi exuruntur.* Zur selbstverständlichen Verfolgung von Zauberern als Kriminellen vgl. auch LevR 13, 5 (dazu Stemberger 115f.).
100 Dies ist auch eine grundlegende Konzeption von E. R. Dodds, Heiden und Christen in einem Zeitalter der Angst, Frankfurt 1985. Von einer Magisierung der Religion seit dem 3. Jh. n. Chr. spricht Nilsson (o. Anm. 57) 696–698; mehr in andere Richtung bereits ebd. 538–543; gegen die traditionellen Kategorisierungen der religionsgeschichtlichen Betrachtung vgl. Philipps (o. Anm. 80), bes. 1985, 65f., 68.
101 Vgl. S. Eitrem, SO 22, 1942, 49–79; C. Zintzen (Hg.), Die Philosophie des Neuplatonismus, Darmstadt 1977; ders. ebd. 391–426; zur neuplatonischen Esoterik und Theurgie in den Chaldäischen Orakeln Nilsson (o. Anm. 57) 478–485; H. Lewy, Chaldean Oracles and Theurgy, Paris ²1978; E. des Places, ANRW II 17, 4, 1984, 2299–2335; Turcan (o. Anm. 79) 277–287. Zu Plotin und Neuplatonismus vgl. die Beiträge in: ANRW II 36, 1–2, 1987; zur Vorbereitung im sogenannten Mittelplatonismus des 1.–2. Jh. n. Chr. ebd. II 36, 1, 1987; C. Zintzen (Hg.), Der Mittelplatonismus, Darmstadt 1981; Soury (o. Anm. 81).
102 Vgl. G. Fowden, The Egyptian Hermes. A Historical Approach to the Late Pagan Mind, Cambridge – London – New York – New Rochelle – Melbourne – Sydney 1986; H. J. Sheppard – A. Kehl – R. McL. Wilson, RAC XIV, 1988, 780–808; Turcan (o. Anm. 79) 272–277.
103 Vgl. Nock (o. Anm. 92) 308–330, auch 493–502; Philipp (o. Anm. 86) 1986, 5–26 besonders zu den magischen Gemmen, deren Masse in Alexandria im 2. und 3. Jh. hergestellt wurde.

Es kann in diesem Zusammenhang als eine Grundstruktur des zeitgenössischen antiken Weltverständnisses gelten, daß man zwischen Prophetie, Wunder und magischer Kraft eine unauflösliche Einheit sah[104]. Die römische Gesetzgebung[105] zeigt uns mit entsprechender Deutlichkeit, welchen Ernst man der Sache beigemessen und wie real bzw. wirksam man das in mantischen oder magischen Handlungen Vollzogene gesehen hat[106]. Hier offenbart sich ein das Denken prägender Glaube an derartige Phänomene, der vor der Führungsschicht des Reiches und seiner monarchischen Spitze ebensowenig halt machte[107] wie etwa vor den gehobenen städtischen Bürgerschichten[108]. Bereits der Besitz von prophetischen Schriften war seit Augustus verboten[109], und schon im Jahre 12 v. Chr. hatte dieser 2.000 griechische und lateinische Schriften solchen Inhalts sammeln und verbrennen lassen[110]. Die Aktualität dieser Problematik setzte sich von der frühen Epoche des Principates[111] in die Zeit von Septimius Severus und Gordian III. fort, wie die Ausführungen der

104 Vgl. etwa A. B. Kolenkow, ANRW II 23,2, 1980, 1470–1506. Wie A. Dihle, JbAC 30, 1987, 14–28; auch ders., in: Aristoteles. Werk und Wirkung. Festschrift P. Moreaux II, Berlin 1987, 52–71 zu Recht betont, stehen sich in den grundlegenden mentalen Strukturen des Menschen die Gewißheit über die Determinationszusammenhänge des Lebens und der daraus resultierende Glaube an Vorsehung und Vorhersehbarkeit auf der einen Seite und die Erfahrung der Freiheit des menschlichen Handelns auf der anderen als logisch unvereinbare und doch gleichzeitige Grundannahmen gegenüber; in dieser Dichotomie rechnet der Volksglaube in allen Zeiten und Kulturen mit der Möglichkeit von Einflußnahme durch entsprechende Praktiken bzw. Rituale und mit einem so beeinflußbaren Eingreifen der Götter (vgl. auch Dihle a.a.O. 25). Die beiden logisch nicht zu vereinbarenden Grundannahmen gehören zu den festen, vorbewußten Denk- und Analysemustern des menschlichen Gehirns (vgl. R. Riedl, Biologie der Erkenntnis, Berlin – Hamburg ³1981, bes. 30ff.; ders., Evolution und Erkenntnis, München – Zürich ²1984, 79–94, 123–163, 221–237; ders., Die Spaltung des Weltbildes, Berlin – Hamburg 1985, 56ff.).
105 Das Vorgehen gegen Zauberei, inoffizielle Mantik implizit eingeschlossen, gehört neben dem Einschreiten gegen die Mißachtung der traditionellen Religion und den Atheismus zum politischen Grundsatzprogramm, das Cassius Dio in der Maecenas-Rede entwirft (Cass. Dio 52, 36, 2–3). Vgl. etwa die Anweisung des Praefectus Aegypti von 198/9 n. Chr. zur Unterdrückung der Wahrsagepraxis mit Androhung der Todesstrafe und schärfster Strafandrohung für die Verantwortlichen bei einer unzureichend konsequenten Durchsetzung der Maßnahme (J. Rea, ZPE 27, 1977, 151–156); zur negativen Einstellung gegenüber Wundertätern, Zauberern, Beschwörungen, Dämonenaustreibungen u. ä. siehe auch M. Aur. 1, 62. Vgl. o. Anm. 99.
106 Vgl. etwa Paul., Sent. 5, 21; ferner bereits Tac., Ann. 2, 69f.; 3, 13, 2. Vgl. auch Sünskes (o. Anm. 71) 60–67, die jedoch den Blick stark auf die Furcht vor Rebellion und Machtverlust verengt. Daß man von bestimmten Sternkonstellationen das Losbrechen von Aufständen erwartete und gerade Orakel in solchen historischen Zusammenhängen breit berichtet werden, zeigt die grundsätzliche Bedeutung dieser Phänomene für das Denken der Menschen aller Schichten.
107 Vgl. etwa Gundel (o. Anm. 67) 821f.; Cramer (o. Anm. 68); MacMullen (o. Anm. 68) 131, 134f.
108 Es sei hier nur auf Apuleius verwiesen; vgl. Apuleius, Pro se de magia (ed. R. Helm), bes. § 25–27 (vgl. hierzu Abt (s. u.) 106–134); Apul., Flor. 19; A. Abt, Die Apologie des Apuleius von Madaura und die antike Zauberei, Gießen 1908 (ND. Berlin 1967); auch C. P. Golann, The Life of Apuleius and his connection with magic, Diss. Columbia Univ. 1952 (Mikrofilm).
109 Tac., Ann. 6, 12, bes. 12, 2.
110 Suet., Aug. 31, 1. Vgl. zur Bücherernichtung zusammenfassend W. Speyer, JbAC 13, 1970, 123–152, bes. 129–131, zur Vernichtung gemeingefährlicher Schriften ebd. 131ff.
111 Zur frühen und hohen Kaiserzeit vgl. auch W. u. H. G. Gundel (o. Anm. 71) 141–202; zu den Zeugnissen für Wahrsagung und Orakel ebd. 165–173, auch 173–176; zu den astrologischen Autoren ebd. 221–227.

Juristen Ulpian und Modestinus zeigen[112]; besonders klar ist die Stellungnahme zu den *vaticinatores qui se deo plenos assimulant* und ihrer potentiellen Wirkung in der Kompilation der Paulus-Sentenzen, die im sehr späten 3. Jh. n. Chr. in Nordafrika als theoretisch anspruchslose Juristensammlung von Rechtssätzen entstand und 328 n. Chr. von Konstantin I. bestätigt wurde[113]: *ne humana credulitate publici mores ad spem alicuius rei corrumperentur, vel certe ex eo populares animi turbarentur.* Auf die gesetzlichen Maßnahmen in der christlichen Phase des Reiches kann hier nur summarisch verwiesen werden[114]. Ein Zeugnis, mit welcher Vehemenz und in welchem Vertrauen auf einen allgemein verbreiteten Glauben sich auch die Anhänger des traditionellen öffentlichen Orakelwesens mit ihren intellektuellen Gegnern[115] auseinandersetzen konnten, finden wir in einer anonymen Schrift aus dem späten 2. Jh n. Chr.[116]. Die Argumentation gegen die attackierten Kritiker, hier verkörpert in der Gestalt des Barbaren Daulis, hält sich jenseits jeder rationalen Überlegung; das Verlangen der Zeitgenossen nach Wunder, Epiphanien und nach Argumenten aus dem Glauben heraus wird deutlich widergespiegelt[117].

Die große gesellschaftliche Bedeutung von Astrologie und Weissagung für alle Bevölkerungsschichten, die sich für die 1. Hälfte des 2. Jh. n. Chr. besonders bei Pseudo-Plutarch, De fato manifestiert[118], hat zuletzt R. MacMullen mit vollem Recht hervorgehoben[119]. Entsprechend zeigt die Einführung des Porphyrios in den Tetrabiblos des Klaudios Ptolemaios zusammen mit weiteren Kommentaren den Erklärungsbedarf für dieses Fachbuch gerade bei Laien an, wobei auch zahlreiche Elemente der Populärastrologie, ihrer zeitgenössischen ‚Vulgata' und ihrer Arbeitsmethoden eingeführt wurden[120].

112 Ulp., Coll. 15, 2, bes. 3.5; Mod., Dig. 48, 19, 30.
113 Paul., Sent. 5, 21, 1. Vgl. zu dieser juristischen Gebrauchsschrift, welche die Spätklassiker und Kaisergesetze kompiliert, jetzt D. Liebs, ZRG 106, 1989, 230–247; auch M. Kaser, Römische Rechtsgeschichte, Göttingen ²1967 (ND. 1982), 227f. Paul., Sent. 5, 21, 4 wird nicht nur die Praxis der Divination, sondern bereits ihre Kenntnis und der Besitz ihrer Bücher untersagt; vgl. ähnlich zu den Tatbeständen der Magie ebd. 5, 23, 18.
114 Vgl. die Zusammenstellung in CJ 9, 18 (*De maleficis et mathematicis et ceteris similibus*), 2.3.4.5.6.8 (siehe auch ebd. 7); Coll. 15, 3; vgl. Massonneau (o. Anm. 69); MacMullen (o. Anm. 68) 129f., 135–137, 326 Anm. 2; J. Straub, Regeneratio Imperii I, Darmstadt 1972, 383–409.
115 Zum Angriff gegen die Kritik des Lukian von Samosata (siehe etwa seine rationale skeptische Kritik in d. deor. 16, 1) vgl. Ael., Var. hist. 2, 31; frg. 35.89 (ed. Hercher); vgl. zu Claudius Aelianus W. Schmid – O. Stählin, Geschichte der griechischen Literatur II 2, München ⁶1961, 786–791. Seine beiden Schriften Περὶ προνοίας (frg. 9–20) und Περὶ θείων ἐναργειῶν (frg. 21ff.), die Mysterien und Orakel sowie den Glauben an sie propagierten, sind nur in Bruchstücken erhalten.
116 P. Berol., Inv. Nr. 11517; siehe W. Schubart, Hermes 55, 1920, 188–195; zu Daulis bes. Z. 41.50. Vgl. S. Eitrem, in: DRAGMA. Festschrift M. P. Nilsson, Lund 1939, 170–180.
117 Vgl. Eitrem a.a.O. 179.
118 Pseudo-Plut., Fat. 11, 3 (Plut., Mor. 574 E) μαντικὴ μὲν ἅπασιν ἀνθρώποις εὐδόκιμος ὡς ἀληθῶς θεῷ συνάρχουσα, im Glauben, daß die Mantik und das Göttliche miteinander verbunden sind.
119 Vgl. bes. R. MacMullen, AncSoc 2, 1971, 105–116.
120 Vgl. W. u. H. G. Gundel (o. Anm. 71) 213f.; zur Eisagoge des Porphyrios auch R. Beutler, RE XXII 1, 1953, 300.

Neben den Fragen nach Erfolg oder Mißerfolg, Reichtum, Beruf[121], politischer bzw. sozialer Prominenz, Ehe, Kindern, Witterung u. a. m. tritt uns bei den Fachschriftstellern der Antoninenzeit jenes Spektrum existentieller Fragestellungen entgegen, das wir in jeder vormodernen Lebenswelt ohne medizinisch wirksame Sicherung der physischen Existenz, ohne Absicherung der Subsistenz oder öffentliches Subsidiaritätsprinzip finden[122]. Wir fassen hier das Bewußtsein der Menschen der Kaiserzeit, den Wechselfällen des Lebens letztlich ausgeliefert zu sein. Es ist bezeichnend und für die mentalgeschichtliche Bewertung des zeitgenössischen Welterlebens von herausragender Bedeutung, daß die zwischen 334 und 337 n. Chr. entstandene astrologische Enzyklopädie der Mathesis des Firmicus Maternus[123] keine wesentlichen Veränderungen der Fragenkataloge und Risiken zeigt[124].

Materielle Zukunftsfragen und Risiken der physischen Existenz, besonders Krankheit, Tod und Leben des Konsultierenden, seiner Familie, seiner Angehörigen, gelegentlich auch seiner Sklaven, stehen im Mittelpunkt der durch die Zeit relativ konstanten Anliegen aller Schichten; dabei spielen die Möglichkeiten des sozialen und materiellen Abstiegs bis hin zu den dramatischen Wechselfällen einschließlich des Verlustes der Freiheit eine gegenüber der sonstigen Überlieferung deutlich hervortretende Rolle[125]. Es sind also die Fragen nach Gesundheit, Geburt und Leben, nach Treue, Untreue, Liebe und Partnern, nach Wohlstand oder Armut, nach Protektion oder Gefahr politischer Prozesse bzw. Anklagen, nach Erhalt, Gewinn oder Verlust der persönlichen Freiheit, nach den Risiken des Reisens insbesondere zu Schiff, nach Gefahren durch Anschläge, Gewalt, Räuber, Krieg, Verleumdung oder Denuntiation, nach Prozessen, Strafen, Folter, Haft, Konfiskationen, Exil, Flucht oder Hinrichtung, nach Verdienst oder Arbeitslosigkeit, Not, Prostitution, nach Mißernte, Besitzverlust besonders von Grund und Boden

---

121 Es ist möglich, daß selbst bei Lukian seinem ersten Berufsweg ein reales Traumerlebnis zugrunde lag (vgl. Jones (o. Anm. 91) 10); vgl. allgemein auch Gal., Praecog. 159f.; Lib. propr. 4 (Scripta Minora II, 88).

122 Zum Fragenkanon siehe Artemidor, Oneirokritika; Vettius Valens, Anthologiae. Systematisiert sind die im wesentlichen konstanten Fragenkataloge der Individualastrologie im 4. Buch der Apotelesmatika des Klaudios Ptolemaios (Systematisierung der Genethialogie in Buch III–IV): Erwerbsmöglichkeiten, Arten der Tätigkeiten, Liebe, Ehe, Kinder(zahl), Freunde und Feinde, Aufenthalt in der Fremde, Todesart, Spezifika der einzelnen Lebensalter. Noch nicht voll ausgewertet ist die im Catalogus Codicum Astrologorum Graecorum (Brüssel 1898—1953) erfaßte Materialfülle.

123 Vgl. W. Hübner – A. Wlosok, in: R. Herzog (Hg.), Restauration und Erneuerung. Die lateinische Literatur von 284 bis 374 n. Chr., München 1989, 84–93, bes. 85–88; die Astrologie wird von Firmicus Maternus als eine Art geheimer Religion, der Astrologe als ein Priester der Sternengötter angesehen (vgl. Firm., Math. 2, 30, 1–2.14–15; 4, praef. 3; 5, praef. 1.4.6; 7, 1, 1; 8, 1, 7; 8, 33, 2–4).

124 Vgl. auch MacMullen (o. Anm. 119) 106ff.

125 Vgl. etwa die ‚erfüllten' Träume im 5. Buch von Artemidors Oneirokritika (z. B. 5, 31 Weg eines angesehenen Abgabenpächters in wirtschaftliche Not, Schulden und Selbstmord; 5, 32 Bankrott; 5, 33 Selbstmord in Notlage und Schulden; auch 1,26 Verheiratung von Töchtern mit Hausklaven.

oder Sklaven, nach Erfolg bzw. Scheitern in Beruf, Geschäft, Wettkampf, öffentlicher Laufbahn u. a. m.

Die charakteristischen gesellschaftlichen und geistigen Erwartungen, die in severischer Zeit für Auftreten und Selbstdarstellung an die Figur eines Sophisten und gleichzeitigen Wundertäters herangetragen wurden, spiegelt das Bild des charismatischen Populärphilosophen und Sehers Apollonius von Tyana in der Vita des Philostrat[126], deren Komposition von Iulia Domna selbst veranlaßt wurde[127]. Die Vita ist eine literarisch-rhetorische Konstruktion, der wirkliche überlieferte Informationen weitgehend fehlen. Die Erwartungen an einen derartigen Typus zeichnen dort den schon zu Lebzeiten legendenumwobenen wandernden Magier, Wundertäter, Heiler, Dämonenspezialisten, Sophisten und populärphilosophischen Charismatiker, einen θεῖος ἀνήρ, der nicht zuletzt als Prophet gültige Vorhersagen u. a. von Seuchen oder Erdbeben gibt[128]. Die Vorstellung von der übernatürlichen Macht[129] eines solchen „heiligen Mannes" führt nicht zuletzt zu der Verbindung von Magie und Prophetie[130], die gerade das Apollonius-Bild des weiteren 3. Jh. n. Chr. im pseudo-apollonischen Brief 68 bestimmt[131]. Nicht nur die Voraussage, sondern auch das Bewirken[132] von Katastrophen wird dem charismatischen Propheten zugeschrieben. Philostrat sah selbst bereits die Notwendigkeit, Apollonius vom Bereich

---

126 Vgl. hierzu jetzt M. Dzielska, Apollonius of Tyana in Legend and History, Rom 1986, bes. 14, 19ff., 85ff., 190–192; auch E. L. Bowie, ANRW II 16, 2, 1978, 1652–1699, bes. 1667–1670, 1685–1692; ferner R. J. Penella (Ed.), The Letters of Apollonius of Tyana, Mnemosyne Suppl. 56, Leiden 1979.

127 Philostr., VA 1, 3.

128 Vgl. Philostr., VA 4, 4; 6; Apollon. Tyan., Epist. 68. Vgl. entsprechend zu Alexander von Abonouteichos Lukian., Alex. 36. Es handelt sich um eine durchgehende Vorstellungstradition, an die gerade die urchristliche Christologie und die Diskussion um die Gestalt Jesu anschlossen; seit dem 2. Jh. n. Chr. überlagerte sie das Personenbild des philosophisch-intellektuellen Bereiches und ist im 3. Jh. n. Chr. für dessen Typologie bestimmend; siehe die Plotin-Vita des Porphyrios (vgl. H. D. Betz, RAC XII, 1983, 274f.); zur christlichen Ausformung dieser Vorstellung um die Wende 2./3. Jh. n. Chr. die apokryphen Andreas-Akten (vgl. J.-M. Prieur, ANRW II 25, 6, 1988, 4385–4414). Vgl. zu dieser Zentralfigur der (magisch-)religiösen Vorstellungswelt mit ihrem breiten Spektrum charismatischer, ‚heiliger' oder ‚dämonischer' Qualitäten L. Bieler, ΘΕΙΟΣ ΑΝΗΡ. Das Bild des „göttlichen Menschen" in Spätantike und Frühchristentum, 2 Bde., Wien 1935–1936; D. L. Tiede, The Charismatic Figure as Miracle Worker, Missoula Mont. 1972; M. Smith, in: Paganisme, Judaisme, Christianisme. Festschrift M. Simon, Paris 1978, 335–345; Betz a.a.O. 234–312, bes. 248ff. (249ff. Apollonius), 270ff. (280ff. Kyniker), 288ff. (Urchristentum); W. Speyer, Kairos 26, 1984, 129–153 (= ders., Frühes Christentum im antiken Strahlungsfeld, Tübingen 1989, 369–394); zur Gott-Mensch-Begrifflichkeit der Patristik A. Grillmeier, RAC XII, 1983, 312–366.

129 Vgl. etwa Philostr., VA 4, 20; V 5, 42 (Dämonen); 4; 4.10; 6, 43 (Heilungswunder, Pest und Dämon); IV 45 (Totenerweckung); VIII 31 (Epiphanie).

130 Vgl. etwa H. G. Gundel (o. Anm. 71) 281. Bouché-Leclercq (o. Anm. 68) I, 1879 (ND. 1963), 7–13 beschreibt das komplementäre Verhältnis von Mantik und Magie als kontemplatives und aktives Element.

131 Vgl. zu dem „Brief an die Milesier" Penella (o. Anm. 126) 124f.; zur Frage der Authentizität ebd. 23–29; Dzielska a.a.O. 41ff. (einige Briefe sind Machwerke des 2. Jh., im wesentlichen sind sie aber erst durch die Vita angeregt).

132 Bereits bei Philostr., VA 6, 41 bringt er durch kultisches Handeln die Erde zum Stillstand.

praktizierter Zauberei abzugrenzen¹³³, was aber inhaltlich nicht vollzogen wurde, wie bereits Eusebius polemisch bemerkt hat¹³⁴.

An dieser Stelle berühren wir einen zentralen Punkt der psychologischen Tiefenwirkung von Unheilsprophetien und Orakeln einschließlich ihrer literarischen Formen, zumal dann, wenn in ihnen prophetische bzw. apokalytische Partien mit beschwörungsähnlichen Zügen auftraten. Die bis in die Bildungsschicht nahezu uneingeschränkte Überzeugung von der Kraft der Magie und der Wirksamkeit entsprechender Praktiken mußte bei der immer engeren Verknüpfung von Magie und Prophetie bewirken, daß auch literarischen Formen wie den jüdischen und christlichen ‚Sibyllen' eine konkrete Macht zugewiesen wurde¹³⁵. Es ist in diesem Zusammenhang auf die Argumentation des Origenes gegenüber Kelsos hinzuweisen, wo als Beweis für eine geheime, auf den Schöpfergott selbst zurückgehende Theologie der Namen Gottes und ihrer Wirkung in der Welt gerade auf die Magie verwiesen wird, die sich für den Eingeweihten als ein geschlossenes und folgerichtiges System darstelle¹³⁶. Origenes zielt hier zweifellos auf entsprechende, als selbstverständlich vorauszusetzende Vorstellungen seiner zeitgenössischen paganen Adressaten.

Ein Vergleich entsprechender Passagen der Oracula Sibyllina und anderer Unheilsprophetien berührt sich deutlich mit den Standardthemen und Stoffen der sogenannten Universalmantik und -astrologie (ἡ καθολικὴ ἐπίσκεψις), wie sie im Katalog des 2. Buches der Apotelesmatika des Klaudios Ptolemaios aufgelistet sind, und zwar als κατὰ χώρας ὅλας bzw. κατὰ πόλεις und als τὰ μείζους καὶ περιοδικωτέρας περιστάσεις (2, 14): Krieg, Hunger, Seuche, Erdbeben, Flutkatastrophen „und entsprechendes". Dies waren existentielle Ängste vor nicht beherrschbaren Gefahren, welche die antiken Menschen bewegten und die psychologische Wirkung der entsprechenden Unheilsformeln gewährleisteten.

Prophetische Schriften und Weissagungen *contra publicam quietem imperiumque populi Romani* waren gerade im mittleren 2. Jh. n. Chr. verbreitet, wie die bei Iustin betonte Androhung der Todesstrafe zeigt, die auf das Lesen solcher Schriften stand¹³⁷. Dabei nennt Iustin explizit die Bücher des Hystaspes¹³⁸, die Sibylle und die Propheten (gemeint sind wohl vor allem die Apokalyptiker) in einer entsprechend der von ihm aufgebauten Argumentation gewählten Beispielkollektion, in der wir aber keinen vollständigen ‚Index prohibitorum' sehen dürfen¹³⁹. Zu dem gesamten

---

133 Vgl. Philostr., VA 4, 12; 7, 39; 8, 2–3.9–10; zum negativen Bild des Zauberers und seiner Absetzung von echter Mantik 8, 7, 3.
134 Eus., Animadv. in Philostr. Apollon. comm. 5 (Migne, PG 22, p. 804). Vgl. allgemein Kelsos, in: Orig., C. Cels. 1, 68.
135 Vgl. die Nähe zu den Zwinggebeten der griechischen Zauberpapyri.
136 Orig., C. Cels. 1, 24; vgl. 1, 25.
137 Iustin., Apol. 1, 44.
138 Lact., Inst. 7, 15, 19; vgl. zu dieser romfeindlichen Prophetie u. S. 000; J. Bidez – F. Cumont, Les mages hellénisés, Paris 1938, I 215–222 (Zeugnisse und Fragmente der Apokalypse des Hystaspes ebd. II 359–376); auch Collins, Apocalyptic 24f.
139 So zu Unrecht H. Windisch, Die Orakel des Hystaspes, Verhandel. Akad. Wetenschappen Amsterdam, Afd. Letterkunde NR. 28, 3, Amsterdam 1929, 31f. Lact., Epit. 68, 1 hebt die Unheilsprophetie der Sibylle, des (Hermes) Trismegistus und des Hystaspes hervor.

Komplex bemerkt Lactanz: *saecularium prophetarum congruentes cum caelestibus voces finem rerum et occasum post breve tempus adnuntiant*[140]. Noch konkreter formuliert Modestin im 1. Buch von De poenis mit Rückgriff auf ein Reskript Marc Aurels die Gefahr, die von solchen Prophezeiungen in der Gesellschaft der 1. Hälfte des 3. Jh. n. Chr. ausging: *Si quis aliquid fecerit, quo leves hominum animi superstitione numinis terrentur, divus Marcus huiusmodi homines in insulam relegari rescripsit*[141]. Verbannung bzw. Deportation für Honesti, also die Angehörigen der sozialen und bildungsmäßigen Oberschicht, und Todesstrafe für die Humiles standen nach den Paulus-Sentenzen auf die Einführung von neuem Aberglauben[142]: *novas et usu vel ratione incognitas religiones ex quibus animi hominum moveantur*, eine Ausführung gerade im juristischen Zusammenhang der Gesetzgebung gegen Seher (*vaticinatores qui se deo plenos adsimulant*[143]) und Astrologen[144]. Katastrophenpropheten und Verkünder der Negation der bestehenden Weltordnung waren unabhängig von akutem Krisenerleben o. ä., allgemein verbreitete Erscheinungen im Leben der gesamten Kaiserzeit. Eine markante Steigerung der Anfälligkeit für Aberglauben ist im 3. Jh. n. Chr. wohl kaum erfolgt. Die geistige Welt der breiten Bevölkerung der Kaiserzeit kennzeichnet mit Morton Smith das Stichwort *regnat superstitio*.

Eine Tendenz zu mehr Rationalität ist auch für das mittlere 2. Jh. n. Chr. nicht festzustellen[145]. Charakteristisch ist vielmehr die Tatsache, daß gerade das (in traditionellen Formen des Tempelorakels gehaltene) Orakel des Alexander von Abonouteichos bereits vor 161 n. Chr., also vor Pest und militärischer Krise an der Donau, zu einer prominenten Stellung aufgestiegen war[146]. Der in größeren Fragmenten erhaltene Kyniker Oenomaos von Gadara wandte sich in der 2. Hälfte des 2. Jh. n. Chr. unter Zusammenfassung der kynischen Tradition seit dem 1. Jh. gegen die gängigen zeitgenössischen Schicksalsvorstellungen und Orakelpraktiken, ohne daß wir aber von einer Verschärfung seiner Haltung gegenüber seinen Vorgängern sprechen könnten[147]. Nicht unerwähnt bleiben darf schließlich der Angriff des Kelsos gegen

---

140 Lact., Inst. 7, 14, 16.
141 Dig. 48, 19, 30.
142 Paul., Sent. 5, 21, 2.
143 Vertreibung aus den Städten, dann Deportation *ne humana credulitate publici mores ad spem alicuius rei corrumperentur, vel certe ex eo populares animi turbarentur*; vgl. bereits Ulp., Coll. 15, 2, 6 *et sane non debent inpune ferre huiusmodi homines, qui sub obtentu ex monito deorum quaedam vel enuntiant vel iactant vel scientes confingunt*.
144 Tit. *XXI: De vaticinatoribus et mathematicis*. Vgl. auch MacMullen (o. Anm. 68) 130.
145 Entgegen MacMullen a.a.O. 328 Anm. 11 ist unter Hadrian schwerlich ein Wendepunkt zu einer vorübergehend kritischeren Haltung zu sehen (siehe auch ebd. 154); der Schluß beruht lediglich auf der besseren Überlieferung für intellektuelle Kritiker der antoninischen Zeit. Siehe bes. Oenomaos von Gadara bei Eus., Praep. ev. (ed. E. des Places, Paris 1980) 5, 19–36, bes. 21; 6, 7. Zu Person und Werk vgl. J. Hammerstaedt, Die Orakelkritik des Kynikers Oenomaus, Frankfurt 1988, bes. 11–24, der die Datierung der Orakelkritik vor 200 n. Chr. und ihre Benutzung durch Clemens von Alexandrien bekräftigt; ders., ANRW II 36, 4, 1990, 2834–2865, bes. 2853ff. Mit dem Einsetzen der christlichen Literatur ist eine grundsätzlich neue Quellenlage geschaffen.
146 Vgl. Lukian., Alex. 28, 30ff.; allgemein Deor. conc. 12.
147 Vgl. auch Hammerstaedt a.a.O. 1990, 2862; allgemein o. Anm. 145.

die allgemein verbreitete Weissagungstradition in Phönikien und Palästina, gegen die Untergangspropheten und Katastrophenapostel, die für sich göttliche Natur in Anspruch nahmen, die mit dem Ruf „Das Ende kommt" die Umkehr der Menschen und den Glauben an ihre Lehren forderten und deren Wirkung sich auf alle Bereiche der Gesellschaft erstreckte[148]. Andererseits ist den Angriffen des Lukian von Samosata eindeutig zu entnehmen, daß zahlreiche Griechen ihren Lebensunterhalt als Zauberer, Magier, Wahrsager und ‚Propheten' verdienten, nicht zuletzt in Rom und in den Häusern der Magnaten der römischen Gesellschaft[149]. Gerade das Christentum, das seinerseits Magie- und Dämonenglauben keineswegs zurückdrängte[150], mußte heidnische Vorwürfe gegen seine eschatologische bzw. apokalyptische Verkündigung hervorrufen, wie sie im Octavius des Minucitus Felix formuliert sind[151]: *Quid? quod toto orbi et ipsi mundo cum sideribus suis minantur incendium, ruinam moliuntur . . . anceps malum et gemina dementia, caelo et astris, quae sic relinquimus ut invenimus, interitum denuntiare, sibi mortuis extinctis, qui sicut nascimur et interimus, aeternitatem repromittere.* Dies gilt auch für eine funktional eingesetzte Apokalypse, wie wir sie in der im kleinstädtischen und ländlichen Milieu des syrisch-palästinensischen Raumes in der 1. Hälfte des 2. Jh. n. Chr. entstandenen Didache[152] finden[153]. Der anonyme Verfasser dieser auf die Praxis innerhalb der Gemeinde gerichteten *regula vitae christianae*, die auf einer Kompilation respektive Redaktion der vordidachischen Tradition aufbaut, nimmt in paränetischer Absicht eine kleine Apokalypse ohne Gegenwartsbezug und konkrete Naherwartung

---

148 Orig., C. Cels. 7, 9.11. Die christliche Didache (11, 6–9) bezeichnet Prophetie als Teil des Dienstes an Gott; wer jedoch dafür Geld nimmt, wird unter die falschen Propheten gerechnet. Zur Rolle der wandernden Propheten und Charismatiker im Gemeindeleben des früheren 2. Jh. n. Chr. vgl. Did. 11, 3–12; auch 13, 1–7; 15, 1; vgl. K. Niederwimmer (Ed.), Die Didache, Göttingen 1989, 209–223, 228–233, 243f.
149 Lukian., Merc. cond. 40; siehe auch Lukian., Alex. 5; vgl. bereits Iuv., Sat. 1, 3, 75–78.
150 Vgl. etwa zu Magie, Zauberei, Geisterbeschwörung und Exorzismus bei christlichen Sekten Iren., Adv. haer. 1, 23, 4; 1, 25, 3; auch 1, 23, 5. Vgl. weiter Philipp (o. Anm. 86) 1986; C. Bonner, Studies in Magical Amulets, Ann Arbor 1950; A. Delatte – C. Josserand, in: Mélanges J. Bidez, Brüssel 1934, 207–232; K. Thraede, RAC VII, 1969, 58–117; ders., RAC XIV, 1988, 1269–1276; E. Schweizer – A. Kallis – P. G. van der Nat – C. D. G. Müller, RAC IX, 1976, 688–797; Smith (o. Anm. 65) 164ff.; ders., HTR 73, 1980, 241–249; Kee (o. Anm. 90) 146ff., bes. 252ff.; auch o. S. 64. Vgl. zum christlichen Bereich im 5. Jh. n. Chr. etwa Johannes Mandakuni, Brief über die Zaubereien, bes. 6ff. (Ausgewählte Schriften der armenischen Kirchenväter II, München 1927); Kehl (o. Anm. 99) 132ff.; weiterführend D. Harmening, Superstitio. Überlieferungs- und theologiegeschichtliche Untersuchungen zur kirchlich-theologischen Aberglaubensliteratur des Mittelalters, Berlin 1979.
151 Min. Fel. 11, 1.3.
152 Vgl. jetzt Niederwimmer (o. Anm. 148), bes. 13–15, 78–80 (rein hypothetisch auf 110/120 n. Chr. eingegrenzt); auch J. Schmid, RAC III, 1957, 1009–1013; Vielhauer 719–737. Die Argumente für eine Datierung noch in das 1. Jh. n. Chr. bei A. Tuilier, TRE VIII, 1981, 731–736, sind ohne Beweiskraft.
153 Did. 16, 3–8; der Schluß ist verloren, kann jedoch als ein kurzer Hinweis auf das Weltgericht erschlossen werden. Die unmittelbare Vorlage des Didachisten ist vielleicht 90/100–110 n. Chr. zu datieren; vgl. A. Yarbo Collins, ANRW II 25,6, 1988, 4695; Niederwimmer a.a.O. 247–269 (zu Did. 16, 1–8).

auf[154], die aus der flukturierenden christlich-apokalyptischen Tradition stammt[155]: „Wachet über euer Leben. Eure Lampen sollen nicht erlöschen und eure Lenden sollen nicht schwach werden. Vielmehr: seid allezeit bereit, denn ihr wißt nicht die Stunde, in der unser Herr kommt. Kommt aber häufig zusammen und sucht das, was eurem Leben nottut; denn es wird euch die ganze Zeit eures Glaubens nicht nützen, wenn ihr nicht im letzten Augenblick vollkommen seid" (Did. 16, 1–2). Die auf eine lange Tradition zurückblickende eschatologisch motivierte Exhortatio gilt hier der seelsorgerischen Mahnung zur sorgfältigen Übung des Gemeindelebens. Der eschatologische Abschluß der Didache in der kleinen Apokalypse Did. 16, 3–11 dient dieser *regula vitae* als autoritative Bekräftigung und Sinngebung.

3. Mentalgeschichtliche Aspekte der christlichen Eschatologie

Nachdem wir mit der Didache einen ersten Einblick in die Möglichkeiten des funktionalen Einsatzes von eschatologischen Aussagen und apokalyptischen Vorstellungen in der christlichen Literatur bekommen haben, wollen wir uns dem 2. Clemensbrief[156] zuwenden, der eine Art Bußpredigt, genauer eine schriftlich ausgearbeitete Mahnrede zum Vortrag in der Gemeindeversammlung mit dem Ziel der Exhortatio zum rechten Handeln darstellt[157]. Die Schrift, die vor dem Hintergrund der Gnosis wahrscheinlich 130/150 n. Chr. vermutlich in Ägypten entstanden ist[158], macht die Christologie und Eschatologie ganz der Paränese, der Umkehr- und Bußforderung, dienstbar, wobei sie zu Beginn christologisch-soteriologisch und am Ende durch die Mahnung an das vorausgesagte kommende Gericht Gottes zu motivieren sucht[159]. Die einzelnen Mahnungen folgen mit immer neuen Begründungen in lockerer Reihenfolge aufeinander, wobei der Rahmen bereits einem traditionellen Gliederungsschema zu folgen scheint[160], und die meisten Zitate (auch des Alten Testaments) bzw. Herrenworte dienen ohne jede weitere Auslegung unmittelbar zur Bekräftigung und Bestätigung der Paränese[161]. Die Bußmahnung an die Christen von 2 Klem 8, 1.3 „Solange wir also auf Erden sind, laßt uns Buße tun!... Denn wenn wir erst aus der Welt herausgegangen sind, können wir dort nicht mehr (Sünden) bekennen oder noch Buße tun"[162] wird in 2 Klem 16, 1 wieder aufgegrif-

---

154 Eschatologische Paränese Did. 16, 1–2; siehe zur Übersetzung Niederwimmer a.a.O. 256. Schon der ursprünglichen Vorlage fehlten offenbar solche konkreten Momente, vgl. auch Vielhauer 726, 736.
155 Vgl. Niederwimmer a.a.O. 247ff.; das Sondergut der Didache-Apokalypse mit allgemein verbreiteten apokalyptischen Topoi ist ein eigenständiger Überlieferungszweig in Nähe zur synoptischen Quelle Q, der von Matthäus und dem Didachisten benützt wurde. Vgl. auch P. Vielhauer – G. Strecker, in: Hennecke – Schneemelcher II 535–537.
156 H. Wengst (Ed.), Didache (Apostellehre). Barnabasbrief. Zweiter Klemensbrief. Schrift an Diognet, Darmstadt 1984, 203–280; Einführung ebd. 205–235.
157 Vgl. Wengst a.a.O., bes. 208, 210, 212, 214ff.
158 Vgl. ebd. 226f.
159 2 Klem 16, 1 – 18, 2.
160 Vgl. Wengst a.a.O. 208f., 209ff.
161 Vgl. ebd. 217ff.; die neutestamentlichen Zitate benutzen offensichtlich ein verlorenes postsynoptisches Evangelium.
162 Übersetzung nach Wengst (o. Anm. 156).

fen: „Daher Brüder, weil wir nicht geringe Gelegenheit erhalten haben, Buße zu tun, wollen wir uns, da wir noch Zeit haben, zu Gott hinwenden, der uns berufen hat, solange wir noch den haben, der uns annimmt"; es folgt in 2 Klem 16, 3 die suggestive Exhortatio nach dem Schriftwort Mal 3, 19: „Erkennt aber, daß der Tag des Gerichts schon kommt wie ein brennender Ofen. Und es werden einige der Himmel und die ganze Erde zerschmelzen, wie Blei über dem Feuer zerschmilzt"[163]. Mit dem folgenden Satz „Und dann werden die geheimen und offenbaren Taten der Menschen offenbar werden" zeigt sich eindeutig, daß die Aufnahme des apokalyptischen Szenariums direkt der Paränese dient[164].

Vergleichbar sind typische Passagen des Barnabasbriefes[165], eines in Briefform gekleideten Propagandaschreibens im Sinne eines spezifischen Verständnisses der christlichen Lehre[166]. Seine Entstehung im östlichen Mittelmeerraum ist relativ genau auf 130/132 n. Chr. festzulegen[167]; sein Aufbau ist letztlich eine Verschachtelung von christlichen Traditionsstücken sowie christlichem Schulgut[168]. Hier wird die Forderung nach vollständiger Abkehr von Irrtum und Sünde der Zeit mit dem unerwarteten, nahen Ende begründet[169] und die Mahnung an das Gericht Gottes eingefügt[170], ohne daß hier damit aber eine naheschatologisch ausgerichtete Schrift vorläge. Zudem ist Barn 4, 3–5 in dem Mahnkomplex von Barn 4, 1 – 5, 4 als eine ursprünglich selbständige Einheit zu sehen, die dem Verfasser bereits innerhalb eines paränetischen Traditionsstückes vorlag und aus Daniel und weiteren Prophetien kompiliert sowie für Vespasian und die Situation des Jahres 69 angepaßt war[171]. Es handelt sich um den Gedankengang funktionaler Paränese, nicht um eine primär eschatologische Aussage, wie uns Barn 4, 3–6 zeigt[172]: „Das vollendete Ärgernis[173] ist nahegekommen, über das geschrieben steht, wie Henoch sagt; denn dazu hat der Herrscher die Zeiten und Tage verkürzt[174], damit sein Geliebter schnell komme und das Erbe antrete. So spricht aber auch der Prophet: . . . Ihr müßt euch also einsichtig danach verhalten!"[175].

Es wird deutlich, daß wir in den christlichen Quellen einen eigenständigen mentalen und weltanschaulichen Horizont vor uns haben, eine religiöse Dogmatik, in der die Aussagen der Schrift durch den Glaubensakt zur absoluten, gegenüber der

163 Vgl. die Verweise bei Wengst a.a.O. 261 Anm. 142.
164 Vgl. Wengst a.a.O. 261 Anm. 143.
165 Wengst a.a.O. 101–202; einführend 103–136; auch U. Neymeyr, Die christlichen Lehrer im zweiten Jahrhundert, Leiden – New York – Kopenhagen – Köln 1989, 169–180.
166 Vgl. Wengst a.a.O., bes. 113; etwa Neymeyr a.a.O. 171f.
167 Barn 16, 3–4; vgl. Wengst a.a.O. 114ff.; Neymeyr a.a.O. 169.
168 Vgl. ausführlich Wengst a.a.O. 119ff.
169 Barn 4, 1 – 5, 4, bes. 4, 3–5.
170 Barn 21, 1–6, bes. 21, 3: „Nahe ist der Tag, an dem alles zusammen mit dem Bösen zugrunde gehen wird. Nahe ist der Herr und sein Lohn", eine reine exhortative Einschärfung unter unmittelbarer Bezugnahme auf Jes 40, 10; 62, 11; Apk 22, 12; 1 Klem 34, 3.
171 Vgl. K. Wengst, Tradition und Theologie des Barnabasbriefes, Berlin – New York 1971, 21–23, 105f.; ders. (o. Anm. 156) 114, 197 Anm. 39.41.
172 Übersetzung nach Wengst a.a.O. 1984.
173 Ein traditioneller apokalyptischer Topos; vgl. Wengst a.a.O. 197 Anm. 35.
174 Vgl. die Parallelen bei Wengst a.a.O. 145 Anm. 37.
175 Siehe insgesamt Wengst a.a.O. 145.

eigenen Erfahrung und der weltlichen Realität abgehobenen Wahrheit Gottes wurden[176]. Gegenstand des Denkens und des Argumentierens sind konkretisierte Glaubensinhalte auf einer noch nicht durch die europäische Aufklärung in Frage gestellten Ebene religiöser Erkenntnis. Schriftbeweis und Herrenwort waren, abgesehen von der inneren dogmatischen Kontroverse um das autoritative Verstehen der göttlichen Wahrheit, jeder Diskussion entzogen. Das für den Gläubigen erkennbare Schriftzitat wirkte durch den Glaubensakt. Die Scillitanischen Märtyrerakten[177] zeigen eindringlich, wie einfache Christen – oder die für sie als vorbildhaft exemplifizierten Glaubenshaltungen und Verhaltensweisen – Schriftworte als absolute Wahrheit und unumstößliche Lebensvorgaben begriffen, als eine über jeder anderen Form von Autorität oder ‚Wissen' stehende Grundlage des Lebens und Denkens[178]. Hier lag der unmittelbar wirksame, argumentative und suggestiv motivierende Bezugspunkt christlicher Predigt und Belehrung, für sie war das naheschatologische Herrenwort jederzeit als eine unabhängige Größe einsetzbar, wie es Mt 4, 17 beispielhaft für die Predigttätigkeit Jesu vor Augen stellt. Das Verständnis gegenüber dem Schriftwort zeigt sich nicht zuletzt in der häretischen Veränderung bzw. Neuformulierung von Evangelientexten und in der Zitierpraxis von Sekten bei ihrer Grundlegung eines abweichenden Schriftbeweises bzw. -argumentes[179]. Wir dürfen nicht außer Acht lassen, daß selbst heute bibelgläubige Gruppen den Widerspruch zwischen der Wahrheit des Wortes Gottes und dem modernen Wissen psychologisch wirksam auszuschalten vermögen. Der Verweis auf die eschatologische Gewißheit und auf das Drohen des Gerichts, das Arbeiten mit apokalyptischen Bildern und die Verwendung emotional wirkender Formeln von der bevorstehenden Endzeit blieben über die Jahrhunderte hinweg die wirksamsten Elemente für religiöse Stimulierung, Bekehrungsappell und Mahnpredigt[180]. Wir berühren hier den Bereich eines der Ratio entzogenen Glaubensaktes, zumal die christlichen Gemeinden der vorkonstantinischen Zeit in ihrer Umwelt exponierte Minderheiten von Glaubenden waren. Wir stoßen hier auf die Bereiche des jede Wahrnehmung verändernden Dogmatismus, der persönlichen, vielfach ekstatischen Vision, bis hin zu jenem des religiösen Wahns in Wort und Tat.

Zu den wesentlichen Glaubensformeln gehören die eschatologischen respektive apokalyptischen Verkündigungen und Herrenworte, beginnend mit den prophetischen Büchern des Alten Testaments über die Evangelien und die paulinische Literatur bis zur Apokalypse des Johannes. Es bedurfte einer langwierigen intellektuellen Leistung, gerade durch weltchronologische Systeme

---

[176] Vgl. zu Aufnahme und Rezeptionsweise der Evangelien als autoritative Aussagen des Herrn etwa W.-D. Köhler, Die Rezeption des Matthäusevangeliums in der Zeit vor Irenäus, Tübingen 1987, bes. 517fff., 527ff.
[177] H. Musurillo, The Acts of the Christian Martyrs, Oxford ²1979, 86–89; vgl. A. A. R. Bastiaensen, in: Atti e Passioni dei Martiri, Mailand 1987, 97–105, 405–411, auch XXVIII–XXXVI.
[178] Vgl. hierzu H. A. Gärtner, WS 102, 1989, 149–167, bes. 154f., 162ff.
[179] Vgl. etwa S. Levin, ANRW II 25, 6, 1988, 4288f.
[180] Vgl. auch A. Kehl, in: J. Martin – B. Quint (Hg.), Christentum und antike Gesellschaft, Darmstadt 1990, 102–142, bes. 106ff., 125f.

die schriftgestützte Naherwartung der Gemeindegläubigen einzuschränken, ohne dabei zentrale Glaubensinhalte in Frage zu stellen. Die naheschatologische Verkündigung in den synoptischen Evangelien[181] und die klassischen Formulierungen der urchristlichen Parusieerwartung in 1 Kor 7, 29–31 oder 1 Kor 10, 11 bildeten die Grundlagen einer *schriftgestützten* respektive *schriftbezogenen* Naherwartung bzw. Endzeitgewißheit. Sie war jederzeit emotional wirksam in Predigt und Mahnung anzusprechen und zu stimulieren, wie dies bereits in den Evangelien selbst angelegt ist[182]. Die Akzeptanz und die immanente Wirksamkeit der Bilder und Formeln der Schrift war für den Glaubenden von der Frage einer objektiven zeitgenössischen Realität abgelöst. Die eschatologische Gewißheit des Glaubens blieb in der christlichen Tradition die Grundlage für die geforderte Absage an das Weltliche.

Die eschatologische Gewißheit galt in besonderem Maße für die Zeit vor dem Christlichwerden des Imperium Romanum; das pagane Rom konnte auch als das letzte und größte Reich der verschiedenen weltchronologischen Schemata nur der zwangsläufigen Zukunftsperspektive einer sich linear auf die Erfüllung der Heilsgeschichte im Ende der Zeiten zubewegenden Entwicklung unterliegen. Für den gläubigen Christen war nur eine Fortdauer dieser Welt und mit ihr des Imperium Romanum bis zu dem (absehbaren) apokalyptischen Ende der irdischen Welt denkbar. Erst mit der Durchsetzung des Christentums als Religion der Kaiser und damit als neue Grundlage des Reiches war eine völlig andere Situation entstanden, die einer neuen theologischen und mentalen Verarbeitung und einer eigenen Einordnung in die lineare Heilsgeschichte bedurfte.

Christliche Aussagen zu eschatologischen oder apokalyptischen Inhalten sind immer unter Berücksichtigung des Glaubens, der Schriftaussagen und der Weltsicht des frühen Christentums zu sehen, das, von der christlichen Gnosis einmal abgesehen, nicht von der Gewißheit der eschatologischen Verheißung zu trennen ist[183]. Die Parusie des Auferstandenen, das Weltgericht Gottes am Ende der Zeiten wurden zugleich ersehnt, beschworen und gefürchtet; es sind zentrale Themen des christlichen Denkens gewesen. Die Konzeptionen dieser linearen eschatologischen Präde-

---

181 Vgl. Mt 4, 17; 24, 34; Mk 1, 5; 13, 30; Lk 21, 32.
182 Vgl. Mt 4, 17; 24, 32ff.; 24, 42ff.; 25, 1–13.
183 Vgl. zusammenfassend zur frühchristlichen Eschatologie G. Klein, TRE 10, 1982, 270–299; zur synoptischen Tradition ebd. 277; P. Vielhauer – G. Strecker, in: Hennecke – Schneemelcher II 525–529; zu Paulus und zur paulinischen Schule Klein a.a.O. 279–288, bes. 279f., 280–282; auch G. Florovsky, StudPatr 2, 1957, 235–250; G. Strecker, TRE 17, 1988, 310–325; zur christlichen Apokalyptik und ihrer Tradition P. Vielhauer, in: Hennecke – Schneemelcher³ 428–454, bes. 428ff.; A. Strobel, TRE 3, 1978, 251–257; K.-H. Schwarte ebd. 257–275, bes. 257f.; Vielhauer – Strecker a.a.O. 491–547, bes. 516ff.; auch u. Anm. 244; zur urchristlichen Prophetie D. E. Aune, Prophecy in Early Christianity and the Ancient Mediterranean World, Grand Rapids Mich. 1983, 153–346; Vielhauer – Strecker a.a.O. 512–515 mit der Herausstellung der engen Verbindung von Prophetie und Apokalyptik, deren Anschauungen die Urgemeinde in besonderer Weise huldigte; zur christlichen Geschichtsvorstellung in der Bindung an die Parusieerwartung auch J. Daniélou, JR 30, 1950, 171-179, bes. 173f.

terminierung aller Geschichte und Schöpfung[184] findet im Kanon des Neuen Testaments zwei grundlegend verschiedene Ausformungen, die erste in der Tradition des jüdischen apokalyptischen Gerichtsdenkens[185] in den synoptischen Evangelien und im paulinischen Schrifttum, die zweite bei dem Evangelisten Johannes und im Kreis ihm nahestehender Schriften; letztere vertreten die Vorstellung eines seit dem Erscheinen Christi gegenwärtigen Gerichts in der Entscheidung des Menschen für oder gegen die Annahme der Heilsoffenbarung Gottes[186]. Die Glaubenswelt der großkirchlichen Gemeinden folgte dem apokalyptischen Gerichtsdenken in der Form des universalen Endgerichts mit der allgemeinen Auferstehung der Toten und der Wiederkehr des Herrn[187], oftmals verbunden mit chiliastischen Vorstellungen[188], also der ersten Auferstehung der Gerechten nach dem Ablauf einer Weltzeit von 6.000 Jahren und einem tausendjährigen messianischen (Zwischen-)Reich vor der erneuten Parusie, der allgemeinen Auferstehung der Toten, dem Gericht über Gerechte und Verdammte und der endgültigen Aufrichtung des himmlischen Reiches[189].

Auf die eschatologischen Glaubensinhalte und Schriftaussagen sowie die Arten des Verhältnisses zu dieser Welt muß die Interpretation christlicher Quellen bei der Frage nach Gegenwartssicht und Geschichtsverständnis primär Bezug nehmen. Die Wirklichkeit wird durch die Glaubensüberzeugung des Apokalyptikers bzw. durch eine im Glaubenserlebnis stimulierte Naherwartung im Rahmen der Verheißung notwendigerweise verzerrt[190]. Wir stehen vor dem Problem, das ein nur subjektives

---

184 Wie G. Widengren, in: Hellholm, Apoc. 77–162, bes. 78f., herausarbeitet, zeigt sich die Entwicklung einer linearen eschatologischen Geschichtskonzeption erstmals ausgebildet in der Lehre Zarathustras; das Bild dieses Untergangs zeigt bereits als Grundelemente Krieg und naturhaften Verfall (vgl. etwa 2 Baruch 85, 10; Die Jugend der Welt ist vergangen, die Kraft der Schöpfung zu Ende). Das Ende der Welt wird durch die Störung der gesetzmäßigen Ordnung des Kosmos herbeigeführt. Zur mittel- und nahöstlichen Beeinflussung des Gesamtkomplexes vgl. auch die Beiträge in: Irano-Judaica, Jerusalem 1982; bes. D. Flusser ebd. 12–75.
185 Zur apokalyptischen Tradition in der späten Hasmonäerzeit mit ihrem Einfluß auf die frühe christliche Vorstellungswelt vgl. J. Efron, Studies in the Hasmonean Period, Leiden – New York – Kopenhagen 1987, 253–260; sein Versuch, im Rahmen einer weniger überzeugenden Aufwertung der späthasmonäischen Epoche das visionäre Werk der pseudepigraphischen Psalmen Salomons einem christlichen Autor zuzuweisen, ist abzulehnen; die Möglichkeit einer historischen Interpretation der apokalyptischen Schrift schränkt er allerdings zu Recht ein (a.a.O. 260–286).
186 Vgl. M. Durst, JbAC 30, 1987, 29–57, bes. 29f.
187 Vgl. Durst a.a.O.
188 Vgl. G. G. Blum – O. Böcher, TRE 7, 1981, 723–733; zum Millenarismus allgemein N. Cohn, The Pursuit of the Millenium, London ²1970, bes. 13, 19ff., 37ff.; zur millenaristischen Erwartung des 4. Jh. n. Chr. H. Chadwick, in: E. Lucchesi – H. D. Saffrey (Hg.), Mémorial A.-J. Festugière. Cahiers d'Orientalisme X, Genf 1984, 125–129.
189 Zur Vorstellung des Reiches Gottes vgl. A. Lindemann – R. Mau, TRE 15, 1986, 200–218, 218–220.
190 Vgl. auch U. Wickert, TRE 19, 1990, 253; zur apokalyptischen Sprache und Konzeption im Corpus Paulinum auch P. Benoit, in: Apocalypse et théologie de l'espérance, Paris 1977, 299–335 (siehe auch ebd. 100–109, bes. 105). Die wesentlichen gemeinsamen Grundzüge der Apokalyptik sind einmal der Dualismus der zwei Äonen mit der radikalen Abwertung des jetzigen Äon und einer gesteigerten Jenseitshoffnung bzw. -spekulation, ja Jenseitssucht mit

Erleben respektive Empfinden und eine glaubensbestimmte Weltsicht für die historische Analyse darstellen.

Ein weiterer Aspekt liegt darin, daß, abgesehen vor allem von der christlichen Gnosis, das Eintreten der apokalyptischen Zeichen aus der synoptischen Apokalypse als Teil der heilsgeschichtlichen Prädeterminierung der Welt erwartet wurde[191]. Für diese Zeichen ist noch zwischen den eigentlichen Theophaniezeichen, welche die Parusie des Herrn bei seiner Wiederkehr begleiten sollten, und den Vorzeichen für das Nahen der geschichtlichen Endzeit zu unterscheiden, wobei aber zwischen diesen Vorstellungskomplexen eine enge Beziehung besteht[192]. Zu den apokalyptischen Zeichenreihen, die letztlich auf existentiellem Angsterleben beruhen und somit vielfache Entsprechungen in den heidnischen Prodigienvorstellungen haben[193], gehören als Standardthemen schon der alttestamentlichen Prophetie Erdbeben, Überschwemmungen, Hagel, Dürre, Heuschrecken, moralischer und religiöser Verfall sowie insbesondere Krieg, Hunger, Pestilenz, der Kampf Aller gegen Alle und die schließliche kosmische Zerstörung[194].

Damit entfalteten sich geschichtstheologische Interpretationsvorgaben, die durch komplementäre Faktoren bestimmt waren: einmal durch das Hoffen auf das Kommen des Reiches Gottes mit einer Verneinung dieser Welt und zum zweiten durch die Furcht vor den Wehen der Endzeit, dem Kommen des Antichristen und dem endzeitlichen Chaos mit dem Abfall von der Wahrheit und mit der Verfolgung der Gerechten[195] sowie durch die Furcht vor dem Gericht Gottes generell. Die Gewichtungen innerhalb dieser psychologischen Komplexität von Furcht und Hoffnung[196] sind subjektiven Wertungsprozessen unterworfen gewesen, deren Ergebnis keineswegs allein die Folge konkreten Erlebens von Umwelt und Gesellschaft durch den Einzelnen war. Die religiös verarbeiteten psychologischen Grundängste, die hier in den ‚Wehen der Endzeit' und dem eschatologischen Chaos vor der Wieder-

---

einer radikalen Enderwartung; zum zweiten der Determinismus ihrer Vorstellungswelt, verbunden mit Ungeduld und Sehnsucht nach dem Ende (gespiegelt im negativen Verständnis der Gegenwart); vgl. Vielhauer – Strecker (o. Anm. 183) 498f., 500f. Die Frage nach dem Ende dieser Welt bildet die Voraussetzung der gesamten Gattung.

191 Synoptische Apokalypse Mt 24, 3–44; Mk 13, 4–37; Lk 21, 5–36. Vgl. zu den „Zeichen" auch Vielhauer – Strecker a.a.O. 520–523.
192 Vgl. K. Berger, ANRW II 23,2, 1980, 1428–1469, bes. 1436–1447; zum apokalyptischen Zeichenbegriff ebd. 1447–1451; zur Unterscheidung zwischen Endzeit- und Theophaniezeichen Lk 21, 9ff. zu Lk 21, 25–28.
193 Vgl. Berger a.a.O. 1455–1458.
194 Vgl. Vielhauer, in: Hennecke – Schneemelcher[3] 431f.; Berger a.a.O. 1455–1459.
195 Mt 24, 9; Mk 13, 9.11–13; Lk 21, 12.
196 Vgl. B. Kötting, Ecclesia peregrinans. Das Gottesvolk unterwegs I, Münster 1988, 14–28, bes. 14; in diesem Sinne auch O. Pfister, Das Christentum und die Angst, Olten ²1975 (ND. Frankfurt – Berlin – Wien 1985); zu den Aspekten der Religionspsychologie W. H. Clark, The Psychology of Religion, New York 1958; E. Fromm, Psychoanalyse und Religion, München 1978; auch C. G. Jung, Psychologie und Religion, Freiburg ²1971. Das Christentum hat eine neue Qualität von Angst und Hoffnung bezüglich Verdammnis und Heil in der eschatologischen Perspektive eingeführt und damit das Verhältnis zu Körperlichkeit und Diesseits geprägt, wobei die Angst des für die Ewigkeit irreversiblen Versagens auf dem Wege zum Heil das Denken bestimmt.

kehr des Herrn gipfeln[197], finden ihren autoritativen Ausdruck in den Formeln der Apokalypse der synoptischen Evangelien[198]. Dabei ist die Verzögerung der Parusie des Herrn schon in Mk 13 zum Problem geworden[199]; hier wird die zugleich messianisch hoffende wie furchtsame Frage der Jünger „Und was werden die Zeichen sein und wann wird das alles vollendet sein?"[200] mit der Liste der Zeichen beantwortet: Verführung durch falsche Propheten, Verfolgung der Gläubigen, moralischer Verfall, Kriege und Kriegsgerüchte, Kampf Jeder gegen Jeden und Reich gegen Reich, Erdbeben und Hungersnöte[201]. Zum anderen finden wir aber bereits die betonte Aussage, daß die eigene Gegenwart selbst bei Erleben solcher Zeichen nicht das Ende der Welt, sondern erst den Anfang der sich mit dem Fortschreiten auf das Ende steigernden Wehen bedeute[202].

Es war das bei der Betrachtung der Quellen in Rechnung zu stellende christliche Grundverständnis, daß mit Christus der neue Aion, das letzte Zeitalter und das Telos der Geschichte angebrochen seien[203]; dies bleibt das Kennzeichen der christlichen Geschichtssicht in der frühen Kirche: eine eschatologische Selbstdefinition der Zeit der Gläubigen und der Kirche, die von der Bewältigung der Problemstellung durch die Verzögerung der Parusie nicht berührt wurde[204].

Mit der Geburt des Herrn hat nach Markus[205] die messianische Endzeit der Heilsgeschichte begonnen, der nach der Verkündung des Evangeliums an alle Völker die Wiederkehr des Herrn folgen werde[206]. Die Naherwartung wird dabei grundsätzlich aufrechterhalten[207]. Die Aufforderung zur ständigen Bereitschaft für die Parusie des Auferstandenen betont Matthäus[208], dessen Bearbeitung der synoptischen Apokalypse nach Q ebenso wie bei Lukas eine negative Zukunftserwartung gemäß der linearen, eschatologisch determinierten Geschichtsentwicklung hin auf

---

197 Vgl. etwa den christlichen Teil von Or. Sib. VIII: Kriege, welche die Erde ausbluten lassen, Durst, Hungersnot, Pestilenz und Morden, kosmische Katastrophe (V. 337–358).
198 Vgl. Mk 13, 5–25; Mt 24, 5–29; Lk 21, 8–26.
199 Vgl. zum Problem der Parusieverzögerung A. Strobel, Untersuchungen zum eschatologischen Verzögerungsproblem auf Grund der spätjüdisch-urchristlichen Geschichte von Habakuk 2, 2ff., Leiden – Köln 1961; ders., Ursprung und Geschichte des frühchristlichen Osterkalenders, Berlin 1977; auch H. Conzelmann, Die Mitte der Zeit, Tübingen ⁵1964, bes. 6, 124, 219f.; E. Grässer, Das Problem der Parousieverzögerung in den synoptischen Evangelien und in der Apostelgeschichte, Berlin ²1960; E. Schüssler Fiorenza, in: Hellholm, Apoc. 295–316, bes. 303; auch E. Biser, Die Bibel als Medium, SB Heidelberg, Phil.-hist. Kl. 1990, 1, Heidelberg 1990, 18.
200 Mk 13, 4; vgl. zum Markusevangelium G. Rau, ANRW II 25,3, 1985, 2036–2257; zu Mk 13 bes. ebd. 2164ff., 2170–2185.
201 Mk 13, 6–9.12.13.
202 Mk 13, 7–8. Vgl. etwa Vielhauer, in: Hennecke – Schneemelcher³ 434–436.
203 Siehe gerade 1 Kor 15, 20ff.; Röm 5, 12ff. Vgl. R. Minnerath, Les Chrétiens et le monde (Ier et IIe siècles), Paris 1973, 49f., 57ff.; A. Strobel, bes. 12f.; 397–400, auch 412–428.
204 Vgl. u. S. 104, 108ff.; 165ff.
205 Mk 1, 14f.; 13, 10.30.
206 Mk 13, 10; Mt 24, 14.
207 Mk 13, 32–33.35. Die Parusie verkünden noch für die eigene Generation 1 Kor 10, 11; Apk 22, 20; 1 Petr 4, 7; 1 Joh 2, 18.
208 Mt 24, 37ff., bes. 42.44. Vgl. auch Lk 21, 34–36.

das Chaos der Endzeit als sichere Perspektive formuliert[209]. Es ist die Erwartung der Herrschaft des Bösen sowie des moralischen und physischen (!) Verfalls dieser Welt.

Markus, Matthäus und Lukas verbinden dies mit der expliziten Warnung vor adventistischen Predigern, vor den „falschen Propheten", die sagen würden „Die Zeit ist gekommen", vor der Gefahr, sich durch zeitgenössische Erlebnisse in akute Endzeitpanik versetzen zu lassen[210]. Insbesondere Lukas rückt die um kosmische Zeichen vermehrten endzeitlichen Ereignisse deutlich in eine weitere Ferne, offenkundig um die stets mögliche apokalyptische Deutung von Zeitereignissen zu unterbinden[211]. Die Zeit der Kirche ist bei Lukas bereits als selbständige Epoche der Heilsgeschichte bestimmt, ohne sich freilich in eine unbestimmte Ferne zu erstrecken[212].

Der (pseudo)paulinische 2. Thessalonicherbrief[213] enthält in seiner kleinen Apokalypse 2 Thess 2, 1–12 die entscheidende Aussage, daß erst der Abfall vom Glauben eintreten und der Antichrist erscheinen müsse, ehe der Tag des Herrn nahe[214]. Das in Briefform gehaltene Traktat vermutlich aus den 80er Jahren des 1. Jh. n. Chr. ruft zum Festhalten am tradierten apostolischen Glaubensinhalt auf[215] und warnt davor, sich durch eine unter Berufung auf Paulus umlaufende Prophetie bzw. Briefschrift in eine unmittelbare panikartige Naherwartung versetzen zu lassen[216]. Erst müsse der Antichrist erscheinen, dessen Kommen aber durch das Katechon[217] aufgehalten würde. Von der Natur dieses Hemmenden hätten die Gläubigen schon Kenntnis[218]. Die Identifizierung des Katechon von 2 Thess 2, 6 bleibt hier unausgesprochen; eine Gleichsetzung bereits mit dem Imperium Romanum ist aber mit einiger Sicherheit auszuschließen[219]. Es dürfte sich vielmehr bei dem ursprünglichen Katechon um die Erfüllung der Aufgabe der Kirche, also um die Verkündung des Evangeliums an alle Völker, gehandelt haben[220]. Der wahrscheinlich nur etwas

---

209 Mt 24, 2–44; Lk 21, 6–36. Vgl. auch Daniélou (o. Anm. 183) 171–179.
210 Mk 13, 5–6.21–22; Mt 24, 4–5.11.23–25; Lk 21, 6.
211 Vgl. Lk 21, 8–11.24.36.
212 Vgl. etwa A. Strobel, TRE 3, 1978, 254.
213 Vgl. zu 2 Thess Vielhauer 89–103; A. Strobel (o. Anm. 199) 1961, 98–116; K. Aland, ANRW II 23, 1, 1979, 199f. mit Anm. 657; Forschungsüberblick zu 1 und 2 Thess bei W. Trilling, ANRW II 25, 4, 1987, 3365–3403; zur Pseudepigraphie von 2 Thess ebd. 3385–3388; Vielhauer 95–100.
214 2 Thess 2, 3–8.
215 2 Thess 2, 15.
216 2 Thess 2, 1–2. Auf die Folgen einer extremen Haltung weisen die Aufforderungen zur Arbeit, zur Rückkehr oder Fortsetzung einer bürgerlichen Existenz in 2 Thess 3, 6–14 hin; vgl. auch R. M. Grant, Christen als Bürger im Römischen Reich, Göttingen 1981, 82–84.
217 Das Textproblem 2 Thess 2, 6–7 ὁ κατέχων (V. 7) bzw. τὸ κατέχον (V. 6) ging in den lateinischen Übersetzungen verloren; siehe Tert., Res. 24, 17f. (vgl. A. Strobel (o. Anm. 199) 1961, 137). Vgl. hierzu Trilling (o. Anm. 213) 3393–3395.
218 2 Thess 2, 6.
219 Weltliche Macht und Kaisertum sind hier mit der Rolle des großen Frevlers verbunden (2 Thess 2, 4); vgl. Aland (o. Anm. 213) 199f.; auch Vielhauer 92f.
220 Entsprechend Mt 24, 14; Mk 13, 10. Die Interpretation bei A. Strobel a.a.O. 103 als Gottes

später in der römischen Gemeinde entstandene Hebräerbrief[221] greift zur Lösung des Problems der Parusieverzögerung auf eine jüdische Erklärungstradition zurück; zugleich sollte hier das Wissen um das prinzipiell nahe Endgericht und um die Wahrheit der eschatologischen Verkündigung ein religiöses Hochgefühl bei den Adressaten stimulieren, um so alle Anfeindungen, Verfolgungen und Leiden in dieser Welt mit Freuden auf sich nehmen zu können[222]. Der aus der 1. Hälfte des 2. Jh. stammende pseudepigraphische 2. Petrusbrief[223] warnte seinerseits mit allem Nachdruck vor den falschen Propheten und der häretischen Sektenbildung[224]. Die Gnosis und ihr Spott, der mit dem Hinweis auf die Parusieverzögerung Zweifel in den Gemeinden sähte, mußten nun mit einer weiterführenden Konzeption entschieden bekämpft werden: Die Langmut Gottes und sein Wille, allen die Umkehr zu ermöglichen, würden die Erfüllung der Verheißung verzögern[225]. Ähnlich gestaltete auch Iustin die Erklärung der Parusieverzögerung[226].

Wir sehen deutlich die Zweckfunktionalität eschatologischer bzw. apokalyptischer Themen in der Indoktrination, in der Stimulierung von religiöser Emotion und Leidensbereitschaft und in der beschwörenden Mahnung zur Umkehr. Zum anderen liegen zwei weitere entscheidende innerkirchliche Momente in der Abwehr von fanatischen Eiferern, Endzeitpropheten und akuter Naherwartung mit ihren Folgen und vor allem in der Abwehr des Zweifels an der Parusie des Herrn und am Endgericht, insbesondere verursacht durch die Gnosis.

Auf Grund einer schriftbezogenen spekulativen Parusiebestimmung prophezeit der Apokalyptiker Johannes[227] die unmittelbar bevorstehende Endzeit mit ihrem

       eigener Wille und Vorsatz kann weniger überzeugen. W. Trilling, Der zweite Brief an die Thessalonicher, Göttingen 1980, 92 sieht in dem ursprünglichen Katechon nur einen formellen Begriff für die Parusieverzögerung selbst.
221 Vgl. zu ihm A. Strobel a.a.O. 79–86; Vielhauer 237–251; Forschungsüberblick bei H. Feld, ANRW II 25, 4, 1987, 3522–3601, der eine Entstehung vor 70 n. Chr. bevorzugt (a.a.O. 3588ff.); auch F. F. Bruce, ANRW II 25, 4, 1987, 3496–3521.
222 Vgl. Hebr 10, bes. 27.32.34.37–39; 12; zur Eschatologie auch Feld a.a.O. 3580f.
223 Vgl. Vielhauer 594–599; ders., in: Hennecke – Schneemelcher³ 434; auch W. G. Kümmel, Einleitung in das Neue Testament, Heidelberg ¹⁷1973, 313–317; Aland a.a.O. 226f.; zusammenfassend zu 2 Petr R. J. Bauckham, ANRW II 25, 5, 1988, 3713–3752, bes. 3740–3742 zu einer frühen Datierung, wobei aber m. E. ein Datum vor 100 n. Chr. nicht überzeugen kann.
224 2 Petr 1, 12–21; 2; 3, 3–7.
225 Siehe bes. 2 Petr 3, 3f.; 3, 9f. (verbunden mit der entsprechenden Exhortatio ebd. 11ff.).
226 Iustin., Apol. 1, 45. Vgl. bereits den Hirten des Hermas (etwa Vis. 3, 5, 5; Sim. 9, 14, 2; 10, 4, 4).
227 Vgl. zu seinem dogmatischen und religiösen Hintergrund mit dem Problem der sich nicht entsprechend der eigenen Glaubensgewißheit wandelnden Umwelt E. Schüssler Fiorenza, in: J. Lambrecht (Hg.), L'Apocalypse johannique et l'apocalyptique dans le Nouveau Testament, Gembloux – Louvain 1980, 105–128; dies., Invitation to the Book of Revelation, Garden City N. Y. 1981; dies., The Book of Revelation: Justice and Judgement, Philadelphia 1985; auch dies., Semeia 36, 1986, 123–146; A. Yarbo Collins, in: Hellholm, Apoc. 746f.; dies., Crisis and Catharsis. The Power of the Apocalypse, Philadelphia 1984; auch A. Strobel (o. Anm. 212) 174–189; O. Böcher, ANRW II 35, 5, 1988, 3850–3893; ders., Die Johannesapokalypse, Darmstadt ³1988 (zu stark der Bezug auf ‚die römischen Verfolgungen' am Ende des 1. Jh. n. Chr.).

kanonischen Chaos und dem Kommen des Antichristen. Die Drangsale, Gefangenschaft und Tod sind entsprechend der Herrenworte für die Zukunft vorgegeben; der angesprochene Konflikt mit dem Kaiserkult wird dabei als der konkrete Anlaß für die endzeitliche Verfolgung der Gläubigen in jener Zukunft vorausgesehen, welche die Apokalypse als unzweifelhaft determiniert vorstellt[228]. Die scharfe Absage an das Imperium Romanum[229] und dessen strikte Abwertung als das Tier aus dem Meer und die „große Hure Babylon"[230], sind nicht auf eine besondere Verfolgungssituation zurückzuführen[231]. Domitian ist der sechste Herrscher[232], und erst während der Regierung des kommenden siebten wird der Antichrist erscheinen[233]. Die Naherwartung des Apokalyptikers basiert auf der Fristenspekulation nach Daniel, d. h. auf der Annahme einer Frist von 70 Jahren zwischen Christi Tod und Erhöhung und der Parusie des Herrn, so daß eine konkrete, auf einer schriftgestützten Parusiebestimmung beruhende Naherwartung für die Zeit des Nachfolgers Domitians ausgesprochen werden konnte[234]. Eine ganze entsprechende Parusiespekulation nach der Wochenprophetie von Dan 9, 24 lag der Bußtaufe und Frohbotschaft des El-

228 Vgl. Aland (o. Anm. 213) 215ff.
229 Apk 13, 1–4; 17, 9; vgl. Aland a.a.O. 220–224.
230 Apk 14, 8; 16, 19; 17, 1–9; 18; 19, 1–3. Diese Symbolik von Apk 12, 18–13, 18; 17f. hat R. Bergmeier, ANRW II 25, 5, 1988, 3899–3916 analysiert und die offenkundige Kontamination von Quellen und Traditionen durch den christlichen Apokalyptiker aufgezeigt (a.a.O. 3904–3916). Es besteht eine unmittelbare Verbindung zur jüdischen Apokalyptik unter Vespasian (ursprünglich der 6. König) nach der Zerstörung des Tempels und ihrer Verkündung des endzeitlichen Gerichtes Gottes mit der Bestrafung Roms, die durch den aus dem Osten an der Spitze parthischer Scharen zurückkehrenden Nero (der 8. König und Widersacher) vollzogen werden soll (siehe auch S. 353ff. zu den Or. Sib.). In domitianischer Zeit wurde diese Tradition zu einer christlichen Apokalypse redigiert, wobei die Innovation des Sehers in der Auseinandersetzung mit dem städtischen Kult sowie Kaiserkult in Kleinasien und der Bestrafung Roms nun für die Verfolgung des Lammes und der christlichen Zeugenschar liegt. Zur Deutung der Zahl 666 auf Nero, was auch die beiden Versionen der Überlieferung 616 und 666 erklärt, und zur Zahlensymbolik der Apokalypse vgl. A. Yarbo Collins, ANRW II 21, 2, 1984, 1268–1284, bes. 1270–1272. In alttestamentlicher Tradition symbolisiert die Hure (auf dem Tier, d.i. Rom als die heidnische Macht) den Götzenkult; er ist die Gefahr für die Gläubigen.
231 Vgl. auch Vielhauer 502; Aland a.a.O. 224f. Daß selbst bei direktem Erleben von Verfolgung eine vergleichbare Ablehnung des Imperium Romanum nicht der Regelfall christlicher Reaktion war, zeigt etwa der 1. Petrusbrief (siehe 1 Petr 2, 11–17; vgl. auch J. Molthagen, Gnomon 60, 1988, 246f.; zu 1 Petr allgemein E. Cothenet, ANRW II 25, 5, 1988, 3685–3712. K. Wengst, in: G. Binder – B. Effe (Hg.), Krieg und Frieden im Altertum, Trier 1989, 45–67 betont, daß der Apokalyptiker die jüdisch-apokalyptische Tradition rezipiert und sie unter der Erfahrung des Krieges von 66–70 n. Chr. visionär sieht, wobei er als Leidender (Judenchrist) die Gewalt in der Wirklichkeit der *pax Romana* wahrgenommen habe (vgl. auch ders., Pax Romana. Anspruch und Wirklichkeit, München 1986; Wengst's Sichtweise ist mehrfach nicht unproblematisch).
232 Apk 17, 3ff., 9–11; vgl. zur Auslegung auch A. Strobel, NTS 10, 1963–1964, 433–445.
233 Apk 17, 9–11.
234 Siehe die Schriftanspielungen und Verweise in Apk 1, 5–6; 18, 23 (– Jer 25, 10–12); vgl. A. Strobel a.a.O., bes. 445; ders. (o. Anm. 199) 1977, 398, 420; zur Traditionsentwicklung von Dan 9, 24–27 ebd. 395f., 412–416, zur Deutungsentwicklung in der frühen Kirche ebd. 420–423. Vgl. auch u. Anm. 240.

kasai im 3. Jahr Trajans zugrunde[235]. Die Johannes-Apokalypse lieferte die autoritative Schriftgrundlage für den christlichen Millenarismus[236]. Sie war für adventistische Prediger, religiöse Eiferer und häretische oder rigoristische Gruppen, aber auch für deren Gegner ein bestimmender Anknüpfungspunkt[237]. Dort, wo die Aussagen der Apokalypse in der Auseinandersetzung mit ihr nicht transponiert wurden, mußte sie wie bei Hippolyt Inhalt respektive Tenor von Schriftabhandlungen prägen[238].

Mit der Spekulation über das Geschichtsschema der 70 Wochen nach Dan 9, 24–27[239] war für die Bestimmung des Zeitpunkts der Parusie des Herrn eine von der geschichtlichen Realität unabhängige autoritative Prophetie vorhanden. Gleiches gilt für die Spekulation über eine 120jährige Buß- und Gnadenfrist auf der Basis der alttestamentlichen Noahgeschichte[240], die mit gutem Grund für den Ursprung der montanistischen Verkündigung, aber im Sinne des Erscheinens des Parakleten 120 Jahre nach Tod und Erhöhung Christi als des Beginns des letzten Abschnitts der Heilsgeschichte, herangezogen wird[241]. Der Montanismus war im Grunde der prophetisch begründete Versuch, das Christentum und die Kirche ‚jetzt' in die eschatologische Zukunft zu führen[242].

---

235 Vgl. Hippol., Haer. 9, 13, 4 mit 9, 13.15.16; vgl. A. Strobel 420; auch G. Strecker, RAC IV, 1959, 1171–1186.
236 Diese Problematik führte zu dem langdauernden Widerstand gegen eine kanonische Anerkennung, vgl. etwa Aland a.a.O. 225.
237 Besonders betont von Aland a.a.O. 227 schon mit dem Hinweis auf die umfassenden Apokalypsenzitate in Hippolyts Schrift über den Antichrist.
238 Nicht berücksichtigt wird diese Vorgabe etwa von Minnerath (o. Anm. 203) 214f.
239 Zum verwendeten Text der 70-Wochen-Prophetie vgl. R. Bodenmann, Naissance d'une Exégèse. Daniel dans l'Eglise ancienne des trois premiers siècles, Tübingen 1986, 95–106, 109–115, 319–398; zur Bedeutung des Buches Daniel für die Entwicklung der christlichen Theologie ebd. (von überholten historischen Schemata ausgehend a.a.O. 250–253), unrichtig allerdings in der Vorstellung, daß die uns erhaltenen christlichen Darlegungen (bes. zur 70-Wochen-Prophetie) beweisen, daß erst mit Clemens von Alexandrien, Tertullian und Hippolyt in den Jahren 196–204 die volle exegetische Auseinandersetzung mit Daniel begonnen hätte; siehe dagegen aber auch ebd. 121ff., 140ff. sowie Iustin und Irenaeus. Es ist zutreffend, daß die apostolischen Väter Daniel in der jüdisch-apokalyptischen Tradition und im Rahmen einer traditionellen Naheschatologie verwendet hatten (vgl. ebd. 189, 191, 240f.). Die ausführliche Diskussion bei Irenaeus, Clemens und Hippolyt ist jedoch das Zeugnis der heils- und weltchronologischen Umorientierung der Großkirche (vgl. auch ebd. 247f.), die zu einer entsprechenden intensiven Interpretation von Daniel gegenüber der traditionellen naheschatologischen Rezeption zwingen mußte.
240 Gen 6, 3; vgl. A. Strobel 94ff., 129ff.
241 Zur neuen Wertung des Montanismus vgl. u. S. 111. A. Strobel 399f. hat diese Verbindung zur Noahtypologie zu Recht gezogen; damit ist ein weiteres, entscheidendes Argument für die Frühdatierung der Ursprünge der prophetischen und rigoristischen Bewegung in die 50er Jahren des 2. Jh. n. Chr. gewonnen. Zur schriftgestützten Zeitspekulation vgl. zusammenfassend Yarbo Collins (o. Anm. 230) 1224–1249, bes. 1225–1229; 1234–1239; 1285–1287.
242 D. h. eine Erweckungsbewegung, die an dem strikten Verständnis der eschatologischen Verheißung festhielt; vgl. U. Wickert, TRE 19, 1990, 256; H. v. Campenhausen, Urchristliches und Altkirchliches. Vorträge und Aufsätze, Tübingen 1979, 60f.; auch W. H. C. Frend, The Rise of Christianity, London 1984, 253–256.

Die eschatologische Gewißheit ging von den Vorgaben der Verkündigung als absoluter Wahrheit aus; auch die Aktualität ihrer Themen war in der theologischen Diskussion vor allem Teil dogmatischer Auseinandersetzungen. Die theologische Spekulation und die Übernahme von Endzeiterwartung auf ihrer Grundlage mußte das Zeiterleben der Menschen bewußt und unbewußt ausgestalten. Die Gewißheit über die Entwicklung hin zum Kommen des Antichristen am Ende dieser Welt, über die Parusie des Herrn und das Gericht Gottes gab der Frage des „Wie lange noch" und der Auseinandersetzung mit den möglichen Antworten eine permanente Aktualität, zumal sich damit ersehnendes Hoffen und existentielle Furcht verbanden[242a]. Von dem Dualismus christlicher Gnosis einmal ganz abgesehen mußte sich hier ein neues Deutungsmuster für die eigene Gegenwart ausbilden, das sich von dem Erleben der paganen Umwelt und ihrer Zeitsicht grundsätzlich unterschied[243]. Daß dabei das tatsächliche Verhältnis zwischen der realen Bedeutung von Phänomenen und Ereignissen und den daraus gezogenen subjektiven Folgerungen nur eine untergeordnete Rolle spielte, braucht hier als anthropologische Konstante nicht weiter ausgeführt zu werden. Eschatologische Deutungen sind auf einem solchen religiösen Hintergrund eher die Normalität.

Es darf deshalb nicht hinter jeder eschatologischen Spekulation und religiösen Endzeitgewißheit eine säkulare Krise oder deren mentaler Niederschlag vermutet werden[244]. Faktoren wie innerreligiöser Druck, Widersprüche zwischen Dogma und Realität, Konflikte von Wahrheiten nicht zuletzt innerhalb der eigenen Glaubensrichtung, Glaubenskrisen von Einzelnen oder Gruppen, theologische Spekulation,

---

242a Vgl. bereits o. S. 79f. Vgl. zur Konkretisierung des apokalyptischen Vorstellungshorizontes Yarbo Collins (o. Anm. 227) 1984, bes. 84ff., 105f., 141; dies., Semeia 14, 1979, 61–121; 36, 1986, 1–11; L. Thompson, Semeia 36, 1986, 147–174, bes. 163ff., 169f.

243 Vgl. zur Eigenständigkeit des Interpretationshorizontes etwa Minnerath (o. Anm. 203), bes. 25ff, 49ff., 129ff., 162, 253ff.; E. Osborn, Anfänge des christlichen Denkens. Justin. Irenäus. Tertullian. Klemens, hg. v. J. Bernard, Düsseldorf 1987; zu zentralen Problemen von Gottesglauben und Geschichtssicht gegenüber dem Denken der zeitgenössischen Umwelt ebd. 18–25, bes. 21f.; zu den die Gemeinsamkeiten überlagernden dogmatischen Divergenzen nicht zuletzt die Beiträge in: R. van den Broek – T. Baarda – J. Mansfeld (Hg.), Knowledge of God in Graeco-Roman World, Leiden – New York – Kopenhagen – Köln 1988.

244 Zur Unsicherheit gerade sozialer Hintergrundsanalysen für Apokalyptik vgl. etwa K. Koch, in: Apokalyptik 18–21. P. D. Hanson, in: The Interpreter's Dictionary of the Bible, Suppl. Vol., Nashville Tenn. 1976, 30 definiert Apokalyptik als „refers to the symbolic universe in which an apocalyptic movement codifies its identity and interpretations of reality". Vgl. zur Apokalyptik allgemein J. J. Collins, The Apocalyptic Imagination, New York 1984; TRE 3, 1978, 189–289 (zur jüdischen Apokalyptik der vorchristlichen Zeit K.-H. Müller ebd. 202–251); zur jüdisch-christlichen allgemein K. Koch – J. M. Schmidt, Apokalyptik, Darmstadt 1982; K. Koch ebd. 1–29, bes. 14–17; Vielhauer 485–494, auch 494–528; Collins a.a.O., bes. 1–32; A. Yarbo Collins, ANRW II 25, 6, 1988, 4665–4711; zum „Hirten des Hermas" P. Lampe, Die stadtrömischen Christen in den ersten beiden Jahrhunderten, Tübingen 1987, 71–78, auch 182–200, der überzeugend die theologische Dimension des innergemeindlichen Konfliktes (Arm und Reich, Verweltlichung, Unvereinbarkeit des Ideals eines heiligen Lebens mit dem Alltag) darlegt, dessen Lösung in einer Prophetie der zweiten Buße gegenüber dem urchristlichen Rigorismus gesucht wird. Die Schrift zielt auf eine erweiterte Integrationsfähigkeit der Gemeinde. Vgl. auch C. Osiek, Semeia 36, 1986, 113–121.

dogmatische Kontroverse und exhortative Zweckgebundenheit sowie individuelle Bedingung müssen viel stärker in den Vordergrund treten. Selbst die traditionelle Betrachtungsweise, daß Verfolgung und Apokalyptik im frühen Christentum in einem direkten Bedingungszusammenhang stünden, ist zu relativieren, zumal bereits das Schrifttum des Clemens von Alexandrien zeigt, daß ein unmittelbares Verfolgungserleben keine Naherwartung zu thematisieren brauchte[245] und wir außerdem nur einen Bruchteil der etwa bei Euseb bezeugten christlichen Literatur besitzen. Die zweckbezogene, protreptische, exhortative und suggestive Verwendung von apokalyptischen und eschatologischen Erwartungen muß in Rechnung gestellt werden[246], also die Durchsetzung eigener Anschauungen und religiöser Forderungen durch die Stimulierung von Furcht und hoffender Erwartung. Gleiches gilt für die Tröstung in ‚Drangsal und Leid'. Als Beispiel der theologischen Verbindung von Drohung, Trost und Mahnung seien hier das christliche 5. und 6. Esrabuch genannt[247], für die eine genauere Datierung innerhalb des 2.-3. Jh. und eine genauere Lokalisierung im griechischsprachigen Osten kaum möglich sind[248]. 5 Esra stellt eine unspezifische christliche Apokalypse (unter teilweiser Verwendung einer jüdischen Schrift?) mit der Verheißung der Erlösung für das Volk der Gläubigen dar, welche die Juden als das auserwählte Volk Gottes ersetzt haben; die Schrift dürfte noch in das 2. Jh. n. Chr. gehören[249]. Dagegen zeigt 6 Esra die Form alttestamentlicher Prophetenreden und beschwört so die Leiden des Weltuntergangs[250]; prophezeit werden die Verfolgungsdrangsale der Christen[251] und die Verheißung der Verfolgten in der Erlösung[252]. Die in 6 Esra 15–16 verwendeten Stoffe und Formeln erweisen sich als literarisches Kompendium von alttestamentlichen Prophetendrohungen, von jüdischer und christlicher Apokalyptik und Sibyllistik; die Kompilation aus Johannes-Apokalypse, Oracula Sibyllina und neutestamentlicher Briefliteratur wohl einschließlich der Epistula Apostolorum läßt keine historische Ausdeutung zu. Die Topoi von Hunger, Plage, Verwirrung und Not[253] erscheinen als die

---

245 Vgl. zu Clemens A. Méhat, TRE 8, 1981, 101–113; G. May, TRE 10, 1982, 301f. Die Lösung von einem konkreten Verständnis der eschatologischen Verheißung findet sich in der Läuterung der Seele; ein kosmisches Endgeschehen wird zurückgedrängt; siehe etwa Clem. Alex., Strom. 5, 9, 3–6; 5, 90, 4–91, 2; 6, 109; 7, 12; 7, 34, 4; 7, 56, 3–57, 5; 7, 74, 7; 7, 78, 3; 7, 102, 3–5; Paid. 1, 83, 3; 3, 48, 3.
246 Vgl. etwa auch Yarbo Collins (o. Anm. 242a) 1986; Collins, Apocalyptic 29–31.
247 Überliefert als Kap. 1–2 bzw. 15–16 des 4. Esrabuches; Text nach H. Duensing – A. de Santos Otero, In Hennecke – Schneemelcher 581–590.
248 Vgl. zusammenfassend ebd. 581f.; W. Schneemelcher, RAC VI, 1966, 605f.; Collins, Semeia 14, 1979, 98f.; K.-H. Schwarte, TRE 3, 1978, 265 (spricht für das 3. Jh. n. Chr.); Altaner – Stuiber 121.
249 Vgl. J. Daniélou, in: Ex orbe religionum. Studia G. Widengren I, Leiden 1972, 162–171, mit Zuweisung an das lateinische Judenchristentum; auch Santos Otero a.a.O. 581.
250 6 Esra 16–17; ebd. 16, 36–40 ist mit allem Nachdruck die autoritative Verkündung der Endzeit durch den Herrn betont.
251 6 Esra 16, 69–73.
252 6 Esra 16, 75.
253 Diese zeitlosen Gegenstände existentieller Angst des Menschen sind typische Topoi solcher Offenbarungen; so hat Theophilus von Antiochia in seiner bald nach 180 n. Chr. entstandenen

Zuchtruten Gottes zur Besserung der Menschen[254], beziehen sich dabei aber eindeutig auf den Kanon der Drangsale der kommenden Endzeit[255]. In 6 Esra finden wir nebeneinander Gerichtsdrohung, Mahnung, Trost und Aufforderung zur Standhaftigkeit in Verfolgung unter der Bezugnahme auf das baldige Weltende und auf die dann kommende Belohnung für die Frommen, die Mahnung zu Umkehr, Standhaftigkeit[256], rechtem Leben und die Warnung an die Sünder[257]. Die didaktische und exhortative Funktionalität des apokalyptischen Textes ist ohne weiteres zu erkennen. Das Erleben von Verfolgungen ist in 6 Esra 16, 19 nicht als eine große Verfolgung thematisiert, sondern als „Zorn der Menge", als lokale und eher als Pogrome zu bezeichnende Christenverfolgungen. Die Abfassung ist deshalb wohl in die Zeit vor dem decischen Opferedikt zu setzen.

Der Glaube an die Möglichkeit der Kommunikation mit dem Transzendenten und seiner Offenbarung war, von kleinen intellektuellen Zirkeln abgesehen, ebenso die Grundlage des menschlichen Denkens der Kaiserzeit wie die stetige, durch keine breitere rationale Aufklärung behinderte Wirksamkeit von existentiellen Ängsten[258] in einer Lebenswelt, welche die persönliche, physische und materielle Unversehrtheit des Menschen nicht sicherstellen konnte. Die Weltgeschichte zeigte sich für die eschatologisch Glaubenden oder Eifernden stets als Verfallsgeschichte in einer linearen Deszendenz, wobei man die jeweils eigene Gegenwart schon als Teil der letzten Zeit sah, einer Zeit der Gottlosigkeit und Ungerechtigkeit[259]. Das Positive kann dabei erst in der eschatologischen Utopie als Gegenbild des Negativen dieser Welt gedacht werden[260]. Die Situation des in seinem Wahrheitsanspruch universellen (und totalitären) christlichen Glaubens stellte dabei für die antike Oikumene eine grundsätzliche Neuheit dar[261]. Wir finden auch trotz der verschiedenen Entwicklungen hin auf einen konkreten Jenseitsglauben einen deutlichen Bruch, der gerade den Tod mit einer neuen Definition in den Mittelpunkt des Lebens stellte[262]. Das

---

Apologie an Autolykos die christliche Eschatologie mit dem Hinweis auf die Prophezeiungen über Pest, Hungersnot und Krieg bei den Propheten der Hebräer und der griechischen Sibylle gerechtfertigt (Theophil., Autol. 2, 9).

254 6 Esra 16, 20.
255 Vgl. 6 Esra 16, 71ff.
256 Ausdrücklich 6 Esra 16, 76.
257 6 Esra 16, 41ff., 76–78. Vgl. zur Funktionalität etwa W. Meeks, in: Hellholm, Apoc. 687–705, bes. 700; auch Collins, Pseudepigrapha 323.
258 Siehe als charakteristisches Beispiel die „Hieroi Logoi" des Aelius Aristeides; vgl. hierzu H. O. Schröder, P. Aelius Aristeides. Heilige Berichte, Heidelberg 1986, bes. 9ff. Vgl. allgemein H. J. Eysenk, The Dynamics of Anxiety and Hysteria, London 1957; C. D. Spielberger (Hg.), Anxiety and Behavior, New York 1966 (bes. J. T. u. K. W. Spence ebd. 291–326); auch F. J. F. Jackson – K. Lake, in: Apokalyptik 201; J. Lebram, TRE 3, 1978, 192.
259 Vgl. K. Koch, in: Apokalyptik 14–17; 276–310, bes. 287ff., 298f., 305; ders., BiZ 22, 1978, 46–75; allgemein ders., Ratlos vor der Apokalyptik, Gütersloh 1970.
260 D. h. nach dem Eintritt der eschatologischen Katastrophe; vgl. auch G. Scholem, in: Apokalyptik 338, 340f.
261 Vgl. v. Campenhausen (o. Anm. 242) 20–62.
262 Vgl. auch J. Prieur, La mort dans l'antiquité romain, Paris 1986, bes. 9ff., 101ff. (a.a.O. 189f. nur pauschal das vorgegebene Schema der Krise als Modell für das 3. Jh. übernommen, obwohl auf das zeitlich wesentlich vorausgehende Aufblühen älterer Kulte hingewiesen wird).

Postmortem des christlichen Glaubens schuf über das einzelne Individuum hinaus eine neue Dimension der Zukunft, die für die frühe Kirche maßgebend war und die künftige Weltkatastrophe als ein sicheres historisches Ereignis erwarten ließ[263]. Die Verheißung baute dabei ein Spannungsfeld zwischen diesem sicheren Erwarten und dem als unerwartet verkündigten Ende auf, das im Grunde nicht aufgelöst werden konnte. Das Weltverständnis der Gläubigen richtete sich in christologischem Sinne aus und entwickelte in der komplementären Dimension von heilsgeschichtlicher Vergangenheit und Zukunft schließlich ein christliches Geschichtsbild, als dessen eigentlicher Schöpfer für uns Irenaeus erscheint und das in der Folgezeit durch die christliche Chronographie weiter präzisiert wurde. Darüber hinaus ist grundsätzlich zu beachten, daß das Stimmungsbild der Gläubigen ganz entscheidend durch den christlichen Festkalender geprägt wurde, der in regelmäßiger Folge entsprechend dem Gang der Evangelien bestimmte religiöse Themen und Texte mit ihrer Topik und Bilderwelt in den Mittelpunkt des Fühlens und Denkens stellte.

4. Tertullian und die Haltung der karthagischen Gemeinde

Wenn wir uns mit der Frage einer akuten Nah- oder Endzeiterweiterung zwischen Marc Aurel und den späten Severern auseinandersetzen, so haben die Werke des Tertullian und des Hippolyt von Rom eine besondere Bedeutung, da wir über sie auch einen Zugang zu Haltungen und Diskussionen innerhalb der beiden größten christlichen Gemeinden des Westens in Rom und Karthago finden. Unter Berücksichtigung der Tatsache, daß eine allgemeine Form der urchristlichen Eschatologie und eine prinzipielle Naherwartung bis ins 2. Jh. n. Chr. hinein aufrechterhalten wurden[264], haben wir uns den Aussagen Tertullians zuzuwenden, der als erster patristischer Autor in der Tradition des lateinischen Römertums respektive in dessen nordafrikanischer Ausprägung verwurzelt war[265]. Seine literarische, rhetorisch ge-

---

263 Vgl. v. Campenhausen a.a.O., bes. 21f. mit Anm. 4, 54, 58f.
264 Vgl. G. May, TRE 10, 1982, 300; K. Aland, ANRW II 23, 1, 1979, 226f. Im „Hirten des Hermas" (Rom, ca. 140/Mitte 2. Jh. n. Chr.; vgl. U. Neymeyr, Die christlichen Lehrer im zweiten Jahrhundert, Leiden – New York – Kopenhagen – Köln 1989, 9–15) war die Parusieverzögerung als Gewährung einer letzten Bußfrist im Rahmen der Heilsgeschichte dogmatisch verarbeitet, allerdings noch mit einer engeren zeitlichen Begrenztheit (Vis. 3, 5, 5; Sim. 9, 14, 2; 10, 4, 4), die sich jedoch explizit mit der Warnung vor einer unmittelbaren Naherwartung verband (Vis. 3, 8, 9). Vgl. N. Brox, Der Hirt des Hermas, Göttingen 1991, 505–512; die Eschatologie ist hier völlig instrumentalisiert, um die Eilbedürftigkeit und die Frist der Buße (deren Thema das Werk bestimmt, vgl. ebd. 476–485) vor Augen zu stellen (bes. ebd. 506f.). Der Inhalt ist jedoch nicht von Naherwartung und Eschatologie bestimmt; die Idee der Kürze, die Topoi der Parusieverzögerung und die apokalyptische Phraseologie von Eile und Ende haben paränetische Funktion (pastorale und pädagogische „Verzweckung"; vgl. bes. ebd. 507f., auch ebd. 471-476). Die Bußpredigt vereinigt ein breites Spektrum bedrohlicher und stimulierender Motive insbesondere der Eschatologie. Zur Endfassung des Werkes aus dem älteren Visionenbuch und dem Hirtenbuch sowie zu seinem Verfasser vgl. Brox a.a.O. 13–71, bes. 15–33; zum Genre ebd. 33–43.
265 Vgl. Schöllgen 116–148, 176–189; Neymeyr a.a.O. 106–138; zum sozialen und bildungsmäßigen Herkommen T. D. Barnes, Tertullian. A Historical and Literary Study, Oxford ²1985 (die Ausführungen zur Person sind nicht immer befriedigend).

prägte Lehrtätigkeit übte Tertullian als Laie im engen Kontakt mit dem Gemeindechristentum aus, wobei Probleme praktizierter christlicher Moral zentrale Bedeutung hatten[266].

Das Katechon für das Kommen des Antichristen bei Tertullian

Es ist im Zusammenhang unserer Fragestellung von besonderer Bedeutung, daß Tertullian im Apologeticum 197 n. Chr. für uns zum ersten Mal in der christlichen Überlieferung greifbar das Imperium Romanum mit dem Katechon gleichgesetzt hat, das nach 2 Thess 2, 3–7 das Kommen des Antichristen und der apokalyptischen Endzeit mit ihren Schrecken und Leiden aufhält, die der Parusie des Herrn vorausgehen[267]. *Est et alia maior necessitas nobis orandi pro imperatoribus, etiam pro omni statu imperii rebusque Romanis, qui vim maximam universo orbi imminentem ipsamque clausulam saeculi acerbitates horrendas comminantem Romani imperii commeatu scimus retardari. Itaque nolumus experiri et, dum precamur differri, Romanae diuturnitati favemus*[268] ... *oramus etiam pro imperatoribus, pro ministris eorum et potestatibus, pro statu saeculi, pro rerum quiete,* **pro mora finis**[269].

Ebenso äußert sich Tertullian fast eine halbe Generation später in seinem offenen apologetischen Brief[270] an den Proconsul von Africa P. Iulius Scapula Tertullus Priscus, der anläßlich der von diesem durchgeführten, sich auf Numidien und Mauretanien ausweitenden[271] Christenverfolgung von 212 n. Chr.[272] im Frühherbst dieses Jahres verfaßt wurde[273]: *Christianus nullius est hostis, nedum impera-*

---

266 Vgl. etwa Neymeyr a.a.O., bes. 124ff.; zur zentralen Bedeutung der lateinischen Rhetorik bes. J.-C. Fredouille, Tertullien et la conversion de la culture antique, Paris 1972, unter Betonung der hinter dieser Rhetorik stehenden Überzeugung.

267 Tertullian folgt nur sehr oberflächlich einer Geschichtsperiodisierung mit einem vergröberten 4-Reiche-Schema; vgl. Tert., Nat. 2, 17, 18f. Eine verfeinerte, für einen paganen Leser zugeschnittene Darlegung christlicher Individualeschatologie findet sich in Apol. 48, 11–15. Zu stoischen Elementen bei Tertullian vgl. auch J. Daniélou, Les origines du christianisme latin, Paris 1978, 175–191.

268 Tert., Apol. 32, 1; zur ersten Fassung vgl. C. Becker, Tertullian, Apologeticum, München ²1961, 266.

269 Apol. 39, 2; vgl. zur ersten Fassung Becker a.a.O. 271.

270 Vgl. hierzu Heck 102–147; P. A. Gramaglia (Ed.), Tertulliano. A Scapula, Rom 1980.

271 Vgl. Tert., Scap. 4, 8. Vgl. etwa Molthagen 44f.; ders., Gnomon 60, 1988, 247; R. Freudenberger, TRE 8, 1981, 25f.; Sordi 87.

272 Zur Statthalterschaft des P. Iulius Scapula Tertullus Priscus 212/213 (211/213?; zu einer Verlängerung seiner Amtsperiode besteht aber m. E. kein Anlaß) vgl. B. E. Thomasson, Laterculi Praesidum I, Göteborg 1984, 386 Nr. 126.

273 Scap. 3, 3; vgl. zu dem entsprechenden Datum des 14.8.212 n. Chr. D. Justin Schove – A. Fletcher, Chronology of Eclipses and Comets AD 1–1000, Woodbridge – Wolfeboro N. H. 1984, 34–36; auch Barnes a.a.O. 38. De corona militis (vgl. u. S. 99. Die Datierung auf 208 n. Chr. durch Barnes a.a.O. 37 ist ohne Grundlage; vgl. auch J.-C. Fredouille, MH 41, 1984, 97) ist noch vor der Ermordung Getas geschrieben; der Prozeß gegen den christlichen Speculator im Officium des Prokonsuls war damals noch nicht abgeschlossen (Cor. 1, 3); der Vorgang, der wohl zu Recht als Anstoß der Verfolgung gesehen wird, an der sich dann auch der Legat der

toris, quem sciens a Deo suo constitui, necesse est ut et ipsum diligat et vereatur et honoret et salvum velit, cum toto Romano imperio, quousque saeculum stabit: tamdiu enim stabit[274]. Natürlich haben wir in den beiden an die pagane Öffentlichkeit gerichteten Schriften eine zweckbezogene Argumentation vor uns, doch äußert sich Tertullian in seinem montanistischen Werk De resurrectione mortuorum in gleicher Weise unter Zitierung von 2 Thess 2, also in einer rein innerchristlichen theologischen Abhandlung, einer nicht für die außerchristliche Öffentlichkeit bestimmten Lehrschrift[275]. Dies stimmt mit der vollen Anerkennung des Imperium Romanum und des Kaisertums als politischen Institutionen überein, die teilweise unter der Benutzung der gleichen Formeln in seinen apologetischen Schriften[276] wie in dem antihäretischen Traktat Scorpiace erscheinen[277]. Es liegt hier eine einheitliche und stringent vertretene, bejahende Haltung[277a] zu Imperium und Kaisertum als politischen und ordnungspolitischen Institutionen[278] vor[279]. Die Herrschaft der Kai-

Legio III Augusta und Numidiens beteiligte, muß nicht erst in Scapulas Amtszeit begonnen haben. Der Fall wurde nach Rom weitergemeldet (Cor. 1, 1–2; Schöllgen 236–238 verkennt die Funktion der Prätorianerpräfekten in severischer Zeit, zumal das Verhältnis zu den Privilegien für Mithrasanhänger im Raum stand); Scapula kann sehr wohl 212 mit Instruktionen zur Unterdrückung der militärischen Insubordination nach Nordafrika gekommen sein. Tertullian erwartete jedenfalls in dem offenen polemischen Brief, der für ihn aber eben keinerlei Konsequenzen hatte, weitere (oder weiterreichende) Aktionen des Prokonsuls.

274 Scap. 2, 6.
275 Res. 24, 17f.; vgl. auch Apk 17, 12–14. Die Schrift datiert Barnes a.a.O. 55 auf ca. 206/207 n. Chr. Vgl. allgemein Barnes a.a.O. 126f., 208–210, 326.
276 Siehe bes. Apol. 26, 1; 30, 1–4; 31, 1–3; 32, 1–3; 33, 1–3; 35, 1; 36, 2–4; Scap. 2, 5–8.
277 Scorp. 14, 1–3; siehe auch Pall. 2, 7, wo die Expansion des Imperium Romanum und die Zurückschlagung der Barbaren positiv gewürdigt werden; vgl. u. S. 96.
277a Zu Unrecht sucht R. F. Evans, StudPatr 14, 1976, 21–36, auch in diesem Punkt scharf zwischen dem Apologeticum und Tertullians eigener Überzeugung zu trennen, was er allerdings indirekt selbst relativiert, wenn er a.a.O. 29 feststellt, daß die Grundlagen der tertullianischen Theologie im Apologeticum präsent sind. Frend 373f., der von „Tertullian's political warfare against the pagan Empire" spricht, geht von unzutreffenden Voraussetzungen aus. I. Opelt, Die Polemik in der christlichen lateinischen Literatur von Tertullian bis Augustin, Heidelberg 1980, 22f. sieht zu Unrecht bei Tertullian erstmals die grundsätzliche Antithese Kirche – Kaiser verwirklicht. Tert., Apol. 31, 2 darf nicht aus dem engeren argumentativen und rhetorischen Zusammenhang herausgelöst werden; es soll hier die Wahrhaftigkeit der Aussagen zur christlichen Haltung der Feindesliebe demonstriert und der Vorwurf der Heuchelei abgewehrt werden (vgl. auch Suerbaum (u. Anm. 278) 110f.). Tertullian spricht hier den ungerechtfertigten Anklagepunkt des *crimen laesae maiestatis* gegen die Christen an (vgl. Apol. 32). Apol. 30, 7; 31 bringt die Antwort auf heidnische Polemik (vgl. auch Opelt a.a.O. 68f., auch 71–73). Apol. 5, 4 schließlich bezieht sich nur auf die Christenverfolger Nero und Domitian. Opelt a.a.O. 87 betont selbst, daß die christliche Herrscherkritik seit dem 2. Jh. nur das Verhältnis des einzelnen Herrschers zu Christen und Kirche mißt.
278 Vgl. zum Begriff *imperium* bei Tertullian W. Suerbaum, Vom antiken zum frühmittelalterlichen Staatsbegriff, Münster ³1977, 116–119, 125–127. Nicht *res publica* (vgl. hierzu ebd. 120–122), sondern *imperium*, die Vorstellung eines Imperium Romanum, welche zugleich die Kaiserherrschaft beinhaltet, steht hier im Vordergrund.
279 Vgl. bes. J.-C. Fredouille, RechAug 19, 1984, 111–131; ferner R. Klein, Tertullian und das römische Reich, Heidelberg 1968 (dazu Fredouille a.a.O.), bes. 30f., 61ff, 75f.; auch A. W. Ziegler, in: Kyriakon. Festschrift J. Quasten I, Münster 1970, 52. Daß Tertullian keine Abwendung vom Staat, sondern nur vom Betrieb der Politik vollzogen hat, betont auch Suerbaum a.a.O. 108–110.

ser ist in diesem Gedankenrahmen notwendig für den Bestand der Welt[280].

Tertullian geht allein von einer lateinischen Übersetzung von 2 Thess 2 aus, welche die ursprünglich für die Exegese vorhandene Problematik des griechischen Originals nicht mehr wiedergibt[281]; seine Interpretation des Katechon ist dabei sicher vom Danielkommentar des Hippolyt unabhängig[282]. Es handelt sich bei diesen Ansätzen um die Dokumentation des offensichtlich verbreiteten Bemühens, dem Imperium Romanum im Heilsplan Gottes als letztem Reich vor dem Kommen des endzeitlichen Chaos, als dem Garanten von Ruhe und Ordnung eine positive Funktion zuzuweisen: als dem allein denkbaren Ordnungsmoment in der letzten Zeit dieser Welt zwischen Geburt und Wiederkehr Christi[283]. Die Vorlagen hierfür weisen uns in die Zeit des Irenaeus von Lyon[284]. Tertullian stützt die von ihm entwickelte Auffassung von der Funktion des Imperium Romanum im Rahmen des Heilplanes Gottes direkt auf die Auslegung der neutestamentlichen Schriften[285]. Die Selbstverständlichkeit, mit der die Zeitgenossen in dem durch das Imperium Romanum gestellten Rahmen dachten und lebten, dokumentiert bei Tertullian beispielhaft die Passage Ad. Val. 16, 1.

Wie schon angesprochen, haben wir mit Tertullian und dann mit Hippolyt (s. u.) unzweifelhaft Zeugen einer weit verbreiteten Haltung der Christen gegenüber dem Imperium Romanum vor uns, die auch für Theologenkreise im Westen des Reiches repräsentativ war[286]. In welcher Weise Tertullian gerade im Apologeticum die

---

280 Tert., Apol. 21, 24.
281 Vgl. A. Strobel, Untersuchungen zum eschatologischen Verzögerungsproblem auf Grund der spätjüdisch-urchristlichen Geschichte von Habakuk 2, 2ff., Leiden – Köln 1961, 137; Fredouille a.a.O. 113f. mit Anm. 6.
282 Zu Unrecht will A. Strobel a.a.O. 137–140 in Hippolyt den Urheber der neuen Katechon-Tradition erkennen; nicht zutreffend auch a.a.O. 132–134, 136 zu Apol. 32, 1; 39, 2.
283 Vgl. u. S. 94ff.; zur Stellung des Imperium Romanum in der Eschatologie Tertullians auch Suerbaum (o. Anm. 278) 111–116; ebd. 114f. Anm. 21 noch zu wenig scharf gegen J. W. Swain, CPh 35, 1940, 15f., daß in den Orakeln des Ostens nach Rom als dem 4. Reich (gerade in den Or. Sib. als 5. Reich an das hellenistische 4-Reiche-Schema angehängt) noch ein 5. Reich aus dem Osten erwartet werde. Das eschatologische Schema beinhaltet kein solches letztes Weltreich, sondern das Reich einer eschatologischen Endzeit.
284 A. Strobels Schluß a.a.O. 139 Anm. 2 zu Irenäus, der das Katechon explizit nicht anspricht, ist so nicht begründet. Dieses Argumentum e silentio kann die entsprechende Tradition seiner Deutung nicht erst Hippolyt oder Tertullian zuweisen. Gerade Irenaeus hat eine christliche Theorie der weltlichen Obrigkeit als von Gott im Rahmen seines Heilsplanes eingesetzt, da der Mensch keine Furcht vor Gott zeige, formuliert (Haer. 5, 24, 2; vgl. auch Aland (o. Anm. 264) 241).
285 Siehe auch Tert., Pall. 1, 2 *at cum saecularium sortium variavit urna et Romanis deus maluit . . .*; Nat. 2, 17, 18–19; Res. 24, 17–18. Vgl. hierzu Fredouille a.a.O. 113ff. Zur Vorstellung der Macht Gottes über die Reiche und ihre Könige vgl. etwa W. Goez, Translatio Imperii. Ein Beitrag zur Geschichte des Geschichtsdenkens und der politischen Theorien im Mittelalter und in der frühen Neuzeit, Tübingen 1958, bes. 7ff.
286 Zum Wandel des Verhältnisses der Kirche zum Imperium Romanum im 2. Jh. n. Chr. vgl. Aland a.a.O. 84f., 226—246, der allgemein betont, daß eine ‚staatsfeindliche' Tendenz nur mehr dort aufscheint, wo die Vorstellungen der Johannes-Apokalypse wie in Kommentaren Hippolyts unverändert und ohne Transponierung übernommen sowie ganze Kapitel durch deren Zitate besetzt sind.

allgemein demonstrierte und für den Außenstehenden erkennbare Haltung der Gläubigen als apologetische Argumente präsentiert, zeigt sich gerade in den Darlegungen zum Militärdienst von Christen[287]. Mit der uneingeschränkten Hervorhebung der Christen im Heer wird einer entsprechenden antichristlichen Polemik entgegengetreten, wie wir sie etwa bei Kelsos fassen können[288]. Die Gläubigen beten nach der Aussage Tertullians zu Gott nicht zuletzt um die *exercitus fortes* für den Kaiser[289].

Die positive Stellungnahme zu Soldaten christlichen Glaubens im römischen Heer gibt uns wohl die Meinung der Mehrheit in den Kirchengemeinden wieder und ist nicht nur ein Argument gegen die Vorwürfe der heidnischen Umwelt. Die tatsächliche Haltung Tertullians war dem in bezeichnender Weise entgegengesetzt; denn er selbst verwarf theologische Rechtfertigungen für die Vereinbarkeit des einfacheren Soldatenstandes mit dem christlichen Glauben, wie sie offenkundig verbreitet waren[290]. Die Ausführungen zur Haltung der Christen gegenüber dem Imperium Romanum sind im Apologeticum Tertullians unter diesem Aspekt zu sehen[291].

Daß die christlichen Gemeinden zu wesentlichen Teilen in der Zeit Tertullians und schon zuvor tatsächlich für den Aufschub des Endes der Welt, für den Aufschub des Kommens der endzeitlichen Wehen und des Antichristen beten, belegen zutreffend Iustin, Aristeides, Hippolyt[292] und insbesondere Tertullian in Orat. 5, 1–4, wo er zu Mt 6, 10 *Veniat regnum tuum* in absoluter Betonung vermerkt: *Itaque si ad Dei voluntatem et ad nostram suspensionem pertinet regni dominici repraesentatio, quomodo quidam protractum quendam saeculo postulant, cum regnum Dei, quod ut adveniat oramus, ad consummationem tendat?* Diese Gläubigen trifft in Orat. 5, 1 der vernichtende Vorwurf: *quomodo quidam protractum quendam saeculo postulant.* Hier wird erneut die spezifische Diskrepanz zwischen dem rigoristischen, innergemeindlichen Standpunkt Tertullians und seiner Nachzeichnung der vorherrschenden, ja normalen Praxis der Christen in den für die Öffentlich-

---

287 Apol. 5, 6; 37, 4; 42, 3 (zur Erstfassung Becker (o. Anm. 268) 275); vgl. etwa Klein (o. Anm. 279) 103–106. Die Inkonsequenz zwischen eigener Überzeugung und wiedergegebener allgemeiner Praxis einschließlich ihrer theologischen Begründung wurde bereits von A. v. Harnack, Militia Christi. Die christliche Religion und der Soldatenstand in den ersten drei Jahrhunderten, Tübingen 1905 (ND. Darmstadt 1963), 57–70, bes. 59f, 60f. hervorgehoben.
288 Orig., C. Cels. 8, 68, 73; vgl. auch Harnack a.a.O. 55f., der allerdings Kelsos zu Unrecht nicht als einen polemischen Angriff werten will.
289 Apol. 30, 4. Klein a.a.O. 103 Anm. 4 bemerkt richtig, daß der Zusatz „für den Kaiser und seine Heere" in der Auflistung der christlichen Bittgebete hier erstmals erscheint.
290 Idol. 19, 1–3.
291 Vgl. im Grundsatz ähnlich auch Evans (o. Anm. 277a) 21–36. Zur Teilnahme der Christen am öffentlichen und gesellschaftlichen bzw. familiären Leben in den Städten nach dem Zeugnis Tertullians vgl. G. Schöllgen, RQA 77, 1982, 1–29.
292 Vgl. Iustin., Apol. 1, 28, 2; 2, 7, 1; Aristeid., Apol. 16, 6; Hippol., In Dan. 4, 5.12. Die Verklausulierung von Hippol., In Dan. 4, 12, 2, man müsse Gott darum bitten, nicht in der Zeit des Weltendes geschaffen zu sein, da man sonst leicht durch die hereinbrechende Drangsal (vgl. Mk 13, 19f:, Mt 24, 21f. nach Dan 12, 1) den Glauben verlieren könnte, dient der Rechtfertigung der Gemeindepraxis, die sich offenkundig in Rom nicht von Karthago unterschied.

keit bestimmten apologetischen Schriften deutlich. Tertullians eigene Position ist in der vor ca. 206 n. Chr. entstandenen Schrift De oratione[293] klar bestimmt: *Optamus maturius regnare et non diutius servire*[294], bezogen auf das Reich Gottes als der prädeterminierten Heils- und Paradieszeit der Christen, exakter der Gerechten unter ihnen[295]. Diese hoffende Erwartung des Zieles dieser Welt, die nichts mit Naherwartung zu tun hat, hinderte Tertullian aber nicht, in seiner zweckgebundenen exhortativen Argumentation die Schrecken der Endzeit und die Furcht vor ihnen als Mittel zur Durchsetzung seines Rigorismus etwa hinsichtlich der Frage von zweiter Ehe oder Luxus zu beschwören[296].

Das Gebet für Kaiser und Reich, das zugleich das Gebet für die *mora finis* ist, stellt Tertullian also in Übereinstimmung mit der normalen Praxis und Haltung in den Gemeinden[297] in seiner Apologetik heraus[298]. Bereits L. Biehl und H. U. Instinsky haben dabei die Parallelität zwischen den Gebeten der Heiden und der Christen für die *salus publica* herausgearbeitet[299]. Die Anerkennung dieses nach christlichem Verständnis einzig erlaubten und für die *salus publica* wirksamen Kultvollzuges (*sacrificamus pro salute imperatoris, sed Deo nostro et . . . pura prece*[300]) erfolgte von paganer Seite erst spät durch Galerius[301].

Schon der 1. Clemensbrief hat in entsprechender Weise die von allen Apologeten hervorgehobene Fürbitte der Christen für den Staat und die *salus* des Herrschers als Teil eines allgemeingültigen Gebets formuliert[302]. Die Forderung, Bitten, Gebete, Fürbitten und Danksagungen für die regierenden Herrscher und für öffentliche

---

293 Vgl. Barnes (o. Anm. 265) 55.
294 Orat. 5, 1.
295 Vgl. bes. Spect. 29–30 (hierzu u. Anm. 395); G. Schöllgen, JbAC 27–28, 1984–85, 86 (weitere Belege in Anm. 115f.); nicht treffend Klein (o. Anm. 279) 30f. Orat. 5, 3 zitiert Apk 6, 9 als Verweis, daß die Rache der Märtyrer *a saeculi fine dirigitur*. Orat. 5, 4 *Immo quam celeriter veniat, Domine, regnum tuum, votum Christianorum, confusio nationum, exsultatio angelorum, propter quod conflictamur, immo potius quod oramus* enthält in seinem Gebetskommentar nur den Hinweis auf die grundlegende Erlösungshoffnung und -sehnsucht, auf die Hoffnung in dem Gebet, die Erlösung möge *quam celeriter* kommen. Eine Gewißheit oder eine Bestimmung dieses *quam celeriter* bringt Tertullian an dieser Stelle aber gerade nicht.
296 Vgl. nur Ux. 1, 5, 1–3; weitere entsprechende Stellen etwa bei Schöllgen a.a.O. Anm. 117.
297 Zum Verhältnis der Kirche zu Monarchie und Staat im 2. Jh. vgl. unter Betonung der Einordnung in die zeitgenössische Geistesgeschichte auch R. M. Grant, Christen als Bürger im Römischen Reich, Göttingen 1981, 23–54, bes. 38–40. Martyrium und Verfolgung waren zwar individuell und lokal jederzeit drohende Gefahren während des 2. und früheren 3. Jh., doch darf ihre Bedeutung für das Leben der Christen vor dem decischen Opferedikt keinesfalls überschätzt werden (so m. E. noch bei Aland (o. Anm. 264) 76ff.).
298 Apol. 30, 4; 31, 3; 32, 1; 39, 2; Scap. 2, 6–7. Dies entspricht den Ausführungen anderer Apologeten; vgl. Athenag., Leg. 37; Theophil., Autol. 1, 11. Vgl. auch Ziegler (o. Anm. 279) 40–58, bes. 42f.
299 L. Biehl, Das liturgische Gebet für Kaiser und Reich, Paderborn 1937, bes. 29ff.; H. U. Instinsky, Die Alte Kirche und das Heil des Staates, München 1963, 21–60, bes. 41ff.
300 Tert., Scap. 2, 8.
301 Vgl. u. S. 335.
302 1 Clem 60, 4 – 61, 3; die entsprechenden offiziellen Schlagworte waren *salus, pax, concordia, securitas*. Zu 1 Clem vgl. Grant (o. Anm. 297) 32f.

Funktionsträger im Sinne der auch für die Christen notwendigen *salus publica* zu verrichten, war bereits in 1 Tim 2, 2 mit allem Nachdruck ausgesprochen worden[303]. Was nun bei Tertullian für uns erstmals explizit hinzutritt, ist die Gleichsetzung des römischen Reiches mit dem Katechon gegen das Hereinbrechen der Endzeit, also die theologische Zuerkennung einer positiven Funktion im Heilsplan Gottes. Auch dies findet sich entsprechend im Danielkommentar Hippolyts (s. u.) und ist bei beiden Autoren mit Recht als Niederschlag eines bereits vollzogenen mentalen Wandels in den christlichen Gemeinden zu sehen, der auch verstärkt zu einer Hoffnung auf die *mora finis* und ebenso zur Furcht vor den Wehen der Endzeit führte[304]. Eine Naherwartung war damit nicht verbunden, sondern nur eine allgemeine End- und Parusiegewißheit. Dem entspricht die Tatsache, daß weder Parusiebestimmung noch Parusieverzögerung in den Schriften Tertullians als theologische Problemstellung in der karthagischen Gemeinde erscheinen[305].

Es ist m. E. berechtigt, diese Ergebnisse für die Vorstellungswelt und Haltung der Christen Karthagos um die Wende des 2./3. Jh. in gewisser Weise repräsentativ für Gemeinden in den großen städtischen Zentren des Reiches zu sehen. Die christliche Gemeinde Karthagos hat sehr wahrscheinlich auf einem, von Rom abgesehen, nicht untypisch großstädtischen Bevölkerungsquerschnitt aufgebaut[306]. Auch dürfte die Entstehung des karthagischen Christentums der in Antiochia, Alexandria oder Rom in etwa entsprochen haben, da auch in Karthago von der Präsenz einer relativ großen jüdischen Diasporagemeinde und von der Ausbildung eines entsprechenden ersten Judenchristentums ausgegangen werden kann[307]. Mit Alexandria, Antiochia oder Ephesos hatte Karthago ferner seine weitreichenden Handels- und Verkehrsverbindungen gemeinsam, und es war durch seine Funktion als politische und wirtschaftliche Metropole eines weiten Binnenlandes geprägt, wozu noch die verkehrsmäßige Nähe zu Rom kam[308]. Wie der Briefwechsel Cyprians zeigt, waren die christlichen Gemeinden beider Städte eng verbunden. Außerdem waren in Karthago wichtige Einrichtungen der römischen Administration angesiedelt, so der Amtssitz des Prokonsuls von Afrika mit dem zugehörigen Personal. Christen[309] waren in den Oberschichten im Sinne der Bildungsschicht und des wohlhabenden Bürgertums präsent, doch im Senatoren- und Ritterstand waren sie kaum zahlreich vertreten; in diesen Gruppen waren sie stark durch Frauen

---

303 Vgl. 1 Tim 2, 3.
304 Vgl. V. C. De Clercq, StudPatr 11, 1972, 150.
305 Vgl. auch Schöllgen (o. Anm. 295) 86f., 95.
306 Vgl. zur zeitgenössischen christlichen Gemeinde Karthagos Schöllgen 1985; zur Methodenfrage und Quellenproblematik ebd. 7–15, 223f., 267–269, 294–299; Grant a.a.O. 11–22; ders., in: E. P. Sanders (Hg.), Jewish and Christian Self-Definition I, Philadelphia 1980, 16–29, 219–220, mit weiterer Lit. Die Unschärfe der möglichen Schichten- und Gruppenanalyse kennzeichnet alle Versuche einer Rekonstruktion der Sozialgeschichte des Christentums bis ins 3. Jh. n. Chr.
307 Vgl. W. H. C. Frend, in: Paganisme, Judaisme, Christianisme, Mél. off. à M. Simon, Paris 1978, 185–194 (= ders., Town and Country in the Early Christian Centuries, London 1980, Nr. XVII).
308 Zur Analyse der allgemeinen gesellschaftlichen Strukturen Karthagos vgl. Schöllgen 49–154 (mit weiterer Lit.).
309 Vgl. zusammenfassend Schöllgen 257, 268f., auch 246ff.

repräsentiert. Die deutliche Mehrheit der Gemeinde war von breiteren Bevölkerungskreisen gebildet, die ihrerseits sehr stark zu differenzieren sind, von wohlhabenden Händlern und Gewerbetreibenden, gutbezahlten Handwerkern und Spezialisten bis zu den Bewohnern der Elendsquartiere. Diese unterste Schicht der Bevölkerung und auch die Sklaven waren offenkundig nicht mehr die dominierenden Gruppen der christlichen Gemeinde. Zu einem ähnlichen Ergebnis kommt R. M. Grant auch für Städte des Ostens[310], wo die Existenz einer christlichen (oder gar proletarischen) Massenbewegung noch für die Zeit Konstantins I. zu verneinen und das Christentum als relativ kleine „Bündelung" mehr oder weniger geschlossener Gruppen zu charakterisieren ist, die meist den mittleren sozialen Straten zuzurechnen sind.

Für Rom müssen neben Gemeinsamkeiten zu Karthago aber grundlegende Unterschiede hervorgehoben werden[311], welche die paradigmatische Bedeutung Karthagos für größere Städte des Reiches mit einer gewachsenen Bevölkerungsstruktur und einer landschaftlichen Verwurzelung noch erhöhen. In Rom haben wir sowohl von dem Fehlen eines Dekurionenstandes wie von einer anderen Größe und Zusammensetzung der Oberschicht auszugehen, ebenso von einem überproportionalen Anteil von Zugewanderten insbesondere aus dem Osten des Reiches gerade unter den Christen der Stadt[312]. Daß hier die Bedeutung der Freigelassenen und Sklaven eine andere Dimension besaß und diese Gruppen mit den Angehörigen der *familia Caesaris* in ein ganz anderes Bedeutungsniveau hineinreichten, braucht nicht weiter ausgeführt zu werden. Gerade in der *familia Caesaris* war es den Christen zuerst möglich, in funktionale Spitzenpositionen vorzudringen[313]. In Rom war im Westen des Reiches eine (allerdings über lange Zeit aus dem Osten kommende) intellektuelle Elite des Christentums vorhanden[314]; ein gewisses Gleichgewicht zwischen dem Griechischen und dem Lateinischen ist im stadtrömischen Christentum erst nach dem Beginn des 3. Jh. festzustellen. Die gesamte Bevölkerungsstruktur des Ballungsraumes Rom und Ostia war sicher von einem Übergewicht der am Fuße der sozialen und materiellen Pyramide stehenden Schichten geprägt.

Tertullian: Zeitoptimismus und Loyalität

Wir können nun für das Verständnis des Imperium Romanum bei Tertullian einen Schritt weitergehen[315]. Denn er hat die historische und zivilisatorische Entwicklung des Reiches bis in seine Gegenwart in seinen vormontanistischen und

---

310 Vgl. Grant (o. Anm. 297), bes. 21, 97–110, 123–127, 135–140. Selbst Ende des 4. Jh. war etwa in Antiochia erst die Hälfte der Bevölkerung christlich, obwohl dort die Mission schon in apostolischer Zeit begonnen hatte.
311 Vgl. zusammenfassend P. Lampe, Die stadtrömischen Christen in den ersten beiden Jahrhunderten, Tübingen 1987, bes. 94–103, 112–123, 295–300; hierzu kritisch G. Schöllgen, JbAC 32, 1989, 23–40, bes. 34ff. zur Sonderstellung Roms.
312 Vgl. auch Lampe a.a.O. 295–300, 346f.
313 Vgl. ebd. 278–286.
314 Vgl. Lampe a.a.O., bes. 78–82.
315 Vgl. in diesem Zusammenhang zu De Pallio auch Barnes (o. Anm. 265) 228–232.

montanistischen Schriften explizit positiv gewertet[316]. Gerade die Verschiedenartigkeit des Kontexts der entsprechenden Zeugnisse läßt an der Ernsthaftigkeit kaum zweifeln[317]. So betont Tertullian in Übereinstimmung mit der tatsächlichen Entwicklung des römischen Nordafrika[318] den zivilisatorischen Fortschritt der Kaiserzeit bis zur Gegenwart gegenüber der Vergangenheit: Intensivierung und Ausgreifen in der Kultivierung des Landes, infrastruktureller Ausbau, Urbanisierung und Ausbreitung der menschlichen Besiedlung, was alles nach dem Willen des Herrn geschehen sei[319]. Daß die entsprechenden Darlegungen in der Schrift De pallio im Rahmen einer ernst gemeinten Rechtfertigung[320] von Wechsel und Wandel erscheinen, mindert ihre Bedeutung nicht. Dies steht innerhalb des historisch-theologischen Weltbildes mit dem Gedanken in Verbindung, daß die Existenz und die Mehrung der Anhänger der christlichen Heilslehre selbst die Ursache und der Antrieb einer positiven Entwicklung seien; dank ihnen und ihrem Gebet habe sich die Lage der Menschen und des Erdkreises verbessert[321]: *Et tamen, si pristinas clades comparemus, leviora nunc accidunt, ex quo Christianos a deo orbis accepit*[322]. Hierin haben wir wohl eine Überzeugung zahlreicher Christen in Nordafrika vor uns, dessen zivilisatorischer Fortschritt im 2. Jh. keine Einbrüche erleben mußte[323]. Schon eine Generation früher hatte Melito von Sardes in seiner Apologie

---

316 Tert., Nat. 2, 16, 7; An. 30, 3 (antihäretische Schrift!); Pall. 2, 7 (... *Quantum reformavit orbis saeculum istud*); die Prosperität Africas stellt Pall. 1, 1 heraus. Vgl. Fredouille (o. Anm. 279) 114–116; auch ders (o. Anm. 266) 246f.

317 Die Deutung von D. van Berchem, MH 1, 1944, 100–114 (= in: R. Klein (Hg.), Das frühe Christentum im römischen Staat, Darmstadt 1971, 106–128), bes. 110f., von De pallio als eine Parodie auf die offizielle Darstellung und Propaganda des Reiches kann nicht überzeugen. Die Authentizität der Ansicht in Pall. 2, 7 betonte schon Ch. Guignebert, Tertullien. Étude sur ses sentiments à l'égard de l'Empire et de la société civile, Paris 1901, 148f. (nicht richtig allerdings a.a.O. 149 zur Topik von Scap. 3, 2–3).

318 Vgl. zur Korrektur des Bildes ständiger Bedrohung durch Nomaden A. Gutsfeld, Römische Herrschaft und einheimischer Widerstand in Nordafrika, Stuttgart 1989, bes. 88ff.; zu Tripolitanien und seiner agrarwirtschaftlichen Entwicklung bis ins 6. Jh. die Beiträge in: Town and Country in Roman Tripolitania. Papers pres. to O. Hackett, hg. v. D. J. Buck – D. J. Mattingly, BAR Internat. Ser. 274, Oxford 1985.

319 Siehe bes. Pall. 2, 7. Vgl. ebenso Tert., An. 30, 3; diese antihäretische und antiplatonische Schrift ist ca. 210–211 n. Chr. vor der Abfassung von Ad Scapulam zu datieren (vgl. auch J. H. Waszink, Tertullian. Über die Seele, Zürich – München 1980, 35). Der Zusammenhang mit dem Vortrag gegen die Seelenwanderung (An. 28–35) entkräftet die Aussage nicht, sondern weist ihr vielmehr den Rang einer von Tertullian beim zeitgenössischen Adressaten vorausgesetzten Überzeugung zu.

320 Zur korrigierten Beurteilung der Schrift vgl. Klein (o. Anm. 279) 89–101; Fredouille (o. Anm. 279) 127f., auch 129f.; Schöllgen 177–189, bes. 180ff.; Barnes (o. Anm. 265) 230f.; auch ders., StudPatr 14, 1976, 13–19.

321 Tert., Apol., 40, 13–15 mit 30, 4–5. Dies ist eine der apologetischen Strategien gegen den heidnischen Schuldvorwurf an die Christen; vgl. auch Heck 24, 77f., 99.

322 Apol. 40, 13; vgl. bes. V. Buchheit, WJbb 15, 1989, 206.

323 In Tert., An. 30, 4 liegt keine Zurücknahme der vorausgehenden positiven Aussage von An. 30, 3 vor. Hier wird vielmehr das Problem der Überbevölkerung thematisiert, welche die Menschen der Welt zur Last werden lasse und ihre Erhaltung durch die Natur in Frage stelle. Im

an Marc Aurel ca. 172 n. Chr. die Geschichte des Imperium Romanum der Kaiser und die Geschichte der Kirche parallelisiert, wobei die Entstehung und Ausbreitung des Christentums als ursächlich für Glück und Größe des Reiches hervorgehoben sowie das Erblühen der christlichen Lehre als Grund von Erfolg und Ruhm des Reiches gesehen wurden[324]. Dies war sicher nicht nur Teil der christlichen Apologie, sondern tatsächlicher Bestandteil des eigenen Weltverständnisses.

Tertullian selbst hat auch in der Phase seiner montanistischen Überzeugung den Gedanken vertreten, das Imperium Romanum der Kaiser werde als Teil des Willens Gottes[325] bis zu seinem Zerbrechen am Beginn der eschatologischen Endzeit und dem Erscheinen des Antichristen dauern[326]. Weder die Loyalität gegenüber dem Ordnungssystem des Reiches und seiner monarchischen Spitze noch das Vertrauen in eine durch die Gebete der Christen auf absehbare Zeit gegebene Wohlfahrt des Reiches können in ihrer Ernsthaftigkeit in Frage gestellt werden[327]. Die Verkündung eines notwendigen Konfliktes zwischen Christen, Reich und Kaiser fehlt[328]. Als politisches Grundprinzip Tertullians kann außerhalb der Grenzen der Idololatrie vielmehr Mt 22, 21 gelten[329]. Die Vision Tertullians ist ein Imperium Romanum, in dem die Christen in Frieden und Übereinstimmung mit der *disciplina christiana* leben und die nur ihnen möglichen spezifischen Funktionen für das Heil von Kaiser

Aufgreifen eines allgemeinen Gedankens erscheinen Pest, Hungersnot, Kriege und Untergang von Städten als wiederkehrende Mittel der Beschneidung des überwuchernden Menschengeschlechts. Der verbreitete Gedanke, auf den Tertullian offensichtlich ohne weitere Ausführung als bekannt rekurrieren kann, ist gerade das Gegenteil einer Endzeitdeutung der genannten Phänomene.

324 Frg. in Eus., H. e. 4, 26, 7–8; vgl. zu dieser unmittelbaren Verknüpfung von Heilsgeschichte und Imperium W. Schneemelcher, BLE 75, 1974, 81–98.
325 Vgl. auch Pall. 1, 2; o. Anm. 284.
326 Vgl. Apol. 32, 1; 39, 2; Scap. 2, 6; Res. 22.24.25, 1. Daß Tertullian die Standardvorstellung der *vetustas saeculi*, die sich in der moralischen und physischen Erschöpfung der Welt äußere (vgl. bes. Lucr. 2, 1150ff.; allgemein Schwarte 43–52; H. Schwabl, RE Suppl. XV, 1978, 820f., 835f., 847; A. Demandt, Metaphern für Geschichte, München 1978, 37–45, bes. 38f.; auch ders., Der Fall Roms, München 1984, 45f.), mehrfach verwendet, ist kein Gegenargument oder Beleg für eine Naherwartung. Der Gebrauch bleibt zweckbezogen (meist paränetisch oder begründend) innerhalb der Argumentation mit allgemein geläufigen Topoi, wobei die Einbindung in den Zusammenhang der synoptischen Apokalyptik stets erhalten bleibt. Vgl. Tert., An. 30, 4; Pud. 1, 2; Castit. 6, 2; Spect. 30, 2 (vgl. hierzu M. Turcan (Ed.), Tertullien, Les spectacles, Paris 1986, 319). Zu Apol. 20, 3 u. S. 103; hier soll nur der Altersbeweis und der Beweis der Richtigkeit der christlichen Voraussagen durch Übereinstimmung mit bekannten Ereignissen und Zeittopoi demonstriert werden (siehe Apol. 19.20).
327 Vgl. bes. Fredouille (o. Anm. 279) 129f.
328 Vgl. Fredouille a.a.O., bes. 117–121, 127; Klein (o. Anm. 279) 87f. H. Nesselhauf, Der Ursprung des Problems „Staat und Kirche", Konstanzer Universitätsreden 14, Konstanz 1975, bes. 7f., 23f., 25f.; ders., Hermes 104, 1976, 348–361, bes. 349f. hat das Bild einer grundsätzlichen Unvereinbarkeit und Gegnerschaft zwischen Imperium Romanum und frühem Christentum verworfen; Duldung oder Vorgehen gegen die Christen wird bis in die Mitte des 3. Jh. dem Urteil der jeweiligen gesellschaftlichen Umgebung überlassen.
329 Vgl. gerade die rigoristische Schrift Idol. 15, 1.3.4; 15, 8 mit Verweis auf Röm 13, bes. 13, 1.2.7.

und Reich gegenüber Gott ausüben können³³⁰. Origenes führte später als Antwort auf den Einwurf des Kelsos, die Römer hätten von dem Gott der Christen keine Hilfe zu erwarten, für das Heil des Reiches durch die christliche Lehre aus, daß nach dem Christwerden aller Römer es nicht mehr notwendig sein werde, gegen Feinde zu kämpfen, und der Sieg allein durch Gebete errungen werde; man würde dann durch die Allmacht Gottes vor Feinden bewahrt, da die göttliche Macht die Christen, die Garanten der Existenz der Welt und des Positiven in ihr, beschützen werde³³¹.

Die für Tertullian als Adressaten vorgegebenen christlichen Kreise hatten im späteren 2. und beginnenden 3. Jh. ihre Identifikation mit dem Imperium Romanum in ihrem christlichen Glauben fortgeführt³³², nicht anders als Tertullian selbst³³³. Als Konflikt bleibt gemäß seinem innerkirchlichen Rigorismus die Existenz von Idololatrie in den praktizierten Strukturen des Reiches und der Gesellschaft; der unmittelbare Konflikt mit der staatlichen Herrschaft bleibt für ihn jedoch auf einzelne Herrscher (Nero, Domitian)³³⁴ oder Statthalter³³⁵ beschränkt; er bezieht sich nicht auf die politische Institution als solche. Die unüberschreitbare Grenze für die *disciplina* des einzelnen Christen³³⁶ bildet bei Tertullian neben dem Gesamtkomplex des christlichen Sittengebots das rigoristisch formulierte Verbot jeglicher Form von Idololatrie³³⁷. Daß er mit diesem Rigorismus in der Gemeinde Karthagos isoliert blieb, zeigen seine wiederkehrenden Attacken gegen die von ihm empfundenen Mißstände³³⁸.

---

330 Vgl. etwa gegen die Annahme von Klein (o. Anm. 279), Tertullians Vision sei ein christlich gewordenes Imperium Romanum gewesen, Evans (o. Anm. 277a) 30f., 33.
331 Orig., C. Cels. 8, 69–70.
332 Vgl. etwa Tert., Apol. 31, 3 mit dem Verweis auf 1 Tim 2, 2 (*Orate pro regibus et pro principibus et potestatibus, ut omnia tranquilla sint vobis!*): cum enim concutitur imperium, concussis etiam ceteris membris eius, utique et nos, licet extranei a turbis aestimemur, in aliquo loco casus invenimur. Dies war wohl die Grundhaltung in den Gemeinden, also nicht jene der visionären Eiferer oder derjenigen, die in dieser Welt keine positive Perspektive hatten, deren Gruppen allerdings für das Christentum Karthagos nicht so charakteristisch waren (vgl. Schöllgen, bes. 268); vgl. auch A. Quacquarelli, La concezione della Storia nei Padri prima di S. Agostino, Rom 1955, 187.
333 Vgl. Fredouille (o. Anm. 279) 120–123; auch K. Aland, JThS 19, 1968, 115–127; zum ritterlichen Rang und Herkommen Tertullians Schöllgen 176–189 (wenig glücklich allerdings der Ausdruck, Tertullian könnte „auf Grund eigener Verdienste – vermutlich vor seiner Konversion – zum Ritter" erhoben worden sein. Das für den Rittercensus notwendige Vermögen dürfte bereits der Vater erworben haben, wenn dieser nicht schon eine Laufbahn als Berufsoffizier *ex equite Romano* begonnen hatte.
334 Apol. 5, 3f.
335 In Apol. 50, 12 erfolgt der Angriff auf die Provinzstatthalter wegen ihrer Ungerechtigkeit als Christenverfolger (als ungerecht und bestechlich in Tert., Fug. 12, 3).
336 Zur Bedeutung dieses Begriffes vgl. etwa Fredouille (o. Anm. 279) 122–125.
337 Vgl. Idol. 15, 8; 16–17. Dies hat zuletzt Fredouille a.a.O. 124f. mit vollem Recht hervorgehoben.
338 Siehe bes. De corona, De exhortatione castitatis, De idololatria, De spectaculis, De virginibus velandis. Bezeichnend ist das Abheben von der geübten Praxis christlichen Lebens in De idololatria; Adressaten der mahnenden Lehrschrift sind einmal die einfachen Gläubigen, die

Die durch die *disciplina christiana* gegebene Schranke für die Teilnahme von Christen am zeitgenössischen Leben bestimmte auch Tertullians Stellungnahme gegenüber dem Soldatenstand, die nicht als Ausdruck von Illoyalität oder Abwendung gewertet werden darf. In seiner vor ca. 208/211 anzusetzenden Schrift De idololatria[339] hat Tertullian die grundsätzliche Unvereinbarkeit zwischen den Geboten des christlichen Glaubens und dem Soldatenberuf auch in den Rängen der Gemeinen vertreten; damals vorliegende entgegengesetzte theologische Rechtfertigungen zumindest für die einfacheren Ränge und die gemeinen Soldaten ließ er nicht gelten[340]. Eine Unvereinbarkeit bleibt für ihn durch die Berührung mit der Idolatrie und durch die Gefahr des Verstoßes gegen die christliche Ethik, wie De corona militis zeigt[341], während dort der Verweis auf Mt 26, 52 und das Gewaltverbot nur von allgemeinerer Natur sind[342].

Anlaß zu dieser Schrift war die offene Insubordination eines christlichen Speculators im Officium des Prokonsuls in Karthago[343], der sich anläßlich der Verteilung des Donativs beim offiziellen Herrschaftsantritt von Caracalla und Geta weigerte, einen Kranz auf dem Haupte zu tragen, und die entsprechenden Privilegien der Anhänger des Mithraskultes für sich in Anspruch nahm[344]. Der Prozeß war im Gange, als Tertullian noch vor der Ermordung Getas De corona militis verfaßte, um den christlichen Kritikern an diesem rigoristischen Verhalten, das von anderen christlichen Soldaten nicht mitvollzogen worden war, entgegenzutreten[345]. Tertullians Polemik gipfelte in dem montanistischen Vorwurf an die karthagische

---

sich der Gefahren nicht bewußt seien, zum anderen die Christen, die Tertullians rigoristischen Standpunkt zu den Gefahren der Idolatrie nicht teilten (Idol. 2, 1–2; vgl. auch Waszink – van Winden (u. Anm. 339) 9). Sein Rigorismus gegen das Herausstellen von Reichtum oder Luxus und gegen die Hingabe an das Weltliche, nicht aber gegen den Reichtum als solchen, steht in fühlbarer Diskrepanz zur Wirklichkeit; vgl. auch Schöllgen 286–294. Zur allgemeinen Problemstellung für die Kirche vgl. auch L. W. Countryman, The Rich Christian in the Church of the Early Empire: Contradictions and Accomodations, New York – Toronto 1980, bes. 69ff., 131ff., 149ff.

339 Vgl. J. H. Waszink – J. C. M. van Winden (Ed.), Tertullianus, De idololatria, Leiden – New York – Kopenhagen – Köln 1987, 10–13, 271f.; die Schrift ist sicher vor De corona geschrieben, aber nicht zwingend längere Zeit zuvor (vgl. ebd. 271f.); eine Eingrenzung auf 203/206 n. Chr. ist m. E. nicht zwingend.

340 Idol. 19; vgl. hierzu Waszink – van Winden a.a.O. 266–274. Nicht ganz treffend Klein (o. Anm. 279) 108ff. zu Idol. 19, 1–3.

341 Cor. 11, 1–7.

342 Entgegen etwa W. Rordorf, VChr 23, 1969, 105–141, bes. 116ff. stehen das Verbot für die Christen, Blut zu vergießen, und die andere Frage, ob ein Christ Soldat sein kann, nicht im Mittelpunkt von De corona; vgl. J.-C. Fredouille, MH 41, 1984, 96—116; auch Barnes (o. Anm. 265) 99; Ziegler (o. Anm. 279) 55. Tertullian war kein extremer Pazifist (s. Apol. 25, 14; Cor. 12, 1). Wenig differenziert die Ausführungen bei J. Helgeland, ANRW II 23, 1, 1979, 735–744.

343 Schöllgen 237f. möchte das Ereignis ohne Grund nach Rom verlegen.

344 Vgl. R. Freudenberger, Historia 19, 1970, 579–592; zu den Privilegien der Mithrasanhänger auch R. Merkelbach, Mithras, Königstein/Ts. 1984, 95f., 153ff.; zur Schrift Fredouille (o. Anm. 342) 96–116; ders. (o. Anm. 279) 124–127; zu Tertullians Verhältnis zum Militärdienst allgemein auch Klein (o. Anm. 279) 102–124.

345 Cor. 1, 4; 15, 3.

Großkirche *ut etiam martyria recusare meditentur*³⁴⁶. Dagegen wurden auf christlicher Seite zum Unwillen Tertullians zwei wesentliche Kritikpunkte an dem provokativen Verhalten des Soldaten vorgebracht, einmal der Vorwurf, damit Verfolgung zu provozieren³⁴⁷, und zum anderen der grundsätzliche Einwand *ubi prohibemur coronari?*³⁴⁸. Gegen diesen zweiten Einwand richtete sich der theologische Argumentationsgang der Schrift zur Verfechtung des rigoristischen Standpunkts.

Der Montanist Tertullian, ein Zeuge für die Endzeitstimmung montanistischer Kreise?

Es stellt sich die Frage, ob den vorausgegangenen Darlegungen über den Zeitoptimismus Tertullians nicht doch eine Endzeiterwartung in seiner montanistischen Überzeugung gegenüberstand³⁴⁹, vor allem in jener Aussage *tempus in collecto est*, die von der Forschung fast einstimmig als Ausdruck einer konkret zu verstehenden, akuten Naherwartung gewertet wurde³⁵⁰. Ausgangspunkt für eine entsprechende Überprüfung dieser Deutung muß mit guten Gründen die Abhandlung De resurrectione mortuorum sein, die wahrscheinlich um 206/207 zu datieren ist³⁵¹. In Res. 22, 7 ist nun ausgeführt: *Et tamen adpropinquare eam* (sc. *redemtio nostra*) *dixit, non adesse iam ... tunc aderit redemptio nostra, quae eo usque adpropinquare dicetur, erigens interim et excitans animos ad proximum iam spei fructum*³⁵². Zur Nähe der Erlösung, welche die Christen rechter Gesinnung herbeisehnten³⁵³, werden hier aber keine Ausführungen gemacht. Tertullian folgt strikt der Apokalypse der synoptischen Evangelien³⁵⁴: der Tag des Herrn komme unerwartet³⁵⁵, der Zeitpunkt

---

346 Cor. 1, 4.
347 Cor. 1, 5.
348 Cor. 1, 6.
349 Zur Abgrenzung der montanistischen Periode in den Schriften Tertullians ca. 204–212/213 n. Chr. vgl. auch Opelt (o. Anm. 277a) 6f. mit Anm. 9 (mit weiterer Lit.).
350 Siehe bes. J. Pelikan, ChurchHist 21, 1952, 108–122, bes. 109ff.; ders., StudPatr 14, 1976, 34–36, nun mit einer Betonung der generellen eschatologischen Haltung. Gegen die traditionelle Annahme, Tertullian hätte bereits in seiner vormontanistischen Phase das Ende der Welt für die eigene oder die nächste Generation erwartet, vgl. schon De Clercq (o. Anm. 304) 146–151 mit dem zwingenden Verweis auf das Fehlen von entsprechenden Hinweisen gerade in De fuga in persecutione, Adversus Praxean, De ieiunio adversus psychicos oder De pudicitia; weitergehend gegen die Annahme einer konkreten, durch den Übertritt zum Montanismus verstärkten Naherwartung R. Häussler, Hermes 92, 1964, 338; Schöllgen (o. Anm. 295) 74, 80–96 (mit weiterer Lit.).
351 Vgl. Barnes (o. Anm. 265) 39–41, 48, 55, 325–328.
352 Vgl. Lk 21, 28! Die Argumentation von Res. 20–22 ist gegen eine gnostische Deutung der Auferstehung als nicht fleischlich und nicht erst am Ende der Zeiten erfolgend gerichtet; die Eschatologie erweist sich durch die Schrift als futurisch, nicht präsentisch; sie kann also nicht in der Gnosis des Einzelnen liegen; vgl. hierzu auch Schöllgen a.a.O. 84 Anm. 97.
353 Res. 22, 2.
354 Mk 13, 32–33; Mt 24, 36.42; Lk 21, 36.
355 Res. 24, 10 mit Verweis auf 1 Thess 5, 2. Vgl. Tert., An. 33, 11.

sei verborgen und allein dem Vater bekannt[356]. Nur der Tempel in Jerusalem ist jetzt bereits zerstört; doch dies gehöre zum *ordo temporum primo Iudaicorum usque ad excidium*, nicht zu dem *ordo temporum . . . communium usque ad conclusionem saeculi*[357]. Die Vorzeichen der Parusie werden nicht auf die Gegenwart bezogen[358]; die negativen Voraussetzungen für das Ende sind nach Tertullian noch nicht in Sicht[359]. Die Erde sei noch *adhuc integra*[359]. Die kanonischen Vorzeichen der synoptischen Apokalypse von Mk 13, Mt 24 und Lk 21 für das Kommen der Parusie des Herrn sind bei Tertullian nirgends als in der Gegenwart bereits eingetreten oder im Eintreten begriffen aufgefaßt; die Aussage *signa eorum* (sc. der *futura*) *cottidie intentari videmus*[361] bezieht sich in Scap. 3, 1–3 gerade nicht auf die eschatologischen Vorzeichen für die Parusie des Herrn[362]. Diese *signa* sind nicht als Beginn der endzeitlichen Wehen angesprochen, sondern als lokal und regional begrenzt gedachte Zeichen des drohenden Zornes des Herrn und seiner Strafe für das Vorgehen gegen die Christen gedeutet[363]. Mit der Strafe und dem Zorn Gottes, mit dem kommenden Endgericht wird in dieser letzten apologetischen Schrift Tertullians abschreckend und zielgerichtet auf die Folgen der *vera religio neglecta*, wie sie die Verfolgungen des Scapula darstellten, hingewiesen (s. u.). Es ist im übrigen bezeichnend, daß der Prokonsul für das Prodigium der kurz zuvor aufgetretenen Sonnenfinsternis von Tertullian auf die eigenen paganen Astrologen verwiesen wird[364].

Tertullian, dessen Apologeticum in der bisherigen Apologetik schon am weitesten auf die paganen weltanschaulichen und religiösen Vorstellungen eingegangen war[365], hat in Ad Scapulam erstmals mit dem Aufbau einer christlichen Exempeltradition der *vera religio neglecta*, der Rache und Vergeltung Gottes in dieser Welt, unter Einschluß des ‚Modellfalls' der Bestrafung des Gottesverächters begonnen, was erstmals eine wirksame Erwiderung auf das heidnische ‚Credo' und den daraus resultierenden Schuldvorwurf an die Christen ermöglichte[366]. Noch im Apologeticum gelang es Tertullian auf argumentativem Wege nicht, eine für die Ebene des paganen Denkens überzeugende Widerlegung oder Retorsio der heidnischen

---

356 Res. 22, 2; vgl. An. 33, 11.
357 Res. 22, 3–4, bes. 3; vgl. auch E. Evans (Ed.), Tertullian's treatise on the resurrection, London 1960, 248.
358 Res. 22, 5; 22, 8–11; unklar De Clercq (o. Anm. 304) 148f.
359 Res. 24, 17–20.
360 Res. 22, 9.
361 Scap. 1, 4.
362 Zu jüdisch-christlichen Prodigien ohne Endzeitbezug vgl. K. Berger, ANRW II 23, 2, 1980, 1436–1447, bes. 1446.
363 Scap, bes. 3, 3, einschließlich des Hinweises auf das Gebet der Christen, daß diese aus dem eschatologischen Zeichenkatalog abgeleiteten Prodigien lokal begrenzt bleiben mögen, also Gott nicht durch ihre universale Ausweitung die Endzeit ankündige; vgl. Scap. 1, 1.4ff. Zur Ableitung der Zeichen vgl. bes. Schöllgen (o. Anm. 295) 82–84.
364 Scap. 3, 3, Z. 15–17 (CCL II).
365 Vgl. etwa Heck 16, 22f., 23f.
366 Siehe bes. Tert., Scap. 3, 1 – 4, 1; vgl. hierzu Heck 17–19, 99f., 102–147; zur Passage bes. ebd. 108–215; auch Gramaglia (o. Anm. 270), bes. 87ff.; u. S. 171ff.; 328ff.

Schuldzuweisung an die Christen zu entwickeln[367]. Es war paganer Glaubensinhalt und römisches Selbstverständnis, daß die Größe der Römer die Folge ihrer *religiositas diligentissima* sei, also auf der die anderen Völker übertreffenden *religio*, dem Kultvollzug als *officium* gegenüber den Göttern, beruhe[368]. Dieses Dogma war auf eine entsprechende, insbesondere negative Exempeltradition gestützt. Daraus resultierte auf der Ebene des allgemein präsenten und auch anerkannten religiösen Ursachendenkens durch die christliche Weigerung zu dieser Götterverehrung die jederzeit agitatorisch zu verwendende Schuldzuweisung *omnis publicae cladis, omnis popularis incommodi ... Christianos esse in causa*[369]; die Christen seien schuldig als *contemptores deorum*[370].

Im Apologeticum hatte Tertullian dem nur eine erst auf der Basis des Glaubens an den einen Gott plausible Retorsio entgegengesetzt: *Vos igitur importuni rebus humanis, vos rei, publicorum incommodorum inlices semper, apud quos deus spernitur, statuae adorantur. etenim credibilius haberi debet eum irasci, qui neglegatur quam qui coluntur*[371]. In dem offenen apologetischen Brief Ad Scapulam verweist er nur mehr auf die Strafe und das Gericht Gottes für die Mißachtung der *vera religio* durch die Verfolgung der Gläubigen, die sich in zeitgenössischen *signa* und *exempla* des Gotteszornes dokumentiere[372]. Es folgt die drohende Mahnung: *non te terremus, qui nec timemus, sed velim, ut omnes salvos facere possimus monendo* μὴ θεομαχεῖν[373]. Während das Apologeticum den *hostes Dei* ein *iudicium post finem saeculi* androhte[374], eine Vergeltung erst im endzeitlichen Gericht für die künftige Ewigkeit[375], sind Rache und Vergeltung Gottes nun nicht mehr auf die Zeit nach dem Ende dieser Welt hinausgeschoben, sondern die *ira Dei* wird in der Gegenwart präsent und als dem Gottesverächter unmittelbar drohend gezeigt[376]. Die Gerichtsdrohung ist dem paganen Kontrahenten als bereits in seinem irdischen Leben wirksam vorgestellt, wofür Scapula selbst ein persönliches Zeichen erlebt habe[377]. Dies ist der gezielte, am Denken der Zeit und insbesondere der Gegenseite ausgerichtete Appell an die Angst vor göttlicher Strafe.

---

367 Vgl. Heck a.a.O. 42–101, bes. 71–84, 87–94.
368 Ausformuliert in Tert., Apol. 25, 2; vgl. u. S. 128f.; 333ff. Die Ausführungen Apol. 25, 3–17 sind der unmittelbare Versuch einer argumentativen Widerlegung; vgl. auch Heck 54–65, 67. Apol. 25, 14–15 gehört in diesen apologetischen Argumentationsgang gegen das für die Christen eigentlich nicht zu durchbrechende heidnische ‚Credo'; es ist also keine ‚Romkritik' im Sinne einer grundsätzlichen Stellungnahme gegen das Imperium Romanum, wenn hier die Größe Roms in rhetorisch beeindruckender Weise auf die *irreligiositas*, das *religionem neglegere* der Römer zurückgeführt wird (*tot igitur sacrilega Romanorum quot tropaea. . .*).
369 Tert., Apol. 40, 1–2, bes. 1.
370 Ebd. 40, 5; vgl. ebd. 10, 1.
371 Ebd. 41, 1 (ed. Becker); CCL I, p. 155 ... *vos publicorum ... Utique enim ...*
372 Scap. 3, 1–6, Mißernte, Dauerregen und Unwetter als am Ort beobachtete Phänomene; vgl. Heck 125ff.
373 Scap. 4, 1.
374 Vgl. Apol. 18, 3; 41, 3; auch Heck 79f., 108.
375 Vgl. Apol. 48, 15; auch noch Scap. 2, 3.
376 Vgl. Heck 126ff., 144.
377 Scap. 3, 6.

Die Auflistung fast aller kanonischen Vorzeichen in Apol. 20, 2—3 hat in erster Linie den Charakter einer rhetorischen Argumentation[378]. Zudem benutzte Tertullian, wie G. Schöllgen zu Recht betont[379], eine nahezu parallele Auflistung in Nat. 1, 9, 1-8 gerade dazu, die Übel und Katastrophen vor der Zeit der Geburt des Herrn zu demonstrieren und damit dem Vorwurf der Heiden entgegenzutreten, die Christen seien durch ihre Verachtung der Götter an den Unglücken schuld. Die daraus entwickelte Parallelstelle Apol. 40, 3–9 (mit 40, 10–12) und ihr veränderter, für den paganen Leser konkretisierter Beispielkatalog betonten in Apol. 40,13 darüber hinaus, daß sich die Lage seit der Existenz der Christen und ihrer Fürbitten gebessert und die Katastrophen gemindert hätten[380].

Der Vorzeichenkanon der synoptischen Apokalypse liefert Tertullian einen rhetorisch ganz verschieden eingesetzten Bild- und Beispielkanon, den er argumentationsbezogen anwendet. Dies trifft ebenso auf jene Aussagen zu, in denen er verkündet, daß die Zeit „in der Enge" und die Wiederkehr des Herrn nahe sei[381]. Diese Stellen präsentieren kontextgebundene Begründungen, Schriftbelege oder emotional ansprechende Ermahnungen. Dies gilt besonders für die vermeintliche Schlüsselstelle der ‚Naheschatologie' Tertullians in Cult. fem. 2, 9, 8[382] *Nos sumus, in quos decurrerunt fines saeculorum, nos destinati a deo ante mundum in extimatione temporali. Itaque castigando et castrando, ut ita dixerim, saeculo erudimur a deo.* Hier handelt es sich nicht um eine genuin formulierte Passage, sondern um einen Teil des Schriftbeweises[383] für die Forderung Tertullians an die Frauen, ihren Lebensstil aufzugeben[384]. Der Schriftbeweis selbst wird hier mit dem 1. Korintherbrief geführt[385]. Hieraus ist der Kernsatz der paulinischen Argumentation übernommen: *tempus in collecto est*[386]. Auch der vermeintliche tertullianischen Schlüsselsatz *nos sumus, in quos decurrerunt fines saeculorum* entpuppt sich als ein direktes Zitat des Paulus[387]. Die ganze Passage stellt eine katechetische, zweckbezogene Schriftargumentation Tertullians zur dogmatischen Stütze seiner ethischen Extremforderungen dar[388]. Die predigthafte, exhortative Belehrung wird mit autoritativen Schriftaussagen geführt, deren absolute Autorität als göttliche Offenbarung

---

378 Vgl. bereits R. Heinze, Tertullians Apologeticum, BSG, Phil.-hist. Kl. 62, 10, Leipzig 1910, 383–385. Vgl. auch o. Anm. 326.
379 Schöllgen (o. Anm. 295) 83f.
380 Vgl. o. S. 95ff.
381 So auch Schöllgen a.a.O. 81f.; zum Montanismus u. 110ff. Naherwartung oder eschatologischer Gegenwartsbezug sind auch in Adv. Marc. 4, 39, bes. 39, 10 nicht enthalten (gegen De Clercq (o. Anm. 304) 148 vgl. Schöllgen a.a.O. 84 Anm. 97).
382 So bei Pelikan (o. Anm. 350) 1952, 109, 120 Anm. 6.
383 Vgl. M. Turcan (Ed.), Tertullien. La toilette des femmes, Paris 1971, 140–143, mit der Analyse des Schriftbeweises in Cult. fem. 2, 9, 6ff.
384 Siehe Cult. fem. 2, 9, 6.
385 Vgl. zu 1 Kor zusammenfassend G. Sellin, ANRW II 25, 4, 1987, 2940–3044.
386 1 Kor 7, 29 = Tert., Cult. fem. 2, 9, 6. Z. 30 (CCL I).
387 1 Kor 10, 11.
388 Siehe bes. Cult. fem. 2, 9, 4. Als neutrales, dogmatisch begründendes Argument ist die Formel *quia tempus in collecto est* auch in Adv. Marc. 5, 7, 8 verwendet.

für die Gemeindegläubigen gegenüber Erfahrung und Umwelt außer Frage stand, von der sie sich als religiöse Minderheit durch den Glauben an die in den zentralen Schriftworten faßbare Wahrheit ausgrenzten. Es kann deshalb nicht damit argumentiert werden, Tertullian hätte etwa diese Pauluszitate nicht ohne die Voraussetzung einer aktuellen Endzeitstimmung verwenden können. Sie waren Teil der zentralen Glaubensaussagen. Gerade die Aufrechterhaltung der (groß)kirchlichen eschatologischen Dogmatik gehörte zur Abwehr der christlichen Gnosis und weiterer abweichender Deutungen der eschatologischen Verheißung. Aus ihr resultierte die Gewißheit der Glaubenden, seit der Geburt des Herrn in der heilsgeschichtlich letzten, auf das Kommen des Reiches Gottes und des Gerichts zulaufenden Zeit dieser Welt zu leben.

Der Kontext von De cultu feminarum macht, wie G. Schöllgen hervorhebt[389], deutlich, daß hier die Christen aller Generationen angesprochen sind; die Christen werden in ihrer Gesamtheit nach der allgemein verbreiteten theologischen Konzeption[390] von Tertullian als das Volk der eschatologischen Phase dieser in ihrer Vergänglichkeit determinierten Welt betrachtet[391]. Er hat die Zeit der Kirche konstant als heilsgeschichtliche Endzeit *sub extimis curriculis saeculi*[392] definiert, die mit der Geburt Christi begonnen habe[393]. Es liegt weder eine aktuelle noch eine determinierte Endzeiterwartung vor. Die sich auf dieses heilsgeschichtliche Weltbild stützende Argumentation findet ihre Begründung im Schriftbeweis. Das Moment der eschatologischen Glaubensgewißheit, das durch die Jahrhunderte einen psychologisch wirksamen Ansatzpunkt der Emotionalisierung bilden sollte, gibt Tertullian eine zentrale Argumentationsbasis für seinen Rigorismus[394]. Wenn er gerade bei der häufigen Verwendung des 1. Korintherbriefes nirgends die Dauer dieses *tempus in collecto* reflektiert und die Parusieverzögerung nicht als Problem thematisiert, so zeigt dies, daß er auch als Montanist keine konkrete, determinierte Naherwartung vertritt[395]; die Formel *tempus in collecto* bzw. *tempus in extremo* bietet ihm eine sofort emotionalisierende, nicht selten mögliche Einwände vom Tisch fegende Argumentation[396].

389 Schöllgen a.a.O. 81.
390 Vgl. May (o. Anm. 264) 300f.; S. 80; 108ff., 308.
391 Vgl. bereits richtig L. Atzberger, Geschichte der christlichen Eschatologie innerhalb der vornicänischen Zeit, Freiburg 1896 (ND. Graz 1970), 316. Mit Christus und den Aposteln ist nach dieser allgemeinen Überzeugung *extremitate saeculi* die letzte Zeit dieser Welt angebrochen (vgl. auch Ux. 1, 2, 3; Adv. Marc. 5, 7, 8).
392 Tert., Apol. 21, 6.
393 Vgl. Adv. Marc. 5, 8, 6f.; Schöllgen (o. Anm. 295) 81f., 92; Quacquarelli (o. Anm. 332) 56f., 59, 65f., 67.
394 So auch Schölllgen a.a.O. 81 mit einer Beispielauflistung in Anm. 73.
395 Siehe bes. Adv. Marc. 5, 12, 2, wo Tertullian 1 Kor 15, 51f. zitiert, ohne die Vorgabe des Paulus, daß die Gläubigen der korinthischen Gemeinde seiner Zeit die Auferstehung noch erleben würden, zu berücksichtigen. Vgl. Schöllgen a.a.O. 86f., 90–96 mit Anm. 74.
396 Siehe etwa Spect. 30, 1; Ux. 1, 5, 1; Monog. 16, 4–5. Gerade letztere zeigen im Vergleich zu Orat. 5, 1–4 und Spect. 29–30 die Wendigkeit im Gebrauch, hier abschreckende Zeichnung zur Argumentation gegen eine zweite Ehe aus dem Wunsch nach Nachkommen, dort die positive Erwartung des *regnum* der Gerechten, dem gegenüber alle Wehen der Endzeit verblassen. Zu Spect. 29–30 vgl. insgesamt Turcan (o. Anm. 326) 306–329.

Es ist bezeichnend, daß Tertullian seine rigoristischen Forderungen gerade zu so extremen Situationen wie in De fuga in persecutione nicht mit naheschatologischen Aussagen begründet; die Verfolgung als solche wird nicht als Vorzeichen des nahen Endes der Zeiten interpretiert, obwohl dies schon in der synoptischen Apokalypse angelegt gewesen wäre[397]. Auch die Befolgung der rigoristischen Fastenpraxis der Montanisten wird u. a. nur mit dem Argument gefordert, man wappne sich damit für Kerker und Martyrium[398]. In De exhortatione castitatis ist die *extremitas temporum* nur einer der genannten Gründe für das Verbot der zweiten Ehe, wobei Tertullian auch hier unmittelbar 1 Kor 7 folgt[399]. Die Argumentation für die Verschärfung der montanistischen *disciplina* durch den Parakleten in De monogamia[400] bedient sich der sehr einfachen, aber überzeugenden Darlegung[401], daß Paulus bei der Abfassung von 1 Kor bereits festgestellt habe, die Zeit sei in der Enge; zum jetzigen Zeitpunkt *annis circiter CLX exinde productis*, müsse die „Enge der Zeit" noch größer sein: *cum magis nunc tempus in collecto factum sit*[402]. Die Begründung gibt nur die Länge der seit des Aussage des Paulus in 1 Kor 7, 29 verstrichenen Zeit im Rahmen der heilsgeschichtlichen Determinierung dieser Welt.

Der Montanist Tertullian, bei dem aber alle Spuren der frühmontanistischen Orakel fehlen, sieht mit dem Parakleten die vierte und letzte Phase der Heilsgeschichte angebrochen. Doch es ist mit seinem Erscheinen noch kein akutes Stadium der heilsgeschichtlichen Endzeit gekommen. So formuliert Tertullian in dem heilsgeschichtlichen Periodenschema von Virg. vel. 1: *Sic et iustitia (nam idem Deus iustitiae et creaturae) primo fuit in rudimentis, natura Deum metuens; dehinc per legem et prophetas promovit in infantiam, dehinc per evangelium effervuit in iuventutem, nunc per Paracletum componitur in maturitatem*[403]. In der Schrift De corona ist Tertullian für sich und seine Adressaten ausdrücklich von der Selbstverständlichkeit eines Todes der eigenen Generation vor dem Kommen des Gerichts ausgegangen[404].

Kommen wir abschließend zu Adv. Marc. 3, 24, 4, wo das Erscheinen einer Vision des neuen Jerusalem berichtet wird, die während 40 Tagen über Judaea am morgendlichen Himmel ganz kurz zu sehen gewesen sei; zur Beglaubigung ist auf heidnische Augenzeugen verwiesen. Die Vision soll sich während des (zweiten)

---

397 Mk 13, 9; Mt 24, 9; Lk 21, 12. Entsprechend ist dann die Durchhalteparole bei Cypr., Epist. 58, 1 angelegt. Vgl. Schöllgen a.a.O. 91f.; zu Fug. 12, 8f. ebd. mit Anm. 161; es handelt sich nicht um den Ausdruck einer real zu verstehenden Naherwartung (so noch Turcan (o. Anm. 326) 317).
398 Ieiun. 12, 1–2 mit 12, 3–4.
399 Castit. 6, 1–2; 4, 2; 9, 5; vgl. entsprechend Monog. 16, 5 und bereits Ux. 1, 5, 1. Zu Einführung und Stellen von De castitate vgl. auch C. Moreschini – J. C. Fredouille, Tertullien. Exhortation à la chasteté, Paris 1985; Schöllgen a.a.O. 92f.
400 Monog. 3.
401 Monog. 3, 2–8; vgl. 7, 4; 14, 4. Zu Monog. 14, 1–4 vgl. treffend Schöllgen a.a.O. 93 Anm. 177.
402 Monog. 3, 8.
403 Virg. vel. 1, 7.
404 Vgl. auch J. Fontaine, Q. Septimi Florentis Tertulliani De Corona, Paris 1966, 138 (mit den neutestamentlichen Bezügen); auch Schöllgen a.a.O. 90f.

Partherkrieges des Septimius Severus ereignet haben[405]. Es ist hier nicht davon die Rede, daß damals das Ende Roms und der Beginn des tausendjährigen Reiches erwartet worden seien; die Vision diente Tertullian nur als Argument gegen die Gnostiker, d. h. als Beweis für die Richtigkeit der Verheißung, daß die Auferstehung am Ende der Zeiten mit dem prophezeiten neuen Jerusalem des chiliastischen Reiches kommen werde[406]: die Vision dieses neuen Jerusalem sei nun nicht mehr nur von den alten und den neuen, d. i. montanistischen Propheten geschaut und bestätigt.

5. Die Vorgaben des Irenaeus von Lyon

Irenaeus[407], der aus Smyrna stammende und noch unmittelbar von Polykarp (+ 156 n. Chr.) beeinflußte Presbyter in Lyon, der dort 177/178 Nachfolger des Märtyrerbischofs Pothinus wurde und als profilierter Kleriker und Theologe eine Führungsrolle in den gallischen Gemeinden übernahm, verfolgte mit seiner Kampfschrift „Entlarvung und Widerlegung der falschen Gnosis" bzw. „Adversus haereses", die in der 1. Hälfte der 80er Jahre des 2. Jh. verfaßt wurde, das Ziel der Bewahrung einer authentischen innerkirchlichen Tradition und kanonisch-dogmatischen Wahrheit, wobei er sich insbesondere gegen die gnostischen Lehren wenden mußte, welche die Eschatologie und Soteriologie der großkirchlichen Lehre in Frage stellten[408]. So hatte das Thomasevangelium eine ‚radikalisierte' Eschatologie des Reiches Gottes formuliert, die dieses Reich Gottes als in den Worten Jesu präsente und in der Antwort des Gläubigen auf diese Wahrheit zu erreichende Realität sah; das Reich Gottes wurde hier in Jesu und im Glauben, ja im Gläubigen selbst präsent[409].

Irenaeus führte das chiliastische Weltwochenschema, d. h. die chiliadische Auslegung des Hexaemerons, als zentrales Gedankengebäude der historisch-spekulativen Soteriologie in die auflebende dogmatische Diskussion des Westens ein[410], wobei dieses spekulative Weltschema in Haer. 5, 28, 3 explizit formuliert ist. Irenaeus hatte die entsprechende Vorstellung bereits in der Kombination von zwei eschatologischen Traditionen des östlichen Christentums kennengelernt[411]. Die

---

405 *Denique proxime expunctum est orientali expeditione* (Z. 27f.; CCL I). Vgl. zur Datierung der Schrift Barnes (o. Anm. 265) 55, 325–328, bes. 327; die vorliegende Redaktion der Passage ist wohl 207/208 n. Chr. anzusetzen.
406 Vgl. Adv. Marc. 3, 24, 3.5.6. Anders Alföldy, Krise 135.
407 Vgl. Altaner – Stuiber 110–117; H.-J. Jaschke, TRE 16, 1987, 258–268; ders., Irenaeus von Lyon, Rom 1980; auch C. Pietri, in: Les martyrs de Lyon (177), Paris 1978, 211–231, bes. 226ff.; zu Theologie und Methodik des Irenaeus noch A. Bénoit, Saint Irénée. Introduction à l'étude de sa théologie, Paris 1960.
408 Den Weltbezug im Gegensatz zur Gnosis betont etwa Haer. 3, 22, 2; 5, 6, 1. Zur Gnosis und ihren dualistischen Konzepten vgl. zusammenfassend C. Colpe, RAC XI, 1981, 537–659, bes. 601ff., 636–638.
409 Vgl. hierzu F. T. Fallon – R. Cameron, ANRW II 25, 6, 1988, 4195–4251, bes. 4235f., mit weiterer Lit.
410 Vgl. Luneau 93–103; Schwarte 105–118; auch J. Daniélou, RechSR 34, 1947, 227–231; B. Kötting, Ecclesia peregrinans. Das Gottesvolk unterwegs I, Münster 1988, 15–17.
411 Siehe bereits 2 Petr 3, 8.

sechs Schöpfungstage sind dabei nach Ps 89 (90), 4 im strengen Litteralsinn[412] mit einer vorbestimmten Weltzeit von 6 Jahrtausenden gleichgesetzt, wobei das tausendjährige Zwischenreich, das irdische Christusreich vor dem Endgericht, in Analogie zu der Sabbathruhe des 7. Schöpfungstages gegeben sei[413]. Schöpfung und Weltzeit parallelisiert er konkret in Haer. 5, 23, 2: Adam ist im sechsten Schöpfungstag, Christus in der sechsten Chiliade erschienen[414].

Eingeleitet wird das von Irenaeus als realistisches irdisches Christusreich einer mit der Parusie verwandelten Welt gezeichnete tausendjährige Reich der Gerechten durch das Auftreten des Antichristen und die Wiederkehr des Auferstandenen[415]. Obwohl hier von Irenaeus keine explizite Parusiebestimmung respektive Periodisierung der Geschichte vorgenommen wird[416], ist davon auszugehen, daß er hier eine solche konkrete Vorstellung ohne jegliche Form der Naherwartung vertrat; offenkundig war die Diskussion einer naheschatologischen Position weder für ihn noch für seine kirchliche und theologische Öffentlichkeitsarbeit ein vordringliches Thema. Die Passion wurde von Irenaeus ausdrücklich in den sechsten Schöpfungstag und damit in das sechste Jahrtausend der Weltzeit gesetzt[417]. Der Gedanke eines unmittelbaren Bevorstehens der Parusie wird pauschal verworfen[418]. Für die göttliche Erziehung des Menschen formuliert Irenaeus ein vierstufiges Schema in Anlehnung an entsprechende pagane philosophische Traditionen[419]: Die dritte Stufe beginnt demnach mit der Ankunft des Herrn und bringt mit dem Leben der Christen bereits das himmlische Element in das irdische Leben ein; der Friede des Imperium Romanum ist eine Frucht des Christentums und ein Vorgeschmack des himmlischen Friedens[420]. Die vierte Stufe setzt mit der Parusie des Auferstandenen am Ende der sechsten Chiliade ein[421]. Vor dem Kommen des Antichristen, das an diesem Ende der Zeiten zu erwarten sei, habe aber erst die Teilung des vierten und letzten Reiches nach der Vision Daniels in die Herrschaft der zehn Könige zu erfolgen[422], was in Geduld abzuwarten sei[423]. Irenaeus warnt vor einer Spekulation über das Kommen

---

412 Vgl. etwa Schwarte 107f., 109 (mit weiterer Lit.).
413 Zu der für die Parallelisierung von Schöpfungswoche und prädeterminierter Weltgeschichte grundlegenden Anakephalaiosislehre des Irenaeus vgl. Bénoit a.a.O. 225ff.; Schwarte 114f.
414 Vgl. Iren., Haer. 5, 23, 2; 5, 29, 2; 5, 33, 2; 5, 34, 4.
415 Vgl. Haer. 5, 26; 5, 28, 1; 5, 30, 4; 5, 31, 1–2; 5, 33; 5, 34, 2–4; 5, 35, 1.
416 So zwar richtig Schwarte 116, der aber die Bedeutung gerade dieses negativen Befundes nicht würdigt.
417 Haer. 5, 23, 2. Christus führt zur Vollendung des Millenniums und damit der Schöpfung nach 6.000 Jahren (Haer. 5, 29, 2); vgl. auch A. Strobel 400.
418 Haer. 5, 30, 2–3. Mit Dan 12, 13 belegt Iren., Haer. 5, 34, 2, daß die Verheißung nicht *ad hoc tempus* bestimmt ist. Haer. 5, 25, 1 nimmt Bezug auf 2 Thess 2, 3f. Haer. 5, 28, 3 enthält keine Äußerung zur Erwartung einer baldigen Vollendung des sechsten Millenniums.
419 Vgl. ausführlich Luneau 96–101.
420 Siehe bes. Haer. 4, 34, 4. Vgl. Luneau a.a.O.
421 Haer. 5, 28, 2–3. Luneau 100 Anm. 2 verweist dabei zu Recht auf die parallel zu sehende Chronologie des Theophilus von Antiochia.
422 Haer. 5, 25, 2–4; 5, 26, 1; 5, 30, 2.
423 Haer. 5, 30, 3. In eine nicht konkretisierte Ferne weist die chiliastische Erwartung in Haer. 5, 32, 1–2.

des Weltendes[424] und lehnt eine solche über das Erscheinen des Antichristen auf Grund der Namenszahl 666 in Apk 13, 18 strikt ab[425]. Die Deutung des Traumes des Nebukadnezar und der Vision des Vierten Tieres aus Daniel in Verbindung mit der Apokalypse des Johannes[426] sind bereits voll im Sinne der unten auszuführenden, späteren Deutung des Hippolyt von Rom entwickelt[427]. Ihren Ursprung hat diese Auslegung sehr wahrscheinlich in der Fortentwicklung der johanneischen Eschatologie durch Polykarp[428]. Ein realer zeithistorischer Bezug war für die Führung einer solchen theologischen Diskussion von zentralen Fragen der eschatologischen Verkündigung des Alten und Neuen Testaments in keiner Weise notwendig[429]. Der konkrete Anlaß war vielmehr die Auseinandersetzung mit den Lehren der christlichen Gnosis.

Irenaeus deutete die Erlösung gegenüber den dualistischen gnostischen Konzepten als die prädeterminierte historische Entwicklung der Welt, wobei die Zeit der Kirche selbst zur Zeit der Erfüllung wird[430]. Hier liegt eine einheitliche, auch bei Melito von Sardes, Tertullian oder Cyprian konsequent vertretene Definition der Zeit seit der Niederkunft des Herrn vor[431]. Dabei hat Irenaeus das Imperium Romanum implizit mit dem Katechon für das Kommen des Antichristen, des Sohnes der Ungerechtigkeit, gleichgesetzt[432]. In Haer. 5, 24, 1–3 erklärte er als christliche ‚Obrigkeitstheorie' unter ausdrücklichem Bezug auf Röm 13, 1.4.6, daß die weltliche Herrschaft von Gott zum Nutzen ihrer Untertanen und zur Aufrechterhaltung der Gerechtigkeit aufgerichtet worden sei und das Schwert als Dienerin Gottes zur Vergeltung des Unrechts führe. Besonders Haer. 5, 24, 2 betont, daß die Reiche von Gott zum Nutzen der Völker und nicht vom Teufel errichtet seien, was eine klare Abkehr von der Deutung durch die Johannes-Apokalypse bedeutet. Das Imperium

---

424 Haer. 2, 26, 1–2; auch 4, 30, 3.
425 Haer. 5, 30, 1 mit beiden Versionen 666 und 616 (Abschreibfehler vermutet). Irenaeus gibt eine ganze Reihe möglicher Deutungen, hält jedoch entgegen der ursprünglichen romfeindlichen Tendenz der Johannes-Apokalypse die Deutung auf den Namen Teitan = Titan am meisten für glaubhaft. Er stellt aber fest, daß über den Namen des Antichristen nichts Bestimmtes bekanntgegeben sei. Zum Problemkreis des Antichristen vgl. jetzt G. Strecker, Die Johannesbriefe, Göttingen 1989, 337–343, bes. Anm. 17, mit weiterer Lit.
426 Vgl. Haer. 5, 25, 3; 5, 26, 1 mit Verweis auf Apk 17, 12. Vgl. auch Bodemann (o. Anm. 239) 262–265, 269f. zu Irenaeus' Unterscheidung zwischen dem Vierten Tier und den 10 Hörnern (Haer. 5, 25, 3) bzw. zwischen den Beinen der Statue und deren Füßen aus Eisen und Ton respektive ihren 10 Zehen (Haer. 5, 26, 1). Bodemann sieht darin die Neuerung des Irenaeus (nicht treffend allerdings ebd. 265). Die Identifizierung mit den 10 endzeitlichen Königen wird von Apk 17, 12 getragen.
427 Vgl. u. S. 121ff.
428 Vgl. hierzu Altaner – Stuiber 50–52.
429 Als Niederschlag des Bürgerkrieges nach dem Tode des Commodus gedeutet bei Speigl (u. Anm. 507) 247f.; seine Ausführungen zu Iren., Haer. 5, 30, 1–2 überzeugen nicht. Zum chronologischen Ansatz bereits o. S. 106.
430 Vgl. Iren., Haer. 3, 12, bes. 12, 1; 3, 17, 3–4; A. Markus, VChr 8, 1954, 193–224, bes. 217ff.
431 Vgl. o. S. 80, 104; u. S. 166f., 170.
432 In Haer. 5, 25, 3 wird 2 Thess 2, 8f. explizit und ohne weitere Darlegung zu dem offensichtlich als allgemein verstanden vorausgesetzten Katechon zitiert.

Romanum gebe der Welt und auch den Christen Frieden und Sicherheit[433]. In diesem Sinne bestimmte Irenaeus mit Röm 13, 6 gerade die Steuereinnehmer als Diener Gottes und die Entrichtung der Abgaben als eine Pflicht des Christen[434]. Auch die Herrscher seien nur nach dem Willen Gottes, dem alles unterworfen ist, eingesetzt, und zwar gute und schlechte zur „Besserung" und zum „Nutzen" der Untertanen gemäß dem Gericht Gottes über alle Menschen[435]. Mit diesem zweifachen Argument hatte Irenaeus ein eindeutiges Wort zu diesen, die Menschen unmittelbar berührenden Fragen, insbesondere auf die Frage des ‚Warum' der Existenz eines schlechten Herrschers, gegeben.

Das Rombild des Irenaeus ist trotz der Erfahrung der grausamen Christenverfolgung in Lugdunum 177 ausgesprochen positiv[436]. An der Fortdauer des Imperium Romanum für die weitere Zukunft hat Irenaeus nicht den geringsten Zweifel zum Ausdruck gebracht. Der Terminus „in der letzten Zeit", ἔσχατοι καιροί bzw. in den lateinisch übersetzten Passagen *novissima tempora*, den Irenaeus wiederholt gebraucht, ist eine geschichtstheologische Formel, welche die Inkarnation Christi als in die letzte, die eschatologische Phase dieser Welt fallend definiert[437]. Der Ausdruck *novissima tempora* war bei Irenaeus ganz offensichtlich eine im christlichen Sprachgebrauch geläufige und in der Lehrtradition selbstverständliche Formel, die von ihm in Argumentation und Polemik ohne weitere Erläuterung verwendet werden konnte[438]. Das Kommen Jesu stellt nach diesem (heils-)geschichtlichen Grundverständnis die universelle Zeitenwende dar; deren Zeitbestimmung lautet: *novissima sunt tempora*[439]. Die „letzten Zeiten" sind eschatologisch gemeint; in ihnen hat Christus sein Erlösungswerk getan[440]. Mit seinem Kommen und seinem Werk der Erlösung beginnen diese „letzten Zeiten", die heilsgeschichtliche Zeit der einen christlichen Kirche und der Anwesenheit des Heiligen Geistes[441]; es ist die

---

433 Haer. 4, 30, 3; betont wird der Gegensatz in diesem Geben zwischen Römern und Ägyptern, denn erstere würden den Christen nicht wie letztere den Juden etwas schulden.
434 Haer. 5, 24, 1.
435 Haer. 5, 24, 2, ein klassisches Beispiel für die Immunisierung eines Dogmas gegenüber der Realität.
436 Vgl. A. R. Birley, Marcus Aurelius, London ²1987, 201–204, 261; die Beiträge in: Les martyrs de Lyon (177), Paris 1978. Zur Situation der Kirche unter den späten Antoninen vgl. Molthagen 34–37 (zu Recht gegen eine Änderung unter Marc Aurel); Sordi 66–78 (die Annahme einer Verschlechterung der Situation seit Antoninus Pius geht von einer nicht erwiesenen Deutung des Reskripts Hadrians aus); Freudenberger, TRE 8, 1981, 25; wenig hilfreich die Ausführungen „I cristiani" bei M. Astarita, Avidio Cassio, Rom 1983, 123–137.
437 Siehe bes. Haer. 1, 10, 3; 4, 35, 5; 4, 7, 1; 5, 15, 4. Vgl. hierzu W. C. van Unnik, Sparsa collecta III, Leiden 1983, 114–123; auch A. Bengsch, Heilsgeschichte und Heilswissen. Eine Untersuchung zur Struktur und Entfaltung des theologischen Denkens im Werk „adversus haereses" des hl. Irenaeus von Lyon, Leipzig 1957, bes. 81.
438 Vgl. bes. Unnik a.a.O. 116, 120; auch die Gnostiker gebrauchten diese Formel in ihrem Sinne, vgl. Iren., Haer. 1, 8, 2. Der Terminus für das tatsächliche Ende dieser Welt lautet dagegen in der Irenaeus-Übersetzung meist *in novissimo* oder *de novissimo tempore* (vgl. etwa Haer. 4, 36, 3; 5, 26, 1).
439 Haer. 4, praef. 4; vgl. Haer. 4, 41, 4; 5, 18, 3; Unnik a.a.O. 117f.
440 In Haer. 4, 24, 1 sogar mit der Formel *in novissimo tempore* verbunden. Vgl. 4, 22, 1.
441 Vgl. etwa Haer. 3, 5, 3; 3, 17, 1; 4, 33, 15.

seitdem präsente eschatologische Phase dieser Welt, die fortdauere bis zum kommenden definitiven Ende der Zeiten[442]. Der Ausdruck, daß die Kirche und damit das Volk des Neuen Bundes in der von den Propheten angekündigten letzten Zeit, die sich mit Jesus erfüllt habe, lebe, ist für Irenaeus eine selbstverständliche Formel, die das Grundverständnis der altkirchlichen Heilsgeschichte zum Ausdruck bringt.

6. Montanismus und adventistische Bewegungen im Osten

Bisher ging die Forschung davon aus, daß der frühe Montanismus, dessen radikale, prophetisch-visionär begründete Frömmigkeit und Lehre unmittelbar auf der Tradition der urchristlichen Prophetie aufbauten[443], eine determinierte bzw. aktuelle Erwartung der Parusie des Herrn beinhaltet habe und damit als das zentrale Beispiel für das Aufleben der „urchristlichen Naherwartung" im späteren 2. Jh. n. Chr. gelten könne[444]. Dieses Verständnis des Montanismus und die z. T. daraus abgeleiteten weitreichenden allgemeinen Folgerungen[445] sind nun aber durch die überzeugende Neuanalyse der Quellenzeugnisse für die phrygische Bewegung widerlegt worden[446]; keiner der vermeintlichen Belege kann einer kritischen Überprüfung standhalten[447]. Es kann letztlich nicht einmal die an sich wahrscheinliche, da weit verbreitete Überzeugung für den frühen Montanismus nachgewiesen werden, daß mit Christus die heilsgeschichtliche Endphase begonnen habe[448]. Bereits K. Aland hatte festgehalten, daß vor Tertullian keine Zeugnisse für eine explizite Verbindung zwischen der Erwartung eines nahen Endes und dem Rigorismus der montanistischen Lebensführung oder für die zentrale Bedeutung einer Naherwar-

---

442 Vgl. Unnik a.a.O. 120; o. S. 80.
443 Vgl. bes. G. May, JbAC 27–28, 1984–85, 234. Zu den möglichen lokalen religiösen Komponenten dieser in ihrer Lehre auf das phrygische Ursprungs- und Kerngebiet konzentrierten Kirche vgl. A. Strobel, Das heilige Land der Montanisten, Berlin – New York 1980, bes. 222–291. Chr. Trevett, VChr 43, 1989, 313–338 macht zudem deutlich, daß wir neben der eigentlichen montanistischen Bewegung die Verbreitung und Existenz ‚montanistischer' Vorstellungen zu beachten haben; die Voraussetzungen des Montanismus liegen im kleinasiatischen Christentum (wobei die Wurzeln bereits in der prophetischen Gemeinde der Johannes-Apokalypse deutlich sind), vor allem in der Entwicklung hin zur neuen Prophetie im frühen 2. Jh., die nicht zuletzt eine Gegenbewegung gegen die kirchlich-hierarchische Verfestigung darstellte (vgl. ebd. 316ff., bes. 316f., 320f., 329f.).
444 Zur traditionellen Auffassung vgl. P. de Labriolle, La crise montaniste, Paris 1913, bes. 68ff., 86ff.; W. Schepelern, Der Montanismus und die phrygischen Kulte, Tübingen 1929, 28ff.; A. Strobel a.a.O. 285ff.; G. May, TRE 10, 1982, 301.
445 Vgl. gerade Freud 371f.; E. R. Dodds, Heiden und Christen im Zeitalter der Angst, Frankfurt 1985, 63–66.
446 Vgl. D. Powell, VChr 29, 1975, 33–54, bes. 33–45; zusammenfassend G. Schöllgen, JbAC 27–28, 1984–85, 86–90, bes. 89f. (mit weiterer Lit.).
447 Vgl. zu Epiphan., Panar. 48, bes. 2, 4–7, und Eus., h. e. 5, 16–19, bes. 16, 19 überzeugend Schöllgen a.a.O. 87f. Die Beziehung der bei Hippolyt belegten adventistischen Episoden (s. u.) auf den Montanismus hatte bereits G. N. Bonwetsch, Studien zu den Kommentaren Hippolyts zum Buche Daniel und zum Hohen Liede, Leipzig 1897, 75 zurückgewiesen.
448 Vgl. Schöllgen a.a.O. 90 mit Anm. 5.

tung in der Lehre vorliegen[449]. Daß nun aber auch Tertullian selbst in anderer Weise zu werten ist, wurde in den vorausgegangenen Darlegungen aufgezeigt.

Das für die letzte montanistische Prophetin und letzte Lebende aus der Gründertrias der Kirche überlieferte Orakel, das offensichtlich über die in näherer Zukunft zu erwartenden begrenzten und allgemeinen Kriege wohl im Zusammenhang mit den Donaukriegen Marc Aurels Aussagen machte, widerlegte der anonyme antimontanistische Häresiologe des späten 2. Jh. bei Eus., H. e. 5, 16, 18f.[450] mit dem Hinweis, nach dem Tode der Prophetin seien nun schon 13 Jahre vergangen οὔτε μερικὸς οὔτε καθολικὸς κόσμῳ γέγονεν πόλεμος[451]. Sogar die Christen genössen den dauerhaften Frieden. Die antimontanistische Schrift muß demnach vor Ende 192 angesetzt werden[452]. Als Zeitraum für die 13 Jahre ist nur die Regierung des Commodus (unter Nichtberücksichtigung von Vorgängen in Teilen der nördlichen Provinzen) möglich. Für den Tod der Maximilla ist somit spätestens das Jahr 180, eher aber wohl 178 n. Chr. als Terminus ante quem[453] festzulegen. Dies würde bei dem zuletzt von T. D. Barnes für den Beginn der Prophetie des Montanus vertretenen Datum von ca. 170 n. Chr.[454] für die Entfaltung des Montanismus und seine Ausbreitung bis etwa nach Gallien nur die Zeitspanne zwischen 170 und vor 180 n. Chr. zulassen; hiergegen hat nun aber A. R. Birley mit gewichtigen Gründen Stellung bezogen und den frühen Ansatz bei Epiphanius auf 156/157 n. Chr. übernommen[455]. Außerdem kann für den Beginn der montanistischen Prophetie in den 50er Jahren des 2. Jh. als entscheidendes Argument die theologische Spekulation der Noahtypologie für das Auftreten des Parakleten ins Feld geführt werden[456].

Damit fallen die Ursprünge dieser religiösen Bewegung nicht mehr in die Jahre nach der Erschütterung durch Partherkrieg und Seuchenwelle, sondern ebenso wie der Aufschwung des Orakels des Alexander von Abonouteichos noch in die Zeit des Antoninus Pius. Eine Wertung als realhistorisch begründetes Krisensymptom ist für den phrygischen Montanismus nicht möglich.

---

449 K. Aland, Kirchengeschichtliche Entwürfe, Gütersloh 1960, 105–148, bes. 126f.; vgl. weiterführend Schöllgen a.a.O. 89f.
450 Vgl. Eus., H. e. 5, 16, 11; vgl. auch P. de Labriolle, Les sources de l'histoire du Montanisme, Fribourg – Paris 1913, p. XXVIII, der aber in der Identifikation des Autors der syrischen Version folgt.
451 Eus., H. e. 5, 16, 19, ein Zitat aus dem 2. Buch der antimontanistischen Schrift des Anonymus; in dessen 3. Buch waren dann bereits 14 Jahre seit dem Tode der Maximilla verstrichen (Eus., H. e. 5, 17, 4), ohne daß der Autor seine frühere Aussage zur Friedensperiode revidierte. Er dürfte die von ihm offensichtlich auf den Osten und den Mittelmeerraum konzentrierte Friedensspanne vermutlich ab 175/176 gerechnet haben, so daß der Tod der Prophetin wohl kurz vor 178 n. Chr. anzusetzen ist.
452 Vgl. auch T. D. Barnes, JThS 21, 1970, 403–408; ders., Tertullian, Oxford ²1985, 253f.; Powell a.a.O. 41, 43 mit Anm. 42.
453 Der von antimontanistischer Polemik gefärbte Bericht zum angeblichen Selbstmord des Montanus und der Maximilla (Eus., H. e. 5, 16, 13) ist wenig glaubwürdig, wie ebd. 5, 16, 15 selbst zugegeben wird.
454 Barnes a.a.O.
455 Epiphan., Panar. 48, 1, bes. 1, 2; vgl. A. R. Birley, Marcus Aurelius, London ²1987, 259f.
456 Vgl. o. S. 84.

Bisher wurden mit der montanistischen Bewegung in der Regel auch die beiden Berichte über adventistische Prophetien im Osten des Reiches, die im Danielkommentar des Hippolyt überliefert sind, unmittelbar verbunden. Sie sind die einzigen Zeugnisse einer aktiven Parusieerwartung für das späte 2. oder frühe 3. Jh. Ihre bisherige Deutung hält jedoch einer Überprüfung nicht stand.

Hippolyts Danielkommentar, dessen Entstehung, wie unten dargelegt, in das 1. Jahrzehnt des 3. Jh., aber nicht zwingend in dessen erste Hälfte zu datieren ist[457], verweist in seiner Argumentation gegen eine Naherwartung der Parusie des Herrn einmal auf eine adventistische Bewegung in Syrien[458], wo ein Bischof offensichtlich der Großkirche mit einer Schar von Gläubigen mit Frauen und Kindern in die Wüste gezogen war, wo sie dann planlos herumirrten, bis sie beinahe von den römischen Behörden als Räuber aufgegriffen und hingerichtet wurden.

Die Größe dieser Gruppe darf demnach wohl nicht zu hoch angesetzt werden. Als Motiv für den Zug in die Wüste ist eine Traumvision des Bischofs genannt, die diesen zu dem Glauben veranlaßt habe, die Parusie des Herrn sei in der Wüste bereits erfolgt oder in nur ganz kurzer Zeit zu erwarten. Der Datierungshinweis οὐ πρὸ πολλοῦ χρόνου[459] bleibt zu vage, um eine genauere Eingrenzung als vor ca. 205 n. Chr. angeben zu können. Das Ereignis könnte sich erheblich nach 193–194 oder auch schon unter Commodus abgespielt haben.

Diese Art der aktuellen und aktiven Naherwartung schildert Hippolyt eindeutig als eine abschreckende, singuläre Ausnahmeerscheinung[460]. Gleiches gilt für das zweite von ihm angeführte Beispiel einer falschen Parusievoraussage und ihrer Folgen im Pontus-Gebiet[461]. Auch dort ging die adventistische Bewegung von einem Bischof aus, offensichtlich einem tiefgläubigen Mystiker[462], der nach einer dreimaligen Traumvision, begleitet von einem entsprechenden Studium der Schrift, seiner Gemeinde verkündete, das Gericht Gottes werde innerhalb eines Jahres kommen. Die Propheziung verband der Bischof mit der Frage nach der Richtigkeit des christlichen Glaubens[463]. Die Folgerungen, welche die seiner Autorität folgenden Gläubigen aus der vermeintlichen visionären Offenbarung zogen, waren eine drastische Lösung vom weltlichen Leben und die Vorbereitung auf das Gericht. Die Bewegung blieb jedoch offenkundig auf die Gemeinde des Bischofs und die Anhänger seiner Autorität beschränkt. Ein Eingreifen der Behörden ist nicht erfolgt. Als sich nach einem Jahr die Erwartung nicht erfüllt hatte, brach die Bewegung zusammen; die Gemeindemitglieder kehrten zu einer normalen Lebensweise zurück und „diejenigen, die ihre Habe verkauft hatten, erschienen später als

---

457 Vgl. u. S. 119.
458 Hippol., In Dan. 3, 18. Vgl. gegen die traditionelle montanistische Zuordnung beider Episoden zusammenfassend Schöllgen a.a.O. 75f., 95f.
459 Hippol., In Dan. 3, 18, Z. 10 (GCS Hippol. I, p. 230).
460 Vgl. auch Hippol., In Dan. 3, 20.
461 Hippol., In Dan. 3, 19. Vgl. auch Schöllgen a.a.O. 75f., 95f.
462 Vgl. Hippol., In Dan. 3, 19, Z. 1 (GCS a.a.O., p. 234).
463 Hippol. a.a.O. Z. 12–14: „Wenn es nicht geschehen wird, wie ich gesagt habe, so glaubt auch den Schriften nicht mehr, sondern jeder von euch tue, was er will" (Übersetzung nach Bonwetsch a.a.O.).

Bettler"⁴⁶⁴. Der Vorgang im Pontusraum scheint schon etwas länger zurückgelegen zu sein, ohne daß wir zu einer präziseren Datierung als vielleicht innerhalb des letzten Viertels des 2. Jh. in der Lage wären. In beiden Fällen handelte es sich offensichtlich um eine theologisch-dogmatische Auseinandersetzung visionär veranlagter Kirchenmänner mit dem noch nicht gelösten Problem der Parusieverzögerung⁴⁶⁵, die jeweils in psychologisch unschwer zu erklärenden Traumvisionen zu spekulativ-prophetischen Aussagen führte. Gerade die von dem pontischen Bischof hergestellte Verbindung der Erfüllung der Offenbarung mit der Frage nach der Richtigkeit der Evangelien und des Glaubens macht diesen theologischen Hintergrund sichtbar. Wir müssen dabei berücksichtigen, daß der Glaube an die göttliche oder zumindest übernatürliche Natur des Traumes ein für die Antike universelles Phänomen war und nicht zuletzt mit dem Hintergrund der nahöstlichen Tradition⁴⁶⁶ Eingang in das Christentum gefunden hat⁴⁶⁷. Die christliche Traumtheorie und ihre Übernahme auch der paganen Traditionen wird bei dem ungefähren Zeitgenossen Tertullian greifbar⁴⁶⁸, und zwar gerade die Theorie des prophetischen Traumes des auserwählten Christen als Offenbarung Gottes⁴⁶⁹. Auch Cyprian konnte sich später für eigene Handlungen und Entscheidungen auf Traumvisionen berufen⁴⁷⁰.

Beide bezeugten adventistischen Bewegungen, die unter Zugrundelegung der guten Informationsbasis des Hippolyt wohl als Ausnahmeerscheinungen innerhalb des Christentums des späten 2. und beginnenden 3. Jh. gelten müssen, sind nicht als religiöse Manifestationen außertheologischer Krisensymptome zu werten. Die geistig-gesellschaftlichen Voraussetzungen für die Akzeptanz solcher Prophetien waren allgemeiner, zeitlich nicht begrenzter Natur⁴⁷¹.

7. Die Chronographie des Judas von 202 n. Chr.

Nur durch die Kirchengeschichte des Eusebius sind wir über einen christlichen Schriftsteller (συγγραφέων ἕτερος) mit dem Namen Judas informiert⁴⁷², dessen

---

464 Hippol. a.a.O. Z. 18f.
465 So wirft Hippolyt selbst dem syrischen Bischof als Ursache der Täuschung vor, er habe die heiligen Schriften nicht sorgfältig studiert (In Dan. 3, 18, Z. 11–13). Es handelte sich also um eine theologisch vertiefte und begründete Verkündigung. Als schwärmerische Enderwartung wertet die Episoden Schwarte 142f., der allerdings den vermeintlichen Bezug auf den Montanismus noch neben die treffendere Deutung als „charismatische Privatoffenbarung" in der Tradition „frühchristlicher Glaubenshaltung" stellt (a.a.O. 143f.).
466 Vgl. zur jüdisch-rabbinischen Tradition G. Stemberger, Kairos 18, 1976, 1–42; zur nah- und mittelöstlichen die Beiträge in: Les songes et leur interpretation, Sources Orientales II, Paris 1959.
467 Vgl. o. S. 61; J. S. Hanson, ANRW II 23, 2, 1980, 1395–1427, bes. 1421–1425.
468 Tert., An. 45–49 unter Bestätigung der Zuverlässigkeit von Träumen ebd. 46, 12.
469 Tert., An. 47, 2.4.
470 Vgl. Cypr., Epist. 7; 11, 3.4.
471 Siehe o. S. 59ff.; zur vielfach unterschätzten Bedeutung der Prophetie auch in der Großkirche des 2. Jh. n. Chr. vgl. Iustin., Dial. 17.
472 Eus., H. e. 6, 7. Vgl. F. Jacoby, RE IX 2, 1916, 2461; auch P. Nautin, Origène. Sa vie et son oeuvre, Paris 1977, 39, 44ff.

literarische Tätigkeit Eusebius „in dieser Zeit" ansetzt, womit er sich eindeutig auf die von ihm zuvor geschilderten Ereignisse bezieht, nämlich auf die Regierung des Septimius Severus[473] und die Christenverfolgungen in Alexandria 202/203 n. Chr. und unter dem Praefectus Aegypti Aquila (206–210/211 n. Chr.)[474]. Ebenso besteht ein Bezug zu der vorausgehenden Erwähnung des jungen Origines in Alexandria[475] und des Clemens von Alexandrien[476]. Der zeitgenössische Autor Judas, ein Christ jüdischer Volkszugehörigkeit, den wir zu Recht ebenfalls in Alexandria lokalisieren dürfen[477], hat nach der Aussage des Eusebius in H. e. 6, 7 eine theologische Abhandlung zu dem eschatologisch-prophetischen Schema der 70 (Jahr-)Wochen nach Daniel[478] verfaßt, wobei er chronographisch mit dem 10. Regierungsjahr des Septimus Severus endete: ἐπὶ τὸ δέκατον τῆς Σευήρου βασιλείας ἵστησιν τὴν χρονογραφίαν. „Er glaubte", wie Eusebius fortfährt, „das vielbesprochene Erscheinen des Antichrist sei schon damals nahe gewesen; so sehr hatte die damals gegen uns wütende Verfolgung das Gemüt der Masse erregt"[479].

Daraus ist zu folgern, daß es sich bei der Abhandlung des Judas um eine Auslegung der eschatologischen Offenbarung von Dan 9, 24–27 gehandelt hat, wobei er auf dieser spekulativen Grundlage[480] eine Berechnung der Weltzeit durchführte, nicht anders als wir dies auf der Basis der entsprechenden alttestamentlichen Tradition bei Theophilus von Antiochia, Hippolyt und Sex. Iulius Africanus finden (s. u.). Nur kam Judas offenkundig bei seinem chronologischen Schema bzw. seiner chronologischen Tafel[481], die er bis zum zehnten Jahr der Regierung des Septimus Severus als ‚Jetztzeit', d. h. 202 n. Chr., geführt hatte, zu einem Alterswert der Welt, der bereits die 70. Jahrwoche, die Woche der Drangsale, angebrochen sein ließ; das Kommen das Antichrist war demnach in naher Zukunft für die Mitte

---

473 Eus., H. e. 6, 1 (6, 6 macht den Zeitbezug auf die Regierung des Septimius Severus eindeutig).
474 Eus., H. e. 6, 1.2, 2; vgl. Molthagen 40. Die Lage war nach dem Präfektenwechsel 203 n. Chr. (s. u.) rasch beruhigt (vgl. Eus., H. e. 6, 2, 12; 6, 3, 3); Kritik an der Chronologie des Eusebius allerdings bei Nautin a.a.O. 364; siehe dagegen für eine Übertragung des Katechumenenunterrichtes an Origines bereits 203 n. Chr. Bienert 90–92. Von der zweiten Verfolgung waren bereits Origenes und die von ihm geleitete Schule betroffen (Eus., H. e. 6, 3, 3–6; 6, 4–5). Als Präfekten sind belegt: Q. Maecius Laetus, der Christenverfolger von 202 n. Chr., 13.5.200–23./24.9.203 (vgl. G. Bastianini, ZPE 17, 1975, 304; ders., ZPE 38, 1980, 85; P. A. Brunt, JRS 65, 1975, 147). Claudius Iulianus 203–205/206 (vgl. Bastianini a.a.O. 1975, 305; 1980, 85; Brunt a.a.O. 147). Ti. Claudius Subatianus Aquila 10./11.206–1./2.211 (vgl. Bastianini a.a.O. 1975, 305f.; 1980, 85; Brunt a.a.O. 147).
475 Eus. H. e. 6, 2–3.
476 Ebd. 6, 6.
477 So etwa auch G. May, TRE 10, 1982, 301.
478 Vgl. hierzu Luneau 37–43; A. Strobel 412–416, auch 420–428; A. Yarbo Collins, ANRW II 21, 2, 1984, 1225–1229, 1234–1239.
479 Eus., H. e. 6, 7; Übersetzung nach H. Kraft, Eusebius von Caesarea, Kirchengeschichte, München ²1981, 283.
480 Vgl. A. Strobel 395ff., zu den verschiedenen grundsätzlich möglichen Deutungen des Wochenschemas zusammenfassend ebd. 412–425; allgemein Collins a.a.O. 1221–1287.
481 Vgl. G. W. H. Lampe, A Patristic Greek Lexicon, Oxford 1961, p. 1534.

der 70. Jahrwoche zu erwarten[482]. Es ist bei Eus., H. e. 6, 7 aber nicht gesagt, daß Judas mit der Zeittafel in seiner Abhandlung zu Dan 9, 24–27 das Weltende auf das zehnte Jahr des Septimius Severus vorausberechnet hatte, wie dies zuletzt etwa von D. G. Dunbar behauptet worden ist[483]. Die χρονογραφία des Judas in seinem Danieltraktat kann somit nicht als Zeugnis einer akuten Naherwartung in frühseverischer Zeit für das Jahr 202 gelten. Der Anstoß zur Abfassung des Werkes[484], dessen Ziel die autorisierte Bestimmung des Erscheinens des Antichristen im Rahmen der Deutung der apokalyptischen Tradition war, ging nach der von Eusebius sicher so vorgefundenen Herausstellung der Verfolgung der Frommen und Gerechten als Vorgabe der synoptischen Eschatologie[485] von dem Erlebnis der Verfolgung 202 n. Chr. in Alexandria aus[486]. Der christlich-jüdische Autor Judas verfolgte vermutlich mit seiner Schrift zwei zentrale Ziele: einmal die Erklärung der Verfolgung, des „Warum oh Gott" der Gläubigen, durch den Verweis auf das Eintreffen der apokalyptischen Prophezeiung für die Zeit vor der Parusie des Antichristen und zum anderen die Schaffung gerade einer Naherwartung, welche den Durchhaltewillen und die unmittelbare Sinngebung des Opfers für den Glauben zu liefern vermochte. Der Lohn der Standhaftigkeit war so in dem konkret gedachten kommenden Reiche Gottes unmittelbar zu erwarten.

Die Schrift des Judas stand damit in einer Traditionsreihe der Schriften gegen den Zweifel an Gott und für die Bereitschaft zum Martyrium, für Trost und Bestärkung angesichts einer erlebten oder drohend bevorstehenden Verfolgung[487]. Eine Naherwartung für die Zeit nach 202 kann also kaum auf Kreise außerhalb der in Alexandria von der Verfolgung betroffenen Christen, vielleicht nicht einmal über eine kleinere Gruppe von apokalyptischen Eiferern in dieser Ausnahmesituation hinaus ausgeweitet werden, wie uns das in seiner Tendenz entgegengesetzte zeitgenössische Werk des Clemens von Alexandrien zeigen dürfte[488].

---

482 Nicht überzeugen kann die These von A. Strobel 421f., daß der Chronograph Judas eine Weltwoche = 70 Jahre für die Zeitspanne 132–202 n. Chr. und damit das Ende der prophezeiten Weltzeit für 202 angenommen hätte, zumal der Beginn des Bar-Kokhba-Aufstandes sich wohl gerade nicht für eine entsprechende Periodenmarke geeignet hätte. Abzulehnen ist auch die von Strobel 423f. mit den unrichtigen Thesen von A. Schlotter, Der Chronograph aus dem zehnten Jahre Antonins, Berlin 1894, geführte Diskussion.

483 D. G. Dunbar, VChr 37, 1983, 315 „interpreted the fulfillment of the prophecy to coincide with the tenth year of the reign of Septimius Severus"; siehe auch Jacoby a.a.O.; Schwarte 141; Bodemann (o. Anm. 239) 248 mit Anm. 682.

484 Zum Bezug von 202 n. Chr. auf das Jahr der Abfassung vgl. Ed. Schwartz, RE VI 1, 1907, 1377; Alföldy, Krise 135.

485 Vgl. Mk 13, 9.11; Mt 24, 9; Lk 21, 12 (mit unmittelbarem Bezug auf Dan 9, 26.27 in Mk 13, 14; Mt 24, 15); auch 2 Thess 2, 10.12.

486 Bonwetsch (o. Anm. 447) 73 nahm an, daß die Kombination zwischen Verfolgung und Endzeitdatum erst von Eusebius hergestellt worden sei. Dies ist jedoch nicht zwingend, zumal Bonwetsch den Charakter des Traktats nicht treffend faßt. Eusebius erwähnt Judas nur im Zusammenhang der Verfolgung, in gewisser Weise als ihren Kronzeugen.

487 Vgl. etwa May a.a.O. 302. Zur notwendigen Kritik an den traditionellen Wertungen der apokalyptischen Zeittafeln und zu ihrer Zweckbezogenheit vgl. L. Hartman, NTS 22, 1976, 1–14, bes. 13f.

488 Vgl. o. S. 86.

Frühe christliche Chronographen

Eine andere Tendenz haben auch die oben genannten christlichen Chronographen aus dem 2. und frühen 3. Jh. verfolgt. Theophilus von Antiochia hatte in seiner Schrift An Autolykos[489] die Absicht eines Altersbeweises der christlichen Wahrheit, wobei er das Alter der Welt in der kurz nach dem Tode Marc Aurels verfaßten Apologie auf 5.695 Jahre bestimmte. Auch wenn die Schrift dem Beweis des altersmäßigen Vorrangs der christlichen Überlieferung gegenüber den Schriften der Heiden diente, so können wir doch festhalten, daß weder Theophilus, ein erst spät zum Christentum bekehrter, hoch gebildeter Orientale, der vermutlich aus dem Euphratraum stammte, noch das durch ihn repräsentierte Christentum nach dem Erleben von Partherkrieg, Seuche, Donaukriegen und Usurpation des Avidius Cassius einer Naherwartung folgte. Seiner Geschichtsperiodisierung lag das traditionelle millenaristische Schema der chiliastisch auf der Basis von Psalm 89 gedeuteten Schöpfungswoche zugrunde, welche das eschatologische Reich der Gerechten im Großen Sabbath, d. h. im 7. Jahrtausend des Weltalters, erwartete[490]. Das Ende der geschichtlichen Zeit mit der Parusie des Antichristen konnte damit erst in drei Jahrhunderten, also in mehr als der bisher seit Augustus und der Geburt des Herrn verstrichenen Zeit, erwartet werden.

Auch der nach 240 n. Chr. gestorbene Sex. Iulius Africanus[491] führte auf der Basis des exegetischen Weltwochenschemas den Altersbeweis für das Christentum. Seine fünf Bücher Χρονογραφίαι beinhalteten im wesentlichen eine synchronistische Weltchronik bis zur Geburt Christi, die entsprechend dem gleichzeitig auch bei Hippolyt vertretenen chiliastischen Schema auf das Jahr 5.500 nach der Erschaffung Adams[492] festgelegt wurde[493]. Die folgende Zeit bis 217 bzw. 220/221 n. Chr. wurde nur mehr als Anhang im 5. Buch behandelt. Demgegenüber hat

---

489 Theophil., Autol. 3, 16ff., bes. 28f.; vgl. H. G. Opitz, RE V A 2, 1934, 2149 (bezieht für seine Herkunft Autol. 2, 24 auf Antiochia selbst); Altaner – Stuiber 75–77; zur Zielsetzung der Berechnung bes. Autol. 3, 16.21.

490 Ps 89 (90), 4. Zur Chronographie des Theophilus siehe Theophil., Autol. 3, 24–28, bes. 27f. Die Geburt Christi berechnet Theophilus für das Jahr 5.516. Vgl. Luneau 37ff., 81–92; Schwarte 70–85.

491 Vgl. Ed. Schwartz, RE VI 1, 1907, 1377f.; Sickenberger, RE X 1, 1918, 116–125, bes. 117; PIR² J 124; Altaner – Stuiber 209; Schwarte 148–152 (das spekulative Denken der Zeit nicht richtig getroffen a.a.O. 150f.).

492 Die Zeit der Kirche war hier auf der Grundlage einer Zahlenspekulation nach 1 Joh 2, 18 (und Mt 20, 6) als letzte Weltstunde (und damit 6000 Jahre : 12) auf 500 Jahre festgelegt (vgl. A. Strobel 401f.; nicht zwingend Schwarte 150 Anm. 119) oder aber der Kreuzestod nach der Stellung der 6. Stunde in Mk 15, 33; Mt 27, 45; Lk 23, 44 auf die Mitte des letzten Welttages vor dem großen Sabbath gesetzt (vgl. hierzu Ps.-Eustathius, In. hexaem. comm. 757 C.D (Migne PG 18); Schwarte 151f.).

493 Der Ansatz folgt dem weithin akzeptierten chiliastischen Schema mit dem 7. Jahrtausend als dem letzten Weltschöpfungstag; vgl. auch J. Daniélou, VChr 2, 1948, 1–16; zur Ablehnung chiliastischer Erwartung durch Clemens von Alexandrien und Origenes vgl. Luneau 107–122. Die für das Schöpfungswochenschema mögliche Gleichsetzung des Jahres 6.000 mit der Passion Christi (vgl. hierzu Schwarte 123–128) beinhaltete ursprünglich die Naherwartung

Hippolyt von Rom in seiner Weltchronik[494], die seine mit dem Danielkommentar begründete christliche Chronographie vollendete, der Zeit nach der Geburt des Herrn wesentliche Aufmerksamkeit geschenkt, und zwar entsprechend seinem Bemühen um eine Beseitigung falscher Parusievoraussagen, das schon den Danielkommentar veranlaßt hatte (s. u). Das 13. Regierungsjahr des Severus Alexander (234/35) bestimmte er auf drei Wegen als das Jahr 5.738 seit der Erschaffung Adams[495]. Obwohl er auch hier sein chiliastisches Schema zugrunde legte, ist es ihm trotz zahlreicher Manipulationen nicht gelungen, das Jahr 5.500 mit der ersten Parusie Christi genau zu treffen, so daß sich für Geburt und Tod des Herrn gegenüber dem Danielkommentar geringfügige Verschiebungen ergaben (jetzt * 5.502; † 5.532). Gerade Hippolyts Vorgehen in seiner Chronik zeigt deutlich, daß Judas entgegen Theophilus und später Hippolyt oder Iulius Africanus auf Grund des biblischen Materials sehr wohl jederzeit zu einem höheren Wert bei der Bestimmung des Weltalterwertes des 10. Regierungsjahres des Septimius Severus kommen konnte. Denn Hippolyt schiebt zwischen der 69. Woche mit dem Kreuzestod des Herrn und der 70. Woche der endzeitlichen Drangsale die Zeit der Verkündung des Evangeliums und des Verstreichens der (vorbestimmten) Jahre ein[496]: τοῦ εὐαγγελίου ἐν παντὶ τόπῳ κηρυχθέντος ἐκκενωθέντων τῶν καιρῶν (In Dan. 4, 35, 3).

Mit den in ihrer Wirkung weitreichenden Chronographien, welche die grundlegende Neuorientierung der christlichen Chronologie in dieser Zeit dokumentieren, haben Sex. Iulius Africanus und Hippolyt einen wesentlichen Beitrag zur Auseinandersetzung mit adventistischen Erwartungshaltungen geleistet[497], der im 3. Jh. Wirkung zeigen mußte[498]. Hier konnte eine ‚wissenschaftlich' errechnete und exegetisch autorisierte Gewißheit über den in weite Ferne gerückten, wenn auch absehbaren Zeitpunkt der Wiederkehr Christi gefunden werden, d. h. eine chronologische Vorstellung, welche die erlebte Gegenwart erst knapp in die Mitte zwischen Auferstehung und Parusie am Ende der geschichtlichen Zeit stellte.

---

der Parusie, erstarrte jedoch angesichts der Parusieverzögerung rasch zur topischen Formel (siehe Ps.-Cyprian, De mont. Sina et Sion 4; frühes 3. Jh. n. Chr.; vgl. Schwarte 123f.); erst mit der Gleichsetzung des 7. Schöpfungstages mit der Zeit der Kirche erhielt diese Chronologie wieder eschatologische Aktualität, dann allerdings für die Zeit um 1000 n. Chr.

494 A. Bauer – R. Helm, GCS Hippol. IV, 1929; Tafeln zur Chronik a.a.O. 386–392. Vgl. Luneau 209–217; Schwarte 152–158; allgemein u. S. 119ff.
495 Vgl. etwa Hippol., Chron. 700 (GCS Hippol. IV, p. 201).
496 Vgl. Hippol., In Dan. 4, 30, 3; 4, 35, 3.
497 Vgl. auch Schwartz a.a.O. 1378f. Zu diesem entscheidenden Wandel der weltchronologischen Vorstellung der Kirche, der seit der Mitte des 2. Jh. zu fassen ist und in den Werken Hippolyts und des Iulius Africanus seine wirksame Formulierung fand, vgl. bes. A. Strobel 400–402, 423.
498 Wie sich diese Sicht auch in rigoristischen und schismatischen Gruppierungen in der 1. Hälfte des 3. Jh. durchgesetzt hatte, zeigt etwa Ps.-Cyprian, De pascha computus von 243 n. Chr. (vgl. hierzu A. Strobel 167ff.).

8. Die Sicht des römischen Reiches bei Hippolyt von Rom

Der römische Presbyter und schließlich zum schismatischen Gegenbischof gewordene Hippolyt[499] hat in zwei seiner erhaltenen Schriften zur christlichen Apokalyptik Stellung genommen, in De Christo et Antichristo[500] und in seinem großen Kommentar des Buches Daniel[501]. Ziel des letzteren war die Schaffung einer autorisierten und der Schriftspekulation Einhalt gebietenden Auslegung dieser für jede jüdisch-christliche weltchronologische Berechnung grundlegenden Prophezeiung. Die Schrift über den Antichrist, welche sich vor allem mit der Johannes-Apokalypse auseinandersetzt, ging dem Danielkommentar voraus und ist wohl um 200 n. Chr. anzusetzen[502]. Die Entstehung beider Werke kann nicht mehr mit einer angeblichen großen Christenverfolgung unter Septimius Severus in Zusammenhang gebracht werden[503], deren Annahme heute widerlegt ist[504]. Entgegen einer vermeintlichen Quellenbasis bei Eusebius (H. e. 6, 1) und vor allem in HA, Sev. 17, 1 wurde weder 202 eine allgemeine Christenverfolgung eingeleitet, noch hat ein angebliches antichristliches (und antijüdisches!) Edikt des Septimius Severus eine neue Rechtslage geschaffen[505]. Zeitgenössische Christenverfolgungen waren wie im 2. Jh. lokale oder regionale Einzelvorgänge bzw. Prozeßserien, wobei sich Schwerpunkte in Karthago 197, 203 (Einzelprozesse) und 212 sowie in Alexandria 202 bzw. 206/211

---

499 Vgl. zusammenfassend C. Scholten, RAC Lief. 116, 1990, 492–551; weiter M. Richard, DictSpir VII, 1968, 531–571; Altaner – Stuiber 164–169; M. Marcovich, TRE 15, 1986, 381–387; J. Frickel, in: Nuove ricerche su Ippolito, Rom 1989, 23–41; V. Saxer ebd. 43–59; ferner D. G. Dunbar, JETS 25, 1982, 63–74; zu Person und Lehre noch grundlegend M. Richard, MSR 7, 1950, 237–268; 8, 1951, 19–50; 10, 1953, 13–52, 145–180; ders., RechSR 42, 1955, 379–394. Anders noch P. Nautins Aufspaltung in zwei Personen/Autoren folgend V. Loi, in: Ricerche su Ippolito, Rom 1977, 67–88; M. Simonetti ebd. 121–126; ders., in: Nuove ricerche su Ippolito, Rom 1989, 75–130; Sordi 93 Anm. 5. Eine kritische Untersuchung der Legendenüberlieferung, die der Kaschierung des Schismas diente, bei R. Reutterer, ZKTh 95, 1973, 286–310. Zur Statue des Hippolyt (ICVR VII 19933–19935) vgl. M. Guarducci, RPAA 47, 1974–75, 163–190; dies., Epigraphia greca IV, Rom 1978, 535–545; dies., in: Nuove ricerche a.a.O. 61–74.
500 GCS Hippol. I, ed. H. Achelis, Leipzig 1897.
501 GCS Hippol. I, ed. G. N. Bonwetsch, Leipzig 1897; siehe ferner M. Lefèvre (Ed.), Hippolyte. Commentaire sur Daniel, Paris 1947 (mit Einleitung G. Bardy ebd. 7–66, bes. 36, 49ff., 54ff.).
502 Vgl. Altaner – Stuiber 166; Marcovich a.a.O. 385; Ausgangspunkt war allerdings der Ansatz des Danielkommentars entsprechend der vermeintlichen severischen Christenverfolgung auf kurz nach 200 (so Richard a.a.O. 1968, 537; A. v. Harnack, Geschichte der altchristlichen Literatur II 2, Leipzig ²1958, 249f.).
503 So bes. K.-J. Neumann, Hippolytus von Rom in seiner Stellung zu Staat und Welt, Leipzig 1902, 65ff.; der traditionellen Datierung folgt noch Scholten a.a.O. 498. Schwarte 41f. hält trotz der Widerlegung der Verfolgungsmaßnahme an einer Abfassung um 202/204 fest.
504 Vgl. Molthagen 38–45; Sordi 79–95, bes. 79f., 84; K.-H. Schwarte, Historia 12, 1963, 185–208; R. Freudenberger, WS 81, 1968, 206–217; ders., TRE 8, 1981, 25f.; J. Speigl, MThZ 20, 1969, 181–194.
505 Wenig glücklich die Verteidigungen bei P. Keresztes, Historia 19, 1970, 565–578; W. H. C. Frend, Town and Country in the Early Christian Centuries, London 1980, IX/470–480 (trotz der teilweisen Revidierung gegenüber Frend 320–324).

n. Chr. abzeichnen[506]. Nach der positiven Situation der Christen unter Commodus[507] änderte sich die günstige Lage der Kirche auch in severischer Zeit nicht[508].

Mit der Widerlegung der bis in jüngste Zeit als Datierungs- und Deutungsschlüssel für die Werke Hippolyts und seine politischen Ansichten herangezogenen[509] angeblichen großen Christenverfolgungen unter Septimius Severus fällt die Hauptstütze für den traditionellen zeitlichen Ansatz des Danielkommentars auf ca. 203/204 n. Chr., bei dem man davon ausgegangen war, daß sein eschatologischer Inhalt eine Aufarbeitung der Reaktionen auf diese Verfolgungswelle sei. Als Anhaltspunkt für eine Datierung des Danielkommentars innerhalb des sich bis 235 n. Chr. erstreckenden literarischen Schaffens Hippolyts bleibt nur mehr die Priorität der – schon auf Grund des noch nicht so souveränen Umgangs mit der Vorlage der Johannes-Apokalypse, deren Zitate über weite Passagen dominieren – frühen Schrift über den Antichrist[510]. Ein Terminus ante quem ergibt sich ferner durch die Priorität des Danielkommentars gegenüber der Abhandlung über das Johannes-Evangelium und über die Offenbarung des Johannes[511]. Diese zeigt im übrigen neben den anderen Schriften in besonderer Weise das konstant bleibende Interesse des Theologen und Chronographen Hippolyt an den Problemen der christlichen Eschatologie und zugleich seine strikte Ablehnung jeder Naherwartung. Hippolyts Behandlung des johanneischen Schrifttums ist aber nur grob auf die Zeit nach 210 n. Chr. zu datieren[512]. So bleibt für den Danielkommentar, der gegenüber der Schrift über den Antichrist einen erheblichen Fortschritt der theologischen Arbeit dokumentiert, ein ungefährer Zeitansatz frühestens in die 2. Hälfte des 1. Jahrzehnts des 3. Jh. oder aber um 210 n. Chr.

Das explizit angesprochene Ziel des Danielkommentars war die Abwehr der verschiedenen deterministischen Endzeit- bzw. Parusiespekulationen[513], wobei sich Hippolyt gegen jede Form offener eschatologischer Spekulation und Verkündigung aussprach[514]. Zugleich mußte er aber bei seinem Bestreben, einerseits der in der römischen Gemeinde präsenten eschatologischen Spekulation auf der Basis der Visionen Daniels und andererseits dem Zweifel an der Verheißung auf Grund der

---

506   Vgl. zusammenfassend Molthagen 38–45.
507   Vgl. J. Speigl, Der römische Staat und die Christen. Staat und Kirche von Domitian bis Commodus, Amsterdam 1970, 233–248; auch Sordi 74f.
508   Vgl. Molthagen a.a.O.; ders., Gnomon 60, 1988, 247; Sordi a.a.O.
509   So bei Altaner – Stuiber 166f.; Frend 320–324 mit Anm. 167; D. G. Dunbar, VChr 37, 1983, 315, der auf dieser Annahme sein ganzes Bild von Spannungen im Verhältnis zum Imperium Romanum aufbaut (bes. a.a.O. 320ff.).
510   Vgl. zum exegetischen Ansatz Hippolyts G. Chappuzeau, JbAC 19, 1976, 45–81, bes. 68ff.
511   Vgl. Harnack (o. Anm. 502) 227f., 250; zur Schriftidentität jetzt aber Altaner – Stuiber 167; Marcovich (o. Anm. 499) 384f.
512   Vgl. im Grundsatz Harnack a.a.O. 228, 250. Epiphan., Panar. 51, 33 ist entgegen etwa Harnack a.a.O. II 1, Leipzig ²1958, 376–381 für die Datierung ohne Wert (vgl. bereits GCS Epiphan. II, ed. K. Holl – J. Dummer, Berlin ²1980, p. 307).
513   Vgl. auch Schöllgen (o. Anm. 446) 77; D. G. Dunbar, The Eschatology of Hippolytus of Rome, Diss. Madison N. J. 1979 (Mikrofilm), bes. 52ff., 153ff.; ders. (o. Anm. 509) 313–327.
514   Hippol., In Dan. 4, 5, 6; 4, 17, 1; 4, 22, 1–4; 4, 21, 4 negativ derjenige, der forscht, wieviele Jahre dem (Vierten) Tier noch gegeben sind.

Parusieverzögerung mit einer autoritativen Antwort auf die Frage „Wie lange noch?" entgegenzutreten[515], selbst eine Endzeitbestimmung mit entsprechender Schriftexegese vorlegen[516]: Viele würden Daniel nachahmen und suchten „die Zeit vor der Zeit" und begehrten die „unreife Frucht"[517]. Für die Frage, wann der Antichrist, wann die Parusie des Herrn kommen werde[518], verwies Hippolyt in eine zeitliche Ferne, da nach Mk 13, 10 und Mt 24, 14 zuerst allen Völkern das Evangelium zu verkünden sei[519]. Damit tritt er der hocheschatologischen Spekulation und allen adventistischen Eiferern mit der Verzögerungserklärung der synoptischen Evangelien entgegen. Im Danielkommentar sollte ebenso wie zuvor in De Christo et Antichristo eine autoritative Exegese im Rahmen einer dem Litteralsinn verpflichteten Deutung der Johannes-Apokalypse gegeben werden. Dieses Ziel war Teil der dogmatischen Auseinandersetzung um das Verständnis der Eschatologie[520] und zugleich Teil der sich vollziehenden weltchronologischen Umorientierung der Großkirche, die zweifellos einerseits auf den erbitterten Widerstand adventistischer Kreise stieß und andererseits dem Spott der Gnostiker ausgesetzt war. Während sich die ersteren auf das bisher verteidigte Verständnis der naheschatologischen Offenbarung[521] berufen konnten und letztere auf das Scheitern eben dieser traditionellen hocheschatologischen Erwartung durch die Parusieverzögerung, fehlte immer größeren Kreisen eine autorisierte Gegenposition der Schriftexegese ohne ein baldiges Ende dieser Welt. Im Osten muß diese Entwicklung, wie Theophilus von Antiochia, Irenaeus und auch der Montanismus mit seiner Einfügung der heilsgeschichtlichen Epoche des Parakleten zeigen, schon weiter fortgeschritten gewesen sein, wo sie in

515 Siehe bes. In Dan. 4, 23, 1: notwendig διὰ τὸ λίχνον εἶναι τὸν ἄνθρωπον; 4, 5, 6 weist auf die Frage der ungläubigen Menschen „Wann wird dies geschehen?". Die Endzeitberechner und eschatologischen Eiferer sind die Zielgruppe nach Hippol., In Dan. 4, 15, 1; 4, 21, 4; 4, 30, 1; andererseits sind es die zweifelnden Stimmen gegenüber der Parusieverheißung nach In Dan. 4, 5, 4; 4, 5, 6.
516 Vgl. zusammenfassend zu Weltwochenschema und Parusieberechnung Hippolyts auch Schwarte 128–148, der a.a.O. 146f. den zweiten Zielbereich Hippolyts, also die Einschärfung der Tatsache des Endgerichtes, gegenüber der Abwehr der Endzeitspekulation zu stark gewichtet; zur Eschatologie Hippolyts allgemein Dunbar (o. Anm. 513) 1979, bes. 77–83, der a.a.O. 143–152 die Abhängigkeiten von Irenaeus (s. o.) zu Recht betont.
517 Hippol., In Dan. 4, 15, 1; auch 4, 30, 2.
518 Ebd. 4, 16, 1.
519 Vgl. ebd. 4, 17, 9; 4, 35, 3.
520 G. Bardy (o. Anm. 501) 63 betont zu Recht, daß sich der Daniel-Kommentar offenkundig an ein relativ breites Publikum richtete. D. G. Dunbar, WTJ 45, 1983, 322–339, bes. 322f., 337 postuliert noch die angebliche Christenverfolgung des Septimius Severus als relevanten Faktor für das Interesse Hippolyts an eschatologischen Themen und für die Ausbildung seiner eschatologischen Vorstellungen. Da dies wegfällt, wird das Gewicht der anderen, von Dunbar zu Recht betonten Faktoren noch deutlicher, nämlich in der Fortführung der dogmatisch-eschatologischen Kontroversen aus der innerchristlichen Auseinandersetzung des 2. Jh.; vgl. allgemein J. Pelikan, The Christian Tradition, Chicago – London 1971, 98f.; Frend (o. Anm. 242) 244ff., 341ff. (zur Entstehung der Orthodoxie in der Auseinandersetzung mit Häresie und Gnosis); zur Phase der grundsätzlichen weltchronologischen Umorientierung der (Groß-)Kirche A. Strobel 400–428, bes. 400–402; ders. (o. Anm. 199) 1961, 139f.
521 Gegen die Ausrichtung des Glaubens am bloßen Wortlaut siehe dagegen etwa Clem., Strom. 1, 9, 43, 1.

dieser Zeit zur Lösung von dem litteralen und konkreten Verständnis der christlichen eschatologischen Verheißung bei Clemens von Alexandrien und Origenes führte.

Welche ungeheuere mentale Wirkung von der Prophetie Daniels im jüdisch-christlichen Denken des 2. Jh. n. Chr. ausging, läßt sich auch an der Weltchronologie des rabbinischen Judentums erkennen, wo es trotz der totalen Enttäuschung aller messianischen Hoffnungen 66/70 und 132/135 n. Chr. sowie der ideologischen Kehrtwendung der Rabbinen nach dem Bar Kokhba-Aufstand nicht zu einer Krise in der Rezeption der Prophetie kam, sondern vielmehr zu dem Bestreben, deren Gültigkeit und deren Geltung auch für die erfahrene Realität zu beweisen[522]. Die nach 135 n. Chr. entwickelte rabbinische Weltchronologie, welche dann im Seder Olam Rabba nach der Mitte des 3. Jh. redigiert wurde[523], mußte zur Wahrung der Jahrwochenprophetie Daniels 166 Jahre aus der eigenen historischen Überlieferung streichen[524]. Es war das Ergebnis einer treffenden Beobachtung des Porphyrios hinsichtlich der Strukturen des christlichen Denkens, wenn er das 12. Buch seiner Erwiderung auf das Christentum der kritischen Untersuchung des Buches Daniel gewidmet hatte[525]. Die Widerlegung seines Autoritätsanspruchs und die Entlarvung seines Inhalts als eine im wesentlichen post eventum geschriebene Kompilation, ohne einen Bezug auf das Imperium Romanum und ohne prophetische Bedeutung[526], war ein zentraler Angriff auf die eschatologische Gewißheit des christlichen Glaubens gerade der großkirchlichen Tradition[527].

Ausgangspunkt für das spekulative weltgeschichtliche Schema, das Hippolyt entwickelte, waren die Statuenvision des Nebukadnezar in Dan 2[528] und die für die Johannes-Apokalypse so wichtige Tiervision mit der Offenbarung des Vierten Tieres in Dan 7[529]. In der zuerst getrennten Deutung von Dan 2 wird das vierte Reich als die Beine der Statue, die aus Eisen sind, mit Rom gleichgesetzt[530]. Die Füße und Zehen aus Ton und Eisen interpretiert er als die Völkerschaften, welche

---

522 Vgl. auch A. Strobel 417–419.
523 Vgl. Strack – Stemberger 297; B. Ratner, Seder Olam Rabba. Die große Weltchronik, Wilna 1897; S. Gandz, JQR 43, 1952–1953, 177–192. In der Überlieferung gilt R. Jose ben Chalafta (Blüte ca. 140/180 n. Chr.) als Autor und Haupttradent der jüdischen Weltchronologie. Die Schrift mit einem chronologischen Überblick von Adam bis zur Perserzeit behandelt in SOR 30, wohl der Kurzfassung einer ursprünglich umfangreicheren Version, die Zeit von Alexander bis Bar Kokhba. Die späteren Zusätze bis zur Fixierung der Tradition im 12. Jh. n. Chr. sind für unsere Frage ohne Belang.
524 SOR 28.30; vgl. auch AZ 8b.
525 A. v. Harnack, Porphyrius „Gegen die Christen", 15 Bücher. Zeugnisse, Fragmente und Referate, Abh. Berlin 1916, 1. Vgl. P. De Labriolle, La réaction paienne, Paris 1948, 223–296, bes. 266–268; zur zentralen Rolle des Buches Daniel Bodenmann (o. Anm. 239).
526 Frg. 43.
527 Vgl. Aug., Civ. 20, 24.
528 Dan 2, 31–35; vgl. zu Dan zusammenfassend J. Lebram, TRE 8, 1981, 325–349; Bodenmann a.a.O., bes. 11ff., 108ff., 391–398 zur Frage der Gestalt des verwendeten Danieltextes.
529 Dan 7, 7–12.17 (Viertes Tier).
530 Hippol., In Dan. 2, 11–12, bes. 2, 12, 6; siehe bereits Antichr. 25 (ebd. 23–28 Kurzkommentar zu Daniel).

der Auflösung des vierten Reiches folgen werden[531]. Diese Deutung als die Voraussage der Aufspaltung des letzten Reiches ist bereits in Dan 2, 40–44 selbst vorgegeben.

Für die Tiervision Daniels wird das Vierte Tier mit dem vierten Weltreich und dieses in traditioneller Weise mit Rom gleichgesetzt[532], dessen überragende Macht nochmals eine ausdrückliche Betonung erfährt[533]. Am Ende der Zeit werde dieses Reich, also das Vierte Tier mit seinen zehn Hörnern, in diese zehn Hörner[534], d. i. in 10 Königsherrschaften, geteilt[535], und es werden **dann** Aufruhr und Zwietracht herrschen[536].

Hippolyt parallelisiert schließlich beide Visionen und setzt die „jetzt herrschenden Römer"[537] mit den eisernen Beinen der Statue und zugleich mit dem Vierten Tier sowie die zehn Hörner des Tieres mit den zehn Zehen des Standbildes gleich[538]. Das vierte Reich werde am Ende der Zeiten in zehn Königsherrschaften bzw. Reiche geteilt, und zwar κατὰ ἔθνη[539], also entsprechend den von ihm unterworfenen Völkern[540], wobei die Zahl 10 natürlich eine rein zahlenmystische, spekulative Größe bleibt.

Erst nach dem Zerfall des Imperium Romanum und damit der Ordnung dieser Welt werde der Antichrist kommen[541]. Er werde die drei Hörner, d. i. die Könige von Ägypten, Libyen und Äthiopien, ausreißen und die anderen sieben Könige besiegen[542]. Also erst nach dem Ende des Imperium Romanum kann die apokalyptische Endzeit mit ihren ‚Wehen' beginnen, deren Zeichen das Aufstehen der Völker gegeneinander, des einen Reiches gegen das andere, Erdbeben, Hungersnöte und Pestilenzen sein werden[543].

---

531 In Dan. 2, 12, 7; 4, 5, 3; vgl. Antichr. 25.28; zur Deutungsgrundlage in Apk 17, 12 bereits o. S. 108.
532 In Dan. 4, 5, 1; vgl. Antichr. 25.28.
533 In Dan. 4, 5, 1–2; auch 4, 7, 4; vgl. schon Antichr. 28.33.
534 In Dan. 4, 6, 4; Antichr. 25.
535 Ebd. 12, 4. Bereits so von Dan 7, 23–24 vorgegeben.
536 Hippol., In Dan. 4, 6, 4.
537 Ebd. 7, 4.
538 Ebd. 7, 4; vgl. Antichr. 43.
539 In Dan. 4, 7, 5–6; 12, 4.
540 Der Volksbegriff hat hier eine alttestamentliche Prägung.
541 In Dan. 4, 10, 2; 12, 4; vgl. Antichr. 25; Hippol., Comm. in apoc. fr. 6 (GCS Hippol. I, ed. H. Achelis, p. 235), wo das Imperium Romanum das sechste Reich einer Folge von sieben Reichen ist, dessen letztes das Reich des Antichristen bildet – natürlich unmittelbar nach Apk 17, 9–11, so daß die Große Hure bei Hippolyt nicht mehr auf Rom, sondern auf das Weltliche als solches umgedeutet ist. Hier erfolgt der weitere konsequente Schritt in der Auflösung der antirömischen Tendenz der Johannes-Apokalypse. Vgl. zur Frage des Apokalypsenkommentars auch P. Prigent – R. Stehly, ThZ 29, 1973, 313–333 (nicht zwingend ebd. 324).
542 In Dan. 4, 12, 4–5. Die Zerstörung Ägyptens, Libyens und Äthiopiens gehört zum Standardrepertoire der Apokalyptik (vgl. Or. Sib. 3, 314–333). Vgl. zur Hippolyt vorliegenden Tradition des Antichristen Dunbar (o. Anm. 520) 324–328; zu seiner Systematisierung und Weiterentwicklung der Spekulation ebd. 328–337.
543 Hippol., In Dan. 4, 16, 8 nach Mk 13, 7–9; Mt 24, 7; Lk 21, 9–11.31.

Dies ist nicht mißzuverstehen, als hätte Hippolyt eine historisch gesehene Alternative zum Imperium Romanum als dem vierten und letzten Reich dieser Welt erwartet. Nach dessen Auseinanderfallen werde vielmehr gemäß der apokalyptischen Offenbarung von Dan 9, 27 der Antichrist nach dem Verstreichen der ersten Hälfte der 70. Jahrwoche der Drangsale für die zweite Hälfte, d. h. für dreieinhalb Jahre, die Herrschaft über die Welt antreten[544]. Was dem Untergang des Imperium Romanum und mit ihm der Ordnung der Welt folgt, sind also erst die apokalyptischen Wehen der Endzeit einschließlich dieser zehn endzeitlichen Herrschaften[545], d. i. das Chaos der 70. Weltwoche vor der Parusie des Herrn im Jahre 6.000 der chiliastischen Weltzeit.

Noch entscheidender bleibt für das nunmehrige heilsgeschichtliche Verständnis des römischen Reiches die Aussage Hippolyts, daß das Katechon nach 2 Thess 2, 6–8 gegen das Kommen des Antichristen mit dem römischen Reich identisch sei[546], daß die Zeitspanne seiner Existenz das Kommen des Widersachers entsprechend der Geduld Gottes verhindere[547]. Dies ist die parallel bei Tertullian und implizit auch bei Irenaeus zu findende, offenkundig in den Gemeinden allgemein verbreitete heilsgeschichtliche Deutung der Existenz des Imperium Romanum.

Für dieses vierte Reich, verstanden als die Herrschaft der Kaiser seit Augustus über die Welt, für dieses Weltreich, das stärker und größer sei als die drei vorausgehenden, berechnet Hippolyt die zugemessene Zeit auf Grund des auch von ihm vertretenen, schon oben dargelegten chiliastischen Schemas parallel zur Zeit der Kirche auf 500 Jahre[548], wobei die Geburt Christi im Jahr 5.500 der Weltzeit mit dem 42. Jahr des Augustus (gerechnet ab der Ermordung Caesars) gleichgesetzt wird[549]. Erst nach Ablauf dieser 500 Jahre bis zum Ende des 6. Jahrtausends, von denen erst wenig mehr als 200 Jahre verstrichen sind, werde das vierte Reich zerfallen, der Antichrist und mit ihm das endzeitliche Chaos erscheinen und schließlich nach der Vernichtung des Antichristen durch die Parusie des Herrn die tausendjährige irdische Herrschaft des Messias vor dem endgültigen Weltgericht Gottes beginnen[550].

---

544 In Dan. 4, 50; vgl. Iren., Haer. 5, 24, 4–5. Die eschatologische Deutung der 70. Jahrwoche (vgl. bereits Antichr. 43) ermöglichte Hippolyt die wichtige Koordination von Dan, Apk und synoptischer Apokalypse; vgl. auch Dunbar (o. Anm. 520) 329.

545 Vgl. Apk 17, 12–14.

546 In Dan. 4, 21, 3; Antichr. 28. In Dan. 4, 21, 2 zitiert unmittelbar 2 Thess 2, 1–9. Vgl. auch Neumann (o. Anm. 503) 5f., 47; in seiner Bedeutung völlig unterschätzt von Dunbar (so o. Anm. 509, 320).

547 In Dan. 4, 21, 2–3; 4, 22, 2 (Geduld Gottes).

548 Als Schriftbeleg für die Ermittlung der 500 Jahre (vgl. auch o. S. 116f.) dient die Stiftshüttenauslegung (bes. Hippol., In Dan. 4, 24, 1–4) sowie die „sechste Stunde" nach Joh 19, 14 (In Dan. 4, 24, 5–6).

549 In Dan. 4, 23–24, bes. 24, 7. Vgl. Hippol. Frg. zum Pentateuch., GCS Hippol. I, p. 110f. (ed. Achelis). Die Tagesangaben In Dan. 4, 23, 3 sind sicher spätere Interpretation; jedoch ist es nicht gerechtfertigt, mit G. Ogg, VChr 16, 1962, 2–18, bes. 7–11 auch das 42. Jahr zur Interpolation zu erklären. Vgl. auch Schwarte 131f.; zur dreimaligen Berechnung der Weltzeit bis zum 13. Jahr des Severus Alexander (234/5) auch Scholten a.a.O. 508f.

550 Vgl. In Dan. 4, 23, 4–5; 4, 30ff. mit den Ausführungen zum Hebdomadenschema nach Daniel; Antichr. 43. Vgl. auch Neumann (o. Anm. 503) 78ff.

Das Siebzigwochenschema von Dan 9, 24–27[551] modifizierte Hippolyt dahingehend, daß er zwischen der 69. Woche, in der Christus erschien, und der 70. Woche der Drangsale die Zeit der Verkündigung des Evangeliums und der von Gott bestimmten Jahre einschob[552]. In diesem heilsgeschichtlichen und weltchronologischen Grundverständnis besteht zwischen der Schrift über den Antichrist, dem Danielkommentar und den weiteren Werken Hippolyts einschließlich der schon besprochenen Weltchronik keine Diskrepanz.

Die Schrift über den Antichrist war, wie oben betont, in ihrer Zielsetzung gegen adventistische Naherwartung und deterministische Parusiebestimmung gerichtet, die auf dem Litteralsinn der Johannes-Apokalypse und einem traditionellen hocheschatologischen Verständnis aufbauten. Eine eigene explizite Endzeitberechnung legte Hippolyt dort nicht vor. Diese brachte erst der Danielkommentar in dem Bemühen um ein gültiges weltchronologisches Verständnis der Heilsgeschichte, das die Naherwartung und das Problem der Parusieverzögerung ausräumte, ohne den Wahrheitsanspruch der nichttransponierten eschatologischen Verheißung aufgeben zu müssen. Entgegen dem Dualismus der Gnosis und dem adventistischen Hoffen wurde hier eine Perspektive der Christen in dieser Welt aufgezeigt. Die autoritative Bereinigung des adventistischen Eiferns wie auch des Zweifels, der sich um das Problem der Parusieverzögerung mit der bewegenden Frage des „Wann" und um den dualistischen Ansatz der Gnosis ausbreitete, bedurfte selbst der schriftgestützten Parusiedeterminierung. Daß diese in dem vorgetragenen Sinne ein wesentliches Element der religiösen Überzeugung Hippolyts war, zeigt sein lebenslanges Ringen um ein gültiges, auf der Auslegung der Verheißung Christi und der biblischen Tradition errichtetes welt- und heilsgeschichtliches Chronologiesystem.

Seine beiden Zielgruppen nennt Hippolyt selbst ganz ausdrücklich: die Endzeitberechner und Eiferer einer determinierten theologisch-spekulativen Naherwartung[553] und die Zweifler an der Wahrheit der eschatologischen Lehre mit der Verkündung der Parusie des Herrn und des Weltgerichts am Ende der (irdischen) Zeit[554]. Gerade dieser zweite Adressatenkreis der apokalyptischen Schriftabhandlungen Hippolyts wurde in der traditionellen Sicht der Forschung außer Acht gelassen, wenn auch die Abwehr adventistischen Eifers und die Warnung vor den Endzeitberechnern augenfälliger sind[555]. Deren fundamentalistischer Angriff war,

---

551 Vgl. zur 70-Wochen-Prophetie nach Daniel Bodenmann (o. Anm. 239) 358–365, bes. 365; ebd. 365–370, 371f. zur „exégèse désapocalyptisée" der 70-Wochen-Prophetie (deren unmittelbares ,Verzögerungproblem' durch die Erfüllung mit der Zerstörung Jerusalems und des Tempels 70 n. Chr. gegeben war), d.h. zur Neuorientierung der Deutung durch Irenaeus, Hippolyt, Ps.-Cyprian (De pascha computus 13–18; CSEL III 3), Clemens Alex. (Ende der 70. Jahrwoche mit der Zerstörung 70 n. Chr.) oder Iulius Africanus bis zur Verneinung der zeitlichen Dimension mit existentieller Deutung bei Origenes (vgl. ebd. 372–374).
552 In Dan. 4, 30, 3; 35, 3.
553 In Dan. 4, 15, 1; 21, 4; 30, 2.
554 In Dan. 4, 5, 4; 5, 6.
555 In Dan. 4, 21, 4 formuliert die Warnung gegen die Eiferer, welche die Frist für das Vierte Tier bestimmen wollen, mit Am 5, 18 „Wehe denen, die den Tag des Herrn herbeisehen".

gestützt auf breitere Schichten innerhalb der römischen Gemeinde, die am oder unter dem Existenzminimum lebten, in der Praxis der Gemeindearbeit wohl ein schwerwiegender Konfliktherd.

Die Problemstellung steht unmittelbar in der Aktualität von Schisma und Häresie als Grundthemen der innerchristlichen Diskussion, welche im 2. Jh. n. Chr. etwa durch die christliche Fassung der Ascensio Isaiae erfaßt wurde[556]: „Und danach werden seine Jünger die Lehre der zwölf Apostel verlassen, und es wird Streit entstehen über (seine Ankunft und) sein Nahesein"[557]. Die radikale Lösung des Parusieproblems war in den metaphysischen und dualistischen Konzepten der Gnosis, die keine Intervention Gottes in dieser Welt erwartete, begangen worden. Ihr stand Hippolyt, der in seiner Exegese von Eschatologie und apokalyptischer Tradition nur wenig über das bereits vorliegende Material hinausging, mit einer systematischen Aufarbeitung der dogmatischen Kontroversen des 2. Jh. gegenüber[558]. Er verteidigte die Authentizität und Wahrheit der Johannes-Apokalypse in einem kanonischen Schriftverständnis[559], das sich auch in seinem Verhältnis zum Alten Testament zeigt und damit selbst bereits eine Antwort auf die dogmatische Auseinandersetzung des 2. Jh. war[560]. Durch die Entschiedenheit dieser Position war er aber auch an die Prophetie, Formeln und Weltdeutungen der Johannes-Apokalypse gebunden[561].

Abschließend ist die Frage zu stellen, ob Hippolyt in seinem theologischen Weltbild eine erste Phase mit negativer Haltung gegenüber dem Imperium Romanum durchlaufen und damit zeitweise eine von Irenaeus abweichende Haltung ein-

---

556   Vgl. Vielhauer 523–526; J. Flemming – K. Duensing, in: Hennecke – Schneemelcher³ 454; die Passage Asc. Isai. III 13 – V 1 ist später als Asc. Isai. VI–XI, gehört aber noch in das 2. Jh. n. Chr. Zum jüdischen Grundbestand der Apokalypse vgl. A. Chaquot, Semitica 23, 1973, 65–93. Die Warnung vor der Spaltung der Kirche und dem Wirken des Antichristen thematisieren Asc. Isai. III 21–31, Parusie und Weltgericht IV 1–18.

557   Asc. Isai. III 21–22.

558   Vgl. Dunbar (o. Anm. 520) 330, 337–339; Scholten (o. Anm. 499) 532f. Hippolyts Weiterentwicklung geht allein über die Wahrheit der kanonischen Schriftaussagen; Hippol., Antichr. 15 (GCS Hippol. I, p. 12, Z 5f.) enthält einen deutlichen Hinweis auf uns unbekanntes apokalyptisches Schrifttum. Zur Stärke der gnostischen Herausforderung auch Frend (o. Anm. 242) 195–228, 279–281.

559   Vgl. Hippol., Capita c. Gaium (GCS Hippol. I, ed. G. Achelis, p. 239–246; vgl. Scholten a.a.O. 495, 497); auch hier wird die Diskussion ganz auf die Schriftexegese abgestellt; Scholten a.a.O. 511f., 518ff. zur Basis in einer unverfälschten katholischen Auslegung. Vgl. zu Gaius, der die Apokalyptik konsequent ablehnte, De Labriolle (o. Anm. 444) 278–285.

560   So um Anerkennung oder Verwerfung der Johannes-Apokalypse gerade im Zusammenhang der antimontanistischen Diskussion. Es ist zu beachten, daß der Danielkommentar nur einen Teil der alttestamentlichen Exegese Hippolyts dargestellt hat, der damit in der für die Häretikerauseinandersetzung des 2. Jh. so wichtigen Frage des Verhältnisses zum AT eindeutig Position bezog.

561   Vgl. auch O. Böcher, ANRW II 25, 5, 1988, 3891; R. Bergmeier ebd. 3899–3916, bes. 3901f., 3916.

genommen hat[562]. Sowohl in der Refutatio omnium haeresium (222/235 n. Chr.)[563] als auch in der Iulia Mamaea gewidmeten Schrift De resurrectione[564] fehlen jede antirömische Polemik und jede konkrete apokalyptische Zukunftserwartung[565]. Für die Schrift über den Antichrist selbst ist zu beachten, daß Hippolyt hier in seiner am Litteralsinn orientierten Auslegung der Johannes-Apokalypse deren antirömische Ausrichtung natürlich nicht neutralisieren konnte[566]. Entscheidend ist jedoch, daß er das Vierte Tier und damit das Imperium Romanum ausdrücklich vom Antichristen getrennt hält[567]. Die Herrschaft des Vierten Tieres bzw. Reiches ist nicht die Herrschaft des Antichristen über die Welt[568]. Damit nimmt Hippolyt einmal Stellung gegen die Auslegung von Dan 7 durch die jüdische Apokalyptik nach der Zerstörung des Tempels im Jahre 70 n. Chr.[569] und zum anderen gegen die mögliche Identifizierung Roms mit der Herrschaft des Antichristen nach Apk 13.17[570].

562 Viel zu negativ die Auswertung bei Neumann (o. Anm. 503) 39, 58f.; ebenso Dunbar (o. Anm. 509) 319–322 (seine Deutung von In Dan. 4, 2, 1 geht fehl; hier wird lediglich eine wörtliche Exegese gegeben; die weltliche Herrschaft wird von Hippolyt nicht grundsätzlich mit dem negativen Prinzip gleichgesetzt; siehe dagegen In Dan. 3, 23 mit dem unmittelbaren Verweis auf Röm 13); Frend 375–377 postuliert einen Wandel der Einstellung Hippolyts in der späteren severischen Zeit unter Annahme der angeblichen großen Verfolgung von 202 n. Chr.
563 M. Marcovich (Ed.), Hippolytus, Refutatio omnium Haeresium, Berlin – New York 1986, p. 17 (vgl. Haer. 9, 12, 26: nach 222 n. Chr.); allgemeine Einführung jetzt ebd. 18–51.
564 Frg. bei H. Achelis (Ed.), GCS Hippol. I, p. 249–253 (gegen die gnostische Lehre der Auferstehung im Geiste mit der Taufe).
565 Zur Wertung beider Schriften vgl. bereits A. Donini, Ippolito di Roma, Rom 1925, bes. 115ff., 120f.
566 Vgl. bereits o. S. 83f.; etwas treffender auch Dunbar (o. Anm. 509) 322, der allerdings erneut von äußeren Umständen für die ‚apokalyptische Phase' Hippolyts ausgeht; die grundsätzliche theologische Auseinandersetzung wird von ihm nicht getroffen. Die Auswertung der Schriften ist vielfach von dem Bemühen geprägt gewesen, eine dem vermeintlichen Verfolgungserleben entsprechende Tendenz zu zeigen. Aus der grundsätzlichen Doppelposition Hippolyts entstehen Widersprüche, auf die auch Dunbar (o. Anm. 520) 329f., 332 hinweist. Es entspricht der unmittelbar romfeindlichen Aussage von Apk 13, 12.15, daß Hippolyt in der Auslegung von Antichr. 49 das Reich des Antichristen als die Fortführung der bereits untergegangenen Herrschaft des Vierten Tieres und als dessen Wiedererstehen durch den Antichristen bezeichnet (vgl. zum neutestamentlichen Hintergrund G. Theißen, Lokalkolorit und Zeitgeschichte in den Evangelien, Freiburg (CH) – Göttingen 1989, 272). Der Antichrist, der Messias der Juden, erscheint bei Hippolyt ausdrücklich als das Gegenbild des Sohnes Gottes und damit als religiöse Gestalt (falscher Messias; vgl. Antichr. 6.25.51.57; In Dan. 4, 49; A. d'Alès, La théologie de saint Hippolyte, Paris 1906, 183).
567 So bereits in Antichr. 28.29; vgl. Comm. in apoc. fr. 6.12.21; vgl. auch Prigent – Stehly a.a.O. 326–328, auch 328f.; E. Prinzivalli, Orpheus 1, 1980, 323–327; ebd. 305–333 zur Entwicklung der Eschatologie Hippolyts.
568 Antichr. 28.33, auch 49, soweit eben von der Apk-Auslegung und der schon vorliegenden Tradition (siehe entsprechend Antichr. 50) zugelassen. Comm. in apoc. fr. 15 bringt vier traditionelle Alternativen für die Namensdeutung der Namenszahl 666 des Antichristen (Apk 13, 18), ohne daß eine Entscheidung erfolgt.
569 Vgl. Stemberger 25–32, 57f.
570 Der weitere Schritt in der Beseitigung der antirömischen Tendenz der apokalyptischen Tradition folgt in Hippol., Comm. in apoc.; siehe o. Anm. 541.

Es ist bezeichnend, welche Definition Hippolyt im Danielkommentar für die „jetzt seiende Herrschaft" der Römer, des größten aller Reiche auf Erden[571], gibt: das Vierte Tier sei in der Vision des Propheten so dargestellt, da es kein ἔθνος, kein Volk im eigentlichen Sinne wäre, sondern aus allen Sprachen und Geschlechtern der Menschen zusammengeführt, eine Schar gerüstet zum Führen von Kriegen, und sie alle hießen Römer, obwohl sie nicht aus einem Lande stammten[572]. Eine pointiertere Beschreibung des Reiches in mittelseverischer Zeit wurde m. E. selten gegeben. Aus allen Völkern sammele es die Edelsten, nenne sie alle Römer und rüste zum Krieg[573], eine nicht minder treffende Analyse des römischen Heeres der Zeit, auch im Sinne der offiziellen Selbstdarstellung. Das Römersein hatte sich in dem Verständnis Hippolyts und entsprechend wohl bei breiten Schichten seiner Zeitgenossen von einem engeren volksmäßigen Verständnis des Begriffes „Römer" gelöst.

In der Passage In Dan. 4, 9, 1—3 ist das Imperium Romanum deutlich mit der Kirche parallelisiert[574], nur wird das Sammeln der Edelsten aller Völker einerseits durch die Kirche und andererseits durch das Reich mit dem Zitat von 2 Thess 2, 9 auf zwei Ebenen gestellt, wobei die weltliche Ebene gegenüber jener der Kirche abgewertet wird[575]. Dies entschärft die sonst völlige qualitative Parallelisierung von Kirche und Staat, ohne aber den durch das Briefzitat in den Danielkommentar hineingetragenen immanenten Widerspruch zu klären. Es wäre verfehlt, diesem isolierten Zitat von 2 Thess 2, 9 eine Priorität für die Haltung Hippolyts gegenüber dem Imperium Romanum einzuräumen. Viel entscheidender ist die ausdrückliche positive heilsgeschichtliche Stellung, welche das Reich als das Katechon nach 2 Thess 2, 6—7[576] erhält; ebenso wird die Existenz der weltlichen Reiche und des Imperium Romanum der Vorsehung Gottes zugewiesen. Die eindeutige Trennung zwischen dem Antichristen und dem Imperium Romanum war der weitestgehende Schritt, der ohne Aufgabe eines unmittelbaren, nichttransponierten Verständnisses der apokalyptischen Offenbarung möglich war, die nun einmal im Buch Daniel eine gegenüber dem Vierten Reich (des Antiochos IV.) und in der Johannes-Apokalypse eine gegenüber dem Imperium Romanum feindliche Einstellung enthielt. Hippolyt ist ohne wesentliche Wandlung seiner Einstellung ein Repräsentant der in den zeitgenössischen christlichen Gemeinden verbreiteten positiven Einstellung zum Imperium Romanum gewesen, das er in Blüte stehen sah[577].

---

571   In Dan. 4, 12, 4.
572   Ebd. 8, 7.
573   Ebd. 9, 2. Vgl. ähnlich gerade in der rabbinischen Tradition GenR 42, 4; HldR 2, 19.
574   Vgl. C. Pedicini, AFLN 4, 1954, 109f., der a.a.O. 107 richtig die Anerkennung der Legitimität des Imperium Romanum als Symbol aller politischen Macht gegenüber der negativen Tradition der Johannes-Apokalypse betont. Nicht treffend wertet Schwarte 137f. die Gegenüberstellung in Hippol., In Dan. 4, 9, 1—3 als grundsätzliches Gegenbild.
575   Das Zitat wird in der Forschung für die Position Hippolyts gegenüber dem Imperium Romanum auf der Suche nach negativen Äußerungen weit überbewertet, so etwa bei Neumann (o. Anm. 503) 70; Pedicini a.a.O. 97–122, bes. 110ff.
576   Als der Gegensatz gerade zu 2 Thess 2, 8ff.
577   Hippol., In Dan. 4, 10, 2.

Diese eigene Zeit hat Hippolyt zu keiner Zeit als die „letzten Tage" im konkreten naheschatologischen Sinne gesehen[578]. Sein Interesse an den Stoffen reiht sich in die innerkirchliche dogmatische Diskussion und die massiven Häretikerkontroversen ein, aus denen heraus sich Hippolyt mit den Problemen der Eschatologie und der apokalyptischen Verheißung auseinandersetzen mußte.

9. Abschließende Bemerkungen

Zusammenfassend können wir festhalten, daß in den untersuchten zeitgenössischen Quellen eine von uns konkret zu verstehende, den Rahmen traditioneller und dogmatischer Vorstellungen überschreitende Endzeiterwartung, die auf ein unmittelbares oder mittelbares Erleben von spezifischen Zeitumständen zurückzuführen wäre, nicht zu erkennen ist. Das Gleiche gilt für die Frage eines realen Krisenbewußtseins. Gerade die christlichen Quellen zeigen zwischen 161 und 235 n. Chr. die Präsenz eines letztlich trotz der einzelnen, räumlich beschränkten Verfolgungen positiven Verhältnisses zum Imperium Romanum und seiner monarchischen Spitze in den christlichen Gemeinden; entsprechend nimmt die Formulierung eines positiven Verständnisses des Reiches und seiner Funktion im Heilsplane Gottes ihren Fortgang.

An dieser Feststellung ändert auch der Hinweis auf den fiktiven, apologetischen Dialog „Octavius" des Minucius Felix nichts[579], der zwischen Tertullians Schrifttum und dem Hervortreten Cyprians von einem Rhetor des lateinischen Christentums Nordafrikas verfaßt worden ist[580]. Der Versuch, in Min. Fel. 25 eine Romkritik zu sehen, die über die traditionelle, deutlich Tertullian verpflichtete apologetische Polemik gegen das römische Geschichts- und Religionsdogma hinausgeht[581], Rom sei durch seine althergebrachte *religio* groß geworden und seine Größe ein Beweis für das Wirken der Götter[582], und nicht nur dieses pagane Dogma moralisch mit dem Hinweis auf das Unrecht der Römer als Voraussetzung ihrer Stellung angreift, kann nicht überzeugen. An dieser Stelle erfolgt keine grundsätzliche Ablehnung des Imperium Romanum als Unrechtsstaat[583]. Minucius Felix gibt eine konsequente,

---

578 Vgl. auch Dunbar (o. Anm. 520) 338.
579 Vgl. überzeugend W. Speyer, JbAC 7, 1964, 45–51; ders., Frühes Christentum im antiken Strahlungsfeld, Tübingen 1989, 14–20, 493.
580 Vgl. C. Becker, Der Octavius des Minucius Felix, SB München, Phil.-hist. Kl. 1967, 2, München 1967, 74–97 (zwischen 212 und 246/249 n. Chr.); P. Ferrarino, Scritti scelti, Florenz 1986, 222–273; auch B. Kytzler (Ed.), M. Minuci Felicis Octavius, Leipzig 1982, VIf.; H. v. Geisau, RE Suppl. XI, 1968, 952–1002, 1365–1377. Die Spätdatierung des Dialogs bei G. L. Carver, TAPA 108, 1978, 21–34 ist nicht begründet.
581 Tert., Apol. 25, 14–17; vgl. I. Opelt, Die Polemik in der christlichen lateinischen Literatur von Tertullian bis Augustin, Heidelberg 1980, 14f., 16–19, 76ff.; Heck 16; auch o. S. 96ff.; u. S. 333f.
582 So die Hauptargumentation des „Caecilius" in Min. Fel. 6–7.
583 So zuletzt überzogen E. Heck, VChr 38, 1984, 154–164. Das Postulat einer „uneingeschränkt ablehnenden Haltung gegenüber Rom und seiner Weltherrschaft" (a.a.O. 158) dürfte in unmittelbarem Zusammenhang mit dem Bemühen um eine Datierung Commodians in das 3. Jh. zu sehen sein (siehe a.a.O. 162 Anm. 24).

punktweise auf die Argumente des Heiden „Caecilius" antwortende Beweisführung, die mit der christlichen Gegenaussage operiert[584]. Die sich im vorgegebenen Rahmen der heidnisch-literarischen und christlich-apologetischen Romkritik bewegende Passage[585] kann nicht als eine grundlegende antirömische Aussage gedeutet werden; dies würde die Dialogsituation und den Gang der Argumentation verkennen[586]. Der Angriff richtet sich nicht gegen das Imperium Romanum als Institution[587], sondern gegen eine zentrale religiöse respektive ideologische Argumentation der Heiden gegen das Christentum[588], wie auch der vorausgehende bzw. folgende Gedankengang deutlich zeigt[589]. Es ist die Auseinandersetzung mit dem römischen Credo, durch *religio* und *pietas* seine Macht erlangt zu haben. Dies wird von Minucius Felix in einem historisch begründeten Schluß umgekehrt: *totiens ergo Romanis inpiatum est quotiens triumphatum*[590]. Die heidnischen Götter hätten Rom gerade nach paganem Verständnis also vielmehr strafen müssen[591]: *Igitur Romani non ideo tanti, quod religiosi, sed quod inpune sacrilegi*[592]. Götter, die Rom angesichts seiner tatsächlichen Geschichte hätten helfen können oder wollen, sind nach der christlichen Darlegung nicht zu erkennen[593].

Bei der mentalgeschichtlichen Auswertung christlicher Zeugnisse für die Frage einer grundsätzlichen, auf die Welt bezogenen Krisenstimmung oder einer historisch konkret zu wertenden Naherwartung müssen stets Dogmatik, autoritative Grundlage der Schriftworte und die durch sie vermittelte Definition des Christen gegenüber dieser Welt in Rechnung gestellt werden, ebenso die Traditionsformung der jeweiligen exegetischen, homiletischen, dogmatischen, rhetorisch-exhortativen, legitimierenden oder begründenden Argumentationszusammenhänge im Rahmen von Belehrung, Predigt und Protreptik des christlichen Glaubens und Lebens. Entscheidend bleibt für das frühe Christentum die noch nicht in unhistorische Ferne

---

584 Vgl. Becker a.a.O. 37–41, bes. 39f.; auch G. Lieberg, RhM 106, 1963, 72.
585 Die Topik betont auch Heck a.a.O. 157 mit Anm. 18–21. Vgl. bes. Cic., Rep. 3, 12 (bei Lact., Inst. 6, 9, 2–4); auch I. Opelt, Die lateinischen Schimpfwörter und verwandte sprachliche Erscheinungen. Eine Typologie, Heidelberg 1965, 186f.
586 Die Behauptung von Heck a.a.O. 157f., es fehle die Gegenrede zugunsten Roms oder zumindest eine Relativierung, verfehlt dies.
587 Entgegen Becker ist die Aussage Min. Fel. 37, 7 *Nisi forte vos decipit, quod deum nescientes divitiis affluant, honoribus floreant, polleant potestatibus. miseri in hoc altius tolluntur, ut decidant altius* etc. keine „leise Drohung gegen Rom", sondern zielt in der traditionellen, protreptisch gesteigerten Drohung auf die Heiden und das Schicksal weltlichen Strebens.
588 Vgl. auch Heck 16, 22ff.; zu Min. Fel. 25 auch Geisau (o. Anm. 580) 1368f., der im übrigen die Deutung von Min. Fel. 37, 7 (vgl. 12, 2) bei Becker (o. Anm. 580) 58f. als gegen den Staat gerichtet zu Recht zurückweist; vgl. auch Min. Fel. 29, 5. Die Kritik von G. Lieberg a.a.O. 62–79, bes. 72ff. an den Ausführungen des Apologeten, wobei er auf historische Realia verweist, geht in eine falsche Richtung.
589 Min. Fel. 24 und 26. Zu Recht hat Becker a.a.O. 37–41 seine Ausführungen zu Min. Fel. 25–27 (korrespondierend mit 6, 2 – 7, 6) unter die Überschrift „Rom und die Religio" gestellt.
590 Min. Fel. 25, 6 mit weiterer Verschärfung *tot de diis spolia quot de gentibus et tropaea*.
591 Ebd. 25, 4–7.
592 Ebd. 25, 7.
593 Ebd. 25, 7–12.

geschobene Eschatologie als Kern des Glaubens, das Hoffen auf die baldige Erlösung durch die Parusie des Herrn, aber auch die latente Furcht vor dem apokalyptischen Chaos mit dem Erscheinen des Antichristen und der Furcht vor dem Gericht Gottes. Die Aktualität der eschatologischen Themen war in dem überblickten Zeitraum nicht zuletzt durch die Abwehr von Zweifeln an der Parusieerwartung in der dogmatischen Auseinandersetzung mit häretischen, vor allem gnostischen (und später auch mit allegorisch deutenden[594]) Konzepten für die Intepretation der christlichen Verheißung bedingt.

Von den Themen und Stoffen der eschatologischen Erwartung und der apokalyptischen Tradition konnten der rhetorisch geschulte Theologe und der prophetische Eiferer ganz verschieden Gebrauch machen, ohne daß wir daraus eine über den Glaubensinhalt und die christliche Selbstdefinition bzw. Schriftbezogenheit hinausgehende reale oder gar allgemein verbreitete Endzeitstimmung ableiten dürfen. Mit der apokalyptischen Tradition und den Formeln respektive Bildern der beiden Testamente verfügte das Christentum über eine suggestive, emotional wirksame Sprach- und Vorstellungswelt, deren Eigenstellung die Aussagen selbst dann nur bedingt mit den literarischen Äußerungen ihrer heidnischen Umwelt vergleichbar macht, wenn sich die Aussagen an diese nichtchristliche Umwelt richteten[595]. Mit der christlich-monotheistischen, d.h. christologischen, soteriologischen und eschatologischen Gedankenwelt[596] hatte sich ein eigenständiger Interpretations- und Erlebenshorizont für die Welt und das menschliche Dasein in ihr gebildet, der trotz allen Verpflichtungen gegenüber der rhetorischen und philosophischen Bildung der Zeit selbst mit den synkretistischen Strömungen des Heidentums[597] kaum kompatibel ist[598]. Die christlichen Gemeinden waren Minderheitsgruppen von *Glaubenden*, deren Selbstverständnis im Glauben an die autoritativen Aussagen der göttlichen Verkündigung als der alleinigen Wahrheit bestand. Für den modernen Zeitgenossen der westlich-abendländischen Zivilisation bildet der sich hier erst verbreitende Vorstellungshorizont die meist unbewußte und unreflektierte, aber allgemein präsente Grundlage des Denkens.

Die nichtchristlichen Äußerungen sind deshalb als eine eigenständige Ebene der Reflexion und Interpretation zu werten und getrennt in ihrer jeweiligen Relevanz zu

---

594 Hierfür beispielhaft die Kontroverse um Origenes; vgl. G. May, TRE 10, 1982, 302; Bienert 7–25; U. Berner, Origenes, Darmstadt 1981.
595 Zum dogmatisch gegebenen Aneinandervorbeigehen der christlichen und paganen Positionen vgl. auch Heck 84–86, 87ff., bes. 88f., 95f.
596 Vgl. das Schriftwort des Paulus zur Naherwartung und ihrer Weltabsage in 1 Kor 7, 29–31.
597 Vgl. etwa V. Schubert, Pronoia und Logos. Die Rechtfertigung der Weltordnung bei Plotin, München – Salzburg 1968, bes. 122ff.; zum hermetischen Schrifttum J.-P. Mahé, in: Mémorial A.-J. Festugière. Antiquité paienne et chrétienne, Genf 1984, 51–64; G. Fowden, The Egyptian Hermes, Cambridge – London 1986.
598 S. d'Elia, in: Morte e immortalità nelle catechesi dei padri del III–IV secolo, hg. v. S. Felici, Rom 1985, 13–28 betont mit Recht die grundsätzlichen Unterschiede zwischen dem Christentum und seiner Eschatologie und den paganen Formen eschatologischen Denkens einschließlich der Formen soteriologischer, theosophischer und mysteriosophischer Vorstellungen des spätantiken Heidentums. Vgl. die Beiträge in: U. Bianchi – M. J. Vermaseren (Hg.), La soteriologia dei culti orientali nell'Impero romano, Leiden 1982.

untersuchen. Gegenüber dem möglichen Argument einer ‚neuen' Dichte negativer Aussagen insgesamt ist auf die Tatsache zu verweisen, daß sich mit der christlichen gemeindeinternen, apologetischen, dogmatischen, homiletischen und protreptischen Literatur seit dem mittleren 2. Jh. das Spektrum der Quellen in einer völlig neuartigen Weise umstrukturiert und hinsichtlich der vertretenen Denk- und Interpretationshorizonte mit dem bisherigen Spektrum nicht mehr vergleichbar ist.

Selbst der christliche Quellenbestand kann dabei nicht auf einen einzigen, wenn auch noch so breit gefaßten Interpretationshorizont für die diesseitige Welt, die menschliche Existenz und die säkulare Geschichte im Heilsplan Gottes reduziert werden. Innerhalb des Christentums ist vor allem die sehr differenzierte religiöse Gedankenwelt der christlichen Gnosis mit ihrem eigenständigen Zugang zu Verheißung, Menschenbild, Erlösung und Eschatologie[599] hervorzuheben, der im Rahmen dieser Untersuchung jedoch mit seiner großen Komplexität und dualistischen Weltverneinung[600] als eigener mentaler Horizont ausgespart werden muß[601]. Wiederum in eine andere Richtung zeigt die Konzeption des spiritualisierten Christentums, wie es uns in den zwischen 150 und 180/200 n. Chr. mit großer Wahrscheinlichkeit in Ägypten (Alexandria) entstandenen apokryphen Johannes-Akten entgegentritt[602]. Im Mittelpunkt seiner Glaubensvorstellung, die keine Endzeiterwartung entwickelte, stand die individuelle Konversion einer individualisierten Seele als der eigentlichen Existenz des Menschen.

Die Christen der Großkirche verstanden die Hoffnung auf die Wiederkehr des Erlösers und sein Reich in Herrlichkeit für die Frommen und Gerechten als den zentralen Punkt des Glaubens, welcher die doppelte Problematik der Eiferer und Zweifler aufwarf. Die grundsätzliche ‚eschatologische Bereitschaft', das Hoffen auf die Vorzeichen der Parusie des Herrn und die Furcht vor ihrer apokalyptischen Natur, sind die präsenten Interpretationsmuster der zeitgenössischen Christen; das Maß des realen (persönlichen) Betroffenseins bzw. Erlebens mußte dabei keineswegs in einem rational gerechtfertigten Verhältnis zu einer möglichen eschatologischen Deutung stehen. Gerade gegen Ungeduld und Zweifel hatte sich die (Groß–)

---

599 Vgl. bes. H. W. Attridge, Perkins J 33, 1980, 9–22; B. Layton, in: Colloque international sur les textes de Nag Hammadi, Quebec 1981, 279–287; R. McLachlan Wilson, in: Bianchi – Vermaseren (o. Anm. 598) 848–867; J. Ries ebd. 762–777, bes. 768ff.; C. Scholten, Martyrium und Sophiamythos im Gnostizismus nach den Texten von Nag Hammadi, JbAC Erg.-Bd. 14, Münster 1987, bes. 35ff, 155ff., 273ff.; Brown (u. Anm. 600) 103–121, mit weiterer Lit.

600 Zu dem christlichen Grundproblem des Verhältnisses zu Körperlichkeit und Sexualität als Charakteristika dieser Welt vgl. P. Brown, The Body and Society. Men, Women and Sexual Renunciation in Early Christianity, New York 1988, bes. 83ff.

601 Vgl. allgemein C. Colpe – R. Mortley, RAC XI, 1981, 446–537, 537–659; K. Rudolph, Gnosis und Gnostizismus, Darmstadt 1975; E. Pagels, The Gnostic Gospels, New York 1979; B. Layton (Hg.), The Rediscovery of Gnosticism I–II, Leiden 1980–1981; M. Krause (Hg.), Gnosis and Gnosticism, Leiden 1981; W. Schmithals, Neues Testament und Gnosis, Darmstadt 1984; R. McLachlan Wilson, TRE 13, 1984, 535–550; auch R. M. Grant, Gnosticism and Early Christianity, New York 1959, bes. 39ff.; J. Taubes (Hg.), Religionstheorie und politische Theologie II: Gnosis und Politik, München – Paderborn – Wien – Zürich 1984 (bes. H. Cancik ebd. 163–184; auch P. Pokorny ebd. 154–162; G. Stroumsa ebd. 141–153).

602 Vgl. hierzu E. Junod – J.-D. Kaestli, ANRW II 25, 6, 1988, 4293–4362, bes. 4339ff., 4349ff.

Kirche, wie am Beispiel Hippolyts gezeigt[603], schon seit dem späteren 1. Jh. n. Chr. zu wenden. Außerdem hat das Erleben lokaler und regionaler Verfolgung und deren gemeinde- bzw. glaubensinterne Bewältigung das christliche Urteil über das Zeiterleben wiederholt während dieser Phasen entscheidend geprägt. Und für das Erleiden der Bedrängnis und für die Bereitschaft zum Martyrium war die Stimulierung der Erwartung des baldigen Lohnes Gottes und der Hoffnung auf Erlösung immer ein zentraler Faktor, wie er uns besonders eindringlich in der „Öffnung des 5. Siegels" in der Johannes-Apokalypse entgegentritt[604].

Die Suche des religiös bewegten Gläubigen nach eschatologischen Zeichen sowie die verbreitete Anwendung von apokalyptischen und eschatologischen Denkschemata und Deutungsmustern hat Hippolyt für das beginnende 3. Jh. in die prägnante Formel gekleidet, daß jeder, der die Heiligen Schriften lese, Daniel nachzuahmen neige[605]. Hier konnte sich ganz unabhängig von etwaigem Zeiterleben auf Grund persönlicher Schriftrezeption und Vision eine aktive Naherwartung stimulieren. Nach der Verheißung der Schrift ist die bewußte Erwartung des Tages des Herrn von dem Gläubigen in jedem Augenblick gefordert[606]; Gott habe das Wissen um den Tag des Gerichtes vor den Menschen verborgen, doch gilt es zugleich als selbstverständlich, daß er ihn dem Verständigen durch Zeichen offenbare[607]. Die Präsenz der Frage „Wie lange noch?" und das Bemühen, darauf aus den Offenbarungen beider Testamente und ihrer Zeichenwelt eine konkrete Antwort zu finden, führte zu einer anderen Sichtweise des Zeiterlebens, zu abweichenden Denk- und Emotionalisierungsmustern. Die Suche nach den Zeichen der Apokalypse konnte jederzeit zu rein subjektiven Ergebnissen und Überzeugungen führen. Die Vorstellungswelt war von den Schemata, Formeln und Bildern der biblischen Tradition und der Apokalyptik geprägt. Sie konnten in Predigt und suggestiver Rhetorik jederzeit zur emotionalisierenden, exhortativen Beschwörung von endzeitlichen Visionen, Ängsten und Hoffnungen eingesetzt werden. Der Hinweis auf das stets mögliche Eintreten des Tages des Herrn nach den synoptischen Evangelien blieb unabhängig von weltchronologischen Vorstellungen ein zentrales Moment der innerchristlichen Protreptik und des Bekehrungsappells in der Mission. Diese Welt (des heidnischen Imperium Romanum) bot entsprechend der kanonischen eschatologischen Verheißung nur die Perspektive einer linearen Entwicklung der „letzten Zeit" seit der Inkarnation Christi hin zu den „Wehen der Endzeit" und dem Tage des Gerichts. Die Endzeitspekulation war hier nicht das Besondere, sondern ebenso ein Teil der täglichen Gedankenwelt des Gläubigen wie die Auseinandersetzung mit Eschatologie und Apokalyptik ein selbstverständlicher Teil des theologischen Denkens und Lehrens war, insbesondere in der Konfrontation mit häretischen Konzepten.

---

603 Hippol., In Dan. 4, 5, 4; 4, 22, 3–4 mit Verweis auf Apk 6, 9–11, daß sich auch die Märtyrer gedulden müssen, bis die Zahl der Heiligen erfüllt sei.
604 Apk 6, 9–11.
605 Hippol., In Dan. 15, 1.
606 Mt 24, 42; Mk 13, 35; siehe Hippol., In Dan. 4, 16.
607 Hippol., In Dan. 4, 17, 1.

Es ist sicher kein Zufall, daß Hippolyt bei der Abwehr von Einwänden gegen seine Feststellung, daß die Parusie des Herrn auf absehbare Zeit nicht zu erwarten sei, daß erst die ganze Zeit erfüllt sein müsse[608], im Danielkommentar explizit Bezug auf die Endzeitzeichen von Krieg und Empörung nach der synoptischen Apokalypse[609] nahm[610]. Dies dürfte Hippolyts abschließende Stellungnahme zu momentanen Stimmen gewesen sein, die aus dem Erleben der Jahre 193–194 bzw. 196–197 n. Chr. heraus über den Beginn der endzeitlichen Wehen geeifert hatten. Selbst wenn eine solche eschatologische Deutung in christlichen Gemeinden zeitweilig allgemeiner verbreitet gewesen sein sollte, was allerdings nicht beweisbar ist, so könnte man auch daraus nicht ohne Bedenken auf andere Bevölkerungsgruppen schließen.

Wenn wir hier von Endzeitstimmung sprechen, so meint dies eine grundsätzliche Ausformung des Zeitverständnisses und der Erwartungshaltung für die Zukunft, nicht jedoch die in Gesellschaften ohne ausreichende rationale Analysemöglichkeiten, ohne Subsistenzsicherung und Beherrschbarkeit von Umwelt und Lebensrisiken latent angelegten Panikreaktionen auf unvorhergesehene, unerklärliche oder scheinbar schicksalhafte Ereignisse. Es darf dabei nicht übersehen werden, daß alle derartigen momentanen Panikhysterien und -reaktionen nach der Beseitigung der erlebten, rational nicht verarbeiteten Bedrohung meist rasch wieder abklingen.

Es ist für die Konstanz solcher mentalen Strukturen bezeichnend, wie Seneca die große potentielle Wirkung entsprechender Untergangspropheten und Unheilsprophezeiungen (*conclamat iratum aliquem deorum*) für die Menschen der frühen Kaiserzeit thematisiert: *concurritis et auditis ac divinum esse eum, invicem mutuum alentes stuporem, affirmatis*[611]. Und Lukian von Samosata analysierte die mentale Disposition der Menschen nicht nur des 2. Jh. n. Chr. vorzüglich, wenn er ausführt: τὸν τῶν ἀνθρώπων βίον ὑπὸ δυοῖν τούτοιν μεγίστοιν τυραννούμενον, ἐλπίδος καὶ φόβου[612], und für den Fürchtenden wie für den Hoffenden sei die Suche nach einem Wissen über die Zukunft das vordringlichste und unverzichtbarste: τὴν πρόγνωσιν ἀναγκαιοτάτην καὶ ποθεινοτάτην οὖσαν[613].

Paradigmatisch für die innerhalb der menschlichen Psyche stets möglichen Panikreaktionen von Massen sowie für ihre Beeinflussung oder Stimulierung durch selbsternannte Weltuntergangsprediger ist die Episode jenes Mannes, der anläßlich der großen Epidemie in Rom unter Marc Aurel mit der Verkündung des unmittelbar bevorstehenden Weltuntergangs die römische Bevölkerung auf dem Marsfeld erregte[614]. Das Gefühl der Ohnmacht gegenüber der schicksalhaft erlebten Bedrohung suchte seinen Ausweg in magischen Schutzmaßnahmen gegen die Seuche[615] und in

608 Ebd. 17, 9.
609 Mk 13, 7–8; Mt 24, 6–7; Lk 21, 9–11.31.
610 Hippol., In Dan. 4, 17, 8 nach Mt 24, 7.
611 Sen., De vita beata 26, 8.
612 Lukian., Alex. 8, Z. 1f. (ed. M. D. MacLeod).
613 Ebd. Z. 4f.; Alex. 8 brandmarkt jene, die mit den besagten Tyrannen „Furcht" und „Hoffnung" und dem Streben nach Sicherheit über die Zukunft ihr Geschäft machen.
614 HA, Marc. 13, 6.
615 Vgl. Lukian., Alex. 36.

den öffentlichen Akten zur religiösen Reinigung Roms einschließlich des Lectisterniums und der Heranziehung aller denkbaren kultischen Riten zur Erlangung übernatürlicher Hilfe[616]. Kennzeichnend für das religiöse Weltverständnis und die ‚rationale' Suche nach Hilfe und Entscheidungssicherheit im religiösen, magischen und mantischen Bereich ist der Vollzug eines Orakels des Alexander von Abonouteichos durch den Kaiser an der Donaufront, das allerdings, wie Lukian süffisant bemerkt, mit einer vernichtenden römischen Niederlage und dem Vorstoß der Germanen bis Aquileia beantwortet wurde[617].

Das Beispiel der wirklichen großen Pestepidemie des 14. Jh.[618] zeigt einerseits, daß sich die Menschen während der Bedrohung zu Panik, Bußhaltung, religiöser Extase, verstärkter persönlicher Frömmigkeit und kultischen oder magischen Praktiken wenden, daß andererseits aber nach dem Abklingen der Epidemie eine überaus rasche Wiederaufnahme des normalen Lebens, ja ein Überschwang von Optimismus bei den Überlebenden eintritt[619]. Es ist deshalb äußerst problematisch, über mögliche längerfristige mentale Folgewirkungen der Seuchenwelle seit 166 n. Chr. zu spekulieren, zumal diese bei weitem nicht die katastrophalen Auswirkungen hatte[620] wie das Auftreten der tatsächlichen Pest im Mittelalter und bereits zuvor in byzantinischer Zeit (6.–8. Jh. n. Chr.), wo sie im 6. und 7. Jh. den Übergang zur frühmittelalterlichen Welt begleitete, das oströmische Reich in entscheidender Weise schwächte und grundlegende ethnische sowie politische Wandlungsprozesse förderte[621]. Die Seuche unter Marc Aurel wurde lange Zeit als entscheidender Moment des Umbruchs in der antiken Geschichte völlig überzeichnet.

Natürlich hatte das zeitgenössische Erleben der großen Epidemie und militärischer Krisen zwischen 166 und 171 n. Chr. zu vorübergehenden Gefühlen von Hoffnungslosigkeit führen können[622]. Doch auf die militärische Krise an der Nordgrenze folgten Siege, und die Usurpation des Avidius Cassius ging als kurze Episode ohne erkennbare Folgen vorüber; es folgte ein neuer allgemeiner Aufschwung, der von der Regierung des Commodus nicht gestört wurde. Nach 180 n. Chr. konnte man mit gutem Grund die Wiederherstellung der *pax* betonen, eines Friedens, der vor 193 n. Chr. bewußt als solcher erlebt wurde[623]. Bis zur Jahreswende 192/93 ergab sich ein ausreichender zeitlicher Zwischenraum, um mentale

---

616 HA, Marc. 13, 1–2. Vgl. Birley (o. Anm. 455) 150f.
617 Lukian., Alex. 48.
618 Vgl. J.-N. Biraben, Les hommes et la peste en France et dans les pays européens et méditerranéens, 2 Bde., Paris 1975–1976; allgemein W. H. McNeill, Le temps de la peste. Essai sur les épidémies dans l'histoire, Paris 1978.
619 Vgl. Biraben a.a.O. II, 7f., 56ff.; J. Ruffié – J. C. Sournia, Les épidémies dans l'histoire de l'homme, Paris 1984, 97ff., bes. 101–103, 104f., 119.
620 Vgl. zu Pathologie und wahrscheinlichen demographischen Wirkungen J. F. Gilliam, AJPh 82, 1961, 225f.; R. J. u. M. L. Littmann, AJPh 94, 1973, 243–255; Birley a.a.O. 149–151; K. Strobel, ZPE 75, 1988, 232–234.
621 Vgl. zu dieser weniger gut dokumentierten Pest Ruffié – Sournia a.a.O. 90ff.
622 Vgl. Aristeid., Or. 48, 38.
623 Vgl. die Pax aeterna-Prägungen des Commodus (RIC III 185, 193, 490, 537, 548); zum bewußten Erleben als Friedenszeit Iren., Haer. 4, 30, 3 sowie den Anonymus gegen die Montanisten bei Eus., H. e. 5, 16, 19.

Folgen der Erfahrungen der Jahre 166–171 zu neutralisieren, und auch im historiographischen Rückblick des Cassius Dio findet sich die Regierungszeit des Marc Aurel gerade nicht als Wende zum Schlechteren[624]. Der gut informierte Beobachter Lukian von Samosata ging auf die Erschütterungen dieser Jahre durch Seuchenwelle und Kriege in seinem Werk nicht ein, obwohl sein bevorzugter Aufenthaltsort Athen von der Epidemie und dem Kostobokenvorstoß bis Eleusis betroffen wurde[625].

Abschließend soll der Frage nachgegangen werden, ob wir in der Propagierung eines neuen Zeitalters, eines neuen *aureum saeculum* durch Pescennius Niger, wie sie seine Münzprägung wiedergibt, den Hintergrund eines möglichen allgemeinen Krisengefühls im Osten des Reiches erkennen können[626]. G. Alföldy sieht in dem Programm des Niger den zentralen Inhalt, daß seine Herrschaft als „ein ganz entscheidender Neubeginn, als Anfang eines völlig neuen Zeitalters in der Weltgeschichte" und als Garant der Ewigkeit des römischen Reiches versprochen worden sei; diesen Inhalt verbindet Alföldy allerdings mit der Annahme einer allgemeinen Krisenstimmung, die er für das Ende des 2. Jh. im historischen Bewußtsein der Bevölkerung im Osten des Reiches bezeugt sieht[627].

Pescennius Niger hat sich für die Proklamation eines neuen, mit seiner Herrschaft beginnenden Saeculum durch die Emissionen der östlichen Prägestätten der in diesem Raume gängigen astralen Bildsymbolik[628] bedient, wie sie zuletzt insbesondere unter Hadrian zur Verkündung des ideologischen Kontexts von Aeternitas und Saeculum[629] in den römischen Prägungen[630] und ebenso in typischer Weise in den östlichen Münzstätten verwendet worden war[631]. Die Propagierung einer neuen Weltära, eines neuen glücklichen Zeitalters, tritt in der Münzprägung des Pescen-

---

624 Vgl. o. S. 18.
625 Vgl. C. P. Jones, Culture and Society in Lucian, Cambridge Mass. – London 1986, 18f.
626 So von Alföldy, Krise 128–137, bes. 133ff. vertreten.
627 Siehe bes. Alföldy a.a.O. 132f.; problematisch ist seine Ausführung a.a.O. 135f., 138 zu einer „eschatologischen Welle" an der Wende vom 2. zum 3. Jh. n. Chr., welche das östliche Christentum in den Jahren nach 193 „zumindest zum Teil" von der politischen Krise verursacht „überrollt" habe. Siehe dagegen die Ausführungen in den vorangegangenen Abschnitten. So war die Vorstellung, das vierte und letzte (säkulare) Reich werde an seinem Ende zerfallen, gängiges Traditionsgut der jüdisch-christlichen Apokalyptik; die entsprechende eindeutige Interpretation der Visionen des Buches Daniel ist entgegen Alföldy, Krise 136 nicht als „damals von den politischen Ereignissen" beeinflußte christliche Endzeitvorstellung zu charakterisieren. Cass. Dio 73 (72), 24, 2 ist nur eine Prodigienanspielung auf die Ausweitung des Machtkampfes nach dem Tode des Commodus vom Ringen in Rom zum Bürgerkrieg in weiten Teilen des Reiches.
628 Vgl. auch H. U. Instinsky, in: H. Kloft (Hg.), Ideologie und Herrschaft in der Antike, Darmstadt 1979, 435ff.; auch etwa K. Butcher, NC 148, 1988, 68; zu östlichen Spezifika der Prägungen Nigers H. Mattingly, BMC Emp. V, p. CX–CXII.
629 Vgl. Mattingly, BMC Emp. III, p. CXXXVI.
630 Denare 125/128 n. Chr. BMC Emp. III 456–459 (Halbmond und Tagesgestirn); 460–462 (dgl. mit Globus); 463–469 (Halbmond und sieben Sterne); 128/132 n. Chr. a.a.O. 510–512; p. 304*; As a.a.O. p. 463*.
631 Kleinasien 128/132 n. Chr. BMC Emp. III 1038; weitere kleinasiatische Münztypen a.a.O. p. 380f. Nr. 26.27.28.38; vgl. auch Carson 44f.

nius Niger klar hervor[632]. Unter Benutzung gebräuchlicher und allgemein verständlicher astrologischer Symbole[633] werden die ideologischen Schlagworte *felicia tempora*[634], *felicitas temporum* bzw. *felicitas saeculi*[635], *hilaritas Augusti*[636], *bona spes*[637] und *aeternitas Augusti*[638] verkündet sowie die *Fortuna Redux*[639] und der *bonus eventus*[640] beschworen. Dem entspricht das propagandistische Schlagwort Nigers, das als *aurea saecula volens* in die literarische Überlieferung Eingang gefunden hat[641]. In besonderer Weise wird dieser Aspekt in der Münzprägung des Pescennius Niger durch den Reverstyp IVSTI AUG(usti) mit der Darstellung von zwei Capricornen über Schild mit Globus und sieben Sternen[642] mit der zentralen Propagierung des *Iustus Augustus*[643] verbunden.

Mit diesem zum Namensbestandteil erhobenen Prädikat des *Iustus Augustus*[644] berühren wir ein grundsätzliches Attributionsmuster im Ursachendenken des Menschen[645], zu dessen Grunderfahrungen im vorwissenschaftlichen und vortechnischen Zeitalter die Abhängigkeit von Gewalten und vom Rhythmus einer Umwelt gehörte, die dem eigenen Zugriff entzogen waren; die Abweichungen in diesen Bereichen wurden in einer naiven ‚Kausalität' als Zeichen des Zornes oder der mangelnden Gunst höherer Mächte, als Strafe, Drohung oder Warnung gedeutet. In diesen allgemeinen anthropologischen Vorstellungshorizont gehört der Glaube, das religiöse und sittliche Verhalten der Menschen habe hier unmittelbare Auswirkungen auf die Naturgewalten, wobei sich mit der Ranghöhe der jeweiligen Personen ein entsprechend großer ‚Wirkungsgrad' einstellen würde[646]. Ohne auf dieses für das

632 Vgl. zur Reichsprägung des Pescennius Niger RIC IV 1, p. 22–39; BMC Emp. V, p. 71–82; ergänzend R. F. Bland – A. M. Burnett – S. Bendall, NC 147, 1987, 65–83 mit Reverstypenzusammenstellung für Caesarea/Kappadokien ebd. 67 Anm. 7; zu Drachmenemissionen (Caesarea/Kapp.) und Städteprägungen (mit dem Namensbestandteil IOVCTOC bzw. ΔΙΚΑΙΟC) ebd. 80–83. Wahrscheinliche Münzstätten Caesarea/Kapp., Antiochia, Alexandria. Vgl. zusammenfassend H. Mattingly, NC V 12, 1932, 177–198, bes. 178–180; ders. BMC Emp. V, p. CVII–CXIV.; J. van Heesch, RBN 124, 1978, 57–72.
633 Vgl. hierzu F. H. Kramer, Astrology in Roman Law and Politics, Philadelphia 1954, 19ff., 29–44, bes. 31, 41, 181f.; Mattingly, BMC Emp. V, p. CXIII; Alföldy, Krise 130–133.
634 RIC IV 1, 13.
635 RIC IV 1, 14–17 bzw. 73–74 (Halbmond, sieben Sterne).
636 RIC IV 1, 30a (Globus, vier Sterne, zwei Capricorne).
637 RIC IV 1, 3.
638 RIC IV 1, 1 (Halbmond, sieben Sterne).
639 RIC IV 1, 20–30.
640 RIC IV 1, 4–6.
641 HA, Pesc. 12, 6.
642 RIC IV 1, 44a; BMC Emp. V 304.
643 Die alexandrinische Tetradrachmenprägung bringt den Iustus-Namen wie die Bronzeemissionen in griechischer Umschrift (IOVCTOC) oder Übersetzung ΔΙΚ(αιος) Σ(εβαστός), um diesen offenkundig allgemein selbstverständlichen Namensbestandteil schließlich zu Δ(ίκαιος) zu verkürzen. Vgl. zur alexandrinischen Prägung Bland u. a. (o. Anm. 632) 72, 76f., 78–80. Zur papyrologischen Dokumentation vgl. die Tabelle bei C. A. Nelson, ZPE 47, 1982, 267–269.
644 Siehe u. S. 145f.
645 Vgl. u. S. 174ff.; 327ff.
646 Vgl. zu dem Komplex W. Speyer, JbAC 22, 1979, 30–39; ders. (o. Anm. 579) 1989, 254–263, 499.

Königtum der frühen Hochkulturen so zentrale Vorstellungsfeld näher eingehen zu können[647], ist doch auf die Kontinuität dieses Aspektes religiös-kausalen Denkens und seiner Topik mit Nachdruck hinzuweisen. Es waren feste und allgemein präsente Denkmuster der breiten Bevölkerung, die über die entsprechenden Topoi und Symbole anzusprechen waren[648]. Dieses alte, ohne Zweifel gerade im Orient einschließlich Ägyptens besonders lebendige monarchische Traditionsgut finden wir in bezeichnender Weise im Basilikos Logos bei Menander Rhetor: „Regen zur rechten Zeit und die Erträge des Meeres und die Fülle der Früchte werden uns in glücklicher Weise zuteil auf Grund der Gerechtigkeit des Kaisers"[649]. Zugrunde liegt jene überkommene Vorstellung, daß die Gerechtigkeit des Herrschers die Basis für die Harmonie der Welt und der Natur sei[650]. Die über die Propagierung der *iustitia Augusti*[651] hinausgehende ideologische und religiöse Erhöhung Nigers als *Iustus Augustus* war zentraler Bestandteil der Verkündung eines neuen Zeitalters, eines *novum aureum saeculum*[652] im Sinne der *renovatio* und *aeternitas imperii*[653]. Hier lag das Fundament, auf dem er seinen Machtanspruch ideologisch begründete und die Legitimierung seiner Herrschaft über das Reich aufzubauen suchte. Unter seiner Herrschaft würde die *iustitia Augusti* zur wirkenden Grundlage für die Harmonie von Menschen, Natur und Kosmos werden. Weitergeführt wird dieser Gedanke in der Propagierung der *felicitas*, deren Konzeption E. Wistrand treffend mit der ‚messianischen' Idee des Herrschers als Soter, als Bringer des goldenen Zeitalters von Frieden und Gerechtigkeit, umschreibt[654]; dieses transzendente Konzept aus der hellenistischen Gedankenwelt war bereits seit Augustus in der römischen Herrscherideologie etabliert. Der Capricorn, wie er auch auf der Gemma Augustea (Kunsthistorisches Museum Wien) erscheint, ist das Symbol für den Herrscher als gottgesandten Bringer des Heils, d. h. der *felicitas*[655]. Der Hintergrund für diese Suche nach politisch überhöhter Legitimation monarchischer Herrschaft ist nicht nur im Prätendentenkampf des Jahres 193 n. Chr. zu sehen, sondern noch stärker im

---

647 Vgl. H. Frankfort, Kingship and the Gods. A Study of Ancient Near Eastern Religion as the Integration of Society and Nature, Chicago 1948, bes. 51, 57ff., 66, 157f., 307ff. (Gerechtigkeit).
648 Vgl. etwa bereits mit charakteristischer Selbststilisierung Cic., P. red. in sen. 34; Dom. 17. Speyer a.a.O. trennt die Benutzung der Topik nicht immer ausreichend von dem zugrundeliegenden Vorstellungsmuster.
649 Men. Rhet. 2, 377, 22–24 (ed. D. A. Russel – N. G. Wilson, Oxford 1981).
650 Vgl. Speyer a.a.O. 1989, bes. 255f.
651 RIC IV 1, 45–50.
652 Vgl. Mattingly, BMC Emp. V, p. CX, CXIIf. (zentrales Thema der Münzpropaganda: das Versprechen des goldenen Zeitalters der Gerechtigkeit); Alföldy, Krise 131. Zur Idee des neuen Zeitalters als Wiederherstellung eines idealisierten Zustandes der Vergangenheit vgl. u. S. 304f., 321; zur Saecularpropaganda im Zusammenhang mit dynastischen bzw. legitimatorischen Problemstellungen auch o. S. 324.
653 Vgl. bes. RIC IV 1, 1 AETERNITAS AUG(usti); Halbmond, sieben Sterne.
654 Vgl. zusammenfassend E. Wistrand, Felicitas Imperatoria, Göteborg 1987, bes. 44ff., 58ff., 64ff.; auch S. R. F. Price, Rituals and Power. The Roman imperial cult in Asia Minor, Cambridge – London – New Rochelle – Melbourne – Sydney 1984, bes. 234ff.
655 Vgl. Wistrand a.a.O. 59f.

bewußt wahrgenommenen Abbruch jener ulpisch-antoninischen Dynastie, die sich über die Konstruktionen von Adoptionen, Heiraten und über die Betonung weiblicher Familienlinien bis zur direkten Erbfolge des Commodus erstreckt hatte und an die Septimius Severus seinerseits in einer dynastischen Fiktion anzuknüpfen suchte[656]. Mit der Ermordung des Commodus war die dynastische Legitimation von Herrschaft ebenso abgebrochen wie mit dem Tode Neros oder der Ermordung Domitians.

Pescennius Nigers Bemühen zielte politisch konkret natürlich auch auf ein Absetzen[657] gegenüber den auf die Ermordung des Commodus am 31.12.192 folgenden Wirren einschließlich der Ermordung des Pertinax am 28.3.193. Es war aber der in diesen Vorgängen wahrzunehmende dynastische Bruch, der den verbreiteten, schon traditionellen Säkularschlagworten einen aktuellen, für Pescennius Niger spezifischen politischen Inhalt verlieh[658], der mit der entsprechenden intensiven Symbolsprache verdeutlicht wurde. Der römische Herrscher war in den östlichen Teilen des Reiches in die traditionellen religiösen respektive politisch-religiösen Strukturen mit ihrer Bildsprache und ihren Vorstellungsmustern eingebunden; er war Teil des rituellen und symbolisch fixierten Denkens in der Gesellschaft[659].

Als Zeugnis für den angenommenen Hintergrund einer tieferen Krisenstimmung im Osten des Reiches kann Nigers ideologische Propaganda im Ringen um die Durchsetzung seines Machtanspruches im Reich m. E. nicht gewertet werden. Sein Sturz dürfte angesichts des hier geführten Machtkampfes um die Führung in Rom und angesichts des früh einsetzenden Abfalls zu Septimius Severus[660] auch keinen mentalen Bruch bewirkt haben[661]. Es ist bezeichnend, daß Septimius Severus in seiner Münzpropaganda auf dem gleichen historischen Hintergrund vergleichbare Themen und Symbole aufgegriffen hat[662].

---

656 Hierzu werde ich in Kürze an anderer Stelle ausführlich Stellung nehmen.
657 Zur absetzenden Propagierung des *aurem saeculum* durch Commodus offensichtlich zur Hervorhebung des nunmehrigen Friedens gegenüber der Zeit der Kriege unter seinem Vater vgl. Cass. Dio 73 (72), 15, 6; HA, Comm. 14, 3.
658 Vgl. auch Herod. 2, 8, 2–5.8, bes. 8, 4.
659 Vgl. Price a.a.O. 234ff., bes. 244ff.
660 Vgl. Nelson (o. Anm. 643) 265–274 zur offiziellen Anerkennung des Septimius Severus in Ägypten am 13.2.194.
661 Nicht berechtigt ist es m. E., mit Alföldy, Krise 137 von einem „Schock" zu sprechen.
662 Vgl. P. V. Hill, The Coinage of Septimius Severus and his Family of the Mint of Rome A.D. 193-217, London 1964, 15f. Nr. 2.4.7; 17f. Nr. 105.164.170.181.183.185.186.186A.200 (*saeculum frugiferum, saeculi felicitas, Roma aeterna*); zu Clodius Albinus a.a.O. 16f. Nr. 63.66.68.69.71.82.96A.109; BMC V 275.276.538–542.548–550. Vgl. auch Mattingly (o. Anm. 632) 1932, 184f.; Alföldy a.a.O. 130, 132 mit Anm. 10f.; insgesamt zu dem Prägezeitraum Carson 58–63.

III. Zeitgenössische Geschichtsbilder in breiteren Bevölkerungsgruppen nach dem Ausgang der severischen Dynastie

1. Geschichtsbild und zeitgeschichtliche Aspekte im 12. Buch der Oracula Sibyllina

Das 12. Buch der Oracula Sibyllina entstand wie die gesamte Folge der Or. Sib. XI–XIV in Ägypten, genauer in der jüdischen Diasporagemeinde Alexandrias, und bildet mit dem 11. Buch, das es unmittelbar fortsetzt, eine Gruppe explizit prorömischer Orakel[1]. Das hier in der Form sibyllistischer (Pseudo-)Orakel vermittelte Geschichtsbild bzw. Geschichtswissen muß als vage und unscharf bezeichnet werden. Die Bedeutung von Or. Sib. XII und XIII liegt vor allem in ihrem Zeugnis für das Geschichtserinnern breiterer Schichten im 3. Jh. n. Chr., für populäre Geschichtstraditionen und Legendenbildungen unterhalb der literarisch-intellektuellen Oberschicht des Reiches[2]. In einem gewissen Sinne dürften Or. Sib. XII und XIII für die Art der Geschichtsbilder einer durchschnittlich gebildeten, großstädtischen Bevölkerungsgruppe wohl nicht nur im Osten des Reiches repräsentativ sein[3].

Or. Sib XII[4] wurde von einem Autor aus den entsprechenden Kreisen der durchschnittlich gebildeten Diasporajuden der ägyptischen Metropole kurze Zeit nach der Ermordung des Severus Alexander[5] verfaßt respektive in einem wesentli-

---

1 Vgl. etwa Collins 452, 454f.
2 In diesem Sinne ist der Ausdruck „Volksmund der Provinz" bei Geffcken 183–195 zu modifizieren. Rzach 2155 charakterisiert den Autor von Or. Sib. XII als einen mäßig gebildeten, politisch vorsichtigen und loyalen jüdischen Provinzialen. Die plakative Zeichnung bei Geffcken 184 „ein Reichsbürger", „wie alle Sibyllisten ein Mann des Volkes, ohne jegliche Bildung" ist unzutreffend. Vgl. auch Collins, Pseudepigrapha 322; nicht befriedigend Potter 155ff.; siehe u. S. 206f. mit Anm. 179–184 zur Problematik der Position Potters.
3 In einer überzogenen Weise möchte Potter 70, 82, 121ff., 125ff. Or. Sib. XII und XIII aus dem Zusammenhang der Sibyllistik lösen und auf die Ebene narrativer Geschichtsschreibung stellen; ihre Tradierung ist kein Beweis, daß sie die Geschichte des Reiches in einem zutreffenden historischen Bild dargestellt hätten. Potter stellt sie zu Unrecht zur antiken Historiographie. Beide Schriften bleiben in den Schemata und Modellen der Sibyllistik und ihres Traditionsgutes an Prophezeiungen, das eine fließende Entwicklung mit ständig variierenden Verwendungen, Zuordnungen und variablen Versatzstücken der älteren Orakel und Formeln kennzeichnet. Or. Sib. XII und XIII sind nicht als chronologisch angelegte narrative Geschichtsschreibung, als eine Geschichtserzählung in zeitlich richtig und eindeutig geordneten Post-eventum-Prophezeiungen zu verstehen.
4 Vgl. Geffcken, Komposition 56–58; Rzach 2155–2158; A. Kurfess, ZRGG 7, 1955, 270–272; Collins 452f.; ders., Pseudepigrapha 443f.; Teilkommentar bei Geffcken 183–195 („Römische Kaiser im Volksmunde der Provinz").
5 V. 30–34.232 sind spätere christliche Interpolationen. Die Datierung der Endredaktion auf ca. 250 bei J. Schwartz, DAH 2, 1976, 414–420 bleibt ohne Grundlage, ebenso die Annahme einer Benutzung Herodians (gegen dessen Einschätzung durch Schwartz vgl. Alföldy, Krise 240–272). Auch seine versuchte Aufteilung von Or. Sib. XII in einen ersten, unter Hadrian anzusetzenden Teil und einem späteren um 250 muß abgelehnt werden. Die von Schwartz a.a.O. 413–418 vertretene unmittelbare Parallelsetzung mit der sonstigen historiographischen Überlie-

chen Umfange aus den Vorlagen der sibyllistischen Tradition kompiliert[6], wobei es offenbar ein Anliegen des Autors war, jeden Verdacht einer nationalistischen oder antirömischen Position zu vermeiden[7]. Sein Ziel war die Fortsetzung der Geschichtsorakel des 11. Buches bis zur Gegenwart, in der sich mit der Ermordung des Severus Alexander ein allgemein gesehener dynastischer Bruch als Endpunkt anbot. Ein ideologisches Ziel ist höchstens in dem Sinne zu erkennen, daß der Autor ein breitenwirksames, durch die Form sibyllistischer Prophetie autorisiertes Geschichtsbild fixieren wollte[8]; ein entsprechendes plakatives Wissen über die römische Kaiserfolge ist auch für seine zeitgenössische nichtjüdische Umwelt und ihr populäres Geschichtsbild vorauszusetzen. Es ist wohl nicht unberechtigt, Or. Sib. XII in die Kategorie der weiter verbreiteten Erbauungsliteratur für die Schichten des alexandrinischen Judentums zu rechnen, die nicht zur gehobenen Bildungsschicht der Zeit gehörten. Fakten, Legenden und Irrtümer verbinden sich hier unauflöslich zu einem offenbar gewachsenen Geschichtsbild, das auf dem Hörensagen, aber nicht auf einem tieferen Wissen aufbaut. Es ist eine ‚Geschichtsvulgata‘, wie sie der Verfasser in seinem Umfeld vorgefunden haben dürfte. Weder in Or. Sib. XII noch in den anderen Orakelschriften der sich fortsetzenden Serie der Bücher XI–XIV, die den eigentlichen Bestand der Überlieferungsgruppe Ω bilden[9], wird der Versuch einer Geschichtsschreibung im eigentlichen Sinne gemacht. Eine solche Intention darf dem Autor von Or. Sib. XII nicht unterstellt werden. Sein Anknüpfungspunkt in Tendenz und Struktur war das 11. Buch der Oracula Sibyllina. Während auf Or. Sib. XIII im folgenden Kapitel einzugehen sein wird, erlaubt uns der Überlieferungsstand von Or. Sib. XIV[10] in seiner korrupten Textgestalt und Anordnung heute nicht mehr, ein klares Bild von Tendenzen und spezifischen Stoffen zu gewinnen. Dieser

> ferung scheitert an der Eigenart des sibyllistischen Schrifttums. Den durchschnittlich gebildeten Bevölkerungsschichten Alexandrias und der dortigen Diasporagemeinde ist der Besitz einer eigenen lebendigen Geschichtsvulgata für die Zeit seit der Regierung Marc Aurels ohne weiteres zuzutrauen. Daß sich diese mit dem historischen Roman Herodians und der HA berührt, ist nicht überraschend. Die von Schwartz a.a.O. 415 gesehenen Entsprechungen reichen nicht aus, um über eine gemeinsame Verpflichtung gegenüber den Stoffen der populären zeitgeschichtlichen Tradition hinaus die Benutzung Herodians nachzuweisen. Eine Benutzung des auf ganz anderer Ebene angesiedelten Cassius Dio ist unwahrscheinlich. Die von Schwartz a.a.O. 416f. vorgeschlagenen chronologischen Kombinationen zu Or. Sib. V, VIII und XII können nicht überzeugen.

6 Vgl. in diesem Sinne die Analyse bei Potter 129–131.
7 Vgl. bereits Collins 453 mit den entsprechenden Verweisen auf die Darstellung von Vespasian, Trajan und Hadrian; auch Geffcken 183ff. Das Bild der Kaiser ist, wie auch Potter 138f. zu Recht betont, vom Kriegsgeschehen bestimmt, das einen zentralen Platz in der Selbstdarstellung der kaiserlichen Herrschaft einnahm (Propagierung der Sieghaftigkeit). An die zweite Stelle tritt der Hinweis auf die Habgier des Fiskus.
8 Nicht getroffen die Tendenz bei Collins 453 mit der Beschreibung als politischer Propaganda.
9 Vgl. o. S. 49; Potter 154f.; nicht überzeugend ebd. 155–157; es muß mit einer komplexen Überlieferungsgeschichte und der ständigen Tendenz zu Interpolationen gerechnet werden. Für eine spätere Hinzufügung von Or. Sib. XI sind keine zwingenden Gründe zu nennen.
10 Vgl. Geffcken, Komposition 66–68; W. Scott, CQ 9, 1915, 144–166, 207–228; 10, 1916, 7–16; Rzach 2162–2165; Collins 454f.; ders., Pseudegrapha 459f.; M. Goodman, in: G. Vermes – F. Millar – M. Goodman (Hg.), The History of the Jewish People in the Age of Jesus Christ (175 B.C. – A.D. 135) III 1, Edinburgh 1986, 646.

späte Sibyllist wird von J. Geffcken nicht zu Unrecht als ein Ignorant bezeichnet, der mit nicht mehr verstandenen Namen und Orakeltraditionen willkürlich gespielt hat[11]. Die letzte Kompilationsschicht des 14. Buches ist dem 7. Jh. n. Chr. auf dem Hintergrund der arabischen Eroberung zuzuweisen; seine Anspielungen auf vermeintliche Kaisergeschichte(n) bewegen sich offenbar weitgehend im Rahmen der Phantasie. Die Entstehung reicht keinesfalls mehr in das 3. Jh. hinein.

Das 11. Buch war Ende des 1. Jh. v. Chr. oder noch Anfang des 1. Jh. n. Chr. entstanden[12] und propagierte die Festlegung der jüdischen Diaspora Ägyptens auf eine prorömische Haltung; während die vorhandene politisch-propagandistische Orakeltradition breit aufgegriffen wird, spielen theologische Akzentuierung und moralische Exhortatio nur eine untergeordnete Rolle. Die wesentliche Funktion liegt in einer antiptolemäischen Propaganda, mit der jüdische Kreise nach 31/30 v. Chr. allen proägyptischen und antirömischen Tendenzen abzuschwören suchten. Das 11. Buch, das mit der üblichen sibyllistischen Prophetie des Negativen einsetzt (V. 1–5), gibt einen plakativen und auf der alttestamentlichen Tradition aufbauenden Geschichtsabriß von der Generation vor der Sintflut und vom Turmbau zu Babylon bis zur Eroberung Ägyptens 30 v. Chr. und dem Sturz des ptolemäischen Königtums. Hierbei bilden die ‚Orakelviten' für Alexander, Kleopatra VII. und Caesar das formale und strukturelle Modell für die Autoren von Or. Sib. XII und XIII.

Die kurze eschatologische Passage, die heute Or. Sib. XIV abschließt[13], hatte mit großer Wahrscheinlichkeit ursprünglich am Ende des 11. Buches gestanden und wurde dann bei jeder Fortsetzung als neuer Abschluß mitgeführt[14]. Außer der ganz allgemeinen, topisch-eschatologischen Erwartung der verkündeten einstigen Herrschaft des Volkes Gottes über die Völker der Welt enthält diese Passage keinen apokalyptischen oder endzeitlichen Tenor[15]. Keiner der Autoren von Or. Sib. XI—XIII hatte mit dieser stereotypen Formel eine konkrete Endzeiterwartung verbunden. Diese Verfasser schöpften in großem Umfange aus der jeweils vorliegenden älteren Sibyllentradition, wobei nicht selten die teilweise abweichende Textgestalt älterer Redaktionen aufscheint oder älteres Material als stereotyper Versatz eingebaut wird, wobei es z. T. bereits mißverstanden wird. Ein charakteristisches Beispiel liefert hierfür Or. Sib. XII in der Nerobehandlung der V. 85–94, wo zwar aus Or. Sib. 5, 26ff. zitiert, aber diese apokalyptische Nerogestalt nicht mehr verstanden wird[16]. In der jüdischen Tradition des 3. Jh. war das Schema von der Rückkehr des

---

11 Geffcken, Komposition 66.
12 Vgl. A. Kurfess, Sibyllinische Weisheiten, München 1951, 333–341; Collins 438–441; ders., Pseudepigrapha 430–433; ders., Apocalyptic 101. Geffcken, Komposition 64–66 und Rzach 2152–2155 setzen die Abfassung ohne stichhaltige Gründe ins 3. Jh. n. Chr. Zur Datierung vgl. bes. Collins 439f.; ders., Pseudepigrapha 430–432; auch Kurfess a.a.O. 338–340. Die Annahme, Or. Sib. XI und XII seien gemeinsam verfaßt, kann nicht aufrecht erhalten werden; Or. Sib. 12, 1–11 = 5, 1–11 sind Resümees zum 11. Buch, wobei die Passage des 5. Buches die Priorität gegenüber dem 12. Buch besitzt.
13 V. 351–361.
14 Vgl. hierzu Scott a.a.O. 1915, 144–147; Collins, Pseudepigrapha 430, 432f.
15 Vgl. auch das rabbinische Predigtschema nach LevR; vgl. G. Stemberger, Midrasch, München 1989, bes. 44.
16 Vgl. Geffcken, NGG 1899, 1, 455f.

flüchtigen Nero als des apokalyptischen Widersachers obsolet geworden; die entsprechende Topik wurde nun frei verwendet[17]. Der Stoff des Nerobildes des 12. Buches entspricht, von diesen älteren Versatzstücken abgesehen, der paganen Vulgata.

Es ist im Rahmen dieser Untersuchung keine Gesamtkommentierung des 12. Buches beabsichtigt, sondern nur auf die in unserem Zusammenhang relevanten Züge hinzuweisen. So finden wir einen traditionellen Lobpreis für Augustus[18] und eine sehr positive Darstellung Domitians[19] sowie Hadrians[20], wo bei letzterem jeder Hinweis auf die Unterdrückung des Bar Kokhba-Aufstandes fehlt und an die positiven Hadrianbilder in Or. Sib. V und VIII angeschlossen wird[21]. Besonders auffallend ist das im Gegensatz zur römisch-senatorischen Geschichtsschreibung stehende Bild Domitians.

Negativ stilisiert werden Caligula[22] und Nero (V. 78–94; s. o.). Für Titus wurde offensichtlich aus der Vorstellungswelt der späteren severischen Zeit heraus eine Ermordung des Kaisers durch sein Heer in der „Ebene Roms" postuliert (V. 120–123), eine Tradition der Gerüchte also, Titus sei keines natürlichen Todes gestorben. Auch für Vespasian bringt der Sibyllist die Version, er habe durch das Heer den Tod gefunden[23]. Überraschend negativ ist das Bild, das der Autor für Nerva zeichnet (V. 142–146). Er wird nicht nur der (stereotypen) Tötung vieler Römer und Städtebewohner beschuldigt, sondern sein eigener Tod ist als eine Ermordung wegen der Beseitigung Domitians dargestellt (V. 145f.). Hier hatte sich offenbar eine unscharfe Erinnerung an die Nachfolgekrise und den Machtkampf der Jahre 96–97 n. Chr. und an die Sympathien für Domitian beim Heer und in der Provinz bewahrt[24]. Der Sibyllist bzw. die von ihm repräsentierte Geschichtstradition ging augenfällig davon aus, daß der Nachfolger eines nicht auf natürliche Weise ums Leben gekommenen Herrschers für den Tod seines Vorgängers verantwortlich wäre. Andererseits wird aber gerade Domitian nicht mit dem Gerücht belastet, er habe Titus ermordet[25].

Marc Aurel ist in V. 187–205 mit den bekannten panegyrischen Farben gezeichnet. Eine Anspielung, er könne eines unnatürlichen Todes gestorben sein, fehlt. Unerwähnt bleiben, was besonders zu beachten ist, die große Seuchenwelle und die Rückschläge zu Beginn des Partherkrieges, die auch bei Lucius Verus nicht angedeutet werden, und in den Donaukriegen. Die reguläre dynastische Herrschaftsübertragung auf Commodus wird besonders hervorgehoben (V. 204–206). Das Blitz- und Regenwunder im Quadenland wird in einer positiven Zeichnung der Donaukrie-

17 Vgl. u. S. 352ff, 356.
18 V. 14–29.35f.
19 V. 124–142.
20 V. 164–175. Völlig vom traditionellen Domitian- und Nerva-Klischee verzerrt die Bemerkungen bei Geffcken 189.
21 Vgl. u. S. 354f.
22 V. 48–67.
23 V. 115f. Auch für Tiberius wird die Mordversion seines Todes übernommen (V. 47).
24 Vgl. K. Strobel, in: ders. – J. Knape, Zur Geschichtsdeutung in Antike und Mittelalter, Bamberg 1985, 26–51.
25 Vgl. das Material bei F. Grosso, in: Antidoron U. E. Paoli oblatum, Genua 1956, 137–162.

ge angesprochen (V. 194–200)[26]. Das rasche Verschwinden des (Usurpators) Avidius Cassius, des für die Parther schrecklichen Ares, der als Herrscher in die Reihe der römischen Imperatoren eingefügt ist und die chronologische Abfolge endgültig sprengt, wird als Werk des Tieres, des Widersachers, dargestellt (V. 182–186).

Eine zentrale Gruppe bilden die Pseudo-Orakel zu Commodus, Pescennius Niger und Septimius Severus[27]. Die Darstellung des Commodus betont die Motive seines Auftretens als Gladiator, Jäger und Wagenlenker sowie den Vorwurf des Inzests und seine Selbstdarstellung als Inkarnation des Herkules. Breiten Raum nimmt die in sibyllistischer Manier formulierte Ermordung des Kaisers im Bade ein (V. 214–223); mit dem direkten Verweis auf Exod 10, 21–23 wird der Vorgang im Tone eines apokalyptischen Ereignisses ausgemalt. Der wahnwitzige Herrscher und sein Tod werden zum Zeichen, zu Vorboten für die Wirren nach seinem Tode (V. 223.224f.). In V. 224–231 und 233–235[28] wird die Ermordung des Commodus mit den ihr folgenden Wirren als der entscheidende Einschnitt in der Abfolge der römischen Herrscher dargestellt, als ein grundsätzlicher Bruch in der römischen Geschichte, der mit Zitaten von eschatologischen Aussagen und Orakeln gegen Rom aus dem 3., 5. und 8. Buch der Oracula Sibyllina ausgedrückt wird[29]: Für Rom ist mit dem Tod des Commodus wegen des Ehrgeizes der Herrscher die Zeit seiner Zerstörung nahe, es wird für seine Schuld bezahlen (V. 224–229). Mit Commodus, dem 19. Herrscher Roms, sei die Zeit der Jahre erfüllt: 2x100, 2x20, 2x2 und 6 Monate (= 1:2 Jahre)[30], eine vom gematrischen Wert seiner griechischen Namensform[31] angeregte zahlenmystische Spekulation, die allerdings im Gegensatz zu der Rückschau des Autors von Or. Sib. XII nicht von Augustus, sondern von einem ungefähr bestimmten Zeitpunkt unter Caesar und Kleopatra VII.[32] ihren Anfang nimmt.

Dieses Zahlenorakel dürfte der Verfasser des 12. Buches aus einer uns unbekannten Vorlage oder Tradition übernommen haben. War damit ursprünglich eine Endzeitspekulation verbunden gewesen, so ist dies hier nur mehr ein sinnentleertes Versatzstück. Für die Existenz einer älteren und zeitgenössischen Weissagung zum Jahre 193 n. Chr. in einer romfeindlichen Tradition der Orakelprophetie scheint die Kombination der V. 224–226 und 234–235 zu sprechen, mit denen dann bereits die Rückgriffe auf die älteren Sibyllen in V. 227–229 verbunden gewesen sein könnten. Das (sibyllistische) Orakel wäre in den gängigen Kontext der sich ständig aktualisierenden, allgemein verbreiteten Negativprophezeiungen in der Kaiserzeit einzuordnen. Die erste Überarbeitung könnte dann in der Einfügung einer Rückschau auf die Kaiserzeit von Augustus bis Commodus gelegen haben, wodurch die V. 234f. halbwegs wieder einen Sinn bekämen, ohne daß aber ihre Zahlenspekulation angepaßt worden wäre.

26 Vgl. HA, Marc. 24, 4; G. Fowden, Historia 36, 1987, 83–95.
27 V. 205–223: Commodus; 250–255: Pescennius Niger; 256–267/268: Septimius Severus.
28 V. 232 ist eine nachträgliche christliche Interpolation (ebenso V. 30–34).
29 Vgl. etwa Or. Sib. 3, 350–355; 5, 169f.; 8, 129f.
30 V. 234f.
31 Siehe V. 207.
32 Vgl. Or. Sib. 11, 243ff.

Wenn der Autor von Or. Sib. XII hier einen solchen älteren Sibyllenstoff eingefügt hat, so ändert dies nichts an der Feststellung, daß auch er den Tod des Commodus und die folgenden Wirren als den wesentlichen Einschnitt in der bisherigen Geschichte der römischen Weltherrschaft (V. 231f.) verstanden sehen möchte. Damit steht die von dem Sibyllisten repräsentierte Geschichtstradition in einem deutlichen Gegensatz zu der Geschichtsreflexion des Cassius Dio[33] und des von seiner Periodisierung abhängigen Herodian[34], die beide das Jahr 180 zum entscheidenden Einschnitt erklären. Cassius Dio verkörpert hier das Urteil der Senatorenschicht und der philosophisch gebildeten Kreise entsprechend der innenpolitischen Entwicklung ihres wechselseitigen Verhältnisses zum Herrscher[35]. Es ist dies ein künstlicher Einschnitt[36], der für breitere Schichten der Bevölkerung und ihr Denken keine Bedeutung hatte. Sie sahen den dynastischen Bruch durch die Ermordung des Commodus und die daraus resultierende Bürgerkriegsphase als den wesentlichen geschichtlichen Einschnitt[37]. Daß ein solcher für die Zeitgenossen 180 n. Chr. nicht erkennbar sein konnte, war in der vom Sibyllisten nochmals in V. 207f. hervorgehobenen dynastischen Herrscherstellung des Commodus begründet. Der Doppelprincipat der Jahre 177–180 n. Chr. mußte den Eindruck der völligen Kontinuität nach dem Tode Marc Aurels für die dynastisch und personal denkende Bevölkerung des Reiches außer Frage stellen.

Von dem Prätendenten Clodius Albinus nimmt die durch den Sibyllisten repräsentierte Geschichtsvulgata keine Notiz, während sie C. Avidius Cassius, den ephemären Usurpator gegen Marc Aurel, nicht nur erwähnt[38], sondern sogar in der Reihe der Herrscher zählt, ohne den Commodus nur an 18. Stelle stünde. Die Angaben zu Pertinax (V. 235–239) weisen auf sein Alter, auf die kurze Regierung, Blutvergießen und Tod im Kampf hin; sie zeigen einen Mangel an wirklicher Information, ebenso das Konstrukt zu Didius Iulianus (V. 245–249).

Im Gegensatz zu Pertinax, Didius Iulianus und auch Septimius Severus (s. u.) wird der historische Verlauf der kurzen Herrschaft des Pescennius Niger im Osten relativ genau referiert und trotz seiner Niederlage gegen Septimius Severus überraschend positiv gezeichnet (V. 250–255): ein πολεμήιος Ἄρης, der sich im Osten zum Herrscher erhebt und bis nach Thrakien zieht, dann aber nach Bithynien und Kilikien flieht und in den „Ebenen Assyriens" seinen Untergang findet.

Daß die Darstellung dieses gescheiterten Prätendenten derartig positiv ausfällt, obwohl dessen Gegner Septimius Severus und die von ihm begründete Dynastie bis

---

33 Cass. Dio 77 (76), 36, 4.
34 Herod. 1, 1, 4f.; 1, 2–4; der Einschnitt ist hier in der Formulierung gegenüber Cassius Dio in einem populärphilosophischen Sinne ausgestaltet. Vgl. zur Abhängigkeit Herodians Alföldy, Krise 81–126, bes., 81–83; 245; C. R. Whittaker (Ed.), Herodian I, Cambridge Mass. – London 1969, LXV–LXVIII; L. De Blois, Historia 33, 1984, 364–368, mit weiterer Lit.
35 Vgl. De Blois a.a.O. 365; F. Millar, A Study of Cassius Dio, Oxford 1964, 122f., der ebenfalls die Relevanz des Urteils nur für die senatorische Oberschicht hervorhebt; E. Gabba, RSI 71, 1959, 377, 387f., 379–381; S. 18.
36 Zur modernen Betonung dieses ‚Wendepunktes' vgl. Alföldy, Krise 25–27, 66.
37 V. 240–244. Vgl. zur Periodisierung in Or. Sib. XII auch Geffcken 192f.; Alföldy, Krise 133f.
38 V. 183–186; vgl. Geffcken 191.

zur Entstehung von Or. Sib. XII herrschten und es nicht an einer entsprechenden Propaganda gegen seine Widersacher fehlen ließen, muß überraschen. Parallel dazu finden wir aber auch die Sympathien für Pescennius Niger bei Herodian[39]. Offenkundig gab es in der Bevölkerung des griechischsprachigen Ostens des Reiches noch lange nach dem Tode Nigers eine positive Einschätzung seiner Person und seines Handelns, eine Haltung, für die wir in Ägypten neben dem Sibyllisten weitere Belege besitzen[40], so die gegenüber Niger loyale Haltung des alexandrinischen Demos noch beim Einzug des Septimius Severus im Winter 199/200 n. Chr.[41] in die Stadt[42], zum anderen aber auch die Schließung des Alexandergrabes durch Septimius Severus[43], die wohl zu Recht als eine Folge des Verhaltens der Bevölkerung der ägyptischen Metropole und des mit dem Alexanderkult verbundenen Andenkens Nigers gewertet werden kann[44], der die Gestalt Alexanders ideologisch benutzt hatte[45].

Dieses positive Erinnern an Pescennius Niger gerade in Ägypten, dessen administrative Führung bereits im Februar 194 zu Septimius Severus übergangen war[46], kann sicher nicht allein aus Reminiszenzen an seine Propaganda, wie sie sich in der Münzprägung dokumentierte, erklärt werden[47]. Pescennius Niger, den der Sibyllist als positive Gestalt in einer sonst durchgehend negativen Herrscherreihe von Pertinax über Didius Iulianus zu Septimius Severus auftreten läßt, dürfte nach seiner Kaiserproklamation eine Anzahl populistischer Maßnahmen durchgeführt oder zumindest angekündigt haben[48], um sich eine breite Unterstützung zu schaffen. Dabei ist vielleicht an die bekannte Praxis eines Schulden- und Steuerschuldenerlasses zu denken, jedenfalls an Verbesserungen für die Provinzialen. Sie werden als die inhaltliche Manifestation der Propagierung des Namens *Iustus Augustus* zu betrachten sein[49]. Neben der Propagierung der Iustitia-Thematik[50] wurde *Iustus Augustus* ein förmlicher Bestandteil der Kaisertitulatur bzw. des Namens des Pescennius Niger, wie u. a. der Prägetyp VICTOR(iae) IUST(i) AUG(usti) eindringlich zeigt[51].

39 Vgl. Alföldy, Krise 128–134; Z. Rubin, Civil-War Propaganda and Historiography, Brüssel 1980, bes. 104f., 106.
40 Vgl. zusammenfassend Rubin a.a.O. 105f.
41 Vgl. Halfmann 217f.
42 Suid. IV, p. 335 (ed. Adler), s. v. Σεβῆρος; Malal. 12, 293; vgl. A. R. Birley, The African Emperor Septimius Severus, London ²1988, 136f.
43 Cass. Dio 76 (75), 13, 2.
44 Vgl. Rubin a.a.O. 105; auch Birley a.a.O. 113, 116.
45 Cass. Dio 75 (74), 6, 2a.
46 Vgl. zu den ägyptischen Dokumenten für 193–194 n. Chr. J. Martin, Anagennesis 2, 1982, 83–98; auch Birley a.a.O. 110.
47 So bei Alföldy, Krise, bes. 134 zu stark hervorgehoben. Als der aus dem Osten zurückkehrende Nero im Sinne von Or. Sib. VIII (siehe o. S. 52f.) konnte Niger entgegen Alföldy, Krise 136 kaum verstanden werden; vgl. auch S. 135f., 352ff.
48 In diese Richtung weist auch Herod. 2, 7, 9.
49 Vgl. BMC Emp. V p. 71–82; R. F. Bland – A. M. Burnett – S. Bendall, NC 147, 1987, 65–83; Carson 59f.; weiter H. Mattingly, NC V 12, 1932, 179f.; E. Reusch, RE XIX 1, 1937, 1090; Birley a.a.O. 113.
50 RIC IV 1, 45–50; BMC Emp. V p. 78, 305.306; Bland – Burnett – Bendall a.a.O. 66 Nr. 1.
51 RIC IV 1, 81; BMC Emp. V p. 81, 314, auch p. 78, 304; p. 74++. Vgl. o. S. 135ff.

Die Hochschätzung Nigers im Osten war vermutlich auch durch die Maßnahmen des Septimius Severus gegen die Anhänger des überwundenen Gegners gefestigt worden[52].

Septimius Severus selbst wird in der Tradition eines ihm feindlichen Geschichtsbildes unter dem Motto ‚Nomen est Omen'[53] mit den traditionellen Attributen der antiken Tyrannentopik ausgestattet: ein ränke- und zornesvoller Ares, der die herausragenden Männer vernichtet (V. 262–265), die Vornehmen um ihres Reichtums willen tötet und die ganze Welt plündert (V. 266f.). Darüber hinaus wird in V. 257 auf seine Herkunft aus dem Westen[54], seinen Sieg über die ‚syrische Partei' des Pescennius Niger und auf seine Durchsetzung als Alleinherrscher abgehoben (V. 259–261).

Mit V. 268 befinden wir uns dann bereits in dem verstümmelt überlieferten letzten Teil des 12. Buches. Auf die Lücke für die Zeit vom Ende des Septimius Severus bis auf Elagabal folgt die ebenfalls teilweise verstümmelte, abschließende Orakelvita des Severus Alexander[55]. Der Weg des Prinzen auf den Thron, wobei der Sturz des Elagabal einbezogen ist (V. 273–276) wird von dem zeitgenössischen Sibyllisten in Übereinstimmung mit der sonstigen Überlieferung geschildert (V. 269–276). Dann wird der Perserkrieg des Severus Alexander angesprochen, wobei allerdings heute durch die Verstümmelung der Sinn der V. 273–?–284 verborgen bleibt[56]. Über den Ort und die Umstände des Todes des Herrschers ist der Sibyllist nach dem Zeugnis der V. 285–289 mit Ausnahme der Tatsache des Hasses gegen seine Mutter nicht näher unterrichtet gewesen. Er dürfte das 12. Buch kurze Zeit nach dem Bekanntwerden der Beseitigung des Severus Alexander abgeschlossen haben. In Alexandria fehlte offenkundig für die Vorgänge seit der Abreise des Kaisers aus dem Osten ein detaillierteres Bild. Dies dürfte für die Verzerrungen und zeitlichen Verschiebungen in dem historischen Erleben breiterer städtischer Bevölkerungsschichten im Imperium Romanum, die weiter vom Schauplatz eines Geschehens entfernt waren, nicht untypisch sein.

2. Die Frage eines drohenden Weltendes im Schrifttum Cyprians

Caecilius Cyprianus war in der Zeit zwischen seiner Wahl zum Bischof von Karthago 248/249 und seinem Martyrium am 14.9.258 n. Chr., vor allem aber seit 251 n. Chr. der maßgebende Führer der nordafrikanischen Kirche und die neben den amtierenden römischen Bischöfen zentrale Gestalt der westlichen Ökumene des

---

52 Vgl. Cass. Dio 75 (74), 14, 1–6 mit Exc. Val. 343; HA, Sev. 9, 3–8; 14, 6; E. M. Smallwood, The Jews under Roman Rule, Leiden 1976, 487f., 490; Birley a.a.O. 114f.; 119.
53 V. 258.259.
54 Zu plakativ argumentiert Geffcken 193f., wenn er vom „orientalischen Hasse" des Sibyllisten spricht und hier den Gegensatz zwischen Orient und Okzident verkörpert sieht. Das Geschichtsverständnis, von dem der Verfasser geprägt wurde, dachte personenbezogen und wählte den Herrscher als den Bezugspunkt des Zeiterlebens.
55 V. 269–283.
56 Zum lückenhaften Schluß nicht befriedigend Geffcken 194f.

Christentums⁵⁷. Er stammte aus der gesellschaftlichen, wirtschaftlichen und politischen Führungsschicht der Metropole Karthago⁵⁸. Er war eine *persona insignis*⁵⁹, deren Prominenz während der decischen Verfolgung einerseits die aggressiven Emotionen des großstädtischen Mobs anfachte⁶⁰, andererseits aber eine tatsächliche Gefährdung von Seiten der Behörden verhinderte⁶¹. Seine hohe soziale Stellung und seine charismatische Veranlagung⁶² ließen ihn schon kurz nach seiner Taufe um 245 n. Chr. zum Bischofsamt aufsteigen⁶³, brachten ihm aber auch innerkirchliche Opposition ein⁶⁴. Er bekleidete vor seiner Konversion mit einiger Sicherheit öffentliche Ämter und gehörte zu den führenden Persönlichkeiten Karthagos oder hatte sogar eine entsprechende Laufbahn im Reichsdienst eingeschlagen⁶⁵. Die vielfach Hieronymus folgend angenommene Tätigkeit als Rhetor und Rhetoriklehrer⁶⁶ ist demgegenüber weniger wahrscheinlich. Der von seinem Biographen Pontius berichtete Gebrauch einer hervorragende rhetorischen Bildung *ad utilitatem saeculi* kann als öffentliche politische und anwaltschaftliche Rednertätigkeit im Sinne des Auftretens etwa des jüngeren Plinius verstanden werden⁶⁷. Cyprian, dessen Zugehö-

---

57 Vgl. zu Person und Leben Sage, bes. 95–164; H. Gülzow, Cyprian und Novatian, Tübingen 1975, 33–36; M. Bévenot, TRE VIII, 1981, 246–254; Clarke I 14–21; nicht weiterführend U. Wickert, in: M. Greschat (Hg.), Gestalten der Kirchengeschichte I 1, Stuttgart – Berlin – Köln – Mainz 1984, 158–175. Geboren ca. 200 n. Chr. (vgl. Sage 100–103; ebd. 104f. wird die Herkunft aus Karthago zu Unrecht in Frage gestellt). Mehrfach nicht folgen kann man Ch. Saumagne, Saint Cyprien, évêque de Carthage, ‚Pape' d'Afrique (248–258), Paris 1975. Für die Chronologie der Briefe bis Frühjahr 251 n. Chr. s. Gülzow a.a.O. 1–19; für die späteren Sage 365–372, bes. 370–372; zusammenfassend Clarke I 11f.; II 19–21; III 28f.; IV 14–17. Die Werke Cyprians sind, soweit nicht anders vermerkt, nach CCL III–IIIA, 1972–1976, sowie ergänzend nach CSEL III 1–3 (ed. Hartel) zitiert.
58 Vgl. bes. H. Montgomery, in: Studies in Ancient History and Numismatics pres. to R. Thomsen, Aarhus 1988, 214–223, der ihn der reichen Dekurionenschicht mit den Funktionen von Magistraten und Patroni zuordnet; Cyprians Verhältnis zum Bischofsamt und zu seinen Amtskollegen sieht er durch das klassische Muster des Patronats geprägt.
59 Vgl. Epist. 8, 1. Siehe weiter Anm. 68.
60 Vgl. Epist. 7, 1; 20, 1; 59, 6.
61 Vgl. zu Recht Gülzow a.a.O. 33–36, bes. 34f.; auch Sage 194f.
62 Vgl. Epist. 7, 1; 11, 3–5.7; 16, 4; auch Pontius, Vita 7; Gülzow a.a.O. 123f.; J. W. Jacobs, Saint Cyprian of Carthage as Minister, Diss. Boston 1976 (Mikrofilm), 152–155; bezeichnend für die zeitgenössische Bedeutung des charismatischen Elements ist einmal der Bericht aus Kappadokien (Epist. 75, 10), zum anderen das suggestive Spiel von Epist. 27.28 mit den entsprechenden Reaktionen in Epist. 30.31.
63 Vgl. etwa Epist. 43, 4; zum Taufdatum Sage 118, 130f. (zu Unrecht a.a.O. 126 die Konversion mit den Ereignissen von 238 n. Chr. in Verbindung gebracht), zum Aufstieg ebd. 135–138. Die Annahme, man könne die Taufe auf Ostern 246 n. Chr. festlegen (so etwa Jacobs a.a.O. 28), ist nicht beweisbar.
64 Vgl. Gülzow a.a.O. 33–36, 111.
65 Vgl. Cypr., Donat. 3; auch A. Stuiber, RAC III, 1957, 463.
66 Hier., Vir. ill. 67 (Migne PL 23, p. 714 *rhetoricam docuit*); siehe auch Lact., Inst. 5, 1, 24f. (aber nicht eindeutig); etwas anders auch Hier., In Ion. 3, 6f.
67 Keine Aussage zu Cyprians Tätigkeit enthält Pontius, Vita 2, 1 *fuerint licet studia et bonae artes devotum pectus inbuerint, tamen illa praetereo: nondum enim ad utilitatem nisi saeculi pertinebant*. Nicht überzeugend Sage 108–113; auch G. W. Clarke, Latomus 24, 1965, 633–638.

rigkeit zumindest zum Ritterstand außer Frage steht, unterhielt bis zu seiner Hinrichtung engste Beziehungen zu senatorischen Persönlichkeiten in Karthago (und wohl auch in Rom, wie seine guten Nachrichtenquellen zeigen)[68]. Wie K.-H. Schwarte zu Recht hervorgehoben hat, weicht Cyprians zweiter Prozeß und das folgende Todesurteil am 13.9.258 n. Chr. durch den Proconsul Africae Galerius Maximus deutlich von den Klerikerprozessen nach dem zweiten Christengesetz Valerians ab[69]. Der Statthalter verhängte das Todesurteil einmal gegen Cyprian als Bischof gemäß der entsprechenden zwingenden Straftatbestände des Gesetzes für alle Kleriker und zugleich nach den Strafbestimmungen für die privilegierten Standespersonen, für *senatores et egregii viri, equites Romani*, die im Falle ihrer Anklage beim Festhalten an Glauben und Opferverweigerung mit dem Tode bestraft wurden. Die Urteilsbegründung nennt bei Cyprian genau diese beiden Sachverhalte, welche die Todesstrafe begründeten. Der Statthalter sah es offenkundig für die Absicherung seines Vorgehens als notwendig an, gegen Cyprian nach den beiden zutreffenden Teilen des zweiten Christengesetzes zugleich zu verfahren. Der Fall ist im übrigen ein klassisches Beispiel für die eindeutig standesbezogene juristische Praxis der Kaiserzeit.

In dem innerkirchlichen Kampf 250–251 n. Chr., den Cyprian nach seinem Rückzug während der decischen Verfolgung um die Behauptung seiner Bischofsstellung und um den von ihm damit verbundenen Machtanspruch zu führen hatte, zeigt er sich als ein selbstbewußter und taktisch erfahrener Politiker[70]. Er war ohne Zweifel in erster Linie ein theologischer Praktiker, Seelsorger und Kirchenpolitiker, der seine Briefe und Schriften gezielt in den Dienst des innerkirchlichen Machtkampfes und dogmatischen Ringens stellte und für die emotionale Beeinflussung von Gläubigen und einfachem Klerus einsetzte[71]. Die Briefe, die uns in dem vorliegenden kompilierten Briefcorpus aus dem tatsächlich sehr viel breiteren Schriftwechsel Cyprians erhalten sind[72], waren sämtliche für eine bzw. für die Öffentlichkeit und meist für eine gezielte Verbreitung bestimmt[73]. Wie erfolgreich Cyprian seine Hirtenworte auf ihre psychologische Wirkung hin ausrichtete, zeigt

---

68 Vgl. Vita 14; zur Möglichkeit einer Zugehörigkeit Cyprians zum Senatorenstand Alföldy, Krise 297; dazu auch W. Eck, Chiron 1, 1971, 385f. mit Anm. 21.
69 Vgl. K.-H. Schwarte, in: W. Eck (Hg.), Religion und Gesellschaft in der römischen Kaiserzeit, Köln – Wien 1989, 150–155; zu den Christengesetzen Valerians ebd. 103–163, bes. 141ff. Das Urteil ist überliefert in den Acta Cypriani 4, 1–2 (ed. Musurillo p. 172).
70 Zu Cyprians Sicht des Priester- und Bischofsamtes vgl. M. Bévenot, RecSR 39, 1951, 397–415; ders., EThL 42, 1966, 176–185; ders., JThS 30, 1979, 413–429 (*Sacerdos*-Begriff); ders. (o. Anm. 57).
71 Vgl. die treffende Analyse bei Gülzow (o. Anm. 57) 25–109, 111–148, 149f.; auch Monceaux (u. Anm. 164) 130ff., 161.
72 Vgl. Clarke I 7–11, auch IV 319–321 (zu Epist. 82). Die Kollektion bietet nur einen begrenzten und keineswegs systematisch angelegten Ausschnitt; zudem wurde sie nicht als einheitliche Sammlung tradiert, sondern erreichte erst langsam ihre endgültige Gestalt, allerdings in verschiedenen Gruppierungen und bis ins 15. Jh. in den Manuskripten nicht vollständig erscheinend.
73 Vgl. etwa Epist. 32, 1; 45, 4; 49, 3; 59, 19; dies gilt ebenso für die Schreiben seiner Partner.

etwa das Dankesschreiben von Epist. 77[74], aber auch der gesamte Schriftwechsel mit Rom. Rhetorisch suggestive, schriftgestützte Predigtformeln blieben das Kennzeichen seiner Schriften. Einen entsprechenden exhortativen Charakter hatten zweifellos auch die Schreiben an die von der Verfolgung Bedrängten in Capua, deren Text nicht erhalten ist[75].

Es ist bezeichnend, daß Cyprian an Ostern 251 n. Chr. nicht nach Karthago zurückkehrte, obwohl dies das Ausklingen der decischen Verfolgung zugelassen hätte, sondern erst, als die Anerkennung seiner Autorität in der Gemeinde durchgesetzt war[76]. Charakteristisch ist seine Vermeidung direkter Kritik an staatlichen Organen im Zusammenhang der decischen und der valerianischen Verfolgung und sein Pochen auf die Einhaltung der ergangenen Weisungen und Urteile[77]. Der innerkirchliche Realpolitiker, als der Cyprian zu bezeichnen ist, hob vor allem *potestas* und *auctoritas*, ja im Grunde das *imperium* seines bischöflichen Amtes in seiner *provincia* hervor, zu der er Africa, Numidien und Mauretanien zählte[78]. Wenn diese staatlich-institutionellen Begriffe, von *provincia* abgesehen, auch nicht explizit fallen, so ist ihre Präsenz im Denken Cyprians unbestreitbar. Tiefergehende theologische Spekulationen stellte er nach seiner euphorischen Konversionsphase, die in der ca. 246 n. Chr. zu datierenden, den persönlichen Vorgang spiegelnden Schrift Ad Donatum[79] ihren Ausdruck fand[80], in der Regel später nur bei aktuellen kirchenpolitischen Anlässen und in seelsorgerischen Zweckschriften sowie für die Legitimation seines Handelns[81] an.

Vor der Bekehrung war Cyprian nach seinen eigenen Worten in die Finsternis und Nachtblindheit des Unglaubens verfallen[82]: *in salo iactantis saeculi nutabundus*[83] *ac dubius vestigiis oberrantibus fluctuarem vitae meae nescius*. In dem Gebrauch der Symbolik der ‚Seefahrt des Lebens', die durch die ganze Antike zu

---

74 Bes. Epist. 77, 1.
75 Prol. paschae ad Vitalem a. 395 (MGHAA IX 1, p. 738).
76 Vgl. Epist. 43.
77 Vgl. Epist. 13, 4; 81; ganz anders dagegen der Tenor des Briefes der römischen Bekenner (Epist. 31). Vgl. auch Gülzow a.a.O. 118f.
78 Epist. 48, 3; 70; 73: Zur kirchlichen Struktur Nordafrikas vgl. Sage 1–46.
79 Vgl. zur Schrift und ihren wesentlichen Strukturen J. Molager (Ed.), Cyprien de Carthage, A Donat et la vertu de patience, Paris 1982, 9–46, bes. 13ff., 21ff. Nicht ausreichend berücksichtigt sind inhaltliche und theologische Strukturen in der Wertung bei Alföldy, Krise 300.
80 Vgl. hierzu Molager a.a.O.; V. Buchheit, Hermes 115, 1987, 318–334; 117, 1989, 210–226. Die Schrift richtet sich nicht an einen fiktiven Adressaten, sondern ist persönlich gehalten. Sie will die bisherige Lebensform der Getauften, Cyprian und Donatus (letzterer offenbar noch stärker dem weltlichen Status verhaftet), als irrig erweisen. Nicht die traditionellen Formen von rhetorisch-philosophischer Bildung und öffentlicher Tätigkeit, sondern die *conversio* zur *veritas Domini* und *gratia spiritalis* führten zur *vita beata* und zur Wahrheit auf dem alleinigen Wege des Gnadenerweises Gottes (Donat. 2–4.14–15).
81 Zu dem bezeichnenden Brief 20 und seiner Argumentation mit Mt 10, 23 vgl. Gülzow (o. Anm. 57) 61ff.; bes. 63f.; auch Clarke I 304ff.
82 Cypr., Donat. 3.
83 Hier wird bereits im Ansatz das Formular von Ad Demetrianum und De mortalitate deutlich.

verfolgen ist, griff Cyprian bereits auf eine reiche christliche Entfaltung dieser Metaphorik zurück[84]. Nur in der Konversion zum Glauben über die *cognitio Dei* und über die Wegweisung der christlichen Lehre können für Cyprian das Ideal der *vita beata*[85] und die Wahrheit erreicht werden: *Una igitur placida et fida tranquillitas, una solida et firma securitas, si qui ab his inquietantis saeculi turbinibus extractus salutaris portus statione fundetur*[86], nämlich der ‚Hafen Christi'[87]. Dank gebühre Gott, wenn er einen mit der Gnade der Bekehrung die Befreiung von den Umtrieben dieser Welt gewähre[88]; die Absage an die irdische Welt und ihre Wertordnung ist vollständig[89]. Eine zu Appell und rhetorischem Zerrbild gesteigerte Topik gegen diese Welt und ihre Werte[90] bietet Donat. 6, wo das übliche christliche Negativporträt des heidnischen Alltags, des öffentlichen Lebens der paganen Umwelt und des Weltlichen mit seinen Unsicherheiten verdichtet wird[91]. Der Hinweis auf die Existenz eines (nicht zeitgebundenen) Räuberunwesens, auf die Unsicherheit auf See und auf die weit verbreiteten blutigen Kriege ist kaum als reflektiertes Krisenbild des Autors zu werten, zumal die weiteren Ausführungen in Donat. 7–8 nicht abgetrennt werden dürfen, die sich gegen die Formen von heidnischem Leben, Vergnügen und Kultur richten[92]. So tadelt Cyprian in De opere et eleemosynis 21–22 gerade die *munerarii*, die durch die kostspielige Veranstaltung von Spielen die Gunst der Massen und auch der Höhergestellten zu erlangen suchten sowie nach weltlicher Karriere und Besitz strebten[93]. Der ganze Themenbereich gehört in den Zusammenhang der kompromißlosen Forderung nach dem Rückzug aus dieser Welt[94]. Gerade die drastische Schwarzweißmalerei Cyprians dürfte eher die real gegebene Anziehungskraft des weltlichen Lebens auf die Menschen anzeigen. An anderer Stelle spricht er – im Gegensatz zur Annahme eines aktuellen historisch-politischen Krisenbildes – von der *pax*, die im Frieden, d. h. im herrschenden Friedenzustand, auf dem Forum (vor Gericht) gebrochen werde[95]. Schon in der Frühschrift Ad Donatum ist die eschatologische Grundorientierung deutlich, die für

---

84 Vgl. Buchheit a.a.O. 1989, 211 Anm. 2; ders., Hermes 109, 1981, 235–247; H. Rahner, Symbole der Kirche, Salzburg 1964, 237–564, bes. 239ff., 272ff., 304ff., 548ff., auch 361ff.
85 Vgl. bes. Buchheit (o. Anm. 80) 1989, 226.
86 Donat. 14, 321–324 (ed. Molager).
87 Vgl. Cypr., Patient. 16.
88 Donat. 6.
89 So Donat. 14, 328ff.; vgl. auch die Zusammenstellung bei M. T. Ball, Nature and the Vocabulary of Nature in the Works of Saint Cyprian, Washington D.C. 1946, 278–295; vgl. allgemein zur christlichen Abqualifizierung der irdischen Welt A. P. Orbán, Les dénominations du monde chez les premiers auteurs Chrétiens, Nimwegen 1970.
90 Charakteristisch ist die Abwertung der *virtus* im Krieg durch ihre Parallelstellung zum Mord.
91 Vgl. ebenso bes. Donat. 10; zur Alltäglichkeit der Phänomene von Unsicherheit und Räuberunwesen als durchgehenden Erscheinungen des 1.–3. Jh. B. D. Shaw, Past & Present 105, 1984, 3–52, bes. 8ff., 24; jetzt auch B. Isaac, The Limits of Empire, Oxford 1990, 68–100.
92 Donat. 5ff., bes. 7.8, auch 9.10.
93 Ganz entsprechend später Lact., Inst. 6, 11, 22–24; 6, 12, 19–20.39f. im Zusammenhang der privaten Aufwendungen für Spiele oder Bauten.
94 Befreiung von den *perniciosi contactus mundi* (Donat. 5, 114).
95 Donat. 10, 226–228.

Cyprian seit seiner Konversion zum Christentum im Mittelpunkt seines theologischen Denkens und seines Weltverständnisses stand[96].

Für die Art, wie in dieser Zeit nicht nur von Cyprian[97] rhetorische Formeln und negative Bilder mit ganz anders gelagerten Gegenständen zu einer suggestiven Argumentation verbunden wurden, kann gerade auf den von Novatian ausgearbeiteten und mit rhetorischen Effekten versehenen Brief verwiesen werden, der vom römischen Klerus im September/Oktober 250 n. Chr. an Cyprian geschrieben wurde[98]. Formeln wie *totus orbis paene vastatus* und *ubique iacere reliquiae et ruinae* werden als allgemein transponierbare rhetorische Metaphern für den Abfall der Christen in der Verfolgung verwendet: *aspice totum orbem paene vastatum et ubique iacere deiectorum reliquias et ruinas, et idcirco tam grande expeti consilium quam late propagatum videtur esse delictum*[99]. Auch in der pseudocyprianischen Schrift „Ad Novatianum" wird die bereits in Mt 7, 27 vorgegebene[100] Formel *ruina* zur Bezeichnung des Phänomens der Lapsi angewendet[101].

Eine persönliche Überzeugung des drohenden Weltendes bei Cyprian?[102]

Der Bürgerkrieg des Jahres 253 n. Chr. findet seinen Niederschlag nur in dem gemeinsamen Glückwunschschreiben Cyprians und der im Herbst dieses Jahres um

---

96 Vgl. Cypr., Testim. 2, 28ff.; 3, 89 *Subito venire finem mundi* mit 1 Thess 5, 2–3 und Apg 1, 7 zu der Grundaussage, der genaue Zeitpunkt der Wiederkehr des Herrn könne nicht bekannt sein; 3, 118 definiert den Antichrist ohne weitere Bezugnahme auf sein Kommen.

97 Zum freien Gebrauch von *ruina* bei Cyprian (parallel dazu auch der römische Brief Epist. 8, 2) vgl. Clarke I 212f.; III 129; H. A. M. Hoppenbrouwers, Recherches sur la terminologie du martyre de Tertullian à Lactance, Nimwegen 1961, 140; u. Anm. 100f.

98 Epist. 30; vgl. Clarke III 114f., auch 115–120.

99 Epist. 30, 5.

100 Siehe Ad Novatianum 5. Vgl. auch Lk 6, 48–49 verwendet bei Orig., Exh. mart. 48. Zur metapher *ruina* vgl. A. Demandt, Metaphern für Geschichte, München 1978, 278; ders., Der Fall Roms, München 1984, 186.

101 Ad Novatianum 5; zum Gebrauch der Formel *ruina* bei Novatian vgl. CCL IV, p. 332.

102 Eine chronologische Analyse der Aussagen Cyprians in diesem Sinne strebt Alföldy, Krise 295–318, auch 319–342 an (vgl. ebd. 299, 318). Er lehnt dabei zu Recht die Annahme einer durchgehenden Weltuntergangsstimmung bei Cyprian ab (ebd. 299 mit Anm. 20); siehe bereits H. Koch, Cyprianische Untersuchungen, Bonn 1926, 52f., 84, 168f., der a.a.O. 475 das Eintreten einer hochgradigen, persönlich gefärbten Weltuntergangsstimmung über Unit. eccl. hinausschiebt, deren nur allgemein gehaltene eschatologische Termini auch J. Daniélou, Les origines du christianisme latin, Paris 1978, 207 hervorhebt. Die Annahme Alföldys (bes. a.a.O. 299), Cyprian habe zwischen den Zeichen der Krise und den Vorzeichen des völligen Zusammenbruchs des Imperium Romanum zumindest teilweise unterschieden, trifft die dogmatisch-christliche Struktur seines Weltbildes und die Zweckbezogenheit seiner Argumentation nicht, die sich auf die für den Gläubigen autoritativen Schriftaussagen und die ausgeprägte christliche Metaphorik stützte. Der innerkirchliche und seelsorgerische Hintergrund und die Traditionseinbindung bilden dominante Faktoren der Schriften. Alföldys chronologisches Entwicklungsschema der Weltsicht Cyprians sieht neben einem durchgängigen Erkennen der realen inneren Krise der römischen Welt eine akute Weltuntergangsstimmung erst nach dem Tode des Decius und dem Ende der Christenverfolgung 251 n. Chr. mit dem Schisma in Nordafrika und Rom einsetzen;

ihn versammelten Bischöfe an den nach Rom zurückgekehrten Bischof Lucius[103]. Die Ereignisse 249–253 n. Chr.[104] hatten das römische Nordafrika mit Ausnahme der Christenverfolgung nicht betroffen[105]. Die Bedeutung von Cyprians Epist. 62 wurde in der Regel völlig überschätzt. Das Schreiben nimmt nur Bezug auf die Verschleppung von Christen und die Erpressung von Lösegeld im Rahmen einer Räuberaktion[106]. Für den Freikauf der Gefangenen hatte die karthagische Gemeinde 100.000 Sesterzen gesammelt, die den acht genannten numidischen Bischöfen, die in einem Schreiben um Unterstützung gebeten hatten, übersandt wurden. Das heißt jedoch nicht, daß die Sprengel aller acht Bischöfe, darunter Ianuarius von Lambaesis[107], von den Ereignissen berührt worden wären; vielmehr ging das Schreiben von einer regionalen Bischofszusammenkunft in Numidien an die Bischofsversammlung in Karthago[108]. Für den Fall einer möglichen (!) Wiederholung solcher Vorkommnisse wird um sofortige Mitteilung gebeten, um mit den finanziellen Mitteln der reichen karthagischen Gemeinde eingreifen zu können. Zudem ist Epist. 62 nicht genau zu datieren (möglich Ostern 251 – August 257, ausgenommen Spätsommer/Herbst 256); ein Ansatz in das Jahr 253, noch vor der Rückkehr der Legio III Augusta, ist in keiner Weise gesichert[109]. In der Zeit der Auflösung der Legio III Augusta, der Kerntruppe des nordafrikanischen Heeres zwischen 238 und 253 blieb das Defensivsystem intakt und wurde weiter ausgebaut; auch 253–260 und 260–268

seine Katastrophenstimmung habe dann 252 und 253 ihren Höhepunkt erreicht. 256 habe Cyprian bereits nicht mehr wie 251–254 n. Chr. mit einem Weltende in allernächster Zukunft gerechnet. Schon durch die notwendige spätere Datierung der Schrift Ad Fortunatum (s. u. S. 167) wird Alföldys Schema durchbrochen, daß in den Schriften der Jahre 255–258 vergleichbare Bezüge auf Eschatologie und Weltende fehlten (vgl. Alföldy, Krise 305). Auch setzt sich die Verwendung apokalyptischer Topik für die Schismatiker fort (vgl. bes. Cypr., Sent. episc. 87; Epist. 69, 1); siehe auch u. Anm. 145. Vgl. mit Betonung der eschatologischen Bezüge auch Clarke I 21f.; III 10f., ders., Antichthon 4, 1970, 78–85, bes. 78f., 85 (gegen Deutungen als Katastrophenbild).

103 Epist. 61. Vgl. hierzu Clarke III 271–274.
104 Zu den historischen Vorgängen 249–253 n. Chr. u. S. 190ff.; 229ff.
105 Es ist fraglich, ob Herodians Schilderung der Folgen, welche die Niederschlagung der Erhebung der Gordiane 238 n. Chr. in Nordafrika durch die Legio III Augusta gehabt haben soll, der Realität entspricht (Herod. 7, 9, 4–11); bleibende Schäden bis zur Zeit des Episkopates Cyprians sind jedenfalls kaum anzunehmen (überzogen Sage 44). Die wenig klare Episode des Sabinianus-Aufstandes gegen Gordian III. wurde offensichtlich ohne größere Folgen bereinigt (Zos. 1, 17; auch HA, Gord. 23, 4; vgl. Kienast 196). Die vermeintliche ständige Bedrohung des römischen Nordafrika durch Nomadeneinfälle und Aufstände Einheimischer im 3. Jh. n. Chr. (vgl. etwa M. Rachet, Rome et les Berbères, Brüssel 1970) konnte A. Gutsfeld endgültig widerlegen; vgl. A. Gutsfeld, Römische Herrschaft und einheimischer Widerstand in Nordafrika, Stuttgart 1989, 88ff., bes. 118ff.; zu den sozialen und ökonomischen Strukturen der einheimischen Gruppen und Stämme, die nachhaltigere Operationsformen verhinderten, ebd. 126ff., auch 147ff.; zu den Garamanten jetzt E. M. Ruprechtsberger, Die Garamanten, AW 20, 1989 (Sonderheft).
106 Vgl. auch Gutsfeld a.a.O. 127. Ähnliches bei Eus., H. e. 6, 42, 4 (Oberägypten).
107 Vgl. auch Clarke III 280f., 282.
108 Siehe Epist. 62, 4.
109 Vgl. Clarke III 277–286, bes. 277f.; ders., Antichthon 4, 1970, 84.

kann hier von einer Krise nicht die Rede sein[110]. Die Lage der nordafrikanischen Provinzgebiete war im 2. und 3. Jh. stabil. Nach der bis in severische Zeit aktiven, offensiven Grenzpolitik folgte im 3. Jh. eine defensive Strategie. Es kam insgesamt nur zu vereinzelten Beunruhigungen von Grenzräumen durch Nomadenbewegungen, einzelne Einfälle und Räuberbanden; Gefahr bestand für die Provinzen weder durch solche Einfälle noch durch die mehrfach vermuteten, sich angeblich von Mauretanien bis Tripolitanien erstreckenden Einheimischenaufstände. Cyprian selbst sieht es darüber hinaus in Epist. 55, 5 als selbstverständlich an, daß Epist. 30 im Jahre 251 in allen Teilen der Oikumene verbreitet worden sei; er setzt eine freie und uneingeschränkte Kommunikation aller Gemeinden im gesamten Reichsgebiet ohne weiteres voraus[111].

Der Tod des Decius selbst wird von Cyprian in Epist. 55, 9 neutral erwähnt;; danach habe der römische Bischof Cornelianus den Tyrannen, der *armis et bello postmodum victus*, zuvor durch sein *sacerdotium* besiegt. Die Pest, die in Karthago noch 251 ausbrach, nachdem sie zuvor bereits an Ostern 250 in Alexandria gewütet hatte[112], erhielt in der Vita des Pontius ein rhetorisch-dramatisch gestaltetes Bild, wobei die Organisation caritativer Dienste durch den Bischof während der allgemeinen Furcht und Panik herausgestellt wird[113]. Der Ausbruch der Epidemie ist erst nach der Rückkehr Cyprians nach Karthago und nach der Synode im Frühling 251 anzusetzen, also im Sommer dieses Jahres[114]. Den Sommer bezeichnet Cyprian als den in Karthago durch beständige schwere Erkrankungen für die Gesundheit gefährlichsten Zeitraum[115].

Unsere weitere Betrachtung soll von der Schrift De opere et eleemosynis ausgehen, die nach dem zuverlässigen Schriftenverzeichnis des Pontius[116] auf Ad Demetrianum und die etwas spätere Schrift De mortalitate folgte. Sie ist wohl erst während des Abklingens der großen Epidemie, aber noch vor der neuen Verfol-

---

110 Vgl. sich ergänzend Gutsfeld a.a.O. 129–137; Y. Le Bohec, La troisième légion Auguste, Paris 1989, 467–472, 575f. (überschätzt noch Cypr., Epist. 62 und die Pass. Mar. et Iac.). Die Acta Mariani et Iacobi (Martyrium 259 n. Chr.) thematisieren nicht eine weltliche Krise des Reiches; vgl. H. Musurillo, The Acts of the Christian Martyrs, Oxford ²1979, XXXIIIf. Die erst in nachkonstantinischer Zeit mit deutlichen rhetorischen Effekten und glorifizierender Steigerung sowie einer deutlichen Nachahmung der Passio Perpetuae et Felicitatis verfaßte Passio zeigt das Ziel der Paränese sowie die christliche Absage an diese (und damit zur Zeit des Martyriums noch heidnische) Welt. Die Prophezeiungen des Märtyrers Marianus (12, 7) sagt die Übel für diese Welt als die vom Märtyrer (wie schon in der Johannes-Apokalypse) erwartete *ultio proxima iusti sanguinis* zur Stärkung der Brüder in ihrer Haltung voraus (vgl. 12, 8). Es ist ein traditionelles Thema der Märtyrerdiskussion und bedient sich hier eines traditionellen Plagenkatalogs der biblischen Tradition und der antiken Prophetie (*variae saeculi* (d. i. dieser Welt) *plagae: lues, captivitas, famis, terrae motus*, giftige Insektenschwärme (vgl. Exod 8, 21 u. a. m.); charakteristisch die Formel 11, 8 *pressuris saeculi . . . emisit*, sc. der Märtyrer durch das Martyrium.
111 Vgl. auch Clarke III 169.
112 Siehe u. S. 191, 199, auch zur Verschiebung der Daten bei Eusebius/Hieronymus.
113 Vita 9.
114 Vgl. eindeutig Brief 43 sowie den Briefwechsel der 1. Hälfte 251 n. Chr. (Epist. 44–54; bis Mitte 251 bzw. kurz danach); vgl. auch Clarke II 20f., 211.
115 Epist. 18, 1; dazu Clarke I 297f.
116 Vita 7.

gungsgefahr (erst nach Ostern (3.4.)253) unter Trebonianus Gallus[117] und vor dem Herbsttreffen der Bischöfe in diesem Jahr verfaßt[118], also 252/253 n. Chr. Ihr aktueller Anlaß war offenkundig die Bewältigung der sozialen Folgelasten der Epidemie in der christlichen Gemeinde[119]. Die Schrift nimmt deutlich Bezug auf den vorhandenen Wohlstand in der Gemeinde, auf das weltliche Streben der Einzelnen nach Vermögen[121] sowie auf die Zukunftsvorsorge für die jeweils eigene Familie[121], wobei sich die folgenden, hinsichtlich der Mutmaßung eines drastischen Bevölkerungsrückgangs bemerkenswerten Aussagen finden: *Sed enim multi sunt in domo liberi et retardat te **numerositas filiorum** quominus largiter bonis operibus insistas. Adqui hoc ipso operari amplius debes, quo multorum pignorum pater es*[122]. Denn ein *patrimonium Deo creditum* sei ein höherer Wert, was Cyprian wie folgt begründet: *nec respublica eripit nec fiscus invadit nec calumnia aliquia forensis evertit*[123], doch ist dies eine allgemeine und eindeutig zweckbezogen eingesetzte Topik für die Unsicherheit und Minderwertigkeit materieller Güter[124]. Ohne Zweifel nimmt Cyprian auf die reale Situation in der christlichen Gemeinde und die ihm täglich entgegengebrachten Argumente konkret Bezug. Wir finden gerade in dieser Schrift keine Spur einer Endzeitstimmung und das Gegenteil eines Bevölkerungszusammenbruches. Geschildert wird eine weithin positive materielle Lage bis hin zum offen gezeigten Luxus, wie sie bereits die Schrift De habitu virginum aufzeigte, die vermutlich im Zusammenhang mit dem Skandal von Epist. 4 wohl zur Frühjahrssynode 249 n. Chr. verfaßt wurde[125]. Der Gedanke, das Gebot Gottes, sich zu mehren, habe nur bis zur inzwischen erfolgten Auffüllung der Erde mit Menschen seine Gültigkeit gehabt, gehört dort in den Bereich der Zweckargumentation für das Ideal der Jungfräulichkeit[126].

Die Briefe Cyprians zeigen durchgehend die Tendenz zur appellbetonten, zweckgebundenen Argumentation, gestützt auf Schriftbelege als autoritative Grundlage der eigenen Aussage. In ihnen bleibt stets eine langfristige Perspektive Cyprians für Dogmenfragen, Kirchenorganisation und Bischofsamt deutlich. Entscheidend ist dabei für unsere Fragestellung, daß in den Briefen und Synodalvorgängen nirgends auf eine naheschatologische Fragestellung oder Erwartung Bezug genommen wird. Auch in den Briefen zur valerianischen Verfolgung und in seinem Abschiedsbrief[127] läßt Cyprian 257/258 n. Chr. keine apokalyptischen Assoziatio-

---

117 Vgl. Clarke III 4–17, bes. 9.
118 Vgl. Sage 381f., 383; auch M. Simonetti, CCL III A, 1976, p. 54. Die bei MacMullen, Response 218 Anm. 24 referierten abweichenden Ansätze sind zurückzuweisen und letztlich nur das Ergebnis von Harmonisierungsversuchen. Auf die Cypr., Demetr. 3 gerade entgegengesetzte Topik verweist auch MacMullen a.a.O. zu Recht.
119 Vgl. die Exempelausführung Cypr., Oper. 6.
120 Oper. 13; 22.
121 Oper. 16.18.
122 Oper. 18, 354–357.
123 Oper. 19, bes. 379f.
124 Vgl. Cypr., Donat. 12 mit 10.
125 Vgl. Sage 380f., 383. Clarke I 170 datiert Epist. 4 nicht überzeugend in die Zeit der decischen Verfolgung.
126 Hab. virg. 23.
127 Epist. 76.80; 81.

nen anklingen; der Ton der Schreiben und Antworten ist durchaus sachlich[128]. Nur in dem Brief des karthagischen Bekenners Lucianus wird Decius als *anguis maior* und *metator antichristi* mit apokalyptischen Topoi belegt[129]. Und in dem Gemeinschaftsdokument des Briefes 61 von der Herbstsynode 253 n. Chr. an den glücklich nach Rom zurückgekehrten Bischof Lucius, für dessen Pontifikat eine durchaus positive Zukunftsperspektive ausgesprochen wird, tritt die Formel *imminente antichristo*[130] als synonyme Umschreibung für die Gefahr der Verfolgung auf, in der Lucius sein Beispiel der Standhaftigkeit gegeben hatte.

Die Verfolgung des Decius wird von Cyprian nicht im Rahmen der apokalyptischen Voraussagen, sondern als Prüfung und als Strafe Gottes für die unvollständige Befolgung seiner Gebote durch die Christen gedeutet und damit die Frage, warum dies Gott zulasse, ausgeräumt[131]. Auch das Phänomen der Lapsi wird nicht mit dem endzeitlichen Abfall nach der synoptischen Apokalypse in Verbindung gebracht. Dies ist bei der neben De lapsis auf dem Konzil im Frühling 251 vorgetragenen Schrift De catholicae ecclesiae unitate[132] zu beachten, die Häresie und Schisma als die gefährlichsten Tücken des Widersachers brandmarkt[133]. Das nunmehr so massive Auftreten von Schisma und Häresie (*malum hoc ... iam pridem coeperat, sed nunc crevit ... exsurgere*[134] *ac pullulare plus coepit*) sei schon in der eschatologischen Verheißung des Neuen Testaments vorausgesagt und damit in seiner Existenz erklärt[135]: *quia et sic in occasu mundi oportebat, praenuntiante per apostolum nobis et praemonente Spiritu sancto*, gefolgt von dem breiten Zitat 2 Tim 3, 1–9 *in novissimis diebus aderunt tempora molesta, erunt homines sibi placentes, superbi, tumidi, cupidi, blasphemi...*[136]. Cyprian fährt fort: *adimplentur quaecumque praedicta sunt et, adpropinquante iam saeculi fine, hominum pariter ac temporum probatione venerunt. magis ac magis adversario saeviente error fallit, extollit stupor, livor incendit, cupiditas excaecat, depravat impietas, superbia inflat, discordia exasperat, ira praecipitat*[137]. Wir müssen an dieser Stelle zwingend beachten, was nach der von Cyprian geteilten heilsgeschichtlichen Vorstellung unter *adpro-

---

128 Vgl. Epist. 76–81. Epist. 76, 7 argumentiert mit der Gewißheit des Tages des Gerichtes, doch braucht der Brief, da er sich an die bereits bewährten Bekenner richtet, nicht mit dem sonst üblichen rhetorischen Aufwand zum Martyrium aufzufordern.
129 Epist. 22, 1; vgl. Clarke I 332f. (auch zum apokalyptischen Fragment Cod. Trev. 36); auch I. Opelt, VChr 26, 1972, 204–206.
130 Epist. 61, 2.
131 Vgl. so Cypr., Laps. 5–7; Epist. 11, 2.
132 Vgl. zur Schrift Sage 241–248; Alföldy, Krise 301 folgert nach Unit. eccl. und Epist. 59, daß Cyprian durch die Kirchenspaltung [in der Großkirche] im Jahre 251 n. Chr. in eine Weltuntergangsstimmung versetzt worden sei. Die Argumentationsführung Cyprians und die Tradition christlicher Polemik kommt ebd. 301f. nicht zum Tragen.
133 Unit. eccl. 1–3.
134 *et surgere* pYRV.
135 Ebd. 16–17, bes. 16, 392–395.
136 Ebd. 16, 395–408.
137 Ebd. 16, 408–413; Gegenstand ist allein das dogmatisch-moralische Negative. Als dogmatischformelhaft wertete den eschatologischen Bezug von Unit. eccl. 16 auch Koch (o. Anm. 102) 475.

pinquante iam saeculi fine zu verstehen ist, nämlich die Zeit der Kirche als des letzten Zeitalters dieser Welt, das auf das verkündete Ende der Geschichte zulaufe (s. u.). Nach dem allgemein verbreiteten geschichtstheologischen Schema ist mit Christus die letzte Zeit dieser Welt angebrochen, ja Christus selbst ist geboren *adpropinquante saeculi termino*[138].

Der Bezug der sich erfüllenden negativen Vorhersagen (*ut quidam tales esse coeperunt, quia haec ante praedicta sunt*[139]) auf die innerkirchlichen Phänomene von Schisma und Häresie ist außer durch den Zusammenhang mit Unit. eccl. 17 unmittelbar durch das Zitat 2 Tim 3, 1–9 verdeutlicht. Die gesamte Passage ist zweckbezogene christliche Rhetorik unter Verwendung des Katalogs der negativen Topoi der synoptischen Apokalyptik; zugleich werden die Gegner der eigenen Position dadurch als die Agenten des Antichristen entlarvt und ihre Abweichung in die Kategorie des absoluten Schlechten eingeordnet. Wir haben hier eine suggestiv argumentierende Kampfschrift gegen die Ausbreitung des Schismas und der Lehren Novatians vor uns, welche die noch keineswegs im Sinne Cyprians gesicherte Einstellung der Bischöfe[140] zu gewinnen suchte. Mit der Erklärung der abweichenden Lehre als Teil der endzeitlich vorausgesagten Phänomene konnte Cyprian der Frage begegnen, ob die andere Seite nicht doch Recht haben könne, zumal sie sich auf die Beispiele von Bekennern berufen konnte[141]. Nur die allgemeine eschatologische Mahnung, jederzeit bereit zu sein[142], wird am Schluß von Unit. eccl. aufgegriffen[143]. Die Verteufelung des Gegners unter Heranziehung passender Schriftstellen gehörte durch die Zeit zur üblichen Polemik des innerkirchlichen Kampfes[144] und ist in ihrer Formelhaftigkeit gut in Cyprians Schlußsentenz der Synodalenstellungnahme zum Ketzertaufstreit zu erkennen: *haereticos secundum evangelicam et apostolicam contestationem adversarios Christi et antichristos appellatos*[145].

Die entsprechenden Formeln und Parolen wie in Unit. eccl. finden wir in Brief 59, den Cyprian nach dem Maikonzil des Jahres 252 n. Chr. bezüglich des karthagischen Schismas des Fortunatus an den römischen Bischof Cornelius schrieb. Corne-

---

138 Lact., Inst. 6, 10, 1; vgl. u. S. 307f.
139 Unit. eccl. 17, 416f.; fortgeführt mit der schriftgestützten Ermahnung *ita ceteri fratres ab eiusmodi caveant quia et haec ante praedicta sunt* (ebd. 417ff.).
140 Vgl. etwa Epist. 55.
141 Vgl. Unit. eccl. 21–22.
142 Mk 13, 33; Mt 24, 42; direkt zitiert Lk 12, 35–37.
143 Unit. eccl. 27; ebd. 26 bringt keinen Bezug auf ein Kommen des eschatologischen Zeitenendes.
144 Vgl. I. Opelt, Die Polemik in der christlichen lateinischen Literatur von Tertullian bis Augustinus, Heidelberg 1980, 116–168, auch 170–174.
145 Cypr., Sent. episc. 87 (CSEL III 1, p. 461); 1.9.256 n. Chr. Vgl. ebenso Epist. 69, 1 mit dem Zitat von 1 Joh 2, 18–19; die zentrale Polemik der Argumentation – Schismatiker und Häretiker gleich Antichristen (vgl. Epist. 69, 10; 72, 2; 74, 4) – ist nunmehr zur Selbstverständlichkeit verfestigt. Dennoch ist zu betonen, daß der hier wiederholte Bezug auf die apokalyptische Verkündigung (*auditis quia antichristus venit, nunc autem antichristi multi facti sunt. unde cognoscimus quia novissima hora est* (1 Joh 2, 18) . . . *unde apparet adversarios Domini et antichristos omnes esse quos constet a caritate adque ab unitate ecclesiae catholicae recessisse*) dem von Alföldy entworfenen chronologischen Schema widerspricht (allerdings bei Alföldy, Krise 305 anders gewertet). Siehe ebenso Epist. 69, 4 (alle *ab interitu mundi evasuri* seien in dem einen Haus der Kirche zu sammeln, wer dies verlasse, verfalle dem Gericht Gottes).

lius hatte sich auf die Mitteilungen, Fortunatus sei von 25 Bischöfen zum Bischof von Karthago geweiht worden, und auf die massiven Anschuldigungen gegen Cyprian hin den karthagischen Schismatikern genähert; hierzu trug nun Cyprian dem römischen Amtsbruder seine offensive Antwort vor[146]. Epist. 59, 7 erklärt das Schisma nicht als verwunderlich, da es bereits durch die Prophezeiung der Schrift und des Apostels vorhergesagt und damit erklärt sei; als prophezeites Werk des Antichristen ist es von der Person und dem Handeln Cyprians unabhängig in der Welt: *si quidam in extremis temporibus superbi et contumaces et sacerdotum Dei hostes aut de ecclesia recedunt aut contra ecclesiam faciunt, quando tales nunc futuros et Dominus et apostoli eius ante praedixerint;* man dürfe sich nicht wundern, wenn der an die Spitze der Kirche gestellte Diener Gottes von einigen verlassen werde, wo doch der Herr selbst verlassen worden sei. Gerade am Ende dieses Abschnittes wird explizit und ohne jede Endzeitanspielung betont: *item Paulus monet nos cum mali de ecclesia pereunt non moveri nec recedentibus perfidis fidem minui*[147].

In Epist. 59, 18 ist die Erwähnung des Antichristen nur ein breites formelhaftes rhetorisches Versatzstück; eine erkennbare reale Naherwartung seines Kommens wird hier nicht zum Ausdruck gebracht[148]. Dies gilt nicht zuletzt für den Schluß von Epist. 59, 18: *illorum flenda et lamentanda condicio est quos sic diabolus excaecat ut aeterna gehennae supplicia non cogitantes antichristi iam propinquantis* (gemäß der eschatologischen Gewißheit der Heilsgeschichte) *adventum conentur* (!) *imitari*[149]. Das Schisma erklärt sich aus dem Geist des Antichristen heraus von selbst[150].

Genau die gleichen Formeln und Argumentationsschemata begegnen uns in dem Synodalschreiben der 37 unter Cyprian versammelten Bischöfe an die spanischen Gemeinden von Legio und Asturica sowie von Emerita aus dem Jahre 254 (oder 256/257?) n. Chr.[151]. Die Bischöfe der beiden Gemeinden, Basilides und Martialis, hatten sich in der decischen Verfolgung nicht bewährt; ihre Ersetzung hatte zum Schisma geführt. Das Schreiben ist ein Appell an die Gemeinden zur Beseitigung der unwürdigen Kirchenführer und zur ausschließlichen Wahl von würdigen Persönlichkeiten auf den Bischofsstuhl[152] Nachdem die Sprache auf die Verfehlungen des Basilides und des Martialis gekommen war[153], folgte die Belehrung, genauer die Mahnpredigt an die Gemeinden: *Nec vos moveat ... si apud quosdam in novissimis temporibus aut lubrica fides nutat aut Dei timor inreligiosus vacillat aut*

---

146 Vgl. bes. Epist. 59, 1–2.14.18; zum Brief Clarke III 233–264, bes. 235–238.
147 Mit dem entsprechenden Zitat von Röm 3, 3–4.
148 Epist. 59, 18, Z. 10ff. (CSEL III 2, p. 688).
149 Nicht treffend dazu Alföldy, Krise 302, in Epist. 59 sei erstmals die tatsächliche Überzeugung vom baldigen Kommen des Antichrist geäußert, „da man mit dem *antichristi iam propinquantis adventus* rechnen müsse".
150 Epist. 59, 3, bes. Z. 9ff.
151 Epist. 67; vgl. Sage 371; Clarke IV 139–158, bes. 139f., 142–144; eine Datierung erst auf 256/257 ist durchaus möglich. Alföldy, Krise 304 sieht in Epist. 67 eine letzte ausführliche Schilderung des drohenden Weltuntergangs bei Cyprian. Es ist aber fraglich, ob wir aus dem Synodalschreiben überhaupt auf die persönliche Vorstellung Cyprians schließen dürfen.
152 Bes. Epist. 67, 3.4–5.
153 Epist. 67, 6.

pacifica concordia non perseverat. praenuntiata sunt haec futura in saeculi fine et Domini voce adque apostolorum contestatione praedictum est deficiente iam mundo adque adpropinquante antichristo bona quaeque deficere, mala vero et adversa proficere[154]. Auch hier muß das schon mehrfach angesprochene heilsgeschichtliche Schema für die Zeit seit der Niederkunft des Herrn als Basis vorausgesetzt werden (s. u.). Es handelt sich bei der zitierten Stelle um eine predigthafte Darlegung und Deutung des innerkirchlichen Geschehens, zu dem in Epist. 67, 8 weiter bemerkt wird: *Non sic tamen quamvis novissimis temporibus in ecclesia Dei aut evangelicus vigor cecidit aut Christianae virtutis aut fidei robur elanguit, ut non supersit portio sacerdotum quae minime ad has rerum ruinas et fidei naufragia succumbat, sed fortis et stabilis honorem divinae maiestatis et sacerdotalem dignitatem plena timoris observatione tueatur*[155]. Es folgt nach dem Hinweis auf die alttestamentlichen Beispiele[156] die Feststellung, die meisten blieben im wahren Glauben fest, *nec christianam fidem aliena perfidia deprimit ad ruinam*.

Der zeitlich vorangehende, wohl bald nach Ostern (3.4.) 253 geschriebene[157] Brief 58 ist an die Gemeinde von Thibaris (Henchir Thibar) in der Nähe von Thugga im Innern der Africa Proconsularis gerichtet, die Cyprian mehrfach um einen Besuch gebeten hatte. Cyprian konnte die Einladung nach seinen Worten auf Grund der Zeitumstände nicht annehmen; er wollte nun die Gemeinde nach der von ihm auch visionär empfangenen Warnung[158] brieflich für eine neue drohende Verfolgung unter Trebonianus Gallus stärken. Der offizielle Hirtenbrief ist eine eindringliche, rhetorisch ausgefeilte Exhortatio zur Standhaftigkeit im Glauben und zur bedingungslosen Martyriumsbereitschaft[159]. Bereits in dem Sendschreiben der nordafrikanischen Synode von etwa Anfang Mai 253, das eine wesentliche Änderung der

---

154 Epist. 67, 7; vgl. zu den Vorlagen M. A. Fahey, Cyprian and the Bible: A Study of Third-Century Exegesis, Tübingen 1971, 322ff., 515f.
155 Epist. 67, 8, Z. 18–23.
156 Vgl. Clarke IV 157.
157 Vgl. Sage 370f.; Clarke III 29, 226; A. Quacquarelli, in: S. Felici (Hg.), Morte e immortalità nella catechesi dei padri del III–IV secolo, Rom 1985, 37; auch Clarke III 11, 225–233 (Zitate und biblische Anspielungen zusammengestellt; dazu weiter Fahey a.a.O.). Vgl. zu den beschränkten Maßnahmen des Trebonianus Gallus gegen die Kirchenführung in Rom Molthagen 85f. Anm. 1; Clarke III 4–17; auch u. S. 203. Alföldy, Krise 302 mit Anm. 39 setzt noch Ad Fortunatum in die gleiche Zeit. Sein Argument, 257 n. Chr. sei dafür nicht möglich, da Cyprian seine Theorie über den drohenden Weltuntergang nach 254 weitgehend aufgegeben habe, beruht auf Alföldys chronologischem Entwicklungsschema und berücksichtigt die inhaltliche und rhetorisch-argumentative Stellung der Schrift nicht. Eine Datierung 257 (oder bereits 250/251) n. Chr. hätte ihn zur Relativierung des Schemas gezwungen.
158 Vgl. Epist. 57, 1.2.5; 58, 1.
159 Vgl. zu dem katechetischen Grundzug der Schrift Quacquarelli a.a.O. 35–40; G. Lomiento, AFMB 3, 1962, 7–39; zum Komplex der Exhortatio zum Martyrium auch A. Quacquarelli, QVChr 17, 1982, 179–200. Die Bedeutung des Predigt- und Katechesecharakters dieses Hirtenbriefes spiegelt sich in seiner hohen Wertschätzung in der späteren kirchlichen Lesung; vgl. Quacquarelli (o. Anm. 157) 39; auch D. A. Wilmart, RBen 28, 1911, 228–233; Inhalt und Verständnis der Schrift waren von der Existenz einer tatsächlichen naheschatologischen Erwartung unabhängig. Auf die Zielsetzung und die inhaltlich-theologische Einbindung der ‚Endzeitaussagen' des offiziellen Hirtenbriefes geht Alföldy, Krise 303ff. nicht ein.

Bußordnung gegenüber den Lapsi zur Versöhnung und Wiedervereinigung der Gemeinden vor der angenommenen drohenden Verfolgung durch Trebonianus Gallus verkündete und zugleich begründete, sind die entsprechenden Formeln aus dem traditionellen Sprachschatz von Apokalyptik und Eschatologie für die erwartete Verfolgung und die damit begründeten Maßnahmen gebraucht[160]: *pressurae diem super caput esse coepisse ... futurae persecutionis metu, aciem quae nobis indicitur, si ... supervenerit persecutionis dies* etc.; eine tatsächliche Weltuntergangserwartung fehlt, Ziel ist vielmehr auch in Epist. 57 die Vorbereitung auf die Verfolgung.

Die Elemente für die aus aktuellem Anlaß entstandene schriftliche Predigt von Epist. 58 finden wir zu einem wesentlichen Teil bereits in der kurz nach der Taufe Cyprians entstandenen Testimoniensammlung Ad Quirinum unter dem Stichwort *De bono martyrii*[161] mit einer Kompilation von Schriftauszügen, unter denen einmal Apk 6, 9–11; 2 Tim 4, 6–8 sowie das hier stark von der Vulgata abweichende Schriftwort Spr 14, 25 *Liberat de malis animam martyr*[162] *fidelis* besondere Bedeutung zukommt. Es ist weiter darauf zu verweisen, daß die Einheit von Martyrium und Apokalyptik den Grundgedanken des christlichen Märtyrertums in den ersten drei Jahrhunderten bildete[163]. Epist. 58 ist eine von der meisterhaften Handhabung des rhetorischen Repertoires gekennzeichnete *praeparatio ad martyrium*[164], ein Traktat in Briefform, in dem exegetische (hinsichtlich der eschatologischen Verheißung) und paränetische Elemente verschmolzen werden. Gedanken und Bilder der Consolatio und Protreptik sind direkt aus der Schrift genommen bzw. entwickelt. Die Briefform, die deutlich an die neutestamentliche und apokryphe Briefliteratur anschließt, gibt die Möglichkeit zum expressiven, psychologisch ausgefeilten Appell innerhalb der Gemeinschaft der Gläubigen[165].

Der Text des Hirtenwortes an die Gemeinde von Thibaris muß in diesem Gesamtzusammenhang interpretiert werden, was insbesondere für die folgende, fast am Beginn stehende Passage gilt: *nam cum Domini instruentis dignatione instigemur saepius et admoneamur, ad vestram quoque conscientiam admonitionis nostrae sollicitudinem perferre debemus. scire enim debetis et pro certo credere ac tenere pressurae diem super caput esse coepisse et occasum saeculi atque antichristi tempus adpropinquasse, **ut parati omnes ad proelium stemus**,* damit man nur an die *gloria vitae aeternae,* an die Bekennerkrone denke und wisse, daß das Kommende eine noch schwerere Prüfung sein werde und sich die *milites Christi* somit *fide incorrupta et virtute robusta* vorbereiten müßten[166].

Es ist in diesem Kontext wenig wahrscheinlich, daß hier ein Urteil Cyprians über die Realität oder die Lage des Imperium Romanum vermittelt werden sollte; erreicht werden soll vielmehr die Bereitschaft, die christlichen Extremforderungen

---

160 Epist. 57, bes. 57, 5; vgl. Clarke III 11, 212f.
161 Cypr., Testim. 3, 16.
162 Zur Textgestalt CSEL III 1, p. 128; CCL III p. 107 *martyris*.
163 Vgl. Frend 91.
164 Vgl. Lomiento a.a.O., bes. 9–14; auch P. Monceaux, Saint Cyprien, Paris 1914, 130–135, bes. 131f., 161.
165 Vgl. Lomiento a.a.O., bes. 23ff., 38f.
166 Epist. 58, 1, Z. 14ff.

in der Situation der Verfolgung zu erfüllen und ein erneutes Phänomen der Lapsi zu verhindern, wie es sich unter Decius in der Überraschung und Verwirrung über die Schwere des Druckes allgemein verbreitet hatte. Dies ist der maßgebende Hintergrund des Briefes, der vermutlich nur ein Teil einer entsprechenden, daneben auch mit direkten Predigten des Bischofs geführten Kampagne angesichts der befürchteten erneuten Verfolgung war[167]. Im übrigen tritt die Bedeutung dieser deutlich als appellative Predigtphrase zu erkennenden Formulierung des ersten Kapitels in den weiteren Ausführungen des Briefes zurück.

Am Beginn von Epist. 58, 2 wird der skizzierte Sinn der Ausführungen ganz offensichtlich: *Quae nunc omnia consideranda sunt nobis,* **ut nemo quicquam de saeculo iam moriente desideret, sed sequatur Christum,** *qui et vivit in aeternum et vivificat servos suos in fide sui nominis constitutos,* gefolgt von Joh 16, 2–4 und 1 Petr 4, 12–14 sowie dem Schluß Cyprians *nec quisquam miretur persecutionibus nos adsiduis fatigari et pressuris angentibus frequenter urgeri quando haec futura in novissimis temporibus Dominum ante praedixerit et militiam nostram magisterio et hortamento sui sermonis instruxerit.* Die im Hintergrund stehenden Fragen der Gläubigen nach dem Warum und die möglichen Zweifel am Willen und der gütigen Macht Gottes sind unüberhörbar.

Durch die Überzeugung des Gläubigen, in dieser Welt, welche dem von der Verheißung und der Apokalyptik vorhergesagten Ende der Zeiten entgegeneilt, nichts mehr zu erwarten zu haben außer der Zeit des Antichristen, kann die Bereitschaft zum Martyrium gewonnen werden[168]. Diese emotional wirksame, auf der eschatologischen Erwartung des christlichen Glaubens und den entsprechenden Formeln der Schrift aufbauende Indoktrination zieht sich durch den ganzen Hirtenbrief, wobei die Parallelen zur Praefatio von Ad Fortunatum aus dem Jahre 257 n. Chr. (s. u.) nicht zu übersehen sind. In seinen Exhortationes zum Martyrium hat Cyprian wie an zahlreichen anderen Stellen auf die Vorgabe Tertullians, konkret auf dessen Schrift Ad martyras, zurückgegriffen; in ihr finden wir dieselbe negative Zeichnung dieser Welt mit dem Grundgedanken *contristetur illic qui fructum saeculi suspirat*[169]. Den Kern der Argumentation und des Appells Cyprians zeigt Epist. 58, 3, wenn hier losgelöst von aller eschatologischen Umkleidung und für jeden Gläubigen einsichtig gesagt wird: *si mortem possemus evadere, merito mori timeremus. porro autem cum mortalem mori necesse sit, amplectamur occasionem de divina promissione et dignatione venientem et fungamur exitum mortis cum praemio immortalitatis nec vereamur occidi, quos constet quando occidimur coronari*[170]. Verheißen werden den Gläubigen der baldige Lohn und die baldige Rache ihres Leidens[171], wobei die untransponierte Vorstellung der eschatologischen Erlösung und Belohnung der Gerechten bei der Wiederkehr des Herrn dazu zwingt, das

---

167 Vgl. auch Lomiento a.a.O. 24f. Einen entsprechend breiten Adressatenkreis exhortativer Schreiben Cyprians belegt die Nachricht über die Briefe an die Bekenner in Capua (Prol. paschae ad Vitalem a. 395, MGHAA IX 1, p. 738; vgl. H. Delehaye, Les origines du culte des martyrs, Brüssel ²1933, 303f.).
168 Vgl. etwa Orig., Exh. mart. 40.41–42.
169 Tert., Mart. 2, bes. 2, 2.5.
170 Epist. 58, 3, Z. 8–12 (CSEL III 2, p. 659).
171 Epist. 58, 7.10.

Ende dieser Welt nach der Vorgabe von Apk 6, 9–11 als nahe und absehbar zu verkünden. Die Verfolgungen werden von Cyprian hier entsprechend als Zeichen und Beweise für das Nahen des Tages des Herrn gemäß der synoptischen Apokalypse erklärt[172]. Psychologisch selbstverständlich war die Frage derer, die sich zum Martyrium bereitmachen sollten, wann der Lohn (*praemium . . . quod daturum se in resurrectione promisit*[173]) und die Rache für das zu Erleidende kommen würden; sie wollten darauf nicht endlos warten. Dies hatte die Offenbarung des Johannes entsprechend thematisiert. Nicht anders ging Origines in seiner Exhortatio ad martyrium vor, die er 235 n. Chr. in der Befürchtung einer intensiveren Verfolgungswelle im Osten des Reiches schrieb[174]. Diese Schrift, der noch nicht die erschütternde Erfahrung des sich unter dem Druck der reichsweiten decischen Maßnahmen verbreitenden Phänomens der Lapsi vorausgegangen war, kann als beispielhaft für die zielgerichtete Verwendung autoritativer Aussagen beider Testamente gelten. Ihre Anfangspassage zitiert Jes 28, 9–11 „Der Milch entwöhnt, von der Mutterbrust weggenommen, Drangsal auf Drangsal erwarte, erwarte Hoffnung auf Hoffnung nur noch kurze Zeit, kurze Zeit wegen der Verachtung der Lippen durch eine andere Zunge", wobei diese Fassung des Origines den ursprünglichen Zusammenhang des Septuagintazitats bewußt aufhebt. In Exh. mart. 2 wird Jes 28, 10.11 exegetisch aufgenommen, aber zentraler ist die unmittelbare Verbindung von Martyrium und Erlösungsversprechen respektive eschatologischer Erwartung am Schluß von Exh. mart. 1 formuliert: Wer „Drangsal auf Drangsal" erdulde, empfange „Hoffnung auf Hoffnung", die er gemäß Jesaja in nur noch kurzer Zeit genießen werde.

Ehe wir uns der thematisch parallelen, pseudocyprianischen Schrift De laude martyrii zuwenden, wollen wir die zweckbezogene rhetorische Verwendung der eschatologischen Tradition durch Cyprian betrachten, die mit einer gerade entgegengesetzten Zielrichtung die Schrift De bono patientiae[175] wahrscheinlich aus dem Frühjahr 256 n. Chr. bringt[176]. Gegenstand dieser katechetischen Schrift ist die Lehre des geduldigen und duldsamen christlichen Lebens; ihr aktueller Anlaß waren die heftigen Kontroversen des Ketzertaufstreits. Die Argumentation richtete sich gegen den Streit in den Gemeinden und im Klerus[177] und zielte darüber hinaus auf die allgemeine Mahnung zur Geduld im diesseitigen Leben mit allen seinen Prüfungen einschließlich der Verfolgung[178]. In Patient. 21 betont Cyprian, er wisse, daß die meisten schnelle Rache an ihren Widersachern begehrten; deshalb sei zu mahnen,

---

172 Vgl. Epist. 58, 2, Z. 21ff. (a.a.O. 657).
173 Epist. 58, 4.
174 Orig., Exh. mart., bes. 1–2; vgl. u. S. 335f. zu Datierung und Anlaß. Übersetzung nach E. Früchtel (Ed.), Origenes, Das Gespräch mit Herakleides. Die Aufforderung zum Martyrium, Stuttgart 1974.
175 Als Wandel in der Zukunftserwartung und Zeitsicht Cyprians wird die Schrift von Alföldy, Krise 305f. gewertet.
176 Vgl. zur Datierung Sage 382f.; Molager (o. Anm. 79) 134f.
177 Siehe bes. Cypr., Patient. 15.16. Vgl. zu Inhalt und Zielsetzung Molager a.a.O. 129–142, auch 143ff. Alföldy, Krise 305f. geht auf die Veränderung von Zielsetzung und Inhalt nicht ein.
178 Vgl. bes. Patient. 12.

daß die Christen *in istis fluctuantis mundi turbinibus et Iudaeorum sive gentilium sive haereticorum quoque persecutionibus* geduldig den Tag der Rache erwarten sollten[179]. Es folgt das Zitat von Soph 3, 8 *expecta me ... in die resurrectionis meae in testimonium, quoniam iudicium meum ad congregationes gentium, ut excipiam reges et effundam super eos iram meam* und nach dem Einschub *exspectare nos iubet Dominus et futurae ultionis diem forti patientia sustinere* der weitere Schriftbeweis mit den Zitaten von Apk 22, 10–12 und 6, 9–11. Dabei setzt Cyprian den Ausdruck der eschatologischen Naherwartung vom Ende der Johannes-Apokalypse mit der bekannten Formel *quia iam tempus in proximo est*[180] und das Grundsatzwort der Verkündigung *ecce venio cito et merces mea mecum est, reddere unicuique secundum facta sua*[181] ohne weiteres **vor** die Deutung der Parusieverzögerung durch Apk 6, 9–11, die somit zur betonten, vorrangigen Aussage wird.

Die negative Verzerrung und appellhafte Verneinung der irdischen Welt mit der entsprechenden Verknüpfung von apokalyptischer Verkündigung, Akzentuierung der eschatologischen Erwartung und Extremforderung des Martyriums bildet auch das Grundelement der Exhortatio in der anonymen, schon 359 n. Chr. zu den Werken Cyprians gezählten Schrift De laude martyrii[182]. Wie die zahlreichen Abhängigkeiten zeigen, ist das pseudocyprianische Werk erst nach De mortalitate, woraus Passagen der Katechese des Sterbens in der Seuche z. T. in gezwungener Konstruktion übernommen sind, Ad Demetrianum und dem Hirtenbrief an die Thibariter entstanden[183]. Die Schrift setzt zudem die Erfahrung des Phänomens der Lapsi und die sich daraus entwickelnde Problematik voraus, ohne dies, wie auch Cyprians Ad Fortunatum, selbst direkt anzusprechen[184]. Der Ansatz der Schrift, deren Bibelzitate der Vetus Latina Afra zugehören, noch in die Zeit der unmittelbaren Wirksamkeit der großen Epidemie und damit auf 252 oder Anfang 253 n. Chr.[185] ist nicht zwingend, da für diese Bezüge die engen Abhängigkeiten von Cyprians De mortalitate maßgebend sind und zudem die Seuchengefahr in den 50er Jahren fortdauerte[186]. Die enge Bezugnahme auf die Praxis der Verfolgung[187] und die von H. Koch untersuchte Heranziehung von Ad Fortunatum[188] sprechen für eine Datierung der Schrift in die Hauptphase der valerianischen Verfolgung, also etwa 258 n. Chr.

---

179 Ebd. 21, 470–478 (ed. Molager).
180 Apk 22, 10.
181 Apk 22, 12.
182 Text nach CSEL III 3, p. 26–52. Vgl. zur Schrift P. Monceaux, Histoire littéraire de l'Afrique chrétienne depuis les origines jusqu'à l'invasion arabe II. Saint Cyprien et son temps, Paris 1902 (ND. Brüssel 1963), 102–106; Koch (o. Anm. 102) 334—357.
183 Gegen eine Frühdatierung in die decische Verfolgung vgl. auch Monceaux a.a.O.; Koch a.a.O., besonders zur Verwendung der cyprianischen Schriften (Hab. virg., Unit. eccl., Mort. (vgl. bes. ebd. 340ff.), Fort.; Epist. 10, 37, 58, auch 55?).
184 Vgl., wenn auch mit anderer Argumentationsrichtung, Koch a.a.O. 349f.
185 So etwa Monceaux a.a.O. 103.
186 Vgl. etwa Zos. 1, 36, 1.
187 Siehe aber Koch a.a.O. 338f.; 351 relativierend zur „Augenzeugenaktualität' von Laud. mart. 15.
188 Vgl. Koch a.a.O. 345f.

Die Schrift ist gekennzeichnet durch die Form der Predigt und den hervortretenden rhetorischen Charakter[189]. Im Mittelpunkt ihres Gedankenganges steht das Martyrium als ruhmreiche Befreiung aus dem verunreinigten Körper, aus der Berührung mit Unrecht und dem *crimen mundi*[190]. Nichts könne das Bekennen im Martyrium übertreffen, nichts Anderes habe man zu wünschen *quam eripiendum esse cladibus saeculi, exuendum malis mundi et inter ruinas orbis iam iamque perituri*[191] *alienum a terrena contagione versari*[192]. Die Parallelität der appellbetonten Argumentationsschemata in den verschiedenen Exhortationes zum Martyrium ist deutlich zu fassen. Das Licht dieser Welt wird in De laude martyrii dem Versprechen der *lux aeterna* gegenübergestellt und das irdische Leben dem himmlischen; die *cupiditas vivendi* führe zur Verdammnis, während die Welt doch demjenigen, der in all dem Sterben zum Martyrium bestimmt sei, unterliege[193]: *aut non cotidiana cernimus funera, cernimus novos exitus diuturnos factos, sed et saevientibus morbis inexperta cuiusdam cladis* (Unheil) *exitia ac stragem* (Hinsiechen) *populatarum urbium* (durch die Seuche) *intuemur*, woraus man erkennen könne, wie hoch die Würde des Martyriums anzusetzen sei; ja die Seuche selbst habe begonnen, die Christen zu diesem Ruhm des Martyriums zu zwingen[194]. Während Cyprians De mortalitate gegen die Klage zu argumentieren hatte, die Epidemie raube die Möglichkeit zum Martyrium (s. u.), ist nun die Seuche die konkret zu nennende, im Denken der Menschen präsente und von Cyprian bereits katechetisch thematisierte Drangsal dieser Welt, die zum Martyrium bereitmache[195]. Sie erhält wie in De mortalitate die Deutung und Funktion einer Vorbereitung auf das Martyrium[196]. Die Grundlage dieser Argumentation ist die allgemeine Präsenz der weltverneinenden, eschatologischen Aussagen der Schrift. Wie in Ad Demetrianum und später bei Lactanz[197] wird der Katalog der traditionellen Depravationsvorstellungen für diese Welt in den Dienst der eigenen Beweisführung gestellt. Das Martyrium sei nicht nur ein herausragendes Glück, sondern umso notwendiger, wenn doch die Welt selbst umgestürzt werde und die erlahmende Natur nach der teilweisen Erschütterung des Erdkreises (durch Erdbeben) die Erkennungszeichen des (kommenden) Weltendes (*monumenta ultimi exitus*) bezeuge[198]: Platzregen, (Dauer-)Regen, Unwetter auf

---

189 Vgl. Monceaux a.a.O. 104–106; auf die Zielsetzung und Einbindung in die Argumentationstradition sowie auf die engen Abhängigkeiten der Schrift nimmt ihre Auswertung bei Alföldy, Krise 296 nicht Bezug.
190 Laud. mart. 2.
191 Gemäß der eschatologischen Gewißheit des christlichen Glaubens und der heilsgeschichtlichen Sicht der Zeit der Kirche als der letzten Zeit dieser Welt, welche sich unaufhaltsam auf die Erfüllung der apokalyptischen Verkündigung zubewegt; vgl. u. S. 165f., 170.
192 Laud. mart. 8, bes. Z. 10–18 (CSEL III 3, p. 31).
193 Ebd. 8, Z. 18 (p. 31) – 7 (p. 32).
194 Ebd. 8, Z. 7ff.
195 Zum Verhältnis der Parallelen vgl. Koch (o. Anm. 102) 341f., der jedoch Laud. mart. 8 nicht voll gerecht wird.
196 Zu Cypr., Mort. 15–16 u. S. 170.
197 Siehe bes. Lact., Epit. 66; u. S. 306ff.
198 Laud. mart. 13, bes. Z. 12–14 (p. 35); siehe die Vorgaben von Cypr., Mort. 25 und Demetr. 3–4.

dem Meer, Gewitter und schwerer Seegang[199]. Nur die Märtyrer seien unter allen davon enthoben, alles vergelten zu müssen[200], sondern sie erlangten gemäß der Verheißung Gottes ewiges Heil[201]. Nur die Märtyrer kämen unbefleckt zu Christus und seien dem drohenden Verderben des irdischen Lebens[202] und der *cruenta strages* der verheerenden Krankheiten entzogen[203]. Sie seien durch den Tod befreit von den *lubrica mala* der Natur, von den Wirrnissen dieser Welt: *nonne mortem pro remedio conputares?*[204]. Es gibt für den Gläubigen überhaupt nur eine Wahl, nämlich die Standhaftigkeit in der Verfolgung, was abschließend auf Phil 1, 21 gestützt wird[205].

In diesem Katalog der negativen Phänomene, unter denen allein die Pest als Inbegriff des Bedrohenden einen spezifischen Stellenwert einnimmt, fällt das Fehlen jeglichen Hinweises auf eine politische oder militärische Notlage des Reiches oder auf eine konkreter formulierte Gefährdung der römischen Welt auf. Die Verfolgung ist die Prüfung durch die *terrenae temptationes* und die *mala saeculi*[206]. Notwendig ist die Absage an die Güter dieser Welt wie Würden, Vermögen, Prunkkleider oder Schätze und auch an familiäre und persönliche Bindungen[207]. Gericht, Verheißung Gottes, Lohn der Bekenner und Qualen der Hölle bestimmen den Inhalt der Kapitel 19–24, wobei nochmals die Welt als das Gefängnis des Christen und der Tod des Märtyrers als Befreiung zum ewigen Leben und Herrschen an der Seite Christi herausgestellt werden[208]. In der Verheißung Gottes und dem ewigen Lohn für das Martyrium liegt der Schwerpunkt der Argumentation; die Negativzeichnung dieser Welt dient als Hintergrund der Exhortatio und als emotional wirksame Basis für die Verneinung des Lebens in dieser Welt, das auf Grund der stimulierten eschatologisch-apokalyptischen Gewißheit des christlichen Glaubens weder Alternative noch Perspektive bietet.

Auf den möglichen Vorwurf, nur im Martyrium den Weg zum Heil zu sehen, antwortet der Autor mit dem Hinweis auf das Evangelium: *exclamat Iohannes et dicit: „iam quidem securis ad radicem arboris posita est", monstrans scilicet et ostendens ultimam esse rerum omnium senectutem*[209]; daß die letzte Zeit gekommen sei, ist also die Aussage der göttlichen Offenbarung, womit ohne Zweifel auf die Johannes-Apokalypse verwiesen wird. Deshalb brauchten einen die Vergänglichkeiten dieser Welt nicht zu bewegen, *quae semper et quae iam eversione sua non modo lege proposita sed etiam ipso fine temporis urguentur*[210]. Das Martyrium könne nur wünschen, wer die irdische Welt (*saeculum*) hasse, wer Christus und nicht das

---

199 Laud. mart. 13, Z. 14 (p. 35) – 1 (p. 36).
200 Vgl. Mt 5, 26.
201 Laud. mart. 13, Z. 1ff. (p. 36).
202 Nach Mss. QTv *exitiis imminentibus saeculi*, nicht *imminentis*.
203 Laud. mart. 14, bes. Z. 9–11 (p. 36).
204 Ebd., Z. 12–15.
205 Ebd., Z. 15ff.; vgl. a.a.O. 27.30.
206 Ebd. 16.
207 Ebd. 17–18.
208 A.a.O., bes. 22; 23, bes. Z. 9f.
209 Ebd. 27, bes. Z. 17 (p. 48) – 2 (p. 49), das Vorbild des Formulars bei Cyprian ist eindeutig.
210 Ebd. 27, Z. 15–17 (p. 48).

irdische Leben (*saeculum*) liebe[211]. Im Streben nach dem Lohn der Auferstehung, in dem Wunsch nach dem Tage des Gerichts und im Vertrauen auf die Herrschaft in Christus gelte der Grundsatz: *saeculo mortui esse debemus*[212]. De laude martyrii verdeutlicht das Grundschema, in dem die Exhortatio zum Martyrium argumentativ und mit der suggestiven Bindung an die eschatologische Ausrichtung des christlichen Glaubens durchgeführt wird, ein Schema, das Cyprian selbst nicht anders verwendet. Eine aus der Reflexion der Zeitumstände gewonnene akute Endzeiterwartung ist De laude martyrii fremd; eine solche wird nur in den Vorgaben der Schrift und im Rahmen der zielgerichteten Homilie und Rhetorik thematisiert[213].

Bevor wir uns im folgenden den Schriften De mortalitate und Ad Demetrianum zuwenden, ist die Frage nach der weltchronologischen Vorstellung Cyprians zu stellen. Beginnen müssen wir mit der grundsätzlichen negativen Feststellung, daß eschatologische Fragestellungen und Fragen der Parusieverzögerung in den Schriften Cyprians nicht behandelt werden. Sie waren demnach weder für ihn noch für die karthagische Gemeinde aktuell, offenbar auch nicht stärker während der Verfolgung unter Decius, die zweifellos das einschneidendste Erlebnis der zeitgenössischen Christen war. Auf die grundlegende Bedeutung der weltchronologischen Umorientierung in der (Groß-)Kirche im späteren 2. und frühen 3. Jh. n. Chr. wurde bereits im vorausgehenden Teil der Untersuchung hingewiesen. In Rom und im Westen war ihre Durchsetzung mit den Schriften des Hippolyt und des Sex. Iulius Africanus verbunden; auch für Tertullian war eine konkrete Naherwartungsproblematik nicht gegeben. Das weltchronologische Grundschema mit einer zu erwartenden irdischen Weltzeit von 6.000 Jahren und der Geburt des Herrn in der Mitte des 6. Milleniums kann für die Zeit Cyprians in den theologischen Kreisen der Großkirche im Westen des Reiches als allgemein verbreitet und akzeptiert gelten[214]. Daß Cyprian das heilsgeschichtlich auf die Weltzeit gedeutete Weltwochenschema verwendet und bei seiner Gemeinde als bekannt vorausgesetzt hat, steht zu Recht außer Frage, auch wenn bezeichnenderweise eine eigene explizite Äußerung zum Datum der Parusie fehlt. Doch zeigen die Formulierung *sex milia annorum iam paene conplentur, ex quo hominem diabolus inpugnat*[215] und der Verweis auf die chiliadische Schöpfungswocheninterpretation[216] die Präsenz der gerade in Rom massiv vertretenen chronologischen Vorstellungen[217]. Selbstverständlich war Cyprian kein Chiliast im eigentlichen Sinn, doch ist davon die Rezeption der fest entwickelten christlichen Weltchronologie zu trennen, die auch für ihn als Hintergrund seines eigenen Weltbildes gesehen werden darf. Cyprians Aussagen zur christlichen Eschatologie bleiben stets Schriftzitate oder unmittelbare Aufnahmen der vorliegenden Traditionsbil-

---

211 Ebd. 28, Z. 15ff. (p. 49f.) mit Zitaten von Gal 6, 14; Mt 10, 39; 1 Kor 11, 1; 1 Kor 7, 7.
212 Ebd. 28, Z. 12–15 mit vorausgehendem Verweis auf Kol 2, 20.
213 Anders Alföldy, Krise 296.
214 Vgl. Luneau 209ff.
215 Cypr., Fort. praef. 2; gegen die Annahme, daß hier eine tatsächliche Naherwartung ausgedrückt sei, vgl. auch K.-H. Schwarte, TRE III, 1978, 270.
216 Cypr., Fort. 11, 88ff., bes. 91f.
217 Schwarte, 161f. schließt zu Unrecht nur auf verschwommene Reminiszenzen des chiliadischen Typus der Weltwoche.

dung; eine aktuelle und tiefere theologische Fragestellung hat er in dieser Beziehung gerade nicht verfolgt[218].

In dem Frühwerk Quod idola dii non sint[219], einer systematisch kompilierten Epitome des Apologeticums Tertullians und des „Octavius" des Minucius Felix, gab Cyprian die von ihm übernommene heilschronologische Vorstellung klar zu erkennen: *Nec non Deus ante praedixerat, fore ut vergente saeculo et mundi fine iam proximo cultores sibi adlegeret Deus multo fideliores* (als die Juden, das Volk des Alten Bundes), *qui indulgentiam de divinis muneribus haurirent*[220]. Die Zeit der Existenz der Christen, also die Zeit der Kirche, ist die letzte Zeit dieser Welt, oder wie Cyprian in dem von ihm durchgängig benutzten Formular sagt, es ist die Zeit *vergente saeculo et mundi fine iam proximo*. Mit der Geburt Christi hat diese letzte eschatologische, auf das verheißene Ende zulaufende Phase der irdischen Geschichte[221] und zugleich die Zeit des Heils[222] begonnen. Wie schon bei Irenaeus zu betonen war[223], hatte die Auffassung, daß die im Alten Testament versprochene Endzeit, die ἔσχατοι καιροί bzw. *novissima tempora*, mit dem Kommen Jesu angebrochen sei, bis in die Gegenwart andauere und weiter bis zum definitiven und determinierten Ende der Zeiten fortdauern werde, durch die Parusieverzögerung und ihre weltchronologische Bewältigung die Bedeutung für den christlichen Glauben nicht verloren. Sowohl die Definition der Zeit seit der universalen Zäsur des Kommens Jesu als Eintreten der eschatologischen Situation als auch die Überzeugung von dem grundsätzlichen endzeitlichen Charakter der eigenen Gegenwart blieben fundamentale Bestandteile der Glaubensmentalität und der Bekehrungsarbeit.

218 Vgl. auch Luneau 219f., 227–229.
219 Vgl. zur Autorenschaft Koch (o. Anm. 102) 1–78, 473–475; M. Simonetti, Maia 3, 1950, 265–288; auch Sage 373–375; ohne neue Argumente gegen eine Autorenschaft Cyprians Heck 153 mit Anm. 21.
220 Weiteres u. S. 167, 170, 173ff.
221 Cypr., Idol. 11 (mit 10), bes. 11, Z. 1–4 (CSEL III 1, p. 28). Die grundsätzliche Bedeutung dieses heilsgeschichtlichen Weltverständnisses und des zugehörigen, aus der Tradition der beiden Testamente kommenden Formulars insbesondere in der Form der Vetus Latina Afra wurde für die Analyse der späteren Passagen Cyprians bei Alföldy, Krise 300 unterschätzt. Koch a.a.O. 169 bezeichnet Idol. 11 in einem ungenauen Sinne als „dogmatisch und lehrhaft". Idol. 5 ist lediglich die traditionelle christliche Antwort auf die heidnische Romideologie, Rom sei durch die Frömmigkeit gegenüber den alten Göttern groß geworden (vgl. u. S. 333). Dazu griff Cyprian auf das allgemein bekannte Weltreichschema zurück und betonte gegen den Gedanken eines Verdienstes der Römer: *Regna autem non merito accidunt, sed sorte variantur*. Selbstverständlich mußte der Christ Cyprian die Aeternitas-Vorstellung für das heidnische Rom verwerfen. Die weitergehende Wertung der Passage bei G. Lieberg, in: Krisen in der Antike, Düsseldorf 1975, 81 ist nicht berechtigt. Zu dem grundsätzlichen Ineinandergreifen von Zukunfts- und Gegenwartsaussagen in der Verkündigung des Neuen Testaments, zur präsenten Spannung zwischen dem Kommen der Herrschaft Gottes in der Zukunft und dem Anbruch dieser Herrschaft seit der Gegenwart Jesu, zwischen dem Nahesein Gottes und seinem endzeitlichen Regiment in der Heilszeit der Verkündigung vgl. auch W. Schneemelcher, Das Urchristentum, Stuttgart – Berlin – Köln – Mainz 1985, 64f., 178–180.
222 Vgl. auch A. Quacquarelli, La concezione della storia nei Padri prima di S. Agostino, Rom 1955, 87–104, bes. 89f., 92.
223 Siehe o. S. 109f.; vgl. u. S. 170.

Ad Fortunatum, 257 n. Chr. in der ersten Phase der valerianischen Verfolgung entstanden[224], stellt eine mit Vorwort versehene Sammlung von Schriftstellen zum Martyrium dar; die Schrift ist ganz konkret dem Ziel der Exhortatio zum Märtyrertum gewidmet[225]. Ähnlich wie in der brieflichen Predigt von Epist. 58, aber in präziserer Formulierung wird die Verfolgung (*pressurarum et persecutionum pondus*) mit dem Beginn (!) des Nahens der Zeit des Antichristen (*in fine adque in consummatione mundi antichristi tempus infestum adpropinquare iam coepit*) am Ende dieser Welt gleichgesetzt[226]. Entsprechend dem oben skizzierten heilsgeschichtlichen Verständnis und der auf dem Weltwochenschema beruhenden Chronologie ist die Gegenwart Teil der mit der Geburt Christi beginnenden eschatologischen Phase dieser Welt[227]. Um den theologisch implizierten Sinn deutlicher zu machen, kann auf Lk 21,9 verwiesen werden, wo der Beginn des Eintretens dessen, was für die Zeit vor dem Kommen des Tages geweissagt ist, von dem Ende der Zeiten selbst und seinen Begleitumständen getrennt wird. Formulierungen dieser Art dienten gerade zur Darlegung, daß die eigenen Zeitereignisse zwar bereits in den eschatologischen Zusammenhang gehörten, jedoch noch keine Zeichen des apokalyptischen Weltendes im engeren Sinne wären. Daß mit der nun einsetzenden Verfolgung die Zeit des Antichristen selbst bereits gekommen sei, wird von Cyprian in Ad Fortunatum nicht gesagt[228].

„De mortalitate": der Katechismus des christlichen Sterbens

Den Inhalt der Schrift De mortalitate[229] bilden die christliche Consolatio sowie die katechetische Belehrung zu dem Thema des Sterbens und die Vorbereitung der Gläubigen auf den Tod in der großen Epidemie 252 n. Chr.[230]. Die Formeln, die Cyprian hier gebraucht, sind für die christliche Katechese und Predigt von einer zeitlosen Topik; dies wird umso deutlicher, wenn man sich die noch heute in der kirchlichen Trost- und Trauerpredigt üblichen Argumentationsgänge vor Augen

---

224 Vgl. R. Weber, CCL III, 1972, p. LIII; Sage 346f., 378f., 382f.; auch o. Anm. 145; gegen eine Frühdatierung in die decische Verfolgung bereits Koch (o. Anm. 102) 149–183, dessen Darlegungen für einen Ansatz im Frühjahr 253 n. Chr. am Vorabend der befürchteten Verfolgung unter Gallus nicht stichhaltig sind, sondern nur den Terminus post quem fixieren.
225 Besonders thematisiert aus der Sicht des Seelsorgers in Fort. praef. 2. Auch hier nimmt die appellative Abwertung dieser Welt einen zentralen Platz in den Testimonien ein (siehe Fort. 7.11–13).
226 Fort. praef. 1, 2–5.
227 *Sex milia annorum iam paene conplentur, ex quo hominem diabolus inpugnat* (Fort. praef. 2, 23–24); vgl. o. S. 165.
228 Gerade Fort. 11 bringt keinen naheschatologischen Bezug außer dem breiten Zitat der synoptischen Apokalypse nach Mt 24, 4–31. In Fort. 13, 40f. wird betont: *sine damno temporis merces iudice Deo redditur.*
229 Vgl. zum Charakter des Werkes Quacquarelli (o. Anm. 157) 29–35, 39f.; auch Ch. Favez, La consolation latine chrétienne, Paris 1937, bes. 17f., 152ff. (zu Struktur von Todeswertung und Motiven); Monceaux (o. Anm. 182) 303, 305ff.; zu Predigt und Schriftbezug ebd. 317–320, 349f. Alföldy, Krise 302ff. geht auf den spezifischen Charakter des Werkes nicht ein.
230 Zur gleichzeitigen Predigttätigkeit des Bischofs in der Situation der Epidemie, in der ein unmittelbarer Endzeitbezug gerade fehlt, siehe Vita 9; vgl. Monceaux a.a.O. 303f.

führt. Die gesamte christliche Tradition findet die Rechtfertigung gerade des unnatürlichen Todes, des Sterbens vor der Zeit, stereotyp in der Vorstellung der ‚Erlösung durch Gott aus dem Jammertal dieser Welt'. Dabei wird stets das Szenarium des Negativen in dieser Welt beschworen. Sowohl in den Formeln wie im Gedankengang steht die zweck- und situationsgebundene Pastoralschrift Cyprians in dieser zeitunabhängigen christlichen Tradition, die sich bereits vor Cyprian voll entwickelt hatte. Schon in seiner Testimonienkompilation Ad Quirinum hatte Cyprian kurz nach seiner Konversion das Grundschema der christlichen Katechese des Sterbens formuliert und auf eine Zusammenstellung von Schriftbelegen und Aussagen der Weltverneinung gestützt[231].

Cyprian wandte sich in De mortalitate gegen die Verzagtheit, Todesfurcht und Verzweiflung über die schicksalhafte Prüfung der großen Epidemie und er mußte zugleich die Fragen der Gläubigen hinsichtlich der Güte Gottes, nach dem ‚Warum' und ‚Warum gerade jetzt' beantworten[232]. Er hatte nicht zuletzt die Klage respektive den Vorwurf gegen Gott abzuwehren, die Seuche raube den Christen die Möglichkeit zum Erringen der Bekennerkrone[233]. Natürlich dürfte die große Epidemie wie alle Seuchenwellen bis in die Moderne hinein von einem breiten emotionalen Spektrum von Angst, Panik, Todesstimmung und Verzweiflung sowie von Extremen menschlichen Verhaltens begleitet[234] und mit einer gesteigerten religiösen Haltung verbunden gewesen sein.

Wie nicht anders zu erwarten, ist in Mort. 15.19 der Gedanke in den Vordergrund gerückt, daß der Tod in der Seuche eine Erlösung aus der Drangsal dieser Welt sei[235]. Diese Argumentation wird in Mort. 25 auf einen rhetorischen Höhepunkt geführt. Nachdem in Mort. 24 betont worden war, daß nur derjenige in dieser Welt zu bleiben wünsche und für sich und die Seinen den Tod fürchte, dem die Nichtigkeiten dieser Welt wichtig seien[236], folgt der Appell unter Zitierung von 1 Joh 2, 15—17, diese Welt nicht zu lieben, welche die Christen hasse und welche doch vergehen werde[237]. Im Hintergrund der Formulierung steht eindeutig das Herrenwort der völligen Verneinung dieser Welt in Joh 7, 7 *Odit me saeculum quia ego et illum, quia mala facta sunt facta illius*[238]. All das Schlechte und Drohende in

---

231 Testim. 3, 58 *Neminem contristari morte debere, cum sit in vivendo labor et periculum, in moriendo pax et resurgendi securitas*; auch Testim. 3, 17; zu Cyprians in der Verwendung repräsentativen und dennoch von ihm eigenständig bearbeiteten Sammlungen der zentralen Schriftworte von theologischer Argumentation und Predigt vgl. Daniélou (o. Anm. 102) 234–239, bes. 237 zu Testim. 2, 28–29.
232 Vgl. bes. Cypr., Mort. 1.2.8.18.
233 Vgl. Mort. 17–19.
234 Vgl. auch Vita 9.
235 *Mortalitas ista Iudaeis et gentibus et Christi hostibus pestis est, Dei servis salutaris excessus est* (Mort. 15, 241–243).
236 Mort. 24, 397–399.
237 Ebd. 399ff.
238 Siehe so zitiert in De montibus Sina et Sion 2; die pseudocyprianische Schrift stammt sehr wahrscheinlich aus dem späten 2. Jh. n. Chr. und ist ein Zeugnis des afrikanischen Monarchianismus, das in seiner Ansetzung der Passion im Jahre 6000 der millenaristischen Weltwoche die urchristliche eschatologische Naherwartung fortführt; vgl. Daniélou a.a.O. 47–59, bes. 50f.

dieser Welt, die nach der Verheißung der christlichen Eschatologie zwingend ihrem Ende entgegengehe, faßt Cyprian in dem suggestiven Zerrbild dieser Welt von Mort. 25 zusammen; so wird der Tod in der Seuche zur zweifelsfreien Erlösung aus dieser im Verfall begriffenen, sich immer mehr verschlechternden Welt und zur Errettung durch Gott: daß wir, *qui cernimus coepisse iam gravia et scimus inminere graviora* (d. h. die für die Zukunft prophezeiten Wehen der Endzeit als die einzig mögliche Zukunftsperspektive der Christen in dieser Welt des heidnischen Imperium Romanum), es als höchsten Gewinn zu betrachten haben, *si istinc velocius recedamus*[239]. Wenn das Haus baufällig sei, würde man da nicht mit aller Schnelligkeit weggehen, bei Sturm nicht möglichst schnell einen Hafen anlaufen? *mundus ecce nutat et labitur et ruinam sui non iam senectute rerum sed fine*[240] *testatur: et tu non Deo gratias agis, non tibi gratularis quod exitu maturiore subtractus ruinis et naufragiis et plagis imminentibus exuaris?*[241]. Mort. 26 schließt mit dem Predigtappell zu eilen, die wahre Heimat der Christen im Reich Gottes zu sehen und zu Christus zu kommen: *Considerandum est . . . et identidem cogitandum renuntiasse nos mundo et tamquam hospites et peregrinos hic interim degere. Amplectamur diem qui adsignat singulos domicilio suo, qui nos istinc ereptos et laqueis saecularibus exsolutos paradiso restituit et regno*[242]; von einem jetzt drohenden Weltende ist gerade in der Schlußpassage nicht mehr die Rede.

Cyprian geht in seiner Argumentation bis zu dem Punkt, daß er selbst die Trauer für die Verstorbenen ablehnt, da sie im Widerspruch zu der christlichen Gewißheit über die Verheißung Gottes stehe[243]. Der Tod ist nur der Übergang zum ewigen Leben[244], und gerade diejenigen, die vor Gott Gefallen fänden, würde dieser zu sich nehmen[245]. Diese Topikt ist auch heute präsent, wie nicht weiter betont zu werden braucht. Es gibt nach Cyprians Worten keinen Grund für ein Verzagen[246], denn auch die Seuche ist als solche für den Christen wie die anderen Unbillen in dieser Welt nicht unerklärlich, sondern vorausgesagt; im voraus hat Gott gemahnt, daß in der letzten Phase der weltlichen Geschichte die Widrigkeiten zunehmen würden (*adversa crebrescere*)[247]. Das Reich Gottes werde für den Christen als Belohnung mit ewigem Heil und ewigem Frieden folgen, die ebenso sicher versprochen sei wie die Vorhersagen der Verkündigung einträten, wobei Cyprian das Feigenbaumgleichnis aus Lk 21, 31 aufgreift[248]: Wer sollte ängstlich oder traurig sein, außer es fehle ihm

239 Bes. Mort. 25, 418–420.
240 Deutliche Bezugnahme auf 1 Kor 10, 11.
241 Mort. 25, 426–429.
242 Mort. 26, 430–434.
243 Mort. 20–22.
244 Ebd. 20.22.
245 Ebd. 23.
246 *Ut ad procellas et turbines mundi trepidatio nulla sit nobis, nulla turbatio* (Mort. 2, 17–18).
247 Ebd. 2, 15ff. Der stereotype apokalyptische Katalog *bella et fames et terrae motus et pestilentias per loca singula exurgere* ist den synoptischen Evangelien entnommen; vgl. Mk 13, 5–8; Mt 24, 6–8.
248 Mort. 2.

an Glauben und Hoffnung, wenn das Himmlische auf das Irdische folge, wenn der verheißene ewige Lohn und die *possessio paradisi nuper amissa* (beim Sündenfall) kommen würden, wenn die Welt vergehe? *Eius est enim mortem timere qui ad Christum nolit ire. Eius est ad Christum nolle ire qui se non credat cum Christo incipere regnare*[249]. Dies ist die Kernsentenz, die auf den weiteren Argumentationsweg verweist. Doch während mit der Schriftstelle Lk 21, 31 das Herrenwort aus der synoptischen Apokalypse zitiert wird *cum autem videritis haec omnia fieri* (die Vorzeichen für die Parusie des Herrn), *scitote quoniam in proximo est regnum Dei*, wandelt Cyprian die Aussage in seiner Interpretation entscheidend ab: *regnum Dei esse coepit in proximo*[250], was dem grundsätzlichen, christlich-heilsgeschichtlichen Verständnis entspricht, daß mit der Geburt Christi das letzte Zeitalter, das Telos der Geschichte angebrochen, die Christen insbesondere nach 1 Kor 10, 11[251] als das Volk der eschatologischen Endzeit zu betrachten[252] und die Zeit der Kirche als die heilsgeschichtliche Endzeit zu definieren seien[253]. Diese allgemein verbreitete theologische Konzeption hat Tertullian, der als wesentliche Quelle für Cyprian zu gelten hat, explizit ausformuliert: *sub extimis curriculis saeculi* habe Gott die Kirche errichtet[254]. Die Gegenwart wird damit bei Cyprian in Mort. 2, 29 nach der Vorgabe von Mk 13, 7–8 erst als der Anfang der Wehen der Endzeit, nicht als deren eigentlicher Beginn, gedeutet. Im Tode habe der Christ so Sicherheit und Lohn, während in dieser Welt die tägliche Schlacht gegen den Teufel (!) zu führen sei[255]. Die christliche Verheißung zeige *quantum prosit exire saeculo*[256]. Auch die Seuche hat ihren Platz im Heilsplan Gottes: *Pavore mortalitatis et temporis accenduntur tepidi, constringuntur remissi, excitantur ignavi, desertores conpelluntur ut redeant, **gentiles coguntur ut credant***; sie habe weiter die Funktion, die Furcht vor dem Tode zu überwinden und auf das Martyrium vorzubereiten[257]. Die Seuche sei für die Christen eine von Gott gesandte Prüfung; die Gläubigen fürchteten weder diese Prüfung noch den Tod[258].

---

249 Ebd. 2, 30ff.
250 Ebd. 2, 29; vgl. zur heilsgeschichtlichen Vorstellung o. S. 80, 166f.
251 Vgl. 1 Kor 7, 29, das in Cypr., Testim. 3, 11, 32 aufgenommene *tempus collectum est*.
252 Vgl. Tert., Cult. fem. 2, 9, 8 *nos sumus, in quos decurrerunt fines saeculorum*. Es ist bezeichnend, daß Cyprian selbst diese Schlüsselstelle christlicher Naherwartung in 1 Kor 10, 11 gerade nicht direkt zitiert, obwohl er sonst 1 Kor vielfach verwendet (siehe die Indices CSEL III 3, p. 369; CCL III, p 288; CCL III A, p. 148).
253 Vgl. W. C. van Unnik, Sparsa collecta III, Leiden 1983, 114–123; A. Strobel 12f.; G. May, TRE X, 1982, 301; G. Schöllgen, JbAC 27–28, 1984–1985, 81f., 92; als eine der alttestamentlichen Schlüsselstellen Joël 3, 1.
254 Tert., Apol. 21, 6; siehe etwa auch Tert., Adv. Marc. 5, 8, 6f., Christus sei *novissimis diebus* erschienen; vgl. o. S. 104; o. Anm. 252.
255 Mort. 3–5.
256 Ebd. 6–7, bes. 7, 95f., mit Verweis auf Joh 14, 28; Phil 1, 21.
257 Mort. 15–16, bes. 15, 255ff.
258 Mort. 8–14.

Die Problematik der Schrift „Ad Demetrianum"

Ad Demetrianum[259], von Cyprian nach De dominica oratione[260] und vor De mortalitate wohl bald im Jahre 252 n. Chr. verfaßt[261], bildete die Antwort des Bischofs auf die feindliche Agitation eines uns sonst unbekannten Demetrianus, der die Christen für *omnia ista quibus nunc mundus quatitur et urguetur* verantwortlich machte[262]. Mit Ad Demetrianum setzte Cyprian die Reihe der apologetischen Schriften fort[263]: Sie richtet sich an die pagane Öffentlichkeit und ist die direkte Erwiderung auf die Angriffe des Demetrianus. Dessen antichristliche Agitation ist nicht zu lange nach dem Tod des Decius und nach dem Ausbruch der Pest anzusetzen, also wahrscheinlich 251/252 n. Chr.[264]

Der eine wesentliche Inhalt der Schrift, der Demetr. 3–11 bestimmt, ist die Verteidigung gegen die allgemeine heidnische Schuldzuweisung *omnis cladis, omnis popularis incommodi Christianos esse in causa*[265], die auf dem in der Bevölkerung dominierenden religiösen Ursachendenken und auf der heidnischen Überzeugung beruhte, daß der gewissenhafte Kultvollzug gegenüber den traditionellen Göttern die Voraussetzung für die Gewährleistung eines positiv geordneten Zustan-

---

259 Kennzeichnend für G. Alföldys Zugang zu der Schrift ist die Aussage: „Mit den Sorgen des Imperiums setzte sich der Bischof in seiner für einen heidnischen Leser bestimmten Schrift ... auseinander ... , die der Krise des römischen Reiches gewidmet ist ... " (Krise 303). Bezeichnend ist aber andererseits seine Bemerkung ebd. 303: „Die Ausdrücke für die Verkündigung des unmittelbar bevorstehenden Weltunterganges wiederholen nicht nur Cyprians bereits in früheren Schriften ausgeprägten Wortgebrauch, sondern steigern dessen Effekt bis zur Höhe der Rhetorik". Der jeweilige Argumentations- und Traditionszusammenhang wird aber in der Zusammenstellung von Negativformeln ebd. 303f. nicht mit einbezogen. Die Bemerkung zu Demetr. 2.3.10, zur „Illustration der Aussichtslosigkeit der Lage wird ein ganzer Katalog von erschreckenden Fakten" aufgestellt, trifft den argumentativen Kontext der Passagen nicht.
260 Dieses Werk folgt bereits auf die bei der Synode von 251 n. Chr. verlesenen Schriften De unitate und De lapsis; vgl. Sage 380f., 383.
261 Vgl. M. Simonetti, CCL III A, 1976, 34; Sage 380f., 383. Heck, 157 dreht die Reihenfolge mit Berufung auf H. Koch um; dies ist jedoch gegenüber dem Zeugnis von Vita 7, 6.7 nicht zwingend. Die Datierung von E. Gallicet (Ed.), Cipriano. A Demetriano, Turin 1976, 55–62, bes. 61 auf den Herbst 253 n. Chr. bleibt ohne Grundlage; Demetr. 17 ist ohne Zweifel auf den Tod des Decius zu beziehen. Der von Gallicet als Alternative herangezogene angebliche große Berbereinfall von 253 ist eine Fiktion (vgl. o. S. 152f.). Gegen Gallicets weitere Argumente, darunter der offenkundige Zirkelschluß für das Jahr 253 und die zu enge Fassung des Adjektivs *recens* (von Heck a.a.O. zu Unrecht übernommen), vgl. auch Heck 175–180, der allerdings a.a.O. 180f. den Bezug des *documentum recentis rei* auf Decius zu Unrecht als nicht restlos gesichert relativieren möchte.
262 Demetr. 1–3; vgl. auch Sage 276–280, der mit gutem Grund als Charakteristikum der Schrift das Basieren auf Zitaten, Übernahmen und Allgemeinplätzen nennt.
263 Die Züge einer personenbezogenen Invektive (vgl. hierzu etwa Monceaux (o. Anm. 182) 275f.) dürfen nicht in den Vordergrund gestellt werden.
264 Zu Unrecht anders Gallicet a.a.O. 56–60. Zur christenfeindlichen Stimmungslage in Karthago nach dem Ende der Maßnahmen des Decius vgl. auch Cypr., Epist. 59, 6; zum aktuellen Jahreszeitenbezug der Agitation des Demetrianus u. S. 177f.
265 Tert., Apol. 40, 1. Vgl. u. S. 328ff.; allgemein Heck, passim.

des der Welt und der Größe Roms sei[266]. Bereits Tertullian hatte in seinem offenen apologetischen Brief Ad Scapulam dieses Denkschema der *religio neglecta* respektive der *exempla religionis neglectae* gegen die Heiden selbst gewandt; durch den Ansatz zu einer entsprechenden christlichen Exempeltradition für die *ira vel ultio Dei* und die *signa imminentis irae Dei* hatte er eine Antwort auf der gleichen Gedankenebene entwickelt[267]. Dieses Argumentationsschema konnte Cyprian nun um das offenbar augenfällige Beispiel eines unmittelbaren Verfolgertodes, nämlich des Decius, erweitern[268]. Erst jetzt war der christlichen Apologetik ein schlagendes *exemplum verae religionis neglectae* an die Hand gegeben. Cyprians Argumentation zielt zuerst auf die Abwehr und Widerlegung des pauschalen, traditionellen Schuldvorwurfes an die Christen für alle negativen Erscheinungen und die Verschlechterungen gegenüber der ‚guten alten Zeit' vor der Wirkung der christlichen Mißachtung für die Götter. Spezielles Ziel waren Ausformung und Konkretisierung dieses Schuldvorwurfes in der Agitation des Demetrianus. Zugleich suchte Cyprian von Anfang an den Übergang zur Protreptik für den christlichen Glauben, welche den zweiten Teil der Schrift bestimmt[269]. Für beide Zielsetzungen benötigte Cyprian den Nachweis einer gesetzmäßig deszendenten bzw. eschatologischen Entwicklung der Welt. Er antwortete dem Schuldvorwurf in der Gestalt der Agitation des Demetrianus auf zwei Ebenen[270], einmal auf der Ebene heidnischer ‚Eschatologie' mit der allgemein präsenten, das Denken der Menschen prägenden Vorstellung vom Altern der Welt nach dem organischen Modell[271] und zum anderen auf der Ebene der eschatologischen Vorhersagen der Heiligen Schrift bzw. der jüdisch-christlichen Apokalyptik (als der eigentlichen Erklärung der Deszendenz), wo sich ihm der unmittelbare Anknüpfungspunkt für die Protreptik des christlichen Glaubens bot. Zur Propagierung des Altersmodells für die eigene Zeit unter gezielter negativer Zeichnung der Natur[272] benutzte Cyprian die entsprechenden Mittel, Traditionen und Vorstellungen paganer (Populär-)Philosophie und Rhetorik, die als Allgemeingut einer breiteren Bildungsschicht gelten konnten (s. u.)[273]. Die Schrift Ad Demetrianum, die nach den Vorbildern Tertullians und des Minucius Felix in rhetorisch

---

266 Vgl. u. S. 328ff.; auch S. 333ff., mit weiterer Lit.
267 Vgl. Heck, bes. 102ff.; o. S. 101f.
268 Demetr. 17.
269 Die grundsätzliche Wendung der Schrift hin zum Bekehrungsappell erfolgt nach Demetr. 17, bes. ebd. 22ff.; vgl. auch Heck 157f.
270 Vgl. hierzu Daniélou (o. Anm. 102) 207–212, bes. 208–210.
271 Siehe u. S. 303ff., 318ff.
272 In charakteristischer Weise ist dem etwa Epist. 37, 2 entgegengesetzt.
273 Deshalb ist der Vorwurf des Lactanz (Inst. 5, 4, 4, 3–7, bes. 5, 5, 4), Cyprian habe gegenüber Demetrianus nur die Bibel direkt zitiert, nicht aber die Testimonien der Philosophen und Historiker aufgeführt, verfehlt. Die diesbezüglichen Überlegungen bei Heck 153–155 sind unnötig und die Bemerkung, Cyprian tue „also fast so, als stamme das Sallustwort [d. i. Sall., Iug. 2, 3] aus dem Pentateuch" unrichtig. Cyprian nimmt allgemein präsentes paganes Gedankengut auf; vgl. auch G. J. M. Bartelink, Hermeneus 42, 1970, 91–98, wo der langfristig konstante Schatz von zugehörigen Standardformulierungen deutlich wird; H. Berthold, in: Roma renascens. Festschrift I. Opelt, Frankfurt u.a. 1988, 41 (unglücklich ebd. 47 zu Demetr. 3 ohne Kontext und Argumentationsziel).

ausgefeilter Weise Apologetik und Protreptik verbindet[274], geht bei der Abwehr des Schuldvorwurfes damit in bisher nicht gekannter Direktheit auf die prägende heidnische Vorstellungswelt und ihre Denkschemata ein, wobei sich in dem traditionellen Bild der geschichtlichen Entwicklung und der Beurteilung der eigenen Gegenwart als Alters- und Niedergangsphase[275] eine im Sinne der Argumentation Cyprians zwingende Erklärung aller negativen Phänomene bot. Wir haben in diesem Gedankenkreis mit großer Wahrscheinlichkeit die Sicht der Geschichte des *orbis Romanus* und das Zeitgefühl vor uns, die Cyprian selbst vor seiner Konversion zum christlichen Glauben mit seiner eschatologischen Verheißung, heilsgeschichtlichen Determinierung und weltchronologischen Schematik als geläufiges Gut seiner paganen Zeitgenossen geteilt hatte. Trotz der Abhängigkeit der Schrift insbesondere vom Octavius des Minucius Felix dürfte hier auch die frühere persönliche Sicht Cyprians zur geschichtlichen Entwicklung Roms und der Welt faßbar werden.

Von den beiden genannten Ebenen, jener der heidnischen ‚Eschatologie' nach dem organischen Modell für die Welt und alles Irdische und jener der christlichen eschatologischen Determinierung der Geschichte, konnte Cyprian die Vorgabe einer Gesetzmäßigkeit für den fortschreitenden Niedergang dieser Welt erweisen, die keine Schuldzuweisung an die Christen zuließ. Diese Zweiteilung der Argumentation, welche zugleich die Richtigkeit der christlichen eschatologischen Erwartung auf der paganen Denkebene dokumentieren sollte, ist der kennzeichnende Grundzug der Apologie in Ad Demetrianum, die das Gedankenfeld des heidnischen Gegenüber explizit aufgriff: *Qua in parte qui ignarus divinae cognitionis et veritatis alienus es illud primo in loco scire debes senuisse iam mundum*[276]. Die Wiederholung der Definition der Standortwahl läßt kein Ausweichen des Widerparts zu: *Hoc etiam nobis tacentibus et nulla de scripturis sanctis praedicationibusque divinis documenta promentibus*[277]: die Natur und die Welt selbst und das von Demetrianus den Christen zugerechnete Negative beweisen die Richtigkeit des heidnischen Niedergangsmodells[278]. Unter den apologetischen Schriften zeichnet Ad Demetrianum gerade diese deutliche, zweckbezogene Aufnahme der Doktrinen vom Altern der Welt, von der organischen Modellvorstellung von Wachsen und Vergehen für die Entwicklung des Kosmos und des *orbis terrarum* aus[279].

Aufgegriffen wurden diese heidnischen (populär-)philosophischen Doktrinen in der christlichen Apologie bereits vor Cyprian, und zwar bezeichnenderweise im Octavius des Minucius Felix, einer seiner wesentlichen Vorlagen. Dort sind die paganen Vorstellungen vom *mundus senescens* und vom Weltende im Zusammenhang mit der Verteidigung für die christliche eschatologische Verkündigung und

---

274 Und dabei vielfach in einer quasiliturgischen Prosa gehalten ist; vgl. J. Fontaine, Aspects et problèmes de la prose d'art latine au IIIe siècle, Turin 1968, bes. 142–148, 149–176.
275 Vgl. u. S. 304, 312ff., 322f.
276 Demetr. 3, 39–41.
277 Ebd. 3, 43f.
278 Ebd. 3, 44–46.
279 Vgl. M. Spanneut, Le Stoïsme des Pères de l'Église, Paris 1957, 350ff., 400ff., 410ff., bes. 413f.; ders. Permanence du stoïsme. De Zénon à Malraux, Gembloux 1973, 130ff.; Daniélou (o. Anm. 102) 210ff.

Gewißheit, die der Heide „Caecilius" als verwerflichen Angriff auf die pagane Aeternitas-Vorstellung gebrandmarkt hatte[280], eingesetzt[281]: *Ceterum de incendio mundi aut improvisum ignem cadere aut diffindi caelum non credere vulgaris erroris est. quis enim sapientium dubitat, quis ignorat omnia quae orta sunt occidere, quae facta sunt interire? caelum quoque cum omnibus quae caelo continentur, ita ut coepisse desinere fontium dulcis aqua maria nutrire, in vim ignis abiturum Stoicis constans opinio est, quod consumpto umore mundus hic omnis ignescat*; auch die Epikureer seien hinsichtlich der *elementorum conflagratio et mundi ruinae* der gleichen Meinung[282]. Es folgt dann der Hinweis auf Platon[283]. Die entsprechenden heidnisch-philosophischen ‚eschatologischen' Doktrinen werden ausdrücklich als allgemein bekannt, als vorauszusetzendes Allgemeingut bezeichnet, dem sich der pagane Widerpart nicht entziehen könne. Es ist dabei charakteristisch, daß auch der Octavius an diese Ausführungen unmittelbar die Behandlung der Verheißung der Auferstehung und der eschatologischen Erwartung der Christen anschließt[284]. Die Christen selbst gehören nach dem hier wie bei Cyprian zugrundeliegenden Selbstverständnis bereits nicht mehr in diese Welt.

Cyprian listet in Demetr. 2 auf, welche konkreten Momente der als *inpatiens, indocilis, impius* und *furens* gekennzeichnete religiöse Agitator Demetrianus unter dem Stichwort *plurimos conqueri* für die Schuldzuweisung an die Christen (*nobis imputari*) vorgebracht hatte: *quod bella crebrius surgant, quod lues, quod fames saeviant, quodque imbres et pluvias serena longa suspendant*[285]. In Demetr. 5 (s. u.) wird der Katalog mit der charakteristischen Abweichung *quod autem crebrius bella continuant*[286] und mit der Ergänzung um die Klage der *sterilitas* wiederholt und nochmals in Demetr. 10, hier erweitert durch den Punkt *quereris minus nasci*[287], angesprochen. Auf das Resümee der konkreten Polemik des antichristlichen Agitators in Demetr. 2 folgt in Demetr. 3 die Paraphrase der generellen, auf dem religiösen Ursachendenken der Menschen aufbauenden Schuldzuweisung an die Christen: *Dixisti per nos fieri et quod nobis debeant inputari omnia ista quibus nunc mundus quatitur et urguetur quod dii vestri a nobis non colantur*[288]. Darauf folgt die oben dargelegte, für den paganen Adressaten zwingende Widerlegung dieses Schuldvorwurfes durch den Verweis auf das traditionelle heidnische Niedergangsschema nach dem organischen Modell und auf die entsprechende Einordnung der Gegenwart in die schon lange in Kraft getretene Altersphase der Welt, wodurch jede

---

280 Min. Fel. 11, 1.
281 Zur Eschatologie bei Minucius Felix und den reichen stoischen Elementen vgl. etwa Daniélou a.a.O. 208–210.
282 Min. Fel. 34, 1–3.
283 Ebd. 34, 4–5.
284 Ebd. 34, 6ff.
285 Demetr. 2, 22–24.24–27.
286 Beobachtet wurde also das Fehlen von früher üblichen längeren Unterbrechungen der kriegerischen Auseinandersetzungen durch Friedensphasen, was insbesondere für die Entwicklung an der unteren Donau zutraf.
287 Demetr. 10, 193.
288 Ebd. 3, 37–39.

subjektive oder objektive Zunahme des Negativen gegenüber einer (modellhaft) besseren früheren Zeit (vor den Christen) als eine von den Christen unabhängige Folge einer den Heiden als solche bekannten, natürlichen Gesetzmäßigkeit erklärt wird: *senuisse iam mundum, non illis viribus stare quibus prius steterat nec vigore et robore ipso valere quo ante praevalebat*[289]. Der Zustand der Welt habe sich durch die naturgesetzliche Abnahme von *vigor* und *robur* verschlechtert. Dazu brauche man nicht auf die Aussagen der Heiligen Schrift einzugehen, denn die Richtigkeit dieses Weltgesetzes und die Zugehörigkeit der Gegenwart zur Phase des altersmäßigen Verfalls beweise die Welt selbst[290]: *mundus ipse iam loquitur et occasum sui rerum labentium probatione testatur*. Als autoritative Grundlage dient Cyprian das direkte Zitat der bekannten Formel des Sallust *omnia orta occidunt et aucta senescunt*[291], erweitert zur Formel eines universellen Weltgesetzes, wie es zum Allgemeingut des menschlichen Denkens und seiner vorstrukturierten Interpretationsmuster zu rechnen ist[292]: *Haec sententia mundo data est, haec dei*[293] *lex est ut omnia orta occidant et aucta senescant et infirmentur fortia et magna minuantur et cum infirmata et deminuta fuerint finiantur*[294]. Dokumentiert[295] werde der nach diesem Weltgesetz bereits eingetretene Verfall durch die Natur, konkret im Klima, in der Verschlechterung der Jahreszeiten, in der Abnahme der Ertragskraft der Bodenschätze, beispielhaft genannt der Marmorbrüche und Edelmetallminen, durch das Fehlen von Arbeitskräften in der Landwirtschaft, von Seeleuten für die Schiffe, von Soldaten für das Heer[296], durch die Verschlechterung der physischen Qualität der Menschheit selbst[297] und insbesondere durch den Niedergang von Kultur und Moral, wobei genau hier der sich rhetorisch steigernde Aufbau seinen Höhepunkt findet[298], eine Gewichtung, die Demetr. 10 unter Rekapitulierung des Klagenkatalogs des Demetrianus bekräftigt[299]. An das heidnische Gegenüber wird die rhetorische Frage gerichtet: *Putasne tu tantum posse substantiam rei senescentis existere, quantum prius potuit novella adhuc et vegeta iuventa* (d. h. nach der allgemeinen Geschichtsschematik in der Zeit der Republik) *pollere?*[300]. *Minuatur necesse est*

---

289 Ebd. 3, 39–40.41–42.
290 Ebd. 3, 43–46.
291 Sall., Iug. 2, 3.
292 Vgl. u. S. 304.
293 Hier doch wohl im Sinne der allgemein als existent anerkannten göttlichen Macht.
294 Demetr. 3, 64–67.
295 Ebd. 3, 46–55.
296 Neben einer allgemeinen Klagenoptik können hinter diesen Punkten die in Karthago spürbaren aktuellen Auswirkungen der Mortalitätsrate der Epidemie und möglicher Ausweichtendenzen der Bevölkerung vor der Ansteckungsgefahr gestanden haben.
297 Demetr. 4.
298 *Et decrescit ac deficit ... innocentia in foro, iustitia in iudicio, in amicitiis concordia, in artibus peritia, in moribus disciplina* (Demetr. 3, 53–55). Vgl. hierzu die gleichen plakativen Bilder in Ad Donatum (o. S. 149f.).
299 Alföldy, Krise 304 bezeichnet die in Demetr. 10 nochmals aufgegriffenen und exempelhaft konkretisierten negativen Verhaltensweisen der Heiden, die sich auch angesichts der Drohungen Gottes nicht in ihrem Leben wandelten, m. E. nicht treffend als das Bild der „Symptome der inneren Krise".
300 Demetr. 3, 55–57.

quicquid fine iam proximo in occidua et extrema devergit[301], womit Cyprian die Parallelsetzung mit der eigenen christlichen eschatologischen Geschichtssicht als der Voraussetzung für die Protreptik des Glaubens erreicht. Verdeutlicht wird das Zutreffen des aufgeführten axiomatischen Weltgesetzes mit Naturgleichnissen, so der Abnahme der Kraft der Sonne beim Untergang, der Abnahme der Mondscheibe, dem Altern eines Baumes und dem Versiegen einer Quelle im Laufe der Zeit[302].

Die unmittelbare Verknüpfung der Abwehr des heidnischen Schuldvorwurfes an die Christen durch das pagane Denkschema des *mundus senescens* mit der suggestiven Beschwörung der Endzeitgewißheit, die für den Bekehrungsappell von zentraler Bedeutung ist, leistet nun Demetr. 4[303]: *Christianis inputas quod minuantur singula mundo senescente* (nach dem allgemeinen Weltgesetz des organischen Modells in Demetr 3, 64ff.); da könnten auch die Alten den Christen ihre verminderten physischen Fähigkeiten anrechnen; und während die Menschen früher über 80 und 90 Jahre alt geworden seien (sic!), könne man jetzt kaum das 100. Lebensjahr (!) erreichen[304]. Das folgende Bild von den Kindern, die bereits als Greise zur Welt kämen, gehört zu den ältesten (eschatologischen) Topoi für die Depravation durch den Lauf der Zeiten[305]. So eile alles mit seinem Werden, bereits mit seinem Beginn seinem Ende zu, so sei alles, was jetzt geboren werde, durch das Alter der Welt selbst bereits entartet, so daß sich niemand zu wundern brauche *singula in mundo coepisse deficere, quando totus ipse iam mundus in defectione sit et in fine*[306], d. h. gemäß der den Heiden bzw. Christen bekannten eschatologischen Gesetzmäßigkeit.

Für Cyprian selbst beinhaltet dies kaum mehr als das Selbstverständnis, als Christ in der letzten Zeit der Welt, und zwar in einem fortgeschrittenen Abschnitt dieser Phase zu leben[307]. Wir müssen an dieser Stelle nochmals auf den von Tertullian explizit formulierten Gedanken verweisen, daß die Apostel, insbesondere Paulus, zu ihrer Zeit bereits als Wahrheit des Herrn verkündet haben, daß das Ende nahe sei[308]; um wieviel mußte das Ende im Einklang mit der gängigen christlichen Weltchronologie nun mehr als 200 Jahre später näher, um wieviel das Altern der Welt fortgeschritten sein und die allgemeine Depravation in der eschatologischen letzten Phase der Welt hin zu den prophezeiten Wehen der apokalyptischen Endzeit zugenommen haben. Die *vetustas saeculi*, in der sich die Welt seit der Geburt des Herrn gerade in augusteischer Zeit in Übereinstimmung mit dem heidnischen Weltalterschema[309] befand, mußte für den in einer heilsgeschichtlichen Zeitprogression denkenden Christen nun zur *ultima senectus* der zweiten Hälfte der letzten

---

301 Ebd. 3, 57f.
302 Ebd. 3, 58–64.
303 Bes. ebd. 4, 68–74.
304 Dieses wenig realitätsbezogene Argument in Demetr. 4, 72–74 für die vorhandene *senectus mundi* ist kein Beleg für eine sachliche Feststellung von allgemein verschlechterten Lebensbedingungen durch Cyprian.
305 Vgl. K. Berger, ANRW II 23, 2, 1980, 1458.
306 Demetr. 4, 76ff.
307 Vgl. o. S. 166f.
308 Vgl. o. S. 105; siehe die naheschatologische Schlüsselstelle 1 Kor 10, 11, deren direktes Zitat Cyprian gerade bewußt vermeidet.
309 Vgl. u. S. 305f., 312.

verheißenen sechs Weltstunden[310] fortgeschritten sein. Die Vorstellung von einer statischen *senectus* respektive einer *aeternitas* dieser Welt bzw. des heidnischen Rom und seines Reiches mußte der Christ Cyprian nach seinem Glauben und auch für die gewollte Protreptik der Bekehrung in aller Schärfe und unter Heranziehung der entsprechenden, allgemein verbreiteten Vorstellungen und Topentraditionen verneinen.

Cyprian setzte in seiner diesbezüglichen Argumentation einen im Alltagsleben der Bevölkerung Karthagos offensichtlich gängigen Klagenkanon ein, der mit dem zeitlosen Schlagwort „Alles ist nicht mehr so, wie es einmal gewesen ist" verbunden war und den zuvor Demetrianus in wesentlichen Teilen selbst für seine antichristliche Agitation benutzt hatte: als traditioneller, rhetorisch formulierter Topos die Entartung der Jahreszeiten[311], Unregelmäßigkeiten des Witterungsrhythmus[312], geringere Ausbeute an *crustae marmorum* aus den Steinbrüchen[313] (obwohl die Marmorbrüche von Simitthus (Chemtou) um 250 n. Chr. noch voll arbeiteten und insbesondere die Serienproduktion von Alltagsgegenständen aus Marmor blühte[314]), geringerer Ertrag der ausgebeuteten Gold- und Silberbergwerke und tägliches Kürzerwerden der schon ärmeren Metalladern[315] (obwohl die Metallgruben Nordafrikas gerade 257/258 n. Chr. in normalem Betrieb waren[316]), ungenügende Anzahl bäuerlicher Arbeitskräfte, Mangel an Seeleuten (ein wohl nicht so seltenes Problem in Karthago), Personalmangel beim Heer[317]. Als konkrete, aus der alltäglichen Lebenswelt der nordafrikanischen Region genommene Fakten erscheinen weiter die Sorgen über Wassermangel, Unfruchtbarkeit und Lebensmittelknappheit[318], Staubstürme[319], Hagel in Weinpflanzungen und Windbruch in Olivenhainen[320], Versiegen von Quellen wegen Trockenheit[321], Fieberwitterung[322], ansteckende Krankheiten und vor allem das Wüten der Seuche[323]. Den Klagen des Demetrianus über die Verschlechterung der natürlichen Lebensbedingungen und die Häufigkeit von Kriegen werden die viel schlimmeren Wirkungen des Verhaltens, der Sünden und der Gier der Heiden gegenübergestellt[324], wobei die (keineswegs nur jetzt zeitspezifische)

310 Vgl. o. S. 123.
311 Demetr. 3, 46–49. Das – entsprechend der umgekehrten Zielsetzung, aber in deutlicher Parallele – entgegengesetzte rhetorische Bild der geregelten Natur mit ihren Jahreszeiten zeichnet Cypr., Epist. 37, 2. Vgl. allgemein auch Ball (o. Anm. 89), bes. 63ff.
312 Offenbar war zur Zeit der Agitation des Demetrianus das für die Region als landwirtschaftliche Gefahr typische Phänomen eines verzögerten, ungenügenden Regens in Spätherbst und Winter ein aktuelles Problem; vgl. Demetr. 2, 26f.; 3, 46f.; 8, 138f.; 10, 192f.
313 Demetr. 3, 49f.
314 Vgl. H. G. Horn, in: Die Numider, Köln – Bonn 1979, 173–180; F. De Martino, Wirtschaftsgeschichte des alten Rom, München 1985, 501, 503 mit 687f.
315 Demetr. 3, 50–52.
316 Vgl. die entsprechenden Angaben in Cypr., Epist. 76–79; auch Clarke IV 277ff.
317 Demetr. 3, 52f.
318 Ebd. 3; 5; 7; 8; 10.
319 Ebd. 7, 120.
320 Ebd. 7, 121f.
321 Ebd. 7, 122f.
322 Ebd. 7, 123 *aerem pestilens aura corrumpat*; 8, 137f.
323 Ebd. 2; 5; 7; 10.
324 Ebd. 10, bes. 184ff.

Spekulation mit Getreide für das Stichwort der Versorgungslage eine besondere Betonung erfährt[325] und die so verheerende Wirkung der Seuche durch die heidnische Ruchlosigkeit, Pietätslosigkeit und Habgier erklärt wird[326]. Und trotz des erschreckenden Erlebens von Unheil und Massensterben würden die Heiden, wie Demetr. 11 fortfährt, ihre Sterblichkeit nicht erkennen und nicht von ihrer Gier und Ruchlosigkeit lassen, die alle privaten und öffentlichen Bereiche des Lebens erfaßt hätten. Die Sünden der sich nicht zu Gott bekehrenden Menschen werden hier zum zentralen Problem der Situation in dieser Welt erhoben[327].

Nur die Unregelmäßigkeiten des Wetters und die Frage der Fruchtbarkeit, die das Denken jeder agrarisch bestimmten Gesellschaft prägen, die Seuchenwelle und die moralischen Entartungen (der Nichtchristen) sind die Momente, die Cyprian und auch Demetrianus für die Lebenswelt der angesprochenen Bevölkerung konkretisieren können. Die Ansichten von der Erschöpfung des Bodens durch das Alter der Welt respektive die Dauer der Nutzung sind traditionelle Vorstellungsmuster[328]; das Versiegen von Erzadern, insbesondere nach einer längeren Phase der intensiven Ausbeutung von Bergwerken, war bei den zeitgenössischen technischen Mitteln eine immer wiederkehrende Erfahrung. Daß die Mortalitätsrate der Epidemie zu aktuellen, im Tagesgespräch präsenten Problemen bei der Verfügbarkeit von Arbeitskräften, Seeleuten und Soldaten führte, darf als selbstverständlich gelten.

Die aktuelle, von Demetrianus beschworen Problematik der Unregelmäßigkeit des in der Region entscheidenden Spätherbst- und Winterregens (offensichtlich 251/252 n. Chr.) wird von Cyprian zur Antwort der Natur auf die moralische Entartung der Heiden umgedeutet, das Negative in dieser Welt zur Strafe Gottes, so wie der Herr seine Sklaven bestrafe[329]. Zu den von Demetrianus angeführten Klagen über die Gegenwart, die zunehmende Aufeinanderfolge von Kriegen[330], *sterilitas, fames*, Gefährdung durch Krankheiten und Massensterben in der Seuche, sei zu wissen, daß die *mala* und *adversa* sich *in novissimis temporibus* vervielfachen und vielfältig werden[331]; in der letzten Zeit dieser Welt vor der Wiederkehr des Herrn, in der Zeit des Näherkommens des Tages des Gerichtes (*adpropianquante iam* [und zwar seit dem Tod des Erlösers!] *iudicii die*) würde die *censura Dei indignantis* das Menschengeschlecht mehr und mehr heimsuchen[332]. Damit bringt Cyprian zum einen die sich doch auch für den Heiden als richtig erweisende, die eigentliche Erklärung des Niedergangs gebende eschatologische Verkündigung der Christen in den Vordergrund und zum anderen vertieft er die Retorsio des Schuldvorwurfes an die Heiden

---

325 Ebd. 10, 189–192.
326 Ebd. 19, 194ff.
327 Vgl. Demetr. 12.
328 Vgl. Lucr. 2, 1150–1174, bes. 1160ff.; 5, 826; auch 5, 65f.; Colum. 1, praef. 1; 2, 1, 1; u. S. 315; auch Demandt (o. Anm. 100) 1984, 347f.
329 Demetr. 8.
330 Entgegen Alföldy, Krise 310 ist dies keine unmittelbar auf die Niederlage des Decius zurückzuführende Aussage Cyprians.
331 Demetr. 5, 81–85.
332 Ebd. 5, 85–87.

selbst³³³, wie sie bereits von Tertullian in allen Aspekten entfaltet worden war³³⁴: All dies ereigne sich entgegen Demetrians falschen Klagen und seiner Unwissenheit der (christlichen) Wahrheit eben nicht *quod dii vestri a nobis non colantur, sed quod a vobis non colatur Deus*³³⁵, *et quod ad eum non convertamini*³³⁶, wegen der *delicta* und der verdienten Strafen der Heiden und ihrer Sünden³³⁷. Gott sei umso mehr erbittert, da die von ihm gesandten warnenden Schicksalsschläge nichts nützten und die Heiden die *vera religio* nicht erkennen wollten, da sie Gott weder suchten noch fürchteten: *indignatur ecce Dominus et irascitur et quod ad eum non convertamini comminatur* (im Sinne der drohenden Demonstration): *et tu miraris aut quereris in hac obstinatione et contemptu vestro...* ³³⁸. Bei all den Verfehlungen der Heiden bräuchte man sich nicht zu wundern, wenn die Strafen Gottes größer würden, *cum crescat cottidie quod puniatur*³³⁹. Folgerichtig steht am Schluß des Widerlegungsteils von Ad Demetrianum die Folgerung: *Peccata itaque et delicta* (der Heiden) *reputentur, conscientiae vulnera cogitentur: et desinit unusquisque de Deo vel de nobis conqueri, si quod patitur intellegat se mereri*³⁴⁰.

Die *mala* und *adversa* sind also die Zeichen des Gotteszornes gegen die Heiden, die sich mit dem Näherkommen des *dies iudicii*, wie vorausgesagt, immer mehr steigern würden. Der Gedanke der *ira Dei* wird nach einer konventionellen Darlegung zur Ohnmacht der heidnischen Götter und der Überlegenheit des einen wahren Gottes³⁴¹ in dem Gedanken der *ultio divina* für die Verfolgung der Christen auf den Höhepunkt geführt, und zwar in dem *exemplum religionis neglectae* par excelence, dem Verfolgertod, wie ihn das Schicksal des Decius bot.

Nach dem Aufruf am Ende von Demetr. 16 *Laedere servos Dei et Christi persecutionibus tuis desine quos laesos ultio divina defendit*, folgt in Demetr. 17 zuerst die Bekräftigung der Rache des Herrn für die Verfolgung der Christen und der Hinweis auf nicht näher genannte ältere Exempel dieser *ultio divina* für die Verfolgung³⁴², woraufhin das eigentlich schlagende Beispiel der *vera religio neglecta*, der Verfolgertod des Decius, seine rhetorische Formulierung erhält: *documentum recentis rei satis est quod sic celeriter quodque in tanta celeritate sic granditer nuper*

---

333 Vgl. Heck 159ff.
334 Vgl. bes. Tert., Apol. 24, 1–2; 40, 10–12; 41, 1; Scap. 3, 3.6.
335 Demetr. 5, 87–90.
336 Ebd. 6, 115f. = Amos 4, 8.
337 Demetr. 5, 90ff.; vgl. ebd. 6; 7, bes. 131ff.; 9; 10. In Demetr. 6, 111ff. wird so gerade der Mangel an Regen mit Amos 4, 7–8 gedeutet.
338 Demetr. 7, 117–119.
339 Insbesondere natürlich die Verfolgung der Christen. Demetr. 10, 180–184, bes. 183f. Alföldy, Krise 311 wertet die in Demetr. 7, 119ff. aufgelisteten negativen Naturphänomene zu Unrecht als „neue Plagen der Welt". Cyprian greift unmittelbar die Vorwürfe des Agitators Demetrianus mit entsprechenden Exempeln aus dem Alltagsleben wieder auf. Vorgegeben ist dieses Verfahren der Exempeldarlegung bei Tert., Scap. 1–3.
340 Demetr. 11, 225–227. Die Beweisführung der Retorsio geht in die Wertung der Stellen bei Alföldy, Krise 303f., 311 nicht ein.
341 Demetr. 12–16.
342 Demetr. 17, 323–334, bes. 332–334 *Ut memorias taceamus antiquas et ultiones pro cultoribus Dei saepe repetitas nullo vocis praeconio revolvamus.*

secuta defensio est ruinis rerum, iacturis opum, dispendio militum, deminutione castrorum[343]. Es wird hier besonders deutlich, daß der Untergang des Decius für die zeitgenössischen Christen ein zutiefst positives Erlebnis war[344], das für sie nicht nur das Ende der Verfolgung und die Bestrafung des Verfolgers brachte, sondern zugleich die Macht des wahren Gottes und die Richtigkeit der Verheißung für sie und die Märtyrer unter Beweis stellte.

Während Tertullian in Scap. 3, 6 den Verfolgern noch unscharf einen *dies iudicii* angedroht hatte, der nicht zwingend erst *post finem saeculi*, also mit dem Gericht Gottes am Ende der Zeiten, kommen werde, definierte nun Cyprian die Strafe Gottes einmal als entsprechend dem Taliationsgedanken proportional zum Unrecht der Verfolgung und zum anderen als stets sofort eintretend[345]. Genau dies habe das *documentum recentis rei*, die so schnelle und so gewaltige Rache Gottes, gezeigt durch *ruinis rerum, iacturis opum, dispendio militum, deminutione castrorum*, d. h. durch eine in erster Linie als militärische Katastrophe charakterisierende Formel, welche den Goteneinbruch auf dem Balkan und die Niederlage des Decius bei Abritus umschreibt[346]. Es war dies, historisch gesehen, im übrigen der erste wirklich schwerwiegende feindliche Einbruch in das Reich seit den ersten Jahren der Donaukriege Marc Aurels gewesen. Dies alles war nach Cyprian kein Zufall, sondern die Rache Gottes für die Verfolgung; es ist die Erfüllung der angekündigten Rache Gottes, was mit Röm 12, 19 (mit Dtn 32, 35) und Spr 20, 22 erwiesen wird: *unde clarum est adque manifestum quia non per nos sed pro nobis accidunt cuncta ista quae de Dei indignatione descendunt*[347]. Damit hatte Cyprian eine auch für die religiös geprägten paganen Zeitgenossen offenbar schlüssige und schwer abzulehnende Exempelfolgerung gezogen. Sowohl das Schicksal des Decius wie später das Valerians konnten von den christlichen Predigern mit Erfolg in ihrer Missionsarbeit eingesetzt werden[348].

Im folgenden setzte sich Cyprian mit dem heidnischen Einwand auseinander, daß auch die Christen von der *incursio accidentium* betroffen seien; doch empfänden nur die Heiden mit ihrem auf die Welt gerichteten Sinn die *adversa mundi*[349].

---

343 Demetr. 17, 334–337.
344 Die auf der Synode von 251 verlesene Schrift De Lapsis feierte in ihrem Anfangskapitel, dessen Beginn so erst nach dem Tod des Decius im Sommer 251 geschrieben wurde (vgl. auch Sage 231–233 mit Anm. 1), die Aufhebung der Verfolgung durch den Abbruch der religiösen Maßnahmen des Decius als *pax ecclesiae reddita* und *securitas nostra reparata*, eingetreten entgegen den Erwartungen der Ungläubigen und Gottlosen *ope adque ultione divina*, d. h. durch den Goteneinfall auf dem Balkan 250/251 n. Chr. und den Tod des Kaisers auf dem Schlachtfeld bei Abritus. Die Freude sei zurückgekehrt: *tempestate pressurae ac nube discussa, tranquillitas ac serenitas refulserunt* (Laps. 1, 4–6). Der ersehnte Tag sei gekommen, und nach einer langen Finsternis werde die Welt vom Lichte Gottes erleuchtet (ebd. 1, 12–14).
345 Vgl. auch Heck 168f.
346 Die Formel sieht Alföldy, Krise 311 nicht als direkte Bezeichnung der Katastrophe an der unteren Donau selbst. Auch die Spezifizierungen *sic celeriter, in tanta celeritate sic granditer* in Demetr. 17, 334f. sind nur auf das Eintreffen der *ultio Dei* für die Verfolgung zu beziehen. Eine gewisse Parallele zu Formeln des Tacitus ist unverkennbar (vgl. Tac., Agric. 41).
347 Demetr. 17, 342–344.
348 Siehe u. S. 290f.
349 Demetr. 18.

Die durch die gesamte Geschichte der Christenheit wiederholte immunisierende Erklärung allen Übels als Prüfungen Gottes für die Gläubigen (*spiritu magis quam carne viventes*) folgt am Ende von Demetr. 18. Der Christ stehe dem Unbill der Welt erhaben gegenüber[350]; ganz im Gegensatz zu den Heiden sei festzustellen: *Viget aput nos spei robur et firmitas fidei et inter ipsas saeculi labentis* (d. h. des *mundus senescens* mit seiner Abnahme der physischen Qualität) *ruinas erecta mens est et inmobilis virtus et numquam non laeta patientia et de Deo suo semper anima secura*, so wie der Heilige Geist durch den Propheten ermahne[351]. Dies ist ein eindeutiger Predigttopos. Auch der zweite Teil von Demetr. 20 setzt diesen Predigtvortrag fort, um dann zu der Aussage zu kommen, die sich deutlich in die Tradition des Gebetes der Christen für das Heil des Reiches einordnet, wie wir sie bei Tertullian eingehender betrachtet haben: *Et tamen pro arcendis hostibus et imbribus impetrandis et vel auferendis vel temperandis adversis rogamus semper et preces fundimus et pro pace ac salute vestra propitiantes et placantes Deum diebus ac noctibus iugiter adque instanter oramus*[352]. Dies ist bereits ein Standardtopos der christlichen Apologie gegen den Vorwurf, nicht durch Kultakte für das Wohl des Reiches zu sorgen.

Den Bekehrungsappell formuliert Demetr. 22 unter unmißverständlicher Akzentuierung der — sich durch die Geschichte der christlichen Mission ziehenden — Aufforderung zu glauben, ehe der Zorn Gottes über die Welt hereinbreche und die Verwüstungen der Welt und der Untergang des Menschengeschlechts von Gott gesandt würden; man müsse sich jetzt bekehren, denn die Zeit des Gerichts sei nahe[353]: *Ululate. Proximus est enim dies Domini et obtritio a Deo aderit. Ecce enim dies Domini venit insanabilis indignationis et irae ponere orbem terrae desertum et peccatores perdere ex eo* (Jes 13, 6.9)[354]. Demetr. 23 setzt mit einer topischen Formulierung der christlichen Bekehrungspredigt ein: *Respicite itaque dum tempus est ad veram et aeternam salutem, et quia iam mundi finis in proximo est ad Deum mentes vestras Dei timore convertite*[355], um dann fortzufahren: *Nec vos delectet in saeculo inter iustos et mites inpotens ista et vana dominatio, quando et in agro inter cultas et fertiles segetes lolium et avena dominetur, nec dicatis mala accidere, quia dii vestri a nobis non colantur, sed sciatis esse hanc iram Dei, hanc <Dei> esse censuram ut qui beneficiis non intellegitur vel plagis intellegatur. Deum vel sero*

---

350 Ebd. 19.
351 Ebd. 20, 380–384 mit Verweis auf Hab 3, 17.18.
352 Demetr. 20, 400–404.
353 Bes. Demetr. 22, 414f.; gemäß der Schriftaussage! Auch an dieser Stelle wird Jesus als die Erfüllung der Zeiten bezeichnet (Demetr. 22, 440ff.). Alle unreflektierte Religiosität zeigt das Grundelement der Furcht als Manifestation existentieller Ängste. Die gezielte Stimulierung von Angst sowie die Beschwörung des Drohenden stellte man im Christentum sehr rasch in den Dienst der pastoralen Argumentation und der Ausbreitung des Glaubens; vgl. auch O. Pfister, Das Christentum und die Angst, Berlin – Wien ²1985, bes. 119ff., 175ff.; A. Kehl, in: H. Frohnes – U. W. Knorr (Hg.), Kirchengeschichte als Missionsgeschichte I, München 1974, 313–343 (siehe in: J. Martin – B. Quint (Hg.), Christentum und antike Gesellschaft, Darmstadt 1990, 106, 125f.).
354 Ebd. 22, 416ff. in dem charakteristischen Sprachbild der Vetus Latina Afra; es folgen als weitere Schriftbelege Mal 3, 19; Ez 9, 4.5.6; Ex 12, 13.
355 Demetr. 23, 446–448.

quaerite... Deum vel sero cognoscite..., um das Heil zu erlangen[356]. *Credite illi qui haec omnia futura praedixit*[357]. Lohn und Strafe im Gericht Gottes stellt Demetr. 24 vor Augen und Demetr. 25 wiederholt den Appell an die Ungläubigen, sich zu ihrem Heil zu bekehren. Die Bindung aller Appelle an die Stimulierung einer eschatologischen Gewißheit, der Bekehrung jetzt aus der Furcht vor dem bevorstehenden Gericht Gottes, zeigt auch der soteriologische Schlußteil von Demetr. 25: *Tu sub ipso licet exitu et vitae temporalis occasu pro delictis roges et Deum qui unus et verus est confessione et fide agnitionis eius inplores, venia confitenti datur et credenti indulgentia salutaris de divina pietate conceditur et ad immortalitatem sub ipsa morte transitur*[358]. Dieser Gedanke setzt sich im Schlußkapitel Demetr. 26 fort, und gerade hier wird der Gedanke eines nahe bevorstehenden Endes der Welt nicht mehr angesprochen. Ad Demetrianum ist in seiner zweiten Grundtendenz eine rhetorisch exhortative Bekehrungspredigt, in der die ganze hierzu entwickelte Topik und die emotionale Kraft der lateinisch-christlichen Sprache Eingang gefunden haben.

Es bleibt abschließend festzuhalten, daß mit dem hier entwickelten Bild der Aussagen in den Schriften Cyprians der verbreiteten Ansicht der Forschung widersprochen wird, Cyprian hätte selbst vor allem zwischen 251 und 254 n. Chr. das

---

356 Ebd. 23, 448ff.
357 Ebd. 23, 460.
358 Ebd. 25, 509–514.
359 Zusammenfassend im Sinne eines Krisen- und Endzeitbewußtseins Alföldy, Krise 295–318, 319–342; zurückgestellt werden dabei innerkirchliche und dogmatische Zusammenhänge bzw. Vorstellungstraditionen. Eine Überzeugung vom Nahen des Endes nimmt im üblichen Schema auch Sage 271 an. Ich kann Alföldy, Krise 310ff., 315f. nicht in der Beurteilung folgen, daß Cyprian die Symptome der Krise des Reiches um die Mitte des 3. Jh. realistisch in ihren spezifischen Qualitäten gesehen habe; wenn Cyprian vom Verfall der Welt spricht, so meint er keine spezielle Krise des Imperium Romanum. Die Kirche, die Problematik des Schismas und das christliche Dogma standen im Mittelpunkt seines Denkens und seiner Weltbeurteilung (in eine andere Richtung Alföldy a.a.O. 315 „als Christ übertrieb er die Bedeutung einiger kirchlicher Sorgen wie um das Schisma und konnte sich vom Standpunkt der Eschatologie nicht befreien ... "). Es ist m. E. nicht möglich, aus seinem Werk und vor allem aus Ad Demetrianum zu folgern, er habe die Folgen von Wirtschaftskrise und Bevölkerungsrückgang (siehe aber Cypr., Oper. 18; vgl. o. S. 154) besser erfaßt als seine Zeitgenossen. Die Zukunft der (heidnischen) Welt war für ihn niemals offen (anders Alföldy, Krise 315), sondern stets durch die eschatologische Verheißung determiniert. Die Christenverfolgungen sind schwerlich als neu erscheinende „Krisensymptome" (ebd. 311) zu bezeichnen (vgl. gerade Fort. 11, 61ff.); auch Naturkatastrophen zählten kaum zu neuen Plagen in der Welt. Insbesondere Erdbeben sind apokalyptisches Standardrepertoire (vgl. nur die „Öffnung des sechsten Siegels" Apk 6, 12–17). Eine tatsächlich reflektierende Erkenntnis über die „Eigenart der Krise" im Sinne der Neuartigkeit der Umwälzungen ist bei Cyprian nicht zu erweisen. Bei einer Deutung gegenwärtiger *mala* als Strafen Gottes handelt es sich entgegen Alföldy, Krise 312f. um den Kernsatz der apologetischen und protreptischen Strategie. Der organische Verfallsgedanke war jenes heidnische Geschichtsmodell, das den Schuldvorwurf an die Christen auf der Ebene des paganen Denkens widerlegte; zugleich war es ein unabhängiger Beweis für das Kommen des Endes dieser Welt, das für den christlichen Bekehrungsappell eine zentrale Bedeutung besaß. Es wäre im Sinne einer subjektiven und zugleich realitätsbezogenen Krisenreflexion des Intellektuellen Cyprian schwer zu verstehen, warum Schisma und Pest eine Weltuntergangserwartung ausgelöst hätten.

Ende der Welt in nächster Zukunft erwartet[359]. Er konnte bei seiner Argumentation und seinen Predigtappellen auf eine allgemeine pessimistische Sicht der Geschichte des *orbis terrarum* zurückgreifen, die sich im heidnischen Bereich jenseits der christlichen eschatologischen Vorhersagen auf das organische Modell des Kosmos und das Verfallsdenken gründete[360]. Das Weltliche und das irdische Leben waren für ihn grundsätzlich Bereiche des Seins, von denen man sich selbst und andere mit allem Streben zu lösen hatte: *Ceterum quaecumque terrena sunt in saeculo accepta et hic cum saeculo remansura, tam contemni debent, quam mundus ipse contemnitur, cuius pompis et deliciis iam tum renuntiavimus, cum meliore transgressu ad Deum venimus*[361].

Das Glaubensdogma und die Autorität der Schriftaussagen bestimmten die Weltsicht und die Formeln bzw. Argumente des theologischen Praktikers Cyprian[362]. Die absolute Autorität der Schriftworte stand für den Christen, für den zum Glauben Bekehrten, über jeder Erfahrung und dem eigenen Verstehen; sie bestimmte deren Interpretationsmuster. Sie wurde von dem Seelsorger und Kirchenführer Cyprian in ihrer ganzen Breite zweck- und zielgerichtet eingesetzt. Die Aussagen der Heiligen Schrift sind die autoritative Grundlage seines Gedankenganges, seiner Bewertung der Welt und seines Weltverständnisses. Bibel und Schriftstellen sind das einzige für ihn existierende *compendium veritatis*; in den Besitz der einzigen Wahrheit gelange man nur über die *sapientia caelestis*, d. i. die *sacra scriptura*[363]. Die Erfahrungen in dieser Welt und das Wissen dieser Welt sind nachgeordnet und nur im Einklang mit der Schrift als Ansätze zum Erkennen der Wahrheit zu akzeptieren.

Hinzu kommt, daß wir den Ausgangspunkt für die hier angesprochenen Bilder, suggestiven Formeln und Denkschemata in der altlateinischen Bibelübersetzung des 2. Jh. n. Chr., der Vetus Latina Afra[364], mit ihrem starken umgangssprachlichen Einfluß und der Prägung durch den Gang der Missionsarbeit zu sehen haben, wie wir

---

360 Vgl. u. S. 315, 318ff.
361 Hab. virg. 7 mit Verweis auf 1 Joh 2, 15–17; vgl. Mort. 24.
362 Besonders betont werden die dogmatische und die praktisch-theologische Ausrichtung des Denkens Cyprians etwa von Daniélou (o. Anm. 102) 239; Monceaux (o. Anm. 164) 130–135, 161; Schrift und Schriftzitat bestimmen Gedankengang, Konzept und Inhalt seiner Äußerungen und Werke.
363 Vgl. zu dem von Cyprian bereits in Ad Donatum fixierten Dogma V. Buchheit, Hermes 115, 1987, 330–333.
364 Als Afra werden heute Stil und Vokabular der von den nordafrikanischen Autoren benutzten Bibelübersetzung bezeichnet. Diese Übersetzung liegt uns in der auf das mittlere 3. Jh. n. Chr. zurückgehenden Textform K teilweise vor (für die Evangelien insbesondere im Codex Bobbiensis, der im beginnenden 5. Jh. n. Chr. in Nordafrika geschrieben wurde). Vgl. H. v. Soden, Das lateinische Neue Testament in Afrika zur Zeit Cyprians, Leipzig 1909; K. Aland (Hg.), Die alten Übersetzungen des Neuen Testaments, die Kirchenväterzitate und Lektionare, Arbeiten zur neutestamentlichen Textforschung, Berlin 1972; H. J. Frede, in: Vetus Latina. Die Reste der altlateinischen Bibel XXV 1, Freiburg 1975, 145–147; A. Schindler, TRE I, 1977, 689f.; V. Reichmann – S. P. Brock, TRE VI, 1980, 172–181, bes. 172–176; K. und B. Aland, Der Text des Neuen Testaments, Stuttgart 1982, 192–196; B. Fischer, Beiträge zur Geschichte der lateinischen Bibeltexte, Vetus Latina 12, Freiburg 1986, 156–274, bes. 172ff., 194ff., 196ff., 204ff., mit weiterer Lit.

überhaupt den Faktor der sich herausbildenden christlich-lateinischen Sondersprache für die Interpretation der Werke Cyprians als grundlegenden Faktor berücksichtigen müssen[365]. Cyprian schrieb aus dem christlichen Lehr- bzw. Gedankengut und aus der so für den Gläubigen neu konstituierten Vorstellungswelt heraus. Er trug ein in der Schrift begründetes, auf den Glauben und auf das Geschehen innerhalb der Kirche konzentriertes Weltverständnis vor; er formulierte kein ‚allgemeines Krisenbewußtsein des 3. Jh.' oder gar dessen Kulminationspunkt.

---

365 Vgl. bes. Chr. Mohrmann, Études sur le latin des chrétiens II, Rom 1961, bes. 35–62, bes. 36f.; III, Rom 1965, 33–66, 67–126, bes. 87ff., 125; auch etwa W. Thiele, Wortschatzuntersuchungen zu den lateinischen Texten der Johannesbriefe, Vetus Latina 2, Freiburg 1958, 26–34, bes. 28 zu *saeculum* und *mundus*.

IV. Die politischen und militärischen Krisen des Reiches zwischen 260 und 274 n. Chr.: Zur Frage ihres zeitgenössischen Widerhalles in den Quellen

Auch für diese Frage steht uns nur ein kleines Spektrum erhaltener Quellen zur Verfügung, über die wir einen direkten Zugang zu mentalen Entwicklungen in breiteren Schichten suchen können, wobei lediglich Teile der Bevölkerung in der östlichen Hälfte des Imperium Romanum zu fassen sind. Die mentalgeschichtliche Aussagefähigkeit der Quellen wird nun dadurch erhöht, daß die für uns so erreichbaren Gruppen zu den mittelbar oder unmittelbar Betroffenen der politischen und militärischen Ereignisse im Osten gehörten. Und gerade die Aussagen von Christen müßten nach der schweren Verfolgung unter Valerian eigentlich eine größere Distanz zum heidnischen Staat und eine gesteigerte Sensibilität für dessen Schwächen erwarten lassen als dies sonst bereits auf Grund des eschatologisch ausgerichteten Welt- und Geschichtsverständnisses der Fall wäre. Hinzu kommt der Umstand, daß wir über die papyrologischen Quellen Ägyptens einen sowohl chronologisch als auch ereignisgeschichtlich relativ exakt zu fassenden Moment in dem Verhältnis der Bevölkerung zum Imperium Romanum als staatlicher und herrschaftlicher Organisation beobachten können, dessen Folgewirkungen über den aktuellen Anlaß hinaus andauerten.

1. Dionysius von Alexandrien

Der alexandrinische Bischof, der hier in die vorliegende Untersuchung eingeordnet werden soll, führt zwar nur mit einem einzigen, aber zeitgeschichtlich aussagekräftigen Zeugnis über den von Cyprians Werk abgedeckten Zeitraum hinaus, nämlich mit seinem vor Ostern 262 n. Chr. geschriebenen Festbrief „An Hermammon und die Brüder in Ägypten"; dennoch liegt damit ein wesentliches Dokument für die Zeitdeutung durch diesen bedeutenden Kirchenführer vor, dessen Gemeindearbeit weit über Alexandria hinausreichte (s. u.). Zudem haben die von Eusebius aus den Briefen des Dionysius überlieferten Passagen mit aktuellen Zeitbezügen in der Forschung meist als illustrierende Beispiele für das angenommene Bild der allgemeinen Krise nach 260 n. Chr. und für deren Sicht in den Augen der Zeitgenossen gedient.

Dionysius von Alexandrien[1] wurde offensichtlich noch vor dem Ende des 2. Jh. n. Chr. in einer reichen Familie der sozialen und politischen Führungsschicht der

---

1   Vgl. zur Person und Theologie des Dionysius von Alexandrien W. A. Bienert, Dionysius von Alexandrien, Berlin – New York 1978; zu erhaltenem Werk und Fälschungen ebd. 47–51, 51–70; zur Frage des alexandrinischen Dionysius des 6. Jh. n. Chr. ebd. 33–47. Vgl. ferner dens., TRE VIII, 1981, 767–771. Mit der Studie von Bienert sind ältere Arbeiten und Ansätze vielfach überholt, so etwa bei M. Sordi, RPAA 35, 1962–63, 123–136; C. Andresen, ANRW II 23, 1, 1979, 387–459, bes. 421–436 (Zusammenfassung der bisherigen traditionellen Datierung der Schriften ebd. 427).

ägyptischen Metropole Alexandria geboren und hatte vor seiner Konversion zum Christentum, welche auf die Lektüre christlichen Schrifttums zurückging, eine hervorragende rhetorische und philosophische Bildung genossen[2]. Die Aussage des Dionysius in seinem Brief an Germanus[3], daß er in der decischen und der valerianischen Verfolgung Verurteilungen, Konfiskationen, Proskription (προγραφαί), Raub der Güter, Verlust der Würden (ἀξιωμάτων ἀποθέσεις), die Geringschätzung seiner weltlichen Ehren und die Verachtung seiner durch die Statthalter und die Boule von Alexandria[4] verliehenen Auszeichnungen und Ehrungen gelitten habe, läßt darauf schließen, daß er vor der Übernahme des Bischofsamtes nicht nur ein angesehenes Mitglied des Rates der Stadt gewesen war, sondern auch städtische Ämter bekleidet hatte[5]. Diese öffentliche Tätigkeit des Dionysius müssen wir noch vor seiner Übernahme der Leitung der christlichen Katechetenschule in Alexandria 231/232 n. Chr. (s. u.) ansetzen, so daß mit seinem Geburtsdatum wohl in die frühen 90er Jahre des 2. Jh. n. Chr. zurückzugehen ist. Damit stünden der für 263/64 n. Chr. belegte und durch das hohe Alter bedingte schlechte Gesundheitszustand des Bischofs[6] sowie sein Tod 264/65 n. Chr.[7] in voller Übereinstimmung.

Dionysius hatte nach seiner Konversion zum Christentum den Katechumenenunterricht des Origenes gehört, seine theologische Schulung aber von dem ebenfalls herausragenden christlichen Lehrer Heraklas erhalten; auch muß er zu dessen Gruppierung gehört haben, die Origenes feindlich gegenüberstand[8]. Als Heraklas 231/32 n. Chr. Nachfolger des Demetrius auf dem Bischofsthron von Alexandria geworden war und die Vertreibung des Origenes aus Ägypten durchgesetzt hatte[9], ernannte er Dionysius zum Leiter des Katechumenenunterrichts und zum offiziell autorisierten Glaubenslehrer in Alexandria[10]. 247/248 n. Chr. wurde Dionysius selbst der Nachfolger des Heraklas im Bischofsamt[11]. Er setzte den Ausbau der kirchenpolitischen Führungsposition des alexandrinischen Bischofsstuhles fort, so daß die Kirche von Alexandria und ihr Bischof durch die Person des Dionysius in den

---

2   Vgl. Bienert 71–74; ders. a.a.O. 1981, 767. Die Annahme, er habe sich vom Sabazios-Kult kommend zum Christentum gewendet, ist nicht unwahrscheinlich.
3   Eus., H. e. 7, 11, 18.
4   Noch W. A. Bienert, Dionysius von Alexandrien. Das erhaltene Werk, Stuttgart 1972, 36 mit Anm. 43 bezieht ἐπαίνων βουλευτικῶν auf Ehren vom Senat in Rom (nicht treffend auch Andresen a.a.O. 433). βουλευτικός ist hier aber mit Sicherheit nicht in dieser Bedeutung *senatorius*, zum *ordo senatorius* gehörig, gebraucht; zur Verwendung des Wortes in Ägypten vgl. Wörterbuch der griechischen Papyrusurkunden III, Berlin 1931, p. 99f.
5   Noch zu unbestimmt Bienert 72.
6   Eus., H. e. 7, 27, 2.
7   Eus., H. e. 7, 28, 3; vgl. auch Bienert 71f.
8   Vgl. zusammenfassend Bienert 73, 106–133, bes. 107f., 132f.
9   Vgl. Bienert 87–106.
10 Eus., H. e. 6, 29, 4. Vgl. Bienert 106–109; zur sogenannten alexandrinischen Katechetenschule, die treffend mit einer antiken Philosophenschule in Parallele zu setzen ist, wobei ihr Leiter von der Kirche autorisiert war, ebd. 81–87, auch 92–95.
11 Vgl. zu seinem Episkopat zusammenfassend Bienert 134–221; ders., TRE VIII, 1981, 767–769.

theologischen Auseinandersetzungen des mittleren 3. Jh. n. Chr. erstmals eine ökumenische Bedeutung erlangten[12].

Dionysius ist, wie W. A. Bienert überzeugend zeigen konnte[13], entgegen dem von Eusebius in seiner Kirchengeschichte erweckten Eindruck kein Schüler des Origenes im eigentlichen Sinne und auch kein Anhänger seiner Lehren gewesen[14]. Dionysius war vielmehr in einem gewissen Kontrast zu Origenes vor allem der große christliche Rhetor, der biblische und klassische Stilmittel bzw. Sprachbilder zu einem wirksamen suggestiven Instrument der Beeinflussung und der Einwirkung auf die christlichen Gemeinden verband; er war weniger ein theologischer Prediger und Lehrer als in erster Linie ein aktiver Kirchenführer[15]. Er setzte in seinen an die innerkirchliche Öffentlichkeit nicht nur in Alexandria und Ägypten gewandten Schriften die Rhetorik weit mehr als etwa eine in die Tiefe führende Theologie ein und er wußte den christlichen und heidnischen Traditions- bzw. Vorstellungsschatz in souveräner Weise handzuhaben. Selbstverständlich bildete die Heilige Schrift, deren Text er als unmittelbar verständlich ansah, in seinem praktisch-theologischen Gedankengebäude stets den direkten Bezugspunkt einer christlichen Lebens- und Denkorientierung[16].

Dionysius blieb nach dem Zeugnis seiner Schriften ein am kirchenpolitischen Geschehen und am seelsorgerischen Ausgleich zur Wahrung der Einheit der Kirche orientierter Kirchenführer[17]. Es ist wohl nicht verfehlt, diese starke politische Ausrichtung auf seine weltliche Karriere in Alexandria zurückzuführen, der er auch seine herausragende Stellung bei den weltlichen Behörden bis hin zu der Adressierung des Reskriptes des Gallienus[18] verdankt haben dürfte.

Für unsere Fragestellung gewinnen nun die Briefe bzw. Pastoral- und Lehrschreiben des Dionysius eine große Bedeutung, die sich an die christliche Gemeindeöffentlichkeit richteten und zu aktuellen Problemen Stellung nahmen, denn sie öffnen den Blick über individuelle Anschauungen des Dionysius hinaus auf den Kirchenpolitiker und Seelsorger und damit auf die christlichen Gemeinden Ägyptens und seiner Metropole Alexandria. Die Briefe des Dionysius sind stets als offizielle kirchenpolitische bzw. bischöfliche Dokumente zu beurteilen. Ein persönliches oder gar privates Moment darf in seiner Briefschriftstellerei (Briefe und Lehrschriften in Briefform)[19] auf keinen Fall in den Vordergrund gestellt werden; wir haben es hier mit einer traditionellen rhetorischen und politischen (!) Literaturgattung zu tun. Die hierbei so zentralen Osterfestbriefe unter ihnen hatten eigentlich die Aufgabe, den Gemeinden angesichts der von einander abweichenden Osterzyklen einen verbindlichen Termin für das Osterfest und damit für die vorausgehen-

---

12 Vgl. bes. Bienert 28; zur Entwicklung der alexandrinischen Kirche ebd. 75–81.
13 Bienert a.a.O., bes. 131–133, 222f.
14 Bienert a.a.O., bes. 1–25, konnte die allgemeine Breitenwirkung der Traditionsbildung des origenischen Theologiegebäudes in Ägypten entscheidend relativieren.
15 Eine entsprechende Würdigung auch bei Bienert 174–177, bes. 176.
16 Zu diesem zentralen Moment seines Denkens vgl. Bienert a.a.O., bes. 176f.
17 Vgl. auch Bienert 135–137, der m. E. jedoch das unmittelbare persönliche Moment in der Briefschriftstellerei des Dionysius (siehe Eus., H. e. 7, 26, 2–3) überschätzt.
18 Eus., H. e. 7, 13.
19 Vgl. auch Eus., H. e. 7, 26, 2–3.

de Fastenzeit bekanntzugeben[20]. Doch hat Dionysius sie zu Hirtenbriefen mit eigenständiger inhaltlicher Konzeption entwickelt. Sie wurden von ihm freilich nicht alljährlich verfaßt, sondern nur zu bestimmten Anlässen, einmal dann, wenn ihm der Kontakt mit der ganzen Gemeinde nicht unmittelbar möglich war[21], zum anderen in jenen Jahren, in denen Diskrepanzen der Terminsetzung etwa zwischen Rom und Alexandria zu bereinigen waren.

Die Chronologie der Briefe und Osterfestbriefe des Dionysius

Die Grundlegung einer Chronologie der für die zeitgeschichtliche Auswertung zentralen Osterfestbriefe hat nunmehr Bienert in überzeugender Weise neu geordnet[22]; ihre ereignisgeschichtliche Zuweisung bzw. Interpretation muß damit entscheidend korrigiert werden[23]. Den Ausgangspunkt für die zeitliche Anordnung der Vorgänge in Alexandria bildet dabei der Brief an den Bischof Fabius von Antiochia[24], dessen Abfassungszeit auf 251/252 n. Chr. festgelegt werden kann[25]. Die Briefe „An Fabius", „An Hierax" und „An die Brüder in Alexandria" (der sogenannte Pestbrief) zeigen bis in die Formulierungen hinein deutliche, sich auch inhaltlich überschneidende Parallelen; sie sind alle dem Zeitraum 249–251/252 n. Chr. zuzuweisen[26]. Der Brief an Hierax wurde offenkundig im Zusammenhang mit

---

20 Vgl. zu Institution und Funktion der Osterfestbriefe zusammenfassend Bienert 138–142; auch Andresen (o. Anm. 1) 414–419. Als jährliche Praxis erscheinen sie erst im 4. Jh. n. Chr. Zu den verschiedenen Osterzyklen und Passakomputationen vgl. A. Strobel, bes. 122ff., 133ff., 252f., 280ff.; zur Ostersonntagsfeier ebd. 374ff.
21 Vgl. Eus., H. e. 7, 22, 1; auch 21, 1–2.
22 Bienert 134–156, bes. 142ff.; ders. a.a.O. 1981, 767f. Die Zusammenfassung der von Eusebius als solche aufgefaßten Osterfestbriefe in H. e. 7, 21–23 hat Bienert zu Recht als einen Nachtrag des Eusebius zur Person des Bischofs charakterisiert. Die chronologischen Angaben in den dortigen Überleitungen und Resümees sind Folgerungen des Eusebius aus seiner Lektüre.
23 Auf der traditionellen Chronologie der Briefe beruht ihre Wertung etwa bei Alföldy, Krise 326.
24 Eus., H. e. 6, 41–42.44. Der Umstand, daß hier die ‚Pest' nicht angesprochen wird, ist kein Argument gegen die vorgeschlagene chronologische Zuordnung der Briefe. Dieser Brief nimmt nur zur Verfolgung und zum Problem der Haltung gegenüber den Lapsi Bezug (vgl. Eus., H. e. 6, 44, 1; s. u.). Mit der Schilderung der Verfolgung und der Leiden der alexandrinischen Märtyrer, die ein ganzes Jahr früher einsetzten, wird die Autorität dieser Märtyrer, die sich zugunsten der Lapsi entschieden hatten, unter Beweis gestellt.
25 Der Brief reagierte auf den Ausbruch des novatianischen Schismas in der Frage der Haltung gegenüber den Lapsi. Fabius verfolgte hierin ebenfalls einen rigoristischen Standpunkt, von dem ihn Dionysius in seinem Bemühen um einen gesamtkirchlichen Kompromiß abzubringen suchte. Der vorausgegangene Tod des Decius bei Abritus wurde in Rom zwischen dem 9.6. und 24.6.251 n. Chr. bekannt (CIL VI 31129; 31130 = 36760); zum Todesdatum des Decius siehe u. S. 232; vgl. gegen die Hypothese von J. Schwartz, ZPE 24, 1977, 172f. (schon 24.3.251) auch G. W. Clarke, ZPE 37, 1980, 114–116. In Ägypten ist O. Bodl. II 1633 (Theben, 30.6.251) das letzte nach den Decii datierte Dokument (vgl. Rathbone 113). Fabius selbst ist schon 252 n. Chr. verstorben (vgl. A. v. Harnack, Geschichte der altchristlichen Literatur bis Eusebius II 1, Leipzig ²1958, 215).
26 So auch ausführlich Bienert 150ff. Das Resümee des Eusebius zu dem Brief an die Brüder in Alexandria (H. e. 7, 22, 1) ist in der Grundaussage als zuverlässig zu werten.

dem Osterfest 249 geschrieben; er ist jedoch kein Osterfestbrief im eigentlichen Sinne (s. u.). Der tatsächliche Osterfestbrief des Jahres 249 n. Chr.[27] ist verloren. Der sogenannte Pestbrief stellte mit großer Sicherheit den Osterfestbrief des Jahres 250 n. Chr. dar und wurde dementsprechend schon vor dem Beginn der Fastenzeit geschrieben und in Umlauf gebracht; damit erklärt sich auch zwanglos, daß das Opferedikt des Decius hier zu Beginn des Jahres 250 und nur kurze Zeit nach seinem Erlaß in Rom Ende 249 oder zu Beginn 250 n. Chr.[28] noch nicht erwähnt ist[29].

Der Brief an Dometius und Didymus, den man besser als Osterbrief und nicht als Osterfestbrief bezeichnen sollte, trägt deutlich den Charakter eines Antwortschreibens und ist sehr wahrscheinlich im Zusammenhang mit der Festlegung des Ostertermins des Jahres 251 n. Chr., der zwischen Alexandria und Rom differierte, an die römische Gemeinde geschrieben[30]. Der Osterfestbrief an Hermammon datiert sich selbst auf den Beginn des Jahres 262 n. Chr. (s. u.). Er ist somit im Gegensatz zur bisher üblichen Sicht alleiniger Zeitzeuge für die Jahre nach 258 n. Chr.

---

27 Bezeugt bei Eus., H. e. 7, 21, 1.
28 Das Opferedikt des Decius wurde in Ägypten nach dem Ausweis der gefundenen Opferlibelli im Juni und Juli 250 n. Chr. durchgeführt (vgl. Molthagen 61–63; P. Keresztes, Latomus 34, 1975, 761–781 (gegen die Überschätzung der chronologischen Aussage der Libelli für die Datierung des Ediktes ebd. 763f.); Sordi, 103). Allerdings kann daraus entgegen Sordi a.a.O. 102–104; dies., ANRW II 23, 1, 1979, 361f. nicht gefolgert werden, daß das Edikt März oder April erlassen und erst kurz vor dem Juni 250 n. Chr. in Ägypten eingetroffen sei. Mit guten Gründen hat Molthagen 67–69 den Erlaß des Ediktes noch auf Ende 249 n. Chr. angesetzt und die prominenten Martyrien der Bischöfe von Rom und Antiochia im Januar 250 n. Chr. schon mit seinem Vollzug in Verbindung gebracht; vgl. ebenso Clarke I 21–39, bes. 25. Das Edikt muß keineswegs in allen Provinzen zur gleichen Zeit durchgeführt worden sein (Frend 406 nimmt seinerseits den Erlaß ‚vielleicht schon im Februar' (d. h. erst nach den Bischofsmartyrien in Rom und Antiochia), die Durchführung im Sommer ‚Provinz für Provinz' an). Clarke I 28f. nimmt Anm. 157; F. Millar, The Emperor in the Roman World, London 1977, 567 sehen zu Recht den zeitlichen Abstand bis zur Durchführung des Ediktes in den Gemeinden der ägyptischen Chora durch die Organisation der Opfer und die Bestellung der Kommissionen bedingt. Andere Erklärungen werden damit unnötig (solche etwa bei Molthagen 68; das *nuper* in Cypr., Epist. 43, 3, das nicht so eng gefaßt werden kann, bezieht sich aber auf die praktische Durchführung des Ediktes in Karthago). Zu spät liegt jedenfalls der Ansatz für den Erlaß des Ediktes bei Sordi 102 auf März oder April 250. Die wachsende Besorgnis, die Dionysius schon für die Zeit vor der offiziellen Bekanntgabe des Opferediktes in Ägypten anzeigt (Eus., H. e. 6, 41, 9–10) muß auf entsprechende vorauseilende Gerüchte (vgl. Cypr., Epist. 80) zurückgegangen sein. Weitere Literatur zu der Problematik bei Molthagen a.a.O.; Sordi a.a.O.
29 Die Verfolgung, von der Dionysius hier spricht, ist das Pogrom von 248/249 n. Chr.; vgl. bei Eus., H. e. 7, 22, 4f. „Nach der Verfolgung kamen Krieg und Hunger, die wir gemeinsam mit den Heiden zu tragen hatten . . . "
30 Vgl. Bienert 143f. mit Anm. 33, 154f. Der Versuch von Sordi (o. Anm. 1), bes. 129, dies., in: Alessandria e il mondo ellenistico-romano. Studi in onore di A. Adriani I, Rom 1983, 38–42, diesen Brief in die valerianische Verfolgung auf Ostern 259 oder 260 bzw. auf ein Ostern nach 257 n. Chr. zu datieren, kann nicht überzeugen. Bienerts Ausführungen werden nicht zur Kenntnis genommen; die Annahme einer Identität der Personen in Eus., H. e. 6, 41, 20 und 7, 11, 24 ist nicht zwingend; auch P. Oxy. 3112.3119 geben für ihre These keine Anhaltspunkte.

Die Chronologie der Ereignisse in Alexandria 248–249 n. Chr.

Für die Ereignisse der Jahre 248–251/252 n. Chr. läßt sich auf Grund der Briefe an Fabius, an Hierax und an die Brüder in Alexandria eine relativ genaue zeitliche Abfolge entwerfen[31]. Am 21.4.248 n. Chr. wurde die Eintausendjahrfeier der Stadt Rom begangen[32]. Auf sie folgte bald die Usurpation des Pacatianus in Moesien, die nach dem 21.4. und wohl vor dem 1.7.248 n. Chr. zu datieren ist[33]. In Alexandrien kam es zu einer lokalen Verfolgung der Christen, die eigentlich ein von den Behörden geduldetes Pogrom der aufgehetzten Bevölkerung darstellte; die Christen sollten zur Verehrung der heidnischen Götter gezwungen werden[34]. Das Pogrom ging auf die Agitation eines μάντις καὶ ποιητής, mit anderen Worten wohl eines paganen Sibyllisten, zurück, der den heidnischen „Aberglauben" neu entfacht und damit offensichtlich eine religiöse Hysterie ausgelöst hatte[35]. Hierfür kann wohl eine indirekte ideologische und religiöse Verbindung mit der Tausendjahrfeier Roms vermutet werden, da dieser emotional wirksame Jahrestag solche sibyllistischen Zukunftsprophetien, die sich, wie gesehen, immer wieder mit der Polemik gegen ‚Feinde' aller Art verbinden konnten, stimuliert haben durfte[36]. Diese länger andauernde lokale Verfolgung in Alexandria ging dem Opferedikt des Decius um ein ganzes Jahr voraus[37] und ist sehr wahrscheinlich in den letzten Monaten des Jahres 248 aufgeflammt. Nach den Worten des Dionysius war es den aus der Stadt geflohenen Christen 249 noch nicht möglich, das Osterfest wieder gemeinsam zu

---

31 Die chronologische Analyse von Bienert (s. bes. 134f., 152ff.) hält trotz der notwendigen Präzisierungen einer Überprüfung stand.
32 Vgl. hierzu zuletzt L. Polverini, in: Alte Geschichte und Wissenschaftsgeschichte. Festschrift K. Christ, Darmstadt 1988, 344–357, der ideologische Implikationen der Tausendjahrfeier nur streift und die emotionalen Folgen nicht behandelt (a.a.O. 354ff.).
33 Vgl. Loriot 794; Kienast 200; u. S. 214; zu den Thesen von S. Dušanić u. Anm. 50f. Zu Ti. Claudius Marinus Pacatianus PIR²C 930; PME C 157; zu seiner Prägung, die in Viminacium in zwei Serien (nur eine Officina mit Rs.-Typenwechsel) mit jeweils vier Officinae auf ältere Antoniniane ohne Umschmelzen zu neuen Schrötlingen geprägt wurde, RIC HCC III p. XCIV; W. Szaivert, Litterae Numismaticae Vindobonenses 2, Wien 1983, 61–67; Carson 85. Die lokalen Aesprägungen für die Philippi im Jahr 11 der Lokalära (mit guten Gründen = Jahr 249 julian.) zeigen die Loyalitätsbezeugung nach der Tötung Pacatians durch eigene Soldaten vor dem Eintreffen des Decius und vor der Erhebung des letzteren, sie sind in die 1. Hälfte 249 zu setzen. Mit den Überprägungen älterer Silbermünzen für Decius in Viminacium beginnt dann dessen dortige Silberprägung (vgl. Szaivert a.a.O. 66).
34 Eus., H. e. 6, 41, 1–9. Zur Analyse des Pogroms vgl. Molthagen 76f., 78f. Die religiös-militante Grundstimmung der Zeit auf paganer Seite verdeutlicht Cass. Dio 52, 36, 1–3. Unzutreffend ist die Annahme von St. I. Oost, CPh 56, 1961, 5–7, das Pogrom sei als antikaiserlicher bzw. antirömischer Ausbruch der alexandrinischen Bevölkerung zu sehen.
35 Eus., H. e. 6, 41, 1.
36 Vgl. etwa die Propagierung der *Roma aeterna*, des *miliarium saeculum* und des *saeculum novum* in der Reichsprägung (RIC IV 3, p. X, 70f., 78f., 82, 88f., 99) sowie die Prägung des Usurpators Pacatianus aus der Münze von Viminacium mit der Revers-Legende ROMAE AETER(nae) AN(no) MILL(esimo) ET PRIMO (RIC IV 3, 6; RIC HCC III p. XCIV).
37 Eus., H. e. 6, 41, 1.

feiern³⁸. Der Bischof selbst war schon vor diesem Zeitpunkt in die Stadt zurückgekehrt, wo er jedoch auf Grund des dort inzwischen ausgebrochenen Bürgerkrieges nicht mit allen Teilen der christlichen Gemeinde in Alexandria Kontakt halten konnte und sich deshalb mit einem Hirtenbrief zum Osterfest an sie wandte³⁹. Die Rückkehr war ihm dadurch ermöglicht worden, daß die pogromartige Verfolgung endete, als in Alexandria στάσις καὶ πόλεμος ἐμφύλιος ausbrachen⁴⁰, welche von einer Hungersnot in der hermetisch in zwei Parteien gespaltenen Stadt geleitet wurden⁴¹. Dieser Bürgerkrieg ging wiederum noch vor dem Ausbruch der großen Epidemie, der sogenannten Pest, zu Ende⁴², die ihrerseits bereits vor dem Eintreffen des Opferediktes des Decius und vor dem Beginn der Fastenzeit des Jahres 250 n. Chr. ihre volle Wirkung in Alexandria entfaltet hatte⁴³. Den Christen war 249 n. Chr. in der Stadt nur eine kurze Atempause vergönnt gewesen, ehe die Nachricht von dem gewaltsamen Thronwechsel in Rom, dem Ende der christenfreundlichen Herrschaft des Philippus Arabs, eintraf und die Furcht vor neuer Bedrängnis wuchs⁴⁴.

Nach dem Befund der alexandrinischen Münzprägung war Philippus Arabs noch erhebliche Zeit nach dem 29.8.249 n. Chr. von den offiziellen Organen in Alexandria als regierender Herrscher anerkannt⁴⁵. In Ägypten wurde noch bis zum 22.9.249 nach den beiden Philippi datiert⁴⁶, während das früheste Zeugnis für Decius das Datum des 28.11.249 n. Chr. trägt⁴⁷. Für den fraglichen Zeitraum (14.–15.9.249 – 17.7.250) ist Aurelius Appius Sabinus als Praefectus Aegypti belegt⁴⁸, der also noch Mitte September loyal zu Philippus Arabs stand⁴⁹. Zu dieser Zeit hatte Philippus beim Aufeinandertreffen mit den Kräften des in Pannonien zum Kaiser erhobenen Decius bei Verona⁵⁰ durch seine von ihm abfallenden Soldaten

---

38 Eus., H. e. 7, 22, 4.
39 Eus., H. e. 7, 21, 1.3.
40 Eus., H. e. 6, 41, 9.
41 Eus., H. e. 7, 22, 5.
42 Vgl. Eus., H. e. 7, 22, 1; ebenso 7, 22, 5–6, bes. 6.
43 Siehe den Osterbrief an die Brüder in Alexandria (Eus., H. e. 7, 22, 1–10).
44 Eus., H. e. 6, 41, 9 (GCS II 2, p. 602.604, Z. 21ff.).
45 Vgl. Loriot 791.
46 P. Rend. Harris 80. Vgl. zusammenfassend J. R. Rea, P. Oxy. LI, London 1984, 19f.; Rathbone 103, 112–114 (nach dessen Schema folgt eine gesicherte Anerkennung im Arsinoïtes noch ca. 18.9. und in Alexandria ca. 15.9.249 n. Chr.).
47 P. Oxy. 1636. Vgl. zur Anerkennung des Decius in Ägypten Rathbone 112; auch A. Stein, AfP 7, 1924, 40; F. S. Salisbury – H. Mattingly, JRS 14, 1924, 1–23, bes. 3f.; PIR² M 520. Decius war in Rom mit Sicherheit am 16.10.249 n. Chr. offiziell anerkannt und auch anwesend (CJ 10, 16, 3). Nach diesem Datum kalkuliert Rathbone a.a.O. ein Eintreffen der Nachricht in Ägypten spätestens zu Anfang des Monats November. Problematisch bleibt die Ex voto-Inschrift CIL III 4558 (28.5.249) in ihrer Deutung als frühes Datum der Anerkennung des Decius in Vindobona.
48 Vgl. G. Bastianini, ZPE 17, 1975, 312. Sein Vorgänger war C. Valerius Firmus, der für den Zeitraum 21.5.245 – 8./9.247 bzw. 247/8 n. Chr. belegt ist (vgl. Bastianini a.a.O. 312). Vgl. auch A. Stein, Die Präfekten von Ägypten in römischer Zeit, Bern 1950, 140f.
49 Siehe SB 1010; griechische Version von SB 9298 (14. bzw. 15.9.249).
50 Die Versuche, gegen die sonstige Überlieferung gestützt auf Ioann. Antioch. fr. 148 (FGH IV p. 597f.: Nach dem Sieg über die Skythen zieht Philipp nach Byzanz; in Perinth erhält er die Nachricht von dem durch Decius entfachten Aufruhr in Rom; er schickt Gesandte zur Unter-

den Tod gefunden; sein Sohn Philippus II. wurde in Rom von den Prätorianern getötet[51].

Sabinus wurde als ein offensichtlich verdienter und in seiner Treue zu dem jeweils in Rom herrschenden Kaiser bewährter Funktionär von Decius nicht abgelöst. Man wird annehmen dürfen, daß Aurelius Appius Sabinus den Bürgerkrieg in

> drückung der Erhebung und kündigt sein Kommen und das seiner Söhne (sic!) an. Die Gesandten gehen in Rom zu Decius über und rufen ihn zum Kaiser aus. Daraufhin flieht Philipp nach Beroia – Lücke von unbestimmten Umfang – Philipp fällt einem Mordanschlag zum Opfer; sein Sohn in Rom (sic!) wird von den dort stationierten Soldaten getötet) den Tod Philipps I. zu rekonstruieren, sind abzulehnen, so besonders die Ausführungen von S. Dušanić, Chiron 6, 1976, 427–439 (Beroia = Beroia/Augusta Traiana) mit einer Reihe problematischer Annahmen (so hätte die lateinische Tradition aus einer griechischen Quelle (Dexippos?) geschöpft und die Namen verwechselt); gefolgt von Halfmann 245; vgl. dagegen H. A. Pohlsander, Historia 31, 1982, 214–222; Rea (o. Anm. 46) 19–21 (zu den chronologischen Thesen); T. D. Barnes, JRA 2, 1989, 257. Erneut Ioann. Antioch. folgend R. Ziegler, in: Roma renascens. Festschrift I. Opelt, Frankfurt – Bern – New York – Paris 1988, 385–414, der aber Beroia mit der makedonischen Metropolis identifiziert. Demnach wäre Philipp von Perinth nach Westen gezogen – weshalb bleibt unklar; Thessalonike hätte ihm die Tore geschlossen, und er wäre nach Perinth geflüchtet (a.a.O. Anm. 56 belegt den Anhang der moesischen Truppen nicht sicher; vgl. o. Anm. 33). Die Rekonstruktion bes. a.a.O. 399f. kann nicht überzeugen (Die Annahme einer kurzen gemeinsamen Regierung von Philipp II. und Decius a.a.O. 400 mit Anm. 102 ist unberechtigt; vgl. Pohlsander a.a.O. 218f.).

51 Aur. Vict., Caes. 28, 10–11; Epit. de Caes. 28, 2–3; Eutr. 9, 3; Oros. 7, 20, 4; Eus.-Hieron., Chron., p. 218 (ed. Helm); Chron. a. 354, p. 147 (ed. Mommsen); Zos. 1, 22, 1–2 (Vater fällt; unpräzise zum Sohn); Zon. 12, 19, 3 (Vater und Sohn fallen in der Schlacht). Vgl. zusammenfassend Loriot 795f.; L. De Blois, Talanta 10–11, 1978, 21f.; Pohlsander a.a.O. Es ist richtig, daß Thessalonike von Decius zu Beginn seiner Regierung herausragende Ehren erhielt (gleichzeitige Verleihung von drei Nekorien und die Titel Colonia und Metropolis); vgl. I. Touratsoglou, Die Münzstätte von Thessaloniki in der römischen Kaiserzeit, Berlin – New York 1988, 17f., 75–77, Kat. p. 302–304 (1–6 Decius, 7 Etruscilla, 8–11 Caesar Herennius); zu den Nekorien R. Ziegler, Städtisches Prestige und kaiserliche Politik, Düsseldorf 1985, bes. 62ff. Die Inschriften IG X 2, 162–165, die nicht lange nach den angegebenen Priester- und Amtsjahren (246/7, 248/9 und 249/50, 249/50, 250/1) gesetzt sein können, belegen den frühen Ansatz. Eine Auszeichnung unter Philipp ließe die entsprechende lokale Prägetätigkeit erwarten (vgl. K. Harl, Civic Coins and Civic Politics in the Roman East A.D. 180–275, Berkeley – Los Angeles – London 1987, bes. 21ff., 83ff.). Allerdings kann die seit 253/4 (IG X 2, 167; Touratsoglou a.a.O. 77–81) belegte Reduzierung der Nekorien auf zwei nicht mit einer vermeintlichen Damnatio der Decier verbunden werden (so Ziegler a.a.O. 1988, 391, 400). Die oben genannten weitergehenden Folgerungen Zieglers sind nicht haltbar; die Problematik des Ioann. Antioch. zeigen etwa die fr. 147 und 150. Zugrunde liegt dem in fr. 148 überlieferten Konstrukt offensichtlich folgende wirkliche Information: Skythenkrieg des Philipp; seine Anwesenheit in Byzanz und Perinth (244/5 n. Chr.); sein Zug gegen Decius nach Verona = Berone in der griechischen Vorlage; die Ermordung Philipps und die Tötung seines Sohnes in Rom, wo es zu einem allgemeinen Abfall kam. Die Ehrungen Thessalonikes sind mit der entscheidenden strategischen Rolle für den moesisch-thrakischen Kriegsschauplatz und für Decius (so auch Ziegler a.a.O. 1988, 396) und mit einer Vorreiterrolle in der Anerkennung des Decius zu verbinden (Anwesenheit der Söhne in dieser Etappenbasis?). Von hier aus dürfte die Anerkennung des angesehenen und ausgewiesenen Konsulars in den östlichen Teil des Reiches ausgegriffen haben (in Sinope und Augusta/Kilikien Prägungen noch vor den Herbstäquinoktien; Anazarbos erhält dritte Nekorie und Agon für die Decier; Mopsuestia den Ehrentitel Dekianoi; vgl. Ziegler a.a.O. 1985, 99, 104f. mit Anm. 238).

Alexandria und damit den Aufstand eines Teiles der alexandrinischen Bevölkerung gegen Philippus Arabs[52] niedergeschlagen hatte[53]. Dieser Bürgerkrieg, der schon eine gewisse Zeit vor Ostern 249 ausgebrochen war, kann sicher nicht mit der Usurpation des Decius in Verbindung gebracht werden[54]; er ist wohl vielmehr ein unmittelbarer Beleg für den sonst nur unscharf zu fassenden Aufruhr gegen Iulius Priscus, den Rector Orientis und Bruder des Kaisers, und für die politische Erschüt-

52 Überholt ist die auf eine im wesentlichen traditionelle Datierung der Briefe des Dionysius gestützte Rekonstruktion der Ereignisse in Alexandria bei Oost (o. Anm. 34) 1–20, bes. 3ff. Die alleinige Deutung der inneralexandrinischen Konflikte als antirömische Aktionen oder als Auseinandersetzungen zwischen pro- und antirömischen Parteien kann nicht akzeptiert werden. Vielmehr waren die Bevölkerung der Stadt oder Teile von ihr potentiell bereit, Erhebungen gegen die regierende Zentralautorität zu unterstützen, so bei C. Avidius Cassius oder Pescennius Niger. Die Parteinahme erfolgte jedoch stets innerhalb des Machtkampfes um die Führung des Reiches.

53 An der Hörensagengeschichte, die Eusebius in H. e. 7, 32, 7–11 übernommen hat und die auf seinen Ägyptenbesuch ca. 309 n. Chr. zurückgehen muß, sind berechtigte Bedenken in Bezug auf ihre historische Zuverlässigkeit angebracht. Sie kann nicht als eine eigenständige Tradition für das Bürgerkriegsgeschehen gelten. Man beachte nur die Widersprüche zwischen H. e. 7, 32, 6; 32, 11–12; 32, 12 und 32, 21 (auch 32, 11 hinsichtlich der Natur eines innerstädtischen Kampfgeschehens!). Außerdem muß das Fehlen jedes Hinweises auf Dionysius in dieser Geschichte, die nach der Rolle des Diakons Eusebius in der Zeit vor 264 n. Chr. anzusiedeln wäre (vgl. auch A. v. Harnack, Geschichte der altchristlichen Literatur bis Eusebius II 2, Leipzig ²1958, 75–79; seine historische Deutung der Passage 7, 32, 7–11 ist überholt), zu Recht mißtrauisch machen. Offensichtlich liegt hier eine Legendenbildung um die Person des Anatolius vor, welche diesen mit einer Belagerung des Bruchium-Viertels verband. Der historische Bezugspunkt der Erzählung bestand vermutlich in der Erinnerung an den Bürgerkrieg von 249 n. Chr., ohne daß ihr Inhalt relevante Informationen zu enthalten braucht. Denn aktuell waren in Alexandria zur Zeit des Besuches des Eusebius solche Erzählungen wahrscheinlich auf Grund der nur etwas mehr als ein Jahrzehnt zurückliegenden achtmonatigen Belagerung der Stadt durch Diokletian (s. u. S. 282 mit Anm. 613). Oost (o. Anm. 34) 10–14, hat die Geschichte entsprechend seiner Chronologie der Briefe als Überlieferung zu der Niederwerfung der angeblichen Usurpation des Präfekten L. Mussius Aemilianus auszuwerten versucht. Andresen (o. Anm. 1) 436ff. konstruiert eine Verbindung zur Rückeroberung des palmyremisch besetzten Alexandria durch die Truppen Aurelians 271 n. Chr., ohne dafür in H. e. 7, 32, 7–11 eine Basis zu besitzen. Der mit der Rebellion des Firmus zusammenhängende, von Aurelian 273 niedergeschlagene Bürgerkrieg hatte die Zerstörung der Mauern und des Bruchium-Viertels zur Folge (Amm. 22, 16, 15; Zos. 1, 61, 1; HA, Aur. 32, 2–3; vgl. R. Syme, Emperors and Biography, Oxford 1971, 17; J. F. Gilliam, Historia Augusta Colloquium 1970, Bonn 1972, 143; anders E. Groag, RE V 1, 1903, 1390f.

54 Anzusprechen ist hier auch das Reskript der Kaiser Valerian und Gallienus an die Hieroniken von Antinoopolis, das in der Zeit zwischen Ende September 253 und vor 15.5.257 bzw. eher vor dem Herbst (vor 27.10.) 256 n. Chr. fällt (P. Oxy. 3611; vgl. Rea (o. Anm. 46) 26–30, bes. 27, 29; zur Anerkennung Valerians Rathbone 117f.). Die Hieroniken hatten im Gegensatz zu jenen in Alexandria während einer der beiden Perioden, welche die Alexandriner ἀφαιρέσεις nannten (Z. 7–9), keine Zuwendungen aus der Staatskasse erhalten (Z. 11–14), präzise in jener Periode, die 15 Monate und 7 Tage dauerte (Z. 9f.). Das Reskript war das Ergebnis ihrer Eingabe, die vermutlich von dem genannten Septimius Kallikles als ihrem Vertreter dem Kaiser vorgetragen worden war und aus der auch die näheren Angaben des Reskriptes stammten. Mit dem Reskript sollten sich die Hieroniken an Magnius Felix, den amtierenden Praefectus Ägypti, wenden, der die Rechtmäßigkeit ihrer Ansprüche prüfen, das Zurückbehaltene gegebenenfalls anweisen und für die künftige geregelte Zuwendung sorgen sollte. Die Amtszeit des T. Magnius Felix

terung durch die Erhebung des Iotapianus 249 n. Chr. im syrisch-kappadokischen Raume[55]. Ihre Niederwerfung erfolgte rasch; die Nachricht davon erreichte Rom aber erst nach dem Regierungsbeginn des Decius[56].

Der Brief an Hierax

Dionysius hat den Bürgerkrieg in Alexandria um die Osterzeit des Jahres 249 n. Chr. in seinem (offiziellen) Schreiben an den ägyptischen Bischof Hierax in einer deutlich rhetorisch-dramatischen Manier geschildet[57]. Der Brief stand ohne Zweifel inhaltlich und zeitlich mit dem Osterfest des Jahres 249 n. Chr. in unmittelbarer Beziehung, ist aber kein Osterfestbrief im eigentlichen Sinne[58]. Der Hinweis, daß es nicht erstaunlich sei, wenn er auch brieflich nicht mit Auswärtigen verkehren könne, da ihm doch nicht einmal in der Stadt der persönliche Verkehr mit den Glaubensbrüdern möglich sei[59], gibt dem Brief deutlich den Klang eines entschuldigenden Antwortschreibens für die Verzögerung eines schriftlichen Kontaktes mit Hierax. Die ausgemalte Schilderung des Bürgerkrieges und seiner Begleiterscheinungen dient einmal dazu, die Ausnahmesituation des Bischofs durch die Zeitumstände zu beschreiben[60], zum anderen gehört sie gerade zum predigtartigen Teil dieses Pastoralschreibens, für das Dionysius eine Veröffentlichung in der Gemeinde sicher voraussetzte.

Crescentillianus ist jedoch nur ungenau zwischen Ende September 256 und vor 15.5.257 n. Chr. zu datieren (vgl. Bastianini a.a.O. 314; W. Eck, RE Suppl. XV, 1978, 129; PIR² M 96). Die Zurückhaltung der staatlichen Zuwendungen an die Arsinoïten dürfte ihrerseits kaum längere Zeit vor der Eingabe gelegen haben. Doch bleibt die historische Interpretation der von den Alexandrinern gebrauchten Periodenbezeichnung ἀφαίρεσις problematisch. Das in den Papyri selten erscheinende Wort bedeutet stets den Raub von Gütern (vgl. Rea a.a.O. 29). Die sicher volkstümliche Zeitbenennung dürfte ebenfalls von der Grundbedeutung des Wegnehmens bzw. der Entzuges ausgegangen sein. Für die genannte Zeitspanne von 15 Monaten und 7 Tagen läßt sich nun keine Identifikation mit einer Regierung oder Usurpation herstellen. Man wird demgegenüber eher an eine Periode der Einschränkung staatlicher Leistungen bei gleichzeitiger Verschärfung der öffentlichen Belastungen zu denken haben, die am ehesten mit den Wirren und Problemen am Ende der Regierung des Trebonianus Gallus und während des Perserkrieges in Verbindung stehen könnte. Die angesprochene Periode hätte sich dann wohl von 253 bis in das Jahr 254 n. Chr. erstreckt; sie dürfte jedenfalls kurz vor die Amtszeit des Magnius Felix fallen.

55 Zos. 1, 20, 2; zur Erhebung des Iotapianus Aur. Vict., Caes. 29, 2; Zos. 1, 20, 2; 21, 2; PIR² J 49; Loriot 794 mit Anm. 26; Kienast 200f.; zu Iulius Priscus PIR² J 488. Vgl. bes. Baldus 80, 162f., 170–173, 246f.; einer überholten Datierung für Uranius Antoninus folgt noch De Blois a.a.O. 22. Die Usurpation des Decius ist vermutlich Mai 249, jedenfalls vor Juli 249 anzusetzen; vgl. Loriot 794f. Iotapianus' Münzprägung (nur 1 Rs.-Typ; 8 Vs.-/12 Rs.-Stempel) erfolgte 249 in einer unbekannten lokalen Münzstätte (vgl. RIC HCC III p. XCIVf.; Carson 85 mit Resümee der noch unpublizierten Studie von R. Bland).
56 Vgl. Aur. Vict., Caes. 29, 2; Zos. 1, 21, 2.
57 Eus., H. e. 7, 21, 2–10; vgl. Bienert 157–162.
58 Vgl. auch Bienert 153.
59 Eus., H. e. 7, 21, 2–3.
60 Vgl. ebd. 21, 1–3; 21, 3ff.

Die Teilung Alexandrias durch den Bürgerkrieg in zwei Lager gestaltet Dionysius mit alttestamentlichen Bildern und mit einer vom biblischen Sprachgebrauch durchsetzten bzw. angeregten Rhetorik aus[61]. Man braucht an der tatsächlich erbitterten Auseinandersetzung zwischen den beiden Parteien, von der Dionysius spricht und die vermutlich durch herangeführte römische Truppen beendet wurde[62], nicht zu zweifeln. Die offiziellen staatlichen Organe und die Anhänger der Philippi hatten sich wahrscheinlich im Bereich der Häfen mit den Getreidespeichern sowie im wichtigen Bruchium-Viertel verschanzt, was auch die Hungersnot in der Stadt hinreichend erklärt[63]. Aber an den von Dionysius für sein Schreckensgemälde gebrauchten Bildern, Formeln und Details müssen kritische Maßstäbe angelegt werden. So ist H. e. 7, 21, 4 mit einiger Wahrscheinlichkeit zu entnehmen, daß die Häfen Alexandrias während des Bürgerkrieges nicht frequentiert wurden, daß sie vermutlich sogar von den Kräften des Praefectus Aegypti blockiert waren und in ihnen Kampfhandlungen stattfanden. Doch kann hierin weder chronologisch noch inhaltlich mehr ein Beleg für den Zusammenbruch des Seeverkehres und des Handels auf Grund einer allgemeinen Krise insbesondere der Zeit nach 260 n. Chr. gesehen werden.

Zu den Elementen, die von Dionysius etwas gekünstelt zur Ausmalung des Bürgerkrieges in einem dramatisch-rhetorisch aufgebauten Predigttext – nichts anderes sind die erhaltenen Teile des pastoralen, österlichen Briefes an Hierax – herangezogen werden, gehört die Einbeziehung der Erwähnung eines Niltiefstandes mit folgender, offenbar besonders starker Nilflut[64], wobei letztere nur zwischen August und November 248 n. Chr. datiert werden kann[65], wenn das Ereignis überhaupt zeitlich so nahelag. Das Naturphänomen gehörte damit spätestens bereits in das Jahr 248. Auch die Passage H. e. 7, 21, 6–8 besitzt keinen konkreten Quellenwert, da sie lediglich alttestamentliches und jüdisches Traditionsgut ausschöpft[66]. Dabei muß darauf verwiesen werden, daß die hier erscheinenden Themen um die ägyptischen Plagen, das Passafest und den Exodus in der Tradition der frühchristlichen Osterhomilie eine wesentliche Rolle spielten[67]. Daß hier bei Dionysius apokalyptische Formeln und die Plagen der Endzeit im Rahmen der Traditionsentwicklung der Exodus-Stoffe thematisiert werden, ist somit keine Besonderheit, die zeitgeschichtlich zu erklären wäre, sondern entspricht dem üblichen und im

---

61 Zu Recht Bienert 157f., 160 mit Anm. 104.
62 Eus., H. e. 7, 32, 7–1 kann allerdings, wie o. Anm. 53 gezeigt, nicht als Quelle für einen solchen Vorgang herangezogen werden.
63 Vgl. nur in diesem Sinne die Darlegungen bei Andresen (o. Anm. 1) 436–452.
64 Eus., H. e. 7, 21, 5–6.
65 Vgl. etwa K. W. Butzer, Lexikon der Ägyptologie IV, 1982, 480–483.
66 Vgl. Bienert 160f.
67 Vgl. die Osterhomilie des Melito von Sardes, bes. § 11–34 (vgl. O. Perler (Ed.), Méliton de Sardes. Sur la Pâque, Paris 1966; auch Altaner – Stuiber 88f.). Auch diese Osterschrift ist in charakteristischer Weise der (zweckorientierten) Rhetorik verpflichtet (vgl. A. Wifstrand, VChr 2, 1948, 201–223).

Rahmen von Osterhomilie und Osterpredigt zu erwartenden Tenor[68]. In den Formeln und Bildern des pastoralen Osterbriefes an Hierax können wir vermutlich den rhetorischen und homiletischen Kontext der Osterpredigt des Dionysius und des verlorenen Festbriefes an die Brüder in Alexandria von 249 n. Chr. sehen, wo die biblische Überlieferung in entsprechender rhetorisch-exhortativer Weise eingesetzt worden sein dürfte.

Die letzten Passagen, die Eusebius aus dem Pastoralschreiben an Hierax überliefert[69], wurden bisher in der Regel als Zeugen für den katastrophalen Bevölkerungsverlust durch die sogenannte Pest in Alexandria bzw. auch für die Verluste des Reiches in der akuten Krise des mittleren 3. Jh. n. Chr. gewertet[70]. Nun ist jedoch zu beachten, daß Dionysius in dem Brief an Hierax den Begriff νόσος noch nicht verwendet, der uns dann als charakteristische Bezeichnung der großen Epidemie in Alexandria begegnet[71]. Hier gebraucht er dagegen den Begriff λοιμός, und zwar im Plural: es ist also von συνεχεῖς λοιμοί[72], von χαλεπαὶ νόσοι[73], παντοδαπαὶ φθοραί[74] und ὁ ποικίλος καὶ πολὺς τῶν ἀνθρώπων ὄλεθρος[75] in H. e. 7, 21, 9 die Rede, nicht aber von der einen großen Epidemie, ferner davon, daß die ansteckenden Krankheiten, schweren Erkrankungen, mannigfaltigen Verderben und das vielfältige (!) und viele Sterben auf den Bürgerkrieg und seine Verwüstungen zurückzuführen seien[76]. Ebenso wird der Verlust an Menschen nicht als Folge der Krankheiten, sondern als eine der Folgen des Bürgerkrieges in die rhetorische Frage des Textes eingeführt[77]. Bei kritischer Analyse entpuppt sich der ganze zweite Teil von H. e. 7, 21, 9 als rhetorisches, in höchstem Maße suggestives Konstrukt; es gehört zu den rhetorischen Übersteigerungen, die den Hierax-Brief kennzeichnen[78]. Zuerst weist Dionysius pauschal auf den großen augenblicklichen Bevölkerungsverlust der Stadt hin,

---

68 Vgl. zum Grundschema der Passa-Theologie A. Strobel 33–35. Mit dem Passafest verband sich bereits in der gesamtjüdischen Tradition der Gedanke der künftigen Errettung und Erlösung, die im Auszug aus Ägypten ‚historisch erlebbar' wurden. Die christliche österliche Wiederkunftserwartung, die daran unmittelbar anknüpfen konnte, ist bereits ein Leitthema der Johannes-Apokalypse (siehe Apk 1, 16; 19, 11ff.) und schon abhängig von der für das frühe Christentum wichtigen spätjüdisch-apokalyptischen Schrift des Passamidrasch Sap. Sal. 18 (vgl. auch A. Strobel 29 mit Anm. 5).

69 Eus., H. e. 7, 21, 9–10.

70 So u. a. R. M. Grant, Christen als Bürger im Römischen Reich, Göttingen 1981, 19; Alföldy, Krise 326, 335 (συνεχεῖς λοιμοί seien von Dionysius als Hauptpunkte der Krise betrachtet); der Text wird noch bei Andresen (o. Anm. 1) 427 auf die große Pest bezogen und auf 262 n. Chr. datiert.

71 So Eus., H. e. 7, 11, 24; 22, 6. Vgl. zu dieser wesentlichen Beobachtung auch Bienert 159 mit Anm. 102.

72 Eus., H. e. 7, 21, 9 (GCS II 2, p. 678, Z. 6).

73 Ebd. Z. 7.

74 Ebd. Z. 7.

75 Ebd. Z. 7f.

76 Dies ergibt sich zwingend aus dem Gedankengang 7, 21, 4–8, der drastisch mit der Fäulnis der Leichen schließt.

77 Ebd. 21, 9 (GCS II 2, p. 678, Z. 8ff.).

78 Zu milde noch Bienert 159f.

deren Einwohnerzahl von den Jüngsten bis zu den Ältesten nicht einmal mehr die frühere Zahl der öffentlichen Getreideempfänger der Gruppe der 40- bis 70-jährigen, der ὠμογέροντες, erreichen würde[79]. Es ist aber wenig wahrscheinlich, daß der nach eigenen Angaben durch die Teilung der Stadt unter die Bürgerkriegsparteien isolierte Bischof tatsächlich in der Lage gewesen wäre, einen zuverlässigen Überblick über die gesamte städtische Bevölkerung zu gewinnen, was in gleicher Weise auch für die Behörden, deren Kontrolle über die Stadt zusammengebrochen war, gelten dürfte. Außerdem wurde bisher bei der Bewertung der Stelle nicht berücksichtigt, daß der Bevölkerungsrückgang in der Stadt (!) während des Bürgerkrieges mit Sicherheit auch durch Flüchtlingsbewegungen verursacht war[80]. Dionysius geht in seiner weiteren Ausführung zwar in dem rhetorischen Vergleich von der früheren Liste der öffentlichen Getreideempfänger in Alexandria[81] als Bezugspunkt aus, und zwar genauer von jener der Gruppe der ὠμογέροντες, der 40- bis 70-jährigen; doch die Weiterführung des Gedankens, daß deren Zahl früher soviel größer gewesen sei, so daß diese Zahl nun nicht erreicht würde, wenn die (männlichen freien) Einwohner zwischen dem 14. (!) und dem 80. Lebensjahre in das Verzeichnis der Getreideempfänger eingetragen und gemustert wären[82], ist kaum anders als eine von ihm so ad

---

79 Zur äußerst problematischen Frage der (keineswegs einheitlich zu erfassenden) Gesamtbevölkerung des römischen Alexandria vgl. D. Delia, TAPA 118, 1988, 275–292, welche die gesamte Einwohnerzahl des Stadtgebietes auf maximal 500.000–600.000 Menschen schätzt. Zur Struktur des römischen Alexandria vgl. auch dies., Roman Alexandria: Studies in its Social History, 2 Bde., Diss. Columbia Univ. 1983 (Mikrofilm); Chr. Haas, Late Roman Alexandria: Social structure and intercommunal conflict in the entrepôt of the East, Diss. Michigan Univ. 1988 (Mikrofilm), bes. 87ff.
80 Auch die durch das Pogrom vertriebenen alexandrinischen Christen waren zu Ostern noch vielfach außerhalb zerstreut. Der Bürgerkrieg selbst muß vor allem die wehrfähigen Jahrgänge der männlichen Bevölkerung dezimiert haben, also gerade die über 14- bis 60-jährigen.
81 Vgl. zur Institution der regelmäßigen öffentlichen Getreideversorgung in den Städten Ägyptens, die sich eng an das Modell Roms anzuschließen scheint, J. R. Rea, P. Oxy. XL, London 1972, 1–116, bes. 1–15, mit der Publikation des entsprechenden Archivs aus Oxyrhynchos (269–271/272 n. Chr.). Ein Mindestalter für das Anrecht auf die Einschreibung in den Kreis der Bezugsberechtigten zeigt auch P. Oxy. 2902, Z. 5ff. durch die Angabe einer erstmaligen Musterung der 16-jährigen. Zur Beschränkung der Empfänger unter den männlichen freien Einwohnern auf die im Zulassungsverfahren zum Zuge kommenden ἐπικριθέντες, auf Bürgerrecht und Residenz am Ort, vgl. Rea a.a.O. 2ff.; auch D. van Berchem, Les distributions de blé et d'argent à la plèbe romaine sous l'Empire, Genf 1939, 32ff.
82 Rea a.a.O. 1f. interpretiert die Stelle in dem Sinne, daß zuvor die (erwachsene männliche freie) Bevölkerung für die Organisation und Verteilung der Getreideversorgung nach Altersgruppen eingeteilt war, nun aber die Verteilung für alle diese Gruppen zur gleichen Zeit am gleichen Ort erfolgt wäre, und ihre Gesamtzahl dabei nicht mehr so groß gewesen sei wie früher jene der ὠμογέροντες. Der Text beinhaltet aber nur den Vergleich zwischen der früheren Zahl der erfaßten ὠμογέροντες und der nun von Dionysius behaupteten Gesamtzahl, wenn man die 14- bis 80-jährigen mustern und in die Liste der Empfänger einschreiben würde. Ist Dionysius von tatsächlichen, ihm möglichen Schätzzahlen ausgegangen, so wäre von ihm in der Situation dieses Bürgerkrieges nur ein Bruchteil der Gesamtbevölkerung zu erfassen gewesen, nämlich die in der Stadt verbliebenen und auf der Seite der Regierung stehenden respektive in den Vierteln lebenden Teile, die in der Hand der Behörden und der Staatsmacht waren und noch einer Getreideversorgung unterlagen.

hoc im rhetorischen Zusammenhang aufgestellte illustrierende Behauptung zu beurteilen, die nichts über die tatsächlichen Bevölkerungszahlen aussagt, die sich nach der allgemeinen Beruhigung der Lage einstellten. Mit der folgenden, offenkundig rhetorischen und im Grunde inhaltsleeren Phrase, so seien in der Gegenwart die Jüngsten gleichsam zu Altersgenossen der ehemals Hochbetagten geworden[83], findet endgültig der Übergang zum pastoralen Predigtkontext statt.

Der erhaltene Teil des Hierax-Briefes bricht im Anschluß daran mit H. e. 7, 21, 10 inmitten des Gedankenganges ab: καὶ οὕτω μειούμενον ἀεὶ καὶ δαπανώμενον ὁρῶντες τὸ ἐπὶ γῆς ἀνθρώπων γένος, οὐ τρέμουσιν, αὐξομένου καὶ προκόπτοντος τοῦ παντελοῦς αὐτῶν ἀφανισμοῦ. Die zentrale Frage ist, wer hier von Dionysius überhaupt angesprochen wird, die christliche Gemeinde oder die Bevölkerung Alexandrias in der Zeit des Bürgerkrieges allgemein. Durch den Abbruch des Exzerptes bleibt dies offen. Trifft die erste Alternative zu, so könnte sich ein soteriologischer Verweis für den christlichen Glauben oder aber eine Argumentation in dem Sinne angeschlossen haben, wie sie in einem Fragment „aus dem zweiten Brief" des Dionysius bei Johannes Damascenus überliefert ist[84]: „Welcher Zustand ist für ein Fest geeigneter als das furchtlose, unbetrübte und unbekümmerte Ausharren? Mit Furcht meine ich aber wiederum nicht die weise [sc. die Furcht vor Gott], sondern die unvernünftige (Furcht), denn ‚Die Furcht des Herrn erquickt das Herz' [Koh 8, 12]". Damit verlöre die Aussage von H. e. 7, 21, 10 einen möglichen zeitgeschichtlichen Realitätsbezug. Ist in dem eindeutig predigthaften Kontext aber auf die heidnische Bevölkerung Alexandrias Bezug genommen, so wäre die Passage gerade ein Beleg dafür, daß trotz des Chaos vor Ostern 249 n. Chr. keine Endzeitfurcht ausgebrochen war: Sie zitterten nicht vor dem Ende, das hieße im christlichen Sinne vor dem Gericht Gottes, obwohl sie sähen, daß das Menschengeschlecht auf der Erde so immer mehr verringert und aufgezehrt würde, und obwohl ihre vollständige Vernichtung (gemeint ist doch wohl in Alexandria) zunehmen und fortschreiten würde[85]. Damit hätte Dionysius an dieser Stelle genau passend zur Osterbotschaft für seine weiteren Ausführungen in die eschatologisch-apokalyptische Vorstellungswelt übergeleitet. Eine Naherwartung des Endes wird in dem Brief an Hierax jedenfalls nicht angesprochen[86]. Der exhortative Charakter der Formulierungen steht außer Frage; auf die tatsächliche Bevölkerungsentwicklung im Reich läßt der Pastoraltext, der an die aktuelle Situation des alexandrinischen Bürgerkrieges gebunden bleibt, kaum schließen.

---

83 Eus., H. e. 7, 21, 9`, GCS II 2, p. 678. Z. 15f: καὶ γεγόνασιν οἷον ἡλικιῶται τῶν πάλαι γεραιτάτων οἱ ὀψὲ νεώτατοι mit der neuen Konjektur ὀψὲ an Stelle des überlieferten und in allen Editionen vertretenen ὄψει. Damit ergibt sich, wie F. Gschnitzer zu Recht bemerkt hat, eine klare Satzkonstruktion mit dem Gegensatzpaar πάλαι ὀψέ.
84 K. Holl, Fragmente vornicänischer Kirchenväter aus der Sacra Parallela, Leipzig 1899, Nr. 378; Bienert (o. Anm. 4) 54; vgl. Bienert 59, 160.
85 Vgl. die positive Fassung des Gedankens bei Cypr., Mort. 15 *gentiles coguntur ut credant*.
86 Vgl. auch Bienert 161.

Der Osterfestbrief an die Brüder in Alexandria

Die große Epidemie, welche Alexandria erst nach dem Ende des Bürgerkrieges heimzusuchen begann[87] und entsprechend in dem Brief an Hierax noch nicht erschienen war, ist das beherrschende Thema der erhaltenen Teile des Osterfestbriefes des Jahres 250 n. Chr.[88]. Diese große Epidemie, die sogenannte Pest der beginnenden 50er Jahre des 3. Jh., die anschließend 251/252 n. Chr. das römische Nordafrika heimsuchte[89], ist von Eusebius unter ausdrücklicher Nennung des Dionysius und unter Hervorhebung Ägyptens und Alexandrias in seine Chronik aufgenommen worden, was sicher wesentlich auf den Eindruck seiner Lektüre der Schriften des Dionysius zurückgeht; als Datum geben die überlieferten Versionen das Jahr 253 n. Chr.[90]. Diese Verschiebung erklärt sich von selbst, wenn man berücksichtigt, daß dort auch die anderen Daten drei Jahre zu spät liegen[91], nämlich der Herrscherwechsel erst 251 statt 249 und die decische Verfolgung erst 252 statt 250 n. Chr. Zudem ist die Chronik des Eusebius(-Hieronymus) im Detail nicht unbedingt als zuverlässig zu betrachten; doch schließt sie eine Spätdatierung, wie sie der traditionelle Ansatz der Dionysius-Briefe verlangen würde, aus. In Ägypten und Alexandria dürfte die Hauptphase der Seuche auf 250/251 n. Chr. zu datieren sein.

In einem eindrucksvollen Rückblick hat Dionysius in dem Osterfestbrief nochmals die Leiden der alexandrinischen Christen aufgelistet[92]: Pogrom und Vertreibung aus Alexandria, dann Bürgerkrieg und Hungersnot, welche die Verfolgung ablösten und so den Gläubigen Ruhe schenkten. Nach einer folgenden kurzen Atempause sowohl für die Christen als auch für die Heiden war dann aber die ‚Pest‘ über die Menschen in Alexandria hereingebrochen. Daß die Krankheit schon vor dem Einsetzen der decischen Verfolgung schwerste Opfer unter dem Klerus der Gemeinde beim Dienst für die Kranken gefordert hatte, sagt Dionysius selbst im Germanus-Brief[93].

Auch im sogenannten Pestbrief ist die überaus starke rhetorische Prägung zu beachten, die eine deutliche Anknüpfung an die antike rhetorisch-dramatische Tradition und eine wirksame sprachliche Anlehnung an das Alte Testament zeigt. Es ist ferner kennzeichnend, daß die Pestschilderung des Thukydides nicht nur als Vorlage dient, sondern unmittelbar zitiert wird[94].

---

87 Siehe Dionysius – Eus., H. e. 7, 22, 6.
88 Eus., H. e. 7, 22, 1–6.7–10; vgl. zu dem Brief Bienert 162—165.
89 Vgl. o. S. 167.
90 Hieron., Chron., p. 219 (ed. R. Helm ²1956): *Pestilens morbus multas totius orbis provincias occupavit maximeque Alexandriam et Aegyptum, ut scribit Dionysius* (Es folgt der Hinweis auf Cyprians Schrift De mortalitate); vgl. entsprechend Eus., Chron. (armen. Übers.), p. 226 (ed. Karst).
91 Noch nicht beachtet bei Bienert 148 Anm. 53; vgl. zur Pest auch ebd. 147–148.
92 Eus., H. e. 7, 22, 4–6.
93 Ebd. 11, 24; zur richtigen Lesart νόσῳ vgl. jetzt zusammenfassend Bienert 147f. Anm. 52; auch Sordi (o. Anm. 30) 40 mit Anm. 12.
94 Thuk. 2, 64, 1 in H. e. 7, 22, 6; vgl. zur Vorlagenfunktion von Thuk. 2, 47–54 auch Bienert 163. Die Benutzung der thukydideischen Pestschilderung gehörte bereits zur gängigen rhetorischen und literarischen Methodik; vgl. bes. Lucian., Hist. conscr. 15.

Der Unterschied zwischen Heiden und Christen lag nach Dionysius in dem Sinn der Seuche, der sie für die Christen zur Prüfung ihrer Standhaftigkeit, zu einer Prüfung und Erziehung zugleich mache[95]. Auch wenn die Krankheit die Christen nicht verschone, so sei doch ihr ganzer Schrecken nur für die Heiden gegeben[96]. Wie in der Schrift „De mortalitate" Cyprians, jener Trost- und Belehrungsschrift zum Wüten der Seuche in Karthago, richtet sich das Bemühen darauf, die Epidemie mit dem Dogma der Güte und des allmächtigen Willens Gottes, ja mit seinem Heilsplan in Einklang zu bringen und an Stelle von Zweifeln am Herrn und an seiner Hilfe zu noch größerer Gläubigkeit zu bewegen. Der zweite erhaltene Teil des sogenannten Pestbriefes stellt die christliche Nächstenliebe, die aufopfernde Krankenpflege und die nicht vernachlässigte Totenfürsorge der Gläubigen der Isolierungspraxis der Heiden gegenüber, die sich zur Vermeidung von Ansteckung auch nicht um die Toten kümmerten[97].

Wie wir zu Recht annehmen können, stellte Dionysius in dem Text vor dem Einsetzen des Exzerptes des Eusebius die bevorstehende Osterfestzeit der Christen heraus, um diese Festzeit dann mit dem Wehklagen der Heiden angesichts des Wütens der Seuche zu kontrastieren, wobei er den Heiden die Fähigkeit zu einem vergleichbaren Fest gänzlich abspricht[98]. Anzeichen einer möglichen Endzeitstimmung bzw. einer Reaktion des Dionysius auf solche Strömungen in der Gemeinde finden sich in den erhaltenen und in dieser Hinsicht durch ihren Inhalt ohne Zweifel repräsentativen Teilen des Osterfestbriefes nicht. Gerade Hinweise auf die Christologie und die Erlösungslehre fehlen in dem Text, obwohl sich in den erhaltenen Teilen genügend Anknüpfungsmöglichkeiten ergeben hätten[99]. Es dürfte kein Zufall sein, daß wir gerade die christliche Eschatologie bei dem Kirchenführer und Seelsorger Dionysius so wenig fassen können. die Frage des Kommens des Weltendes stellte damals in Alexandria offenbar kein aktuell bewegendes Problem dar. Wenn die nicht unbegründet erscheinende Zuweisung eines Fragmentes aus einer Ekklesiastes-Exegese im Katenenkommentar des Prokop von Gaza auf Dionysius zutrifft[100], so hat letzterer die Welt als das Werk Gottes gelehrt, dessen festgelegter Endpunkt von niemandem erfaßt werden könne. Dionysius hätte damit allen Endzeitspekulationen und -berechnungen eine explizite Absage erteilt.

Der Brief an Hermammon und die Brüder in Ägypten

In der Vorbereitung für das Osterfest des Jahres 262 n. Chr.[101] wandte sich Dionysius mit diesem pastoralen Festbrief an den ägyptischen Bischof Hermammon

---

95 Eus., H. e. 7, 22, 6 (GCS II 2, p. 680, Z. 17f.).
96 Ebd. Z. 18f.
97 Ebd. 7, 22, 7–10.
98 Ebd. 22, 2.
99 Vgl. zu Recht Bienert 164f.
100 Kap. III, V. 10–11; Ch. L. Feltoe (Ed.), ΔΙΟΝΥΣΙΟΥ ΛΕΙΨΑΝΑ. The Letters and other Remains of Dionysius of Alexandria, Cambridge 1904, 210–227; vgl. Bienert 55–57; mit Übertragung ders. (o. Anm. 4) 94.
101 Eus., H. e. 7, 23, 4.

und seine Gemeinde[102], also nicht an den Kreis der Gläubigen in Alexandria, sondern an einen Teil der ägyptischen ‚Kirchenprovinz'. Der Osterfestbrief ist, wie die Forschung mehrfach zu Recht betonte[103], in seiner Geschichtsschau und in seiner Intention ein Panegyricus auf Gallienus: ein Panegyricus des christlichen Bischofs auf den regierenden heidnischen Kaiser. Dieses offizielle Kirchendokument ging als Osterfestbrief an die Gemeinden des ägyptischen Binnenlandes heraus und hatte sicher nicht nur den einheimischen Bischof Hermammon und seinen Sprengel als Adressaten. Die Osterbotschaft des Dionysius für die eigene Gemeinde in Alexandria dürfte kaum anders ausgefallen sein. Welcher entscheidende (positive) Schritt in der politischen Haltung gegenüber dem (heidnischen) Kaiser und seiner innerkirchlichen Darstellung damit von Dionysius als einem der einflußreichsten Kirchenführer der Zeit getan wurde, kann hier nur angedeutet werden.

Der historische Hintergrund für dieses Dokument war zweifellos das Toleranzedikt des Gallienus. Jener hatte nach der Übernahme der Alleinherrschaft nicht nur die Verfolgungsmaßnahmen seines Vaters durch Edikte abgebrochen und den Status quo ante wiederhergestellt, sondern er hatte nunmehr das Existenzrecht der Christen und insbesondere der Kirche anerkannt[104]. Nach dem Sieg über die beiden Macriani und nach der Ablösung ihres Parteigängers L. Mussius Aemilianus als des

---

102 Ebd. H. e. 7, 1; 7, 10, 2–9; 7, 23. Vgl. Bienert 166–174.
103 Vgl. Alföldi 301f.; Bienert 166f., 177; bereits Ph. S. Miller, Studies in Dionysius the Great of Alexandria, Diss. Erlangen 1933, bes. 55ff. hat auf die deutlichen Parallelen zu Menander Rhetor hingewiesen. Vgl. zu letzterem D. A.. Russell – N. G. Wilson (Ed.), Menander Rhetor, Oxford 1981, bes. XI–XXXIV; zur Datierung wahrscheinlich in diokletianische Zeit ebd. XXXIV–XL.
104 Eus., H. e. 7, 13. Vgl. richtig Sordi 116f.; anders noch etwa Molthagen 98–100 (nur Status quo ante). Ohne weitere Begründung lehnt L. De Blois (u. Anm. 110) 178–181 die Interpretation als Toleranzedikt ab und postuliert ebenfalls die Rückkehr zum Status quo ante von 257 oder 249 [?] n. Chr. Seine Sicht der Beendigung der Christenverfolgung nur aus tagespolitischen Motiven des Gallienus heraus (ebd. 184f.; gegen seine Ausführungen zu Paulus von Samosata vgl. F. Millar, JRS 61, 1971, 1–17) greift zu kurz (nur rational politisch gesehen auch bei M. M. Sage, WS 96, 1983, 149f.). Daß das Edikt in erster Linie gegen die Macriani gerichtet gewesen wäre (so De Blois ebd.), ist wenig überzeugend und steht im Widerspruch zur Chronologie, da die Usurpation der Macriani erst einige Zeit nach der Gefangennahme Valerians erfolgte; vgl. zu den östlichen Prägungen für Gallienus allein Alföldi 135f., 147f., 151; Besly – Bland 131f., 133; Carson 103. Für das Toleranzedikt kann aber der 9.8.260 n. Chr. als sicherer Terminus ante quem in Rom festgelegt werden (vgl. Frend 428 mit Anm. 270), vermutlich sogar schon der 22.7.260 n. Chr (Ordination des neuen Bischofs Dionysius). Dieses Datum ist zumindest ein Terminus ante quem für die Beendigung der aktiven Verfolgungsmaßnahmen in Rom (vgl. u. S. 245); Kult und Märtyrerkult waren bereits am 9.8.260 wieder voll aufgenommen (vgl. R. Marichal, La Nouvelle Clio 5, 1953, 119f.). Sage a.a.O. 151–159 (mit einem verfehlten Ansatz des „Octavius" des Minucius Felix) lehnt die Interpretation als Toleranzedikt ab und sieht erneut nur eine Rückkehr zur Rechtslage vor 249, spricht aber zugleich von der Anerkennung des Existenzrechts der Kirche. Entscheidend bleibt, daß die Existenz der Kirchengemeinden offiziell anerkannt und im Rahmen der Pax Augusti geduldet sowie ihr Besitzrecht reichsweit formell anerkannt waren. Die Fortexistenz eines offiziellen Status als *religio illicita* ist damit schwer zu vereinbaren. Die Beispiele bei Sage a.a.O. 152ff. (Das Marinus-Martyrium ist zeitlich nicht zu sichern) belegen keine Handlungsfreiheit öffentlicher Organe gegen die Christen nach 260; sie gehören in den Kontext von Militär und militärischer Gehorsamspflicht.

aus eigener Machtvollkommenheit amtierenden Praefectus Aegypti[105] erging 261/2, jedenfalls vor Ostern 262 n. Chr. das bei Eusebius überlieferte Reskript des Gallienus an Dionysius und die ägyptischen Bischöfe[106]. Das Reskript nahm ohne Zweifel auf das entsprechende kaiserliche Edikt von 260 n. Chr. direkten Bezug, das nunmehr auch in Ägypten in Kraft gesetzt war.

Der Osterfestbrief des Jahres 262 ist bei Eusebius in umfangreichen Ausschnitten überliefert, die, von der Einleitung und von der Bezugnahme auf das Osterfest abgesehen, wohl seine wesentlichen Gedanken aufzeigen. In ihm gab Dionysius eine Skizze der Kirchen- und Allgemeingeschichte für die Zeit von Decius[107] oder eher von dem als Christenfreund bekannten Philippus Arabs[108] bis zur Gegenwart; dieser rhetorisch gefärbte Geschichtsabriß stellte den raschen Untergang der Gottlosen und der Feinde der Kirche pointiert dem Blühen und der Fortdauer der Herrschaft des in seiner Haltung gottgefälligen Gallienus gegenüber[109]. Ein realitätsgetreues Bild der Herrschaft des Gallienus und der Lage des Reiches um 261/262 n. Chr. können wir demnach nicht erwarten. Dennoch stand der positive Grundtenor des Dionysius sehr wahrscheinlich in keinem Gegensatz zu der Einstellung der christlichen Gemeinden in Ägypten gegenüber Gallienus und ihrer Gegenwart. Für die Gläubigen mußte das persönliche Erlebnis eines Endes der Verfolgung und Bedrohung durch den Sieg des Gallienus über die Macriani der mental entscheidende Faktor sein, zumal der Osten des Reiches politisch unter der erneut proklamierten und anerkannten Herrschaft des Gallienus wieder geeint und stabilisiert erschien[110]. Auch war Ägypten zwischen 249 n. Chr. und dem Eindringen der Palmyrener nicht direkt in den militärischen Machtkampf im Reich verstrickt.

Die Kernaussage der von Eusebius aus dem Hermammon-Brief zitierten Passage zu Trebonianus Gallus, mit welcher der uns erhaltene Text einsetzt[111], geht dahin,

---

105 L. Mussius Aemilianus, der sich als Praefectus Aegypti der Proklamation der Macriani angeschlossen hatte, war nach der Niederlage des älteren und jüngeren Macrianus gegen Gallienus' Feldherrn Aureolus 261 n. Chr. nicht selbst als wirklicher Usurpator aufgetreten; gegen die Version von HA trig. tyr. 22; Gall. 4, 1–2; Epit. de Caes. 32,4 siehe das Fehlen jeglicher Münzen. Er wurde, wie wohl richtig überliefert, durch Aurelius Theodotus, den neuen, von Gallienus entsandten Präfekten, aus dem Amt entfernt und vom Kaiser als Staatsfeind hingerichtet (HA trig. tyr. 22, 8). Vgl. Rathbone 119; PIR² M 757; PME M 77; Walser – Pekáry 34f.; Stein (o. Anm. 48) 143–146, 227–229; Bastianini, ZPE 17, 1975, 314f.; 38, 1980, 88 (Aemilianus belegt 256/257 – 17.5.261 n. Chr.); auch T. D. Barnes, Historia 23, 1974, 247f. Weder wurde in Alexandria für Macrianus/Quietus im Jahr 2 (29.8.261–28.8.262) geprägt noch für Aemilianus selbst.
106 In der Form einer kaiserlichen Epistula gehalten und auf einen Libellus der ägyptischen Bischöfe hinsichtlich der Rückgabe der Kultstätten antwortend; die reichsweite, nun auch für Ägypten geltende Rücknahme aller christenfeindlichen Maßnahmen wird nochmals betont (Eus., H. e. 7, 13). Vgl. Sordi a.a.O.; Molthagen 98f.; Millar (o. Anm. 28) 571f.; zur Reskriptstruktur D. Nörr, ZSR 98, 1981, 1–46, bes. 9–11; auch T. Honoré, Emperors and Lawyers, London 1981, 24–53.
107 Zumindest ist dieser Einsatz durch die Formulierung von H. e. 7, 1 gesichert.
108 Vgl. zur entsprechenden Stilisierung bei Dionysius selbst Eus., H. e. 6, 41, 9; 7, 10, 3.
109 Siehe bes. H. e. 7, 1 (mit 10, 1) und 23, 1–4. Vgl. ähnlich auch Sordi (o. Anm. 1) 132–136.
110 Vgl. zu den Vorgängen PIR² L 258; PIR² L 197; auch L. Wickert, RE XIII 1, 1926, 358f.; L. De Blois, The Policy of the Emperor Gallienus, Leiden 1976, 34.
111 Eus., H. e. 7, 1.

daß dieser Herrscher durch den gleichen Fehler zu Fall gekommen sei wie sein Vorgänger Decius: Auch er habe sich gegen die Christen gewandt und die „heiligen Männer", d. h. hohe Kleriker, aus Rom verbannt[112], welche für seinen Frieden und sein Wohlergehen zu Gott gebetet hätten[113]. Ansonsten wird von der Regierung des Trebonianus Gallus vor seinem Untergang das überraschend positive Bild einer erfolgreichen Politik entworfen. Da Trebonianus Gallus als ein Widersacher der Christen bezeichnet und sowohl seine Beseitigung als auch die seines Sohnes Volusianus[114] dieser Tatsache zugeschrieben werden, wirkt das Urteil des Dionysius umso bemerkenswerter. Man wird daraus zu Recht den Schluß ziehen dürfen, daß seine Herrschaft im Osten des Reiches nicht das Bild eines Desasters geboten hatte. Die Krise an der Perserfront muß entsprechend erst nach dem Tode der beiden Augusti durch die Hand ihrer eigenen Soldaten im Sommer 253 n. Chr.[115] ausgebrochen sein[116]. Wahrscheinlich war der große Angriff Schapurs I. gerade eine Reaktion auf das Eintreffen der Nachrichten von der Empörung gegen Trebonianus Gallus und von dem ausbrechenden Bürgerkrieg. Ebenso positiv wie Dionysius bewertete im übrigen Iordanes (Get. 19, 106) die Herrschaft des Gallus, ein Urteil, das fraglos aus den Vorlagen seines Geschichtswerkes übernommen wurde.

Das zweite umfangreiche Exzerpt ist der Regierung Valerians und seiner Christenverfolgung gewidmet[117]. Nun nach dem Untergang der Macriani und dem Triumph des Gallienus über die Usurpation im Osten konnte die Schuld an dieser schweren Verfolgung dem überwundenen Staatsfeind Fulvius Macrianus, dem ehemaligen Rationalis Augusti Valerians, zugeschoben werden[118]. Eine solche

---

112 Vgl. Molthagen 85; Clarke III 4–17; auch Cypr., Epist. 60; 61, 3.
113 Vgl. zur entsprechenden kirchlichen Gebetsformel 1 Clem 61, 1. Das Gebet für die Kaiser Valerianus und Gallienus und für die Sicherheit ihrer Herrschaft führte Dionysius auch 257 n. Chr. in seinem Verhör vor dem amtierenden Präfekten L. Mussius Aemilianus als Argument an (Eus., H. e. 7, 11, 8). Zur Überzeugung von der entscheidenden Wirksamkeit des christlichen Gebetes für die Bewahrung der paganen Welt vgl. bereits Aristeid., Apol. 16, 6.
114 Eus., H. e. 7, 1; 7, 10, 1.
115 Vgl. R. Hanslik, RE VIII A 2, 1958, 1992f.; Walser – Pekáry 24–27, 35f. Vgl. u. S. 241f.
116 Vgl. u. S. 239. Die kurze Herrschaft des Aemilianus fehlt offensichtlich in dem Abriß des Dionysius; Valerian erscheint als der unmittelbare Nachfolger des Gallus. Die Anerkennung des Aemilianus in Ägypten endete bereits kurze Zeit nach dem 19.9. (O. Petr. 139) bzw. 28.9.253 (P. Oxy. 1286; P. Got. 4); vgl. Rathbone 115–117; auch M. Christol, ANRW II 2, 1975, 808f.
117 Eus., H. e. 7, 10. Vor dem Einsetzen des Exzerptes ist sehr wahrscheinlich Dan 7, 25 zitiert gewesen (vgl. zur Problematik der verlorenen Einleitung Bienert 168f.). Das ἀμφότερα zu Beginn von H. e. 7, 10, 3 ist zweifelsohne auf die beiden Phasen des Verhältnisses zu den Christen in der Regierungszeit des Valerian zu beziehen und nicht etwa auf die Zitate von Dan 7, 25 oder Apk 13, 5 (so noch Sordi (o. Anm. 1) 133). Es ist nach Dionysius die Schwenkung gegenüber den Christen, die Valerian ins Verderben führte. Die Diskussion etwa noch bei I. König, Die gallischen Usurpatoren von Postumus bis Tetricus, München 1981, 30f. ist damit überholt.
118 Ebd. 10, 4–7. Vgl. etwa bereits Alföldi 301f.; Molthagen 86f.; zur persönlichen Religionspolitik und Religiosität Valerians Molthagen 85–98. Zu Unrecht folgen Dionysius noch Oost (o. Anm. 34) 7f.; Sordi 111. Selbst die Formulierung „vielleicht war er die treibende Kraft" bei Bienert 170 ist m. E. nicht gerechtfertigt.

Schuldzuweisung dürfte nach dem Toleranzedikt des Gallienus mit einiger Sicherheit die offizielle kirchliche Sichtweise und nicht nur die vereinzelte Position des Dionysius gewesen sein, der in der Stilisierung des Gallienus ein rhetorisches Meisterstück im Rahmen der kaiserzeitlichen Herrscherpanegyrik formuliert hat, das deutlich auf die künftige Entwicklung des Verhältnisses zwischen Kaisertum und Kirche unter Konstantin d. Gr. vorausweist.

Für Valerian stellte Dionysius die christenfreundliche Haltung bis in das Jahr 257 n. Chr. heraus, die angeblich alles bisher in dieser Richtung Dagewesene übertroffen habe[119]. Die dynastische Reputation des von Dionysius gefeierten siegreichen Kaisers und Freundes der Kirche Gallienus wurde so von dem Odium der Christenverfolgung des Vaters befreit, mehr noch, seine eigene Regierung wurde davon entlastet, denn Gallienus war schließlich seit 253 n. Chr. Mitregent. Nach Dionysius habe nur der ältere Macrianus Valerian zu den unheiligen Riten und Opfern verleitet[120], die ersterer in Wirklichkeit selbst den Dämonen darbringen wollte, da er sich verräterische Hoffnungen auf die Herrschaft gemacht hätte[121]. Selbst das angegebene Motiv des älteren Macrianus für die Auslösung der Verfolgung wird also in den Bereich des Politischen, genauer der frevelhaften Usurpationsabsicht des späteren Staatsfeindes, verlagert[122]. Ihm seien die heiligen Männer der Christen bei seinen Zaubereien im Wege gestanden[123]. Macrianus wird von Dionysius in dem Text als der falsche Prophet nach der Johannes-Apokalypse gebrandmarkt[124], dessen Schuld gemäß der Verheißung in Exod 20, 5 über seine Söhne gekommen sei[125]: Dann habe der Frevler Macrianus, der als ὁ διδάσκαλος καὶ τῶν ἀπ' Αἰγύπτου μάγων ἀρχισυνάγωγος bezeichnet wird[126], d. h. wohl selbst in eine ägyptische Mysterienreligion eingeweiht war und offenbar früher als Idios Logos zeitweilig den ägyptischen Tempelpriestern vorgestanden hatte[127], den einen seiner Kaiser, d. h. Valerian, verraten und den anderen, Gallienus, angegriffen[128]. Doch sei er mit seiner ganzen Familie schon nach kurzer Zeit vollständig zugrunde gegangen[129]. Gallienus aber sei erneut als Augustus proklamiert und anerkannt, wobei Dionysius zweifellos besonders an Ägypten dachte; seine Herrschaft habe sich damit entsprechend dem Worte bei Jes 42, 9[130] behauptet[131]. Die „Wolke" der Usurpation des Macrianus, welche die „Sonne" des Gallienus kurze Zeit überschattet hätte, sei verschwunden[132].

---

119 Eus., H. e. 7, 10, 3.
120 Ebd. 10, 4.7.
121 Ebd. 10, 5.
122 Ebd. 10, 5.8.
123 Ebd. 10, 4.
124 Ebd. 10, 4–7; vgl. Apk 13, 11ff. Bienert 169–172 möchte in Macrianus d. Ä. nach H. e. 7, 10, 6 einen christlichen Apostaten sehen; dem wird man kaum folgen können.
125 Eus., H. e. 7, 10, 8–9.
126 Ebd. 10, 4.
127 Vgl. überzeugend Oost (o. Anm. 34) 8; auch Bienert 172f. (siehe aber o. Anm. 124).
128 Eus., H. e. 7, 23, 1.
129 Ebd. 23, 1.
130 Vgl. Jes 43, 19.
131 Eus., H. e. 7, 23, 1–2.
132 Ebd. 23, 2. Vgl. auch Oost a.a.O. 9; Stein (o. Anm. 48) 144f.; u. S. 247.

Es ist für die Beurteilung des Briefes an Hermammon und die Brüder in Ägypten von entscheidender Bedeutung, daß bei seiner Lektüre bzw. seinem Verlesen für den gläubigen Adressaten der Bezug auf die Johannes-Apokalypse präsent sein mußte und so auch von uns für die Analyse der Gesamtintention des Dionysius mitzudenken ist[133]. Macrianus wird sehr deutlich mit den Zügen des Zweiten Tieres in Apk 13, 11–17 ausgestattet und sein Untergang mit dem Verderben des Tieres in Apk 17, 8.11 gleichgesetzt[134]. Doch die Herrschaft des Gallienus sei zuvor gewesen und bestünde (im Einklang mit Gottes Willen) danach unverändert weiter[135]. Der in einem letzten Exzerpt erhaltene Rückblick des Dionysius auf die „Tage der kaiserlichen Jahre" führt zu dem Schluß, daß die Gottlosen in kurzer Zeit namenlos verschwänden, während der gottgefällige Herrscher Gallienus das siebente Jahr (im Sinne der apokalyptischen Jahrwochensymbolik!) überschritten habe und das kommende Osterfest schon in die Vollendung seines neunten Jahres fallen würde[136]. Auch diese Zeitangabe ist also Teil einer integrierten Geschichtsschau.

Mit der sich fortsetzenden Regierung des Gallienus habe nach den Worten des Dionysius das Imperium Romanum gleichsam sein Alter abgelegt und sich von seiner früheren Bosheit – und das heißt von seinem früheren Vorgehen gegen die Christen! – gereinigt, so daß es nun in einer neuen Jugend aufblühe, weithin gesehen und gehört werde und sich überall hin ausbreite[137]: eine mehr als deutliche Parallele zu der etwa bei Flor. praef. 8 als ein panegyrisches Urteil für die Herrschaft Trajans formulierten Vorstellung von der Erneuerung des Reiches[138]. Dieser Pastoralbrief des Dionysius weist m. E. eindeutig auf die christliche Romideologie voraus, genauer auf die Vorstellung von der Rückkehr eines goldenen Zeitalters mit dem Religionswandel durch Konstantin d. Gr. und seinen Sieg, wie sie dann besonders bei Lactanz und Eusebius ausgeformt wird[139]. So erscheinen auch der Sieg des Gallienus über die Macriani und sein Toleranzedikt bei Dionysius als eine Art Wiedergeburt des Reiches im christlichen Sinne[140], wobei die ‚Reinigung des Reiches' von seiner früheren „Bosheit" (d. i. gegen die Christen) im Zentrum dieser Aussage steht.

Mit ihr zeichnet Dionysius zugleich auch für die Gläubigen eine konkrete positive Zukunftsperspektive vor; eine Naherwartung für das Eintreten der eschatologischen Verheißung hatte hier keinen Raum. Obwohl das aktuelle Zeitgeschehen seit 257 n. Chr. die Erfüllung der apokalyptischen Offenbarungen suggerieren

---

133 So bereits zu Recht Sordi (o. Anm. 1) 133–136.
134 Eus., H. e. 7, 23, 3; vgl. 23, 4; vgl. Bienert 172.
135 Ebd. 23, 2.3; vgl. 23, 1.
136 Ebd. 23, 4.
137 Ebd. 23, 3. Alföldy, Krise 338f. bindet diese Aussage über das Aufblühen des Reiches nicht direkt an das Ende der Christenverfolgung.
138 Zu Flor. praef. 4–8 vgl. R. Häussler, Hermes 92, 1964, 313–341, bes. 314–323, 332ff.
139 Vgl. etwa Lact., Inst. 5, 6, 11–13; 5, 7, bes. 7, 1; zusammenfassend A. Demandt, Der Fall Roms, München 1984, 64–66. Die Bedeutung, welche Dionysius bei Eusebius gewinnt, ist m. E. nicht zuletzt unter diesem Gesichtspunkt zu sehen.
140 Bienert 173 trifft die Intention des Textes nicht voll, wenn er hier die Möglichkeit einer Identifizierung der Herrschaft des Gallienus mit dem eschatologischen Reich des Friedens sieht; er muß dies selbst als Überinterpretation verwerfen.

konnte und Dionysius eine solche von der Apokalypse ausgehende Sichtweise in seinen Formulierungen bewußt und suggestiv nachzustellen scheint, betonte er, daß nichts dergleichen geschehen sei, ja sich alles zum Positiven wandle. Eine Sicht der Lebenswelt aus dem Denken der Apokalypse heraus hat Dionysius in dem Schreiben in verdeckter und doch eindeutiger Weise verworfen[141]. Wir werden wohl auch die nachträglich durch die Ereignisse bestätigte Absage des Bischofs an eine apokalyptische Interpretation der großen valerianischen Verfolgung seit August 257 n. Chr. und für das Nebeneinander von Kaiser und Usurpatoren 260/261 n. Chr. als scheinbare Erfüllung von Dan 7, 24–26 bzw. Apk 17, 12–13 sehen können. Die Verfolgung und die politischen Ereignisse haben sicher latente Existenzängste der Menschen momentan stimuliert, die selbst in Blütezeiten des Reiches freigesetzt werden konnten. Die Wiederherstellung des Friedens für die nunmehr rechtlich abgesicherte Kirche hatte solche Zeitgefühle bei den ägyptischen Christen 261/262 n. Chr. rasch verdrängt. Den prinzipiellen Möglichkeiten zur Ausbildung einer tiefergehenden Krisenstimmung müssen die relativ rasche Herstellung der Autorität des Gallienus, die religiöse Beruhigung und der zügige, erfolgreiche Gegenstoß gegen die Perser (s. u.) wirksam entgegengetreten sein.

Die Formeln, die Dionysius für das Bild der gallienischen Herrschaft gebraucht, dürften mit Sicherheit dem offiziellen panegyrischen Sprachgebrauch nach der Niederwerfung der Usurpation im Osten entsprochen haben. Es ist wohl keine unbegründete Vermutung, daß ihre Verwendung in dem Hermammon-Brief einen Anklang an andere offizielle Kirchendokumente dieser Zeit darstellt, insbesondere an eine Dankesbezeugung der ägyptischen Bischöfe nach dem Reskript des Gallienus, die wohl kaum zu bezweifeln ist.

Neben die Herrscherpanegyrik tritt aber im Hermammon-Brief unverkennbar eine zentrale apologetische Thematik der christlichen Auseinandersetzung mit der paganen Umwelt, nämlich die exempelbezogene Erwiderung auf den heidnischen Schuldvorwurf an die Christen, der auf dem allgemeinen religiösen Ursachendenken aufbaute und in dem Gedanken der Schädigung der *salus publica* durch die Verweigerung der traditionellen Götterverehrung der Ideologie der Christenverfolgungen unter Decius und Valerian zugrunde lag[142]. Die Schuldzuweisung für Unglück und Mißerfolg wird hier nun als Bestrafung des Gottesverächters und Verfolgers der Gläubigen gedeutet, wie wir es auch bei Cyprian beobachtet haben[143]: Die Gegnerschaft zum Gott der Christen führe in die Katastrophe, die sich beispielhaft im Schicksal des Gottesfeindes Macrianus und seiner Söhne vollzogen habe. Auch der Untergang des Trebonianus Gallus ist auf sein Fehlverhalten gegenüber den Dienern Gottes zurückgeführt. Dagegen vermied es Dionysius, wie bei dem gezeigten Verhältnis zu Gallienus nicht anders zu erwarten, auf das neben Decius schlagende Exempel für die Bestrafung des Christenverfolgers in der Person Valerians anzu-

---

141 Vgl. bes. Bienert 173f.; auch ders. TRE VIII, 1981, 768f. Die Einschränkung der implizierten Gegenseite auf die Lehre des ägyptischen Chiliasmus (s. u.) bei Sordi (o. Anm. 1); Bienert a.a.O. ist nicht ungerechtfertigt.
142 Siehe o. S. 171ff.; u. S. 328ff.
143 Siehe o. S. 172; 179f.

spielen. Sein Schicksal wird als Verrat durch Macrianus, einer Verkörperung des Antichristen, dargestellt. Die Parallelität zwischen Mißerfolgen respektive dem Triumph des Gallienus im Osten und dem Verhalten gegenüber den Christen erscheint hier als ein gängiges (und schlagendes) Argument.

Betrachten wir den Geschichtsabriß des Osterfestbriefes an Hermammon zusammenfassend, so muß die konsequente personenbezogene Ursachendeutung des Dionysius hervorgehoben werden[144]; eine theologisch-deterministische Geschichtsdeutung fehlt trotz der verschiedenen Hinweise auf die Erfüllung von Prophezeiungen. Handeln und Eigenschaften einzelner zentraler Personen dienen zur Erklärung, nicht aber ein biblisches bzw. christliches (geschichtsteleologisches) Schema. Hier folgt Dionysius dem im Alltag vorrangigen personalen Ursachen- und Schulddenken, bei dem das religiöse Bezugsmoment im Verhalten immer wieder grundsätzliche Bedeutung zugewiesen erhielt. Es sind nach der Aussage des Dionysius die Qualitäten von Frömmigkeit und Gottgefälligkeit nun im Sinne des Christengottes, welche Gallienus auszeichnen und seine Regierung so anders verlaufen und dauern zu lassen. Damit greift Dionysius die ideologische Tradition der Herrschertugenden auf, genauer gesagt den Gedanken von der zentralen Bedeutung der Pietas der Kaiser[145]. Die εὐσέβεια im herkömmlichen Sinne wurde nicht zuletzt von der nur wenig älteren pseudo-aristeidischen Prunkrede über das Königtum als entscheidener positiver Faktor thematisiert[146]. Der Weg zu einer direkten christlichen Umformung der heidnischen Herrscherideologie war damit offenkundig eingeschlagen.

Die Frage des zeitgenössischen ägyptischen Chiliasmus

Eine nicht unwesentliche Bedeutung erlangt für unsere Fragestellung schließlich die Auseinandersetzung des Dionysius mit dem zeitgenössischen ägyptischen Chiliasmus, die in den größeren Exzerpten aus seiner Schrift Περὶ ἐπαγγελιῶν bei Eusebius zugänglich wird[147]. Diese Schrift und damit das behandelte Phänomen lassen sich zwar nicht unmittelbar datieren, sind aber kaum erst dem Ende des

---

144 Vgl. zu diesem in der Kaiserzeit allgemein verbreiteten personalistischen und moralisch wertenden Grundverständnis historischen Geschehens etwa Alföldy, Krise 336–339; zur Personalität in der Gesellschaft auch ders., Gesellschaft 334–337. In diesem Zusammenhang kann beispielhaft auf das Edikt des Severus Alexander über das Aurum coronarium (P. Fay. 20) hingewiesen werden (vgl. W. Schubart, AfP 14, 1941, 44–59; C. Préaux, CÉ 16, 1941, 123–131; J. Moreau, Heidelbg. Jb. 5, 1961, 138–140). Als zentrales Programm für die Lösung anstehender Probleme wird hier die Frage der persönlichen Moral und Verantwortung propagiert. Die Lösung soll durch eine an positiven Vorbildern orientierte Entwicklung im Bereich der individuellen Moral gefunden werden; vgl. Préaux a.a.O.; auch Moreau a.a.O. 136f. (allerdings mit einer Wertung, die im modernen, rationalen Sinne verzeichnet ist).
145 Vgl. hierzu M. P. Charlesworth, in: H. Kloft (Hg.), Ideologie und Herrschaft in der Antike, Darmstadt 1979, 370, 473, 485; A. Wallace-Hadrill, Historia 30, 1981, 298–323, bes. 317–319, 320, 323; auch A. Momigliano, CPh 81, 1986, 291f.
146 Ps.-Aristeid., Eis basilea 15; vgl. zur Datierung unter Philippus Arabs L. De Blois, GRBS 27, 1986, 279–288.
147 Eus., H. e. 7, 24–25. Zusammenfassend Bienert 193–200 (mit weiterer Lit.).

Episkopates des Dionysius zuzuweisen[148]. Die erhaltenen Partien des in Briefform abgefaßten, aus zwei Büchern bestehenden Werkes[149] enthalten keine Bezüge auf eine Verfolgung oder überhaupt auf eine schwierige Situation für die Kirche oder das Leben der Gläubigen; für ihre Abfassung kommt so eigentlich nur die Zeit zwischen 253 und 257 oder bereits vor 248/249 n. Chr. in Frage. Dabei dürfte einer Datierung der Schrift „Über die Verheißung" noch vor den Ausbruch der Verfolgung in Alexandria 248/249 bzw. vor dem decischen Opferedikt die größte Wahrscheinlichkeit zukommen. Mit ihrem Aufsatz auf den Beginn des Episkopates des Dionysius 247–248 n. Chr. stimmt insbesondere das Fehlen von Hinweisen auf eine Verfolgungssituation in der Geschichte dieses Schismas überein, wo eine Erwähnung, wie sich die häretischen Gemeinden und ihre Führer in der Verfolgung verhalten hätten, sonst wohl zu erwarten wäre. Die ganze Situation und Stimmung in H. e. 7, 24, 6–8 mit einer überraschend positiven Schilderung der schismatischen Gesprächspartner sprechen deutlich für die Abfassung der Schrift vor 248/249 n. Chr.

Während Dionysius im ersten Buch die Verheißung Gottes in der Auseinandersetzung mit der Lehre des ägyptischen Bischofs Nepos, des geistigen Vaters des Schismas, behandelte, stellte er im zweiten vor allem die wissenschaftliche Abhandlung der Apokalypse des Johannes in den Mittelpunkt[150].

Die Veranlassung der Schrift, die sich formal in ihrer Briefform an einen ganz bestimmten, uns unbekannt bleibenden Adressaten richtete, war die Lehre des schon genannten Bischofs Nepos. Dieser hatte in einer Abhandlung von einer eigenen Auslegung der Johannes-Apokalypse ausgehend einen Chiliasmus vertreten, der sich als konkrete Erwartung einer tausendjährigen Zeit sinnlicher Freuden auf Erden verstand[151]. Diese Lehre fand eine Zahl von Anhängern und insbesondere auch Lehrer und Prediger, die sie verbreiteten[152]. Dionysius lobt nun Nepos wegen seines Glaubens, seines Fleißes, seiner Beschäftigung mit der Schrift und wegen seiner geistigen Lieder[153]; ja er behauptet, daß Nepos, wenn er nicht schon gestorben wäre, selbstverständlich seinen Einwänden zustimmen würde[154]. Die Apokalypsenabhandlung des Nepos selbst ging mit ihrem chiliastischen Inhalt von einem wörtlichen Verständnis der Geheimen Offenbarung des Johannes aus[155] und wurde dann selbst als die unwiderlegbare Offenbarung einer eschatologischen millenaristischen Verheißung aufgefaßt[156]. Einen Datierungshinweis für das Entstehen dieser Glaubensrichtung gibt Dionysius im 1. Buch[157]: ἐν μὲν οὖν τῷ Ἀρσενοΐτῃ γενόμενος,

---

148 Auch ihre Behandlung gehört zu den Nachträgen für die Darstellung des Dionysius in der Kirchengeschichte des Eusebius und ist somit aus ihrer dortigen Stellung nicht zu datieren. Vgl. zu den möglichen Zeitansätzen auch Bienert 149, 194.
149 Eus., H. e. 7, 24, 1.
150 Ebd. 24, 3.
151 Ebd. 24, 1–2.4–5.
152 Ebd. 24, 4–5.
153 Ebd. 24, 4.
154 Ebd. 24, 5.
155 Vgl. Bienert 194 Anm. 6.
156 Eus., H. e. 7, 24, 1.5.
157 Ebd. 24, 6.

ἔνθα, ὡς οἶδας, πρὸ πολλοῦ τοῦτο ἐπεπόλαζεν τὸ δόγμα, ὡς καὶ σχίσματα καὶ ἀποστασίας ὅλων ἐκκλησιῶν γεγονέναι ...; deshalb sei Dionysius selbst dorthin gegangen und habe mit den Priestern und den Lehrern der Brüder eine Synode abgehalten, der die Gläubigen freiwillig beiwohnen konnten[158]. Als den Hauptvertreter des Schismas, welcher die chiliastische Lehre auch im Arsinoïtes eingeführt hatte, nennt Dionysius einen gewissen Korakion, der aber schließlich nach der ernsthaften und sachlichen dreitägigen Diskussion einem Kompromiß zugestimmt habe[159]. Es wird nun nirgends gesagt, daß Dionysius zur Zeit dieser Glaubensdiskussion bereits Bischof von Alexandria gewesen sei[160]. Die Schrift „Über die Verheißung" ist vielmehr erst eine unbestimmte Zeit nach der geschilderten Synode entstanden[161], und zwar wohl gerade deshalb, weil trotz des Kompromisses mit einem Teil (!)[162] der Anhänger des Schismas die Glaubensrichtung und die Autorität des Buches des Nepos nicht wesentlich erschüttert waren. Eusebius bricht sein Exzerpt in H. e. 7, 24, 9 mit der Erwähnung des offensichtlich nur teilweisen Erfolges des Dionysius ab; es dürfte sich hier ursprünglich eine Weiterführung der Darstellung des Schismas und seiner Entwicklung nach dieser Synode angeschlossen haben[163].

Dionysius sah sich bei der Abfassung seiner Schrift aber auch zur Auseinandersetzung mit jenen veranlaßt, welche die Apokalypse des Johannes gänzlich zu verwerfen suchten[164]. Dionysius selbst bleibt dabei gegenüber der Geheimen Offenbarung deutlich distanziert, verwirft sie jedoch nicht; aber er erklärt zugleich ihre Auslegung nach dem Litteralsinn und damit auch jede auf einer solchen Exegese aufbauende Eschatologie bzw. Apokalyptik – für nicht möglich. Die Abhandlung des Dionysius ist so sicher nicht nur eine nachgetragene Niederschrift der Auseinandersetzung mit der Lehre des Nepos, sondern sie bildet einen weitergehenden und grundsätzlichen Schritt in der Auseinandersetzung mit den möglichen Deutungen und Stellungnahmen zur eschatologischen Verheißung und zur Johannes-Apokalypse.

Dionysius kann sehr wohl bereits als Presbyter und autorisierter Lehrer der Kirche von Alexandria mit Sondervollmachten im Arsinoïtes tätig geworden sein[165]. Es spricht demnach nichts dagegen, daß die Synode zwischen 232 und 247 n. Chr. stattgefunden hat. Die Schrift des Nepos selbst, die von ihren Anhängern als die Offenbarung einer autoritativen Auslegung der Apokalypse verbreitet wurde, trug ihrerseits den Titel ἔλεγχος ἀλληγοριστῶν und war offensichtlich gegen die allegorische Bibelexegese des Origenes gerichtet gewesen[166]. Sie dürfte entsprechend in

---

158 Ebd. 24, 6–9.
159 Ebd. 24, 9.
160 Zu sehr geht Bienert a.a.O. davon aus, daß Dionysius bereits als Bischof aufgetreten sei.
161 Die Formulierung bei Bienert 196, die Schrift sei „gewissermaßen die Frucht jener Synode gewesen", trifft m. E. das Falsche.
162 Eus., H. e. 7, 24, 9 (bes. GCS II 2, p. 690, Z. 7f.).
163 Siehe GCS II 2, p. 690, Z. 7f. τῶν τε ἄλλων ἀδελφῶν οἱ μὲν ἔχαιρον ... συνδιαθέσει [---.
164 Eus., H. e. 7, 24, 3; 25, 1. Vgl. Bienert 198f.
165 Vgl. gerade Bienert 194 Anm. 2
166 So auch Bienert 194f., mit dem hierbei auf Orig., Princ. 2, 11, bes. 2, 11, 2; In Matt. XVII 35 zu verweisen ist.

die Zeit der Auseinandersetzung um die Lehre des Origines in Ägypten, d. h. vor den Wechsel im alexandrinischen Bischofsamt auf Heraklas und vor die Verurteilung und Vertreibung des Origenes 231/232 n. Chr.[167] zu setzen sein, genauer wohl in die Blütezeit der dortigen Lehr- und Exegetentätigkeit des Origenes in den 20er Jahren des 3. Jh.[168]. Die gemeinsame, allerdings bei Nepos weit über das Ziel hinausführende Stoßrichtung gegen Origenes[169] hat vermutlich die positive Zeichnung des Mannes bei Dionysius mit bewirkt.

Die umstrittene Abhandlung wurde von Nepos selbst offensichtlich noch nicht als Grundlage einer eigenständigen chiliastischen Glaubenslehre vertreten[170], sondern erst von einem Teil ihrer Rezipienten als eine überlegene autoritative Offenbarung aufgefaßt und verkündet[171]. Der von Dionysius nach seiner Entfaltung bekämpfte Chiliasmus war also keine Bewegung oder gar millenaristische Volksbewegung, sondern es handelte sich um die Entstehung einer schismatischen Kirche auf einer theologisch fundierten, häretischen Glaubenslehre; ihr Schwerpunkt bildete sich im Arsinoïtes, wo ganze Gemeinden zu ihrer Lehre abgefallen waren[172]. Ihre Verbreitung war aber offenkundig nicht auf dieses Schwerpunktsgebiet in Mittelägypten beschränkt[173]. Da Dionysius außerdem bei seinem Bericht über die Synode im Arsinoïtes selbst von einer dortigen Verbreitung „seit langem" spricht[174], werden wir die Ausbreitung dieser auf der Apokalypsenexegese des Nepos basierenden schismatischen Sekte in die 30er bis frühen 40er Jahre des 3. Jh. zu datieren haben.

Es ist nach dem Gesagten nicht mehr möglich, das durch Dionysius belegte chiliastische Schisma in Ägypten als eine von akuten Zeitumständen ausgelöste, naheschatologische Bewegung zu werten. Ja es ist im Grunde nirgends gesagt, daß Nepos und die Verfechter seiner Lehre überhaupt eine (akute) Naherwartung für die chiliastische Verheißung entwickelt hatten. Denn Dionysius griff nur die von den Schismatikern propagierte Erwartung irdischer Freuden im Reich Gottes[175] und die Lehre von einem irdischen Reiche Gottes an[176]. Die Wirkung der Schrift des Nepos hatte zuvor in Mittelägypten eine schismatische Kirche mit Klerus und Lehrern entstehen lassen, die ganze Gemeinden an sich gebunden hatte. Gegen sie wollte Dionysius die Einheit der Kirche und die Hoheit der christlichen Verheißung wiederherstellen[177]. Wir haben es bei dem ägyptischen Chiliasmus bzw. bei der Auseinandersetzung des Dionysius mit dieser Sekte also nicht mit einem durch die zeitgeschichtliche Realität des Lebens oder durch allgemeine Krisen bedingten Phänomen zu tun.

167 Vgl. hierzu Bienert 87–106.
168 Also nach 215/217 n. Chr.; vgl. hierzu Bienert 92ff., 99f.
169 Um 230/231 n. Chr. hatte sich Origenes gegen massive polemische und haßerfüllte Anfeindungen zu wehren. Vgl. zusammenfassend Bienert 95ff.
170 Dem entspricht seine Darstellung bei Dionysius in H. e. 7, 24, 4–5.
171 Ebd. 24, 5.7.
172 Vgl. ebd. 24, 6.7.8 mit 24, 5.
173 Vgl. ebd. 24, 6; auch 24, 5.
174 Ebd. 24, 6.
175 Ebd. 24, 5.
176 Ebd. 24, 1.4–5.
177 Ebd. 24, 5.8.

2. Geschichtsbilder aus der 2. Hälfte der 60er Jahre des 3. Jh. n. Chr.: Das 13. Buch der Oracula Sibyllina

Das 13. Buch der Oracula Sibyllina, das zur Überlieferungsgruppe Ω gehört[178], kann relativ genau datiert werden[179], nämlich in die Zeit nach dem Friedensschluß von 264 n. Chr. mit Schapur I.[180] und vor der Ermordung des Odaenath 267 n. Chr.,

---

178 Vgl. o. S. 140; zu Or. Sib. XIII insgesamt Rzach 2158–2162; Collins 253; ders., Pseudepigrapha 453; z.T. völlig verzeichnet Geffcken, Komposition 59ff., wo axiomatisch vom „Elend der Zeit" ausgegangen wird; zum Text jetzt Potter 161–177 mit Kommentar. Potter folgt vielfach älteren historischen Schemata, so Elagabal als Geisteskranker; Ermordung Gordians; ebd. 18 Aufstieg der Sassaniden und Ostgrenze des Reiches für die Gesamtentwicklung überschätzt; 37f. ein überholtes Bild der Politik Philipps I. und damit auch der Deutung für Or. Sib. XIII; 41f. unzutreffendes Urteil über Decius. Potters Rekonstruktion von Chronologie und historischem Ablauf kann nicht überzeugen (Eroberung Armeniens 251, 2. Agoge 252; erneuter Feldzug Schapurs in Syrien 253 und Niederlage der Perser vor Emesa); Herodian und die HA sind als Quellen mehrfach überschätzt.

179 Potter 141–154, bes. 141–144 betrachtet Or. Sib. XIII als Werk eines Kompilators, der während der behandelten Periode zeitlich verschieden entstandene Texte zusammengefügt habe: V. 1–88 eine Mischung von Material verschiedener Autoren unterschiedlicher Zeitstellung; V. 89–154 das relativ kohärent geformte Werk eines Syrers, der die erste Fassung des Buches (V. 1–154) erstellt habe und für dessen Verständnis allein maßgebend sei. Andererseits sieht Potter diese Fassung mit ihren zeitgebundenen Spezifika als eine noch nach 261 relevante Darstellung, die der spätere Endredaktor keiner Veränderung unterworfen habe. Die erste Fassung finde in Uranius Antoninus ihr Ziel und müsse 253 noch vor dessen Tod oder Abtreten entstanden sein. Die Komposition der V. 155–171 sei zwischen 261 und 267 angefügt, um das Buch mit einer abweichenden breiten Darstellung für nur 9 Jahre (Valerian – Sieg des Odaenath über Quietus und Ballista) zu aktualisieren. Der Nachweis zweier Kompilatoren bzw. Autoren an Hand des Stils gelingt Potter nicht (unzutreffend Potter 328); auch er räumt ein, daß Unterschiede in Sichtweise und Geschichtskonzeption nicht vorhanden sind (gerade die von Potter 153 zusammengestellten Passagen zum Verhältnis zu den Persern zeigen die Übereinstimmung zwischen V. 1–154 und 155–171). Potter 151f. berücksichtigt den Übergang des Textes V. 155ff. zu einer stärkeren, charakteristischen Prägung durch eschatologische Formeln nicht, durch den Odaenath als messianische Erlösergestalt erscheint. Gerade die verschlüsselte Darstellung des Uranius Antoninus läßt sich so aus der auf Odaenath zielenden Gesamtkonzeption eines Autors zutreffend verstehen. Ziel des Autors war offenkundig die unmittelbare Verbindung des Odaenath mit der Rolle des Uranius Antoninus zu seiner Konzipierung als der großen Rettergestalt „von der Sonnenstadt" für den Osten des Reiches. Diese Geschichtsklitterung wäre aber gerade in Syrien auch in den Jahren nach 261 kaum zu erwarten. Es ist ferner unrichtig und nur auf Potters axiomatischer Zuordnung der Textbezüge beruhend, wenn er das angebliche Fehlen jeder Diskussion von Ereignissen zwischen 253 und 260 als Argument einführt.

180 Der endgültige Mißerfolg der Perser ist bereits eingetreten (siehe V. 37–42, bes. 38; 112; 167f.; 171). Entgegen Potter 150f. ergibt sich aus der Darstellung des Uranius Antoninus nicht, daß der Autor/Kompilator der V. 1–154 im Jahre 253 geschrieben und in Nordsyrien gelebt sowie mit der damaligen Abwehr der Perser und der Erlösergestalt des Emesaners geschlossen hätte (s.o.). Das Unwissen des Autors über den Sohn und Mitaugustus Volusian (V. 103–105) widerspricht gerade angesichts der Fülle der Reichs- und Städteprägungen im Osten für Gallus und Volusian Potters Annahme einer zeitgenössischen Quelle von 253 n. Chr. (nicht überzeugend Potter 148f.); aus der Bezeichnung des Philippus iun. in V. 22f. als Caesar kann nicht zwingend erschlossen werden, daß die ganze Passage V. 21–34 von einem eigenen Autor vor dem Sommer 247 verfaßt worden sei. Gleiches gilt für die Annahme, das νῦν in V. 64 würde die V.

genauer wohl auf den Höhepunkt der Macht des palmyrenischen Dynasten und Corrector totius orientis um 265/266 (s. u.). Es wurde von einem unbekannten jüdischen Autor[181] verfaßt, der den literarisch durchschnittlich gebildeten Schichten der Diasporagemeinde in Alexandria[182] und zugleich den dortigen propalmyrenischen Kreisen zuzurechnen ist[183]. Wie schon bei Buch XII handelt es sich hierbei nicht um eine historiographische oder eine zeitgeschichtliche Schrift, sondern um ein Werk in der Tradition der späten alexandrinisch-jüdischen Sibyllistik, um eine Schrift mit einer eindeutigen propagandistischen Ausrichtung; eine Auswertung der Schrift im Sinne der Interpretation antiker Geschichtsschreibung respektive als historiographische Darstellung, deren Fortschreiten streng chronologisch zu deuten ist, scheitert[184]. Im

64–73 eindeutig auf die Zeit nach 244/45 und vor dem Tod des Philippus Arabs datieren und den Zusammenhang zur Iotapianus-Revolte aufzeigen (Potter 146, 247–249).
181 Potter möchte den Autor bzw. Kompilator der V. 1–154 als Syrer ausweisen. Es ist zwar richtig, wenn Potter VIII den Tod des Decius bei Abritus und die Zerstörung Antiochias als Ereignisse sieht, die nur die in den betroffenen Räumen lebende Bevölkerung des Reiches wirklich berührten; daraus kann jedoch nicht auf (Nord-)Syrien als Ort des Verfassers der V. 1–154 geschlossen werden. Sein Ziel und damit das Ziel dieses Teils sei die Vision der Herrschaft eines Syrers gewesen (Potter 151); die Anfügung des Schlußteils sei das Werk eines weiteren Syrers. Beide syrische Autoren hätten griechische Verse schreiben können und seien dem gleichen Weltbild gefolgt. Gegen die Annahme eines jüdischen Autors für Or. Sib. XIII kann Potter keine wirklichen Argumente vorbringen (vgl. Potter 153, 233 (auch sonst pagane Traditionen aufgenommen!), 290). V. 138 schließt entgegen Potter 309 einen christlichen oder jüdischen Verfasser nicht aus, da es sich um eine traditionelle sibyllistische Formel handelt.
182 Die direkte Beziehung des Verfassers zu Alexandria und zu dortigen lokalen Vorgängen steht außer Frage; vgl. V. 43ff. Auf einen jüdischen Autor verweisen eindeutig V. 54, 69–73, 109 und die Erwähnung des Judenmassakers durch die Perser in Caesarea (Mazaka) 260 n. Chr. in V. 56. Die Passage zu der decischen Christenverfolgung in V. 87f. ist als spätere christliche Interpolation erkannt. Zum Autor vgl. Rzach 2160f.; A. Kurfess, ZRGG 7, 1955, 270–272. Die verfehlte These eines christlichen Verfassers bei Geffcken, Komposition 59–63 führte noch A. T. Olmstead (u. Anm. 184) 398 zu weitreichenden Folgerungen, ebenso J. Schwartz, DHA 2, 1976, 414, 418; dessen Versuch, die Redaktion des 13. Buches in Antiochia zu lokalisieren, bleibt ohne Grundlage und übersieht die zentrale allgemeine Bedeutung und die traditionelle Betonung von Perserkrieg und Perserabwehr gerade im griechischsprachigen Osten, die eine geographische Beschränkung für den Autor und das von ihm präsentierte Geschichtsbild so nicht zuläßt. Die Datierung der Schrift durch Schwartz wegen des angeblichen Fehlens eines Hinweises auf die Gefangennahme Valerians auf die Zeit kurz nach 253 ist nicht zutreffend.
183 Vgl. V. 164ff. Potter VII, 124f., 126, 144 sieht in Or. Sib. XIII eine narrative Darstellung und Interpretation von Geschichte und Lebensumständen durch einen durchschnittlichen Repräsentanten der höheren gesellschaftlichen Schichten der Provinz Syria, „un unusual example of ‚popular history', history from the perspective of the man in the street", ein deutlicher Widerspruch zur angenommenen gesellschaftlichen Stellung und Reflexion „upon a time of great drama". Weder Or. Sib. XII noch XIII können als direkter Spiegel des historischen Wissens, Lernens und der Haltung der „well educated men" als eines Durchschnitts der Oberschicht der Provinz Syria gewertet werden. Die Autoren sind kaum als Zeugen für das Wissen der gehobenen, literarisch gebildeten Schicht der Gesellschaft zu betrachten.

Mittelpunkt des vom Verfasser repräsentierten Geschichtserlebens steht die Auseinandersetzung mit dem persischen Großkönig Schapur I.; die größte Erschütterung verbindet sich hierbei mit dessen Einbruch in Syrien im Jahre 253 n. Chr., der vor allem auf Antiochia und nach Süden zielte. Es darf zu Recht angenommen werden, daß dies neben der traditionellen Bedeutung der Perserkriege im Geschichtsbild des östlichen Mittelmeerraumes und der grundsätzlichen Konzentration der Einwohner von Alexandria auf den Osten des Reiches[185] einer tatsächlichen gefühlsmäßigen Betroffenheit entsprochen hat. Deshalb ist auch die Betonung der Abwehr des persischen Vordringens nach Süden vor Emesa in Or. Sib. XIII nicht überraschend.

Die Prophezeiungen *ex eventu* setzen im bewußten Anschluß an Or. Sib. XII nach einer kurzen Lücke (V. 6/7[186]), in der eine Einführung des Maximinus Thrax zu ergänzen ist[187], mit dem Bürgerkrieg des Jahres 238 n. Chr. und dem Untergang der beiden Gordiane ein (V. 7–12)[188], wobei in V. 9–12[189] in der typischen Form

184 Dies gilt insbesondere für die Interpretation durch A. T. Olmstead, CPh 37, 1942, 241–262, 398–420; vgl. auch J. Gagé, BFS 31, 1952, 323. Olmsteads historische Darlegungen a.a.O. 398–420 sind vielfach überholt, wenn auch der Bezug der V. 147–154 auf Emesa bereits richtig betont wurde (a.a.O. 406f.); die Intention der ‚Sibylle' ist a.a.O. 249f. nicht zutreffend analysiert. Unter deutlichem Aufgreifen Olmsteads möchte Potter (vgl. bes. 70, 82) Or. Sib. XIII als eine chronologisch exakt in den Abschnitten von Regierung zu Regierung fortschreitende Geschichtsdarstellung sehen, als eine zeitgenössische, in mehreren Stufen entstandene Erzählung der politischen Geschichte des Reiches. Es ist seine axiomatische Grundannahme, daß das chronologisch zu wertende Fortschreiten des Textes und seine Anordnung eine historisch eindeutige Information für die historische Rekonstruktion gäben. Allerdings muß auch Potter Passagen als allgemeine sibyllistische Formeln ohne entsprechenden Bezug werten. Potters Auswahlanalysen ebd. 126–132 auf Parallelen und Vorlagen zeigen die stark kompilatorische Arbeitsweise, die für die sibyllistische Literatur charakteristisch ist; nicht treffend Potters Schluß aus dieser Übernahme von Orakeltexten und Vorlagen auf eine mangelnde (technische) Schulung der Autoren.
185 Die dortige Intensität der Propagierung des Perserkriegs wird nicht zuletzt in den östlichen städtischen Prägungen deutlich; vgl. zu dem Beispiel Sides J. Nollé, JNG 36, 1986, 127–143; allgemein K. Harl, Civic Coins and Civic Politics in the Roman East A.D. 180–275, Berkeley – Los Angeles – London 1987, 39, 42f., 49f., 65, 67f., 69f., 91f.
186 V. 7 folgt in Q (Cod. Vat. gr. 1120) direkt auf Or. Sib. 12, 258; zur Lücke auch Potter 143, 164 (seine Kalkulation ebd. 184f. zum Umfang des Verlorenen (40–80 Zeilen) bleibt ohne Grundlage). Ausgefallen ist sicher nur eine relativ kurze Passage zu Maximinus Thrax selbst.
187 Nicht überzeugend Potter 142f., 184–186., die Lücke hätte die Zeit von 235 bis in die Regierung Gordians III. hinein umfaßt, wobei er V. 7–12 zur Darstellung der letzteren rechnet und den „Ares" in V. 7 mit Gordian III. selbst und V. 8 mit seinem Gardepräfekten Timesitheus identifiziert. V. 8 spricht jedoch ohne Zweifel Gordian I. an.
188 Der mit V. 7 endende Satz bleibt unklar (vgl. auch Potter 184), der Inhalt ist jedoch in etwa deutlich: Der (Bürger-)Krieg (καὶ δόρυ θοῦρος Ἄρης) wird alle vernichten (d. h. wohl Gordian I/II, Balbinus, Pupienus). Mit dem νέος Ἄρης in V. 16 ist Gordian III. eingeführt. Die übliche Zahlenverschlüsselung der Namen für die Akteure des Jahres 238 einschließlich Gordian III. ist in der Lücke bis V. 7 anzunehmen; ähnliche Gruppierungen mehrerer Herrscher zeigen sich auch in Or. Sib. VIII und XII.
189 Vgl. zur Textgestalt J. Geffcken (Ed.), Die Oracula Sibyllina, Berlin 1902, 203; Collins, Pseudepigrapha 454; Potter 166f., 188f. Es verwundert, daß Potter 187–189 trotz seines axiomatischen historisch-chronologischen Verständnisses des Textes hier keine historische Information, sondern eine allgemeine Prophetie bzw. Eschatologie als „common feature of Sibylline prophecies", als „very popular element" respektive „common collection" sieht.

sibyllinischer Prophezeiungen nur traditionelle Topik, wie in älteren Oracula Sibyllina, zusammengestellt wird. Schon bei der Vorstellung Gordians III. (V. 13–20) beginnt der Verfasser die Auseinandersetzung mit den Persern[190] hervorzuheben (V. 13). Der Tod des Kaisers im Perserkrieg[191] wird nach gängigen Gerüchten als verräterische Mordtat eines ἑταῖρος dargestellt[192], ohne daß der Sibyllist aber den Nachfolger Philippus Arabs mit einer Schuldzuweisung belastet. Die Regierung Philipps I. und seines Sohnes erfährt eine im Grunde positive Würdigung (V. 21–27), wobei die Herkunft des Kaisers aus Syrien (V. 22), seine Stilisierung als Kriegsheld (V. 21–24) und dann als Friedensfürst (V. 27) ins Auge fällt; dies ist zweifellos eine deutliche Reminiszenz an seine offizielle Selbstdarstellung[193]. Doch die Friedensphase ist nach den Worten des Sibyllisten nur von kurzer Dauer gewesen (V. 27), ehe der Frevel des Eidbruches und des Bürgerkrieges begonnen hat (V. 28–30).

Die mehrfach vertretene Beziehung der Passage V. 28–42 allein auf die letzte Regierungszeit des Philippus Arabs ist nicht haltbar[194]. Die V. 28–30, die sich der traditionellen alttestamentlichen und jüdisch-apokalyptischen Tiersymbolik bedienen[195], spielen auf die Usurpationen und den Abfall im Innern des Reiches unter den Philippi an, eine Ereignisfolge, die bald nach der Eintausendjahrfeier Roms am 21.4.248 n. Chr. mit der Erhebung des Marinus Pacatianus an der Donau begann[196]. V. 31f. gehört dagegen eindeutig zu dem stereotypen Formelschatz der Apokalyptiker und Sibyllisten[197] und mit V. 32 (zweiter Teil) liegt eine deutliche Doublette zu V. 108 vor. Die V. 33–34 sind eine Illustration für den ebenfalls festen Topos des

190 Zum Gebrauch von ‚Assyrer'/‚Assyria' für die syrisch-aramäischsprachigen Gebiete einschließlich des Perserreiches vgl. Potter 197–199.
191 Vgl. u. S. 218. Die weitergehende Rekonstruktion bei Potter 199–212 bleibt vielfach problematisch, ebenso seine Darlegung des Perserkrieges selbst.
192 V. 20.19; Potter 166, 194f. stellt die Reihenfolge der Überlieferung mit guten Gründen um; ebd. zu den Konjekturen zu V. 19. Nicht richtig Olmstead a.a.O. 255, wenn er hier den Beweis einer Ermordung Gordians III. sieht. Vgl. zu den Versionen seines Todes PIR² A 835; zum Tod an den Folgen der Schlacht bei Misichē Zon. 12, 17, 4 (Verletzung durch Sturz vom Pferd; entgegen Potter 205 durchaus glaubwürdige Überlieferung); vgl. Syn. Sath. 36, 10; Georg. Mon. 358; Cedren. 257; zusammenfassend u. S. 217ff.; Winter 83–97; auch D. MacDonald, Historia 30, 1981, 502–508.
193 Vgl. die pseudo-aristeidische Rede „Eis Basilea", bes. § 7–8, 13, 30–35 und 36; zu ihrer historischen Einordnung L. De Blois, GRBS 27, 1986, 279–288 (mit weiterer Lit.).
194 Olmstead a.a.O. 261f.; Potter 219ff. unrichtig zu Gliederung und Zuordnung der V. 21–80 allein auf die Regierung Philipps I. 244–249 n. Chr. Potters Bestreben, hier eine durchgehende, in Chronologie und Text parallel fortlaufende Geschichtsdarstellung in Form von Prophezeiungen nur *post eventum* zu sehen, geht in die falsche Richtung.
195 Die von Geffcken, Komposition 60f.; Olmstead a.a.O. 257f. vorgeschlagene Interpretation, hier seien Schapurs Aktivitäten gemeint, Armenien zum Abfall von Rom zu bewegen, kann nicht überzeugen. Olmstead geht bei seinem Bemühen, V. 28–34 als historiographischen Text zu sehen, an Eigenart und Komposition des Sibyllisten vorbei. Zu den biblischen Parallelen vgl. auch Potter 226f.; seine Deutung als eine zeitgenössische Beurteilung des Vertrages Philipps mit den Persern ist jedoch unbegründet (unzutreffend die Bemerkung „since they [V. 28–30] appear in the context of Philipp's treaty with Persia"); Potters Bild des Philippus Arabs ist überholt.
196 Wohl noch vor dem 1.7.248 n. Chr.; vgl. o. S. 190; PIR² C 930; Kienast 200.
197 Potter 229 muß nach seinen Vorgaben in V. 31 den Hinweis erschließen, die Perser hätten unter Philipp I. den Krieg gegen Rom eröffnet, um dies aber anschließend selbst umzuinterpretieren.

gegenseitigen Kampfes der Reiche dieser Welt, wobei der Verfasser eine Auflistung der ‚Völker des Ostens' verwendet. Das Pseudo-Orakel der V. 35–36 zum erfolgreichen Kampf gegen die Germanen und den Ares θυμοφθόρος auf dem Meere ist ein Verweis des Verfassers auf die gesamte Auseinandersetzung mit den Germanen zu Lande und zur See[198], wobei sein Blick offensichtlich dem Balkanraum und Kleinasien gilt. Die Darstellung der Herrschaft der beiden Philippi ist hier bereits verlassen. So ist dann auch die Passage V. 37–42 eine vorausweisende Zusammenschau des gesamten Perserkrieges von 253–264 n. Chr. mit den wiederholten und schließlich endgültigen Mißerfolgen der Perser[199]. Dies zeigt sich auch in der Zusammenstellung der an sich traditionellen Orakel gegen Städte und Länder in V. 54–63, welche, z. T. nur in übertragenem Sinne (V. 54–58), auf Erfolge des Schapur I. sowohl während seiner zweiten als auch seiner dritten Agoge[200] anspielen. Eine römisch-persische Auseinandersetzung bereits am Ende der Regierungszeit des Philippus Arabs kann aus diesen Versen nicht erschlossen werden.

[198] Nicht treffend die direkten historischen Folgerungen bei Olmstead a.a.O 261; Potter 232–235. Die Einfälle über See beginnen erst in den 250er Jahren; vgl. M. Salamon, Eos 59, 1971, 109–139; gegen Potter auch G. Gaggero, Le invasioni scito-germaniche nell'Oriente romano dal 251 al 282 D.C., Genova 1973, 55.
[199] Auch hier unrichtig Olmstead a.a.O. 261f.; die genannten „Assyrer" sind mit den Syrern gleichzusetzen. Nicht überzeugend zu V. 37f. Potter a.a.O.
[200] V. 55f.: Die Eroberung von Caesarea (Mazaka) in Kappadokien und das Massaker an den dortigen Juden fällt in das Jahr 260 (vgl. Kettenhofen 84, 117ff.); V. 57f.: Mopsouestia und Aig(e)ai fallen während der 3. Agoge (vgl. ebd. 106f.). Antiochia, das in der 2. und 3. Agoge 253 und 260 erobert wurde (Philostratus, FGrHist 99 F 2; Synk. 715f. (ed. Mosshammer p. 466); Zon. 12, 23; Chron. Se'ert, Acta Sanctorum IV, ed. H. Delehaye – P. Peeters, Brüssel 1925, 386; Kettenhofen 62f., 102f.), erscheint hier in einem deutlichen Bezug auf Valerian (V. 59–63). Die Annahme nur einer Eroberung zuletzt bei Potter 272, 338–340 (252 n. Chr.) ist abzulehnen. Es ist keinesfalls sicher, daß Antiochia am Orontes nicht in der Städteliste der RGDS (Z. 14; siehe u. Anm. 240) für die 3. Agoge erscheint. Auch diese Liste ist eindeutig in Abschnitten entsprechend den einzelnen persischen Teiloperationen konzipiert, aber innerhalb dieser m. E. chronologisch nach dem relativen Zeitpunkt der Eroberung angeordnet; der gegenseitige relative Zeitpunkt der Operationen ist ohne Zweifel entscheidend für die Reihenfolge der Abschnitte (zeitliche Parallelen einander folgend, wobei der Zug des Großkönigs selbst immer den Anfang macht). Die Liste der 3. Agoge stellt für die Interpretation der Städtefolge (vgl. Maricq 148f.) der Nr. 20–25 und insbesondere 26–35 erhebliche Probleme. Entgegen Kettenhofen zeigen Nr. 20–23 den Westvorstoß der zweiten Heeresgruppe in Kilikien: Kelenderis (20) – Anemourion (21) – Selinous (22) und das außerhalb der geographischen Reihe wohl nach dem Zeitpunkt seiner Eroberung an letzter Stelle stehende Myon(polis). Dann folgt m. E. der Zug in der 3. Agoge gegen Antiochia am Orontes (24) und seinen für Syrien zentralen Hafen Seleukeia (25); die Annahme, die Städtenamen seien auf Kilikien zu beziehen (Antiochia ad Cragum; Seleucia ad Calycadnum) ist weder zwingend noch problemfrei (vgl. auch Kettenhofen 115ff.). Vgl. G. Downey, A History of Antioch in Syria, Princeton 1961, 588–594 mit Anm. 7; auch M.-L. Chaumont, Historia 22, 1973, 668. Mit Nr. 26–31 ist in der Liste dann der Vorstoß nach Kappadokien angegeben: Dometioupolis (26; Lokalisierung ?) – Tyana (27) – Caesarea (28) – Comana (29) – Sebasteia (31); eine zweite Heeresgruppe operierte ab Tyana in westlicher Richtung: Kybistra (30) – Birtha (32; vgl. Kettenhofen 121) – Rhakoundia (33; Lokalisierung?) – Laranda (34) – Iconium (35). Auch hier könnte die Stellung von Nr. 30 und 31, wenn es sich nicht um ein Versehen handelt, durch den Zeitpunkt der Eroberung bestimmt sein.

Für die Interpretation des Textes und für ein zutreffendes Urteil über die Lage im Osten des Reiches ist es an dieser Stelle notwendig, Klarheit über den historischen Ereignisablauf zu schaffen. Die traditionelle Forschungsmeinung nimmt an, daß Philippus Arabs sofort nach seiner Erhebung zum Kaiser zwischen dem 13.1./ Ende Januar und dem 14.3.244 n. Chr.[201] nach Rom geeilt sei, wo er schon am 23.7.244 anwesend sei; entsprechend habe er mit Schapur I. einen überstürzten und ungünstigen Frieden geschlossen[202]. Diese Rekonstruktion ist jedoch unbegründet, da die Weiheinschrift CIL VI 793 = ILS 505 der entlassenen Veteranen des Rekrutierungsjahrganges 218 n. Chr. der Legio II Parthica die Anwesenheit des Kaisers in Rom nicht beweist. Sie bringt vielmehr die Erwartung seiner siegreichen Rückkehr zum Ausdruck und belegt zugleich, daß der im kaiserlichen Geleitheer Gordians III. ins Feld gezogene Hauptteil der Legion noch abwesend war[203]. Die Reise Philipps nach Rom[204] führte von Mesopotamien zuerst nach Bostra und Philippopolis[205],

201 Vgl. CJ 6, 10, 1; 3, 42, 6; SB 8487 (spätestes belegtes Datum für Gordian III. 24./26.2.244; Oberägypten); Loriot 789 mit Anm. 3; Rathbone 111f.; Peachin 29f.; Kienast 194, 197. Für die Frage der offiziellen Mitteilung von Regierungswechsel und neuer Herrschertitulatur bietet P. Oxy. 3781 weitere Aufschlüsse. Das auf den 25.8.117 n. Chr. datierte, mit deutlicher Eile geschriebene offizielle Rundschreiben des Präfekten Rammius Martialis an die Strategen der ägyptischen Nomoi teilt die Regierungsübernahme Hadrians mit (früheste Titulatur: Imp. Caesar Traianus Hadrianus Optimus Augustus Germanicus Dacicus Parthicus) und ordnet die Gebete (Vota) für den neuen Herrscher sowie 10tägige Festlichkeiten und die Publikation des Inhalts des Schreibens in den Nomoi an. Dem Rundschreiben war wahrscheinlich die Verkündung an die Bevölkerung Alexandrias und die Anordnung der dortigen Feierlichkeiten sowie die Umstellung der alexandrinischen Zentrale wohl noch durch den Vorgänger im Amt, M. Rutilius Lupus, vorausgegangen. Der Dies imperii Hadrians war seine Proklamation durch die Truppen am 11.8.117 in Antiochia. Rammius Martialis wurde offenkundig als Vertrauensmann Hadrians unmittelbar darauf nach Ägypten entsandt (vgl. J. R. Rea, P. Oxy. LV, London 1988, 16f.).
202 Charakteristisch das Verdikt bei A. Alföldi, AntC 7, 1938, 9.
203 Vgl. die Dedikationsschrift AE 1981, 134 vom 24.7.242 der im vorherigen Entlassungsvorgang ausgeschiedenen Veteranen (Rekrutierungsjahr 216); überzeugend D. E. Trout, Chiron 19, 1989, 221–233. Wie am 24.7.242 wurde die Legion auch am 23.7.244 noch von dem *primuspilus* und *praepositus reliquationis legionis eius* kommandiert. Die Formel der Inschrift *victoriae reducis* (sic!) dd. nn. zeigt, daß der Sieg/Erfolg gegen die Perser (s. u.) zu diesem Zeitpunkt bereits verkündet war. Grabsteine von Angehörigen der Legio II Parthica Gordiana im wichtigen Etappenlager Apamea am Orontes; siehe J. Ch. Balty, JRS 78, 1988, 100). Vgl. jetzt auch M. Peachin, Historia 40, 1991, 331–342.
204 Eine exzessive Rekonstruktion des Itinerars bei Peachin a.a.O., jedoch bleiben seine Indikatoren vielfach unsicher (vgl. u. Anm. 208); das vermutete kleinasiatische Landitinerar kann nicht nachgewiesen werden und wäre so insgesamt wenig wahrscheinlich. Es ist wohl vielfach mit einer Verbindung der Zeugnisse mit dem Durchzug von Heeresteilen und ihren hohen Offizieren zu rechnen. Die Zeugnisse in Pisidien sind durchaus mit der Seeroute des Kaisers und Stationen an der Küste zu verbinden. Das in den Westen zurückkehrende Heer scheint teils auf der Küstenstraße nach Pisidien und weiter durch Phrygien zum Hellespont, teils über Ankara (Prägungen von Dorylaeum bzw. Appia) gezogen zu sein. Die reiche Prägung von Thessalonike für Philipp I. und Philippus Caesar in der zweiten Emissionsgruppe (245–247 n. Chr.) steht mit den Truppenbewegungen und Feldzügen für und während des Donaukrieges in Zusammenhang; die erste Gruppe der Prägungen (244 bis Sommer 245; mit Feier der jährlichen Pythien) ist mit dem Regierungsantritt des Kaisers und der Rückführung der Truppen zu verbinden, wobei Thessalonike eine wesentliche Etappenfunktion eingenommen haben muß. Sie sind kein zwingender

dann nach Antiochia[206], weiter zur See mit einer Landung in Ephesos[207] sowie Besuchen in westkleinasiatischen Städten in die Propontis und nach Thrakien[208], von wo aus sich 245 n. Chr. ein Aufenthalt in Pannonien anschloß[209]. Ein Adventus des Kaisers in Rom wird erst 247 n. Chr. gefeiert[210]; es ist jedoch wahrscheinlich, daß sich zumindest die kaiserliche Familie bereits zuvor in Rom aufgehalten hat. In welchem der Aquae genannten Orte sich der Kaiser selbst am 12.11.245 n. Chr. aufhielt[211], ist nicht zu sagen. Die Annahme eines Aufenthalts bereits in Dakien ist nicht zu sichern. Die von Philipp aus dem Osten zurückgeführten Truppen waren über Anatolien und die Propontis in den Donauraum marschiert und Teile von dort in der Begleitung des Kaisers nach Italien zurückgekehrt[212].

Nachdem Ardaschir I. 236/238 n. Chr. die inneren Probleme des Reiches zur Eroberung von Karrhae und Nisibis genutzt[213] und 239 einen Vorstoß gegen Dura-

Beleg für eine Landung des Kaisers in der Stadt. Vgl. zu den Prägungen Touratsoglou (o. Anm. 51) 72–75, Katalog 289–302 Nr. 1–103 (Philipp I.), 104–122 (Otacilia Severa), 123–149 (Philippus Caesar).

205 Vgl. Aur. Vict., Caes. 28, 1; A. Kindler, The Coinage of Bostra, Warminster Wilts. 1983, 121 Nr. 43–45, auch 9; A. Spijkerman, The Coins of the Decapolis and Provincia Arabia, Jerusalem 1978, 258–261. Der Aufenthalt ist keineswegs auf den Frühling festzulegen.

206 Die Adventus-Prägung RIC IV 3, 81 ist jedoch parallel zu den römischen Emissionen 247 n. Chr. anzusetzen; vgl. RIC HCC III p. LXXXVIII, XC; anders Peachin a.a.O. 334.

207 Vgl. H. R. Baldus, Chiron 15, 1985, 189–191; I. Eph. III 737; zu weiteren Besuchen I. Smyrna II 1, 729; SNG Aulock 2319–2323 (Samos), beides bereits nach der Caesarerhebung des Philippus iun. 23.7./15.8.244 (vgl. Kienast 198).

208 Nikaia: SNG Aulock 677; I. Mus. Iznik (Nikaia) II 1, 1015; W. Weiser, Katalog der bithynischen Münzen der Sammlung des Instituts für Altertumskunde der Universität zu Köln I. Nikaia, Opladen 1983, 21f., 235 Nr. 81.83; Nr. 81–132 zur breiten städtischen Prägung mit Schwerpunkt 244 n. Chr. (vgl. ebd. 28, 33f.; auch für Philippus Caesar geprägt). Bizye: Siegesprägungen (BMC Thrace p. 91 Nr. 13); Deultum: Adventusprägungen (ebd. p. 114, bes. Nr. 30); vgl. Peachin a.a.O. 338f., der jedoch ein allgemeines Feiern der Anwesenheit des Kaisers in der Provinz für die Zeugnisse zu wenig ins Auge faßt. Die Statuenbasen aus Augusta Traiana IGBulg II 732; AE 1975, 765 (Augustus mit Siegerbeinamen) können möglicherweise aus Anlaß des Durchzugs des Kaiserpaares errichtet sein, ebenso aber auch nur als Zeichen der Loyalität, wie sie jederzeit, insbesondere in Verbindung Regierungsantritten oder auch lokalen Ereignissen, möglich waren (vgl. Th. Pekáry, Das römische Kaiserbildnis in Staat, Kult und Gesellschaft, Berlin 1985, 22–28). Thrakischer Statthalter war 244 Coresnius Marcellus; sein Nachfolger hat ca. 246–247 im Zusammenhang des Karpen- und Germanenkrieges eine großangelegte Aktivität entfaltet (vgl. IGBulg III 900; AE 1978, 721–723; A. Stein, Römische Reichsbeamte der Provinz Thracia, Sarajewo 1920, 68f.; PIR² F 593; B. Thomasson, Laterculi Praesidum I, 174f. Nr. 60, 175 Nr. 62.

209 Vgl. S. Soproni, FolArch 21, 1970, 95f. Nr. 2 (Philipp I., Marcia Otacilia Severa); 96f. Nr. 3 (Philipp I., Philippus Caesar, Augusta), jeweils *cos. I.*, aufgestellt für dieselbe Meile; entscheidend ist die Serie der Meilensteine Mursa-Aquincum (3 für Philipp allein, 6 für Philipp sen./iun.), wo für die 8. Meile noch eine entsprechende Verdoppelung der Setzungen erhalten ist (CIL III 3717.3718; *cos. I*). Die Duplizierung der Aufstellung nun für Augustus, Caesar und Augusta ist zu Recht mit dem Durchzug der Kaiserfamilie in Verbindung zu setzen; vgl. Soproni a.a.O. 98–100; ders., FolArch 34, 1983, 82, 89.

210 Vgl. Halfmann 235.
211 FIRA II 657.
212 Eutr. 9, 3.
213 Vgl. Synk. 681 (ed. Mosshammer p. 443); Zon. 12, 18; Kettenhofen 21f.

Europos unternommen hatte[214], war er im Jahr babyl. 240/1 (12.4.240–31.3.241) gegen Hatra vorgegangen und hatte die Stadt erobert[215]. Dies führte nun auf römischer Seite zur Eröffnung des Krieges[216]. 242 wurden römische Truppen und Armeekorps in den Osten geführt; Gordian III. und sein mächtiger Prätorianerpräfekt Timesitheus waren am 24.7.242 zusammen mit dem Expeditionskorps der Legio II Parthica[217] und den Prätorianern bereits unterwegs[218]. Nach einem Zug über den Balkanraum und durch Kleinasien brach das versammelte kaiserliche Haupttheer im Frühjahr 243 von Antiochia auf, schlug die Perser nunmehr unter dem allein regierenden Schapur I. bei Rhesaina und gewann Karrhae, Rhesaina, Nisibis, Singara und die verlorenen Kastelle zurück[219]. Das römische Mesopotamien war 243 n. Chr. wiederhergestellt. Im Herbst/Winter 243/4 wurde der Angriff auf Ktesiphon über die römischen Stellungen des Euphratlimes unterhalb von Dura-Europos, die unter Severus Alexander mit der Festungsstadt Kifrin[220] als Mittelpunkt bis al-Haditha nochmals massiv ausgebaut worden waren[221], vorgetragen, der aber durch den persischen Sieg in der Feldschlacht von Misichē (entsprechend zu Pērōz Šāhpuhr umbenannt) wohl im Februar 244 scheiterte[222]. Der Kaiser erlag bald nach der Schlacht einer Verletzung, die er sich dort zugezogen hatte[223]. Das römische Haupt-

214 SEG 7, 743b; vgl. Kettenhofen 20.
215 CMC 18, 2–5 (u. Anm. 270); HA, Gord. 23, 5; vgl. Kettenhofen 20f.; W. Sundermann, Bull. Asia Inst. 4, 1990, 295–299. Die Reihenfolge der Ereignisse, die in CMC das Jahr definieren, entspricht der Rangfolge Großkönig - inthronisierter Thronfolger.
216 Richtig Kettenhofen 19–21. Vgl. auch AE 1958, 238–240.
217 AE 1981, 134.
218 Vgl. hierzu Kettenhofen 23–27; Trout (o. Anm. 203) 224–226.
219 Vgl. Amm. 23, 5, 17; Synk. 681 (ed. Mosshammer p. 443); Zon. 12, 18; HA, Gord. 26, 6–27, 1; zusammenfassend Kettenhofen 27–31; ders., in: St. Mitchell (Hg.), Armies and Frontiers in Roman and Byzantine Anatolia, BAR Internat. Ser. 156, Oxford 1983, 151–171. Zugleich gingen Truppen von Kappadokien aus erfolgreich gegen die Perser vor (Loriot 769). Der Versuch von Potter 192f., 194f., die Rückeroberung 242 zu datieren, überzeugt nicht. Ältere Literatur bei Walser-Pekáry 20f.
220 Vgl. A. Invernizzi, in: Ph. Freeman – D. Kennedy, The Defence of the Roman and Byzantine East, BAR Internat. Ser. 297 (I), Oxford 1986, 357–381; E. Valtz, Mesopotamia 22, 1987, 79–89. Die Festungsstadt mit ihrer Zitadelle (Residenz und Hauptquartier) und zwei Flußhäfen liegt beherrschend über einer Fruchtebene auf dem Ostufer; Münzreihe bis Gordian III.
221 Kastelle zwischen Dura – Eddana und Anatha: Ertaje (linkes Ufer), Shari'at al-Ghazal (rechtes Ufer); Anatha ('Anat; Inselfestung, Amm. 24, 11, 6; römische Besetzung severisch (Caracalla?) bis 253; vgl. P. L. Kennedy, Iraq 48, 1986, 103f.; A. Northedge u. a. (Hg.), Excavations at 'Ana, Qal'a Island, London 1989) – Kifrin – Bijan (Inselfestung, römische Garnison seit severischer Zeit, Münzreihe bis Ende Severus Alexander), ferner Anka, Telbis, Haditha (Inselposition), Friedhof von Nufeili. Vgl. Invernizzi a.a.O., bes 359f., 368f., 373; Valtz a.a.O.; M. Krogulska, Mesopotamia 22, 1987, 91–100. Zu den Positionen am Tigris W. Ball, in: French-Lightfoot (u. Anm. 473) 7–18.
222 RGDS Z. 3–4 (siehe Anm. 240); vgl. Kettenhofen 31–36; ders. a.a.O. 1983, bes. 151; Winter 82f.
223 Vgl. RGDS Z. 3–4; Eutr. 9, 2, 2–3; Zos. 3, 32, 4 (von 1, 18, 2ff. unabhängige Überlieferung); zum Tod nicht in der Schlacht Zon. 12, 17 (Sturz vom Pferd); auch Zos. 1, 19, 1 (Nachricht an den Senat); vgl. Kettenhofen 32–37 mit Anm. 65; Winter 83–97, bes. 86f., 91–93. Die geographische Situation hat sich durch die Entdeckung des römischen Machtbereiches bis Haditha entscheidend gewandelt. Der Bericht Zos. 1, 18, 3 – 19, 1 ist von dem Fehlen des Vorstoßes

heer rief den als Nachfolger des Timesitheus amtierenden Gardepräfekten Iulius Philippus, den Bruder des anderen Prätorianerpräfekten Iulius Priscus, zum Kaiser aus[224]. Dieser nahm unverzüglich Verhandlungen mit Schapur auf[225], kaufte die römischen Gefangenen für ein hohes Lösegeld von 500.000 Golddenaren (Aurei) frei und schloß einen Frieden mit dem Großkönig, der die Räumung der römischen Provinz Mesopotamia, Geldzahlungen und den Verzicht auf die Einflußnahme in Armenien beinhaltete[226]. Das römische Heer konnte daraufhin ungehindert über die römischen Positionen am Euphrat nach Nordmesopotamien zurückmarschieren; die äußersten Stellungen des Euphratlimes wurden dabei bis vor Anatha dem Vertrag entsprechend geräumt[227]. In Zaitha unweit vor Kirkesion wurde für Gordian III. im gesicherten römischen Gebiet ein repräsentatives Kenotaph errichtet[228]. Mit der Ankunft des römischen Feldheeres im sicheren Provinzgebiet und nach der anzunehmenden Verstärkung durch Reserven änderte Philipp seine Politik und kündigte den Vertrag mit Schapur auf[229]. Ein Versuch des Großkönigs, sich dennoch in den Besitz römischer Gebiete zu setzen, wurde 244 mit militärischen Mitteln, aber ohne erneute große Schlacht abgewiesen; es kam zu einem revidierten Friedensschluß, in dem nun die Perser die faktische Lage anerkennen mußten[230]. Die Behauptung Mesopotamiens und damit in etwa des Status quo von 235 n. Chr. führte zur Akklamation Philipps als *Parthicus Adiabenicus*, die dieser jedoch offiziell ebensowenig wie den Siegertitel *Parthicus (Persicus) maximus* annahm[231]. Ein

nach Ktesiphon (Verbleiben des Kaisers im Raum Karrhae/Nisibis) und der Niederlage bei Misichē (Anbar) geprägt und für die Rekonstruktion unbrauchbar. Iulius Priscus wird im Zusammenhang des Todes Gordians III. nicht erwähnt. Die Rekonstruktion der Ereignisse bei Potter 202–212 ist im wesentlichen als unbegründet abzulehnen.

224 RGDS Z. 4; vgl. etwa Zon. 12, 19, 1. Zu Philippus und Priscus vgl. F. Kolb, Untersuchungen zur Historia Augusta, Bonn 1987, 99–132 (die Ausführungen zu Iulius Priscus sind durch das Papyrusdokument vom 28.8.245 (u. Anm. 232) teilweise überholt); Kienast 197f.
225 RGDS Z. 4. Die RGDS erwähnen keinen territorialen Gewinn Schapurs.
226 RGDS Z. 4; Zon. 12, 19, 1; Zos. 3, 32, 4; zur Diskussion der Bedingungen (Zahlungen von Schapur zur Tributpflicht stilisiert!) und zur Frage eines territorialen Verzichts Kettenhofen 34–36 mit Anm. 72; Winter 97–121 (etwas abweichend; noch von einer sofortigen Reise nach Rom ausgehend; positives Gesamturteil Philipps a.a.O. 116f.); Trout (o. Anm. 203) 229. Die Ausführungen von Potter 220–225 (mit Annahme einer sofortigen Rückkehr) überzeugen nicht.
227 Vgl. auch Invernizzi a.a.O. 373; Valtz a.a.O. Die provisorische Befestigung eines Teilbereichs des Stadtgebietes von Kifrin ist wahrscheinlich kurzzeitigen Wiederbesetzungen in späteren Feldzügen zuzuweisen.
228 Amm. 23, 5, 7f. (mit 5, 17); Eutr. 9, 2, 3; Kettenhofen 36f. Der kommemorative Tumulus entwickelte sich nachträglich zum Bezugspunkt für den Tod Gordians (vgl. Oros. 7, 19, 4).
229 Siehe die „erneute Lüge" des Philipp in RGDS Z. 4; Zon. 12, 19, 1. Die Ehrentitel *Coloniae Iuliae* für Nisibis und Singara könnten mit den folgenden Ereignissen in Zusammenhang stehen.
230 Zos. 3, 32, 4, auch 1, 19, 1; Zon. 12, 19, 1; Synk. 682 (ed. Mosshammer p. 444); bezeichnend ist die Feier des Friedensschlusses in der Reichsmünze Antiochia 244–246(?) n. Chr. (vgl. RIC HCC III p. XC; die erwogene Auflösung P(ersicus) M(aximus) statt P(ontifex) M(aximus) ist abzulehnen). Den Erfolg über die Gegner und den Schutz des Reiches durch das Geschick dieses Kaisers betont Ps.-Aristeid., Eis basilea 14.32. Die Probleme, die noch G. Poma, Epigraphica 43, 1981, 265–272 hierbei hinsichtlich der positiven Zeichnung der Zeit in OGIS 519 erklärend auszuräumen suchte, bestehen nur im traditionellen Bild der Lage.
231 Parthicus Adiabenicus: AE 1975, 765 (Augusta Traiana, 244 n. Chr.); zu den inoffiziellen Siegerbeinamen Peachin 65 mit Anm. 138, 198ff. Nr. 36 (IMS VI 198 = AE 1984, 758), 45, 83, 213, 216, 277.

solcher Titel hätte sich nicht, wie traditionell gefordert, auf einen durch den Kaiser im Felde errungenen Sieg stützen können.

Philipp verließ Mesopotamien, wo sein Bruder als Oberkommandierender im Osten zurückblieb, zuerst als außerordentlicher Praefectus Mesopotamiae mit einem Imperium maius im Osten und Sitz in Antiochia[232] und dann als Praefectus Praetorio und Rector Orientis[233], und die Reorganisation der römischen Strukturen durchführte. Philipp zog über Palmyra nach Bostra, gründete seinen Geburtsort und Sitz seiner Familie, eines Geschlechts arabischer Stammesfürsten, als römische Kolonie Philippopolis neu, um sich dann nach Antiochia und von dort auf die Rückkehr in den Westen des Reiches (s. o.) zu begeben.

Auch hinsichtlich Armeniens brach Philipp die offenbar in dem zweiten Vertrag mit Schapur nochmals bestätigte Abmachung[234] und ließ unter der Leitung des Iulius Priscus den römischen Einfluß in Armenien mit militärischer Machtentfaltung wiederherstellen[235]. Unter dem kappadokischen Statthalter M. Antonius Memmius Hiero (243/244–245/246 n. Chr.[236]) sind entsprechende umfangreiche Aktivitäten an den Verbindungslinien der römischen Etappe nach Armenien bezeugt[237]. Im Jahre 247 erscheint dann Philipp in einem Konsulndatum (*cos. II*) mit den Beinamen *Armeniacus Felix Invictus*[238], doch auch diesen Siegerbeinamen nahm er nicht in seine offizielle Titulatur auf, die nur die von ihm persönlich im Feld errungenen Siegerbeinamen *Carpicus maximus Germanicus maximus* (seit Ende 247?, jedenfalls gefeiert 248 n. Chr.) zeigt[239]. Schapur antwortete auf diese Rückschläge, die seinen Erfolg von Misichē zunichte machten, trotz der Formulierung in der Inschrift an der Ka'be-ye Zartošt (RGDS)[240], die eine diesem Tatenbericht eher angemessene sofortige Antwort durch einen Angriff auf das Imperium Romanum suggeriert[241], erst 252 n. Chr. mit der von Hormizd-Ardaschir durchgeführten Eroberung Armeniens[242]. Im römischen Mesopotamien zeigt sich der Zeitraum von 244/5 bis in das Jahr 253 hinein als eine Phase der Stabilität im römischen Sinne[243]. Die Versuche,

---

232 In Antiochia belegt am 28.8.245; Feissel – Gascou (u. Anm. 243) 545–557 Nr. 1; vgl. ebd. 552ff.; IGRR III 1201.1202.
233 ILS 9005; vgl. Zos. 1, 19, 2; 20, 2; PIR² J 488.
234 Genau entsprechend die Formulierung in RGDS Z. 4 (siehe u. Anm. 240f.).
235 Vgl. auch Zon. 12, 19, 1.
236 Vgl. zu ihm B. Rémy, Les carrières sénatoriales dans les provinces d'Anatolie au Haut-Empire (31 av. J.-C. – 284 ap. J.-C.), Istanbul – Paris 1989, 242f. Nr. 191 mit Zeugnissen.
237 Meilensteine Philipps bei D. French, Roman Roads and Milestones in Asia Minor II 1, BAR Internat. Ser. 392 (I), Oxford 1988, Nr. 17, 30 und besonders 508, 531, 547, 553, 561, 570, 573, 715, 720, 724, 737, 764, 781, 787, 790, 795, 798, 806, 817, 818, 824, 838, 972.
238 AE 1983, 530b; vgl. jetzt ebenso Peachin (o. Anm. 203) 341f.
239 Vgl. Peachin 65 (etwas zu spät); Kienast 197f.
240 M. Back, Die sassanidischen Staatsinschriften, Leiden – Teheran – Liège 1978, 284–371 (dreisprachige Edition); die Zeilenzählung folgt der parthischen Fassung. Griechischer Text ausführlich bei A. Maricq, Syria 25, 1958, 295–360.
241 RGDS Z. 4; vgl. Back a.a.O. 294; Kettenhofen 38. Der Bezug auf Philippus Arabs ist eindeutig, da nur hier auf eine Namensnennung verzichtet wurde, der Kaiser also unmittelbar zuvor erscheinen muß.
242 Vgl. hierzu Kettenhofen 38–43.
243 Dies zeigen die neuen Papyrusdokumente vom mittleren Euphrat aus den Jahren 232–252/3 n.

die zweite Agoge Schapurs bereits in das Jahr 252 zu datieren[244], müssen somit als gescheitert angesehen werden[245]. Hierfür wies J. Ch. Balty auf die Grabsteine aus Apamea am Orontes, dem zentralen Winterlager in der Etappe der Feldzugsheere gegen Mesopotamien, hin[246]. Sie bezeugen neben der Legio II Parthica, die unter Caracalla, Severus Alexander und Gordian III. an die Parther- bzw. Perserfront gezogen war, auch Angehörige der Legionen IV Flavia, XIII Gemina und XIV Gemina sowie der syrischen IV Scythica und der Cohors XIV Urbana[247]. In unserem Zusammenhang wesentlich sind jedoch die Grabsteine von Angehörigen pannonischer Elitetruppen[248] aus dem Jahre 252 n. Chr., der Ala I Flavia Augusta Britannica milliaria c. R., der Ala I Ulpia contariorum milliaria c. R. und der Ala I c. R.[249]. Die ganze Gruppe dieser Monumente zeigt einen außergewöhnlichen Erhaltungszustand, so daß man sie nur ganz kurze Zeit nach ihrer Aufstellung in dem an die hellenistische Bastion angebauten, aus Spolien errichteten Turm XV verbaut haben muß, dessen Bau sehr wahrscheinlich unmittelbar nach der Einnahme der Stadt in der zweiten Agoge Schapurs 253, d. h. im Rahmen der Wiederaufbaumaßnahmen unter Valerian 254–255 n. Chr., erfolgte[250]. Der Grabtitulus des Aur(elius) Mucatralis, Tubicen der Ala I Britannica, der *felicissima in e(x)peditione horiental(i)* gefallen war[251], weist wie die anderen, Gefallenen zuzuordnenden Monumente auf eine erfolgreiche römische Operation im Jahre 252 hin.

    Chr. (D. Feissel – J. Gascou, CRAI 1989, 535–561); Nr. 9 mit Datum 13.6.252; Nr. 3–4 gehören bereits in das Jahr 253 (vgl. Feissel – Gascou a.a.O. 558).
244 So zuletzt besonders J. Ch. Balty, CRAI 1987, 213–241, bes. 229–239; ders., JRS 78, 1988, 102–104. Seine Deutung der Grabmonumente aus Apamea (s. u.) kann nicht überzeugen, da er nur die Möglichkeit einer römischen Gegenoffensive und nicht die römischer Vorbereitungen und militärischer Operationen vor der 2. Agoge Schapurs ins Auge faßt (bes. a.a.O. 1988, 103). Daß einUnternehmen, das ein römischer Erfolg beendete, vor der siegreichen 2. Agoge in den RGDS erschiene, ist nicht zu erwarten.
245 Hierfür böte auch die verstreute Notiz zum Jahr sel. 563 (251/2) im syrischen Liber Calipharum 2, 2, 4 von 874 n. Chr. keinen Anhaltspunkt (so aber Balty a.a.O. 1987, 232; 1988, 103), wo offenkundig die Ereignisse bis 260 n. Chr. zusammengefaßt sind. Die Hinweise in den Quellen auf das Jahr 252 (so Zos. 1, 27, 2; auch Chronik von Se'ert 386 zum 11. Jahr Schapurs (251/2; vgl. u. S. 222 mit Anm. 258) gehen auf den Beginn des gesamten römisch-persischen Krieges in diesem Jahr zurück und können nicht auf die 2. Agoge Schapurs bezogen werden. Deshalb unrichtig Potter 46–49, 290–297, 324 mit einer verfehlten Rekonstruktion der Ereignisse (251 Eroberung Armeniens; 252 2. Agoge; 253 erneute Invasion Syriens — letzteres ohne jede Grundlage). Vgl. auch u. S.222ff.; zur Chronik von 724 Felix 53.
246 Balty a.a.O. 1987, 229ff.; 1988, 99ff.
247 Vgl. Balty a.a.O. 1987, 213ff.; 1988, 102f.
248 Siehe Balty a.a.O. 1988, 102; insgesamt 22 Monumente.
249 Die Wertung von Balty a.a.O. 1987, 239; 1988, 103, die Anwesenheit dieser Kavallerieeinheiten sei Teil einer stärker defensiven Politik, geht in die falsche Richtung. Diese Kavalleriekonzentration spricht sehr wohl für die offensive Planung einer Auseinandersetzung mit der persischen Kavallerie im Felde.
250 Zu Turm XV und den Wiederherstellungs- bzw. Verstärkungsarbeiten an den Befestigungen unter Spolienverwendung vgl. Balty a.a.O. 1988, 102, 104; zur Einnahme der Stadt in der 2. Agoge Kettenhofen 55–57.
251 Balty a.a.O. 1988, 103. Ferner etwa Grabstele eines 233 rekrutierten und 252 verstorbenen Decurio der Ala I Britannica sowie das am 21.4.252 errichtete (!) Grabmonument für einen mit 8 *stipendia* und 29 Lebensjahren verstorbenen Signifer der Ala I Ulpia contariorum, das von

Der Kriegszustand mit dem Sassanidenreich begann, wie die Überlieferung eindeutig erkennen läßt, unter Trebonianus Gallus mit der Eroberung Armeniens durch Hormizd-Ardaschir, die wir zu Recht in das Jahr 252 datieren können[252]. Eine chronologische Aufgliederung des römisch-persischen Krieges 252–253/256/260 n. Chr. ist in den summierenden Darstellungen der Quellen in der Regel nicht erfolgt. Doch können wir mit guten Gründen die erfolglose Belagerung von Nisibis durch Schapur I. in die 2. Hälfte des Jahres 252 setzen[253]. Nach der bei Tabarī über die arabische Übersetzung des sassanidischen Königsbuches erhaltenen Tradition belagerte der Großkönig nach dem 11. Jahr seiner Regierung die von römischen Truppen verteidigte Stadt Nisibis vergeblich[254]. Das Datum fällt somit in das 12. Jahr der Alleinregierung Schapurs, d. i. 19.9.252—18.9.253 n. Chr.[255]. Nisibis erscheint bezeichnenderweise nicht in den Städtelisten der RGDS für die zweite und dritte Agoge, war jedoch 261 in persischer Hand und wurde von Odaenath zurückerobert[256]. Die persische Einnahme der Stadt ist nicht näher zu datieren[257], muß jedoch zwischen dem Ende der Ereignisse, die zur zweiten Agoge gerechnet wurden und die den Feldzug, der zum Fall von Dura-Europos führte (s. u.), mit einschlossen, und der dritten Agoge liegen, die Schapur nach den RGDS mit der Belagerung von Karrhae und Edessa sass. 259/60 bzw. im Frühling 260 beginnen ließ, währenddessen Valerian zum Gegenstoß heranzog[258]. Dies entspricht der Kompilation bei Tabarī[259]. Die Eroberung von Nisibis durch Schapur dürfte den Beginn der erneuten

      einem Decurio der Ala I c. R. errichtet wurde (Balty a.a.O. 1987, 229; Bemalung und Farbe der nachgezogenen Buchstaben erhalten). Letzterer könnte noch auf dem Anmarsch der Kavalleriekorps nach Apamea verstorben sein und hier nach der Ankunft seine Grabstele erhalten haben (vgl. die Parallele bei Balty a.a.O. 1988, 99).
252 Zon. 12, 21; vgl. Kettenhofen 38–43; Felix 53f.
253 Zu Nisibis auch Kettenhofen 44–46.
254 Tabarī, Ann. 826f. (ed. M. J. De Goeje I 2, Leiden 1881–1882); siehe Th. Nöldeke, Geschichte der Perser und Araber zur Zeit der Sasaniden, Leiden 1879, 31–33; bes. 32 (entgegen Nöldeke nur berichtet, daß Schapur die Bewohner zu Kriegsgefangenen machte, nicht aber von einer Versklavung der Frauen und Kinder; die Zeitangabe ist eindeutig). Vgl. zu Tabarī C. Gilliot, Exégèse, langue et théologie en Islam, Paris 1990, 39–68.
255 Die historiographische Chronologie setzt offenkundig den Tod Ardaschirs I. und den Anfang der Alleinregierung Schapurs als Beginn; vgl. u. S. 224f.; Mosig-Walburg (u. Anm. 272).
256 Zos. 1, 39; HA, Gall. 10, 3; 12, 1.
257 Kettenhofen 45 mit dem unbegründeten Ansatz auf 252 n. Chr.
258 RGDS Z. 9–11. Die offensive Wiederaufnahme des Kampfgeschehens durch die Perser 259 n. Chr. belegt auch die Gefangennahme des Demetrianus, des Bischofs von Antiochia, vor der 3. Agoge (Chronik von Seʻert, Acta sanctorum IV, ed. H. Delehaye – P. Peeters, Brüssel 1925, 386 mit Kettenhofen 62 Anm. 181; zu Demetrianus auch Eus. H. e. 7, 27, 1); die Anwesenheit des Bischofs in Antiochia ist durch die valerianischen Maßnahmen nach 257 auszuschließen.
259 Entgegen Kettenhofen 44f., bes. 45 Anm. 11; auch Maricq 136–138; Frye (u. Anm. 267) 289 ist die Entwicklung der Gesamtpassage bei Tabarī ohne die Annahme einer Verwechslung von Schapur I. und II. nachzuvollziehen; gerade Maricqs Argument weist vielmehr darauf hin, daß das dreimalige Scheitern Schapurs II. vor Nisibis im sassanidischen Königsbuch unterdrückt wurde. Zu Schapur II. vor Nisibis vgl. Frye a.a.O. 310f.; ders., Cambridge History of Iran III 1, 1983, 137f. Tabarī bzw. seine Vorlage ziehen zwei Überlieferungskomplexe zusammen: a) die Nachrichten über die Eroberung von Nisibis durch Schapur I., die nach dem ersten gescheiterten Versuch gelingt, wobei zwischen beiden Ereignissen ein Zug des

offenen Auseinandersetzung nach einer Pause 257–258 n. Chr. anzeigen und ist vermutlich auf 259 zu setzen; der Vorstoß der Perser nach Karrhae und Edessa folgte offensichtlich auf den Erfolg gegen diese Schlüsselstellung Nordmesopotamiens.

Die in dem Grabtitulus von Apamea genannte *expeditio felicissima* ist m. E. mit der Abwehr der Perser vor Nisibis und dem erfolgreichen Zurückschlagen des Angriffes Schapurs auf Nordmesopotamien in der 2. Hälfte 252 zu verbinden, der wahrscheinlich direkt mit dem persischen Vorgehen in Armenien zusammenhing[260]. Es mußte jedermann klar sein, daß letzteres den Beginn der offenen Konfrontation mit Rom bedeutete. Schapur hat im Jahre 252 vermutlich mit der Bindung der römischen Kräfte an der unteren Donau spekuliert. Andererseits zeigt die Anwesenheit des pannonischen Kavalleriekorps mit den Alae milliariae der Provinzen Pannonia Superior und Inferior im Frühling 252 in Apamea am Orontes (gesichert am 21.4.252), daß die Spannungen und die beiderseitigen Kriegsvorbereitungen bereits in den Winter 251/2 gehören. Das Kavalleriekorps kann im Herbst 251 oder im Frühjahr 252 nach Syrien verlegt worden sein, um die römischen Streitkräfte für den Kampf mit der persischen Kavallerie zu verstärken. Dies zeigt aber auch, daß es Trebonianus Gallus nach der Niederlage der Decier bei Abritus gelungen war, die Donaulinie ausreichend zu stabilisieren, deren Kräfte durch diese Schlacht keineswegs paralysiert waren. Der Perserkrieg begann 252 mit der Eroberung Armeniens durch Hormizd-Ardaschir und dem Mißerfolg Schapurs in Nordmesopotamien, wo insbesondere der Bereich des mittleren Euphrat, den dann die zweite Agoge 253 n. Chr. treffen sollte, nach dem Zeugnis der neuen Papyrusdokumente bis in dieses Jahr hinein gesichert blieb.

Ein weiteres Problem bildet in diesem Zusammenhang die Datierung der späten parthischen und der mittelpersischen Texte aus Dura Europos[261]. Die Wand-

> Großkönigs in den Osten seines Reiches (Chorāsān) liegt; b) die Eroberung Syriens, Kilikiens, Kappadokiens sowie Antiochias und die Gefangennahme Valerians, also die 3. Agoge Schapurs, die demnach in der sassanidischen Vorlage auf die Eroberung von Nisibis folgte. Die scheinbar rasche zeitliche Folge von erster Belagerung und Schapurs zweitem erfolgreichen Zug nach der erforderlichen Abwesenheit des Königs im Osten ist als das Resultat der Zusammenziehung der Nachrichten über Schapur und Nisibis zu sehen, wobei die arabischen Übersetzer das Geschehen in typischer Weise interpretierten. Der erforderliche Zug Schapurs in den östlichsten Teil seines Reiches erklärt wohl die Kampfpause nach 256 n. Chr.

260 Vgl. ähnlich Kettenhofen 45. Der Mißerfolg vor den mesopotamischen Festungen dürfte die Taktik des auf den schnellen Stoß in die Tiefe der römischen Gebiete angelegten Angriffs Schapurs 253 n. Chr. entlang des Euphrat unter Umgehung der römischen Hauptstellungen bestimmt haben. Auch dies spricht eindeutig gegen einen Gewinn der Schlüsselstellung Nisibis in der ersten Phase des Krieges. Keinen Anhaltspunkt für den von Balty angenommenen Beginn der 2. Agoge schon 252 n. Chr. bietet die Weihinschrift aus dem Dolichenum von Dura-Europos (The Excavations at Dura-Europos. Preliminary Report IX 3, New Haven 1952, 110–112 Nr. 971), gesetzt von der Vexillatio der Cohors II (Ulpia) Paphlagonum Galliana Volusiana equitata im Jahre sel. 562, was sie der Zeitspanne ca. August – Anfang Oktober 251 zuordnet. Die Einheit lag anschließend unter Trebonianus Gallus ganz in Dura (ebd. 112–114 Nr. 972). Die Kaiserbeinamen hat die Muttereinheit mit den neuen Augusti angenommen. Sie sind seit spätseverischer Zeit entgegen J. Fitz u. a. nicht mehr als Auszeichnungen im Feld zu werten, sondern als reguläre Vorgänge bei jedem Regierungsantritt; da sie die Truppen nicht mehr in ihrer Identität abheben, nennen sie die Inschriften nur teilweise.

261 R. N. Frye, The Parthian and Middle Iranian Inscriptions of Dura-Europos, London 1968 (dazu

inschriften aus der Synagoge[262] müssen vor der Zuschüttung des Gebäudes während der letzten Belagerung der Stadt entstanden sein; sie nennen in fünf Fällen das 14. Jahr Schapurs (18.3./16.4. (zwei); 21.3.; 15.4. 253 oder 255[263]) und einmal das 15. Jahr (6.10.253 oder 255[264]). Die Datumsangaben ohne Jahresnennung sind der 4.2.[265], 16.3. und 4.4.[266], wobei wahrscheinlich wie für die genau datierten Dipinti entweder 253 oder 255 n. Chr. in Frage kommt, wenn auch eine breitere Streuung nicht ausgeschlossen werden kann. Die beiden variierenden Jahresumrechnungen ergeben sich aus der Frage, ob als Jahr 1 Schapurs sass. 241/2 (22.9.241–21.9.242) mit dem Tod Ardaschirs I. im Frühling 242 und dem Beginn der Alleinherrschaft Schapurs[267] zu zählen ist oder aber sass. 239/40 (23.9.239–21.9.240), das aus der Inschrift von Bīšāpūr erschlossen wird[268], die mit der zugehörigen Statue von den Schreiber Afsā (Abasā?) im 1. Monat des sassanidischen Jahres gestiftet wurde, das als 40. Jahr nach der Entfachung des Feuers Ardaschirs I. (nach dem Sieg über Ardawan V. am 28.4.224 zum König der Könige ausgerufen[269]) und als 24. Jahr des Feuers Schapurs, des Königs der Feuer (Apposition offenkundig zur Kennzeichnung des Feuers des regierenden Großkönigs),

C. J. Brunner, JAOS 92, 1972, 492–497); Wandinschriften der Synagoge nach Geiger (u. Anm. 262). Vgl. zusammenfassend mit älterer Diskussion F. Grenet, in: P.-L. Gatier – B. Helly – J.-P. Rey-Coquais (Hg.), Géographie historique du Proche-Orient, Paris 1988, 133–158. Grenet geht von zwei Grundannahmen aus, einmal der sicheren Gleichzeitigkeit aller Komplexe, zum anderen von der völligen Unwahrscheinlichkeit persischer Gesandtschaften 252–256 n. Chr. Ein Abbruch der diplomatischen Kontakte seit der Machtübernahme der Sassaniden bis ins ausgehende 3. Jh. ist jedoch mehr als unwahrscheinlich. Die Datierung der Synagogendipinti ist nicht für 253 (254) gesichert. Allgemein zu Dura-Europos C. Hopkins, The Discovery of Dura-Europos, New Haven 1979.

262 B. Geiger, in: C. H. Kraeling, The Synagogue, The Excavations at Dura-Europos. Final Report VIII 1, New Haven 1956, 283–317; Texte Nr. 42–57; zur Datierung (mit Entscheidung für eine Zählung ab sass. 239/40) R. Altheim-Stiel, Boreas 5, 1982, 152–159.
263 Nr. 44.50, 43, 45; vgl. Altheim-Stiel a.a.O. 158.
264 Nr. 42.
265 Nr. 46; die Annahme, es müsse sich um das folgende Jahr handeln, da das Datum sonst zu früh für einen Feldzug liege (Grenet 143 mit Anm. 72) ist unbegründet, ebenso Balty (o. Anm. 244) 237–239 mit Ansatz der Besetzung auf 252–253 n. Chr.
266 Nr. 47, 48.
267 Vgl. R. N. Frye, The History of Ancient Iran, München 1984, 294; Kettenhofen 23f. Anm. 18, 46–49, bes. 48f.; R. Altheim-Stiel, AMI 11, 1978, 115. Nach dem 19.4.240 trat Mani seine erste große Missionsreise nach Indien an. Nach dem Zeugnis des 1. Kephalaion kopt. (C. Schmidt – H. J. Polotsky, Ein Mani-Fund in Ägypten, SB Berlin, Phil.-hist. Kl. 1933, 5, Berlin 1933, 4–90; H.-J. Polotsky, Manichäische Handschriften der Sammlung A. Chester Beatty, Stuttgart 1934, 15; Maricq 22–28, bes. 24, 27 mit Einbeziehung des 76. Kephalaion kopt. und neuer Ergänzung 1 Keph. kopt., Z. 28: „und in dem Jahr, in dem Ardaschir starb und sein Sohn König wurde und ihm nachfolgte", kehrte Mani von Indien nach Persien zurück) fuhr Mani „am Ende der Jahre Ardaschirs" zu Schiff nach Indien und führte dort eine erfolgreiche Predigt- und Missionsreise durch; im Jahre des Todes Ardaschirs und des Antritts der Alleinherrschaft und Nachfolge durch Schapur kehrte er dann von Indien nach Persien zurück. Vgl. Maricq 24–27; Kettenhofen a.a.O.; W. Sundermann, AOrientHung 24, 1971, 82–86, 101f.; ders. (o. Anm. 215) 298; A. Henrichs – L. Koenen, ZPE 48, 1982, 4f. mit CMC 164; Felix 43.
268 Vgl. Altheim-Stiel a.a.O. 1978, 113–116; 1982, 153–157; anders Frye a.a.O. 291f.
269 Tabarî, Ann. 818; Nöldeke (o. Anm. 254) 14f., 411, 413f.; Acta martyrum et sanctorum 2,

sowie als 58. Jahr einer ungenannten Ära präzisiert ist. Dieses Datum der Entzündung des Feuers Schapurs braucht jedoch nicht mit dem im Kölner Mani-Codex für das Jahr babyl. 240/1 (12.4.240–31.3.241) genannten Ereignis identisch zu sein, bei dem sich Schapur das „größte Diadem" anlegte, d. h. das unter den sassanidischen Kronen herausgehobene Diadem des Großkönigs[270]. Dieses babylonische Jahr überschneidet sich mit sass. 239/40 und 240/1 (ab 22.9.240). Die für babyl. 240/1 bezeugte Eroberung Hatras durch Ardaschir I. selbst fällt mit großer Wahrscheinlichkeit in das Frühjahr 241 n. Chr.[271]. Die historiographische Tradition belegt eine Rechnung der Regierungsjahre Ardaschirs I. ab dem Einzug in Ktesiphon und der damit gegebenen endgültigen und alleinigen Anerkennung als Großkönig im Jahre sass. 226/7 und für Schapur I. ab dem Beginn seiner Alleinherrschaft sass. 241/2[272]. Diese Zählung wird nun auch durch die von Ph. Gignoux neu gelesene Inschrift eines hohen Funktionärs des großköniglichen Hofes dokumentiert, welche für das Jahr 3 Schapurs auf den großen Sieg über das Heer Gordians III. (Februar 244 = sass. 243/4 = Jahr 3) Bezug nimmt[273].

Die Dipinti nennen iranische Besucher der Synagoge von Dura, die offenkundig in der Begleitung jüdischer Gemeindediener die Ausmalung des Kultraumes und insbesondere die Szenen, die sich auf das besondere Verhältnis zwischen Altpersern und Juden bezogen, betrachteten, sich erklären und teilweise abzeichnen ließen[274].

128.135 (ed. P. Bedjan); vgl. Altheim-Stiel a.a.O. 1978, 115; 1982, 155. Die Chronik von Arbela sollte aus der Diskussion herausgenommen werden, da an ihrer Echtheit ernste Bedenken bestehen (vgl. J.-M. Fiey, L'Orient Syrien 12, 1967, 265–302; Grenet a.a.O. 157f.; auch J. Assfalg, OC 50, 1966, 19–36.

270 CMC 18, 1–16; L. Koenen – C. Roemer, Der Kölner Mani-Kodex: Über das Werden seines Leibes, Opladen 1988, 10f. Die Gleichzeitigkeit wird etwa von Grenet a.a.O. 158 vorausgesetzt. Gegen die Angaben bei Fihrist 1, 328, 17–19 vgl. Altheim-Stiel a.a.O. 1982, 156. Gegen die Auswertung der Münzen durch K. Mosig-Walburg, Boreas 3, 1980, 117–126; dies., Die frühen sasanidischen Könige als Vertreter und Förderer der zarathustrischen Religion, Frankfurt – Bern 1982, bes. 25–46 vgl. R. Göbl, AAWW 120, 1983, 291–298; ders., Die Titel der ersten beiden Sasaniden auf ihren Münzen, Wien 1983 (kein Beweis einer voll zu wertenden Herrschaft schon unter Ardaschir I.). Vgl. Ṭabarî, Ann. 820, 822, 825f.

271 Vgl. Kettenhofen 20f. mit Anm. 10. HA, Gord. 23, 5 gibt wie 23, 4 und 26, 3 (Öffnung des Janustempels 242) eine Konsulndatierung, hier 241 n. Chr., nach einer chronographischen Quelle (nicht notwendigerweise Dexippus) für den Beginn des Krieges mit Persien.

272 Agath. 4, 24; Jakob Edess. 283, 3–16; 286, 15f. (ed. Brooks); Elias Nisib., Chron. 1, 42, 16–20; 91, 18–21; 92, 20–22 (ed. Brooks, CSCO 62, vgl. auch CSCO 63, 45, 22f.) mit sel. 553 = 241/2 (ab 1.10.241) = sass. 22.9.241–21.9.242; vgl. weiter Nöldeke a.a.O. 19.25.30.42 (Ṭabarî), 409–412, 413f.; Kettenhofen 46–49, bes. 47; Frye (o. Anm. 267) 191–194; auch Altheim-Stiel a.a.O. 1978, 115; 1982, 154f. mit Anm. 11. Auch RGDS, Z. 3 (Z. 6f. griech.) stellt eine enge zeitliche Verbindung zwischen dem Regierungsantritt Schapurs und den Rüstungen sowie dem Krieg Gordians III. 242–243/4 her. Vgl. R. Frye – M. Tavoosi, Bull. Asia Inst. 3, 1990, 25–38. Vgl. auch Felix 25–27, 40–44; zusammenfassend Sundermann a.a.O. 295–299 (offizielles Jahr 1 Schapurs = sass. 241/2; Krönung durch Ardaschir I. wohl an den Mihragān-Tagen April 240 (= sass. 239/40), entsprechend Feier 1. Nisan (12.4) babyl. 240/1; klärend zur Angabe Fihrist/ An-Nadîm und zur Inschrift von Paikuli § 68–70).

273 Für den Hinweis auf die noch unpublizierten Ergebnisse danke ich J. Wiesehöfer, Kiel. Die volle großkönigliche Titulatur Schapurs folgt erst dem Tode Ardaschirs I. (vgl. K. Mosig-Walburg, SNR 69, 1990, 103–127, bes. 125). Vgl. auch Felix 25–27, 40–44.

274 Vgl. Nr. 42 und 44; Kraeling (o. Anm. 262) 337; auch Grenet a.a.O. 135, 144f. (mit Korrektur der Lesung zu bandag î yahūdān).

Die Besucher waren Schreiber (zweimal mit Nennung ihrer Vorgesetzten) und ihre Begleiter offensichtlich aus der höheren gesellschaftlichen Schicht[275]. Das Interesse der Besucher dokumentiert sich auch in einer mittelpersischen Inschrift am Eingang und in allgemeinen religiösen Sentenzen[276]. Die Buchstaben von zweiter und dritter Hand in den Dipinti stellen Korrekturen bzw. Zusätze zur besseren Lesbarkeit und Verständlichkeit durch folgende Besucher dar. Die Konzentration der Datumsangaben belegt eine relativ kurzzeitige Anwesenheit einer Anzahl von iranischen Offiziellen in Dura Europos in den Monaten Februar/März bis Mitte April des Jahres 14, der nochmals eine Präsenz im Oktober des gleichen Jahres folgte; die Häufung spricht eher dagegen, die Dipinti als Zeugnisse einer ersten sassanidischen Besetzung der Stadt zu sehen[277]. Die Texte können sehr wohl mit der Anwesenheit einer respektive mehrerer aufeinanderfolgender persischer Gesandtschaften, deren Verhandlungsort der Sitz des Dux ripae in Dura war, in Zusammenhang stehen[278]. Solche sind gerade im Jahre 255 vor dem erneuten persischen Angriff durchaus denkbar, ebenso aber auch im Jahre 253, und zwar einmal massiert im Frühjahr nach dem für Rom erfolgreichen Schlagabtausch von 252 und zum anderen im Spätherbst im Rahmen der 2. Agoge, welche die starken römischen Positionen von Dura bis Kirkesion umgangen hatte (s. u.). Diplomatische Kontakte Schapurs zur Verständigung mit den vorhandenen feindlichen Kräften sind in einer später zu Ungunsten des Odaenath verzerrten Weise auch für den Dynasten des mächtigen Palmyra[279] und letztlich auch in den Verhandlungen mit dem Priesterfürsten von Emesa (s. u.) belegt.

Die anwesenden Perser scheinen ihre Quartiere in dem an das Haupttor angrenzenden Bereich erhalten zu haben; auf eine entsprechende räumliche Beziehung weisen auch die beiden einzigen neupersischen Pergamentfragmente hin, die hinter den Blöcken L7 (mit Synagoge) und L8 in der 256 zur Verstärkung der Stadtmauer aufgefüllten Wallstraße gefunden wurden[280]. P. Dura 155 ist das Bruchstück eines

275 11 der 13 (16?) genannten Besucher sind Schreiber (Nr. 42–46, 54; ein Schreiber Hormadz erscheint in 4 Dipinti Nr. 44, 49, 50, 51), 7 Schreiber nennen die datierten Dipinti aus dem Monat Mihr (18.3.–16.4.). Nr. 42, Z. 4 „Schreiber des Taxm"; Nr. 43, Z. 4 „Schreiber des Ragad"; vgl. Grenet a.a.O. Anm. 35. Die Deutung des Titels (wohl den herausgehobenen Rang dieses Schreibers bezeichnend) in dem parthischen Dipinto Nr. 56 ist problematisch; vgl. Brunner (o. Anm. 261) 495; Grenet a.a.O. Anm. 35. Vgl. allgemein Geiger (o. Anm. 262) 297–300.
276 Nr. 52, 53, 55; Geiger a.a.O. 283f. Ob es sich bei dem mittelpersischen eschatologischen Zusatz zu Nr. 44 um den warnenden Hinweis auf den bevorstehenden persischen Angriff handelte (vgl. Geiger a.a.O. 300), bleibt offen.
277 Mit nur zwei Ausnahmen Mitte März – Mitte April. Die älteren Thesen M. Rostovtzeffs zu einer persischen Besetzung vor 256 führt insbesondere Grenet a.a.O. 139–143 modifiziert weiter; das ‚sassanidische Fresko', dessen Interpretation unsicher bleibt, im Eingangsraum eines Gebäudes im Stadtzentrum kann nicht als Argument (so ebd. 135f., 156) herangezogen werden. Eine Darstellung des siegreichen Großkönigs wäre zudem kaum über die angenommene persische Besetzung hinaus erhalten geblieben.
278 Vgl. o. Anm. 261. Zur Rolle von Gesandtschaften nicht zuletzt in der politisch-militärischen Aufklärung der Römer und Perser vgl. A. D. H. Lee, in: Freeman – Kennedy (o. Anm. 220) 455–461.
279 Petr. Patr., fr. 10 (FGH IV p. 187; Exc. de leg.).
280 B. W. Henning, in: The Parchments and Papyri, The Excavations at Dura-Europos. Final Report

Briefes, dessen Recto neben Anrede und geschäftlichen(?) Angelegenheiten ein Reskript Schapurs erwähnt[281]; Absender war ein hoher sassanidischer Befehlshaber[282]. Der Inhalt Verso bezieht sich auf einen von diesem gewünschten Transport zum Tigris, der jedoch deutlich privaten (Geschäfts-)Charakter aufweist[283]. Das Schreiben kann nicht näher zwischen ca. 244 und 255 eingegrenzt werden, der Nachweis einer persischen Besetzung 253 n. Chr. läßt sich damit nicht führen. Eine derartige Korrespondenz mit einem der in Dura tätigen Handelsherrn ist während der Friedensphase 244–252 n. Chr. durchaus möglich. Ein zeitlicher Zusammenhang mit den Dipinti der Synagoge bleibt ebenfalls völlig offen.

Die Gruppe der 7 parthischen Ostraka (davon 4 aus dem Palast des Dux)[284] und das mittelpersische Ostrakon, das Handwerker und Funktionsträger offenbar im Gefolge eines persischen Würdenträgers aufzählt[285], können m. E. mit den bisher genannten Dokumenten nicht in einen zwingenden zeitlichen oder inhaltlichen Zusammenhang gebracht werden[286]. Sie sind mit guten Gründen auf eine nur zeitweilige sassanidische Besetzung der Stadt mit Anwesenheit einer Garnison und eines Satrapen als Gouverneur und Ortskommandeur nach der Einnahme 256 n. Chr. zu beziehen[287]. Nach dem Mißlingen des weiteren Vordringens nach Nordmesopotamien noch 256 (s. u.) und angesichts der Stärke Palmyras wurde dann jedoch offensichtlich darauf verzichtet, die Stadt zu halten und die Befestigungen wiederherzustellen. Dura, dessen Bewohner man deportiert hatte, wurde unbewohnbar gemacht und verlassen.

Die sechs Münzhorte aus Dura[288], die mit dem Jahre 253 in Verbindung gebracht werden, sind keine sicheren Zeugnisse für einen Hortfundhorizont dieses Jahres, da sie auch in der Folgezeit bis 256 verborgen worden sein könnten[289]. Ein Teil dieser Horte wird durchaus mit der allgemeinen Bedrohung und dem Vorbeizug des persischen Heeres in Verbindung stehen, eine erste Besetzung der Stadt 253 n. Chr. würde so auch ein eindeutiger Münzschatzhorizont nicht belegen. Der Zeit-

V 1, New Haven 1959, 415–417 Nr. 154; der Inhalt des Bruchstückes P. Dura 155 (ebd. 417 Nr. 155) ist ungewiß. Zu den Fundumständen Henning a.a.O. 415, 417.
281 Z. 4–5 Recto.
282 Z. 6 Verso; vgl. Henning a.a.O. n. 6 (auch zur Frage der Textrekonstruktion); er ist als Adressat nach Formel und Zeilenbild auszuschließen (anders Grenet a.a.O. 136).
283 Z. 1–4 Verso; zum Text Z. 4 vgl. Brunner (o. Anm. 261) 496; zu Unrecht Grenet a.a.O. 138 „un transport militaire".
284 Mit administrativem Inhalt; Frye (o. Anm. 261) Nr. 22–23, 25–28, 33; aus dem Palast des Dux Nr. 25–28. In Nr. 20 erscheint ein Schreiber, in Nr. 27, 33 (und 28?) ein Satrap; Nr. 22 und 23 sind Namenslisten der Empfänger von Versorgungsrationen (vgl. Grenet a.a.O. 136f. mit Anm. 22 zum Text), in Nr. 22 neben anderen 1 Eunuch, 1 Schatzmeister.
285 Frye a.a.O. Nr. 24; Text nach Grenet a.a.O. 144 mit Anm. 78.
286 Der Charakter der Synagogendipinti und des mittelpersischen Briefes berechtigen nicht zu diesem Schluß. Hätten die Wandinschriften in einem Zusammenhang mit einer persischen Besetzung gestanden, so wäre eher ihre Tilgung nach der Wiederherstellung der römischen Garnison (diese gesichert für den 30.4.254; P. Dura 32) anzunehmen.
287 Keine stichhaltigen Gegenargumente bei Grenet a.a.O. 139, zumal er die Zitadelle außer Acht läßt. Vgl. auch D. MacDonald, Historia 35, 1986, 56–61, 67f.
288 Vgl. zu den Horten A. R. Bellinger, The Excavations at Dura Europos. Final Report VI, New Haven 1949, 165–187.
289 Vgl. S. James, Chiron 15, 1985, 117f.; MacDonald a.a.O. 46, 53.

raum 252–253 ist im übrigen in Dura durch die Prägungen des Trebonianus Gallus und des Volusian gut repräsentiert[290]. Entscheidend ist jedoch, daß wir für das Jahr 253 keine Zerstörungen und keine Unterbrechung des Lebens in Dura feststellen. Es ist aber völlig unwahrscheinlich, daß sich die Perser nach einer ersten Einnahme der Stadt bei ihrer Aufgabe zurückgezogen und eine intakte Festungsstadt zurückgelassen hätten.

Münzspektrum, Münzhorte und vor allem die Münzfunde aus der römischen Gegenmine zeigen[291], daß die Belagerung von Dura erst nach dem Eintreffen von Prägungen aus der neuen, im Laufe des Jahres 255 die Arbeit aufnehmenden östlichen Hauptmünze (1. Emission 255 – Herbst 256)[292] begonnen haben kann. Münzen, die seit dem Herbst 256 oder 1.1.257 ausgegeben wurden, sind nicht mehr vorhanden. Da die Prägungen für die Versorgung der Truppen sicher direkt nach Dura gelangten, legen sie die persische Belagerung, die den weiteren Zustrom abschnitt, und die Erstürmung der Stadt relativ genau fest[293].

Nun ist Dura jedoch im letzten Teil der Städteliste der 2. Agoge in den RGDS aufgeführt, und zwar innerhalb der Städtefolge Nr. 24–30[294]: Dichor – Doliche – Dura – Kirkesion – Germanikeia – Batnai und Chanar; in der parthischen Version ist die Reihenfolge Dichor – Dura – Doliche – Kirkesion – Batnai – Chanar. Als Abschluß der 2. Agoge folgt eine Gruppe von sechs kappadokischen Städten (s.u.).

Die Städteliste Nr. 24–30 der 2. Agoge zeigt in ihrer Reihenfolge deutliche Unsicherheiten[295]; insbesondere die Folge der parthischen Version ist historisch so kaum möglich. Eine befriedigende Lösung scheint mir die Annahme zu bieten, daß die griechische Version Germanikeia (Nr. 28) falsch in die Reihe der vier mesopotamischen Orte 26–27 und 29–30 gestellt hat. Entsprechend zu werten ist auch die Stellung von Doliche (Nr. 26) und Germanikeia (Nr. 28) in der parthisch-persischen Version. Dichor — Doliche — Germanikeia zeigen den zusammenhängenden, nordwärts gerichteten Vorstoß einer sassanidischen Heeresgruppe, der ohne Zweifel zu den Operationen der 2. Agoge 253 in Syrien gehörte[296]. Die Orte Dura, Kirkesion, Batnai[297] und Chanar[298] beschreiben dann m. E. in geographisch-zeitlicher Folge den Vorstoß des Jahres 256, der zum Fall von Dura nach einer schweren, aber, wie das Beispiel von Amida 359 n. Chr. (73 Tage) lehrt, in der Länge nicht zu überschätzen-

---

290 Vgl. Bellinger a.a.O. 208–210.
291 Vgl. James a.a.O. 120–122 mit Systematik 123f.; auch Kettenhofen 78–81.
292 Vgl. Carson 97; Besly – Bland 40. Die 3. und letzte Emission von Antiochia bringt den Fortuna Redux-Typ im Zusammenhang mit der Abreise des Kaiser von Syrien auf den Balkan (vgl. Carson 96). Vgl. zum Fall der Stadt auch Kettenhofen 77–83; James a.a.O. 111–124; MacDonald a.a.O. 61–63.
293 Keine Indizien für einen Fall erst 257; unbegründet MacDonald a.a.O. 63f.
294 Griech. Version Z. 16f. (18f. kappadokische Städte); parthisch Z. 7f. (8f.); vgl. Maricq 147; ders., Syria 35, 1958, 338f.
295 Vgl. Maricq 147; Kettenhofen 74–77.
296 Ähnlich Kettenhofen 66f., 75; sein Bemühen (ebenso Baldus 264), Batnai und Chanar mit dem Rückmarsch (eines Teiles) der Perser 253 in Zusammenhang zu setzen, ist unnötig.
297 btn'n Z. 8 parth. (mittelpers. Z. 10); in der Osrhoene; vgl. H. Petersen, TAPA 107, 1977, 265–282; der syrische Tell Batnan ist nicht heranzuziehen. Vgl. auch Kettenhofen 77.
298 ḥ'nry Z. 8 parth.; die Lokalisierung in der Osrhoene (Ichnai, heute Hunaiz) überzeugt am besten. Vgl. Kettenhofen 77; M. Sprengling, Third Century Iran. Sapor and Kartir, Chicago 1953, 96.

den Belagerung führte. Der Feldzug war offenkundig auf den Gewinn der 253 umgangenen römischen Festungen am mittleren Euphrat gerichtet. Anschließend folgte ein Vormarsch in das Vorfeld der großen Festungsstädte Karrhae und Edessa. Nisibis wurde so vom Euphrat her umgangen. Der persische Angriff wurde nun jedoch 256 n. Chr. erfolgreich abgewehrt, was zu Jahresbeginn 257 mit den VICTORIA PART(hica)-Prägungen der östlichen Reichsmünze gefeiert wurde[299]. Im nächsten Anlauf 259 n. Chr. sollte Schapur seinen Angriff wieder auf Nisibis richten (s. o.), um nach dem Gewinn dieser zentralen Sperrstellung 260 Edessa und Karrhae direkt anzugreifen.

Der eigenständige Vorstoß in Kappadokien, dessen Hauptziel das römische Militärzentrum Satala bildete[300], fand offenkundig auf der von römischer Seite zum Vormarsch auf Artaxata genutzten Verbindungslinie statt. Als Datierung sind die Jahre 253/4 oder aber 255–257 möglich, wobei letztere während der Abwesenheit Valerians im Westen eindeutig den Vorzug verdienen. Der Vorstoß nach Kappadokien, dessen Ziel einerseits die Sicherung der sassanidischen Position in Armenien, andererseits die Bindung der kappadokischen Truppen gewesen sein dürfte, kann sehr wohl als eine zu der Offensive gegen Dura und Kirkesion parallellaufende Flankenoperation gesehen werden. Da der Feldzug 256 offenkundig mit einem persischen Mißerfolg in Nordmesopotamien endete, ist es verständlich, daß die Städtelisten in den RGDS zur 2. Agoge geschlagen wurden. Zudem ist die 3. Agoge dort eindeutig auf den Beginn in der direkten Konfrontation mit Valerian hin formuliert.

Doch nun zurück zum Text von Or. Sib. XIII. Deren gesamte Passage V. 31–43 ist nicht auf die Regierung des Philippus Arabs zu beziehen, wie sich in dem darauffolgenden und grundsätzlichen Eulogium auf Alexandria (V. 43–49) zeigt: Die Stadt sei der Garant für die Existenz Roms und für seine Oberhand über die Perser, solange sie Italien und Rom ernähre (V. 43–45). Dies sei vom Schicksal bestimmt; solange Rom nach dem gematrischen Zahlenwert seines Namens Zeit gegeben sei (V. 46f.), solange werde die makedonische Königsstadt Rom freiwillig mit Getreide beliefern (V. 46–49)[301]. Es stört den Sibyllisten an dieser Stelle offenbar wenig, daß die stereotype Wiederholung des gematrischen Orakels von Or. Sib. 8, 147–150 nun bereits überholt und sinnentleert ist. Eine tatsächliche Auseinandersetzung mit einer konkreteren Erwartung für das Ende Roms erfolgt nicht. Auch wird hier gerade die Treue der Stadt Alexandria gegenüber Rom und damit dem Imperium Romanum propagiert, solange jenes nach der vom Schicksal gegebe-

---

299 RIC HCC IV p. XXXIX. XLVII, LI; vgl. P. Bastien – H. Huvelin, RN VI 11, 1969, 231–270, bes. 232–234, 247; Baldus 265; Kettenhofen 81f.

300 Vgl. auch Kettenhofen 83–87.

301 Unzutreffend die Interpretation bei Potter 145, 230–232, 236–238. Die gematrische Zahl des Namens Roms von 948 Jahren bezieht sich auf die Existenz Roms insgesamt, nicht auf die Dauer der Getreidelieferungen Alexandrias (V. 45f.). Potter möchte das Orakel der V. 35–49 weit in die Zukunft weisen lassen; seine Annahme, V. 35–45 seien das eigenständige Produkt eines ägyptischen Autors im Zusammenhang mit der Millenniumsfeier Roms, ist abzulehnen und beruht auf Potters Annahme einer Entstehung von Or. Sib. XIII in Syrien. Sollte das gematrische Orakel mit Potter auf den Beginn der römischen Herrschaft in Ägypten zu beziehen sein, so würde es die Fortexistenz des Imperium Romanum für Jahrhunderte propagieren.

nen Frist – nur dies soll das gematrische Orakel letztlich in prophetischer Form aussagen – dauern wird[302].

Das Eulogium auf Alexandria dient dem Sibyllisten als Überleitung zu seiner Präsentierung des erbitterten Bürgerkrieges in der Stadt während der 1. Hälfte des Jahres 249 n. Chr., den wir bei Dionysius von Alexandrien betrachteten[303]. Es ist für die in diesem Teil des 13. Buches gewählte Komposition bezeichnend, daß die beiden Passagen, in die diese Schilderung des Bürgerkrieges zerfällt (V. 50–53[304] und V. 74–78), den Komplex der Orakel gegen Städte und Länder (V. 54–73) einrahmen, auf den schon hingewiesen wurde und wo in V. 59–63 bereits Valerians Anwesenheit in Antiochia zwischen der 2. und 3. Agoge Schapurs angesprochen ist[305].

In diesem ‚Mittelteil' erscheint neben topischen Versatzstücken und älteren Orakeln die breite Erwähnung der beiden von Philipp I. besonders ausgebauten Städte Philippopolis und Bostra (V. 64–73), wobei der Verfasser einen Ausfall gegen Idiolatrie und Astrologie eingeflochten hat. Die Prophetie, welche auch für diese Städte den kommenden Tag des Leidens voraussagt, war offenbar von einem im Levanteraum verbreiteten Konkurrenzdenken gegen die so geförderten und aufsteigenden Städte Arabiens gespeist.

Der Untergang der beiden Philippi, verursacht durch die List des „älteren Königs", d. i. Decius, folgt erst nach der eben behandelten Unterbrechung des chronologischen Fortschreitens seit V. 28 bzw. 30, und zwar in dem Abschnitt V. 79f., an den sich die Vorstellung des Nachfolgers Decius mit dem Hinweis auf seine dakische Abstammung (gefolgert aus dem angenommenen Beinamen Traianus) und seine Kriegskundigkeit „aus dem eisernen Geschlecht" (V. 81–84) sowie auf das Blutbad unter den Verwandten und Freunden seiner beiden Vorgänger anschließt (V. 85–88[306]). Den Tod des Decius läßt der Sibyllist aber erst nach der ersten Einführung der Negativgestalt des Mareades/Cyriades (V. 89–100), der an dieser Stelle mit dem Usurpator von 249, Iotapianus, vermengt ist[307], in V. 100–103 folgen, wobei nur von einem Tod in der Schlacht ohne jede wei-

---

302 Unzutreffend Oost (o. Anm. 34) 3f. mit der Annahme einer Spiegelung von antirömischen Aktivitäten in Alexandria vor dem Bürgerkrieg; die notwendige Trennung zwischen V. 43–49 und 50–53 ist nicht beachtet. Nicht richtig gesehen ist das Wiederaufgreifen von Or. Sib. 8, 147–150 bei W. Scott, CQ 10, 1916, 15f.; vgl. auch Rzach 2158f.
303 Vgl. o. S. 190ff.
304 Potter 145f. geht auf Grund seines axiomatischen historisch-chronologischen Deutens des Textes in die falsche Richtung, wenn er die V. 50–58 zusammenzieht und nur als ein Orakel *post eventum* für die Zeit der Regierung Philipps I. im Sinne eines Wissens, daß die angesprochenen Ereignisse vor dem Tode dieses Kaisers stattgefunden hätten, sehen möchte. Die Möglichkeit der einfachen Einfügung älterer, verbreiteter Orakel und Prophezeiungen berücksichtigt Potter hier nicht.
305 Unrichtig Potter 156, 244–247, die V. 59–63 bezögen sich auf Iulius Priscus.
306 V. 87f. sind entgegen Potter 147, 267 eine spätere christliche Interpolation (nicht treffend dazu auch Rzach 2161). Potter 258f., 261 (261–263 nicht befriedigend zum Edikt des Decius) versucht zu Unrecht, eine negative Darstellung des Decius in V. 84–88 abzusondern; möglicherweise sind V. 85–88 eine nachträgliche Einfügung, welche die Verfolgung des Decius aus der später verbreiteten Ansicht, Philippus Arabs sei Christ gewesen, entsprechend dem Motiv in V. 85f. zu erklären suchte.
307 Unzutreffend zu Mareades Potter 43f., 268–273, 275, der ein völlig überzogenes Bild zeichnet

tere Konkretisierung die Rede ist. Dies hat zu einiger Verwirrung bei den Versuchen geführt, Or. Sib. XIII wie eine chronologisch exakte, historiographische Schilderung zu lesen.

An dieser Stelle ist nochmals grundsätzlich darauf hinzuweisen, daß der Tod des Decius in der Schlacht bei Abritus gegen die Goten in der modernen Forschung hinsichtlich seiner Bedeutung für die Zeitgenossen weit überschätzt erscheint. Auch der Sibyllist sah hier keinen Einschnitt. In den Provinzen abseits des Kriegsgeschehens an der unteren Donau konnte schwerlich das Empfinden einer dramatischen Wende entstehen, zumal der Regierungsantritt des Trebonianus Gallus reibungslos verlief und die Einbeziehung des überlebenden Decius-Sohnes Hostilianus[308] durch die Adoption von Seiten des Trebonianus Gallus und durch die sofortige Erhebung zum Mitaugustus[309] eine dynastische Kontinuität bot[310] und entsprechend genutzt wurde, wie die Prägungen für Hostilianus Augustus und die vermutliche Weiterführung der Prägungen für die Decius-Witwe Herennia Etruscilla zeigen[311]. Es ist deutlich, daß die Wertung der Niederlage von Abritus bereits in der spätantiken Historiographie mit der so folgenschweren Katastrophe des Valens und des Feldheeres dieses Maximus Augustus am 9.8.378 bei Adrianopel im Kampf gegen die Goten in Parallele gesetzt wurde[312]. Dies gilt in besonderer Weise aber auch für die moderne Forschung. So spricht K. Christ von einer der schwersten Niederlagen des Imperiums: „der Zusammenbruch der römischen Macht an der unteren Donau war damit vollständig"[313]. Von einem Zusammenbruch der römischen Militärkraft an der Donau kann aber 251 nicht die Rede sein. So war das Heer des Legaten Trebonianus Gallus von der Niederlage nicht betroffen und bereits im Herbst 251 oder Anfang 252 konnten Eliteeinheiten des pannonischen Heeres neben anderen Verbänden nach Syrien verlegt werden (s. o.). Durch den Vertragsschluß mit Kniva,

und ihn wenig glücklich bereits für die Jahre 250–251 als Rebellen durch den syrisch-kleinasiatischen Raum ziehen und die Städte Tyana und Caesarea erobern läßt; überzogen auch W. Enßlin, Zu den Kriegen des Sassaniden Schapur I., SB München, Phil.-hist. Kl. 1947, 5, München 1949, 46f. Ebenfalls überzogen, nun aber hinsichtlich der Iotapianus-Revolte, wobei die Verschmelzung der beiden Gestalten ebenfalls nicht gesehen wird, Ziegler (o. Anm. 51) 102–104. Zu Iotapian auch Walser-Pekáry 23f.; Carson 85; o. S. 194. Potter 258ff. sieht den ganzen Abschnitt V. 81–102 als Darstellung der Regierung des Decius.

308 Vgl. Wittig, RE XV 1, 1931, 1273f.; 1285f.; C. Préaux, Aegyptus 32, 1952, 152–157; Walser–Pekáry 24f.; E. Van't Dack, ARNW II 1, 1974, 884f.; G. Sotgiu, ANRW II 2, 1975, 798f.; Kienast 205f.; auch R. Hanslik, RE VIII A 2, 1958, 1986–1988. Er war seit 250 Caesar.

309 Vgl. Rea (o. Anm. 46) 21; Rathbone 113 (kritisch zu dem problematischen Zeugnis einer möglichen kurzen Alleinherrschaft des Gallus bald nach dem 13.8.251 (SB VI 9235, Theben; datiert nach Gallus und Hostilian) nach dem Tod Hostilians in P. Oxy. 3610); Peachin 34. Der früheste Beleg für die Mitregentschaft Volusians stammt erst vom 4.12.251 (P. Oxy. 1554).

310 Vgl. M. R.- Alföldi, AArchHung 6, 1955, 57–70, bes. 68f.; die Konsekrationsserie ist allerdings fälschlich Gallus zugeschrieben. Diese Konsekrationsantoniniane gehören in die letzte Prägephase unter Decius, wo für ihre Prägung eine der römischen Officinae arbeitete; vgl. K. J. J. Elks, NC VII 12, 1972, 111–115, bes. 114f.; Carson 86f.

311 Vgl. Elks a.a.O. 113; Besly – Bland 19f.; Carson 88f., 90; RIC HCC III p. CI; die antiochenischen Tetradrachmen wurden noch in erheblichem Umfange für Hostilian (nicht jedoch für Volusianus Caesar) geprägt, vermutlich auch für Etruscilla.

312 Siehe bereits den Vorspann zu dieser Auseinandersetzung bei Amm. 31, 5, 15ff.

313 K. Christ, Geschichte der römischen Kaiserzeit, München 1988, 662.

dessen Rückzug über die Donau nicht mehr zu verhindern war, konnte Trebonianus Gallus die untere Donaulinie wieder stabilisieren. 252/253 hat der Legat Aemilianus nicht nur einen Sieg über gotische Scharen in Moesien erfochten, sondern das moesische Provinzheer in einem erfolgreichen Feldzug nach Norden über die Donau geführt. Ein positives Bild der Decier und ihres Todes als Opfertod für das Gemeinwesen in altrömischer Tradition ist der historiographischen Tradition des 3. Jh. durchaus zu entnehmen[314]. Der Tod der beiden Augusti und eponymen Konsuln des Jahres 251 ist auf dem zum Fest des (keltischen) I(upiter) O(ptimus) M(aximus) Teutanus am 11.6.251 von der Stadtgemeinde Aquincum gesetzten Weihestein neutral als *Decciis co(n)s(ulibus) occisis* vermerkt[315]. Die Inschrift datiert die Schlacht bei Abritus zusammen mit CIL VI 31129, als Decius am 9.6.251 in Rom noch für lebend gehalten wurde[316], eine gewisse Zeit vor den 11.6.251. Als regierende Herrscher erscheinen in Aquincum an diesem Tag die Augusti Trebonianus Gallus und Hostilianus[317] sowie Volusianus nobilissimus Caesar. Die Schlacht bei Abritus ist entsprechend in den Mai 251 (ca. Mitte des Monats, vielleicht noch in die 2. Monatshälfte hinein) zu datieren; die Ausrufung der neuen Herrscher unter Einbeziehung des in Rom weilenden Hostilian muß unmittelbar danach erfolgt sein und rasch allgemeine Anerkennung gefunden haben. Die Divinisierung der Decier durch den Senat in Rom war am 25.6. bereits erfolgt[318].

314 Vgl. Zos. 1, 33, 3; R. Syme, Historia Augusta Papers, Oxford 1983, 159, 202f.
315 Fund einer Reihe der jährlich am 11. 6. gesetzten offiziellen Weihesteine zu diesem Festtag in den Fundamenten der in der Donau versunkenen spätantiken Brückenkopffestung von Bölcske (Bergung 1986; Publikation durch S. Soproni, dem ich für seine Auskünfte danke, ebenso Frau M. Nemeth); vgl. A. Gaál – G. Szabó – S. Soproni, Communicationes Archaeologicae Hungaricae 1990, 127–142, bes. 133ff. Ebenfalls am 11.6. wurden nachweislich seit den 60er Jahren des 2. Jh. in Caruntum die Weiheinschriften für I. O. M. K(arnuntinus) gesetzt; I. Piso, Tyche 6, 1991, 162–165 (Damit sind die Thesen bei W. Jobst, ANRW II 6, 1977, 717–720; D. Knibbe, ÖJH 54, 1983, 133–142, es handle sich um den Tag des Blitz- und Regenwunders im Quadenkrieg Marc Aurels, endgültig hinfällig). Die Konsulndatierung sichert weiter die ursprüngliche Namensform *Deccius* und bindet den Kaiser in diese senatorische Familie der severischen Zeit ein (vgl. G. Alföldy, Fasti Hispanienses, Wiesbaden 1969, 58; P. M. M. Leunissen, Konsuln und Konsulare in der Zeit von Commodus bis Severus Alexander, Amsterdam 1989, 257 Anm. 224).
316 Vgl. o. Anm. 25.
317 Für seinen Namen scheint die Inschrift nach der Titulatur des Gallus eine eigene Tilgung aufzuweisen. Die Rasur der Namen von Gallus und Volusian dürfte bei der Anerkennung des Aemilianus in Aquincum erfolgt sein.
318 CIL VI 31130=36760. Die Annahme einer Damnatio memoriae des Decius bereits vor dem 15.7.251 bei J. F. Gilliam, in: Studi in onore di A. Calderini e R. Paribeni I, Mailand 1956, 305–311 ist zurückzuweisen; die offizielle Weihinschrift vom 11.6.251 mit der unbeschädigten Konsulnangabe der Decier widerlegt die Annahme einer nachträglichen Damnatio memoriae unter Gallus. Die Tilgung der Namen der Decier kann zu Recht den Christen zugeschrieben werden. Vgl. gegen eine Rücknahme der bereits erfolgten Apotheose auch Wittig a.a.O. 1274–1276; PIR² V 2, 1983, p. 264f. Die Datierungsformeln ohne Namensnennung in CIL XI 4086 (15.7.251); XIV 352 (16.7.251); X 3699 = ILS 4174 (9.10.251) sind vermutlich einer gewissen Unsicherheit in Italien über die Herrschaftsverhältnisse und deren Veränderung zuzuschreiben. Ähnlich wohl P. Dura 97 (= R. O. Fink, Roman Military Records on Papyrus, Ann Arbor 1971, 340—344 Nr. 83; verfaßt erst nach dem 31.8.251, genauer wohl zum Jahresende).

In den V. 103–108 gibt der Sibyllist seine Stellungnahme zu der Regierung des Trebonianus Gallus und seines historisch verzerrt dargestellten Sohnes Volusianus[319] ab, wobei als Charakteristika summarisch Hungersnot, Pestilenz und Barbarenbedrohung für Rom erscheinen[320]. Nur als traditionelle Topoi sind dagegen die Themen Blitze, Krieg und Aufruhr in den V. 106–108 zu verstehen[321]. Die folgende große Passage V. 108–146 scheint nun auf den ersten Blick nur weitere Ereignisse aus der Regierung des Trebonianus Gallus zu enthalten, was alle wesentlichen Vorgänge der zweiten Agoge des Schapur I. mit der ersten Eroberung von Antiochia einschließen würde[322]. Und so hat man die Verse auch vielfach in der Forschung verstanden[323]. Denn erst mit V. 155ff. wird die Herrschaft von Valerian und Gallienus eingeführt. Doch die genauere Analyse des Textes ergibt ein anderes Bild. Zudem ist zu beachten, daß der Perserkrieg tatsächlich 252 begonnen hatte; zusammenfassende Ereignisüberblicke sind deshalb im Rahmen einleitender Behandlungen des Kriegsbeginnes durchaus zu erwarten und haben gerade auch in der weiteren historiographischen Überlieferungstradition zu einer Verunklärung geführt[324]. Auch in Or. Sib. XIII sind die zu einem einleitenden Überblick der Auseinandersetzung mit den Persern gehörenden Orakel entsprechend angeordnet.

319 V. 104, vgl. u. zu V. 142f.
320 V. 104–106.
321 Vgl. etwa Or. Sib. 4, 67–69.
322 Vgl. zur 2. Agoge zusammenfassend Kettenhofen 38–96; o. S. 220ff.; u. S. 239; ältere Literatur zu den Feldzügen Schapurs bei Walser-Pekáry 26, 28–39. Die Rekonstruktion und die Ausführungen bei Potter 283ff. sind von der Annahme bestimmt, die 2. Agoge hätte 252 stattgefunden.
323 Noch Kettenhofen 53 zieht die Stellung von V. 108–112 bzw. 147–150 zur Datierung der Schlacht bei Barbalissos heran. Zos. 1, 27, 2 datiert die erste Eroberung Antiochias nicht in die Regierungszeit des Gallus (so Alföldi 140f.; vgl. auch Kettenhofen 64), wie die Formulierung in Zos. 1, 27, 1 deutlich zeigt. Hier werden ebenfalls nur Zusammenfassungen gegeben (... καὶ τῶν κρατούντων etc.); Zos. 1, 28, 3 bezieht sich nicht auf Vorgänge in Syrien und ist zudem gegenüber Alföldi in der Textgestalt wesentlich zu korrigieren (vgl. F. Paschoud (Ed.), Zosime. Histoire nouvelle I, Paris 1971, p. 28). Zos. 1, 27f. liefert einen Hinweis auf die allgemeine chronologische Unsicherheit zum Jahr 253 schon in der antiken Überlieferung. Die von Zosimus übernommenen Abschnitte zu den Gotenkriegen sind offensichtlich in eine falsche Reihenfolge gebracht (vgl. Salamon (o. Anm. 198) 114f.). Zum unpräzisen Wissen des Dexippus und anderer Quellen zu den Herrschern und der Chronologie der Jahre 251–253 siehe etwa Synk. 705.715 (ed. Mosshammer p. 459, 465). Dexippus wird als Quelle vielfach überschätzt. Die Niederlage des Decius, die Zosimus übernimmt, ist verfälscht und romanhaft dargestellt. Dexipps Interesse an dramatischer Darstellung bei teilweise sehr mangelhafter Informationslage zeigen Fragmente der Skythica in den Exzerpten des Konstantin Porphyrogenitus (vgl. FGrHist 100 F 6: Aurelian – Juthungen), ebenso die Neigung zur Komposition mit Topoi, literarischen Strategemata und rhetorischen Arrangements etwa nach Thukydides, ohne daß damit ein wirklicher Informationsgehalt verbunden wäre (vgl. auch Potter 82–89 zur Relativierung der Wertung Dexipps).
324 Insbesondere für die Darstellung Dexipps scheinen einleitende und summarische Ereignisresümees charakteristisch gewesen zu sein (vgl. auch Gaggero (o. Anm. 198) 10, 11–13, 54f., 63); außerdem hat offenkundig bereits Dexippus unpräzise Informationen geliefert und Angaben vermengt. Zusammenfassende Überblicke bzw. einleitende Resümees finden wir bei Zos. 1, 29, 2–3; 1, 31, 1, ebenso 1, 26 (das negative Resümee für die 250er Jahre mit einem falschen Gallusbild einleitend); 1, 27. Dies berücksichtigt Potter 311 für Zos. 1, 26–28 nicht. Zum weiteren Problem, daß die spätere Überlieferung die Kaiserpaare Gallus-Volusianus und Valerianus-Gallienus vermengt, vgl. Salamon a.a.O. 116–118.

V. 108–154 liegt ein Kompositionsschema in Rubriken zugrunde, die jeweils einen Gegenstand resümieren, aber in ihrer Detailfolge nicht durchgehend respektive nicht parallel zur chronologischen Abfolge aufgebaut sind. So ist es unübersehbar, daß der Verfasser mit V. 147 eine solche neue Rubrik beginnt und dabei nochmals den Perserkrieg des Jahres 253[325] einsetzen läßt. Die erste Rubrik enthielt bereits in V. 108–136 ein vollständiges Resümee dieser 2. Agoge Schapurs. Hervorzuheben bleibt, daß der Sibyllist neben den RGDS als einzige Quelle die Schlacht von Barabalissos erwähnt[326], wo die Niederlage des syrischen Provinzheeres Schapur den Weg in die Provinz öffnete[327].

Die Rubriken 2 und 3 im Text sind ein Resümee der anderen Bedrohungen des Reiches und der Herrscherwechsel von 253 n. Chr. (V. 137–146); Anhaltspunkte für eine chronologische Zuordnung aller Ereignisse der V. 108–141 auf die Regierung des Trebonianus Gallus ergeben sich auch daraus nicht. V. 137–146 blenden nur zusammenfassend die für den Autor nebensächlicheren Ereignisse im Westen und in Rom ein. Es ist zudem unwahrscheinlich, daß der Sibyllist selbst über klare und historisch korrekte Vorstellungen für die Chronologie der verschiedenen Ereignisfolgen im Jahre 253 verfügte, wie schon seine Darlegung zum Tod des Trebonianus Gallus zeigt. V. 137–141 resümieren ganz allgemein gehalten und summarisch die Bedrohung am Rhein, an der Donau (unter Betonung der Karpen), in Nordwestkleinasien sowie im Schwarzmeergebiet[328]. V. 142–146 fassen ihrerseits wiederum die dynastische Geschichte des Reiches 253 n. Chr. bis zum Untergang des Aemilianus zusammen, ohne dabei den maßgeblich beteiligten Valerian zu erwähnen. Der Hinweis auf den Fall des Aemilianus, des „machtvollen Ares", bleibt ohne Präzisierung.

Die Ereignisse sind deutlich verzeichnet. So stellt der Sibyllist Volusian als illegitimen Sohn des Trebonianus Gallus vor (V. 105.142) und gibt an, er habe seinen Vater beseitigt und als Alleinherrscher überlebt (V. 142–144). Erst auf Volusian folgt dann in V. 144–146 die Gestalt des Aemilianus bis zu seiner baldigen Ermordung. Es ist möglich, daß der Sibyllist Volusian mit dem Decius-Sohn Hostilianus vermengt hat, was aber die Unsicherheiten des Autors noch vergrößern und angesichts der eindeutigen Prägeprogramme gegen die Möglichkeit einer zeitgenössischen Darstellung aus dem Jahre 253 sprechen würde[329].

---

325 Kettenhofen 50 übernimmt die Vermutung, Schapur habe seinen Westfeldzug bereits im Frühjahr 253 begonnen; hierfür liegen keine zwingenden Gründe vor. Erstes Resümee der 2. Agoge: V. 125–128: Fall Antiochias; 129f.: Eroberung von Hierapolis, Beroia und Chalkis; 131–133: Verwüstung der Gebiete Nordsyriens und Südostkilikiens an Kasius und Anamus, an den Flüssen Lykos, Marsyas und Pyramos; 134–136: steigernde Zusammenfassung.

326 V. 108–110, auch 149f. V. 111 Ῥωμαίους δ' ὀλέσουσι Σύροι Περσῇσι μιγέντες ergibt in dem Zusammenhang keinen Sinn (vgl. nur V. 108f., 112, 113ff., 119ff.; eine spätere Textverderbnis ist möglich), wenn man die Stelle nicht allein auf Mareades und seine Anhänger beziehen möchte (so Potter 297).

327 Vgl. auch Kettenhofen 53.

328 Die Lykien-Formel in V. 139 gehört zum reinen sibyllistischen Traditionsgut; vgl. auch Potter 309f.; ohne Grundlage dann aber ebd. 312; ähnliche Listen etwa in Or. Sib. 3, 470–488. Die Einfälle zur See (bis Lykien!) versucht Potter 311ff. nach seiner Sicht auf 252–253 vorzudatieren.

329 Zos. 1, 25 spricht die von Hostilian auf Grund seiner dynastischen Legitimation ausgehende

Die erste Persönlichkeit, die der Sibyllisten wegen ihrer (negativen) Rolle im großen Persereinbruch von 253 in den Mittelpunkt rückt, ist der römische bzw. antiochenische Verräter Mareades = Kyriades/Cyriades[330], der an der Führung des persischen Angriffs beteiligt und für den Fall Antiochias verantwortlich war[331]. Diese Verrätergestalt hat offenbar die Zeitgenossen heftig bewegt, wie der Nachhall bei Ammianus Marcellinus, Libanius und die bei Malalas faßbare Tradition zeigen[332]. Schließlich wird in der erweiterten, äußerst problematischen Fassung der HA behauptet, er sei zum Caesar oder zum Augustus ausgerufen worden[333]. Mareades/Cyriades wird vom Verfasser erstmals in V. 89–100 eingeführt und ist, von deutlichen historisch-chronologischen Unsicherheiten einmal abgesehen, offenkundig mit der Gestalt des Iotapianus verschmolzen[334]. Wie bei Anon. post Dion. und Malalas überliefert ist, war der historische Mareades schimpflich aus der Boule von Antiochia ausgeschlossen worden, worauf er zu Schapur floh und seine Dienste sowie den Verrat der Vaterstadt anbot[335]. Der genaue Zeitpunkt bleibt unbekannt. Als Mitglied der städtischen Führungsschicht war er offensichtlich in innere Parteibildungen in Antiochia involviert, wobei er sich den Massen gegenüber durch seine Leitungsfunktion bei Spielen hervorgetan zu haben scheint und dabei Gelder für eigene Zwecke mißbraucht haben soll[336]. Seine Anhänger unter den ‚Unzufriedenen', den καινισμοῖς χαίροντες, in der Stadt, also den in Gegnerschaft zur führenden Oligarchie stehenden Teilen der Bevölkerung, scheinen den Persern die Tore geöffnet zu haben, während die φρόνιμοι im Gegensatz zur Masse aus der Stadt flohen[337]. Als sich die Perser zurückzogen, brach Mareades'

Gefahr an; seine Version ist die Ermordung des Decius-Sohnes; Tod durch die Pest bei Aur. Vict., Caes. 30, 2; Epit. de Caes. 30, 2. Es wäre möglich, daß Trebonianus Gallus eine negative Propaganda gegen Hostilian veranlaßt hat.

330 Die doppelte Namensüberlieferung zeigt eine Umschrift des syrisch-aramäischen Namens (Wurzel *mr*, Herr) zu Mareades und die Übertragung ins Griechische zu Kyriades (zur Identität etwa J. Gagé, BFS 31, 1952, 307). Vgl. zusammenfassend PIR² M 273; Gagé a.a.O. 301–324. Die vielfache Überzeichnung gerade nach den Angaben der HA ist zurechtgerückt bei Kettenhofen 61f., 84f.; auch Loriot 764 mit Anm. 794.796. Er erscheint entgegen älteren Annahmen nicht auf den Reliefs Schapurs I. (vgl. B. C. MacDermott, JRS 44, 1954, 76–80).

331 Anon. post Dion. in Exc. de sent. 157 (ed. Boissevain p. 264); Malal. 12, 296, 3–10 (A. Schenk v. Stauffenberg, Die römische Kaisergeschichte bei Malalas, Stuttgart 1931, p. 64f.). Aus der Stellung von Exc. 157 vor dem Brief des Aemilian (Exc. 158) ergibt sich entgegen Potter 270 kein Indiz für eine frühe Datierung der Einnahme Antiochias; unter Aemilian war die Krise im Osten vielmehr akut (August 253). Siehe ferner Amm. 23, 5, 3; Liban., Or. 24, 38; 60, 2.

332 Anon. post Dion. a.a.O.; Malal. 12, 295, 20 – 296, 10 (ed. Stauffenberg p. 64f.); Amm. a.a.O.; Liban. a.a.O.

333 HA, Trig. tyr. 2.

334 Vgl. o. S. 193f.; Collins, Pseudepigrapha 456 zur Gestalt von V. 97. Die Einwände von Kettenhofen 84f. (mit Hinweis auf Iotapian) gegen eine Deutung von V. 97 auf Mareades sind nicht berechtigt; allerdings hatte er die erfolgte Verschmelzung der beiden Gestalten nicht berücksichtigt.

335 Malal. a.a.O., bes. 295, 20 – 296, 4 (ed. Stauffenberg p. 64); Anon. post Dion. a.a.O. Vgl. Gagé a.a.O. 301–324, bes. 322; nicht treffend Felix 56–58, 61–63, 73ff..

336 Vgl. Malal. a.a.O.; Gagé a.a.O., der allerdings in seiner Rekonstruktion mit der Bezugnahme auf Zirkusparteien zu weit geht.

337 Anon. post Dion. a.a.O.

Regiment in der Stadt offenkundig zusammen, und er wurde wohl von eigenen Gefolgsleuten getötet[338], die sich vermutlich mit der zurückkehrenden römischen Macht zu arrangieren suchten.

Zum zweiten Mal erscheint der Verräter in V. 121–124 unmittelbar in seiner Rolle während des 2. Agoge und in seiner Verantwortung für den Fall Antiochias (V. 125–128); er tritt als der Flüchtling auf, der von Rom gekommen sei und nun mit den Persern an der Spitze gewaltiger Scharen zurückkehre. Hier ist von dem Sibyllisten eindeutig die Figur der apokalyptischen Nerolegende, des Nero redivivus, aktualisiert, deren ursprüngliche Form in der jüdischen Vorstellungswelt bereits obsolet geworden war[339]. Der Verfasser konnte mit dieser Transponierung das Element des Antimessias konzipieren, die Figur des ‚Widersachers', dem in einer ganz der Tradition entsprechenden Weise am Schluß des 13. Buches die Gestalt des Erlöserkönigs, d. i. Odaenath, entgegengesetzt wird.

Wie bereits angesprochen, setzt der Sibyllist in V. 147f. nach den Topoi ‚Pestilenz und Krieg' nochmals mit dem Perserkrieg von 253 als Einleitung zum ersten Erscheinen der Erlösergestalt von der Sonnenstadt, des von der Sonne gesandten Priesters (V. 150–154), ein[340], um in dieser ergänzenden Orakeldublette diese zentrale Gestalt des Geschehens einzuführen, nämlich den Hohenpriester des Sol Invictus Elagabal von Emesa[341]. Dieser hat nach der römischen Niederlage von Barbalissos und der Flucht der syrischen Provinztruppen (V. 149f.) den Persern eine katastrophale Niederlage beigebracht[342]. In Syrien war damit der nach Süden gerichtete Vormarsch der Perser völlig zusammengebrochen, und der Erfolg wurde von den Zeitgenossen zu Recht als entscheidendes Ereignis während der zweiten Agoge angesehen.

Wie die bei Malalas bewahrte Überlieferung zeigt[343], haben die Emesaner gegen die 253 n. Chr. den Orontes entlang nach Süden vordringende persische Heeresgruppe eine lokale Armee aufgestellt, an deren Spitze der Hohepriester mit dem traditionellen dynastischen, theophoren Namen Sampsigeramus stand. Er gehörte dem Dynasten- und Hohenpriestergeschlecht von Emesa an, das mit Iulia Domna und der Familie ihrer älteren Schwester Iulia Maesa bis 235 an der Spitze des Reiches gestanden war[344]. Diese hellenistisch-syrischer Herrscherfamilie der arabischen

---

338 Amm. 23, 5, 3 mit der Gegensatzbildung zwischen dem Rückzug der Feinde als *innoxii* und dem Verräter Mareades *vivo exusto*; auch HA, Trig. tyr. 2, 3; vgl. Gagé a.a.O. 305f., 322.
339 Vgl. etwa Or. Sib. 4, 137–139; auch Rzach 2159; Collins, Pseudepigrapha 453; u. S. 356; nicht treffend Potter 300f., 302.
340 Die Deutung durch Potter 323 auf einen erneuten persischen Angriff 253 n. Chr. nach dem großen von 252 (= 2. Agoge) kann nicht überzeugen. Zur Textgestalt von V. 151 vgl. die Vorschläge bei Potter 326 (πανύκρατος!).
341 Umschreibung als ἡλιόπεμπτος, was auf den theophoren Namen bezogen werden kann (s. u.).
342 Vgl. zur Deutung der Passage Baldus 240–244. Allerdings sucht auch er ihn wie einen Historikertext zu interpretieren und die Reihenfolge des Sibyllisten chronologisch zu werten. V. 112 bezieht sich entgegen der Übertragung von Baldus 441 nicht auf die Römer. Unbefriedigend die Sicht des Uranius Antoninus bei Potter 48f.
343 Malal. 12, 296, 5 – 297, 10 (ed. Stauffenberg p. 64f.); vgl. Baldus 247ff.
344 Vgl. C. Chad S. J., Les dynastes d'Émèse, Beirut 1972; A. R. Birley, The African Emperor Septimius Severus, London ²1988, 69–72, 75f., 216f., 221–224; R. D. Sullivan,

Hemesani hatte nach dem Ende ihres Klientelkönigreiches (in spätflavischer Zeit?) die Würde des Hohenpriesters des bedeutenden Tempelkultes von Emesa fortgeführt. An der Spitze des emesanischen Pantheons stand eine Trias: Sol Elagabal als oberster (kosmischer) Gott, Astarte (Aphrodite Urania), die als seine Gemahlin galt, und Allath (Athena), eine der arabischen Hauptgottheiten und Kriegsgöttin[345].

Sampsigeramus zog den Persern im Ornat des Priesterkönigs mit den emesanischen Streitkräften entgegen und konnte ihnen vor Emesa nach der Ermordung ihres Befehlshabers während einer Unterhandlung eine schwere Niederlage zufügen[346]; die persische Armee mußte ihre Kriegsbeute den verfolgenden Emesanern überlassen und sich zum Euphrat zurückziehen, wo sie von den Streitkräften des palmyrenischen Dynasten und römischen Senators Odaenath (s. u.) vernichtet wurde[347].

Der Priesterfürst von Emesa ist durch H. R. Baldus überzeugend mit dem durch seine Gold-, Silber- und Bronzeprägungen bekannten L. Iulius Aurelius Sulpicius Severus Uranius Antoninus gleichgesetzt worden[348], dessen Emissionen in die 2. Hälfte des Jahres 253 und die 1. Hälfte 254 zu datieren sind[349]. L. Iulius Aurelius Sulpicius Severus Uranius Antoninus stellte in seinem offiziellen Namen die dynastischen Beziehungen zum severisch-emesanischen Herrscherhaus, zu Iulia Domna

---

ANRW II 8, 1977, 198–219, 917f.; ders., Near Eastern Royalty and Rome 100–30 BC, Toronto – Buffalo – London 1990, 62–64, 198–202; auch H. Seyrig, Antiquités syriennes VI, Paris 1966, 64–72.

345 Der alte vorarabische Kult des in dem schwarzen Meteorstein verehrten Berggottes Elagabal wurde bei Ansiedlung der arabischen Hemesani mit dem arabischen Hauptgott, dem Sonnengott (Schamasch), gleichgesetzt. Vgl. zusammenfassend M. Frey, Untersuchungen zur Religion und zur Religionspolitik des Kaisers Elagabal, Stuttgart 1989, bes. 45–71 (Elagabal ebd. 45–49; Trias der Hauptgottheiten ebd. 50–54); M. Pietrzykowski, ANRW II 16, 3, 1986, 1806–1825, bes. 1812f, 1817f.; H. Seyrig, Syria 48, 1971, 337–373, bes. 340ff.; 363; auch R. Turcan, Les cults orientaux dans le monde romain, Paris 1989, 174–180; nicht befriedigend nur als Namensumdeutung bei F. Millar, JJS 38, 1987, 158.

346 Vgl. Kettenhofen 70–73.

347 Vgl. Malal. 12, 297. Der ausgeschmückte Bericht über den angeblichen Versuch Odaenaths, sich Schapur anzuschließen, bei Petr. Patr. fr. 10 (FGH IV p. 187) ist als Teil antipalmyrenischer Polemik zu werten; Philostratus fr. 2 (FGrHist 99 F 2 = Malal. 12, 297) berichtet nach der gleichen Tradition von einem Bündnisangebot des Palmyreners an den Großkönig, den er dann aber getötet habe. Es ist eher davon auszugehen, daß die Perser mit den regionalen Machthabern Verhandlungen suchten, was auch das Verhalten gegenüber Uranius Antoninus bestimmt zu haben scheint oder 260 zu den Verhandlungen mit dem älteren Macrianus führte (Anon.post Dion. u. Anm. 408). Unrichtig zu Odaenath („Annäherung an Rom") noch Kettenhofen 72f.

348 Vgl. Baldus 229ff., bes. 246–250, bes. 248; ders., Chiron 5, 1975, 443–484; ders., in: Actes du 8ème Congrès Internat. de Numismatique, Paris – Basel 1976, 205–215; ders., JNG 27, 1977, 69–74; ferner zu Uranius Antoninus H. Seyrig, Syria 48, 1971, 343f.; Millar a.a.O. 158f.; auch H. Castritius, Gnomon 46, 1974, 589–595 (seine Einwände können nicht überzeugen).

349 Der von Baldus 124–126 vertretene absolute Ansatz für den Beginn der Münzprägung auf „ca. Juli – August 253" ist nicht zwingend, da die Emissionsdauer der ersten beiden Gruppen der

(über das Gentiliz der Familie), Caracalla und Severus Alexander, deutlich heraus. Den theophoren und dynastischen Namen Sampsigeramus („Schamasch hat entschieden")[350] zeigt die Titulatur nur indirekt. Die Nachricht bei Malalas, er sei Priester der Aphrodite (= Urania; Astarte) gewesen, muß nachträglich aus dem Namensbestandteil Uranius gefolgert sein, der jedoch auf Kronos = Helios Kronos als dem kosmischen Aspekt des Sonnengottes als oberstem Himmelsgott zu beziehen ist[351]. Dies zeigten auch Inschriften aus dem Höhenheiligtum Qal'at el-Ḥawâys[352], deren zentrale Inschrift auf das Geschehen des Persereinfalls zu beziehen ist[353]. Der Uranius-Name ist als der Anspruch zu verstehen, vom obersten Himmelsgott, von dem Sonnengott Elagabal gesandt zu sein, womit sich auch die Verbindung zum theophoren Namen Sampsigeramus ergibt[354].

Uranius Antoninus ist nur in einem sehr eingeschränkten Sinne als ein Usurpator zu bezeichnen, da er offenkundig keinen über Emesa hinausgehenden Machtanspruch vertreten hat. Nur die städtische Bronzeprägung trug die vollen Kaisertitel, während die Edelmetallprägungen mit ihrem zwangsläufig überregionalen Umlauf diese Kaisertitulatur nicht führten und somit auf den darin enthaltenen Anspruch verzichteten[355]. Nach dem Einbruch der Perser und dem Zerbrechen der römischen Verteidigung hatte man in Emesa unter der Leitung des Hohenpriesters des Sol Elagabal eine eigene Armee aufgestellt, die sicher mehr war als nur ein lokales Milizaufgebot[356].

Goldprägungen erheblich kürzer gewesen sein kann, zumal wenn man mit Baldus die Prägungen zu Recht mit der Aufstellung des emesianischen Heeres verbindet. Der Münzbedarf war dabei zweifellos am höchsten. Nach dem Beginn des Jahres sel. 565 (1.10.253) wird die Prägetätigkeit im Oktober – November 253 in ihrer ganzen Breite durchgeführt. Vgl. zu den Prägungen auch Carson 92f.

350 Vgl. etwa Chad a.a.O. 134–137. Der Name könnte vor der Proklamation zum Augustus L. Iulius Sulpicius (Verbindung mütterlicherseits zur lykisch-kleinasiatischen Aristokratie?) Sampsigeramus gelautet haben (anders Baldus 249).
351 Vgl. o. Anm. 345.
352 IGLS IV 1799 (1.10.252–30.9.253).1800.1801 mit Kommentar ebd. p. 278f.
353 IGLS IV 1799. Vgl. auch Baldus 250–252; Seyrig (o. Anm. 348) 364.
354 Die Prägungen des Uranius Antoninus zeigen den eindeutigen Bezug auf den Kult des Sol Elagabal (Aurei: Reverstypen CONSERVATOR AUG., Baitylos des Elagabal; SOL ELAGABALUS, Baitylos des Gottes; siehe Baldus 143–145 Stempel 2.6.7.12). Die Prägungen nach dem Sieg feiern Uranius Antoninus als neuen Helios und Alexander.
355 Vgl. auch Baldus (o. Anm. 348) 1975, 473f.
356 So Malal. 12, 296. Emesa verfügte nach dem Ende als selbständiges Klientelreich auch im 2. Jh. über eigene militärische Kräfte zur Kontrolle seines sich weit nach Osten erstreckenden Territoriums und der Karawanenwege; vgl. etwa die Aufstellung der Cohors I milliaria Hemesenorum sagittariorum equitata c. R. zu Beginn des Perserkrieges unter Marc Aurel und Lucius Verus; zu der dann in Intercisa stationierten Truppe (Beinamen Aurelia Antoniniana) J. Fitz, Les Syriens à Intercisa, Brüssel 1972, 45–52. Zum Numerus Hemesenorum in Numidien (El Kantara) unter Septimius Severus und Caracalla vgl. J. Carcopino, Syria 14, 1933, 24–31; Y. Le Bohec, La troisième Légion Auguste, Paris 1989, 173, 176, 179, 425 mit Anm. 394, 455.

Hierfür begann man die Prägung von Goldmünzen[357]. Mit dieser Armee konnte Urianus Antoninus den Persern erfolgreich entgegentreten. Die breit angelegte Prägetätigkeit mit der Propagierung des Sieges über die Perser setzte im Anschluß daran nach dem 1.10.253 ein[358], wobei der Sieg in einer traditionellen Typologie als der Beginn eines neuen Saeculum verherrlicht wurde[359]. Die Tatsache, daß Emesa bei der Errichtung einer eigenen militärischen und politischen Autorität nach dem Zusammenbruch von römischem Militär und Administration in Syrien dem Priesterfürsten, der sich auf die Tradition seines Hauses berufen konnte, die kaiserliche Titulatur übertrugen, ohne daß damit weitergehende, auf die Augustuswürde im Reich zielende Ansprüche verbunden wurden, zeigt deutlich, wie sich die römischen Herrscherbegriffe zu dieser Zeit bereits zu verselbständigen begannen und sich vom Kontext der von Rom ausgehenden Herrschaftslegitimation lösen konnten.

Das Ende seiner Münzprägung, deren zweite Phase von den Themen des Sieges und der Rückkehr des siegreichen Augustus und seines Heeres geprägt war, fällt in den Zeitraum etwa Ende Frühjahr 254 n. Chr.[360], also wahrscheinlich in die Zeit der Ankunft Valerians in Syrien, mit der diese regionale Bildung einer höchsten politischen und militärischen Autorität ihr Ende fand.

Es wurde bereits darauf hingewiesen, daß die positive Beurteilung der Herrschaft des Trebonianus Gallus durch den alexandrinischen Bischof Dionysius eine Zuordnung des römischen Zusammenbruchs in Syrien in dessen Regierungszeit kaum erlaubt[361]. Dies wird durch die neuen Papyrusdokumente vom mittleren Euphrat weiter bestätigt[362]. Die 2. Agoge Schapurs begann mit der Einnahme der vorgeschobenen römischen Stellung Anatha auf einer Euphratinsel[363], was noch in den ‚üblichen' Rahmen der römisch-persischen Auseinandersetzung seit 252 n. Chr. gehören kann. Nach dem Beginn des Krieges 252 durch die Einverleibung Armeniens als sassanidische Provinz bzw. Teilkönigtum, wobei die arsakidische Dynastie vertrieben wurde und sich zu den Römern flüchtete[364], sowie durch den Beginn des Kampfes in Nordmesopotamien mußte der Großkönig für 253 mit einem massiven römischen Gegenschlag rechnen, zumal die Vorbereitung für den Aufmarsch eines entsprechenden Truppenaufgebotes bereits 252/3 voll angelaufen war und die An-

---

357 Vgl. überzeugend Baldus 247; auch ders. (o. Anm. 348) 1977, 70.
358 Die große Kriegsbeute, die den Persern abgenommen wurde, war wohl mit die Grundlage für die reiche Münzprägung während des beginnenden Jahres sel. 565, insbesondere für die ‚reformierten' Tetradrachmenprägungen mit einem Feingehalt von über 90% (vgl. zur Analyse Baldus a.a.O. 1977, 72).
359 AU-Reversstempel Nr. 13 (Baldus p. 145, 165) SAECULARES AUGG(ustorum); man knüpfte an die Fortführung des Saeculum novum-Typus von 248 n. Chr. im Osten unter Decius und Trebonianus Gallus an (vgl. Baldus 165 mit Anm. 749.750, auch 751).
360 Vgl. bes. Baldus a.a.O. 1976, 205–215.
361 Siehe o. S. 203. Vgl. zur Problematik der Chronologie Lafaurie 904f., Christol 808f.; Felix 56; die älteren Ansätze von J. Lafaurie und J. Schwartz bei Sotgiu (o. Anm. 308) 798.
362 Vgl. o. S. 220f.
363 Beginn der Städteliste der 2. Agoge; vgl. hierzu Kettenhofen 50f.; o. Anm. 221.
364 Vgl. etwa Kettenhofen 41f.; Frye (o. Anm. 267) 298f., 305f.; Felix 53f.

kunft vermutlich eines der beiden Augusti vorbereitet worden zu sein scheint[365]. Dies spiegelt sich deutlich in dem dramatischen Anstieg des Prägevolumens der Münze von Antiochia[366], die im übrigen nach der Unterbrechung durch die erste persische Eroberung der Stadt ihre Arbeit noch im Jahre 253 mit einer substantiellen Emission für Valerian wieder aufnahm[367]. Die Eröffnung eines kaiserlichen Perserfeldzuges wurde 253 offenbar durch die Usurpation des Aemilianus verhindert.

Die Klärung der chronologischen Fragen ist gerade hinsichtlich der von Olmstead oder Potter vorgetragenen Interpretation von Or. Sib. XIII von wesentlicher Bedeutung. Noch am 22.8.253 wurde in der ägyptischen Chora (Oxyrhynchos) nach Trebonianus Gallus und Volusian datiert[368], für die aber bereits zum Beginn ihres vierten ägyptischen Jahres am 29.8.253 n. Chr. keine Münzen mehr ausgegeben wurden. In Alexandria setzte nach dem Jahreswechsel die Prägung und Ausgabe von Münzen für M. Aemilius Aemilianus[369], Jahr 2, ein[370]; sein Dies imperii liegt zwar vor dem 29.8.253, Münzen für sein Jahr 1 konnten jedoch in Ägypten nicht mehr geprägt werden. Seine Anerkennung in Ägypten, die sich in einem Datum seines Jahres 1 niederschlägt, muß kurz vor dem 29.8.253 erfolgt sein[371]. Da als

---

365 Die Adventus-Prägungen für Volusian in der antiochenischen Münze gehören jedoch zu den regulären Akzessionstypen für Gallus und Volusian; vgl. RIC HCC III p. CV, CVI, CVIII; Carson 91. Der Versuch von Ziegler (o. Anm. 51) 110–113, eine Anwesenheit Volusians im syrischen Raum für 252 nachzuweisen, bleibt unbefriedigend. Die Goldprägungen für Volusian sind entgegen Ziegler der Münzstätte Rom zuzuweisen (vgl. RIC HCC III p. CIV, CVII–CIX); die von ihm zitierten Prägungen von Nikomedia, Tarsus und Augusta in Kilikien von Herbst 252 – 253 greifen den Adventus-Typ der Reichsprägung (vgl. Carson 91) auf, zumal die Prägungen von Nikomedia und Augusta auf der Vorderseite Gallus zeigen.
366 Vgl. W. E. Metcalf, ANSMusN 22, 1977, 82–94; 23, 1978, 129–132; Carson 90.
367 Legende IMP. C. P. LIC. VALERIANUS P. F. AUG.; vgl. Metcalf a.a.O.; Carson 96. Es folgt 254 n. Chr. die 2. Emission (für Valerian und Gallienus).
368 P. Oxy. 1119; vgl P. Oxy. 1640 (16.8.253); Rathbone 114f., 116 n. 3.
369 Vgl. zu ihm Eutr. 9, 5–6; Aur. Vict., Caes. 31; Epit. de Caes. 31; Zos. 1, 28, 1–3 (28, 1–2 Erfolge Aemilians gegen die Goten mit einer falschen zeitlichen Zuordnung des Gotenzuges von 258 in 28, 1); 29, 1; Zon. 12, 21; Iord., Get. 19, 105; Ioann. Antioch. fr. 150 (FGH IV p. 598); Klebs, RE I 1, 1893, 454f.; PIR² A 330; Walser – Pekáry 27f.; Syme (o. Anm. 314) 203.
370 Vgl. J. Vogt, Die alexandrinischen Münzen, Stuttgart 1924, I 200f.; II 149f.; A. Geißen, Katalog Alexandrinischer Kaisermünzen der Sammlung des Instituts für Altertumskunde der Universität zu Köln III, Opladen 1982, 290–294.
371 P. Köln IV 196, Z. 21; vgl. Rathbone 115f. mit n. 1. Der sicher zu ergänzende Monatsname für das Jahr 1 des Aemilianus ist Mesore (25.7.–23.8.); da hier jedoch kein eigener Ausweis der Epagomenai erfolgte, bezeichnet Mesore den Zeitraum bis zum Jahreswechsel, d. h. bis 1. Thoth (29.8.253); unrichtig Peachin 36. Das nach Aemilianus datierte O. Petr. 139 stammt vom 19.9.253; P. Oxy. 1286 sowie P. Got. 4, beide aus der Zeit 28.9./27.10.253, sind die letzten in Ägypten belegten Datierungen nach Aemilianus. Für sein Jahr 2 wird ein Münztyp geprägt, dessen Reversdarstellung eines Adlers offensichtlich in den Prägeserien des Jahres 1 von Valerian und Gallienus weitergeführt wird (vgl. Geißen a.a.O. 296f., 306f.).

Valerians erstes Regierungsjahr wiederum ägypt. 253/4 gezählt wird, muß sein Dies imperii nach dem 28.8.253 liegen[372].

Mit CIL VIII 2482 = 17976, der am 22.10.253 durch die in Gemellae in der südlichen Grenzzone Numidiens eingetroffenen Vexillation der von Valerian wieder aufgestellten und nach Italien geführten Legio III Augusta[373] gesetzten Weihe-inschrift *pro sal(ute) dd(i.e. dominorum) nn(i.e. nostrorum duorum) Valeriani et Gall(ieni) [Augus]t(orum)* an die Victoria Augusta[374], ist ein sicherer Terminus ante quem für die Anerkennung und den Einzug Valerians in Rom gegeben. Der Einlö-sung dieser Vota, die sicher direkt mit der Ankunft der Soldaten *e Raet(ia) Gemell(as) regressi* der Legio III Augusta *restituta* zu verbinden ist, muß jedoch der Tod des Aemilianus, der Einzug des Heeres Valerians in Rom, die Fahrt von Ostia nach Nordafrika und der Marsch bis Gemellae (vielleicht über Rusicade und Cirta) vorausgegangen sein. Der Tod des Aemilianus bei Spoletium, wo er gegen Valerian, der ihm von Norden nachrückte, Stellung bezogen hatte, und die Ankunft des siegreichen Valerian in Rom sind somit bis spätestens Mitte September bzw. eher wohl Anfang dieses Monats anzusetzen. Die Anerkennung Valerians und seines Sohnes Gallienus in Ägypten ist noch für den gleichen Monat Phaophi (28.9–27.10.253) bezeugt, in den auch die letzten Datierungen nach Aemilianus fallen[375].

Demnach hat die Meldung vom Tod des Gallus und seines Sohnes Volusian durch die Hand der eigenen Soldaten bei Interamna[376] und von der Anerkennung des Aemilianus durch den Senat Alexandria vermutlich um die Mitte August 253

---

372 Daran scheitern die Thesen von D. Armstrong, ZPE 67, 1987, 215–223; vgl. gegen Armstrong auch Peachin 74–79; die Inschrift von Dertona (G. Manella, Athenaeum N.S. 67, 1989, 489–492) bringt keine neue Lösung in der Frage der gemeinsamen Erneuerung der *tribunicia potestas* der Augusti.

373 Zur Wiederaufstellung der Legion durch Valerian und ihrer Rückführung nach Lambaesis vgl. auch CIL VIII 2634 = ILS 2296 = Bohec (o. Anm. 356) 153 mit Anm. 57 (dazu B. Dobson, Die Primipilares, Köln – Bonn 1978, 157f., 160); CIL VIII 2555 = 18072 = ILS 2446 = Bohec a.a.O. 182 Anm. 255; weitere Inschriften bei Bohec a.a.O. 463f. Anm. 122.125. Vgl. E. Ritterling, RE XII 2, 1925, 1339, 1501; Bohec a.a.O. 463f., 464–466. Die Maßnahme erfolgte entweder auf der Basis von Mannschaften der Legion, die nach ihrer Auflösung durch Gordian III. auf die Legionen an der Nordgrenze verteilt worden waren oder aber einer Vexillation, die 238 dort stehend nicht in die Auflösung der Truppe einbezogen wurde. Die Angehörigen der ehemaligen Legio III Augusta hatten sich offensichtlich sofort Valerian angeschlossen und eine entspre-chende Zusage erhalten.

374 Siehe auch Bohec a.a.O. 182 Anm. 254; ILS 531. Hierfür verantwortliche Offiziere waren ein kommandierender Centurio, ein *op(tio) pri(nceps)*, der eine Abteilung der 1. Kohorte belegt, und zwei weitere optiones, also eine Vexillation, wie sie seit hadrianischer Zeit in Gemellae bekannt ist (vgl. hierzu Bohec a.a.O. 433–435).

375 P. Köln IV 196, Z. 21; unter Auslassung des Aemilianus wird in den Z. 4, 13 und 29 datiert (Mesore, Thoth, Phaophi Jahr 1 Valerians). Vgl. Rathbone 115–117, bes. 116 n. 1–2, 117 n. 1–2; zu den Papyri mit Datierungen nach Valerian und Gallienus P. Bureth, Les titulatures impériales dans les papyrus, les ostraca et les inscriptions d'Égypte (30 a.C. – 284 p.C.), Brüssel 1964, 117f.; J. R. Rea, P Oxy. XL, London 1972, 18; P. J. Sijpesteijn, ZPE 54, 1984, 76f.; 74, 1988, 229f. (unter Rücknahme seiner Lesungsvorschläge); Rathbone 117f.

376 Eutr. 9, 5; Aur. Vict., Caes 31, 2; Epit. de Caes. 31, 1.

erreicht[377]. Da die Nachricht von den Vorgängern bei Interamna sofort nach Rom gelangt sein dürfte, wo die Anerkennung des Aemilianus wohl nicht auf sich warten ließ, werden zwischen dem Tod der Kaiser und der Ankunft der Nachricht in Alexandria vermutlich nicht viel mehr als zwei Wochen anzunehmen sein, so daß die Morde von Interamna und die Anerkennung des Aemilianus durch den Senat wohl in der 2. Julihälfte oder Ende Juli erfolgten. In Rom wurde Gallienus nach dem Tode des Aemilianus, dem der Einzug in Rom verwehrt geblieben war, zum Caesar erhoben[378]. Offensichtlich war die Zeitspanne bis zur Ermordung Aemilians vor Mitte September für den Marsch seines Heeres durch Italien bis Rom zu kurz gewesen. Valerian muß mit den aus Rätien herangeführten Truppen von Rhein und oberer Donau rasch nähergerückt sein. Da nun aber der Usurpator Aemilianus zur Zeit des Todes der beiden Augusti bei Interamna bereits mit seinen moesischen Truppen über die Iulischen Alpen in Italien eingedrungen war, dürfte der Beginn seiner Usurpation mindestens zwei Monate früher angesetzt werden. Der Abwehrsieg über gotische Gruppen, den Aemilianus als Oberbefehlshaber der moesischen Provinzen errang, und der von ihm anschließend durchgeführte Feldzug, der die

---

377 Vgl. auch Rathbone 103, 116 mit n. 2, der den zeitlichen Abstand zwischen Alexandria und Oxyrhynchos, wo Gallus und Volusian noch am 22.8. belegt sind, auf ca. 7 bis maximal 16 Tage schätzt. J. Schwartz, ZPE 24, 1977, 172f. hat, allerdings von einer falschen Konjektur zum Tod der Decier ausgehend, den 1.8.253 als Dies imperii Aemilians erschlossen. Das Problem der Angaben des Chronographen von 354 (Chron. min. I, ed Th. Mommsen, p. 147f.) liegt aber einerseits in dem Verhältnis zwischen dem Dies imperii eines erfolgreichen Usurpators (so etwa bei Decius) und dem Todesdatum des/der Vorgänger, zum anderen in der grundsätzlichen Frage der Zuverlässigkeit seiner Angaben (vgl. für die beträchtliche Abweichung selbst bei Septimius Severus Schwartz a.a.O. Anm. 4). Eine Teillösung böte sich an, wenn man annimmt, daß der Chronograph in der (nur scheinbar exakten) Dauer von 2 Jahren, 4 Monaten, 9 Tagen für Gallus und Volusian (entspricht ca. Mai/Juni 251 bis September 253) Aemilianus mitgezählt hat, also von der Ausrufung des Gallus nach der Schlacht bei Abritus und der Anerkennung Valerians in Rom ausgegangen ist. An der scheinbar exakten Angabe von 88 Regierungstagen für Aemilianus kann m. E. nicht festgehalten werden. Für die Unsicherheit der Überlieferung ist auch zu beachten, daß ein Dies imperii Aemilians nicht wie sonst gefeiert werden konnte. Zu den verschiedenen Angaben für seine Regierungsdauer vgl. PIR² A 330; Aur. Vict., Caes. 31, 3 oder Eutr. 9, 6: nur drei bzw. weniger als drei Monate; Epit. de Caes. 31, 2: Tod im vierten Monat (vgl. Zon. 12, 22); Chron. a. 354: 88 Tage. Zählungen können theoretisch von seiner Erhebung in Moesien (falls Datum genauer bekannt), seinem Aufbruch gegen Rom, dem Tod der Vorgänger oder von der Anerkennung in Rom ausgehen.

378 Vgl. Eutr. 9, 7; Aur. Vict., Caes. 32, 3; Oros. 7, 22, 1; Hier., Chron. p. 220 (ed. Helm); M. Peachin, ZPE 74, 1988, 219–224, der eine offizielle Caesarwürde für Gallienus ablehnt. Man wird davon ausgehen können, daß in Rom beim Eintreffen der Nachricht vom Tod Aemilians Valerian als Augustus anerkannt und sein Sohn zum Caesar ausgerufen wurde, um dann beim Einzug Valerians zum Augustus erhoben zu werden. Den sofort von Ostia nach Nordafrika zurückkehrenden Soldaten der III Augusta *restituta* war dies bereits bekannt (CIL VIII 17976). Vgl. zu Gallienus PIR² L 197. Gegen Sijpesteijns Versuch einer Festlegung der Caesarenzeit des Gallienus auf der Basis von P. Köln IV 196 vgl. Peachin a.a.O.; die Caesarproklamation wurde in der römischen Münze nicht berücksichtigt. Epit. de Caes. 32, 2 kennt nur die Erhebung zum Mitaugustus. Valerian wurde von dem unter seinem Kommando aus Raetien gegen Aemilian herangeführten Heer sicher erst nach dem Tode von Gallus und Volusian zum Kaiser ausgerufen.

römischen Truppen über die Donau nach Norden in die große Walachei und wahrscheinlich in die Sereth-Pruth-Region führte, können sich beide bereits 252 ereignet haben[379]. Da es unwahrscheinlich ist, daß Aemilianus ohne jede Vorbereitung aus Moesien aufbrach[380], kann seine Ausrufung zum Kaiser wohl spätestens Anfang Mai 253, eher wohl noch etwas früher angesetzt werden.

Die Annahme liegt nahe, daß Schapur die Offensive gegen Syrien auf die Nachrichten über die Usurpation des Aemilianus respektive das Ausbleiben des Kaisers in Syrien hin eröffnet hat. Seine Armee stand angesichts des offenen Kriegszustandes ohne Zweifel vor den römischen Linien bereit. Den Angriff führte der Großkönig offenkundig unter Umgehung der starken römischen Positionen am Euphrat (Dura, Appadana-Neapolis, Kirkesion)[381] nördlich der Khabur-Mündung und dann über den Euphrat hinweg[382] in den Sphorakene-Distrikt[383], wo das nunmehr auch aus den Papyri bekannte Birtha Okbanôn (Byrt'kwpn)[384], das weiter stromauf gelegene Birtha Aspôrakou[385] und Sura[386] genommen wurden. An 5. Stelle der Städteliste der RGDS folgt Barbalissos an der Euphratbiegung, das die RGDS bereits als Ort des entscheidenden Sieges über ein römisches Heer von angeblich 60.000 Mann nannte[387]. Der Vorstoß deutet eine bewußt veränderte Strategie Schapurs an, die nicht den Kampf um die römischen Sperrfestungen, sondern das rasche und tiefe Vordringen in die für die römische Position in Nordmesopotamien und für einen möglichen römischen Angriff entscheidende Etappe in Syrien suchte. Bei einem Beginn dieses persischen Vormarsches Mai/Juni 253 konnte Schapur das Euphratknie durchaus im Juli erreichen. Die Nachricht des persischen Sieges bei Barbalissos und des katastrophalen Einbruchs in Syrien dürfte sich etwa gleichzeitig mit denen über den Sturz des Gallus und Volusian verbreitet haben. Die Meldungen über den Höhepunkt der Krise hatten Italien und Rom offensichtlich während der Phase der Anerkennung des Aemilianus erreicht[388]. Die Bindung der östlichen Armeen seit 252 dürfte ihrerseits den Entschluß des Aemilianus zur Usurpation gefördert haben.

Die von Valerian und dem 254 berufenen Prätorianerpräfekten Successianus[389] 254–255 durchgeführten Wiederaufbau- und Reorganisationsmaßnahmen scheinen die Lage rasch stabilisiert zu haben. Die römische Grenze von Nisibis bis Dura war zwar durchbrochen worden, aber nicht gefallen. Während Valerian am 18.1.255 in

---

379 Vgl. Zos. 1, 28, 1–2.
380 Auch Zos. 1, 28, 2 weist auf eine Vorbereitungsphase hin, während der Aemilianus weiteren Anhang sammelte; Iord., Get. 19, 105 spricht von mehreren Monaten Vorbereitung.
381 Vgl. zum wichtigen Appadana jetzt Feissel – Gascou (o. Anm. 243) 541–543.
382 Die Annahme eines Zuges ab Anatha auf dem linken Euphratufer (so Kettenhofen 50f.) ist wenig wahrscheinlich. Vgl. zur persischen Strategie auch Prok., Pers. 2, 5.
383 Vgl. hierzu jetzt Feissel – Gascou a.a.O. 542f.
384 Vgl. Honigmann – Maricq 146 Nr. 2.
385 Ebd. Nr. 3.
386 Ebd. Nr. 4; vgl. Kettenhofen 52f.
387 RGDS, Z. 4; vgl. Kettenhofen 53.
388 Vgl. Zon. 12, 22; auch Anon. post Dion. in Exc. de sent. 158 (ed. Boissevain p. 264).
389 Vgl. A. Stein, RE IV A 1, 1931, 512.

Antiochia weilte[390], bereitete der Ordo der Colonia Sirmium im gleichen Jahre 255 den Aufenthalt des Kaisers vor[391]. Am 23.8.256 befanden sich Valerian und sein Sohn und Mitaugustus Gallienus in Köln[392]. Im Herbst 256 war Valerian dann in Rom[393]. Die Abwesenheit des Kaisers nutzte Schapur 256 zum Angriff auf die römischen Festungen am mittleren Euphrat und an der Khaburmündung. Die erneute Verschärfung der Situation ließ Valerian in den Osten zurückkehren. Er war im Mai 258 in Antiochia[394] und zog dann gegen die über den Ostbalkan nach Bithynien und in die Propontis eingefallenen Goten und ihre Bundesgenossen, welche sich trotz der erfolgreichen römischen Sperrstellung in Byzanz bereits wieder zurückzogen, als Valerian in Kappadokien stand[395]. Dort wurde das kaiserliche Heer von der Epidemie heimgesucht[396]. Diese Entwicklung nutzte offensichtlich Schapur wiederum zu einem Angriff, der ihn mit einiger Sicherheit 259 in den Besitz von Nisibis brachte (s. o.). Damit war der Weg frei, 260 nunmehr die zentralen römischen Festungen in Nordmesopotamien, Karrhae und Edessa, anzugreifen, während deren Belagerung Valerian mit seinem Heer, in dem sich Vexillationen und Auxiliarverbände aus allen Teilen des Reiches befanden[397], zum Entsatz heranzog[398].

Erst nach der Erwähnung des persischen Mißerfolges 253 n. Chr. vor Emesa bringt Or. Sib. XIII die Thronbesteigung Valerians und seines Sohnes Gallienus (V. 155–157). Hier ist die kompositorische Absicht klar zu erkennen, die Regierung Valerians im Osten, seinen Untergang und die folgende Usurpation zu einem Ganzen zusammenzufassen[399]; eine chronologische Rekonstruktion des Geschehens ergibt sich aus der Aufeinanderfolge der Passagen nicht. V. 158–164 verschlüsseln das Geschehen in einer der apokalyptischen Tradition entnommenen Tiersymbolik[400]: zuerst ein erfolgreicher Kampf Valerians gegen die Perser (V. 158–161)[401], dann in V. 161 sein Untergang und schließlich die Usurpation der Macriani im Osten

---

390 SEG 17, 528; vgl. F. Gschnitzer – J. Keil, Neue Inschriften aus Lydien, AAWW 93, 1956, 226–229.
391 AE 1965, 304 (= CIL III 3255); *trib. pot. III cos. p. p. procos.* (bis 9.12.255; vgl. Kienast 213; Peachin 74ff.); charakteristisch die Formel *pr(o) appar[a]t(u) d[ev]otus numini eorum*, sc. Valerian und Gallienus. Verfehlt zur Datierung AE 1965, p. 99.
392 Ch. Roueché (– J. M. Reynolds), Aphrodisias in Late Antiquity, London 1989, 4–8 Nr. 1; die Vervollständigung des Ortsnamens ist zweifellos richtig, ebenso die Datierung auf 256; vgl. auch die Bauinschrift CIL XIII 8261 = B. u. H. Galsterer, Die römischen Steininschriften aus Köln, Köln 1975, Nr. 182.
393 CJ 6, 42, 15; vgl. auch Th. Pekáry, Historia 11, 1962, 125f.
394 CJ 5, 3, 5; 9, 9, 18.
395 Vgl. Zos. 1, 34 – 36, 1; auch Salamon (o. Anm. 198) 120f.
396 Zos. 1, 36, 1; Petr. Patr. fr. 9 (FGH IV p. 187).
397 So zu verstehen die entsprechende Liste der RGDS.
398 RGDS, Z. 9–11. Petr. Patr. fr. 9 mit entsprechendem Ereignisgang; vgl. Felix 65.
399 Nicht gesehen von Potter 151, 323ff., der von zwei verschiedenen Autoren/Entstehungsphasen der Komposition (bis V. 154; 155ff.) und von zwei persischen Feldzügen in Syrien 252 und 253 n. Chr. ausgeht.
400 Vgl. nur 1 Henoch, 4 Esra oder auch Dan 7–8; zur Aufschlüsselung zusammenfassend Potter 340f.
401 Vgl. zusammenfassend Kettenhofen 77ff., 97ff.

mit dem Hinweis auf den Widerstand des älteren Macrianus 260 gegen die vordringenden Perser, die im Bild der Schlangen erscheinen (V. 162–164). Eine Anspielung auf die tatsächliche Gefangennahme Valerians bei Edessa um den 1.7.260[402] erfolgt aber nicht; dieser Vorgang hat offenbar in der modernen Forschung mehr Gewicht erhalten als in der Sicht der Zeitgenossen[403]. Die Schwächung des römischen Heeres hielt sich offensichtlich in Grenzen; die Lage war nach den erheblichen persischen Schlappen während der zweiten Phase der 3. Agoge rasch stabilisiert. Es ist bezeichnend, daß Schapur seinerseits nach der 3. Agoge nicht mehr in der Lage war, die Situation von Bürgerkrieg und Usurpation 260/261 n. Chr. auszunutzen; er mußte vielmehr 262 eine vollständige Niederlage hinnehmen. Macrianus konnte 261 zusammen mit seinem ältesten Sohn ein schlagkräftiges Heer zum Kampf gegen Gallienus auf den Balkan führen, das wichtige Teile der pannonischen Vexillationsaufgebote umfaßte[404], die von Valerian in den Osten verlegt worden waren. Zugleich verfügten 261 aber auch Ballista und Quietus auf der einen Seite und Odaenath auf der anderen über beträchtliche Truppenverbände.

Für die Zeitgenossen stand spätestens nach der Niederwerfung der Usurpationen im Osten und an der Donau 261 die dynastische Kontinuität im Vordergrund, die von der Person des seit 253 amtierenden Augustus Gallienus verkörpert wurde.

---

402 Vgl. zur Datierung I. König, Die gallischen Usurpatoren von Postumus bis Tetricus, München 1981, 20–27, 27–31; Kettenhofen 98f.; Rathbone 117f.; Peachin 38; zur numismatischen Evidenz R. A. G. Carson, in: Proceedings of the 9th International Congress of Numismatics I, Louvain-la-Neuve. Luxemburg 1982, 461–465; zu Valerian auch PIR² L 258; nicht mehr befriedigend die Ausführungen von W. Kuhoff, Herrschertum und Reichskrise. Die Regierungszeit der römischen Kaiser Valerian und Gallienus (253–268 n. Chr.), Bochum 1979, bes. 9–35; vielfach überholt H.-J. Willer, Studien zur Chronologie des Gallienus und des Postumus, Diss. Saarbrücken 1966, 68–81. Einen Überblick über die datierten Papyri 258–262 n. Chr. geben König a.a.O. 24f.; Rathbone 117–120. Die Ordination des Dionysius zum neuen Bischof von Rom am 22.7.260 (vgl. hierzu etwa König a.a.O. 30 mit Anm. 27) bildet den Terminus ante quem für die Beendigung der Verfolgung in Rom durch Gallienus nach der Gefangennahme Valerians; siehe o. S. 201f. mit Anm. 104. RGDS, Z. 25 gr.: Kaiser mit Stab gefangen und deportiert.

403 Charakteristisch etwa A. Chastagnol, in: E. Frézouls (Hg.), Crise et redressement dans les provinces européennes de l'Empire, Straßburg 1983, 12 „après l'événement traumatique qu'a été la capture de Valérien en 260, au point culminant de la grande crise"; vgl. auch Christ (o. Anm. 313) 670. Wie etwa König a.a.O. 31f. zu Recht hervorhebt, findet sich für die Gefangennahme Valerians auf römischer Seite ein geringes Echo. Obgleich als Schande betrachtet, hat man dem Vorgang zu diesem Zeitpunkt offenbar keine grundsätzliche Bedeutung zugemessen. Zudem zeigte die Gefangennahme des Kaisers keine längerfristigen Folgen für die Bevölkerung. Auch der Sibyllist sieht in dem Ereignis keinen Einschnitt. Zur Betonung der Kontinuität bei Dionysius von Alexandrien vgl. o. S. 202. Die Herrschaft des Gallienus setzte sich 260–261 n. Chr., von Postumus in Gallien abgesehen, rasch gegen die verschiedenen Usurpatoren durch; vgl. auch De Blois (o. Anm. 110) 4ff., 32ff. (Die frühen chronologischen Ansätze sind unbegründet). Auch die Usurpation des Postumus stand mit der Gefangennahme Valerians in keinem direkten Zusammenhang (vgl. hierzu König a.a.O. 20ff.; H. Heinen, Trier und das Tревererland in römischer Zeit, Trier 1985, 90–94; H. Drinkwater, The Gallic Empire, Wiesbaden – Stuttgart 1987, 24ff. mit unberechtigten Vorbehalten gegen die ägyptischen Zeugnisse). Das christliche Valerianbild (Verfolgerschicksal) ist zu beachten.

404 Zon. 12, 24, 5; auch die Tradition in HA, Gall. 2, 5 weist eine rasche Stabilisierung aus.

Zudem war im Osten des Reiches der Usurpation der Macriani die allgemeine Anerkennung des Gallienus als Alleinherrscher vorausgegangen[405]. In Ägypten wurde noch bis zum 28.8.260 nach Valerian, Gallienus und Saloninus datiert[406]. Auch wurden zum 29.8.260 in Alexandria Münzen für das neue Regierungsjahr von Valerian und Gallienus sowie für Saloninus Caesar geprägt und herausgegeben, wenn auch in geringem Umfange[407] Man wartete in Ägypten offensichtlich die Weisungen des Gallienus ab; die Gefangennahme Valerians respektive ihre Kenntnis bedeutete nicht das automatische Ende seiner Augustuswürde. Die zweite, unter der Kontrolle des älteren Macrianus[408] stehende östliche Hauptmünze prägte vor dessen Usurpation Anfang September 260 eine gewisse Zeit für Gallienus allein[409], was seine Anerkennung zuerst auch von dieser Seite und durch das Heer in Mesopotamien, Syrien und Kappadokien bezeugt. Die belegten Datierungen nach den Augusti Macrianus d. J. und Quietus beginnen in Ägypten mit dem 17.9.260[410]. Der Dies imperii der Gegenkaiser lag aber erst nach dem 28.8.260, wie die Zählung ihres Jahres 1 = ägypt. 260/1 n. Chr. zeigt. Der amtierende Praefectus Aegypti L. Mussius Aemilianus[411] war wohl wie Ballista direkt an der Erhebung des älteren Macrianus gegen Gallienus beteiligt.

In den östlichen Reichsgebieten hat die Katastrophe Valerians keine längerfristig sichtbaren Folgen hinterlassen. Die Perser wurden innerhalb kurzer Zeit nicht nur auf ihre Ausgangsstellungen zurückgeworfen, sondern der Krieg ent-

---

405 Die Prägungen der Stadt Side in dem von den Persern bedrohten Pamphylien brachten noch vor der Usurpation der Macriani Münzen mit dem Bild des Gallienus und der Salonina heraus; vgl. J. Nollé, JNG 36, 1986, 136, 141; u. Anm. 591. Gallienus und Saloninus Caesar nennt der Meilenstein aus Libyssa in Bithynien (S. Şahin – A. M. Işin – M. K. Can, EpAnat 1, 1983, 50f. Nr. 5 = AE 1983, 902). Vgl. zur alexandrinischen Prägung für Gallienus (Jahr 8) J. G. Milne, Catalogue of Alexandrinian Coins in the Ashmolean Museum, Oxford 1933, Nr. 4051, 4059–4061; allgemein J. W. Curtis, The Tetradrachms of Roman Egypt, Chicago 1969, 115–121; u. Anm. 407.
406 P. Oxy. 2186, Z. 10.12f. Vgl. Rathbone 117f.
407 Vgl. Carson (o. Anm. 402), der allerdings von dem nicht berechtigten Axiom ausgeht, daß man die Münzen erst ab Jahresbeginn prägte; da es sich um einen regulären Wechsel im Münzprogramm handelte, ist entgegen einer traditionellen Ansicht davon auszugehen, daß eine gewisse Menge der neuen Serien bereits für eine Ausgabe zum Jahreswechsel gefertigt und mit dem 29.8. ausgegeben wurde. Zur Prägung für Saloninus in Alexandria nach dem 28.9.260 vgl. Lafaurie 905f.; Curtis a.a.O. Nr. 1557, zur geringen Zahl der Münzen für Valerian Milne a.a.O. Nr. 4050.
408 Zu seinem sofort ablehnenden Verhalten gegenüber dem gefangenen Kaiser vgl. Anon. post Dion. in Exc. de sent. 159 (ed. Boissevain p. 264).
409 Vgl. Alföldi 135f., 147f., 151; Carson 98, 103; zu den folgenden Prägungen der Macriani H. Mattingly, NC V 14, 1954, 53–61, bes. 58–60; Carson 98f. Neben der zweiten östlichen Hauptmünze war eine weitere Prägestätte wohl in Emesa, wo nach dem Tod des älteren und jüngeren Macrianus für Quietus weitergeprägt wurde.
410 P. Oxy. 3476; vgl. J. Rea, ZPE 46, 1982, 210f. (ebd. zu P. Stras. I 32); Rathbone 118f.
411 Vgl. zu ihm o. S. 201f. mit Anm. 105; Rathbone 119 mit n. 6; auch J. Schwartz, BSAA 37, 1948, 34–46 (heute mehrfach überholt); Kienast 224f., allerdings noch mit der Annahme einer Erhebung zum Augustus nach dem Ende der Macriani.

wickelte sich mit den siegreichen römischen Offensiven zu einem bedeutenden, langfristig wirksamen Erfolg, der für die Bevölkerung in den östlichen Reichsteilen in den Vordergrund treten mußte. Bereits für die Zeit des ersten römischen Gegenstoßes gegen die im Sommer 260 nach Pamphylien vordringenden Perser wurden in Side Münzen mit den entsprechenden propagandistischen Inhalten geprägt[412].

Auch die Usurpation der Macriani blieb nur eine kurzfristige Episode, die nach ihrem Beginn Anfang September 260 im Sommer und Herbst 261 mit einem Desaster endete[413]. In Ägypten wurden bereits keine Münzen für das Jahr 2 des Macrianus d. J. und des Quietus ausgegeben. Die Nachricht vom Untergang des älteren Macrianus und seines gleichnamigen Sohnes auf dem Balkan im Kampf gegen Gallienus' General Aureolus muß den Präfekten entsprechend bereits vor dem 29.8.260 erreicht haben; er hielt jedoch die offizielle Anerkennung der Usurpatoren offenbar bis zu seiner Ablösung wohl bald nach Ende Oktober 261 aufrecht[414]. Ein Weg zurück auf die Seite des Gallienus war ihm offensichtlich nicht möglich. Materielle Schäden in einigen (begrenzten) östlichen Regionen des Reichsgebiets auf Grund der militärischen Ereignisse sind natürlich nicht zu leugnen, doch mußte die Gesamtentwicklung der Ereignisse zu einem positiven Eindruck von der Kraft des Reiches und des in Gallienus repräsentierten Kaisertums führen[415]. In diesem Zusammenhang ist auch auf die mit großem Pomp gefeierten Decennalien des Gallienus im Jahre 262 hinzuweisen, dem ersten derartigen Ereignis seit dem Ende des Severus Alexander[416]. Hiervon dürfte eine erhebliche psychologische Wirkung ausgegangen sein, wie auch die Reaktion des Postumus mit der erstmaligen Feier von Quinquennalien 264 n. Chr. zeigt, der offenkundig mit Gallienus in Legitimation und Propaganda gleichzuziehen suchte[417].

Für Septimus Odaenathus, den der Sibyllist mit V. 164f. als Erlösergestalt einführt (s. u.), wird in V. 166–169 explizit seine Leistung durch die Niederwerfung der Usurpation im Osten vorgestellt: die Vernichtung des älteren Macrianus, auf den in V. 167 als dem eigentlichen Usurpator allein Bezug genommen wird, und des

---

412 Vgl. J. Nollé, Chiron 17, 1987, 254–264; ders. (o. Anm. 405) 141.
413 Vgl. o. S. 203ff.; Eus., H. e. 7, 10, 8; Zon. 12, 24; Anon. post Dion. in Exc. de sent. 167 (ed. Boissevain p. 266); HA, Gall. 2, 5–3, 5; Trig. tyr. 12, 12–14; 14, 1; 15, 4; Stein, RE VII 1, 1910, 253–257, 257f., 259–262; PIR² F 546, 547, 549.
414 Zur Dauer der Anerkennung der Macriani in Ägypten vgl. Rathbone 118f. mit n. 5; die Datierungen ägyptischer Papyri enden mit dem 30.10.261 (P. Stras. I 6, Z. 37f. (Arsinoïtes); P. Stras. I 5 enthält nur eine rückwirkend nach Gallienus zählende Datumsangabe zum 14.8.261. Vgl. zur alexandrinischen Prägung Vogt (o. Anm. 370) I 204f., II 154. Der Anfang 262 verfaßte Osterfestbrief des Dionysius (siehe o. S. 200), der bereits die Inkraftsetzung des Toleranzedikts des Gallienus und seiner Folgeregelungen in Ägypten voraussetzt (vgl. o. S. 201f.), beweist, daß die früheste bekannte Datierung nach Gallienus vom 30.3.262 (P. Stras. I 7, Z. 1–2) erheblich nach seiner Wiederanerkennung liegen muß.
415 Eine Überschätzung des Ausmaßes und der Folgen der Zerstörungen durch die Perser ist allerdings, wie neuere Ausgrabungen zeigen, zu vermeiden.
416 Vgl. Chastagnol (o. Anm. 403) 13.
417 Vgl. ebd. 13f.

Gardepräfekten Callistus-Ballista[418], des eigentlichen Machthabers nach dem Abmarsch des älteren Macrianus und seines gleichnamigen Sohnes[419]. Odaenaths Ruhm als Sieger über Schapur I., der in V. 167f. im Bild der Schlange erscheint, und der erfolgreiche Abschluß des großen Perserkrieges sind in V. 171 abschließend thematisiert[420].

Odaenath wurde seine überragende Machtstellung von Gallienus anläßlich der endgültigen Beseitigung der Usurpation im Osten im Herbst 261 verliehen. Er hatte als Repräsentant des legitimen Augustus Quietus und Ballista nach dem Untergang des älteren und jüngeren Macrianus im Sommer 261 auf dem Balkan auf Emesa zurückgedrängt und dort bis zu ihrem blutigen Ende belagert[421]. Die auf den Dynasten von Palmyra, römischen Senator und Konsular übertragene Machtstellung fand in den Titeln eines Imperator und Corrector totius Orientis bzw. στρατηγὸς τῶν ῾Ρωμαίων (*dux Romanorum*)[422], ihren Ausdruck[423]. Septimius Odaenathus, Sohn des Hairan, Sohn des Vaballath Nâsor, ist bereits in der palmyrenisch-griechischen Kolonnadeninschrift vom April 252 als *vir clarissimus* und Exarch von Palmyra (palmyrenisch: Fürst von Tadmor) bezeichnet[424]. Bereits vor 251 war er offenbar als erstes Mitglied dieser hochangesehenen Familie der palmyrenischen Führungsschicht[425] tatsächlicher römischer Senator[426]; die Familie hatte das Bürgerrecht von Septimius Severus und den Clarissimat vermutlich von Caracalla oder den emesanischen Kaisern Elagabel bzw. Severus Alexander erhalten[427]. Odaenaths

---

418 V. 169; zum Text jetzt Potter 343.
419 Vgl. zu Text und Symboldeutung Rzach 2160; Potter 342f.; zu Callistus = Ballista PIR²B 36 mit C 182; E. Birley, HAC 1984/85, Bonn 1987, 55–69, bes. 55–60. Vgl. auch J. Schwartz, HAC 1964/65, Bonn 1966, 187–189; Kettenhofen 109f. Nicht zutreffend Baldus 252–255, daß auch in V. 158–171 Uranius Antoninus angesprochen sei; er vernachlässigt dabei die Tradition und Eigenart des Textes. Andererseits hatte vor allem Geffcken, Komposition 61f. die Passagen ab V. 147 nur mehr auf Uranius bezogen.
420 HA, Val. 4, 4 nennt Odaenath und Ballista als Gegner, vor denen sich Schapur 260 zurückziehen muß; vgl. u. Anm. 433.
421 Vgl. Zon. 12, 24; Anon. post Dion. in Exc. de sent. 167 (ed. Boissevain p. 266); HA, Gall. 3, 1–5; Trig. tyr. 15, 4; Stein a.a.O. 257f.; PIR² F 547.
422 Der Versuch ῾Ρωμαῖος hier auf die Bedeutung *miles* zu beschränken (vgl. H. Volkmann, RE Suppl. XI, 1968, 1244), kann nicht überzeugen; eine spätantike Umdeutung zu *dux totius Orientis* liegt bei Zon. 12, 23.24; Zos. 1, 39 vor. Vgl. bes. Zos. 1, 39, 1.
423 Vgl. zu Odaenath M. Gawlikowski, Syria 62, 1985, 251–261; die angenommene Existenz eines älteren Odaenath ist endgültig widerlegt; Kienast 236f.; auch H. Ingholt, in: Palmyre. Bilan et perspectives, Straßburg 1976, 115–137; ferner Volkmann a.a.O. 1243–1246, bes. 1244f.; PLRE I, p. 638f.; H. J. W. Drijvers, ANRW II 8, 1977, 847–849, 849f.; Winter 125f.; Schwartz (o. Anm. 419) 187–195; De Blois (o. Anm. 110) 34f.; nicht glücklich auch Potter 381–394. Den Imperator-Titel bekleidete Odaenath offensichtlich seit dem siegreichen Abschluß des Perserkrieges (in diesem Sinne wohl auch die Tradition (nach Dexippus) bei HA, Gall. 10, 1; 12, 1).
424 Gawlikowski a.a.O. 257 Nr. 13; vgl. ebd. 253 Nr. 1 (um 250 n. Chr.; vgl. ebd. 258).
425 Vgl. Zos. 1, 39, 1.
426 Er wird ausdrücklich als *vir clarissimus* und Senator bezeichnet; vgl. Gawlikowski a.a.O. 253f. Nr. 2; A. Chastagnol, RH 103, 1979, 6f.
427 Der Clarissimat könnte mit der Erhebung der Stadt zur Colonia iuris Italici durch Caracalla verbunden gewesen sein. Zu einer konkurrierenden senatorischen Familie, die ebenfalls von

Sohn und Mitdynast in Palmyra, Septimius Hairan (= Herodianos) wurde bereits im Oktober 251 als λαμπρότατος συγκλητικός und Exarch von Palmyra bzw. Fürst von Tadmor tituliert[428]. Wir werden für Odaenath mit einer Adlectio in den Senat vermutlich unter Philippus Arabs und einer darauf folgenden für seinen Sohn zu rechnen haben. Die offiziell anerkannte Stellung als Dynast und Klientelfürst über das Territorium von Palmyra, welche die innere städtische Struktur der von Caracalla zur Colonia iuris Italici erhobenen Karawanenstadt nicht aufhob[429], kann er im Rahmen des Perserkrieges Gordians III. oder aber eher bei der umfangreichen Neuordnung durch Philippus Arabs und seinen Bruder und Rector Orientis Iulius Priscus erreicht haben. Im Jahre 257/8 (April 257–258) erscheint Odaenath als *vir clarissimus* und consularis = ὑπατικός[430], was eine *adlectio inter consulares* durch Valerian, vielleicht gerade im Zusammenhang des Abwehrerfolges von 256, zum Ausdruck bringen dürfte[431].

Odaenaths Stellung im Reich seit 261 n. Chr. ist als ein Imperium maius über die Militär- und Grenzprovinzen von der pontischen Küste über den kappakodisch-galatischen Provinzkomplex bis Palästina und Arabia zu verstehen[432]. Die von Odaenath 262–264 mit römischen Truppen und palmyrenischen Verbänden durchgeführte römische Gegenoffensive brachte nicht nur bereits 262 die Rückeroberung Nordmesopotamiens mit Karrhae und Nisibis, sondern ließ seine Armee zweimal bis Ktesiphon vorstoße, das durch Odaenaths Belagerung in schwere Bedrängnis geriet[433]. Im Jahre 264 wurde nach den Feldzügen des Palmyreners, die, wie etwa das

Septimius Severus das Bürgerrecht erhalten hatte, vgl. G. W. Bowersock, in: Tituli 5, Rom 1982, 666 Nr. 2.
428 Gawlikowski a.a.O. 254 Nr. 4; vgl. Nr. 5; zur Identität der Person auch Ingholt a.a.O. 135.
429 Vgl. etwa Gawlikowski a.a.O. 255 Nr. 10.
430 Ebd. Nr. 5.7.8; auch 6; Nr. 9 (258 n. Chr.) mit dem Zusatz *dominus noster* (= *mrn* bzw. δεσπότης), der die Herrscherstellung in Palmyra charakterisiert. Der Titel ὑπατικός bezieht sich keineswegs zwingend auf eine Statthalterschaft. Der Titel des kurzzeitig (239–241; die Stadt ist 242 wieder eine voll selbständige Colonia; vgl. J. Teixidor, ZPE 76, 1989, 219–222) wieder nominell zum König erhobenen Aelius Septimius Abgar als „der König, der geehrt als Hypatikos in Edessa" (syrische Urkunde vom 18.12.240, datiert im 2. Jahr des Abgar IX.) ist damit nicht zu vergleichen; sie bezieht sich auf die Würde der *ornamenta consularia*, mit denen der Klientelkönig versehen wurde. Allerdings zeichnen sich hier die Maßnahmen unter Gordian III. im Osten nun deutlicher ab.
431 Die Basis einer Ehrenstatue aus Tyros, auf der Odaenath nur als λαμπρότατος betitelt ist (Gawlikowski a.a.O. Nr. 3), stellt keinen Beleg für die angenommene Statthalterschaft in der Provinz Syria-Phoenice (so Ingholt a.a.O. 134; Gawlikowski a.a.O. 260) dar. Die Inschrift kann zeitlich viel früher liegen.
432 Vgl. bes. Zos. 1, 39; 50, 1; Zon. 12, 23–24; HA, Gall. 3, 3.5; 10, 4; dem entspricht seine Ermordung auf dem Marsch nach Heraclea Pontica zur Verteidigung des nordkleinasiatischen Raumes (Synk. 716f., ed. Mosshammer p. 467); Volkmann a.a.O. 1245; PIR² O 72; nicht zwingend der Einwand bei E. Manni, RAC VIII, 1972, 972.
433 Vgl. zur Armee Zos. 1, 39, 1; zur Offensive Zos. 1, 39, 1–2 (auch hier keine zuverlässige absolute Chronologie); HA, Gall. 10, 2–8; Eutr. 9, 10; Synk. 716 (ed. Mosshammer 467); Kettenhofen 122–126; Winter 124–126; auch L. De Blois, Talanta 6, 1975, 7–23, bes. 7–12, 20f. (die Neuinterpretation für Uranius Antoninus ist nicht zur Kenntnis genommen). Die Datierung des zweiten Vorstoßes nach Ktesiphon auf Anfang 267 bei Alföldi 191f. ist rein hypothetisch, zumal der Exzerptcharakter der verwendeten Überlieferung offensichtlich ist. De Blois a.a.O.

Beispiel der Zerstörung Nehardeas zeigt, dieselbe Verheerungstaktik anwandten wie Schapur und die sassanidischen Kernlande in Mesopotamien verwüsteten, der für Rom siegreiche Friede mit dem Großkönig geschlossen[434], der auf seine Eroberungen verzichten mußte, während die römische Seite die Wiedereinsetzung der arsakidischen Dynastie in Armenien nicht mehr betrieb, das bis in diokletianische Zeit Teil der sassanidischen Machtsphäre blieb, ehe es zuerst in seinem westlichen Teil und dann im Frieden von 298 ganz in die römische Einflußsphäre zurückkehrte[435]. Dura und Hatra blieben Ruinenstädte, die vermutlich eine Art Pufferzone zwischen den Reichen markierten. Dagegen wurde die Euphratlinie bis in das Vorfeld von Kirkesion in der Folgezeit reorganisiert[436]. Der palmyrenische Machtbereich umfaßte die wichtigen Karawanenrouten zum Euphrat. Die Feier des römischen Erfolges steigerte sich bis zur Propagierung einer römischen Oberhoheit über Persien, wie sie in den Münzen der Stadt Side unter Gallienus erscheint[437].

Odaenath nahm zusammen mit seinem Sohn und Mitdynasten Hairan (Herodian) nach dem Sieg über die Usurpatoren am Orontes den Titel König der Könige an und wurde zusammen mit diesem als Persersieger gefeiert[438]. Mit dem Sieg von Emesa über Quietus und Ballista und natürlich umso mehr mit dem Triumph über die Perser war nach hellenistischem Verständnis und hellenistischer Tradition die notwendige charismatisch-sieghafte Grundlage für die Annahme des Königstitels gegeben[439], der seine Position gegenüber Rom zu der eines regulären Klientelkönigs

12–20 nimmt an, Odaenath sei bereits 259 nach Mesopotamien vorgestoßen und habe das jüdische Zentrum von Nehardea zerstört. Die Unzuverlässigkeit der von ihm benützten geonischen Daten hat bereits J. Neusner, A History of the Jews in Babylonia II, Leiden 1966, 43–50 aufgezeigt, der die Zerstörung von Nehardea erst um 263 datiert. Gegen De Blois' Überschätzung der Angaben des Scherira Gaon (ISG, p. 82) vgl. etwa Strack – Stemberger 15f., 21, 65, auch 127f., 197. Die Eroberung von Caesarea (Mazaka) kann nur 260 n. Chr. angesetzt werden (vgl. Kettenhofen 117–120); die Daten für den Tod des Mar Samuel und den Fall von Nehardea sind bei Scherira Gaon verschoben. Außerdem setzt De Blois a.a.O. die Gefangennahme Valerians noch auf 259. Der Ansatz einer Eroberung von Ktesiphon durch Odaenath im Jahre 266 etwa bei Kienast 236 ist unbegründet. Mehrfach unbefriedigend Felix 82ff., 91ff.

434 In der östlichen Reichsprägung wird die *pax fundata cum Persis* in der 2. Emission für Gallienus 264 und in der 3. Emission 265 n. Chr. gefeiert; vgl. RIC HCC IV p. LXIX; RIC V 1, p. 188 Nr. 652; R. Göbl, NZ 75, 1953, 28; Carson 104; Alföldi 159, 191 (noch nicht auf das Kriegsende bezogen); De Blois (o. Anm. 110) 135f.; auch HA, Gall. 10, 4–5.

435 Vgl. Frye (o. Anm. 267) 305f., 308; E. Winter, in: French-Lightfood (u. Anm. 473) II, 1989, 555–571.

436 Vgl. Zos. 1, 39, 2; zur neu errichteten großen Sperrfestung bei Halebiye, die nach der Gattin bzw. Witwe Odaenaths benannt wurde und den Namen Zenobia behielt, vgl. Prok., Aed. 2, 8, 8–25; M. Lauffray, CRAI 1946, 687–692, K.-H. Abel, RE X A, 1972, 8–10.

437 Vgl. Nollé (o. Anm. 405) 127–143, bes. 129, 141f.

438 J. Cantineau, Inventaire des inscriptions de Palmyre III, Beirut 1930, 5f. Nr. 3 = Gawlikowski (o. Anm. 423) 255f. Nr. 10; Inschrift für die Ehrenstatue des Sohnes und Mitregenten, die als einzige von drei entsprechenden Sockelinschriften am Triumphbogen in Palmyra (zweifellos für Odaenath, Hairan und die βασίλισσα Zenobia) teilweise erhalten geblieben ist. Vgl. H. Seyrig, Antiquités syriennes II, Paris 1938, 42–45; Ingholt (o. Anm. 423) 135; auch E. K. Chrysos, Dumbarton Oaks Papers 32, 1978, 51f. Daß Odaenath den Königstitel vor seinem Sohn angenommen hätte, ist unwahrscheinlich. Die Inschrift bestätigt das posthume Zeugnis CIS II 3971 = Gawlikowski a.a.O. 256 Nr. 11 (271 n. Chr.).

439 Vgl. H.-J. Gehrke, AKG 64, 1982, 247–277. Vgl. noch Liban, Epist. 1006.

machte, seine Funktion im Reich als bevollmächtigter Vertreter des zentralen Kaisertums aber nicht veränderte. Bereits im Februar 262 wurde im Tempel von Maqām Er-Rabb in einer Weihung *ex voto* für Athena-Allath, die mit Nemesis-Nike und Nemesis-Pax assoziiert ist, der καλὸς καιρός, d. h. die nunmehr angebrochenen *felicissima tempora*, gefeiert[440].

Odaenath wird im 13. Buch der Oracula Sibyllina durch seine Bezeichnung als „von der Sonne gesandt"[441] nach dem Vorbild von Or. Sib. III[442] als Erlöser- und Rettergestalt gezeichnet, wobei die Benennung Palmyras als Sonnenstadt den entsprechenden Anknüpfungspunkt bot. Für Odaenath wird prophezeit, daß er in seiner Größe und Macht unversehrt bleiben und über die Römer herrschen werde (V. 170f.). Damit erhält die Schrift in Septimius Odaenathus nicht nur den herausragenden Heros und eine beherrschende Soter-Gestalt, sondern auch eine grundlegende politische und historische Perspektive. Das Werk entpuppt sich als eine Tendenzschrift aus jenen – in diesem Falle jüdischen – Gruppen, die auch in Ägypten die bestimmende Machtstellung des Dynasten von Palmyra und gleichzeitigen Oberkommandierenden der Provinzen des armenisch-persisch-arabischen Grenzraumes favorisierten. Die Zeitgeschichte seit 238 n. Chr. wird in der Schrift durch ihre Konzentration auf die römisch-persischen Auseinandersetzungen als eine Entwicklung dargestellt, die in der Rettergestalt des Odaenath als Sieger und Garanten der römischen Oberhand über die Perser ihr Ziel findet[443]. Der Verfasser zeigt sich in V. 170f. als Sprecher der Gruppen, die bis nach Alexandria und Ägypten für den Palmyrener auf Grund seiner Leistungen, Verdienste und wohl seiner realen Macht offen den Anspruch auf die Herrschaft im Imperium Romanum propagierten[444]. Der unmittelbare Anlaß auch dieser sibyllistischen Schrift ist somit in der aktuellen politischen Entwicklung zu sehen. Das Verhältnis zwischen den Palmyrenern und der ägyptischen jüdischen Diaspora gestaltete sich im Gegensatz zu den Konflikten mit dem rabbinischen Judentum in Palästina offensichtlich positiv[445].

440 H. Seyrig, Scripta varia, Paris 1985, 145–153. Vgl. noch Liban., Epist. 1006.
441 V. 164–171, bes. 164.
442 Siehe u. S. 350, 352.
443 V. 171; vgl. auch Eutr. 9, 11, 1; HA, Trig. tyr. 15, 1.
444 Eine Reminiszenz daran wohl in HA, Trig. tyr. 15, 7. Die großen Leistungen als Grundlage seiner Stellung im Reich hebt auch die in HA, Gall. 10, 1 vorliegende Tradition hervor.
445 Die Synagogeninschrift CIL III 6583 = ILS 574 (dazu anders ILS III p. CLXXI ad n. 574) = IGGR I 1315 = OGIS 129 = CIJ 1449 (vgl. Smallwood (u. Anm. 448) 517f.; G. W. Bowersock, BASP 21, 1984, 31f.), welche die Asylie für die Synagoge erneuert und bestätigt, kann nicht sicher auf Zenobia und Vaballath bezogen werden; dagegen J. Bingen, Pages d'épigraphie grecque attique-égypte (1952–1982), Brüssel 1991, 45–50 (= in: Studia P. Naster oblata II, Louvain 1982, 11–16) für einen Ansatz 47–30 v. Chr. (Kleopatra VII. und ein Mitregent). Das Prostagma ordnet er in den Kontext der Asylieurkunden der letzten Ptolemäer ein, wogegen keine paläographischen Kriterien sprechen. Die griechische Nennung eines anonymen Herrscherpaares (Königin, dann König) mit dem lateinischen Zusatz *regina et rex iusserunt* (Z. 11–12) ist so weder vor noch nach der Annahme des Augustus-Titels durch die Palmyrener wahrscheinlich. Die Bezugnahme Zenobias auf den Namen Kleopatra ist als Propagierung einer dynastischen Beziehung zu den Seleukiden zu sehen (anders A. Stein, Hermes 58, 1923, 448–456, bes. 452ff.); sie wurde dann nach 270 offenbar mit Blick auf Ägypten umfassender verwendet, wie die Widmung der alexandrinischen Geschichte des Sophisten Kallinikos von Petrai zeigt (vgl. hierzu Stein a.a.O., bes. 456). Zu den Rabbinen Palästinas s. u.; Smallwood a.a.O. 531–533.

Es ist demnach kaum zu bezweifeln, daß Odaenath auf der Basis seiner großen Erfolge einen propagandistischen Anspruch auf die Macht im Reiche aufbaute und um 266 merklich auf die römische Herrscherwürde hinarbeitete. Dies war angesichts der Entwicklung seit severischer Zeit sicher kein ‚revolutionärer' Schritt für den Senator, Konsular und siegreichen Imperator. Ein Teil der alexandrinischen Diasporagemeinde hat sich damals offenbar als politische Gefolgschaft des Palmyreners profiliert, und dies war sicher nur ein Teil seiner Parteigänger in Alexandria, zu denen auch der später hervortretende propalmyrenische Aktivist Timagenes (s. u.) zu rechnen sein dürfte. Unter diesem Aspekt gewinnt die Überlieferung, der politische Mord an Odaenath und seinem ältesten Sohn und Mitdynasten Hairan-Herodian im Jahre 267 sei von römischer Seite im Auftrag des Gallienus inszeniert worden, die größte Wahrscheinlichkeit[446].

Wir können festhalten, daß der Verfasser von Or. Sib. XIII keine negative Sicht der Zukunft formuliert, sondern im Gegenteil eine positive Erwartung und politisch bestimmt Perspektive hinsichtlich einer Herrschaft des Odaenath vertritt. Als Katastrophen, die aber nun durch Odaenath endgültig überwunden seien und deren Wiederkehr seine Person unmöglich mache, werden die persischen Einbrüche im Osten des Reiches vorgestellt. Die Ereignisse an der Donau, am Rhein, ja auch in Rom und in Westkleinasien hatten für das Geschichtserleben des Autors und seiner (alexandrinischen) Umgebung offensichtlich eine untergeordnete Bedeutung. An der Fortexistenz des Imperium Romanum hegte dieser Sibyllist der Zeit Odaenaths nicht den geringsten Zweifel. Es ist ferner bezeichnend, daß er die Ergebnisse des Jahres 253, die von Emesa ausgingen, in einer Weise formuliert, daß auch die moderne Forschung die entsprechenden Passagen immer wieder mit Palmyra und Odaenath in Verbindung gebracht hat. Es dürfte die Absicht des Verfassers gewesen sein, Uranius Antoninus durch die gemeinsame Bezugnahme auf die „Stadt der Sonne", auf das Gesendetsein von der Sonne, mit dem Palmyrener Odaenath verschwimmen zu lassen, dessen Soter-Rolle so noch eindeutiger als Ziel der Entwicklung angelegt werden konnte. Von der Tragfähigkeit einer solchen Geschichtsklitterung bei seinen Adressaten ist der Sibyllist ausgegangen. Daß er schließlich so breiten Raum der Usurpation der Macriani und ihrer endgültigen Beseitigung durch Odaenath gewidmet hat, wobei dessen Siegesanspruch keineswegs auf die im Osten zurückgebliebene Partei beschränkt wurde, sondern die beiden eigentlichen Machthaber Macrianus d. Ä. und Ballista umfaßte, läßt die Herrschaft des hier charakteristischerweise namentlich nicht mehr genannten Gallienus als solche als Gabe bzw. Verdienst des Odaenath erscheinen. Auch hier tritt der innenpolitische Anspruch des Palmyreners im Reich deutlich hervor. Zudem hat die apokalyptische Verschlüsselung der letzten Passagen von Or. Sib. XIII die

---

446 Vgl. zur Ermordung Herrscher Ioann. Antioch. fr. 152, 2 (FGH IV p. 599) mit der Schuldzuweisung auf Gallienus; Zos. 1, 39, 2 Ermordung bei einer Feier in Emesa; Zon. 12, 24; PIR² M 71, O 72; Volkmann (o. Anm. 423) 1245f.; Drijvers (o. Anm. 423) 848f. Eine Vermengung der vorliegenden Tradition einschließlich des fiktiven älteren Odaenath ist bei Anon. post Dion. in Exc. de sent. 166 (ed. Boissevain p. 266; FGH IV p. 195) erfolgt; dennoch wird die Einbeziehung römischer Funktionsträger, die sich gegen den palmyrenischen Einfluß stellten, deutlich. Nicht zufällig mußte 270 die Provinz Arabia erobert werden (s. u.). Gegen Alföldi 354f. vgl. etwa Volkmann a.a.O. 1242f.; nur spekulativ PIR² C 1211. Vgl. auch o. Anm. 432.

Odaenath zugewiesene soteriologische Rolle mit einer besonderen, religiös begründeten Suggestivkraft zum Ausdruck gebracht, welche die eigentlichen politischen Intentionen des Verfassers dieser ‚Sibylle" noch deutlicher zutage treten läßt.

Abschließend ist nochmals die Eigenart des historischen Materials in Or. Sib. XIII zu betonen. Im Gegensatz zum 12. Buch, wo man von einer populären geschichtlichen Erbauungsliteratur sprechen kann, die ihren Sinn eigentlich in der Schaffung einer literarischen Fortsetzung für das 11. Buch fand, wobei der Autor für die länger zurückliegenden Epochen auf eine Geschichtsvulgata zurückgriff, hat der Verfasser des 13. Buches die Absicht verfolgt, in diesem traditionellen autoritativen Rahmen eine politische Tendenzschrift zu verfassen. Er skizzierte in der Fortsetzung von Or. Sib. XII ein Geschichtsbild für den Zeitraum, den er selbst weitgehend miterlebt haben dürfte. Er repräsentiert somit ein zeitgenössisches, nicht vertieftes Geschichtswissen respektive Geschichtserinnern, wie es in der durchschnittlich gebildeten jüdischen Bevölkerung Alexandrias und sicher auch in den vergleichbaren nichtjüdischen Schichten der Bevölkerung verbreitet gewesen sein dürfte. Dies waren Geschichtsbilder, die sich auf Erzählungen und Hörensagen, auf Gerüchte, das Kennen von Herrschern und Usurpatoren durch ihre Anerkennung in Ägypten, aber auch auf naive Alltagsweisheiten und Klischeevorstellungen stützten und keineswegs eine exakte(re) Geschichtsüberlieferung erwarten lassen[447]. In diesem Sinne ist die Art des Geschichtserinnerns und -deutens, wie sie uns in Or. Sib. XIII begegnet, wohl repräsentativ für ein ‚Geschichtswissen' breiterer großstädtischer Bevölkerungsschichten nicht nur in der Zeit kurz nach der Mitte des 3. Jh. n. Chr. Dieses Geschichtserleben orientierte sich in erster Linie an dem eigenen, engeren geographischen Horizont, wobei das persönliche Erleben, wie am Beispiel des Bürgerkrieges von 249 n. Chr. in Alexandria zu sehen, ganz im Vordergrund stand. Von derartigen populären Geschichtsbildern ist weder eine genaue chronologische Kenntnis noch ein Wissen um tieferliegende Zusammenhänge oder gar eine rationale respektive historische Reflexion der Ereignisse zu erwarten.

Hingegen findet die herausragende Gestalt des palmyrenischen Dynasten und die palmyrenische Reichsbildung in der talmudischen Tradition wenig Aufmerksamkeit. Vor allem aber ist die Wertung der Rabbinen eindeutig negativ; messianische Erwartungen o.ä. wurden nach dem Befund dieser Quellen nicht geweckt[448]. Insbesondere die Zerstörung des babylonisch(-rabbinischen) Zentrums von Nehardea, zugleich theologisches wie kulturelles und wirtschaftliches Zentrum der Juden in Mesopotamien, wahrscheinlich im Jahre 263 n. Chr.[449] hat die Ablehnung der

---

447 Vgl. auch o. S. 140. So gibt der Verfasser schon nicht mehr zu erkennen, daß Decius im Kampf gegen äußere Feinde gefallen ist (V. 101f.). Potter 148 spricht zu Unrecht von einem Desinteresse des Autors.
448 Vgl. J. Neusner, A History of the Jews in Babylonia II, Leiden 1966, 51f.; E. M. Smallwood, The Jews under Roman Rule, Leiden 1976, 531–533; Stemberger 95f. Die Annahme einer ursprünglich positiven, hoffnungserfüllten Haltung ist für Palästina unzutreffend.
449 Vgl. zur Zerstörung Nehardeas Neusner a.a.O. 43f. (mit Ket 23 b), 49f.; der Annahme a.a.O. 51f., dies sei gegen die jüdische Handelskonkurrenz gerichtet gewesen, kann man schwer folgen. Odaenath hat in Mesopotamien offenkundig dieselbe Verwüstungstaktik angewandt wie Schapur im Westen. Die schweren wirtschaftlichen Folgen der palmyrenischen Einbrüche („die Bogenschützen von Tadmor") für die mesopotamischen Juden zwangen

Palmyrener durch die Rabbinen und das zu beobachtende Aufleben der Erinnerung an ihre Beteiligung an der Erstürmung des Tempels 70 n. Chr. und der Schändung der Frauen gefördert[450]. Der aus Babylon nach Palästina gekommene Rab Kahana erklärte den Tag, an dem Tadmor (= Palmyra) einst zerstört werden würde, zum künftigen Freudentag Israels, wozu der Kommentar des Talmuds vermerkt, daß Tadmor bereits zerstört worden sei[451]. Das Wachsen und Prosperieren Odaenaths wird in einem R. Samuel zugeschriebenen Spruch mit dem kleinen Horn des 4. Tieres, d. i. Rom, nach Dan 7, 8 und mit dem Niedergehen der Wahrheit (im Sinne der rabbinischen theologischen Doktrinen) gleichgesetzt[452]. Dieser Wertung entspricht Ket 51 b, wo als allgemeine rabbinische Lehrsentenz in der Frage, welche gefangenen und vergewaltigten Frauen ihren Männern erlaubt seien, die Gefangenen einer ‚Regierung' den Gefangenen von Straßenräubern gegenübergestellt sind. Erstere werden uneingeschränkt als Gefangene angesehen, letztere nur teilweise. Hier wird Ben Nazor = Odaenath als zweifaches Beispiel eingeführt: einmal habe er in der ersten Kategorie gegenüber Königen und regulärer Herrschaft als Straßenräuber zu gelten, zum anderen in der zweiten Kategorie gegenüber gewöhnlichen Straßenräubern als König.

Die Herrschaft der Palmyrener wird als römische Herrschaft gedeutet, wie die Gleichsetzung des Odaenath mit dem kleinen Horn des 4. Tieres nach Dan 7, 7–8 zeigt. Die Identifizierung Roms mit dem 4. Tier der Vision war eine längst stereotype Formel. Historisch konkreter ist die entsprechende Aussage im GenR 76, 6, daß die von dem kleinen Horn ausgerissenen drei Hörner des 4. Tieres „Makrus" (mqrws), „Karus" (wqrws) und „Keridus" (wqrjdws) seien[453]. Trotz der zahlreichen Textvarianten und der offensichtlich teilweisen Verderbnis der hebräisch übertragenen Namen sind darin einer der Macriani, Carus und Callistus(-Ballista) zu identifizieren, letzterer mit der schillernden Gestalt des Cyriades-Mareades verschmolzen[454]. Carus ist wohl in der Tradierung auf Grund gewisser Parallelen an die Stelle des älteren Macrianus getreten. Der ursprüngliche historische Hintergrund war die Vernichtung der Partei der Macriani durch Odaenath.

Die Exegese von GenR 76, 6 nimmt Bezug auf die Sentenz „Befreie mich ... aus der Hand meines Bruders, aus der Hand Esaus", wobei mit der stereotypen Gleichsetzung Esau = Rom zu Dan 7, 8 übergeleitet wird. Die Herrschaft des

---

sogar zu einer Änderung der rabbinisch-theologischen Abgabenregel (vgl. Neusner a.a.O. mit Anm. 3).
450 Vgl. Jeb 16 a–b.
451 Jeb 17 a; ein gewisser Widerstand von Seiten der Rabbinen gegen die palmyrenische Machtausübung zeigt sich in der Tradition, daß R. Ammi und R. Samuel vor Zenobia um den gefangenen R. Zeira ben Chanina bitten, den Zenobia verschonen läßt, da sein Bruder bereits hingerichtet worden sei (jTer VIII, 10, 46 b).
452 Vgl. KlglR, Proem. II (4) mit jRH III, 8; Neusner a.a.O. 53f.
453 Ed. Theodor – Albeck p. 902–903; zu den Textvarianten der Namen ebd. 903. Zu den Entschlüsselungsmöglichkeiten vgl. D. Sperber, REJ 134, 1975, 125–127; auch Stemberger 96; teilweise nicht treffend S. Lieberman, JQR 37, 1946–1947, 37f. Es ist angesichts des rabbinischen Traditionsganges entgegen Sperber sehr wohl mit einer nachträglichen Veränderung bzw. Umdeutung zu rechnen. Unrichtig Potter 271.
454 Für ihn bot sich die Lautassoziation „keras"/Horn an; vgl. auch Sperber a.a.O. 127.

Odaenath[455] wird von der rabbinischen Tradition als Kontinuität der römischen Herrschaft gesehen. Das negative Urteil in der Identifikation mit dem kleinen Horn (ursprünglich Antiochos IV.) ist eindeutig. Die Vorgänge nach der Ermordung Odaenaths haben in der rabbinischen Überlieferung keinen Niederschlag gefunden.

Nicht überzeugen kann der erneute Versuch von G. Stemberger, das sogenannte hebräische Elija-Buch[456] in seiner ursprünglichen Version noch in das 3. Jh. n. Chr. zu datieren[457]. Seine Entstehung unter intensiver Benutzung der Legendentraditionen sowie des älteren apokalyptischen Schrifttums und Formelgutes ist erst dem 7. Jh. n. Chr. zuzuweisen[458]. Die vermeintlichen Zeitbezüge zum 3. Jh sind das Ergebnis der Heranziehung einer jüdischen Fassung der um 300 entstandenen koptischen Elijah-Apokalypse[459]. Doch auch sonst wäre eine Identifizierung des Namens Gigit („der geringste König, der Sohn einer Magd", er zieht vom Meer herauf gegen den letzten König Persiens) mit Odaenath nicht zu sichern. Die „Perser" und die „Könige Persiens" bleiben hier stereotypes apokalyptisches Personal[460]. Weitere histori-

---

455 Zur Herleitung der Namensformel aus der Genealogie des palmyrenischen Dynasten siehe die Inschriften o. S. 248; vgl. auch Neusner a.a.O. 51; L. De Blois, Talanta 6, 1975, 13 mit Anm. 28.
456 M. Buttenwieser, Die hebräische Elias-Apokalypse, Leipzig 1897; abweichende Textgestalt bei J. Eben-Schmuel, Midresche Ge'ula, Jerusalem ³1968, 41–48; vgl. auch A. Saldarini, Semeia 14, 1979, 193, der betont, daß der Traditionsgang der Schrift unklar ist.
457 Stemberger 134–138 (mit Übertragung nach Buttenwieser), bes. 136f. für eine Schrift aus der Zeit Odaenaths, die auf Chosroes II. adaptiert worden sei. Einen noch früheren Bezug möchte S. Krauss, JQR 14, 1902, 359–372; ders., RhM 58, 1903, 627–633; ders. (u. Anm. 460) 53f. auf Perserkriege unter Alexander Severus, Gordian III., Philipp I. und Decius sehen, wobei er gegen Buttenwieser, dem Stemberger folgt, wichtige Argumente aufzeigt, ohne zu eigenen befriedigenden Ergebnissen zu kommen. Stemberger 136 Anm. 260 verweist zu Recht darauf, daß Namen in solchen Kontexten Verformungen unterworfen sind. Eine Figur der späten jüdischen Apokalyptik ist ohne Zweifel Armillus (Romulus) als der letzte König am Ende der Tage; vgl. Sefer Serubbabel (629/636 n. Chr.; vgl. Stemberger 138–143); W. Bousset, Der Antichrist in der Überlieferung des Judentums, des neuen Testaments und der alten Kirche, Göttingen 1895, 55–57; Kraus a.a.O. 1902, 362.
458 Vgl. Eben-Schmuel a.a.O. 34–40; Saldarini a.a.O. 193f.; S. W. Baron, A Social and Religious History of the Jews III, New York 1957, 216f., 235 Anm. 16.
459 Siehe u. S. 279ff.; diese Beziehungen bilden den Terminus post quem und kein direktes Datierungskriterium. Auch wenn ein eigener palästinischer Traditionszweig eingeflossen sein sollte, kann dieser dem 5./6. Jh. zugewiesen werden. PesR 36, 2 (ed. Friedmann 162a) weist erhebliche Tradierungsprobleme auf und wird zu Recht in seiner spezifischen Aussage dem 7. Jh. zugewiesen (vgl. B. J. Bamberger, HUCA 15, 1940, 425–431; nicht befriedigend Stemberger 137f.).
460 Feste Topik der jüdischen apokalyptischen Tradition ist das Erscheinen der Parther bzw. Perser als endzeitliche Widersacher Roms (vgl. etwa Sanh 98 a–b); dabei ist ihre Rolle als historische Überwinder Edoms, des ersten Zerstörers des Tempels, vorgezeichnet, womit die Entwicklung nach der zweiten Zerstörung parallelisiert wird (vgl. etwa 2 Chron 36, 22f.; Esra 1, 1ff.; dazu etwa Joma 10 a). Vor allem durch die Ereignisse von 40 v. Chr. war die Erwartung des Endes der römischen Herrschaft durch einen Parthersturm aus dem Osten zum festen Topos geworden (vgl. M. Hengel, in: Hellholm, Apoc. 669; auch J. Wolski, ANRW II 9, 1, 1976, 195–214, bes. 214; G. Widengren ebd. 219–306, bes. 280ff.; weitgehend undifferenzierte Quellenzusammenstellung bei S. Krauss, Griechen und Römer (Monumenta Talmudica V 1), Darmstadt ²1972, 50–53; nicht treffend P. Schäfer, Studien zur Geschichte und Theologie des rabbinischen Judentums, Leiden 1978, 215–223).

sche Bezüge auf das Geschehen der Kriege Schapurs oder die Gefangennahme Valerians finden sich nicht[461].

3. Das Imperium Palmyrenum:
Das Erleben eines Kontinuitätsbruches durch die Bevölkerung Ägyptens

Nachdem 267 n. Chr. Septimius Odaenathus, als Imperator und Corrector totius Orientis nicht nur der mit einem außerordentlichen militärischen und administrativen Oberkommando über die Provinzen an der Ostgrenze ausgestattete Vertreter der Zentralautorität des Gallienus, sondern auch der eigentliche Machthaber in diesem Teil des Reiches, ermordet worden war[462], versuchte Gallienus, an dessen Stelle seinen Praefectus Praetorio Heraclianus in das Oberkommando im Osten einzusetzen[463]. Dieser Versuch scheiterte jedoch, da sich Heraclianus nicht gegen die Übertragung der Machtstellung des Odaenath in dynastischer Erbfolge auf dessen Nachfolger in der Herrscherstellung von Palmyra, also auf den jüngeren und, was den Vorgang in ein noch deutlicheres Licht treten läßt, unmündigen Sohn Septimius Vaballathus[464], durchsetzen konnte, für den seine Mutter Zenobia die Regentschaft übernahm[465]. Diese Entwicklung zeigt zweifellos, daß auch die römischen Truppen in den wichtigen Militärprovinzen (Arabia ausgenommen), die von Odaenath reorganisiert worden waren, den Anspruch der palmyrenischen Dynasten auf die von Odaenath im Reich eingenommene Stellung gegen den Willen des Augustus Gallienus anerkannt haben müssen. Gleiches gilt wohl für wesentliche Teile der städtischen und regionalen Führungsschichten. Zenobia auf der einen und die römische Zentralautorität auf der anderen Seite haben jedoch weder 267 unter Gallienus noch 268 bei der Nachfolge des Claudius II. einen offenen Bruch des formellen Verhältnisses herbeigeführt, wie der kontinuierliche Fortgang der Reichsprägung für die in Rom anerkannten Augusti im Machtbereich der palmyrenischen Dynasten beweist. Der Nachfolger Odaenaths als König der Könige in Palmyra sowie nomineller Klientelfürst und in seiner Position innerhalb des Reiches als Träger eines außeror-

---

461 Auch die von J. T. Milik, The Books of Enoch, Oxford 1976, 89–96, bes. 96 auf die Invasionen Schapurs bezogene Passage I Henoch 56, 5–7 ist in ihrer Textfassung spätestens in die 2. Hälfte des 1. Jh. n. Chr., genauer noch vor 70 zu datieren; vgl. G. Vermes, in: ders. – F. Millar – M. Goodman, The History of the Jewish People in the Age of Jesus Christ (175 B.C. – A.D. 135) III 1, Edinburgh ²1986, 256–259, auch 250–277 zu I Henoch; D. W. Suter, RelStR 7, 1981, 271–221; Collins, Apocalyptic 142–154; I. Gruenwald, ANRW II 19, 1, 1979, 110f.; auch M. Black, in: Jews, Greeks and Christians. Essays in Honor of W. D. Davies, Leiden 1976, 63–66. Das Datierungsproblem ergibt sich aus dem Fehlen der § 37–71 (2. Henochbuch) in den Qumranfragmenten und der griechischen Version. In AZ 10 b findet sich keine Anspielung auf den gefangenen Valerian (so noch Stemberger 93).
462 Vgl. o. S. 246.
463 HA, Gall. 13, 4–5; vgl. Alföldi 199, 356; De Blois (o. Anm. 110) 3, 35; zu Aurelius Heraclianus AE 1948, 55; PLRE I, 417.
464 Vgl. W. Enßlin, RE VII A 2, 1948, 2013–2017; PLRE I, 122; Kienast 237.
465 Vgl. zu ihr R. Hanslik, RE X A, 1972, 1–7 (z. T. nicht befriedigend); PLRE I, 990f.; Ingholt (o. Anm. 423) 137; Palmyra. Geschichte, Kunst und Kultur der syrischen Oasenstadt, Linz 1987; Kienast 238f.

dentlichen Imperiums wurde so nach den Regeln der dynastischen Erbfolge sein minderjähriger Sohn Vaballathus, wobei die Macht auf die Königin Zenobia als Regentin überging.

Erst nach dem Tode des Claudius II. in Sirmium, der kurze Zeit vor dem 29.8.270 anzusetzen ist[466], kam es zur offenen Macht- bzw. Herrschaftsübernahme durch die palmyrenische Dynastin[467], deren Machtbereich bereits den Raum vom pontisch-kappadokisch-galatischen Provinzkomplex über Syrien und Mesopotamien bis Palästina umfaßte und nun gewaltsam auf Ägypten und die Provinz Arabia ausgeweitet wurde.

In den genannten Gebieten sowie in Antiochia selbst wurden 270 keine Münzen für Quintillus, den Bruder des Claudius II.[468], mehr geprägt[469], der in Italien, Rom und sonst im Reich mit Ausnahme des Imperium Galliarum und der Feldarmee in Sirmium, die kurze Zeit nach dem Tod des Claudius II. Aurelian zum Kaiser ausgerufen hatte, anerkannt wurde. Diese Nachfolge des Quintillus hat Zenobia nicht anerkannt, jedoch 270 noch die Annahme des Titels Augustus bzw. Augusta vermieden. Dennoch war nun in ihrem Machtbereich innerhalb des Imperium Romanum[470] der Übergang zur offenen und sich entsprechend dokumentierenden Herrschaft[471] augenscheinlich ohne Widerstand vollzogen. Mit militärischen Mitteln wurde nur Ägypten gewonnen (s. u.), ebenso die sich zu Rom bekennende

---

466 Die Rückdatierung Aurelians für sein Jahr 1 vor den 29.8.270 setzte nachträglich seinen Dies imperii mit dem Tode des Claudius II. gleich; dessen Regierungszeit legt jetzt auch Peachin, 42f., 43f. auf früh im September 268 – Mitte August 270 fest. Vgl. J. R. Rea, ZPE 26, 1977, 227–229; Rathbone 120f.; Kienast 228f.; allgemein PIR² A 1626; PLRE I, 209 (nicht befriedigend). J. Schwartz, Historia 22, 1973, 353–362 und Lafaurie 988, 1000 datieren den Tod etwas zu spät September – Oktober bzw. September 270. Es ist zu beachten, daß für einen regulären Wechsel in der Kaisertitulatur und gerade zum Beginn eines neuen Regierungsjahres die entsprechenden neuen Emissionen sicher in einer gewissen Menge bereits vor dem ‚Erstausgabetag' gefertigt und zu diesem Datum insbesondere an die Truppen auch ausgegeben wurden.

467 In Zos. 1, 44, 1 wird als chronologischer Aufhänger für die Einfügung der Ereignisse im Osten auf die bereits begonnene Schlußphase der germanisch-nordpontischen Invasion von 267–269/70 hingewiesen, ohne daß die einleitende Formel Τῶν Σκυθῶν τοίνυν, ὡς διεξῆλθον, ἐσκεδασμένων καὶ τὸ πολὺ μέρος ἀποβαλόντων durch die vorausgehende Darstellung gerechtfertigt wird. Vgl. auch u. Anm. 475; zum Zeitpunkt der palmyrenischen ‚Machtergreifung' Alföldi 200, 358; Enßlin a.a.O. 2016; insgesamt Zos. 1, 44, 1; 50, 1; F. Millar, JRS 61, 1971, 8–10; Drijvers (o. Anm. 423) 850–852; auch Sotgiu (o. Anm. 308) 1059f.

468 Vgl. zu M. Aurelius Claudius Quintillus PIR² A 1480; PLRE I, 759; Kienast 230. Er war zum Zeitpunkt des Todes des Claudius II. in praesidio Italiae, d. h. Oberkommandierender der in Norditalien gegen das Imperium Galliarum und die Germanen stehenden Armee. Zu den Prägungen für Quintillus (Rom, Mailand, Siscia, Cyzicus) vgl. Carson 107f.; zur Frage der westlichen Divus Claudius-Prägungen ebd. 108f.

469 Vgl. Alföldi 204–206; Carson 107f. Zur letzten Prägeserie für Claudius II. in Antiochia (3. Emission) gehören Münzen mit der Rs.-Legende CONSECR(atio); vgl. H. Huvelin, NAC 19, 1990, 254f., 266. Sie dürften die Prägungen unmittelbar nach dem Tode des Claudius II. unter palmyrenischer Autorität darstellen. Die unter Aurelian im Westen emittierten Divus Claudius-Prägungen fehlen im Osten.

470 Von einer Ausweitung der palmyrenischen Herrschaft sollte man im Zusammenhang dieser Gebiete einschließlich Galatiens (vgl. Zos. 1, 50, 1) nicht sprechen.

471 Vgl. Alföldi 155–209, bes. 200ff.; R. A. G. Carson, NAC 7, 1978, 221–228, bes. 222; u. S. 265.

Provinz Arabia[472], wo bei der Eroberung der Hauptstadt Bostra der Tempel des Iupiter Hammon, des Schutzgottes der Legio III Cyrenaica, von den „palmyrenischen Feinden" zerstört wurde[473]. Der Vorstoß der Palmyrener nach Bithynien bis Chalcedon und damit gegen die Meerengen, der durch den festen Anschluß dieser Teile Kleinasiens an Aurelian scheiterte, ist dagegen erst in eine letzte Phase der palmyrenischen Expansion zu setzen und vermutlich besser als präventives Unternehmen angesichts der Verschärfung des Konflikts mit Aurelian zu sehen[474].

Auch für die Chronologie des Jahres 270 n. Chr. sind in der vorliegenden antiken Überlieferung deutlich Ungenauigkeiten und Unsicherheit festzustellen, so daß gegenüber dem bei HA, Gall. 11, 1–2 und Zos. 1, 44 gesehenen Ansatz der Eroberung Ägyptens durch die Palmyrener noch in der Regierung des Claudius II. der numismatische und papyrologische Befund in den Vordergrund treten muß, zumal die genannten literarischen Quellen eine gemeinsame Vorlage erkennen lassen[475]. Noch für den Beginn des ägyptischen Jahres 270/1 n. Chr. (29.8.270)

---

472 Vgl. Malal. 12, 299, 4–9 (ed. Stauffenberg p. 67; nicht treffend der Kommentar ebd. p. 380). Der in die Ermordung des Odaenath verwickelte hohe römische Funktionsträger Rufinus, der sich 267/8 außerhalb des Machtzugriffs der Zenobia befand (Anon. post Dion. in Exc. de sent. 166, ed. Boissevain p. 266 = FGH IV p. 195; verderbte Überlieferung bei Malal. 12, 298; hinter dem sogenannten jüngeren Odaenath ist wohl Vaballath zu sehen), könnte die Provinz Arabia geführt haben (für Syrien bei B. E. Thomasson, Laterculi Praesidum I, Göteborg 1984, 320 Nr. 110).

473 IGLS XIII 1, 9107; dazu M. Satre ebd. p. 180f.; G. W. Bowersock, Roman Arabia, Cambridge Mass.–London 1983, 132–136; ders., BASP 21, 1984, 31 mit Anm. 35; zum arabischen Aspekt der palmyrenischen Reichsbildung D. F. Graf, in: D. H. French – C. S. Lightfood (Hg.), The Eastern Frontier of the Roman Empire I, BAR Internat. Ser. 553 (I) Oxford 1989, 143–167 (hinsichtlich der Rekonstruktion von historischen Ereignissen, Chronologie und palmyrenischer Dynastie teilweise nicht treffend; die HA z.T. unkritisch herangezogen). Den Ausbau einer auf Palmyra ausgerichteten Infrastruktur zeigen die Meilensteine Vaballaths an der strategischen Route nach Bostra (ILS 8924; T. Bauzou, in: P. Freeman – D. Kennedy (Hg.), The Defence of the Roman East, BAR Internat. Ser. 297, Oxford 1986, 1–8) und nördlich von Scythopolis im Jordantal (Graf a.a.O. 144 mit Anm. 1). Grafs weitgehende Folgerungen a.a.O. 152ff., die auf der nicht überzeugenden Gleichsetzung Meder = Palmyrener in mehreren safaitischen Inschriften (bes. ebd. 152 Nr. 1–5) und dem entsprechenden Bezug auf die ‚Rebellion' der Zenobia (Sicht einer antirömischen Revolte und einer Eroberung der Levante überzogen) basieren, sind nicht tragfähig; der Kontext für die Inschriften der Katakomben von Bet Schearim ebd. 148f. ist zeitlich und historisch zu sehr verengt, wie überhaupt Grafs Sicht auf die Herrschaft Zenobias eingeengt scheint.

474 Zos. 1, 50, 1 mit einem unscharfen chronologischen Verweis, der aber den zeitlichen Abstand dieses Vorstoßes deutlich werden läßt.

475 Vgl. Schwartz (o. Anm. 419) 185–195, bes. 186, 191. Die zuletzt bei Drijvers (o. Anm. 423) 850f. zusammengefaßten Harmonisierungsversuche der verschiedenen literarischen und nichtliterarischen Daten sind weder nötig noch zwingend. Die in Zos. 1, 43–45 vorliegende Überlieferung gliedert sich offensichtlich in systematische Abschnitte bzw. Überblicke. Zudem liegt zwischen Zos. 1, 46 und 1, 47 der Übergang von der Quellenvorlage bis 270, die Dexippus verarbeitet hatte und in der die Darstellung des Tenagino Probus im Zusammenhang des Seekrieges gegen die „Skythen" enthalten war (in 1, 44, 2 noch ein kurzer Hinweis erhalten), zur Verwendung des Eunap. Vgl. zu Zosimus F. Paschoud, Zosime. Histoire nouvelle I, Paris 1971, XXXVII–XL; III 2, Paris 1989, 79–117, bes. 82ff., 92–94; R. T. Ridley, Zosimus. New History, Canberra 1982, XI–XIII; auch O. Veh – S. Rebenich, Zosimos. Neue Geschichte, Stuttgart 1990,

wurden in Alexandria Münzen für das Jahr 3 des Claudius II. geprägt und mit dem Jahresbeginn ausgegeben[476]; ihre Prägung hat sich vermutlich noch kurze Zeit in den Monat Thoth erstreckt[477]. In den Datierungsformeln der Papyri erscheint Claudius II. in der ägyptischen Chora bis zum 20.9.[478] bzw. 28.9./11.10.270[479].

Vor ein weiteres Problem stellt uns die Festlegung der offensichtlich nur sehr kurzen Regierungsdauer des Quintillus[480], für die als ein gewisser Anhaltspunkt die Angabe von 17 Regierungstagen bei Eutrop gegenüber den 77 Tagen beim Chronographen von 354 den Vorzug verdient[481]. Dies legt seine Anerkennung in Rom Ende

  5–8, 10–13, bes. 12, mit weiterer Lit. Zos. 1, 44 ist in die Darstellung des großen Goten/Skythen-Krieges von 267–269/70 eingeschoben. Bereits im Übergang von Zos. 1, 41 zu 1, 42 wird ein chronologischer Bruch durch die Aufnahme einer anderen Ereignisfolge deutlich, die nochmals resümierend in die Regierung des Gallienus zurückgreift, um eine zusammenfassende Darstellung der germanisch-nordpontischen Invasion zu geben (Zos. 1, 42–43) und bis zu den offenbar vermengten Siegen am Nestos (Gallienus) und bei Naissus (Claudius II.) sowie den See- und Landzügen in Griechenland (bereits aufgegriffen in Zos. 1, 39, 1) fortzufahren (267–269 n. Chr.). Die Fortsetzung des Kampfes gegen die nach der Schlacht bei Naissus noch durch Makedonien und Thrakien ziehenden germanischen Scharen 269/70 nimmt Zos. 1, 45 auf, wobei in diesen Abschnitt die letzte erfolglose Phase der „skythischen" Seezüge im Seegebiet Kreta – Rhodos eingefügt ist (1, 46, 1). In Zos. 1, 47 wird der offenbar in eigenständigen Resümees vorliegende Ereignisstrang der Herrschergeschichte wie in 1, 41 aufgenommen. Die chronologischen Sprünge in der Darstellung bei Zosimus zeigen sich auch in 1, 38–39 (1, 38 ein Resümee der Usurpationen 260–268, d. i. Memor, Aureolus, Antoninus = ?, „u. a.", Postumus); in 1, 39, 1 wird der Skythen-Herulerzug nach Griechenland mit der Einnahme von Athen 267 und Gallienus' Gegenoperationen in Thrakien 267/68 erstmals vorgestellt, um dann in einem Überblick die Entwicklung im Osten des Reiches 261–264, die Bestellung Odaenaths, seine Rückeroberung Mesopotamiens und seine Feldzüge gegen Ktesiphon sowie seine Ermordung 267 n. Chr. darzustellen. Seine Ermordung gibt die chronologische Anknüpfung für Zos. 1, 40, 1 (Revolte des Aureolus 268 in Mailand). Der Beginn von Zos. 1, 44, 1 ist nur ein chronologisch sehr allgemeiner Anschluß, während die Fortsetzung des Gotenkrieges in 1, 45, 1 wieder unmittelbar an 1, 43, 2 anschließt. Ein klares chronologisches Schema für das Jahr 270 war zudem durch die Änderung Aurelians in der Zählung seiner Herrscherära grundsätzlich erschwert (vgl. auch Rathbone 124 n. 7).
476 Vgl. zur alexandrinischen Prägung A. Geißen – W. Weiser, Katalog alexandrinischer Kaisermünzen der Sammlung des Instituts für Altertumskunde der Universität zu Köln IV, Opladen 1983, 28–36 (mit weiterer Lit.); siehe bes. ebd. Nr. 3046–3048; Curtis (o. Anm. 405) 121–125; R. Stuart Poole, Catalogue of the Coins of Alexandria and the Nomes, London 1892, p. 300–311; G. Dattari, Numi Augg. Alexandrini I, Kairo 1901, p. 359–365; o. Anm. 466.
477 Vgl. u. S. 262, 264. Die Annahme von J. Schwartz, ZPE 24, 1977, 173ff., die Prägungen für Claudius II., Jahr 3, fielen bereits in die Phase der palmyrenischen Machtausübung, ist zurückzuweisen; vgl. dagegen allgemein Rea (o. Anm. 466). Überbewertend und nicht überzeugend zu HA, Claud. 11, 2 Schwartz a.a.O. 175f.
478 P. Stras. I 7, Z. 21.
479 P. Oxy. 1646, Z. 32–34; Jahr 3, Monat Phaophi; die Tagesangabe ist z. T. in Lacuna, der Rest nicht sicher lesbar; vgl. Rea a.a.O. 227–229; Rathbone 120f. Der Zeitraum Phaophi (28.9.–27.10.) wird durch das gesicherte Einsetzen der anonymen Konsulndatierung seit dem 15. Phaophi = 12.10.270 auf 1.–14. Phaophi beschränkt.
480 Vgl. jetzt Peachin 43; Rathbone 121f.
481 Eutr. 9, 12; Chron. a. 354, Chron. min. I, p. 148 (ed. Th. Mommsen). Mit Eutrop stimmen HA, Claud. 12, 5 (auf Dexippus zurückgehend?); Hier., Chron. p. 222 (ed. Helm); Synk. 720 (ed. Mosshammer p. 469); Zonar. 12, 26 überein. HA, Aur. 37, 6 spricht von seinem Tod am 20. Tag

August (Dies imperii nach 28.8.) oder vielmehr Anfang September 270 und seine Ermordung in der Mitte bzw. 2. Hälfte September 270 nahe. Der Umfang des Münzausstoßes für Quintillus in den wenigen Wochen seiner Augustuswürde braucht angesichts des großen Finanzbedarfs für den Regierungsantritt und für die Vorbereitung des Krieges gegen den nach dem 28.8.270 in Sirmium proklamierten Aurelian nicht zu überraschen und ist kein zwingendes Argument für eine etwas längere Regierungsdauer[482]. Papyrologische Zeugnisse für eine Anerkennung des Quintillus fehlen in Ägypten, und das heißt hier in der ägyptischen Chora[483]. Dagegen kam in Alexandria für ihn eine kleine Emission zur Ausgabe, an deren Prägung aber nur ein Teil der alexandrinischen Officinae mitgearbeitet hat[484].

Die Ereignisse in Ägypten nach dem Tode des Claudius II. Gothicus

Die Kenntnis der politischen und militärischen Entwicklung in Ägypten in der 2. Hälfte des Jahres 270 ist eine unabdingbare Voraussetzung für die Analyse und die mentalgeschichtliche Bewertung der uns verfügbaren Quellenzeugnisse, unter denen die Papyri aus der ägyptischen Chora besonders hervortreten, da sie einen in der Geschichte des römischen Ägypten seit 30 v. Chr. singulären Bruch gegenüber der politischen und ideologischen Tradition des Landes bis in vorrömische Zeit aufzeigen.

Wir sind über die Vorgänge des Jahres 270 durch die bei Zos. 1, 44 vorliegende Überlieferung unterrichtet, bei deren hohen Zahlenangaben allerdings erhebliche Abstriche zu machen sind[485]. Unter Einbeziehung der auf der gleichen Quelle fußenden, jedoch zum Schlechteren veränderten Informationen der HA[486] läßt sich das Geschehen in etwa wie folgt rekonstruieren[487]:

    der Herrschaft, Epit. de Caes. 34, 5 von *paucis diebus*; nur Zos. 1, 47 nennt noch eine Dauer von wenigen Monaten. Vgl. weiter PIR² A 1480.
482 So Lafaurie 990, 1000.
483 Vgl. auch Rathbone 121f.; zu Aurelian Peachin 43.
484 Vgl. u. S. 264; Vogt (o. Anm. 370) I 212, II 160; M. Price, NC VII 13, 1973, 83; Curtis a.a.O. 125.
485 Angeblich 70.000 Mann unter Zabdas und auf der Gegenseite in dem ersten Treffen 50.000 „Ägypter"; realistischer die Größenordnungen von 5.000 Palmyrenern als Garnison in Alexandria und beim Sieg des Timagenes mit einer palmyrenischen Truppe von 2.000 Mann.
486 HA, Claud. 11, 1–2 (z. T. offen als unrichtig zu erkennen); Prob. 9, 1–5, wo der Praefectus Aegypti mit dem späteren Kaiser Probus verwechselt ist, was zu einer (auch chronologisch) phantasievollen Konstruktion zwang; für eine Bautätigkeit des Präfekten in Ägypten fehlt 269/70 die Zeit (vgl. gegen diesen literarisch-topischen Teil der Probus-Vita auch J. Schwartz, in: E. Frézouls (Hg.), Crise et redressement dans les provinces européennes de l'Empire, Straßburg 1983, 5, auch 7f.).
487 J. Schwartz, in: Palmyre. Bilan et perspectives, Straßburg 1976, 139–151; auch ders.; BSAA 40, 1953, 63–81 kommt zu einer unbefriedigenden, einseitig von ökonomischen Aspekten ausgehenden Bewertung der Ereignisse, wobei die politische und strategische Bedeutung Ägyptens nicht berücksichtigt wird. Die chronologischen und historischen Ausführungen sind mehrfach überholt, ebenso die Sicht der Stellung der palmyrenischen Dynasten, insbesondere des Odaenath, aber auch der Verhältnisse in Ägypten (überzogen die Darstellung des Mussius Aemilianus). Treffender zur Stimmungslage in Alexandria und zu grundsätzlichen Spannungen gegenüber der Herrschaft der römischen Kaiser N. Lewis, Life in Egypt under Roman Rule, Oxford 1983, 196–207, bes. 199.

270 n. Chr. rückte Zabdas, der General Zenobias, mit einer wohl aus palmyrenischen und arabischen Kavallerieverbänden sowie aus den Truppen in den syrischen Provinzen bestehenden Armee (Zos. 1, 44, 1: Palmyrener, Syrer und Barbaren, d. h. Nichtreichsangehörige, vermutlich arabische Föderaten) in Ägypten ein und schlug die sich ihm entgegenstellenden ägyptischen Provinztruppen[488], wobei man vor allem an die Garnison des Militärlagers von Nicopolis zu denken hat. Er installierte in Alexandria eine palmyrenische Garnison von 5.000 Mann zur Kontrolle der Hauptstadt und strategischen Schlüsselstellung des Nillandes, dessen Beherrschung für jedes Bemühen um die Etablierung einer stabilen Macht- und Herrschaftsbasis im östlichen Teil des Reiches von entscheidender Bedeutung war. Die Palmyrener wurden bei ihren Aktionen von Timagenes, einer Persönlichkeit der alexandrinischen Führungsschicht und dem Führer der schon unter Odaenath faßbaren (s. o.) propalmyrenischen Parteibildung, unterstützt[489]. Nach dem offenbar sehr rasch erreichten Erfolg hat die Armee des Zabdas Ägypten offenkundig wieder verlassen, um sich vermutlich nun der Provinz Arabia zuzuwenden. Wir werden wohl davon ausgehen können, daß die Truppen unter Zabdas unmittelbar nach dem Eintreffen der aus Sirmium kommenden Nachricht vom Tode des Kaisers – der die Frage nach der Macht durch die Nachfolge- und Legitimationsproblematik aufwarf, wobei die Palmyrener im dynastischen Denken der Zeit auf die überragende Gestalt des Odaenath und den Königsrang verweisen konnten – aus dem syrisch-palästinischen Raum in Marsch gesetzt wurde, um Ägypten als zentrales Ziel für die Errichtung einer eigenständigen Herrschaft im Nahen Osten zu gewinnen.

Die Lage in Ägypten war beim Eintreffen der Nachricht vom Tode des Kaisers noch durch den Umstand kompliziert, daß Tenagino Probus, der seit 269 amtierende Praefectus Aegypti, ein erprobter Heerführer, der 269 die Stämme der Marmariden in der Marmarica siegreich bekämpft hatte[490], zur Zeit der Invasion abwesend war. Claudius II. hatte ihn 270 n. Chr. zum Kampf gegen die gotischen Seeräuber in der südlichen Ägäis respektive im Seeraum zwischen Kreta, Rhodos und Zypern, wo sie auch die pamphylischen Städte vergeblich angriffen[491], aufgeboten, wobei Probus

---

488 Die Vorlage für Zosimos und HA spricht nur pauschal von „Ägyptern"; es muß dabei zwischen der römischen Garnison und den Einwohnern des Landes sowie der Stadt Alexandria je nach dem Zusammenhang unterschieden werden.
489 Zos. 1, 44, 1; HA, Claud. 11, 1. Vgl. zu (Aurelius) Timagenes PSI IX 1039 (267/8 n. Chr.; Archiereus auf Lebenszeit); Schwartz a.a.O. 1976, 148 (zu skeptisch G. M. Parassoglou, ZPE 13, 1974, 36); auch PLRE I, 913.
490 Vgl. zu Tenagino Probus, der 267 (oder 268)/269 als ritterlicher Praeses der Provinz Numidia gesichert ist (AE 1974, 723), Stein (o. Anm. 48) 148–150; H.-G. Kolbe, Die Statthalter Numidiens von Gallien bis Konstantin (268–320), München 1962, 3–6; ders., MDAI (R) 81, 1974, 281–300, bes. 290f.; G. Alföldy, Epigraphica 41, 1979, 73–88, bes. 74f. Anm. 4; Thomasson (o. Anm. 472) 358 Nr. 119, 406 Nr. 78; ders., RE Suppl. XIII, 1973, 321; Bohec (o. Anm. 356) 477f. mit Anm. 257–258 (unrichtig die Annahme eines Einfalls der Marmariden in Tripolitanien); auch R. Hanslik, RE XXIII 1, 1957, 55f.; PLRE I, 740f.; Alföldi 207–209, dessen Ansatz für das Ende des Claudius II. und für die Erhebung Aurelians wesentlich zu früh ist (vgl. etwa Lafaurie 988f., 1000).
491 Amm. 31, 5, 15.

ohne Zweifel an der Spitze der in Alexandria liegenden Flottenabteilungen und zusätzlich eingeschiffter Truppenkontingente stand[492].

Es ist nun bemerkenswert, daß in der ägyptischen Chora, wie oben ausgeführt, bis zum 20.9. (Arsinoïtes) bzw. 28.9./11.10.270 (Oxyrhynchos) weiter nach Claudius II. datiert wurde, als man eigentlich eine Änderung entsprechend der Anerkennung des Quintillus in Rom hätte erwarten können[493]. Wahrscheinlich hatten die Behörden in Alexandria nach dem Eintreffen der Nachricht vom Tode des Kaisers angesichts der ungeklärten Nachfolgefrage und der Abwesenheit des Präfekten abgewartet und keine autorisierte Bekanntgabe eines neuen Herrschers durchgeführt[494]. So wurde nach dem eben begonnenen Jahr 3 des Claudius II. weiterdatiert. In der 2. Septemberhälfte kann diese Erklärung für das Ausbleiben einer Verkündung der Anerkennung des Quintillus und einer Änderung der Herrscherformel aber allein nicht mehr befriedigen, wie die in Alexandria geprägten Münzen für Quintillus zeigen. Die Nachrichten, wer in Rom offiziell als Kaiser anerkannt war – die Proklamation des Quintillus durch die Soldaten erfolgte in Norditalien – und die Gefolgschaft des Tenagino Probus fand, konnten sehr wahrscheinlich auf Grund der palmyrenischen Invasion nicht mehr wirksam werden[495]. Die gewaltsame Auseinandersetzung mit den palmyrenischen Truppen und die Abschneidung Alexandrias vom Hinterland ließen nun offenkundig eine vollständige Unsicherheit über die Entwicklung und die anzuerkennende Autorität entstehen, auf die man mit einem augenfälligen Provisorium antwortete, nämlich der Anwendung einer anonymen Konsulndatierung[496]. Eine ähnliche Vorgehensweise finden wir bis 284 n. Chr. nur zweimal, am 14.2.169 neben einer regulären Datierung nach M. Aurel und L. Verus (sic!)[497] und am 21.2.194, wo nach Septimius Severus, Jahr 2 datiert ist, aber die Konsuln (L. Septimius Severus Pertinax Augustus II und D. Clodius Albinus Caesar II) nicht genannt sind[498]. In diesen Fällen ist wie in P. Oxy. 1121 (295 n. Chr.) davon auszugehen, daß das eponyme Konsulnpaar bei der Erstellung dieser Dokumente noch nicht bekannt war[499]. Die Praxis der anonymen Konsulndatierung im Jahre 270 fällt aber völlig aus diesem Rahmen; sie ersetzt die für Ägypten so selbstverständliche Datierung nach der Herrscherära und ist nicht auf spezifisch römische Zusammenhänge beschränkt[500].

---

492 Zos. 1, 44, 2. Vgl. HA, Claud. 12, 1 (nach Dexippus?); Dexippus, FGrHist. 100 F 29; Zos. 1, 46, 1; auch Zonar. 12, 26; Gaggero (o. Anm. 198) 89; Salamon (o. Anm. 198) 137.
493 Vgl. zu den Fristen Rathbone 102ff.
494 Vgl. o. S. 216, Anm. 201.
495 Nicht zwingend dagegen Rathbone 121f. n. 1.
496 Vgl. hierzu K. A. Worp, ZPE 84, 1990, 44–46.
497 BGU VII 1655; vgl. Worp a.a.O. 44f.
498 BGU I 326 = FIRA III 50; vgl. ebd. 44f.
499 Vgl. Worp a.a.O.
500 Vgl. auch Worp a.a.O. 46, der auch auf die erste Datierung mit der Postkonsulatsformel (nach den Eponymen des vorangegangenen Jahres) aus dem Jahre 271 in PSI X 1101 (vgl. ebd. 46 mit Anm. 11; auch A. Stein, AfP 10, 1932, 250) hinweist. Hier gingen die Schreiber davon aus, daß es natürlich eponyme Konsuln geben müsse, die ihnen aber für das neue Jahr noch nicht bekannt waren.

In der sogenannten Interregnumsphase des Jahres 270[501] tritt eine schwerwiegende Unterbrechung der römischen Herrscherkontinuität, des kontinuierlichen Bezugs auf die monarchische Spitze, in Ägypten klar vor Augen. Das ‚Interregnum' umfaßt nach den heutigen Zeugnissen den Zeitraum vom 12.10. bis 11.11.270[502]. Statt der selbstverständlichen Datierung nach der Herrscherära bringen sie eine anonyme Konsulndatierung ἐπὶ ὑπάτων bzw. ἐπὶ ὑπάτων τοῦ ἐνεστῶτος ἔτους[503]. Da weder die Münzprägung noch die Papyri vor bzw. nach diesem ‚Interregnum' vergleichbare Unregelmäßigkeiten aufweisen, können wir dieses offenkundige Provisorium von Behörden und Bevölkerung in der mittelägyptischen Chora zu Recht unmittelbar mit der gewaltsamen Besetzung Ägyptens durch die Palmyrener und mit einer weitgehenden Unsicherheit über die weitere politische und damit herrschaftsbezogene Entwicklung verbinden. Daß es sich hierbei tatsächlich um eine aus dem Mangel von Weisungen, autorisierten Vorgaben und Bezugsmöglichkeiten geborene Notlösung handelt, wird umso deutlicher, wenn wir bedenken, daß die reguläre Konsulndatierung für 270 in Ägypten durchaus belegt ist[504]. Es ist zu betonen, daß lateinisch abgefaßte oder aus dem Lateinischen übersetzte Dokumente üblicherweise die Datierung nach der Herrscherära und den römischen Konsul tragen[505]. Seit Anfang Dezember 270 ist in Ägypten die Formel „Jahr 1 des Kaisers L. Domitius Aurelianus Augustus und des λαμπρότατος βασιλεύς L. Iulius Aurelius Septimius Vaballathus Athenodorus ὕπατος αὐτοκράτωρ στρατηγὸς Ῥωμαίων gesichert[506], die den Kompromiß der palmyrenischen Dynasten mit dem in Rom nun anerkannten, aber zugleich vielfach bedrängten Aurelian anzeigt. Gleiches gilt für die Münzprägung in Antiochia (s. u.). Auf die Annahme des Augustus Titels für Vaballath und für sich selbst hat Zenobia bis 272 verzichtet und damit ihre Machtstellung formell nicht aus dem Gefüge des Reiches herausgebrochen.

Der Präfekt Tenagino Probus kehrte nach der bei Zosimus überlieferten Information auf die Nachricht von der Besetzung Ägyptens durch die Palmyrener hin zurück und vertrieb sicher mit seinen See- und Landungstruppen die palmyrenische Garnison aus Alexandria[507]. Die palmyrenische Garnison wurde vermutlich in einem Handstreich geworfen, worauf der Präfekt die verfügbaren loyalen Truppen des Provinzheeres einschließlich der kurz zuvor unter seinem Kommando gegen die Marmaridenstämme in der östlichen Kyrenaika[508] siegreichen Einheiten zusammenzog[509]. Die vertriebene palmyrenische Garnison und ihre ägyptischen Parteigänger

---

501 Vgl. Rea (o. Anm. 375) 15–25, bes. 20ff. mit Kommentar zu diesem wichtigen öffentlichen Archiv; ders. (o. Anm. 466) 227–229; Rathbone 122–124, bes. 123.
502 12.10.270: P. Stras. gr. inv. 2550 (Arsinoïtes); 1(?).11.270; P. Oxy. 1544, Z. 11; 1(?).11.270; P. Oxy. 2907, Col. I, Z. 5–8 und II, Z. 12f. (Hathyr [?] = (10./)11.270); 2.11.270: P. Oxy. 2906, Col. II Z. 19f.; 11.11.270:SB XIV 11589, Z. 18f. (Arsinoïtes);vgl. Rea a.a.O. 20; ZPE 56, 1984, 131.
503 Siehe etwa P. Oxy. 2906, Col. II, Z. 19f.
504 Die Kenntnis ist eindeutig durch PSI X 1101 (Oxyrhynchos) belegt.
505 Vgl. Rathbone 123; Worp a.a.O. 44.
506 Gesichert für Oxyrhynchos seit 7./15.12.270 n. Chr. (P. Oxy. 2921, Z. 6–11), was für Alexandria ein Datum spätestens Anfang Dezember erschließt.
507 Zos. 1, 44, 2.
508 AE 1934, 257 = SEG IX 1, 9; HA, Prob. 9, 1; A. Stein, RE Suppl. VII, 1940, 1293f.
509 Bei Zos. 1, 44, 2 als „Ägypter" und „Libyer"; letztere als Truppen aus dem Raum westlich des Nildeltas zu verstehen, wobei der Transport mit der Flotte erfolgt sein kann.

haben sich wahrscheinlich nur in das weitere Umland Alexandrias im Delta zurückgezogen, um Verstärkung abzuwarten. Die Verbindungen der Hauptstadt zu ihrem Hinterland wurden nun unterbrochen, eine Lage, die sich in den Briefen eines Brüderpaares spiegelt[510]. In den schweren Kämpfen der Regierungstruppen gegen ihre palmyrenisch-syrischen Widersacher[511] in Alexandria waren Legionäre, Evocati, Singulares und χαλαστοί eingesetzt[512]. Dieser Lage entsprechend kam es in der ägyptischen Chora im Gegensatz zur Münzprägung in Alexandria zu keiner Anerkennung des Quintillus oder des Aurelian, sondern zu jenem ‚Interregnum' bis zur festen Etablierung der palmyrenischen Herrschaft.

In die kurze Phase der Rückgewinnung Alexandrias durch Tenagino Probus für die römische Zentralautorität gehört sehr wahrscheinlich die kleine Emission von Münzen für Quintillus[513] und nach dem baldigen Eintreffen der Nachricht vom Herrscherwechsel in Rom die Prägung und Ausgabe der ebenfalls kleinen Emission für Aurelian, Jahr 1[514]. Die Rückeroberung der Hauptstadt dürfte etwa in die letzten Septembertage 270 fallen; Anfang Dezember war jedenfalls die palmyrenische Beherrschung Alexandrias endgültig aufgerichtet. Sollte die kleine und nur von einem Teil der alexandrinischen Officinae geprägte Emission für Quintillus noch vor die erste palmyrenische Besetzung Alexandrias fallen, wogegen aber die Fortdauer der Datierungen nach Claudius II. spricht, so könnte sich die chronologische Rekonstruktion für die geschilderte erste Phase des Ringens in Ägypten um ca. 1–2 Wochen verschieben.

Die palmyrenische Gegenoffensive gegen Tenagino Probus, die sicherlich von der vertriebenen Garnison und ihrer zwischenzeitlich anzunehmenden Verstärkung geführt wurde, konnte der Präfekt vor Alexandria abwehren[515]. Die palmyrenisch-

---

510 P. Ross.-Georg. III 1–2; verfaßt in Alexandria von dem Militärarzt Marcus und seinem im staatlichen Dienst stehenden Bruder Serenus; vgl. C. H. Roberts, in: Aus Antike und Orient. Festschrift W. Schubart, Leipzig 1950, 112–115.

511 Ebd. III 1 als ἀνωτερῖται bezeichnet, die Roberts a.a.O. 113–115 nach U. Wilcken, AfP 10, 1932, 260 als (lybischen) Stammesnamen, als Aneiritai, einen Stamm in der Nord-Marmarica, deutet, der an das westliche Delta angrenzt. Sie sollen während der Kämpfe des Präfekten gegen die Palmyrener bei Memphis Alexandria direkt angegriffen haben. Diese Deutung der hier belegten Kämpfe kann nicht überzeugen, zumal Roberts ihre Schwere unterschätzt. Die gebrauchte Bezeichnung der Gegner dürfte vielmehr auf ihr Kommen aus dem syrisch-palästinischen Raume hinweisen.

512 P. Ross-Georg. III 1; zur Inanspruchnahme des Marcus als Arzt auch ebd. 2; es waren allein 15 Singulares gefallen, d. h. Angehörige der Präfektengarde oder jener des Kommandeurs der Legio II Traiana.

513 Vgl. Geißen – Weiser (o. Anm. 476) Nr. 3049–3050; Curtis (o Anm. 405) 125 Nr. 1725–1732X; o. S. 260.

514 Geißen – Weiser a.a.O. Nr. 3051–3052; Curtis a.a.O. Nr. 1733–1734. Auch diese Emission wurde nur von einem Teil der alexandrinischen Officinae ausgeführt; vgl. Price (o. Anm. 484) 83, der beiden Emissionen die ebenfalls nur kurzzeitige Prägung für Aemilianus gegenüberstellt, die trotz ihrer Kürze von der gesamten Münzstätte aufgelegt wurde. Die Emissionen ‚Quintillus' und ‚Aurelian, Jahr 1' fanden in einer offensichtlichen Ausnahmesituation der alexandrischen Münze statt.

515 Zos. 1, 44, 2 (spricht hier zu Unrecht von einer Vertreibung der Palmyrener aus Ägypten). Auf die Verluste syrischer Provinztruppen in der Niederlage gegen Tenagino Probus ist eine Grabinschrift in Damaskus (Herkunft unsicher, Ḥaurān?) zu beziehen; vgl. H. Seyrig, Antiquités syriennes V, Paris 1958, 120–123.

syrischen Truppen und ihre aktiven ägyptischen Parteigänger haben sich nun offensichtlich aus dem Delta nach Mittelägypten zurückgezogen, wohin ihnen Probus mit seinen Streitkräften folgte und bei Memphis eine Riegelstellung besetzte, um dem Gegner den Weg nach Syrien (bzw. Palästina) zu versperren[516]. Doch gelang es dem ortskundigen Timagenes, Probus' Stellungen mit 2.000 Mann zu umgehen und ihm in den Rücken zu fallen, wobei die Truppen des Präfekten zerschlagen wurden und er selbst in Gefangenschaft geriet; Probus gab sich selbst den Tod[517]. Die Vorgänge dürften sich über die Zeitspanne Oktober bis November 270 erstreckt haben.

Nach dem Sieg der palmyrenischen Seite, der die Römer und die römischen Parteigänger in Alexandria in eine prekäre Lage brachte[518], finden wir seit Anfang Dezember 270 die neue Herrscherdatierung nach Vaballath und Aurelian, ebenso die alexandrinische Münzprägung für das Jahr 1 des Aurelian und des Vaballath[519]. Noch vor dem 14.3.271 wurde dann die Jahreszählung der neuen Herrscherära für das Jahr 270/1 auf die Kombination Aurelian, Jahr 1, und Vaballath, Jahr 4, umgestellt[520]. Damit war die Herrschaft des letzteren dynastisch unmittelbar an Odaenath angeschlossen und zudem eine Seniorität gegenüber dem Augustus Aurelian erreicht, dessen Augustus-Stellung noch unangetastet blieb. Allerdings wurde Aurelian offenbar auch in den alexandrinischen Prägungen auf die Rückseite der Münzen gesetzt[521]. Es ist bezeichnend, daß seine Panzerbüste (mit Paludamentum n. r.) nur den Lorbeerkranz trägt, die gleiche Panzerbüste des Vaballath dagegen Diadem und Lorbeerkranz. Die in den 8 Officinae der Reichsmünze von Antiochia geprägten Antoniniane bringen Vaballath demonstrativ auf der Vorderseite[522]; der IMP. C. AURELIANUS AUG. war auf die Rückseite getreten[523]. Der Anspruch der palmyrenischen Seite auf prinzipielle Gleichrangigkeit[524] und eine politische Superiorität im Osten wurde somit voll zum Ausdruck gebracht.

516 Nur so ist Zos. 1, 44, 2, bes. Z. 10–12 sinnvoll zu verstehen, wollte man den zugrundeliegenden Quellen nicht eine völlige Verfälschung oder Unkenntnis der geographischen Verhältnisse vorwerfen.
517 Vgl. Zos. 1, 44, 2, Z. 12ff.; HA, Claud. 11, 2 (mit einer unsinnigen Schlußkonstruktion); auch Malal. 12, 299; Synk. 721 (ed. Mosshammer p. 470); Zonar. 12, 27, 3.
518 Vgl. P. Ross.-Georg. III 2, bes. Z. 9f. (ἐν τοιαύτῃ ἡγεμονίᾳ von Roberts a.a.O. 114f. zu Unrecht auf die Amtszeit des Tenagino Probus bezogen); Serenus hatte seine Stellung verloren und wurde vom Bruder unterhalten.
519 Vgl. Geißen – Weiser a.a.O. Nr. 3053; Curtis a.a.O. 126 Nr. 1735–1748; Vogt (o. Anm. 370) II 160; zu den Prägungen 270–272 auch Dattari (o. Anm. 476) 361f., 366f.; Poole (o. Anm. 476) 309–311.
520 SB XIV 11589, Z. 20–23. Das letzte Zeugnis der bisherigen Zählung ist P. Oxy. 2908, Col. II, Z. 20–26 (27.12./25.1.270/1); zu CPR I 9 vgl. Rathbone 124 n. 5. Vgl. Rathbone 123f.; die entsprechenden Münzen Geißen – Weiser a.a.O. Nr. 3054–3057; Curtis a.a.O.
521 Vgl. Carson (o. Anm. 471) 222; die Titulatur ist die Wiedergabe der lateinischen Antoninian-Legenden.
522 Vgl. Carson 120f.; ders. (o. Anm. 471) 221–228, bes. 221f.; B. Czurda – F. Dick, Die Münzsammlung der Universität Wien. Institut für Numismatik, Wien 1980, 177; anders noch P. H. Webb, RIC V 1, London 1927, p. 260; RIC HCC IV p. 142 Nr. 1–7 mit p. CXIX.
523 VABALATHUS V(ir) C(larissimus) R(ex regum) IM(perator) D(ux) R(omanorum); Panzerbüste mit Lorbeerkranz und Diadem n. r. / IMP(erator) C(aesar) AURELIANUS AUG(ustus); Panzerbüste mit Strahlenkrone n. r.
524 Besonders deutlich in der alexandrinischen Bronzeprägung Jahr 1/Jahr 4 (Geißen – Weiser

Mit diesen Münzprägungen und der administrativen Umstellung war der Herrschaftsanspruch der Palmyrener auch ohne die Annahme des Augustus-Titel offen dokumentiert, zumal die wahren Machtverhältnisse durch die gewaltsame Eroberung des Landes klar vor Augen lagen. Der endgültige Abbruch der Bindung Ägyptens an die römische Zentralautorität Aurelians erfolgte, als Zenobia für sich und ihren Sohn die Augustustitulatur annahm und während des Prägezeitraums Aurelian, Jahr 2, und Vaballath, Jahr 5 (271/2 n. Chr.) in ihrem gesamten Machtbereich die Berücksichtigung Aurelians in den Prägeprogrammen beendete[525]. Als die alleinigen Herrscher wurden der Bevölkerung nun der αὐτοκράτωρ Καῖσαρ Οὐαβάλλαθος Ἀθηνόδωρος Σεβαστός[526] und die Σεπτιμία Ζηνοβία Σεβαστή[527] bzw. IMP. VABALATHUS AUG. und S(eptimia) ZENOBIA AUG.[528] vorgeführt. Auslösend war hierfür offenkundig das militärische Vorgehen Aurelians.

Das letzte Datum mit der Angabe Aurelian, Jahr 2 und Vaballath, Jahr 5 ist bisher der 17.4.272[529], das erste Datum mit der Datierung allein nach Aurelian nach der Rückeroberung des Landes liegt für den 24.6.272 (mit Zählung Jahr 3 = 271/2) vor[530]. Da für Aurelian noch Münzen des Jahres 2 = 271/2 vor der geänderten Zählung als Jahr 3 geprägt wurden[531], muß die Vertreibung der Palmyrener schon eine gewisse Zeit vor dem 24.6.272 erfolgt sein. Zusammen mit den vorausgegangenen Prägungen für Vaballath und Zenobia ist daraus zu vermuten, daß die Rückeroberung Ägyptens durch die Truppen Aurelians etwa in den Mai 272 fällt und in kurzer Zeit erfolgreich gewesen sein muß. Für eine längere Belagerung der Palmyrener in Alexandria oder ähnliche Annahmen liegt kein chronologischer Spielraum vor.

Die mentalgeschichtliche Wirksamkeit

Die allmähliche Herrschafts- und schließlich offene Reichsbildung durch die Dynasten von Palmyra dürfte nicht nur in Ägypten zu einer Erschütterung des selbstverständlichen Vertrauens in den Fortbestand der rombezogenen Herrschafts-

a.a.O. Nr. 3057; Revers: Doppeldatum LA/LΔ im Lorbeerkranz), Vorderseite mit Panzerbüsten Aurelians (l.) und Vaballaths (r.) einander gegenüber, jeweils mit Lorbeerkranz, Vaballath zusätzlich mit Diadem (Legende: ΑΥΡΗΛΙΑΝΟC (ΚΑΙ) ΑΘΗΝΟΔΩΡΟC). O. Mich. III 1006 mit der Datierung Jahr 1/4 nennt Aurelian und den β(ασιλεύς) Athenodoros gemeinsam ‚domini nostri' und ‚Augusti'.
525 Vgl. zu den alleinigen Prägungen der palmyrenischen Herrscher in Alexandria Curtis a.a.O. 127 Nr. 1749X–1750 (Vaballath), 1751X–1752 (Zenobia); Vogt a.a.O. II 161; allgemein RIC V 2, p. 584f.; RIC HCC IV p. CXIX; J. Lafaurie, BSFN 34, 1979, 471–474; Carson 120f.; ders. (o. Anm. 471) 221–228, bes. 224ff.; Comte du Mesnil du Buisson, Les tessères et les monnaies de Palmyre, Paris 1962, 755–758; A. Krzyzanowska, in: Proceedings of the 9th Internat. Congress of Numismatics I, Louvain-la-Neuve. Luxemburg 1982, 445–457.
526 Geißen – Weiser a.a.O. Nr. 3064.
527 Ebd. 3065.
528 Vgl. Carson 121.
529 P. Oxy. 2904, Z. 15–24; vgl. Rathbone 124.
530 P. Oxy. 2902, Z. 16–18; vgl. Rea (o. Anm. 501), Rathbone 124 mit n. 7; nicht überzeugend J. Schwartz, ZPE 20, 1976, 105f.
531 Geißen – Weiser a.a.O. Nr. 3066 gegenüber 3067–3071; Curtis a.a.O. Nr. 1765.

tradition und in die weitere Herrscherkontinuität geführt haben. Zudem kann wichtigen Teilen der Provinzbevölkerung die 270 bereits dauerhaft erscheinende Ausbildung eines weiteren, von Rom unabhängigen Sonderreiches im Westen des Imperium Romanum[532] zumindest in Form von Gerüchten nicht unbekannt geblieben sein. Welche Bedeutung dem Aufstieg der palmyrenischen Herrscher noch eine Generation später im Bewußtsein der Führungsschicht des Reiches eingeräumt wurde, zeigt wohl jene Passage im Panegyricus auf Constantius Caesar am deutlichsten, die sich zu Gallienus äußert[533]. *Tunc enim sive incuria rerum sive quadam inclinatione fatorum omnibus fere membris erat truncata res publica; tunc se nimium et Parthus extulerat et Palmyrenus aequaverat.*

Man hatte 270–272 n. Chr. in Ägypten erfahren müssen, daß es eine geschichtliche Realität ohne die Herrschaft eines von Rom ausgehenden Kaisertums, aber dafür mit einem neuen Bezugspunkt herrschaftlicher Autorität geben konnte, und diese Erfahrung war noch dazu die Folge einer militärischen Eroberung des Landes. Mit den palmyrenischen Truppen und der folgenden, von Palmyra ausgehenden Herrschaft hatte sich in einem Bruch der historischen und politischen Kontinuität der letzten drei Jahrhunderte eine von Rom deutlich verschiedene Macht in Ägypten etabliert, deren Autoritätsbezüge auf ein neues, eigenständiges Machtzentrum am äußersten Rand des Imperium Romanum ausgerichtet waren. Mit den bisherigen Kämpfen um die Kaiserwürde im Reich und ihren Parteibildungen war dies nicht mehr zu vergleichen. Es ist dabei besonderes Augenmerk auf die Tatsache zu richten, daß die Bevölkerung bis nach Mittelägypten hinein die kriegerischen Ereignisse unmittelbar erleben konnte. Diese historische Erfahrung nahm ihren Ausgang nicht mehr in Nachrichten und Gerüchten von weiter entfernten Schauplätzen und von bereits zurückliegenden Ereignissen, sondern von dem direkten Erleben durch die Zeitgenossen.

In Ägypten mußte man in den Herbstmonaten des Jahres 270 eine Situation bewältigen, in der es plötzlich nach drei Jahrhunderten keine im voraus erkennbare politische Zukunft in den traditionellen und bis dahin selbstverständlichen Bahnen mehr gab, in der die seit 30 v. Chr. ununterbrochene Kontinuität der römischen Herrscher und der Ausrichtung der Zeitvorstellungen an ihrer Herrscherära durch einen gewaltsamen Vorgang unterbrochen wurde. Die Bevölkerung machte die Erfahrung, daß Alternativen zum bisherigen geschichtlichen Entwicklungsgang und zu den verfestigten Autoritätenbeziehungen der römischen Herrschaft Realität werden konnten. Man wußte zwar die bisher einmalige, politisch-militärisch bedingte und unmittelbar herrschaftsbezogene Ausnahmesituation im Herbst 270 in der Praxis des täglichen Lebens mit einem Provisorium zu bewältigen, das sich noch innerhalb der traditionellen Vorstellungen von römischen Formen hielt. Doch zeigt die Tatsache, daß man zu der im Grunde verfremdeten, für die ägyptische monarchische Vorstellungstradition völlig unüblichen anonymen Datierungsformel „unter den Konsuln" bzw. „unter den Konsuln des gegenwärtigen Jahres" an Stelle der Herrscherära griff, daß die Situation außerhalb der bisherigen Erfahrungen und traditionellen Handlungsperspektiven lag. Eine anonyme Kaiserdatierung oder eine

---

532 Vgl. hierzu Drinkwater (o. Anm. 403), bes. 19–108.
533 Paneg. 8 (5), 10, 2.

Fortführung der Datierung nach dem Jahr 3 (des Claudius II.) hätte in Ägypten sicher eine näherliegende Ausweichmöglichkeit geboten. Über die Fragen und die in Ägypten vielfach formalisierte Praxis des Alltags mußte es der Bevölkerung noch viel direkter und eindringlicher als über die Münzprägung bewußt erlebbar werden, daß es in diesem Moment keinen römischen Kaiser als Herrscher und allgemeinen Bezugspunkt mehr gab, was sich als die Folge einer militärischen Invasion des Landes darstellte. Für die Zeitgenossen war das bisher selbstverständliche personale Zentrum des politischen und administrativen Handelns sowie des gesamten ideologischen Gebäudes der letzten drei Jahrhunderte ausgefallen. Es traf das nicht mehr zu, was wir bei Synesios als die Beschreibung des Bewußtseins der breiten Provinzbevölkerung finden: „Der Kaiser und die Freunde des Kaisers ..., welche Namen ihnen zukommen, das hören wir, irgendwelche Namen, die gleich Flammen besonders hinsichtlich ihres Glanzes emporlodern und erlöschen ... Und obgleich man doch wohl genau weiß, daß immer ein Kaiser lebt (man wird nämlich jedes Jahr von den Steuereinnehmern daran erinnert), so weiß man darüber hinaus gar nicht, wer dieser ist"[534]. Die Form des Provisoriums zeigt aber auch, daß man sich von dem Imperium Romanum als der einzigen vorstellbaren Organisationsform des *orbis terrarum* nicht gelöst hatte. Sie wurde von den Palmyrenern formell auch nicht in Frage gestellt.

Der Verlust dieses Bezugspunktes, wie ihn der Bruch in der Datierungsformel unübersehbar macht, dürfte in Ägypten mit seiner aus pharaonischer Zeit über die ptolemäische Dynastie und die römischen Kaiser fortgeführten, das Selbstverständnis des Landes bestimmenden monarchischen Tradition besonders folgenreich gewirkt haben. In Ägypten hatte der Herrscher durch die pharaonische politische Theologie und ihre Weiterentwicklung in ptolemäischer und römischer Zeit in besonderer Weise Anteil an der Sakralsphäre als dem konstitutiven Moment des Denkens gerade der breiten Bevölkerungsschichten[535]. Seine Wirkung zeigt das Erleben dieses traditions- und autoritätenbezogenen Bruches des Jahres 270 in dem Zusammenbrechen des fiduziären Währungssystems in Ägypten (s. u.). Denn bis 269 n. Chr. war die Kaufkraft der hier kursierenden Geschäftswährung bzw. ihre Funktion als Wertmaß und Verrechnungseinheit trotz der längst fehlenden Edelmetalldeckung, trotz Bürgerkrieges, Pest und Perserkriege, trotz des Todes des Decius und der Gefangennahme Valerians im Prinzip seit dem 1. Jh. n. Chr. stabil geblieben. Jetzt aber kam es in der Folgezeit, zu dem entscheidenden Anstoß[536], der durch die Eingriffe Aurelians in das Währungsgefüge weiter verstärkt wurde, daß man statt nach den staatlich, von der Autorität des römischen Kaisers garantierten Nominalen wieder mehr nach dem Realwert der Münzen, also nach ihrem Metallwert fragte, der allein in einer ungesicherten politischen Entwicklung und verunsicherten Zukunftserwartung den künftigen Tauschwert und die Wert(auf)bewahrungsfunktion des Geldes durch die Konvertierbarkeit in einen Warenwert gewähr-

---

534 Synes., Epist. 148, 10 (ed. A. Garzya, Rom 1979, p. 266).
535 Vgl. etwa J. R. Fears, RAC XI, 1981, 1105–1107, 1117f. s.v. Gottesgnadentum.
536 Die politisch-psychologische Grundlage des monetären Systems wurde bereits in der Antike betont; vgl. Anon. Iambl. 7, 1; H. Grassl, Sozialökonomische Vorstellungen in der kaiserzeitlichen griechischen Literatur (1.–3. Jh. n. Chr.), Wiesbaden 1982, 135.

leisten konnte. In ganz kurzer Zeit kam es nun seit den beginnenden 70er Jahren des 3. Jh. n. Chr. zu einem dramatischen Verfall des Geldwertes bzw. der Kaufkraft des kursierenden Münzgeldes unterhalb des Goldstandards und insbesondere auch zu dem entsprechenden Verfall der damit gegebenen monetären Wertmaß- und Verrechnungseinheit. Auch die Wiederherstellung der Reichseinheit durch Aurelian konnte dieser Entwicklung keinen Einhalt gebieten, da sich bei einem solchen Verlust des Vertrauens nach den hierfür entscheidenden Anstößen die ökonomische und vor allem psychologische Eigendynamik derartiger Prozesse zu entfalten pflegt.

Es könnte hier eingewendet werden, daß man das ‚große Interregnum' nach der Ermordung Aurelians in die Überlegungen einbeziehen müsse. Die Situation des Jahres 275 ist jedoch mit der von 270–271/272 n. Chr. nicht zu vergleichen. Außerdem ist das angebliche Interregnum von 6 oder 7 Monaten, das von Aurelius Victor und ihm folgend von der HA berichtet und ausgeschmückt wird[537], als historische Fiktion zu verwerfen[538]. Aurelian wurde im Herbst 275 auf dem Marsch nach Byzanz, der ohne Zweifel der Sicherung des nördlichen Kleinasien gegen den entlang der Ostküste vorgetragenen erneuten massiven germanisch-nordpontischen Einbruch dienen sollte[539], in der Folge einer Intrige durch Männer seiner nächsten Umgebung ermordet[540]. Es ist nun das Bemerkenswerte, ja Überraschende, daß es trotz des Fehlens einer möglichen dynastischen Kontinuität in der Gestalt eines Thronerben oder eines aufgebauten Thronfolgers zu keiner Ausrufung eines Nachfolgers durch das kaiserliche Heer und zu keiner Usurpation gekommen ist. Die Wiederherstellung der Zentralautorität durch Aurelian im gesamten Reich hatte offensichtlich eine tiefe Wirkung gezeigt. Zum anderen muß hierbei aber die herausragende Stellung der Augusta Ulpia Severina berücksichtigt werden, auf die bereits seit 274 n. Chr. in einmaliger Weise die Loyalität der Truppen übertragen wurde[541]. Sie war in den Herbstmonaten des Jahres 275 bis zu dem sehr wahrscheinlich von ihr ins Werk gesetzten Regierungsantritt des Tacitus im Dezember 275 die im gesamten Reich und von allen Heeren anerkannte Regentin, wie es in der

---

537 Aur. Vict., Caes. 35, 10–14; 36, 1 (ihm folgend Epit. de Caes. 35, 10); HA, Aurel. 40–41, bes. 40, 4; Tac. 1–8 (Interregnumsroman; bes. 1, 1; 2, 1.6). Bezeichnenderweise kennt Eutr. 9, 15, 2–16 kein Interregnum. Die angenommene ‚Interregnumsprägung' des Senats ist eine Fiktion; vgl. Lafaurie 990; D. Yonge, NC VII 19, 1979, 47–60; die beiden Münzgruppen gehören in das letzte Jahr des Gallienus.

538 Vgl. A. Chastagnol, in: Mélanges de numismatique, d'archéologie et d'histoire off. à J. Lafaurie, Paris 1980, 75–82, bes. 75–77; Rathbone 124–126; Kienast 230–233, 247f.; Peachin 43f., 46f.; auch PIR² C 1036; R. Syme, Emperors and Biography, Oxford 1971, 237–247, bes. 237f.; Lafaurie 988–992.

539 Zon. 12, 27, 4; Synk. 721 (ed. Mosshammer p. 470); die Annahme eines geplanten Perserkrieges nach HA, Aurel. 35, 4 ist unbegründet. Vgl. Zos. 1, 63, 1; HA, Tac. 13, 2. Der tiefe Einbruch 275/76 durch Kleinasien bis Kilikien (vgl. Salamon (o. Anm. 198) 137f.) war ohne Zweifel die Folge einer Lähmung auf römischer Seite durch die Ermordung Aurelians.

540 Eutr. 9, 15, 2; Epit. de Caes. 35, 8; HA, Aurel. 35, 5–36, 6.

541 Ein grundlegendes neues Referenzwerk zur Münzprägung unter Aurelian und Ulpia Severina Augusta wird in Kürze von R. Göbl (Moneta Imperii Romani) vorgelegt; ich werde zu dem historischen Problemkreis und zur Gestalt der Augusta an anderer Stelle ausführlich Stellung nehmen.

singulären alleinigen Münzprägung der Augusta einschließlich der Emission von Gold und mit dem für die Herrscher so bezeichnenden Programm der *concordia militum* zum Ausdruck kommt.

In Ägypten stammt das letzte Papyrusdatum für das Jahr 7 Aurelians vom 19.10.275[542], die erste bisher bekannte Datierung nach Tacitus vom 9.5.276[543]. Sein letztes Datum liegt zwischen dem 25.6. und 24.7.276[544]. Probus, der nach dem Tode des Tacitus Ende Juni/Anfang Juli 276 in Syrien und Ägypten als Kaiser anerkannt wurde[545], ist durch O. Mich. 157 bereits am 28.8.276 belegt[546]. Tacitus' Gardepräfekt M. Annius Florianus fand während seiner Regierungszeit von wenigen Wochen in diesen Gebieten keine Anerkennung[547]. Im Herbst 275 hatten die ägyptischen Behörden vermutlich nach der Ermordung Aurelians und der Anerkennung der Regentschaft der Augusta die Datierung nach dem 7. Jahr Aurelians (seit 29.8.) fortgeführt.

Der Zusammenbruch des fiduziären Währungssystems in Ägypten

Für die psychologische Wirksamkeit des Kontinuitätsbruchs, des Erlebens einer alternativen Perspektive zu den bisher selbstverständlichen Formen von Herrschaftsorganisation und legitimierten bzw. legitimierendem Autoritätsbezug[548],

---

542 P. Oxy. 1455, Z. 20–26.
543 P. Cair. Isid. 108 = SB V 7677 (Arsinoïtes); vgl. Rathbone 124f.
544 P. Oxy. 907, Z. 27f.; zu PSI V 457 vgl. R. Pintaudi, ZPE 27, 1977, 117f. Weitere Datierungen nach Tacitus: P. Stras. I 8 (8.6.276); Stud. Pal. XX 74 (23.6.276).
545 Vgl. Epit. de Caes. 36, 2; Zos. 1, 64, 1; HA, Prob. 10, 1; Chastagnol a.a.O. 77f.; Kienast 250f.; Peachin 46f., 90–93.
546 Arsinoïtes; vgl. Rathbone 126.
547 Vgl. zu ihm PIR² A 649; PLRE I, 367; Kienast 249; zu den Prägungen der Münze von Antiochia M. Weder, NC 144, 1984, 202–213, bes. 206–210; auch C. E. King ebd. 214–227.
548 Hierfür ist der Vorgang aus dem Jahre 260 charakteristisch, der vielfach zu Unrecht als Zeugnis für die ‚Inflation des 3. Jh.' herangezogen wird. P. Oxy. 1411 vom 24.11.260 enthält die auf die Klage, die Inhaber hätten die Wechselbanken geschlossen, da sie τὸ θεῖον τῶν Σεβαστῶν νόμισμα nicht annehmen wollten, erlassene Anweisung des Strategen Aurelius Ptolemais, genannt Nemesianus, daß die Inhaber die Banken (vgl. hierzu R. Bogaert, ZPE 57, 1984, 241–296) zu öffnen und alle Münzen anzunehmen bzw. zu wechseln hätten, gefälschte Stücke ausgenommen. Gleiches wurde für alle anderen Geschäftsvorgänge angeordnet, wobei sich der Stratege auf ein entsprechendes vorausgehendes Edikt des Praefectus Aegypti und seine Strafandrohung bezog. Mit θεῖον τῶν Σεβαστῶν νόμισμα (vgl. zu dem Terminus E. Christiansen, ZPE 54, 1984, 286ff.) ist ohne Zweifel die ägyptische Münzprägung der derzeit anerkannten Augusti angesprochen, also des jüngeren Macrianus und des Quietus (gesichert seit 17.9.260; s. o. S. 246). Ihre Münzen, deren Nominal und Wert(auf)bewahrungfunktion durch die kaiserliche Autorität zu garantieren waren, wurden offenkundig in weiteren Kreisen Ägyptens aus politischen Gründen und wegen mangelnden Vertrauens in die Usurpatoren nicht angenommen (vgl. auch A. C. Johnson, Roman Egypt to the Reign of Diocletian, Baltimore 1936, 449; J.-P. Callu, La politique monétaire des empereurs romains de 238–311, Paris 1969, 186f.). Man sah den von staatlicher Seite zu garantierenden Wert dieser Münzen im Falle ihres Scheiterns wohl als nicht gewährleistet und angesichts der Frage der Legitimation zumindest als beeinträchtigt an. Als Weigerung der Bankiers, wegen der angeblichen Geldentwertung zu den

können wir, wie bereits angesprochen, mit gutem Grund auf das Einsetzen des rapiden Geldwert- respektive Kaufkraftverfalls der kursierenden Geschäftswährung in Ägypten hinweisen. Hier dokumentiert sich das Moment der Erschütterung des Vertrauens in das Fortbestehen jener staatlichen Größe, deren Existenz den Wert des Münzgeldes formell sowie im Nominal autorisierte und als Garant für diesen Wert erschien[549]. Es ist wohl konkret das Bewußtwerden der Möglichkeit, künftig in einer Herrschaftsorganisation zu leben, in der die Münzen der Herrscher Roms nicht mehr als die staatlich autorisierten Zahlungsmittel[550] fungierten und ihr Wert nur mehr in ihrem (Waren-)Tauschwert im Sinne des Metallwertes bestünde. Obwohl die kursierende Silberwährung schon lange ihre Realwertdeckung im Warenwert des Edelmetallgewichts verloren hatte und als fiduziäre Billonwährung zu bezeichnen ist[551], blieb das durchschnittliche Währungs-, Preis- und Kaufkraftgefüge in Ägypten, wo wir über eine ausreichend dichte Datenbasis verfügen, bis zum Ende der 60er Jahre des 3. Jh. stabil[552] und wurde erst dann mit großer Folgewirkung für die Währung unterhalb des Goldstandards zerstört[553].

offiziellen Staatskursen zu wechseln (was aber die Präsenz des Reichssilbers in dem doch bis 296 n. Chr. geschlossenen Währungsgebiet Ägyptens voraussetzen würde) etwa noch bei A. Gara, ANRW II 19, 1, 1988, 931–948; die politische Ausnahmesituation wurde von Sture Bolin, State and Currency in the Roman Empire to 300 A.D., Stockholm 1958, 287f. nicht berücksichtigt (sein Bezug auf das ‚Reichssilber des Gallienus' müßte hier vielmehr auf dasjenige der Macriani gerichtet sein). Der Versuch von Christiansen a.a.O. 297f., das Dokument erneut auf den Metallwert der Münzen zu beziehen, ist zurückzuweisen; die von ihm angeführten Zeugnisse für „neue Münzen" gehören in verschiedenste Zusammenhänge. Die Ausdrücke „alt" und „neu" können sich sehr wohl ganz allgemein auf die Unterscheidung für die Prägungen der regierenden Augusti beziehen; vgl. auch F. Voelckel-Scherding, in: P. Stras. IV 557 mit p. 77f.; M. Crawford, in: P. Oxy. XLI, London 1972, 23.

549 Vgl. ausführlich K. Strobel, MBAH 8/2, 1989, 10–32. Charakteristisch sind etwa jene Münzhorte in Gallien und Britannien, die politische Faktoren der Selektion anzeigen, so das Sammeln nur von Münzen der Zentralkaiser oder des Carausius für Diokletian und Maximian (vgl. R. Bland – A. Burnett, The Normanby Hoard and other Roman coin hoards, London 1988, 118).

550 Vgl. Dig. 18, 1, 1; CTh 9, 23, 1, 2 *pecunias in usu publico constitutas pretium opportet esse, non mercem*. Geld ist *pecunia numerata*; entscheidend ist im Rechtsdenken die *quantitas* innerhalb eines *genus*; vgl. bes. K. Hasler, Studien zu Wesen und Wert des Geldes in der römischen Kaiserzeit von Augustus bis Severus Alexander, Bochum 1980, 26ff., 30f., 113ff.; ebd., bes. 17ff., 26ff., 62ff., 113–122 eine ausführliche Erörterung mit den entsprechenden Quellentexten; auch Carson 287f.

551 Das Funktionieren dieses Systems bis nach Mitte des 3. Jh. betonen auch J. F. Oates, ANRW II 10, 1, 1988, 805; E. Christiansen, The Roman Coins of Alexandria, Aarhus 1987, I 306f., 308f.; vgl. allgemein Gara a.a.O. 912–951, wenn auch vielfach mit überkommenen Schemata.

552 Das Responsum des Septimius Severus in P. Col. IV 123, Z. 40–44 (vgl. W. L. Westermann – A. A. Schiller, Apokrimata. Decisions of Septimius Severus on Legal Matters, New York 1954), daß Dioskoros, Sohn des Hephaistion, und Pieseis, Sohn des Osiris, und andere Bittsteller ihre Abgabenpflicht in Getreide nicht durch Geldzahlungen ersetzen dürfen, entspricht dem Interesse des Staates, Getreide zuverlässig in festen Quanten und Zeiten unter Abwälzung von Transport- und Nebenkosten für seine Aufgaben in die Hand zu bekommen (vgl. in gleicher Tendenz später etwa P. Oxy. 1409). Ersatz durch Geldzahlungen hätte zum Ankauf auf dem Markt mit seinen schwankenden Konditionen gezwungen. Die Entscheidung ist weder mit dem Wertverlust abgeknappten Geldes noch dem Unwillen der Reichsführung, das abgewertete Reichssilber (in Ägypten!) entgegenzunehmen (so noch Westermann – Schiller a.a.O. 33;

Ägypten war von augusteischer Zeit bis 296 n. Chr. ein geschlossenes Währungsgebiet, in dem sonstige Reichsprägungen nicht als Geschäfts- bzw. Kurrentwährung umliefen[554]. Auch die Geldmengen blieben in Ägypten seit den Tetradrachmenprägungen Neros bis ins späte 3. Jh. stabil[555]. Mit den Massenemissionen Neros sank der Feingehalt der Silbermünzen von durchschnittlich 30,55% bei der Wiederaufnahme der Tetradrachmenprägung unter Tiberius[556] auf durchschnittlich 16,54%[557]. Dieser im 4. Jahr Neros eingeführte Standard wurde für rund ein Jahrhundert beibehalten[558]. Damit waren Kaufkraft, Wertmaß und Verrechnungsgröße dieser Billonmünzen und damit das ägyptische Währungsgefüge als ein fiduziäres System etabliert[559]. Nach ihrem Warenwert hätten die alexandrinischen Silbermünzen aber schon seit 41 v. Chr. eine wesentlich geringere Kaufkraft besitzen müssen als sie tatsächlich hatten[560]. Dies verhinderte zusammen mit den stabilen innerägyptischen Verrechnungskursen eine Zirkulation dieser Währung außerhalb Ägyptens[561]. Mit einer Phase starker Schwankungen im 8.–10. Jahr Marc Aurels geht der Silbergehalt der alexandrinischen Tetradrachmen bis auf 8% zurück, wobei die Durchschnittswerte bei 12,39 und 12,68 g Gewicht liegen[562]. Die Prägungen unter Commodus im 17.–22. Jahr zeigen die endgültige Aufgabe des bisherigen Standards; die Schwankungen liegen zwischen 4,75% und 11,5% (Durchschnittswerte

dagegen auch Christiansen a.a.O. 271f., 292; vgl. auch F. De Martino, Wirtschaftsgeschichte des alten Rom, München 1985, 504f.) bedingt.
553 Vgl. Strobel a.a.O.; allgemein auch Hasler a.a.O. 31f. M. Corbier, in: A. Giardina (Hg.), Società e impero tardoantico. Istituzioni, ceti, economie, Rom – Bari 1986, 490–497 stellt zu Recht fest, daß die Preise auf dem Niveau des Goldstandards in der beginnenden Spätantike gegenüber dem der späten Republik und der augusteischen Zeit zurückgegangen waren.
554 Vgl. mit weiterer Literatur Johnson (o. Anm. 548) 424–442, bes. 427ff.; Christiansen (o. Anm. 548) 271–299, bes. 271f., 292; ders., Coin Hoards 7, 1985, 77–140; ders. (o. Anm. 551) I 11f., 302f., 306; Callu (o. Anm. 548) 179–184.
555 Vgl. Christiansen a.a.O. I 294–304, 307f., 309; zu Bronzenominalen ebd. I 309, II 7–10; Callu a.a.O. 190. Zur langen Umlaufdauer der Bronzemünzen als Alltagswährung, die über die Währungskrisen seit dem späteren 3. Jh. hinwegläuft, auch Chr. Augé, in: G. Depeyrot – T. Hackens – G. Moucharte (Hg.), Rythmes de la production monétaire, de l'antiquité à nos jours, Louvain-la-Neuve 1987, 227–235. Die Hortmünzenstatistik bei Callu a.a.O. 188f. spiegelt in den Angaben für die Jahre 267–269 die folgende palmyrenische Eroberung und die Höherwertigkeit der Münzen bis Claudius II. wider. Die Emissionstätigkeit steigt erst unter Aurelian und Probus wesentlich an.
556 Vgl. D. R. Walker, The Metrology of the Roman Silver Coinage, 3 Bde., Oxford 1976–1978, I 139–159, bes. 142f., 152; Durchschnittsgewicht 13,13 g (Standardabweichung 0,74 g); Absenkung unter Claudius (ebd. 145f., 152) auf 22,94% (Standardabweichung 4,84% fein) bei 13,04 g; wohl seit claudischer Zeit das feste Verrechnungsverhältnis 1 Tetradrachme = 1 Denar; vgl. Walker a.a.O. I 155; Christiansen (o. Anm. 548) 271—299 (Auswechselbarkeit der Bezeichnungen); ders. (o. Anm. 551) I 114.
557 Vgl. Walker a.a.O. I 147–149, 154; Christiansen a.a.O. 1984, 296; 1988, I 107–110.
558 Vgl. Walker a.a.O. II 115.
559 Vgl. Johnson (o. Anm. 458) 428, 431, 433; Christiansen a.a.O. 1988, I 13 mit Anm. 48.
560 Durchschnittswerte der letzten ptolemäischen Tetradrachmen bei 45,72% und 12,66 g (Walker a.a.O. I 142; Standardabweichungen 5,67% fein und 1,16 g).
561 Vgl. etwa Walker a.a.O. I 156.
562 Standardabweichungen 4,58% fein und 1,43 g; vgl. Walker a.a.O. II 114f.

7,75% bei 11,90 g)[563]. Im 32. Jahr des Commodus liegen die Durchschnittswerte bei 6,20% und 11,90 g[564]. Der Gewichtsstandard wird bis zum Ende der Regierung des Gallienus mit einem leichten Rückgang auf ca. 10,50 g gehalten[565], wobei in den letzten Jahren Münzen mit einem Gewicht von 10–11 g bzw. über 11 g durchaus häufig auftreten[566]. Der durchschnittliche Silberstandard beträgt 4–7,5%, wobei ca. 6–6,5% den Richtwert angeben dürften[567]. Der endgültige Abfall im Feingehalt und vor allem in dem allgemein feststellbaren Gewicht der Münze erfolgte erst unter Aurelian (besonders in den Jahren 5–7), Tacitus und Probus[568]. Es ist zu betonen, daß angesichts der stets präsenten Schwankungsbreiten innerhalb der Emissionen und im Umlauf auch durch Abnutzung sowie angesichts der Grenzen für die Bestimmung der Zusammensetzung im antiken Alltag die Münzstücke als relativ einheitliche und stabile Größen erscheinen mußten, solange keine äußerlich feststellbare merkliche Reduzierung (Größe, Gewicht) zu erkennen war[569].

563 Vgl. ebd.
564 Standardabweichungen 1,30% und 0,72 g; vgl. ebd. 115; E. R. Caley, in: Centennial Publication of the American Numismatic Society, New York 1958, 170f., unter Nr. 11 Münze, Jahr 30, mit nur 3,91% bei 8,90 g.
565 Bei 4–7,5%; vgl. Johnson (o. Anm. 548) 441f.; L. C. West – A. C. Johnson, Currency in Roman and Byzantine Egypt, Princeton 1944, 172f.; Caley a.a.O. 167–180; Callu (o. Anm. 548) 185. Der Rückgang auf ca. 10,50 g fällt unter Decius und Trebonianus Gallus. Zusammenfassende Liste auch bei Callu a.a.O. 184f. mit Anm. 4.5 (Valerian 10,52; Macriani 10,49; Gallienus 9,97; Claudius II. 9,71; Aurelian 8,92; Tacitus 7,96; Probus 8,23 g).
566 Vgl. SNG Kopenhagen 41. Alexandria – Cyrenica, Kopenhagen 1974, Nr. 765–802; ebd. 803–825 Salonina, deren Prägungen in den Jahren 13–15 etwas leichter tendieren; SNG Frankreich. Bibliothèque Nationale, Cabinet des Médailles. Coll. J. et M. Delepierre, Paris 1983, 3109–3111.3112f. Durchschnitt für Gallienus nach West – Johnson a.a.O. 172f. insgesamt 9,93 g. Für die Münzfunde aus Karanis ergibt sich für Valerian und Gallienus ein Durchschnitt von 11,51 g, für Macrianus und Quietus 11,67 g; für Gallien allein 10,78 g; Claudius II. 10,01 g; vgl. Callu a.a.O. Unter Berücksichtigung des Erhaltungszustandes sollte von einem Durchschnitt für Gallienus von über 10 g ausgegangen werden. Die Prägungen der Macriani liegen in der gleichen Bandbreite (vgl. West – Johnson a.a.O. 173; SNG Kopenhagen 41, 829–832).
567 Vgl. o. Anm. 565, bes. Caley a.a.O. 178 (eine Analyse für Gallienus mit 4%).
568 Durchschnittswerte Claudius II. 9,71 g und 2,7% (Caley a.a.O. 178; 2,4% West – Johnson a.a.O. 173); vgl. SNG Kopenhagen 41, 833–854 (mit Tendenz zu einem Durchschnitt von ca. 10 g). Die Prägungen der Palmyrenerzeit liegen bei 10,25–9,06 g (Jahr 1/1; 1/4) und 10,07–8,73 g (Jahr 2/5) nach SNG Kopenhagen 41, 896–903; die Ausnahmesituation spiegelt ebd. 904, Zenobia Augusta, mit nur 5,95 g. SNG Frankreich (o. Anm. 565) 3119.3120: 11,17 bzw. 11,76 g (Jahr 2/5). Zur wesentlichen Gewichtsverringerung seit 274 n. Chr. bis unter Probus vgl. Callu a.a.O. 184f. mit Anm. 5; SNG Kopenhagen 41, 855–888/889–895 (Severina), 905–909, 910–944. Aurelian, Jahr 1–4: 9,53–9,27 g; Jahr 5: 8,86 g; Jahr 6: 7,93 g; Jahr 7: 8,04 g); 1,7% fein nach West – Johnson a.a.O.; Caley a.a.O.; Tacitus 8,05 g; Probus 7,78 g. Unter Probus endet die Beimischung eines noch nennenswerten Silberanteils; vgl. L. H. Cope, NC VII 15, 1975, 187–190.
569 Vgl. Strobel (o. Anm. 549), bes. 20; Christiansen a.a.O. I 306; zum Bemühen um die äußere Erscheinung der Münze L. H. Cope, NC VII 9, 1969, 145–161. Gerade die äußerlich faßbaren Beurteilungsfaktoren der Münze betont der Anonymus de rebus bellicis (Kap. III) für die Allgemeinheit; vgl. zu ihm H. Brandt, Zeitkritik in der Spätantike, München 1988, 50f., 55; auch ebd. 26ff., 33ff.; F. Kolb, in: Studien zur antiken Sozialgeschichte. Festschrift F. Vittinghoff, Köln – Wien 1980, 517–519. Zur Frage des Gewichtsverlustes im Umlauf auch R. P. Duncan-Jones, in: Depeyrot u. a. (o. Anm. 555) 237–256.

In seinen Untersuchungen konnte H.-J. Drexhage die Unhaltbarkeit der traditionellen Thesen zeigen[570], die von einer ständigen und schließlich inflationären Preissteigerung in den ersten zweieinhalb Jahrhunderten unserer Zeitrechnung ausgehen und den Rückgang des Silbergehaltes als den damit parallel verlaufenden Inflationsindikator und als den allein maßgebenden Inflationsfaktor ansehen[571]. Dagegen ist trotz der zunehmenden Abknappung der Münzen bis zum Ausgang der 60er Jahre des 3. Jh. im Durchschnitt nur eine leichte und kontinuierliche Preissteigerung zu beobachten, deren Tendenz wir durchaus als eine langfristige, durchschnittliche Preisstabilität seit dem 1. Jh. n. Chr. bezeichnen können. Der für die Betrachtung von Kaufkraft, Wertmaß und inflationärer Preissteigerung entscheidende Getreidepreis blieb in seiner durchschnittlichen Entwicklung mit dem üblichen Schwankungsrahmen, der die saisonalen Schwankungen innerhalb eines Jahres respektive solche in Folge der Unregelmäßigkeiten in den Nilschwellen umfaßte[572], bis in den Juni(?) 270 stabil[573], um dann im Jahre 276 n. Chr. mit 200 dr. pro Artabe einen dramatischen Anstieg aufzuweisen[574]. Es ist bezeichnend, daß sich in Ägypten gerade im 3. Viertel des 3. Jh. weder ein wirtschaftlicher Niedergang noch ein Produktionsrückgang abzeichnet[575]. Auch außerhalb Ägyptens bleibt das durchschnittliche Preisniveau lange ohne signifikante Steigerung, wie die einschlägigen Zeugnisse aus Dura-Europos bis zum Fall der Stadt 256 n. Chr. belegen[576] oder nun auch die Papyrusdokumente vom mittleren Euphrat bis 252 zeigen[577].

570 H.-J. Drexhage, MBAH 6/2, 1987, 30–45; ders., Preise, Mieten/Pachten, Kosten, Löhne im römischen Ägypten bis zum Regierungsantritt Diokletians, St. Katharinen 1991 (Ich danke Herrn Drexhage für seine vorausgehenden persönlichen Auskünfte).
571 Vgl. dagegen Drexhage a.a.O. 1987, 30; Strobel a.a.O., mit weiterer Lit.; ebenso Grassl (o. Anm. 536) 128–142, bes. 134f.; auch E. Lo Cascio, JRS 71, 1981, 76–86.
572 Sporadische Schwankungen innerhalb des Jahres von –29% bis +47% gegenüber dem Durchschnitt; vgl. jetzt D. Rathbone, Economic rationalism and rural society in third century A.D. Egypt. The Heroninos archive and the Appianus estate. Cambridge – New York – Port Chester – Melbourne – Sydney 1991, 6, 330, 403 (Stabilität von Löhnen und Preisen), 464f.
573 P. Erl. 101: 24 dr., entspricht der Bandbreite seit dem 2. Jh. n. Chr.; vgl. Rathbone a.a.O. 464; Drexhage a.a.O. 1987, 40–42; 1991, 17, 276 (Drexhage mit Datierung auf August(?) 269).
574 O. Mich. I 157 (mit H. C. Youtie, TAPA 76, 1945, 144–146); vgl. Rathbone a.a.O. 264f.; Drexhage a.a.O. 1987, 43 (weitere Belege ebd. 33, 42f.); 1991, 276.
575 Vgl. Rathbone a.a.O., bes. 5f., 403; allgemein 5f., 329f., 388ff. Hier sind die großen Güter ritterlicher Magnaten in Ägypten zu fassen, ebenso eine hochentwickelte monetarisierte agrarische Gesellschaft, deren Monetarisierungsgrad sich zwischen den 250er und 270er Jahren nicht auf das tatsächlich umlaufende Münzgeld beschränkte, sondern ein komplexes Verrechnungs- und Kreditsystem handhabte. In Oxyrhynchos kann eine Krise in dieser Zeit ebenfalls nicht festgestellt werden; gerade für die 1. Hälfte der 70er Jahre des 3. Jh. ist hier ein überaus hoher Standard dokumentiert; vgl. J. Krüger, Oxyrhynchos in der Kaiserzeit, Frankfurt – Bern – New York – Paris 1990, bes. 13. Vgl. allgemein N. Lewis (o. Anm. 487) 163–184, 203f. zur Kontinuität auch der negativen Phänomene seit augusteischer Zeit (Steuerdruck, Anachoresis (etwa Höhepunkt in Philadelphia in neronischer Zeit), Flucht- und Bandenwesen).
576 Vgl. auch Strobel a.a.O.; zu den Zeugnissen C. B. Welles – R. O. Fink – J. F. Gilliam, The Excavations at Dura-Europos. Final Report V 1, New Haven 1959, bes. 8f.
577 Vgl. Feissel – Gascou (o. Anm. 243) 535–561, bes. 558ff. Der Kaufpreis einer 13jährigen Sklavin beträgt am 6.11.249 600 Denare (ebd. Nr. 6.7), der Rückkaufpreis einer ebensoalten Sklavin am 27.1.251 700 Denare (ebd. Nr. 8), einer weiteren am 13.6.252 550 Denare (Nr. 9); Kaufpreis einer Zuchtstute am 26.5.250 in Karrhae 750 Denare. Siehe zum Vergleich Drexhage a.a.O., bes. 1987, 41.

Die unterschiedliche Lohnprogression für die aufeinanderfolgenden Lehrjahre in den Lehrverträgen P. Oxy. 2977 und 2586 von 239 bzw. 264 n. Chr., die aber für die ersten beiden Halbjahre des jeweils ersten Lehrjahres gleiche Lohnkonditionen ausweisen, kann nicht als Beleg für frühere inflationäre Tendenzen gewertet werden, zumal es sich in den Verträgen um zwei ganz unterschiedliche Handwerksberufe und qualitativ, genauer im materiellen Ertrag der Arbeit nicht vergleichbare Arbeit handelte. Auch der Anstieg der belegten Monatslöhne für die Schiffer im staatlichen Getreide- und Militärtransportwesen auf dem Nil um 33,3% zwischen 253/260[578] und 266[579] kann durch mögliche Unterschiede in den Schiffen und Funktionen bzw. in Bedarf und Saison, gegebenenfalls auch durch politische Umstände oder das Bemühen um die benötigte Steigerung der Effizienz des Transports begründet gewesen sein. Eine nur vorübergehende Steigerung ist für die Angabe von 266 n. Chr. zudem nicht auszuschließen. Zwischen 269/70 und 276 können wir aber in Ägypten anhand des Leitindikators des Getreidepreises einen dramatischen, beschleunigten Verfall der Kaufkraft des Geldes feststellen[580]. Allerdings ist es fraglich, ob man den Beginn des rapiden Wertverfalls der kursierenden Geschäftswährung mit Drexhage auf Grund des Sklavenpreises von Stud. Pal. XX 71 direkt auf 270 n. Chr. festlegen kann[581]. Der gezahlte Kaufpreis für dieses ‚Investitionsgut' liegt um etwa 100% über vergleichbaren früheren Preisen[582]; ihm könnte jedoch eine spezifische Gegebenheit oder eine besondere Angebots- und Nachfragesituation zugrunde gelegen haben; eine Übertragung des Zeugnisses auf das Preisniveau der einfacheren Güter und des Alltagsbedarfes bleibt zumindest fraglich[583]. Für 274 ist im Oxyrhynchites der überaus hohe Preis von 2.336 dr. für die Arure Getreideland belegt[584]. Ihn sieht Drexhage zusammen mit dem Preis für eine weiße Stute von 5.000 dr. im Jahre 275 als Indiz für das erfolgte Einsetzen der beschleunigten Preissteigerung[585]. Allerdings können diese Preise für Anlagegüter und hochwertige Waren, wie immer wieder zu beobachten, dem eigentlichen Durchbrechen einer inflationären Entwicklung noch kurz vorausgegangen sein. Zu der Wirkung der 270–272 erlebten politischen Krise kamen zudem bis 276 n. Chr. ohne Frage die Folgen der zunehmenden Uneinheitlichkeit in der Reichswährung des Antoninian sowie die Reformansätze Aurelians und dessen schließliche Reform des ‚Reichssilbers' im Jahre 274[586].

578 SB XIV 12010: 120 dr.
579 H. M. A. Elmaghrabi, An Edition of unpublished Greek Documents from Roman Egypt, Diss. Durham 1982, Nr. 11: 160 dr.
580 Vgl. dagegen zuvor P. Köln IV 196 für den Zeitraum 245/6–257 n. Chr.; SB VI 9406, 9408, 9409; P. Flor. III 321. Vgl. Drexhage (o. Anm. 570) 1987, 32–34, 34–42; Rathbone a.a.O., bes. 5, 403, der die in dem Archiv deutliche Stabilität bis in die 270er betont. Corbier (o. Anm. 553) 489–533 gelingt kein Inflationsnachweis für die Zeit bis in die 260er Jahre.
581 So Drexhage a.a.O. 44.
582 Siehe zum Vergleichsniveau 266/267 n. Chr. Drexhage a.a.O. 36 mit Anm. 29, 41.
583 Der Preis ist nach Drexhage der höchste bisher im römischen Ägypten überhaupt nachgewiesene; der Datierungsvorschlag für den Papyrus ist zudem nicht völlig gesichert.
584 P. Oxy. 3498.
585 P. Cair. Isid. 85; vgl. Drexhage a.a.O. 43f.
586 Sie bedeutete die Zerstörung des bisherigen Nominalsystems; als Ursache betont von Rathbone

Die traditionelle Beschränkung der währungsgeschichtlichen Betrachtung auf den Metallwert der Münzen, wie er von der Antiken Numismatik und insbesondere von der Münzanalyse in den Vordergrund gestellt wurde, muß unter Berücksichtigung der grundlegenden ökonomischen und allgemeinen wirtschaftspsychologischen Prozesse aufgebrochen werden[587]. Inflation kann nur aus dem Kehrwert des allgemeinen (durchschnittlichen) Preisniveaus nach der für das Währungssystem grundlegenden Verrechnungseinheit erschlossen und als ein längerfristiger und anhaltender beschleunigter Anstieg des Preisniveaus definiert werden. Nur der beschleunigte Kaufkraftverfall des im Markt kursierenden Geldes bzw. der monetären Verrechnungseinheit ist der Indikator und die unmittelbare Ursache für eine inflationäre Entwicklung, zumal wir auch für das 3. Jh. die Möglichkeit einer Inflation im Sinne der Überhöhung der Geldmenge im Imperium Romanum ausschließen müssen. Bis an das Ende der 60er Jahre des 3. Jh. blieb die durchschnittliche, von den ständigen regionalen und saisonalen Preisschwankungen absehende Kaufkraft der in Ägypten kursierenden Geschäftswährung prinzipiell am Nominalwert orientiert, wie er von staatlicher Seite autorisiert wurde. Nominalwerte sind im Normalfall entscheidend[588] für die sogenannte Geldillusion und damit für die grundlegende Erwartungshaltung, welche den Funktionen des Geldes als Verrechnungseinheit und vor allem als Wertbewahrungs- und Wertaufbewahrungsmittel zugrunde liegt. Der psychologische Grundfaktor für sämtliche Funktionen des Geldes als Tausch- und damit Zahlungsmittel, als Wert(auf)bewahrungsmittel, als Wertmesser und als Verrechnungseinheit ist das Vertrauen in die ‚Geldillusion'. Erst wenn die psychologischen Grenzen für das durchaus starke und lange Zeit selbst zur Akzeptierung von Preisanstieg und entsprechender Preiserwartung fähige mentale Beharrungsvermögen[589] für das Vertrauen in die künftige Entwicklung der monetären und politischen Systeme überschritten werden, bricht die Erwartungshaltung zusammen, die als Vertrauen in die Währung und ihre Stabilität bezeichnet werden kann. Das verlorene oder mangelnde Vertrauen in die künftige Tauschfunktion des Geldes, in seine äquivalente Wert(auf)bewahrungsfunktion, beschwört inflationäre Tendenzen herauf, zumal unter Wirtschaftsbedingungen, in denen eine inflationsbewirkende Überhöhung der Geldmenge durch den Staat nicht möglich war. Wirt-

---

a.a.O. 330. Der endgültige Verfall des Feingehalts des Antoninian findet sich unter Claudius II. (insbesondere in der späteren 2. Serie); vgl. Cope (o. Anm. 569) 145–161 (ebenso unter den späteren gallischen Kaisern). Zu Claudius II. vgl. Carson 105f. (Gewicht 3,0–2,4 g); ebd. 117 zum Beginn der Regierung Aurelians (2,8 g; ca. 2,5%). Die Goldprägung des Gallienus 260–268 n. Chr. in Rom, Mailand und Siscia erscheint jedoch im Gegensatz noch zu Carson 100 nach der neuen Studie von J.-M. Doyen, in: Depeyrot u. a. (o. Anm. 555) 291–309 (mit ausführlichen, Callu korrigierenden Messungen) nicht mehr als ‚anarchische' Prägetätigkeit; es wurden vielmehr neben dem relativ stabilen Aureus zwei neue kleinere Goldnominale eingeführt, wobei alle Nominale insbesondere in Rom relativ stabil ausgeprägt wurden, die Teilstücke allerdings nicht mehr als eigenständige Stempeltypen kenntlich gemacht sind.

587 Vgl. mit weiterer Literatur Strobel (o. Anm. 549).

588 Mit Nachdruck ist in diesem Zusammenhang auf die Einführung des Antoninian als Doppeldenar hinzuweisen, der für jedermann erkennbar keinen doppelten Metallwert darstellte (Verhältnis nur 1:1,5), aber in seinem Nominalwert die Geschäftswährung bestimmte; vgl. Hasler (o. Anm. 550) 9f., 116f.; Carson 67.

589 Vgl. ähnlich Hasler a.a.O. 120f.

schaftliche oder monetäre Entwicklungen sind immer stark von der politischen und gesellschaftlichen Lage und insbesondere von dem Grad des Vertrauens geprägt, das man der staatlichen bzw. herrschaftlichen Autorität und ihrer zukünftigen Entwicklung entgegenbringt, die ein monetäres System autorisiert und in seiner nominalen Wertigkeit (nicht zuletzt im eigenen Handlungsbereich) garantiert.

Ausgehend von den Feststellungen zum grundlegend monetarisierten Ägypten ist zu Recht zu folgern, daß auch im Reichsgebiet der zurückgehende Silbergehalt der Reichsmünze, wobei aber gerade für die Zeit des Gallienus kein augenfälliger Zusammenhang zwischen Gewicht, Durchmesser und Feingehalt, d. h. zwischen äußeren Größen und Edelmetallanteil, gegeben war[590], für sich keine Inflation bewirkt hat und auch keinen Inflationsindikator darstellt. Für die Frage der durchschnittlichen Preisstabilität im Reich müssen die ägyptischen Zeugnisse herangezogen werden. Zwar war Ägypten noch ein geschlossenes Währungsgebiet, doch könnte seine fiduziäre Billonwährung und insbesondere die Entwicklung seines Preisgefüges sowie des Vertrauens in die Geldfunktion kaum von einer negativen respektive inflationären Entwicklung im Reich unberührt geblieben sein, zumal angesichts des festen Kurses der Tetradrachme zum Denar von 1:1, was beide Nominalbezeichnungen austauschbar machte. Dagegen sind weder überlieferungsmäßige noch (z. T. vermeintliche) wirtschaftliche Besonderheiten Ägyptens noch die traditionelle Auswertung der Münzanalyse wirkliche Gegenargumente. Beim Durchbrechen eines beschleunigten Geldwertverfalls kommen allgemein wirksame politisch- und wirtschaftspsychologische sowie ökonomische Prozesse zum Tragen. Auch läßt sich für die rabbinischen Quellen, soweit dort Angaben vorhanden und konkret auswertbar sind, bis in die 2. Hälfte des 3. Jh. n. Chr. hinein eine Stabilität der Preise für die Grunderzeugnisse des Landes feststellen, die durch den Rückgang des Metallwertes der kursierenden römischen Reichsmünze nicht berührt war[591]. Im

---

590 Vgl. C. E. King, in: Proceedings of the 9th Internat. Congress of Numismatics I, Louvain-La-Neuve. Luxemburg 1982, 467–485, bes. 473; ebd. eine Zusammenstellung der großen Schwankungen im Feingehalt unter Gallienus und der offenen Zuordnungsprobleme für 260–268 n. Chr. (unterschiedliche Standards der Münzstätten!). Zu dem in Gewicht und Feingehalt höheren Standard der antiochenischen Prägungen für Gallienus und Claudius II. vgl. Huvelin (o. Anm. 469) 256–258. Ab der 3. Serie der Alleinherrschaft des Gallienus (ca. 263 n. Chr.) zeigt die römische Münze als Charakteristikum zwei stark abweichende Standards in Gewicht, Stempel- und Schrötlingsqualität von „good" bzw. „poor" (einschließlich der Produktion von Gußstücken) nebeneinander; gleiches gilt für Claudius II., Quintillus, Aurelian (1. Emissionsserie) und Divus Claudius-Prägungen (besonders abfallend) bis zur Schließung der Münze in Folge des Münzaufstands; vgl. Besly – Bland 113ff.; Bland – Burnett (o. Anm. 549) 114–215, bes. 120ff., 132 f. (Feingehalt Gallienus 4. Serie 16–1%, Durchschnitt 9,1%; 5. Serie 10–2%, Durchschnitt 4,9%; gallienische Spezialemissionen Rom, Durchschnitt 10,6 bzw. 12,4%). Die schwereren Münzen („good") kamen durch Hortung schneller aus dem Umlauf (Cunetio-Hort: Gallienus, Rom, 3.–4. Serie „poor" dominant, 5.–6. Serie „good" dominant; für den ca. 15 Jahre späteren Normanby-Hort (der Carausius-Münzen einschließt) 3.–6. Serie mit einem entsprechend niedrigeren Durchschnittsgewicht der vorhandenen Stücke).

591 Vgl. A. Ben-David, in: Proceedings of the Sixth World Congress of Jewish Studies II, Jerusalem 1975, bes. 414f.; auch D. Sperber, Roman Palestine 200–400: Money and Prices, Ramat-Gan 1974, 132f., 144f.; zu Sperber Strobel (o. Anm. 549); ders., Laverna 2, 1991 (im Druck). C. J. Howgego, Greek Imperial Countermarks, London 1985, spricht ebenfalls von einer Phase der Stabilität im Bild der östlichen städtischen Prägungen bis 253, ohne danach in Pisidien oder

Wirtschaftsraum Palästinas wurde der kursierenden Geschäftswährung des Reiches deutlich eine fiduziäre, am (symbolisierten) Nominalwert ausgerichtete Qualität zugemessen[592]. Die zweite Hälfte des 3. Jh. n. Chr. war durch einen deutlich höheren Monetarisierungsgrad auch in weiten Teilen des Reiches außerhalb seiner Kernländer und Zentren gekennzeichnet und leitete auch in diesem Sinne in das 4. Jh. über. Ein Zurückgehen der Monetarisierung erfolgte nur bei einem Abbrechen der Versorgung mit monetären Zahlungsmitteln und des entsprechenden Münzumlaufes. Die im Westen des Reiches massenhaft hergestellten halboffiziellen Imitationen (bzw. barbarisierten Prägungen) der letzten großen Prägeserien vor der Münzreform von 274 n. Chr. (besonders Tetricus I./II., Divus Claudius) füllten trotz ihres in Gewicht und äußerer Qualität offenkundigen mangelhaften Warenwertes solche Lücken im Bedarf und fanden breite Akzeptanz; ihre längere Zirkulation (insbesondere Divus Claudius-Prägungen) erklärt sich durch den Bedarf an niedrigwertigen, dem bisherigen Nominalschema entsprechenden Münzen, deren Neuzustrom durch die Reform Aurelians beendet war. Ein stärkerer Kaufkraftverfall der Reichswährung kann im Westen des Reiches im Grunde nicht belegt werden. Auf das Währungsgefüge haben hier offensichtlich vor allem die Entwertungen durch die Münzreformen gewirkt, die nicht nur Teile des Geldumlaufes ausfallen ließen, sondern gerade auch zur Aufgabe so entwerteter Deposite führten.

Pamphylien Anzeichen einer Krise erkennen zu können, wo diese Prägungen am längsten fortgeführt wurde. Wir müssen grundsätzlich von großen lokalen Unterschieden in der Quantität des Geldumlaufs bzw. der Verfügbarkeit monetärer Zahlungsmittel ausgehen. So waren die pamphylischen Küstenstädte Perge und Side insbesondere seit Mitte des 3. Jh. n. Chr. zentrale Etappen- und Hafenplätze für die römischen Truppen im Osten bis 276 n. Chr. (vgl. J. Nollé, Chiron 17, 1987, 254–265); die Blütezeit von Side dauerte von Valerian/Gallienus bis ca. 280. Hier erfolgte ein großer Zustrom an Reichssilber; die stark angewachsenen lokalen Prägungen (in Side Höhepunkt unter Valerian und Gallienus, Prägungen noch bis Aurelian, in Perge noch bis Tacitus) trugen die notwendige Versorgung mit Kleingeld, dessen Kaufkraft je Münze offenkundig stabil blieb. Die Höherbewertung dieser Münzen mit dem Nominalwert 10 Assaria unter Valerian/Gallienus bei gleichbleibendem Gewichtsstandard (bisher mit Nominalwert 5; vgl. hierzu Howgego 64f. mit 279 Nr. 803) dürfte eine Reaktion auf den gesteigerten Zustrom von Reichsmünzen sein; die Aufwertung der lokalen Aesmünzen diente zweifellos der Stabilisierung des von diesen Münzen getragenen lokalen Währungs- und Preisniveaus. Unter Gallienus (Alleinherrschaft) wurden ältere, teilweise höhergewichtige Bronzemünzen mit dem Nominalwert 5 gegengestempelt und mit den Neuprägungen (Nominal 10; etwa gleichbleibender Gewichtsstandard) zu einem System verbunden (vgl. Howgego a.a.O. 62, 279f. Nr. 805), das offenkundig Bedarf an kleineren Nominalen hatte, also keiner inflationären Tendenz unterlag. Gerade hier wird der Nominalwertbezug deutlich. Es ist zwischen dem lokal autorisierten Nominal der Aesmünze und ihrer Kaufkraft im lokalen Markt mit seinem begrenzten Geldumlauf (zur Unterversorgung auch Howgego a.a.O. 83f., 85) und in einer Beschränkung auf den einfachen Geschäftsverkehr des Alltags auf der einen Seite und dem Kursverhältnis (offiziell bzw. im Wechselverkehr) mit der Reichsprägung und anderen lokalen Prägungen auf der anderen zu unterscheiden (deshalb problematisch Howgego a.a.O. 68–73; seine Annahme, die Trends des Metallstandards der Silberwährung und der Preise müßten parallel verlaufen, faßt die Frage der Kaufkraft der Münze nicht).

592 Vgl. Strobel a.a.O. 1989, 13f., 18f, 23f.; zum folgenden etwa Strobel a.a.O. 23ff., bes. 26f.; Bland – Burnett (o. Anm. 549) 114f., 143ff., bes. 144.

Das Durchbrechen eines entscheidend beschleunigten Kaufkraftverfalls der kursierenden Billonwährung als der grundlegenden Geschäftswährung und Basis des Geldverkehrs der breiten Bevölkerung Ägyptens hatte nach 270 in dem bereits erfolgten Verlust der Metallwertdeckung eine erst sekundär wirksame Ursache. Erst als die Frage nach dem Metallwertäquivalent des kursierenden Münzgeldes für den Geschäftsverkehr des Alltags und für die Bevölkerung als Grundlage der Wert-(auf)bewahrungs- und der künftigen Tauschfunktion des Geldes vorrangig wurde, wirkte die fehlende Edelmetalldeckung der Silberwährung als ein eigendynamischer Faktor hinsichtlich der Wertmaß- und Wertbewahrungsfunktion dieses Geldes bzw. seiner Verrechnungseinheit. Diesen Umbruch können wir in Ägypten auf Grund der papyrologischen Dokumentation relativ genau festlegen. Durch die dabei deutliche Koinzidenz mit dem gewaltsamen Zusammenbrechen der römischen Zentralautorität über Ägypten kann zu Recht in dessen mentalen Folgewirkungen eine der wesentlichen Ursachen erkannt werden, zumal wir hier ein Szenario der politisch-historischen Entwicklung vor uns haben, das auch zu anderen Zeiten die grundlegenden psychologischen Mechanismen für die Kaufkraft- und Geldwertentwicklung beeinflußt hat.

4. Die koptische Elijah-Apokalypse

Für den tiefen Eindruck, den die gewaltsame Eroberung Ägyptens mit der seit 30 v. Chr. einmaligen Unterbrechung der Herrscherkontinuität in Ägypten bewirkte, finden wir eine allerdings gebrochene Spiegelung in der sogenannten koptischen Elijah-Apokalypse. Diese ursprünglich in griechischer Sprache abgefaßte apokalyptische Schrift aus dem ägyptischen Diasporajudentum des 3./4. Jh. n. Chr. ist nur in einer christlichen Überarbeitung und in koptischer Übertragung erhalten[593]. Mit diesem Werk verbindet sich neben der Frage nach Ausmaß und Zeitpunkt der christlichen Bearbeitung[594] vor allem die grundsätzliche Problemstellung, ob und in welchem Umfange man insbesondere den Mittelteil der Schrift überhaupt zu konkreten zeitgeschichtlichen Bezügen aufschlüsseln kann[595]. In seiner charakteristischen jüdisch-apokalyptischen Sprach- und Formelwelt sind zeitgeschichtliche

---

[593] Text und Übertragung nach W. Schrage, Die Elia-Apokalypse, JSHRZ V 3, Gütersloh 1980; vgl. einführend ebd. 195–225; A. Yarbo Collins, ANRW II 25, 6, 1988, 4691–4693; Stemberger 130–134; G. Vermes – F. Millar – M. Goodman (Hg.), The History of the Jewish People in the Age of Jesus Christ III 2, Edinburgh 1987, 799–802, bes. 802. Die Ausführungen von. J.-M. Rosenstiehl, L'apocalypse d'Elie, Paris 1972 können weder zur historischen Deutung noch zur Text- und Traditionsentwicklung überzeugen (so a.a.O. 61ff., bes. 68–73, 75f.); vgl. dagegen bereits A. Yarbo Collins, Semeia 14, 1979, 99ff. Zur Elijah-Literatur vgl. allgemein M. Stone – J. Strugnell, The Books of Elijah. Parts 1–2, Missoula Mont. 1979, bes. 5–7.

[594] Vgl. Yarbo Collins a.a.O.; u. S. 282; zur jüdisch-christlichen Elias-Tradition auch Schrage a.a.O. 204–217.

[595] So zu Recht auch Schrage a.a.O. 220f.; vgl. zum eschatologisch-historischen Gesamtkomplex ebd. 220–225; auch Stemberger 131–133, den den Text a.a.O. 131f. allerdings zu stark historiographisch wertet; abwegig sind die versuchten historischen und sozial- bzw. wirtschaftsgeschichtlichen Deutungen bei Rosenstiehl a.a.O. 66f., wo eine konkret zu erfassende Aussage vorausgesetzt wird.

Bezüge, wenn als solche vom Verfasser konzipiert, mit traditionellen Formeln und Vorstellungen verschlüsselt und für uns weitgehend unkenntlich geworden, zumal wir nur von dem vorliegenden Text ausgehen können.

Wie W. Schrage zu Recht feststellt, wurden in der Elijah-Apokalypse zahlreiche Traditionsstoffe kompiliert, oder besser gesagt, vermengt, wobei das vom Autor in der Tradition vorgefundene Endzeitschema mit seinem teilweise schon lange stereotypen Ereignisrepertoire die gesamten eschatologischen Bilder bestimmt[596]. Hierzu gehört etwa der „König der Ungerechtigkeit", der aus dem Norden kommt, und der jüdischen Alexanderlegende entstammt die Gestalt des „Königs aus dem Westen"[597]. In welchem Maße die Schrift aus einer Kompilation der apokalyptischen Tradition einschließlich paganer Orakelschriften lebt, zeigen die entsprechenden Parallelverweise in der Ausgabe von W. Schrage[598]. So stammen auch die genannten Zahlen der Könige direkt aus der apokalyptischen Tradition, insbesondere aus dem Buch Daniel[599]. Die spezifische endzeitliche Perspektive des Werkes bildet die Erwartung des letzten Königs, der mit dem Antimessias identisch ist, und des Endkampfes gegen ihn[600]. Die negative Zukunftserwartung entspricht ganz der traditionellen apokalyptischen Schematik für das Kommen der Endzeit. Ein Ende dieser Welt folgt erst mit der dann kommenden Heilszeit. Die Angabe „im vierten Jahr jenes Königs" für das Auftreten des Antimessias, des Sohnes der Gottlosigkeit[601], ist natürlich dem Wochenschema nach Daniel mit der Herrschaft des Widersachers für 3,5 Tage = 3,5 Jahre der 70. Woche entnommen[602] und kann nicht als eine etwaige zeithistorische Reminiszenz verwertet werden.

Was besagt nun innerhalb der Prophezeiung über den endzeitlichen Kampf der „persischen Könige" gegendie „assyrischen Könige" (ApcEl 29,11–30, 5 bzw. 31,3) die Passage ApcEl 30, 5–16: „In jenen Tagen wird sich erheben ein König in der Stadt, die man die Stadt der Sonne zu nennen pflegt, und das ganze Land wird in Bestürzung geraten und fliehen hinauf nach Memphis." Im 6. Jahr – die Zahl entstammt ebenfalls dem eschatologischen Jahrwochenschema – werden die „persischen Könige" in Memphis „einen Hinterhalt legen (und) den assyrischen König töten, (und) die Perser werden Rache nehmen an dem Land und Befehl geben, zu töten alle Heiden und Gottlosen, und sie werden die heiligen Tempel wieder aufbauen." Das ganze Land werde den Persern huldigen (etc.). Es ist hier entscheidend, zu beachten, daß der Bezugspunkt des Autors stets Ägypten bleibt. Die „assyrischen Könige"[603] sind einerseits ein traditioneller Typus der Feinde Israels nach den Vorbildern des Nebukadnezar und des Antiochos IV; zugleich sind sie

---

596 Vgl. Schrage a.a.O. 217–220, bes. 219f., 221.
597 Vgl. ebd. 239.
598 Schrage a.a.O. 231–274.
599 Vgl. bereits Schrage a.a.O. 221 mit den entsprechenden Verweisen. ApcEl 21, 1ff. sind beispielhaft für die breite Vorlagenverarbeitung des Verfassers (Verweise bei Schrage a.a.O. 244f.).
600 ApcEl 35, 18–36, 13, bes. 36, 13; zum Chaos seiner Herrschaft 26, 4ff.; 29, 5ff.
601 ApcEl 31, 14ff.
602 Dan 9, 27; auch 7, 25.
603 Vgl. auch Schrage a.a.O. 238f.; verfehlt die Gleichsetzung des bei Memphis getöteten „assyrischen Königs" mit L. Mussius Aemilianus durch Rosenstiehl a.a.O. 67.

aber auch für Ägypten in der Gleichsetzung der „Assyrer" mit den Syrern der dortige traditionelle Typus des Feindes aus Osten bzw. Norden. Daß die „Perser" hier ebenso als ein Typus in der Tradition der Beendigung des ersten jüdischen Exils zu verstehen sind, macht der gesamte Abschnitt ApcEl 28, 17ff. deutlich[604]. Dennoch liegt in der Schilderung des Kampfes der „Assyrer", der „Perser" und des „Königs aus der Stadt der Sonne", eine zwar vage, aber doch erkennbare zeitgeschichtliche Reminiszenz vor. So können keine stichhaltigen Argumente gegen eine Beziehung der „Stadt der Sonne" auf Palmyra geltend gemacht werden[605]. Dieser Identifizierung ist gegenüber den anderen Möglichkeiten nicht zuletzt mit Blick auf Or. Sib. XIII[606] eindeutig der Vorzug zu geben.

W. Bousset hatte für den genannten Text auf eine zeitgenössische jüdische Weissagung geschlossen, die in der Zeit der Wirren nach dem Untergang Valerians geschrieben worden sei: „Hoffend ist der Blick der Juden auf die vordringenden Perser gerichtet, man erwartete von ihnen Befreiung und Rückführung nach Jerusalem"[607]. Unabhängig von der Tatsache, daß in Ägypten zwischen 260 und 270 keineswegs das von Bousset vorausgesetzte Chaos geherrscht hat, ist es entgegen seiner Deutung kaum möglich, in dem Typus der „Perser" eine politisch konkret zu verstehende Aktualisierung der Tradition zu sehen, die über den darin enthaltenen, stereotypen positiven Handlungsfaktor der jüdischen Apokalyptik hinausgeht. Auch muß es mehr als fraglich bleiben, ob hier wirklich eine real erwartete Rückführung der Juden aus Ägypten nach Jerusalem den Gegenstand der endzeitlichen Voraussage bildet. Die Interpretation Boussets übersieht, daß die Perser nach dem Erfolg Schapurs bei Edessa 260 n. Chr. gar nicht in südlicher Richtung vorgedrungen sind, und daß schon kurze Zeit später die römische Gegenoffensive unter der Führung des palmyrenischen Dynasten Odaenath zu einer völligen Niederlage führte, welche die persischen Erfolge von 253–260 n. Chr. zunichte machte. Der abschließende römische Sieg mußte die vorausgegangenen Ereignisse überlagern.

Die mehrfach vertretene Behauptung, die Juden seien generell als Parteigänger der Sassaniden im Kampf gegen Rom zu betrachten, entbehrt der Grundlage und ist eine unerlaubte Gleichsetzung des guten Verhältnisses zwischen dem babylonischen Judentum der rabbinischen Tradition und Schapur I., das im übrigen für die sassanidische Dynastie keineswegs charakteristisch war, mit der Einstellung jüdischen Bevölkerungsgruppen im östlichen Teil des Imperium Romanum gegenüber den Persern[608], noch dazu in der Zeit vor der Belastung der Lebensbedingungen durch die sich verschärfende Gesetzgebung des christlich gewordenen Reiches. Der

---

604 Vgl. auch Schrage a.a.O. 247 zum traditionellen eschatologischen Topos der drei Könige (bes. 28, 17–29, 4: drei Könige werden sich bei den Persern erheben und die Juden in Ägypten gefangennehmen und nach Jerusalem zurückführen); Collins, Apocalyptic 97.
605 Abzulehnen ist die Deutung als das ägyptische Heliopolis bei Rosenstiehl a.a.O. 43; vgl. bereits Schrage a.a.O. 249 ad n. d.
606 Vgl. o. S. 251ff.
607 W. Bousset, ZKG 2, 1899–1900, 103–131, 261–290, bes. 103–112, 275–278 (Zitat ebd. 106).
608 So zuletzt etwa Schrage a.a.O. 223 mit Anm. 133f., obwohl bereits J. Neusner in zahlreichen Arbeiten auf die notwendige Differenzierung zwischen dem rabbinischen Judentum Palästinas und dem in Mesopotamien hingewiesen hat.

geläufige Perser-Topos nach dem Vorbild des Endes des ersten Exils ist für eine solche allgemeine Annahme jedenfalls kein Beleg.

Wir können für die Abfassung der ursprünglichen Elijah-Apokalypse mit den Ereignissen des Jahres 270 n. Chr. in Ägypten nur einen Terminus post quem angeben. Die christliche Überarbeitung, zu der mit Sicherheit die Zeichnung des „Sohnes der Gesetzlosigkeit", also des Antichristen[609], nach dem Bild Domitians gehörte[610], stammt vermutlich aus dem 4. Jh. n. Chr.[611]. Im übrigen zeigt die Elijah-Apokalypse in ihrer Überlieferung schwerwiegende Textvarianten, die auf mehrere eigenständige Redaktionen hinweisen[612]. Die diasporajüdische Urfassung läßt sich auch angesichts der weitgehenden Verzerrung der Vorgänge um Odaenath und Palmyra vielleicht um 300 n. Chr. ansetzen; sie kann selbst sehr wohl durch den Kampf Diokletians gegen den Usurpator L. Domitius Domitianus und durch die achtmonatige Belagerung Alexandrias 296/297 n. Chr.[613] angeregt worden sein und so zur gekünstelten Aktualisierung und breiten Vermengung von unterschiedlichen Traditionsstoffen und historischen Erinnerungen geführt haben. Die jetzige Fassung der Elijah-Apokalypse ist eindeutig christlich, ohne daß wir aber das Ausmaß der Umarbeitung oder Erweiterung gegenüber dem Original genauer fassen können. Ein Teil der apokalyptischen Ausführungen und Anspielungen ist spätestens in dieser Form der Schrift nicht mehr zu entschlüsseln.

Als historische Vorlage für den „König aus der Stadt der Sonne", der hier als eine positive apokalyptische Figur zu den endzeitlichen „persischen Königen" gezählt und als der „gerechte König" stilisiert wird[614], hat mit großer Sicherheit die Gestalt des palmyrenischen Dynasten Septimius Odaenathus gedient, ohne daß wir aber die apokalyptische Figur des unbekannten Autors mit dem Dynasten, Senator, Konsular und Corrector totius Orientis gleichsetzen dürfen. Die Umwidmung des traditionellen eschatologischen „Königs von der Sonne" der jüdischen und spätägyptischen Vorstellungswelt auf den Herrscher von Palmyra war bereits im 13. Buch der Oracula Sibyllina vorgegeben[615], doch ist nun die Einfügung in die eschatologischen Stoffe und Schemata viel weiter fortgeschritten.

Als wirkliches geschichtliches Element hat der Verfasser der ursprünglichen Elijah-Apokalypse letztlich nur die Eroberung Ägyptens durch die „persischen Könige" aufgenommen, hinter denen wir wohl zu Recht die Truppen der palmyreni-

---

609 ApcEl (33,13/)33,15–34,3.
610 Vgl. Stemberger 133f. (allerdings zu Unrecht als Urteil der Juden über Domitian aufgefaßt).
611 Ein Ansatz aus „Gründen der Handschriftendatierung" auf nicht später als Anfang 4. Jh. n. Chr. (so noch Schrage a.a.O. 225, siehe aber ebd. Anm. 155) überzeugt nicht.
612 So bringt sa³ (vgl. Schrage a.a.O. 249 ad n. f) bei ApcEl 30, 16 eine wesentliche Erweiterung mit dem Befehl der Perser, die Tempel der Heiden zu plündern etc.
613 Vgl. J. Schwartz, L. Domitius Domitianus. Étude numismatique et papyrologique, Brüssel 1975; ders., ZPE 25, 1977, 217–220; J. D. Thomas, ZPE 22, 1976, 253–259; T. D. Barnes, The New Empire of Diocletian and Constantine, Cambridge Mass. – London 1982, 11f., 54; zur Datierung auf 296/297 n. Chr. jetzt F. Kolb, Gnomon 60, 1988, 47f.; ders., Eos 76, 1988, 105–125, 325–343.
614 ApcEl 30, 5–7; 30, 10ff.; 31, 2–3.5–7. Gegen eine Identifizierung mit dem oder einem Assyrerkönig vgl. bereits Schrage a.a.O. 223f. (im Folgenden weniger treffend ebd. 224f.).
615 Siehe o. S. 251f.

schen Dynasten als historische Vorgabe zu sehen haben, ebenso in verschleierter Form auch die Niederlage des Tenagino Probus bei Memphis[616]. Letzterer war als der Repräsentant Roms in der Konzeption des Autors ein „König der Assyrer" und damit einer der traditionellen Feinde des Volkes Gottes[617]. In wieweit propalmyrenische Gruppen innerhalb des alexandrinischen Diasporajudentums[618] aktiv in die Kämpfe des Jahres 270 verwickelt waren, läßt sich nicht sagen; doch könnten auf das Vorgehen des Probus gegen die Palmyrener und ihre Parteigänger in traditionelle Formeln gekleidete Verdammungssprüche zürückgegangen sein, die weiter tradiert wurden. Es ist im übrigen bezeichnend, daß Zenobia in der Elijah-Apokalypse nicht erscheint, obwohl auch ihre Gestalt genügend Anknüpfungspunkte in der eschatologisch-apokalyptischen Tradition geboten hätte. Dies weist auf einen größeren zeitlichen Abstand des Autors der Schrift von den Ereignissen des Jahres 270 hin.

Wie bereits oben angesprochen, ist es nicht wahrscheinlich, daß die Schrift, die letztlich einen recht gekünstelten Verschnitt der gesamten jüdischen apokalyptischen Tradition darstellt und verschiedene Stoffe bzw. Überlieferungen offenbar schon mißverstand, selbst durch den Akt der palmyrenischen Eroberung Ägyptens angeregt worden wäre. Wir werden für ihre historischen Reminiszenzen viel eher gewisse, in traditionellen Kreisen der jüdischen Diaspora des Landes gebildete Vorstellungen und Überlieferungen vorauszusetzen haben, die das damalige Erleben verarbeiteten und mit den Weissagungen des Buches Daniel und der Sibyllen über das vierte Reich und über das Nahen der Endzeit mit der kommenden Herrschaft Israels verbanden. In der Bildung der neuen ‚Königreiche' im Osten (Palmyra) und im Westen (Imperium Galliarum) des Imperium Romanum konnte man eine Erfüllung der Prophezeiung von Dan 7, 24–47 mit Dan 2, 40–44 zum Zerfall dieses letzten Reiches und damit das Nahen der Heilszeit Israels für gekommen halten. Auf diesem Hintergrund flossen offensichtlich gewisse zeitgeschichtliche Erinnerungen in den apokalyptischen Stoff ein und wurden schließlich etwa eine Generation später von dem jüdischen Verfasser der Elijah-Apokalypse in einem komplexen Traditionszusammenhang aufgegriffen. Es ist für die Auswertung der Elijah-Apokalypse festzuhalten, daß die ursprüngliche Schrift aus dem ägyptisch-alexandrinischen Diasporajudentum offenbar eine eschatologische Vorstellung fixiert bzw. weiterentwickelt, die sich in fundamentalistischen Kreisen unter dem Einfluß des Erlebens in den Jahren 270–272/3 gebildet hatte: anfänglich mit einer aktualisierten apokalyptischen Aussage und dann als ein eschatologischer Erzählstoff. In diese Legende scheint auch die Propaganda der propalmyrenischen Gruppen des alexandrinischen Judentums Eingang gefunden zu haben, die Odaenath wie in Or. Sib. XIII als die Gestalt des „Königs aus der Stadt der Sonne" und des „Königs der Gerechtigkeit" stilisiert und propagiert hatten, unter dessen Ägide man eine positive, judenfreundliche Zukunft erwarten könne. Diese zeitspezifisch aktualisierte eschatologische Vorstellung ist aber in der apokalyptischen Stoffbildung, wie sie die Elijah-

---

616 Siehe o. S. 260ff.
617 In Textversion sa³ (vgl. Schrage a.a.O. 249 ad n. e) wird hier von den „Königen der Assyrer" gesprochen, die in dem Hinterhalt bei Memphis getötet würden.
618 Siehe o. S. 252f.

Apokalypse zeigt, ganz in traditionelle Topik umgeformt[619]. Die Aufarbeitung dieser apokalyptischen Tradition durch den unbekannten Autor der ApcEl hat in der Folgezeit eine der Vorlagen für das selbst dem 6./7. Jh. n. Chr. zuzuweisende sogenannte hebräische Elija-Buch gebildet[620], dessen vermeintliche direkte Anspielungen auf das 3. Jh. nur in diesen tradierten und weiter umgearbeiteten Stoffen bestehen. Für unsere Betrachtung bleibt die genannte Schrift deshalb ohne Bedeutung.

In dem Zusammenhang der möglichen Reflexionen der palmyrenischen Reichsbildung stellt sich ein weiteres Problem in der unklaren Passage des Midrasch suta zum Hohen Lied (Lied der Lieder), einer in späten Fassungen überlieferten haggadischen Abhandlung zu Schir ha-Schirim, die vermutlich ins 10. Jh. n. Chr. zu datieren ist, aber älteres Material verarbeitet und überformt hat[621]. Was diesem haggadischen Text noch entnommen werden kann, ist lediglich eine Vision, daß sich die „Könige des Ostens" in Tadmor/Palmyra sammeln werden und ein Auszug Israels nach Tadmor gegen die „Könige des Ostens" stattfinden werde. Die Stelle ist kein Beleg dafür, daß die palästinischen Rabbinen oder die dortige jüdische Bevölkerung den Palmyrenern anfangs große oder sogar messianische Hoffnungen entgegengebracht hätten[622]. Allerdings ist es möglich, daß fundamentalistische Gruppen außerhalb und innerhalb der rabbinischen Zirkel[623] die Ablösung der römischen Herrschaft durch die palmyrenische Dynastie nach der bereits erfolgten Bildung des Gallischen Sonderreiches als die beginnende Erfüllung der Prophezeiungen nach Daniel über das Zerfallen des vierten Reiches und das Kommen der messianischen Sieges- und Heilszeit Israels sahen und in eine entsprechende apokalyptische Aussage kleideten. Vermutlich bildet diese spät tradierte haggadische Passage einen verstümmelten und überformten Nachhall dieser Sichtweise, die von den rabbinischen Autoritäten nicht mitgetragen wurde[624].

Die Grundlage für das Entstehen dieser regional- und gruppenspezifischen apokalyptischen bzw. endzeitlichen Erzählstoffe war ein unmittelbar auf die eschatologische Prophetie und Erwartung ausgerichteter jüdischer Glaube, wie er das konstante Kennzeichen von militanten, fundamentalistischen Kreisen war. Ein derartiges Weltbild, das so von den rabbinischen Zirkeln gerade nicht geteilt wurde, bot die Vorgabe eines entsprechenden Interpretationsrahmens für eine solche Zeitdeutung. Er beinhaltete die Suche nach den Möglichkeiten, die Erfüllung der visionären Voraussagen zu erkennen, und war in jeder Situation bereit, momentane Panikstimmungen in diesem Sinne zu thematisieren. Natürlich dürfte dabei das keine weiteren

---

619 Vgl. ApcEl 28, 17 – 29, 4; 30, 13–17; 31, 3ff.
620 Die Beziehung hebt auch Yarbo Collins (o. Anm. 593) 1988, 4691f. hervor. Vgl. o. S. 255.
621 Midr. suta zum Hld, p. 33 ed. Buber. Vgl. Strack-Stemberger 292, auch zu der schwierigen Überlieferungslage mit stark abweichenden Textvarianten.
622 So etwa vermutet von M. Avi-Yonah, The Jews under Roman and Byzantine Rule, New York – Jerusalem 1976, 126.
623 G. Alon, Jews, Judaism and the Classical World, Jerusalem 1977, 43f., sieht in Teilen, so ebd. p. 41 (ed. Buber), den Nachklang radikaler zelotischer Vorstellungen.
624 Vgl. auch die Passagen des Midrasch, die eine pseudohistorische Erklärung der Zerstörung des Tempels geben; siehe hierzu S. Lieberman, Greek in Jewish Palestine, New York ²1965, 179–184.

Alternativen zulassende, allgemeinjüdische Geschichtsbild, das Rom als das letzte Reich vor dem Anbruch der eschatologischen und messianischen Endzeit sah, im Jahre 270 innerhalb dieser Vorstellungswelt aktuelle Spekulationen angeregt haben.

Überschauen wir das für Ägypten faßbare Material, wo sich allein eine dichtere Dokumentation und ein direkter Zugang zum Alltagsleben bieten, so müssen wir festhalten, daß sich eine weiter verbreitete Untergangserwartung für die Zeit nach 248 n. Chr. nicht zeigt. Es herrscht hier ein deutlicher Mangel an mentalitätsgeschichtlich relevantem oder gar repräsentativem Material, aus dem sich die Existenz oder das Fehlen eines Krisenbewußtseins bzw. einer grundsätzlichen, längerfristigen Krisenstimmung in breiteren Schichten nachweisen ließe. Doch ist bereits dies ein gewichtiger Punkt in der Frage der Annahme einer durch die Entwicklung des Reiches im 3. Jh. n. Chr. bedingten, spezifischen mentalen Struktur. Auf der anderen Seite zeigt die Durchsicht des papyrologischen Materials, auf das ich an anderer Stelle ausführlich eingehen möchte, eine überaus deutliche Kontinuität in den Vorgängen und Abläufen des Alltags und des Lebens wie auch der Wirtschaft, die sich auf die wirkliche Inflation der monetären Verrechnungseinheit im 4. Jh. ohne weiteres einstellen konnte, ebenso eine Kontinuität der Gesellschaft, sieht man von der Durchsetzung des Christentums mit ihren Implikationen ab. Ein Bruch ist hier nicht erfolgt; in der politischen Entwicklung findet er sich nur für kurze Zeit am Anfang der 70er Jahre des 3. Jh.; seine Spur zeichnet sich im Zusammenspiel mit weiteren Faktoren in der Entwicklung des ägyptischen Währungssystems ab. Zusammen mit der feststellbaren starken Kontinuität des Lebens läßt das Fehlen von tatsächlichen Zeugnissen für eine breite(re) Krisenwahrnehmung, ein Krisenbewußtsein oder allgemeiner von spezifischen mentalen Aspekten einer ‚Krise des 3. Jh.‘ den berechtigten positiven Schluß zu, daß die auf Grund eines modernen Krisenverständnisses der Zeit erwarteten mentalen Reaktionen und Strukturen nicht zu erkennen sind. Der Lebens- und Interpretationshorizont der Bevölkerung blieb offenbar im wesentlichen konstant.

5. Das Imperium Romanum im Übergang

Die Höhepunkte einer ‚Krise des 3. Jahrhunderts‘ als einer allgemeinen und umfassenden Krise des Reiches werden in der traditionellen Sichtweise mit dem Tode der Decier 251 n. Chr. bei Abritus im Kampf gegen die Goten und mit der Gefangennahme Valerians 260 n. Chr. bei Edessa verbunden[625], wobei eine entsprechende Kumulierung einer angenommenen grundsätzlichen Krisenstimmung respektive des postulierten Krisenbewußtseins über die Lage der Zeit insbesondere zu

---

625 Auch K. Christ, Geschichte der römischen Kaiserzeit, München 1988, 662, 666, 670 folgt diesem Schema, indem er den Höhepunkt der Reichskrise nach den bereits als chaotisch bezeichneten 50er Jahren mit 260 n. Chr. gekommen sieht. Geradezu paradigmatisch sind die Titel bei A. Alföldi, La grande crise du monde romain au IIIe siècle, AntClass 7, 1938, 5–18; Studien zur Geschichte der Weltkrise des 3. Jahrhunderts n. Chr., Darmstadt 1967.

Beginn der 50er Jahre des 3. Jh. erwartet wird[626]. Das Jahr 180 n. Chr. steht bei diesem Bild als die Epochenschwelle zum Niedergang des römischen Reiches in der Tradition der Schematisierung des Cassius Dio und nicht zuletzt des von E. Gibbon mit großer Folgewirkung formulierten Geschichtsbildes[627]. Im Gegensatz dazu erscheint bei der notwendigen Berücksichtigung der zeitlich und regional so differenzierten Entwicklung des Reiches und der durchaus vorhandenen positiven Phasen gerade die Zeit nach der Ermordung des Gallienus und insbesondere zwischen 270 und 272 als der Höhepunkt in der Folge der einzelnen, zeitlich und geographisch begrenzten und inhaltlich zu bestimmenden Krisen im 3. Jahrhundert, wie ich im bewußten Gegensatz zum üblichen Bild von „der Krise" formulieren möchte. Eine erste wirklich schwere Krise erlebte das Reich durch den Bürgerkrieg des Jahres 253 mit seinen Folgewirkungen an der Nord- und Ostgrenze. Eine zweite Erschütterungsphase folgte 260/261 n. Chr. mit dem Persereinbruch und den Usurpationen an Rhein, Donau und im Osten. Vor den (auch in diesem Falle zeitlich begrenzten) Erschütterungen von 253 bzw. 253/54 n. Chr. kann von einer Krise des Reiches nicht gesprochen werden. Der auf den östlichen Balkanraum beschränkte Goteneinfall von 250/251 war im übrigen der erste schwere und tiefe Einbruch in das Reichsgebiet seit den Krisenjahren der Markommannenkriege Marc Aurels.

Der Tod des Decius auf dem Schlachtfeld von Abritus erscheint in den zeitgenössischen Quellen nicht als besonderer negativer Einschnitt im Zeiterleben. Für die Kontinuität der monarchischen Spitze des Reiches blieb er bis 253 ohne Konsequenzen. Selbst an der unteren Donau hatte die Niederlage von Abritus keine weiteren Folgen. Mit dem Gewicht des Bürgerkrieges von 253 ist sie nicht zu vergleichen. Es darf bei der Betrachtung des 3. Jh. auch nicht übersehen werden, daß die Zahl der tatsächlichen römischen Siege über barbarische Gegner in den Jahrzehnten zwischen Severus Alexander und Konstantin I. trotz der wiederholten, aber jeweils zeitlich noch begrenzten militärischen Krisen einen Höhepunkt erreichte. Ein römischer Wiedergewinn der Oberhand konnte im 3. Jh. von den Menschen jeweils nach relativ kurzer Zeit auch in den meisten Grenzregionen erlebt werden. Gallienus verkörperte trotz der Usurpationen 260/61 n. Chr. mit einer fünfzehnjährigen Herrschaft eine Kontinuität der Zentralautorität und ihre erfolgreiche Durchsetzung, sieht man von der 268 noch nicht abgeschlossenen Auseinandersetzung mit der Herrschaftsbildung des Postumus einmal ab. Im Osten des Reiches, wo es vor 270 zu keiner Loslösung einer Sonderherrschaft gekommen ist, hatte der römische Sieg in den Jahren 262–264 die Einfälle Schapurs zwangsläufig überlagert. Zudem ist das traditionelle Bild einer ständigen Dreifrontenbedrohung des Reiches im 3. Jh. so nicht haltbar; gerade die Beurteilung der Lage gegenüber dem Sassanidenreich und für dessen Politik muß wesentlich relativiert werden. Dabei stellt die Frage der Persergrenze innerhalb des traditionellen Bildes einer Reichskrise des 3. Jh. einen

---

626 Vgl. etwa Alföldy, Krise 298ff., 384f.
627 E. Gibbon, The History of the Decline and Fall of the Roman Empire I, hg. v. J. Bury, London 1896, 1. Vgl. o. S. 17f.; zu dem Komplex moderner historiographischer Tradition auch A. Momigliano, Storia e storiografia antica, Bologna 1987, 341–357, auch 359ff.; ferner S. Calderone, in: La fine dell'Impero Romano d'occidente, Rom 1978, 33f.

wesentlichen Faktor dar[628]. Hier war aber keineswegs eine ständige akute Bedrohung[629] gegeben, und die direkten Auseinandersetzungen endeten 233, 244 und 264 für die römische Seite positiv, um dann 264–282 in eine weitgehend stabile Phase zu münden, die 283 mit der erfolgreichen römischen Offensive unter Carus ihr Ende fand. Jeder persische Sieg wurde nach kurzer Zeit in seiner Wirkung durch römische Erfolge aufgehoben, und selbst die 2. und 3. Agoge Schapurs I. waren in ihrer jeweiligen zweiten Phase durch persische Mißerfolge gekennzeichnet. So hatten die Gegenoperationen der römischen Truppen unter Macrianus d. Ä., Callistus-Ballista und Odaenath[630] Schapurs Kräfte 260 so geschwächt, daß er sich den Vorbeizug an den römischen Truppen in Edessa durch die Preisgabe der Beute an gemünztem Gold und Silber erkaufen mußte[631]. 260/61 war Schapur nicht mehr in der Lage, die Usurpation unter Macrianus und Ballista, den Abzug der Truppen zum Kampf gegen Gallienus und das Ringen zwischen den Kräften der Usurpatoren und dem Vertreter der Zentralautorität des Gallienus, dem römischen Senator und Konsular sowie Klientelfürsten von Palmyra Odaenath, auszunutzen. Vielmehr ging die Initiative 262 unter dessen Führung auf die römische Seite über. Die Wirkung der Persereinbrüche in Syrien war offenkundig nur begrenzt. Hier ist gerade im 3. Jh. eine starke Expansion der Besiedlung im Bereich des Kalkmassivs und eine wirtschaftliche Blüte bis in das 6. Jh. hinein festzustellen[632].

Darüber hinaus haben wir die immer wiederkehrende These[633] aufzugeben, daß die ersten Sassaniden seit der endgültigen Etablierung der Dynastie 226/7 n. Chr. in Ktesiphon einen grundsätzlichen, ideologisch begründeten Anspruch auf die östlichen Gebiete des Imperium Romanum, soweit sie zum altpersischen Reich gehört hatten, konkret vertreten sowie mit entsprechenden großangelegten Eroberungs- bzw. Feldzugsplänen verfolgt hätten und dies die persische Außenpolitik für Rom zu einer ständigen Bedrohung mit weitreichenden Zielen gemacht hätte[634]. Grundlage für diese These war die offenkundig nach dem Angriff Ardaschirs auf Hatra und dann 230 auf das römische Mesopotamien[635] entstandene[636] Schilderung und Wer-

---

628 Nicht zuletzt mit Berufung auf Cassius Dio und Herodian; vgl. etwa Alföldy, Krise 230, 289, 332f.; u. Anm. 633.
629 Vgl. typisch W. H. C. Frend, The Rise of Christianity, London 1984, 308, die Ostgrenze sei bis 298 selten ruhig gewesen.
630 Vgl. Zon. 12, 23, 4; Synk. 716 (ed. Mosshammer p. 466); HA, Val. 4, 3–4; Philostratus (FGrHist 99 F 2 nach Malal. 297) mit einem verderbten Hinweis auf den Gesamtsieg Odaenaths über Schapur; Zon. 12, 23, 5; Synk. 716 (ebd.); HA, Val. 4, 2–4; Oros. 7, 22, 12 mit einem Resümee der Erfolge Odaenaths, ebenso Zos. 1, 39, 1–2; auch Alföldi 152; o. S. 245ff.
631 Petr. Patr. fr. 11 (FGH IV p. 187); vgl. insgesamt Alföldi 151; Kettenhofen 101, 109f., 122–125.
632 Vgl. G. Tate, in: Géographie historique au Proche-Orient, Paris 1988, 249–256.
633 Siehe etwa Christ a.a.O. 631; Alföldy, Krise 230; A. Demandt, Die Spätantike, München 1989, 39, 42.
634 Vgl. noch in traditioneller Sicht Winter 31—37, 43; dagegen überzeugend E. Kettenhofen, OLP 15, 1984, 177–190; D. S. Potter, Mesopotamia 22, 1987, 147–157; Potter 370–380; Winter 35–37, 37f. gelingt keine Verteidigung der bisherigen Position, die auch J. Wiesehöfer, Klio 64, 1982, 437–447 (nicht glücklich a.a.O. 444 zu der Angabe bei Tabarī) zusammenfaßt.
635 Vgl. Zon. 12, 15; Synk. 674; die Wertung Dios, die Gefahr von Seiten des Perserkönigs (Cass. Dio 80, 4, 1: „Dabei ist er, wie es scheint, an sich kein gewichtiger Gegner") liege vor allem in der schlechten Verfassung und Zucht der römischen Soldaten, die mangelnden Kampfeswillen

tung des neuen sassanidischen Großkönigs bei Cassius Dio[637]: Er habe mit einem starken Heer Mesopotamien und Syrien belauert und gedroht, „er werde als rechtmäßiges Erbe seiner Vorfahren das gesamte Land zurückholen, das einstmals die alten Perser bis hin zur Griechischen See in Besitz gehabt hätten"[638]. Diese Aussage Dios ist bei Herodian[639] übernommen und mit gelehrten, z. T. phantasievollen Ergänzungen und Details (einschließlich eines angeblichen Briefes an die Statthalter der römischen Provinzen im Osten) ausgeschmückt[640], ebenso seine Darstellung eines Gesandtschaftswechsels mit Severus Alexander[641]. Dagegen ist die starke Kontinuität in den politischen Beziehungen, in den kriegerischen Auseinandersetzungen und in den Friedensschlüssen zwischen Rom und dem parthischen sowie dann dem sassanidischen Reich zu betonen[642]. Bereits die Arsakiden hatten sich auf die Achämeniden berufen und im diplomatischen Verkehr entsprechende Ansprüche angemeldet[643]. Man neigt zu Unrecht zu einer Unterschätzung der Politik der parthischen Großkönige gegenüber jener der Sassaniden[644]. Sowohl bei Arsakiden wie Sassaniden ist zwischen dem diplomatischen Verhandlungsspiel und den tatsächlichen Forderungen respektive politischen Zielen zu unterscheiden[645]. Das klassische Beispiel für eine solche Verhandlungsführung bietet die Darstellung des Ammianus Marcellinus über die Verhandlungen zwischen Schapur II. und Constantius II., die er in die Form eines Briefwechsels kleidet[646]: *„ad usque Strymona flumen et Macedonicos fines*[647] *tenuisse maiores imperium meos antiquitates quoque vestrae testantur. haec me convenit flagitare (ne sit arrogans, quod affirmo) splendore virtutumque insignium serie vetustis regibus antistantem"*; in seiner Rechtschaffenheit fordere er aber nur Mesopotamien und Armenien, die seinem Großvater Narses durch Betrug geraubt worden seien[648]. Das konkrete Ziel Schapurs II. war offenkundig der Gewinn von Teilen des römischen Nordmesopotamien und von Armenien zur notwendigen Sicherung der mesopotamischen und medischen Kernlande seines

bis hin zum Anschluß an den Gegner erwarten ließen (ebd. 80, 4, 1–2), ist m. E. als deutliche Reflexion des Versagens der römischen Abwehr 230 n. Chr. zu betrachten; auf die Reaktion darauf ist auch Cass. Dio 80, 3, 1 zu beziehen. Vorausgegangen waren die gescheiterten Angriffe Ardaschirs nach der Etablierung in Ktesiphon auf das proarsakidische Hatra und Armenien mit seiner arsakidischen Dynastie (vgl. Cass. Dio 80, 3, 2–3; Zon. 12, 15); zu dem Arsakiden Vologaeses im Westen des persischen Reiches vgl. Felix 33f.
636 Zum Abschluß bald nach 230 vgl. auch Alföldy, Krise 81 mit Anm. 1.
637 Cass. Dio 80, 4, 1 = Xiphilinus 356, 15–19; Exc. Val. 415.
638 Übersetzung nach O. Veh, Cassius Dio. Römische Geschichte V, Zürich – München 1987, 479.
639 Herod. 6, 2–4, bes. 6, 2, 1–2.
640 Vgl. Alföldy, Krise 229–237; nicht glücklich Potter 371 mit Anm. 4 gegen eine direkte Abhängigkeit Herodians; vgl. dagegen A. Scheithauer, Hermes 118, 1990, 335–356, bes. 335f., 352ff..
641 Herod. 6, 4, 4–5.
642 Vgl. Winter 26f.
643 Vgl. Tac., Ann. 6, 31, 1; Wiesehöfer a.a.O. 438f.; J. Wolski, ANRW II 9, 1, 1976, 204–207.
644 Vgl. auch Winter 26–30.
645 Vgl. Tac., Ann. 6, 31, 1; Cass. Dio 58, 26, 1.
646 Amm. 17, 5, 2–15; Die Position der sassanidischen Seite in der Form des Briefes Schapurs II. ebd. 17, 5, 3–8.
647 Sehr wahrscheinlich die gelehrte Formulierung des Ammianus. Vgl. auch Felix 33.

Reiches und der Hauptstadt Ktesiphon; 363 begnügte er sich dann mit dem für diese Zwecke wesentlichen Gewinn von Nisibis und dem zugehörenden nordöstlichsten Teil des römischen Mesopotamien.

Ebenso werden wir zu Recht das Auftreten der ersten sassanidischen Großkönige in ihrem diplomatischen Verkehr mit Rom und ihre vorgetragenen Forderungen zu werten haben, durch die Cassius Dio veranlaßt wurde, die oben skizzierte Darstellung des im Perserreich an die Macht gekommenen Sassaniden aufzunehmen[649]. Vorrangiges Ziel Ardaschirs mußte die Sicherung seiner Kernlande und der Hauptstadt Ktesiphon gegen die Reste der Arsakidenpartei im Westen und gegen Rom sein, dessen militärische Positionen unter den Severern bis auf rund 200 km an Ktesiphon herangerückt waren; zudem hatte Ardaschir nach dem Übertritt des proarsakidischen Hatra auf die römische Seite in der Folge seines mißglückten Angriffs die Deckung seiner mittelmesopotamischen Gebiete verloren. Hierin bestand neben den Arsakiden in Armenien das vordringliche Problem einer Westpolitik des ersten sassinidischen Großkönigs und auch seines Sohnes und Nachfolgers Schapur I.[650]. Aus dieser strategischen und politischen Lage erklären sich Ziele und Umfang der persischen Unternehmungen zwischen 230 und 260 n. Chr. hinlänglich; die tatsächlichen Ziele waren auf den zur Sicherung Mesopotamiens notwendigen Gewinn der römischen Positionen östlich des Euphrat gerichtet. Dabei haben die sassanidischen Großkönige nach dem ersten Aufeinanderprallen unter Severus Alexander in charakteristischer Weise die inneren Schwächen und anderweitigen Bindungen der römischen Seite auszunutzen gesucht, nicht anders als dies die römische Politik ihrerseits seit augusteischer Zeit getan hatte. Man kann schwerlich von einer „neuen Qualität" in den Zielen und von einer „neuen Intensität des politischen Anspruchs" nach 226/7 n. Chr. reden[651].

Es ist selbstverständlich, daß die Bevölkerung in den Gebieten, die von feindlichen Einbrüchen wiederholt betroffen waren, eine jeweils spezifische, ihrem subjektiven Katastrophenerleben der einzelnen Generationen entsprechende Gewichtung vorgenommen haben. So ist etwa für die Relevanz des persönlichen Betroffenseins bezeichnend, daß Cassius Dio die Seuche in Rom unter Commodus ca. 189 n. Chr. als „die größte von denen, die ich kenne" bezeichnet und damit das subjektive Erleben zum Maßstab macht[652]. Auf römischer Seite und von seiten der Städte im Osten des Reiches (Kleinasien, Syrien) finden wir jedoch jenen traditionellen Erwartungshorizont ungebrochen vor, den die lokalen Münzprägungen bis zu ihrem Ausklingen unter Gallienus und Aurelian zeigen[653]: die Hilfe der Götter gegen die

---

648 Amm. 17, 5, 5–6.
649 Weniger glücklich Kettenhofen a.a.O., bes. 188, der von einer *interpretatio Romana* durch Dio und Herodian aus einer Ratlosigkeit gegenüber den expansiven Zielen der Perser spricht.
650 Nicht beachtet etwa bei Winter 47f. Dazu kam noch der innenpolitische Legitimationsdruck (vgl. zu diesem ähnlich Wiesehöfer a.a.O. 446). Vgl. insgesamt Cass. Dio 80, 3, 2–4,1.
651 So noch Winter 35–37; als Zäsur in den römisch-persischen Beziehungen etwa auch bei Wiesehöfer a.a.O. 437f.
652 Cass. Dio 72 (73), 14, 3; vgl. dazu F. Millar, A Study of Cassius Dio, Oxford 1964, 13 Anm. 4.
653 Vgl. die gute Zusammenstellung den entsprechenden Typen und Verweise bei J. Nollé, JNG 36, 1986, 127–143, bes. 128–130 (der ebd. 130f. die Bedeutung der Themen von *Virtus Augusti* und *Victoria Augusti* in der Herrscherideologie und Reichsprägung vor dem ‚3. Jh.' jedoch unter-

Feinde bzw. Barbaren (mit den traditionellen mythologischen und historischen Exempla), die Sieghaftigkeit Roms und des Kaisers als Imperator und siegreicher Vorkämpfer, seine Stilisierung als Träger übermenschlicher Qualitäten, die Loyalität der Städte, ihr Selbstbewußtsein und ihre Identität als Teil des Reiches, die Erfolgsgewißheit und die allgemeine Siegeserwartung. Der römische Anspruch auf die Überlegenheit und die Weltherrschaft gegenüber dem Perserreich im Osten wurde mit einer Serie von Schlagworten, so dem zentralen Anspruch des ORIENS AUGUSTUS, propagiert und stellte die ideologische Antwort Roms gegenüber den Sassaniden dar[654].

Direkt zu uns sprechende Quellen besitzen wir für den besonders betroffenen Donauraum oder die Rheinlande nicht. Dies ist jedoch für eine mentalitätsgeschichtliche Betrachtung gerade in der Frage der Existenz eines allgemeinen Krisenbewußtseins oder einer allgemeinen Krisenmentalität nur bedingt von Nachteil. Hier sind nicht zuletzt die Zeugnisse von Gruppen relevant, welche die Entwicklungen aus der Distanz heraus erlebten oder zugleich auch, wie im Osten des Reiches hinsichtlich der Persergrenze, in einer gewissen Gefahrennähe lebten. Über die alexandrinischen Quellenhorizonte erhalten wir einen gewissen Zugriff auf eine großstädtische Bevölkerung, die an die besten Verkehrs- und Nachrichtenverbindungen im Mittelmeer und nicht zuletzt nach Rom angebunden war. Auch die Christen in den nordafrikanischen Zentren sind sicher zu den besser informierten Gruppen zu rechnen. Dabei gilt für jüdische und christliche Bevölkerungsteile gleichermaßen, daß sie durch ihre religiösen Weltbilder nicht oder weniger durch eine statische Geschichtserwartung vorgeprägt waren. Doch auch ihre Zeugnisse dokumentieren kein Krisenbewußtsein und keine Untergangserwartung als konkrete Spiegel der historischen Entwicklungen. Bei Cyprian können wir gerade die Niederlage der Decier als ein positives Zeiterleben der Christen fassen, da sie von ihrem Verfolger befreit wurden und sich zugleich die Macht ihres Gottes ‚dokumentiert' hatte; ähnliches finden wir für Valerian und die Macriani bei Dionysius von Alexandrien. Für die Christen war eine vollständige und eindeutige Erklärung der Ereignisse von 251 und 260 als Strafen Gottes für die Verfolgung der Gläubigen gegeben. Das traditionelle Verständnis der Menschen für ihre Lebenswelt wurde durch die Zeiterfahrungen noch nicht in Frage gestellt. Wir müssen diesen beiden Exempeln für die Strafe des wahren Gottes hinsichtlich des weiteren Aufschwungs des Christentums besonderes Gewicht zumessen. Hier konnten in dem durch religiöse Vorstellungen geprägten Kausalitätsdenken der Menschen schlüssige und nur schwer abzulehnende Folgerungen über die Macht des Christengottes und das

---

schätzt); K. Harl, Civic Coins and Civic Politics in the Roman East A.D. 180–275, Berkeley – Los Angeles – London 1987, 31ff., 38ff., 71ff., 83ff.; zur Kontinuität bes. Harl a.a.O. 83 („unbroken record of expressions of civic patriotism, devotion to ancestral gods, and loyalty to Rome"), 86f., 88f. Zu einseitig das Bild der Lage in Kleinasien seit Mitte des 3. Jh. bei J. Nollé, Chiron 17, 1987, 254–256; D. Magie, Roman Rule in Asia Minor, Princeton 1950, I 659ff. „From Gold to Iron" (Marc Aurel – Caracalla), 688ff. „Decay and Chaos" (217–284 n. Chr.) bietet ein traditionelles Bild mit einer verdichteten Aufzählung negativer Ereignisse; relativierende Fragen der Verlagerung öffentlicher Munifizenz etc. sind unterschätzt.

654 Vgl. etwa H. Gesche, JNG 19, 1969, 47–77, bes. 48ff. (Gordian III. mit Globus und Pfeil als dem römischen und dem persischen Hoheitszeichen der Weltherrschaft); Nollé a.a.O. 1986, 138f., 140f.

Schicksal seiner Gegner entwickelt werden; ebenso war die Demonstration der Überlegenheit des wahren Glaubens zu propagieren, die eine Hinwendung zum Christengott als begründete Forderung erscheinen ließ[655]. Die entsprechende Argumentation wurde von Lactanz in der apologetischen wie agitatorischen Schrift „De mortibus persecutorum" auf ihren Höhepunkt geführt[656].

Ein Zeugnis für das direkte Betroffensein der Menschen[657] finden wir in dem kanonischen Brief des Gregor Thaumatourgos, des Bischofs von Neocaesarea in Pontus Polemoniacus, den er noch vor dem Beginn der Verfolgung Valerians an einen ungenannten Amtsbruder in der Region gerichtet hatte[658]. Der Brief beschäftigt sich mit Fragen der kirchlichen Disziplin und Bußordnung in der Folge eines von Goten und Boranen über See gegen die Nordostküste Kleinasiens geführten Plünderungszuges, der 256 n. Chr. auch Trapezunt getroffen hat[659]. Es zeigt sich das Bild der Ereignisse und der damit verbundenen zeitweiligen Anarchie, die aber die Handlungsfähigkeit oder Struktur der pontischen Kirche nicht beeinträchtigen. Frauen waren vergewaltigt worden, Menschen zeitweise in die Gefangenschaft der Barbaren geraten, dann aber zurückgekehrt. Schließlich hatte man sogar den Barbaren entkommene Gefangene mit Gewalt als Sklaven oder Arbeitskräfte (auf den Gütern) festgehalten. Andere hatten die Zeit des Einfalls zur persönlichen Bereicherung am Gut der Flüchtenden, Gefangenen und Getöteten, auch der christlichen Brüder, genutzt, sei es durch Raub oder durch Inbesitznahme herrenlosen Gutes, das man irgendwo oder auf eigenem Grund oder im eigenen Haus als von den Feinden zurückgelassen gefunden hatte. Wieder andere hatten fremdes Gut als Ersatz eigener Verluste behalten. Andere hatten sich den Barbaren angeschlossen und ihnen Hilfsdienste geleistet oder selbst Greuel vollbracht und waren mit den Barbaren in Gefangenschaft geraten. Wieder andere waren während des Einfalls in fremde Häuser eingedrungen. Es zeigt sich das für einen zeitweiligen Zusammenbruch der

---

655 Vgl. bes. Lact., Inst. 5, 22, 23 *praeterea ultio consecuta, sicut semper accidit, ad credendum vehementer impellit*.
656 Vgl. S. 179f., 331..
657 P. Herrmann, Hilferufe aus römischen Provinzen. Ein Aspekt der Krise des römischen Reiches im 3. Jhdt. n. Chr., SB Jungius-Gesellschaft Hamburg 8, 4, 1990, Hamburg 1990 behandelt die Gruppe der inschriftlich erhaltenen Eingaben von Provinzialen außerhalb der größeren städtischen Zentren an Kaiser bzw. römische Funktionsträger, ohne neue Evidenz zu „der Krise des 3. Jh." zu gewinnen (nur gezwungen die Herausstellung als Zeugnisse der Reichskrise a.a.O. 66), die er durch vielschichtige und simultane Schwierigkeiten und Gefährdungen gegeben sieht, wobei der Begriff der Krise mehr enthalten müsse als nur äußere Bedrohung und Lage des Kaisertums (ebd. 5f., 11f.). Diese Inschriften setzen um die Mitte des 2. Jh. n. Chr. ein (SEG XIX 476 = ISM I 378; ILS 6870) und sind Teil eines sich kontinuierlich entwickelnden Phänomens (vgl. dazu Gascou - Feissel (o. Anm. 243) Nr. 1; F. A. J. Hoogendijk - P. van Minnen, Tyche 2, 1987, 41–74, bes. 71ff.; auch Herrmann a.a.O. 60ff.); ihre Zunahme entspricht der vereinheitlichenden Entwicklung insbesondere seit der Constitutio Antoniniana.
658 Migne, PG 10, 1019–1048 mit Scholia des Theod. Balsamon und Joh. Zonaras. Vgl. H. Courzel (Ed.), Grégoire le Thaumaturge. Remerciement à Origène, Paris 1969, 14–27, 27–33; Altaner - Stuiber 211f.; H. Courzel - H. Brakmann, RAC XII, 1983, 779–793, bes. 787.
659 Vgl. Zos. 1, 32–33; Salamon (o. Anm. 198) 119f. (etwas zu spät auf 258 datiert); auch Kettenhofen 90–96; überzogene Sicht der Einfälle bei B. Scardigli, ANRW II 5, 1, 1976, 238ff. bevorzugt.

öffentlichen Ordnung nicht nur im 3. Jh. n. Chr. charakteristische Bild. Die Normalisierung der Lage war jedoch offensichtlich rasch eingetreten, nachdem man die Eindringlinge offenbar teilweise durch militärische Erfolge vertrieben hatte.

Wir müssen hinsichtlich des Betroffenseins der Menschen und ihres Zeiterlebens in sehr starkem Maße zeitlich wie räumlich differenzieren und von zahlreichen abweichenden, gegenläufigen oder ungleichzeitigen Entwicklungen und nicht selten von konträren Lebensbedingungen ausgehen[660]. So finden wir im römischen Nordafrika, aber auch in Spanien[661], keine Anhaltspunkte einer allgemeinen Krise des 3. Jh. Während das Imperium Galliarum die Rheingrenze erfolgreich sichern konnte, kam es in Gallien erst nach dem Tode Aurelians zu der wirklichen Katastrophenphase von 275/276 n. Chr.[662]. Ein in seiner Symbolik oder mentalen Wirksamkeit mit der Eroberung Roms 410 n. Chr. vergleichbares Ereignis fand in den einzelnen Krisen und krisenhaften Entwicklungen des 3. Jh. nicht statt, die von der Bevölkerung des Reiches weder in ihrer Gesamtheit noch in großen Teilen als kontinuierliches Phänomen erlebt wurden.

Um 260 bzw. 260 n. Chr. endete die Präsenz römischer Truppen an der obergermanisch-rätischen Limeslinie[663]. Nach der Usurpation des Postumus im Herbst 260 benötigten er und Gallienus in großem Umfange ausgebildete und sofort einsetzbare Verbände für ihre jeweiligen Hauptstreitkräfte; daß sie dabei auf das Potential der Limestruppen zurückgegriffen haben, dürfte kaum zu bezweifeln sein. Gallienus hatte sich auf die Behauptung Norditaliens zu konzentrieren, Postumus in kurzer Zeit ein schlagkräftiges Heer gegen ihn aufzustellen, wobei er nach den zahlreichen Vexillationsbildungen nur mehr auf Rumpflegionen zurückgreifen konnte. Das Land zwischen Oberrhein und oberer Donau war zur Pufferzone

---

660 Vgl. unter Betonung der Interpretationsprobleme archäologischer und statistischer Befunde A. King - M. Henig (Hg.), The Roman West in the Third Century, 2 Bde., BAR Internat. Ser. 109, Oxford 1981, bes. M. Millet ebd. 525–530. So finden wir dann zwischen 300 und 450 im Osten wie in Nordafrika eine funktionierende Lebenswelt, während sich der schließliche Kollaps in den europäischen Provinzen vollzog (vgl. R. MacMullen, Corruption and the Decline of Rome, New Haven - London 1988, 36).

661 Vgl. zum Conventus Tarraconensis S. J. Keag, in: King - Henig a.a.O. 451–486, bes. 472ff.; zu Spanien auch G. Alföldy in persönlicher Mitteilung mit Betonung auftretender Stagnation; auch die sich in den Weihesteinen für I. O. M. Teutanus bis 286 n. Chr. dokumentierte kommunale Kontinuität in Aquincum (o. Anm. 315).

662 Vgl. Heinen (o. Anm. 403) 91, 212f.; zur Belgica E. M. Wightman, Gallia Belgica, London 1985.

663 Vgl. D. Baatz, in: Die Römer in Hessen, Stuttgart 1982, 217; H. Schönberger BRGK 66, 1985, 414ff., 420ff.; Ph. Filtzinger, in: Die Römer in Baden-Württemberg, Stuttgart-Aalen ³1986, 94–96; H. Bernhard, in: Die Römer in Rheinland-Pfalz, Stuttgart 1990, 122, auch 125; H. U. Nuber, in: ders. - K. Schmid - H. Steuer - Th. Zotz (Hg.), Archäologie und Geschichte des ersten Jahrtausends in Südwestdeutschland, Sigmaringen 1990, 51–68; auch D. Planck ebd. 69ff.; G. Fingerlin ebd. 97ff.; H. Steuer ebd. 139ff. Noch Drinkwater a.a.O. 87, 218 ging pauschal von der archäologischen Evidenz des Limesfalls aus. Zur heute offenen Problematik der Münzhorte und Schlußmünzen, welche die bisherigen Folgerungen erheblich in Frage stellt, vgl. D. Baatz, in: Studien zu den Militärgrenzen Roms III, Stuttgart 1986, 78–89; P. M. Bruun, Die spätrömische Münze als Gegenstand der Thesaurierung, Berlin 1988, bes. 71; Bland - Burnett (o. Anm. 549) 115 (nur scheinbarer Schluß zahlreicher Horte mit Tetricus I./II.).

zwischen den Machtblöcken der beiden Gegner geworden. Ein Untergang des Limes 259/260 im ‚Sturm der Barbaren' erweist sich wie die Vorstellung vom Überrennen der rechtsrheinischen Provinzgebiete durch die Alamannen als Fiktion. Zu Recht wies S. v. Schnurbein jüngst darauf hin, daß Raetien das dichteste Netz von Hort- und Verwahrfunden im Reich aufweist, während in Obergermanien einschließlich der Gebiete rechts des Rheins keine vergleichbaren Befunde vorliegen. So war auch Augst in den 50er und 60er Jahren nicht durch Einfälle berührt[664]. Es muß vor allem Raetien durch die Einfälle, deren lohnende Ziele weit im Hinterland lagen, betroffen gewesen sein. Die systematische Aufarbeitung der rechtsrheinischen Befunde in Obergermanien zeigt ein längeres Fortleben von Teilen der Bevölkerung[665], keinesfalls eine Katastrophe, wie sie etwa noch von G. Alföldy vorausgesetzt wird. Nach dem Abzug des Heeres und damit auch dem Verlust der wirtschaftlichen Grundstruktur scheint sich die Bevölkerung in einem längeren Prozeß zurückgezogen zu haben. Die Vorstellung des Limesfalls als eines historisch geschlossenen, das Hinterland bis zu den Flußgrenzen erfassenden historischen Phänomens mit eng zu fassender Datierung[666] muß durch die Sicht eines teilweisen Durchbrechens vor allem in Raetien[667] und einer Räumung der militärisch besetzten Limeslinie um bzw. nach 260 ersetzt werden, einer Aufgabe der direkten militärischen Präsenz jenseits von Rhein und oberer Donau in einem längerfristigen Vorgang, der keine wirklich faßbare Reflexion bei den Zeitgenossen hinterlassen hat[668].

664 Vgl. T. Tomasević-Buck, in: Militärgrenzen III (o. Anm. 663), 268ff. sowie neue Befunde vor Ort.
665 Vgl. K.-H. Stribrny, BRGK 70, 1989, 351–505; weiter auch D. Planck, in: Archäologie in Baden-Württemberg, Stuttgart 1988, 275–279; C. S. Sommer ebd. 281–310.
666 Das Numeruskastell Haselburg im Odenwald (vgl. Nuber a.a.O. 60) hat in einem Grabenschnitt einen Antoninian des Gallienus (Mailand, um 264/265 n. Chr.) geliefert, während die Münzreihe im Innern mit Severus Alexander endet. Nuber verweist zu Recht immer wieder auf den archäologischen Substanzverlust der obersten Schichten und insbesondere des letzten Belegniveaus. Das archäologische Problem der zerstörten obersten Schicht von Lagern und Siedlungen muß als Vorgabe in die Überlegungen eingehen. Grundlegend für die traditionelle Chronologie waren drei Münzhorte aus Niederbieber (vgl. E. Ritterling, BJ 107, 1901, 95–131); das Kastell fiel kriegerischen Ereignissen zum Opfer, nicht zwingend jedoch den Germanen (vgl. Schönberger a.a.O. 477; Bernard a.a.O. 120f.; Nuber a.a.O. 64–66; L. Okamura, in: Akten des 14. Internat. Limeskongresses 1986 in Carnuntum I, Wien 1990, 50f.). Die Horte zeigen, daß nach 259/260 keine neuen Münzen mehr zuflossen (Prägungen von Postumus und Gallienus' Alleinherrschaft fehlen). Die Horte können sehr wohl mit der Bürgerkriegssituation seit Herbst 260 in Zusammenhang stehen. Eine chronologische Grundlage für die Aufgabe des obergermanisch-rätischen Limes bieten sie nicht.
667 Das Legionslager von Regensburg und sein Umland wurden erst um 280 von einem schweren Alamanneneinfall als dem wohl entscheidenden Einschnitt verwüstet (vgl. Th. Fischer, Das Umland des römischen Regensburg, München 1990, 29–32, 116–118).
668 Die Notiz im Laterculus Veronensis (§ 15; p. 253 ed. O. Seeck) zu einer z. T. unrichtigen Aufzählung der transrhenanischen Civitates ... *sub Gallieno imperatore a barbaris occupatae sunt* reiht sich in die gallienusfeindliche Tendenz der Überlieferung ein (vgl. Eutr. 9, 7.8; Aur. Vict., Caes. 33; Vita in der HA; auch A. R. Birley, BRL 58, 1975/76, 254f.; zu Aurelius Victor H. W. Bird, Sextus Aurelius Victor, Liverpool 1984, 27–29, 33f., 35f., 81ff.), die diesem Kaiser den Höhepunkt der Schwäche des Reiches zuschreibt (entsprechend weist ihm Eutr. 9, 8, 2 die

Die Äußerungen des Zeit- und Geschichtsverständnisses, die in den lokalen Prägungen im Osten des Reiches zwischen 180 und 275 n. Chr. vorliegen[669], sind durch andere Elemente charakterisiert: die unbedingte Identifizierung der städtischen Oberschichten mit dem Imperium Romanum, der ungebrochene Glaube an Kaiser, Stadt und Reich, der ausgeprägte Traditionalismus und lokale Patriotismus, der Mythen und Kulte in das Selbstverständnis einschloß. Das hier durch die führenden städtischen Schichten repräsentierte Selbstverständnis blieb gerade in der Zeit der angenommenen allgemeinen Krise des 3. Jh. ungebrochen[670]. Der Einbruch gewaltsamer Kräfte wurde als zeitlich stets begrenzte Ausnahme gesehen; traditionelle Werte und Aktivitäten bestimmten den Rahmen eines weithin normalen kommunalen Lebens[671]. Daß militärische Themen im 3. Jh. stark hervortraten, entspricht in positivem Sinne der historischen und ideologischen Bedeutung des siegreichen Kampfes und der militärischen Qualität in dieser Zeit[672]; es entspricht dabei der traditionellen Rolle von Kaiser und Heer für die Existenz des Reiches, für die Garantie der Sicherheit eines zivilisierten *orbis terrarum*. Ein Symptom des Krisenbewußtseins kann darin m. E. kaum gesehen werden. Weder die Handlungsfähigkeit des Reiches noch die Wirksamkeit von Handlungsoptionen und Ressourcen hatten sich am Ausgang des 3. Jh. als auf Dauer ungenügend erwiesen. Und auch in den nordwestlichen und nördlichen Provinzen des Reiches setzte sich das Städtewesen weit kontinuierlicher ins 4. Jh. fort, als dies mit den oft vertretenen Katastrophenbildern zu vereinbaren wäre.

F. Hartmann charakterisiert die Epoche zwischen 235 und 284 n. Chr. durch die Gleichförmigkeit in der permanenten Diskontinuität der römischen Monarchie[673]. Allerdings kann es nicht überzeugen, wenn er das Bedürfnis nach „Kaisernähe" verbunden mit der gewünschten Teilhabe an der charismatischen Wirkung des Kaisertums bzw. mit dem Schutzbedürfnis „angesichts der Krise" zum Schlüssel der Deutung macht[674]. Mit Ausnahme des Sonderfalls von Emesa im Jahre 253 ist keine Kaisererhebung mit dem unmittelbaren Ziel der Bewältigung einer Bedrohung oder

---

Aufgabe Dakiens zu, richtig dann zu Aurelian in 9, 15, 1) und nicht zuletzt durch die Stilisierung der Kaiser Claudius II. und Aurelian mitbedingt ist (vgl. auch R. Syme, Emperors and Biography, Oxford 1971, 205; Bird a.a.O. 33ff., 88, 108f.). Sie ist ebenso bei Aur. Vict., Caes. 33, 3 (die Anführung der Herrschaft Zenobias führt über die Regierung des Gallienus hinaus) und im anonymen Panegyricus auf Constantius I. deutlich (Paneg. 8 (5), 10, 2–3), dessen Kontrastbild (... *tota Aegyptus Syriaque defecerant; amissa Raetia, Noricum Pannoniaeque vastatae; Italia* ...) sogar eher unter Aurelian 270–271 zutrifft. Es ist bezeichnend, daß hier Germanien fehlt.

669 Vgl. Harl (o. Anm. 653), bes. 83ff., 92ff.; auch P. Weiß, HZ 249, 1989, 667–670.
670 Harl a.a.O. 83 spricht zu Recht von „remarkable self-confidence" und „unsuspected optimism"; kritisch zu bisherigen Vorstellungen ebd. 83f.
671 Vgl. ebd. 86ff.
672 Treffend formuliert die primäre Ebene antiker Staatlichkeit A. Momigliano, CPh 81, 1986, 285 „If we want to know what the Roman Empire was and why in the East it survived until 1453, we must of course turn to military history ... In the past, states and especially empires have survived because they were capable of defending themselves and offending their enemies".
673 Vgl. F. Hartmann, Herrscherwechsel und Reichskrise, Frankfurt - Bern 1982, bes. 12f., 74f., 201–203.
674 Überzogen das Bild der Krise und des „Dauerabwehrkampfes" etwa ebd. 42, 48f.

sicherheitspolitischen Krise erfolgt[675]. Auch ein größerer Sieg war keine zwingende Voraussetzung für eine Usurpation bzw. Kaisererhebung. Es ergäbe ein völlig falsches Bild, zu meinen, daß jeder siegreiche General zum Kaiser erhoben worden wäre oder zwischen 235 und 285 n. Chr. eine ständige Flut von Usurpationen stattgefunden hätte. Diese treten vielmehr in charakteristischen Wellen auf, die sich mit dynastischen Brüchen und typischen Legitimationsschwächen[676] verbinden; ihr Hintergrund ist jeweils von erheblicher Komplexität.

Auch Hartmann erkennt an, daß mit den Prätendentenkämpfen des 3. Jh. keine wesentlichen Veränderungen gegenüber den Szenarien von 68/69 oder 193 n. Chr. eingetreten sind[677]. Die Mechanismen blieben konstant, und 96–98 n. Chr. konnte eine entsprechende Bürgerkriegssituation nach dem dynastischen Abbruch durch Domitians Ermordung nur knapp umgangen werden. Auch für die Frage der Dauerhaftigkeit von Herrschaftsübernahmen und Dynastiegründungen nach dem Ende des severisch-emesanischen, im Anspruch die ulpisch-antoninische Dynastie fortsetzenden Kaiserhauses 235 n. Chr. sind die beiden großen Bürgerkriege im 1. und 2. Jh. zum Vergleich heranzuziehen. Sowohl Vespasian wie Septimius Severus waren aus ihnen wie zuvor Augustus als durch den großen Sieg in einem reichsweiten Ringen charismatisch legitimiert hervorgegangen. Eine solche Legitimation als Grundlage der eigenen Herrschaft und der Begründung einer Dynastie hatten weder Maximinus Thrax noch Philippus Arabs, Trebonianus Gallus (der zudem keine Revanche für Abritus herbeiführte) oder Aurelian (vor 272), noch auch Probus oder gar Tacitus vorzuweisen. Bezeichnenderweise waren Valerian, der sich im Vierkaiserjahr 253 n. Chr. durchsetzte, und sein Haus bis zum Ende der 50er Jahre durch Usurpationen nicht gefährdet[678]. Das Scheitern längerfristiger Dynastiegründungen ist nicht zuletzt im Tod bzw. Ausscheiden der im Bürgerkrieg sieghaft legitimierten Dynastiegründer Decius und Valerian sowie im Tod Gordians III. gegen die Perser und dem Fehlen der Möglichkeit einer dynastischen Nachfolge bei Aurelian zu sehen.

Eine Veränderung war seit 217 respektive 235 n. Chr. durch die Verbreiterung des Personenspektrums erfolgt, dem sich nach dem Verständnis der Bevölkerung und des Heeres der Zugang zur Herrscherwürde öffnete, wobei auch hier bis zum Tode des Gallienus die traditionellen Schichten im Vordergrund bleiben. Traditionelles soziales Prestige, Ansehen des Amtes respektive der Stellung, die reale Machtstellung und die charismatische Qualität des Sieges blieben bis 284 wesentliche Kategorien der Kaisererhebung. Von Maximinus Thrax abgesehen, sind Gor-

---

675 Hartmann a.a.O. 166f. übersieht, daß erst die Existenz eines geeigneten Prätendenten die Handlungsfähigkeit der Truppen herstellt und unterschätzt das persönliche Wollen der Usurpatoren; die Deutung der Zusammenstellung a.aO. 167f. ist nicht tragfähig. Die Interpretationen a.a.O. 140–183 können so nicht voll überzeugen, zumal das gewollte Ergebnis nicht erreicht wird; die talmudischen Quellen können so nicht herangezogen werden; teilweise problematisch auch ebd. 185ff.
676 Vgl. zur Hervorhebung des dynastischen Prinzips auch ebd. 39, 74, des ideologischen Kampfes um und gegen die Legitimität auch M. Mazza, Le maschere del potere, Neapel 1986, 1–93.
677 A.a.O. 201.
678 Zur Selbstdarstellung und propagierten Legitimation der Domus Licinia, des *novum (aureum) saeculum* unter der neuen Domus Augusta vgl. C. Zaccharia, AIIN 25, 1978, 103–138.

dian III., die Philippi, Decius, Trebonianus Gallus oder Valerian und Gallienus nicht als ‚Soldatenkaiser' zu charakterisieren. Erst Claudius II., Aurelian, Probus und die Tetrarchen werden primär von der Solidarität der seit der Jahrhundertmitte ausgebildeten militärischen Führungsschicht getragen.

Die Entwicklung des 3. Jh. ist nicht durch eine Schwäche des dynastischen Prinzips mit seiner Grundstruktur der Folge Vater - Sohn (auch in der Form der Adoption) zu charakterisieren; die Frage der Legitimation monarchischer Herrschaft zeigt die Tendenzen, die bereits im 1. und 2. Jh., und zwar auch zwischen 96 und 192 n. Chr., deutlich geworden sind. Die These, die „Schwere der äußeren und inneren Reichskrise" habe das Versagen der dynastischen Nachfolgeregelung zur Folge gehabt, der Ausgangspunkt sei in den „allgemeinen Auswirkungen der Krise" zu suchen[679], verkennt das entgegengesetzte Verhältnis von Ursache und Wirkung. Dabei sind die innenpolitischen Krisenphasen mit ihren außenpolitischen Folgewirkungen und mit den jeweils implizierten Wechselwirkungen im Ursprung weder auf eine Krise aller Bereiche im Reich noch auf eine grundsätzliche Krise des 3. Jh. zurückzuführen.

270–271/72 n. Chr. war durch die palmyrenische Herrschaftsbildung im Osten und jene in Gallien im Westen die Existenz alternativer Herrschaftsorganisationen deutlich geworden, die jeweils ein von Rom verschiedenes Macht- und Autoritätszentrum schufen. Wenn auch die Erhebung des Postumus im Herbst 260 zuerst eine Usurpation im klassischen Sinne gewesen war und Postumus den Anspruch auf die Herrschaft im Gesamtreich nie aufgab, mußte doch die durch die Machtverhältnisse erzwungene Beschränkung auf die Gebiete im Nordwesten des Reiches außerhalb Italiens und die scheinbar dauerhafte Etablierung den Eindruck einer eigenständigen Reichsbildung hervorrufen[680] und zur Umorientierung von politischen Bezügen und Bindungen führen. Die selbstverständliche Vorstellung einer allein denkbaren Herrschaft mit dem Mittelpunkt Rom und eines dort konzentrierten Autoritätsbezuges wurde durch beide Entwicklungen zweifellos erschüttert. Der Mauerbau Aurelians sollte sicher neben realen Sicherheitszwecken der stadtrömischen Bevölkerung das Gefühl einer zuverlässig garantierten Sicherheit vermitteln, ist aber m.E. auch als ein grundsätzlicher demonstrativer Akt zu sehen, die Unerschütterbarkeit der urbs Roma als das ‚Haupt der Welt' zu manifestieren.

Ein weiterer wichtiger Einschnitt im Geschichtsleben der Zeitgenossen fiel ebenfalls in die genannte Zeitspanne, nämlich die Aufgabe Dakiens durch Aurelian 271 n. Chr. im Vorfeld der Auseinandersetzung mit Palmyra[681]. Im Gegensatz zu den kleineren, im Rechtsanspruch lange nicht nachvollzogenen Teilverlusten zwi-

---

679 So Hartmann a.a.O., bes. 127f., 201–203.
680 Vgl. Heinen a.a.O. 90–94; Drinkwater (o. Anm. 403) 24–27; zur historischen Entwicklung ebd. 27–34, 42 (zu Augustodunum 36–38, 78–81); Kienast 240–246. Der Eindruck einer eigenständigen Reichsbildung auf dem Boden des Imperium Romanum dürfte sich nach Postumus' Ermordung noch verstärkt haben, zumal die gleichen Mechanismen innerer Kämpfe wie beim Zentralkaisertum auftraten.
681 Vgl. Eutr. 9, 15, 1; Walser - Pekáry 52; Scardigli a.a.O. 265–268; Chastagnol 49f.; Kienast 231; o. Anm. 668. Der Zusammenhang des gerade ideologisch schwerwiegenden Entschlusses mit der Neuordnung der Truppen für die Rückeroberung des Ostens ist kaum zu bezweifeln.

schen Oberrhein und oberer Donau und der die Integrität des Reiches überhaupt nicht berührenden Niederlage von Abritus war hier erstmals ein wirklicher, augenfälliger territorialer Rückschritt des Reiches durch den Verlust mehrerer Provinzen eingetreten, der auch durch die Gründung neuer ‚dakischer Provinzen' südlich der Donau kaum verschleiert werden konnte. Die traditionelle Befürchtung, das Reich könne in der Folge innerer *discordia* von den Barbaren zerstört werden[682], mußte 270–271 nach dem Tod des Claudius II. durch Sonderreiche, Bürgerkrieg und Germanengefahr eine neue Qualität erreichen[683]. Die selbstverständliche Vorstellung einer Ordnung des *orbis terrarum* als *orbis Romanus* und einer garantierten künftigen Existenz des Imperium Romanum dürften geschwächt worden sein. Hier erschien Aurelian durch seine Erfolge 272–274 n. Chr. als wahrer *restitutor orbis*[684]. Die Wirkung der raschen Wiederherstellung eines einheitlichen und stabilisierten Imperium Romanum auf die Zeitgenossen kann m. E. nicht hoch genug angesetzt werden. Dennoch waren nun offenbar mentale Veränderungen endgültig eröffnet, die im diokletianischen, auf die Überwindung der Diskontinuität in der monarchischen Führung zielenden System und dann unter Konstantin I. die Lösung von Rom ermöglichten.

Der mentalgeschichtlich dominante religiöse Umbruch, der in der Durchsetzung des dogmatischen Weltbildes[685] des von einer umfassenden religiösen Organisation getragenen Christentums und seines Absolutheitsanspruches eine revolutionäre Dimension erreichte, gehörte erst in das 4. Jh. Wir müssen bei diesem Umbruch bedenken, daß religiöse Riten Brauchtum und Alltag durchdringen und prägen[686]. Die christliche Religion beanspruchte und verwirklichte ein Monopol von Sinndeutung und Daseinsinterpretation; sie monopolisierte die Leben und Mentalität formenden Faktoren von Adoration und Kulthandeln in einem für die antike Welt bisher nicht gekanntem Maße.

---

682 Vgl. P. Jal, Latomus 21, 1962, 8–48, bes. 13ff.; ders., La guerre civile à Rome. Étude littéraire et morale, Paris 1963, bes. 231–254.
683 Vgl. auch Dexipp., FGrHist 100 F 6–7; Zos. 1, 48; 49, 1.2; Eutr. 9, 13, 1; Epit. de Caes. 35, 2–4; HA, Aur. 18, 2–3; 21, 1–3; auch G. Alföldy, HAC 1964/65, 1966, 1–19, bes. 5ff. Die Herrschaft Aurelians selbst war vor dem Sieg im Osten wenig gesichert.
684 Vgl. etwa ILS 577.578; CIL VI 1112; Eutr. 9, 13, 2 (*receptor Orientis Occidentisque*); auch Epit. de Caes. 35, 2; CIL III 12333 (*reparator conservatorque patriae*); Lafaurie 996f.
685 Vgl. nur Tert., Praescr. 7, 6; Aug., Enchir. 3, 9; drastisch Kosm. Ind., Top. 2, 83f.
686 Vgl. W. K. Blessing, Staat und Kirche in der Gesellschaft, Göttingen 1982, 16f., 19f. mit weiterer Lit.

V. Das ‚3. Jahrhundert':
Zur Problematik des Krisenmodells

1. Die Muster des zeitgenössischen Denkens

Wenn wir die Analyse der bisher herangezogenen Quellenaussagen im Rahmen ihres weltanschaulichen, textspezifischen und inhaltlichen Kontexts überblicken, wobei das Paradigma der Krise mit seinen impliziten Verständnisvorgaben bewußt zurückgestellt wurde, so zeigt sich als Ergebnis, daß aus den untersuchten Zeugnissen eine zeitgenössische realitätsbezogene Krisenwahrnehmung oder ein die mentalen Strukturen bestimmendes Krisenbewußtsein respektive eine allgemeine Krisenmentalität in der Zeit vor 270 n. Chr. nicht zu erweisen sind, zumindest nicht im Sinne der traditionellen Sicht der ‚Krise des 3. Jh.', die sich im wesentlichen Maße auf diese Quellen stützt, oder in der dabei vorausgesetzten Eindeutigkeit der Interpretation. Ferner kann eine konkret verstandene, akute Erwartung des nahenden Endes des Imperium Romanum und damit eines Endes dieser Welt in den erfaßten Bevölkerungsteilen bis zum Ende der 60er Jahre des 3. Jh. nicht als eine längerfristige Zukunftsprognose außerhalb des Bereichs zeitunabhängiger religiöser Dogmatik nachgewiesen werden. Das Erfassen einer allgemeinen Krise bzw. eines krisenhaften Wandels oder eine aus realgeschichtlichen Anlässen erwachsene, längerfristig wirksame Untergangsprognose lassen diese Quellen nicht als charakteristische Elemente der zeitgenössischen Mentalität(en) erkennen. Es scheint nicht möglich, die zeitgenössischen Denkmuster von einem modernen Verständnis geschichtlicher Wahrnehmung und einer aus neuzeitlichem Geschichtserleben erwachsenen Begrifflichkeit her adäquat zu erfassen. Ich kann deshalb G. Alföldy[1] nicht folgen, wenn er die Annahmen für eine zeitspezifische Krisenreflexion in folgender Aussage zusammenfaßt: „Das Gefühl der Bedrohung breitete sich jedoch keineswegs erst in der Mitte des 3. Jahrhunderts aus: Schon die Umwälzungen seit dem Ende des 2. Jahrhunderts wie der Sturz der antoninischen Dynastie und die Bürgerkriege seit 193 riefen das Gefühl eines krisenhaften Wandels in der Geschichte der römischen Welt hervor, das sich wie ein roter Faden durch die gesamte Geschichte des 3. Jahrhunderts hinzog – freilich mit einer wahren Katastrophenstimmung um die Mitte des Jahrhunderts aufgrund solcher Ereignisse wie des Todes der Decier auf dem Schlachtfeld oder der Gefangennahme Valerians durch die Perser".

Gegen eine solche Sicht ist auch der grundsätzliche Einwand berechtigt, daß die Bevölkerung des Reiches in der Zeit zwischen den 60er Jahren des 2. und den 70er Jahren des 3. Jh. n. Chr. weder Wandel noch krisenhafte Entwicklungen als zeitliche Kontinua erlebte, zumal wenn wir die Generationenfolge als das für die Ausbildung von kollektiver Geschichtserinnerung bestimmende Zeitmaß berücksichtigen und die komplexen Mechanismen bei der Formung kollektiver Geschichts-

---

1 Alföldy, Krise 384f.

bilder einbeziehen². Das Bild der Strukturkrise des Reiches und der krisenhaften Wandlungsprozesse entsteht letztlich erst in der modernen, retrospektiven Analyse³. Gerade das Institutionelle wird außerhalb einer rationalen und bewußten Reflexionsleistung in seinem Wandel nicht wahrgenommen, sondern in seinem jeweiligen Stand als zeitlos gültig empfunden⁴. Wahrgenommen werden von dem normalen (vormodernen und auch modernen) Beobachter die Veränderungen der Personen in den Institutionen und ihr Verhalten. Vor allem die breitere zeitgenössische Bevölkerung erlebte den Zustand des Reiches als eine Folge von Einzelereignissen und von Personen in den Bereichen Herrschaft, Krieg, Leistungsforderung und -bezug, wobei negative Ereignisse und Brüche zweifellos nun während bestimmter Zeiträume im Vergleich zu früherer Erfahrung in größerer Häufung, aber stets mit positiven Unterbrechungen, auftraten. Dabei muß auch hinsichtlich der Betroffenheit der Menschen und der Auswirkungen militärischer Ereignisse regional und zeitlich differenziert werden. Im innenpolitischen Bereich wurden neben dem Wechsel an der monarchischen Spitze und den Bürgerkriegen primär Abweichungen von normativ betrachteten Verhaltensschemata erfaßt.

Weiterhin darf die große psychologische Wirksamkeit von positiven Einzelereignissen oder von Phasen positiven Zeiterlebens nicht vernachlässigt werden. Im Zusammenspiel mit den Selektions- und Verdrängungsmechanismen des Gedächtnisses ist die Wirkung der positiven Exempel und ihrer Verifikation entsprechender Weltbilder und Erwartungen von entscheidender Bedeutung⁵. Es ist m. E. gerade in mentalgeschichtlicher Hinsicht nicht möglich, eine Parallele zwischen dem 3. Jh. und der Zeit nach 400 n. Chr. zu ziehen. Die negativen Ereignisfolgen und Brüche erreichten damals für den Westteil des *orbis Romanus* eine Dimension und vor allem eine Permanenz, die mit der Entwicklung des 3. Jh. nicht zu vergleichen ist. Ein weitreichendes Wahrnehmen des Zusammenbrechens ist erst für das 5. Jh. festzustellen⁶. Doch selbst nach 378 bzw. nach der Jahrhundertwende hat sich eigentlich kein Krisenbewußtsein in dem Sinne, wie wir es nach unserem Verständnis erwarten würden, entwickelt⁷.

---

2 Vgl. zu den selektiven, akzentuierenden und organisierenden Mechanismen bei der Herstellung eines Bildes von Vergangenheit durch Wahrnehmung, Gedächtnisspeicherung, tiefenpsychologische Abwehrmechanismen und den Rahmen des ‚kollektiven Gedächtnisses' M. Halbwachs, Das kollektive Gedächtnis, Frankfurt 1985; ders., Das Gedächtnis und seine sozialen Bedingungen, Frankfurt 1985; zusammenfassend V. Hobi, in: J. v. Ungern-Sternberg – H.-J. Reinau (Hg.), Vergangenheit in mündlicher Überlieferung, Stuttgart 1988, 26–30.
3 Vgl. zu der dabei gegebenen Problematik des Krisenmodells u. S. 340ff. Auch J. Burckhardt, Weltgeschichtliche Betrachtungen, Gesammelte Werke IV, Basel 1970, 132f. = J. Burckhardt, Über das Studium der Geschichte, hg. v. P. Ganz, München 1982, 358f. bringt im Kern der Aussage klar zum Ausdruck, daß Krise als historischer Prozeß immer nur aus dem zeitlichen Abstand heraus zu erfassen ist.
4 Vgl. J. v. Ungern-Sternberg, in: Vergangenheit in mündlicher Überlieferung (o. Anm. 2), 260f.
5 Vgl. u. S. 313f.
6 Vgl. A. Demandt, Der Fall Roms, München 1984, 47ff.; auch B. Kötting, Ecclesia peregrinans. Das Gottesvolk unterwegs I, Münster 1988, 14–28.
7 Zu den Mechanismen spätantiker Erlebensbewältigung vgl. F. Vittinghoff, HZ 198, 1964, 529–574, bes. 548–550, 572f.; auch M. Fuhrmann, HZ 207, 1968, 529–561, bes. 560.

Für die mentalgeschichtliche Betrachtung des 3. Jh. scheint der in obigem Zitat auch von G. Alföldy benutzte Begriff der Katastrophenstimmung eher geeignet, da er sich im Bereich der kurzfristigen emotionalen bzw. hysterischen Reaktion der menschlichen Psyche auf erlebte Einzelereignisse und auf subjektiv empfundene Extremsituationen bewegt[8]. Zu allen Zeiten, insbesondere aber in vormodernen Gesellschaftsstrukturen haben Mißernten, Versorgungskrisen, epidemische Krankheiten, Kriege u. ä., aber ebenso Gerüchte und nicht rational erfaßte Phänomene immer wieder zu momentaner Untergangspanik und panikartigen Reaktionen der breiten Bevölkerungsschichten, nicht zuletzt der städtischen Massen, geführt. Dies konnten wir auch in den untersuchten Quellen indirekt fassen. Aber derartige Phänomene sind für sich weder in ihrem Zustandekommen noch in ihrer Häufigkeit, die sich für uns allein aus der relevanten Quellenlage ergibt, ein Spezifikum des 3. Jh. n. Chr. In Gesellschaften, in denen eine grundsätzliche, nicht zu überwindende Labilität der Lebensumstände, der physischen Existenz und der materiellen Bedingungen gegeben ist und die über keine rational geprägten Informations- und Analysemöglichkeiten verfügen, sind Panikstimmungen latent angelegt und können bei unerklärlichen oder scheinbar schicksalhaften Ereignissen ebenso hervorbrechen wie bei nur subjektiv vorhandenen oder auf irrationaler Basis evozierten Extremsituationen. Entsprechendes finden wir bei Seneca angesprochen: *cum sistrum aliquis concutiens ex imperio mentitur, cum aliquis secandi lacertos suos artifex bracchia atque umeros suspensa manu cruentat, cum aliqua genibus per viam repens ululat laurumque linteatus senex ... conclamat iratum aliquem deorum, concurritis et auditis ac divinum esse eum, invicem mutuum alentes stuporem, affirmatis*[9]; ebensolches wird bei Lukian von Samosata dokumentiert[10], von den Formen religiöser Hysterie im Spiegel der frühen Oracula Sibyllina ganz abgesehen[11]. An dieser Stelle müssen wir nochmals nachdrücklich darauf hinweisen, daß sich mit dem Einsetzen der christlichen Literatur das für uns faßbare Spektrum von Bevölkerungs- bzw. Bildungsschichten sowie von Weltbildern grundsätzlich verändert. Seit der Mitte des 2. Jh. n. Chr. werden in den schriftlichen Quellen verstärkt mentale Situationslagen (insbesondere mit einer Prägung durch religiöse Dogmatik) zugänglich, für die uns zuvor die Quellen fehlen, auf deren Existenz jedoch vereinzelte Anspielungen wiederholt ein bezeichnendes Licht werfen. Wir würden für das 1. Jh. n. Chr. vermutlich bei einer vergleichbaren Quellenlage und bei einer kumulativen Methodik ein ähnliches negatives Bild entwerfen können, zumal wenn wir an die jüdische und die urchristliche Naherwartung denken. Auch hierfür bietet Senecas „De vita beata" ein charakteristisches Beispiel (28, 1): *Hoc vos non intellegitis et alienum fortunae vestrae vultum geritis, sicut plurimi quibus in circo aut theatro desidentibus iam funesta domus est nec annuntiatum malum. At ego ex alto prospiciens video, quae tempestates aut immineant vobis paulo tardius rupturae nimbum suum aut iam vicinae vos ac*

---

8 Vgl. allgemein C. E. Izard, Die Emotionen des Menschen, Weinheim – Basel 1981, bes. 397ff.; auch W. Herkner, Psychologie, Berlin – Heidelberg – New York 1986.
9 Sen., De vita beata 26, 8.
10 Lukian., Alex. 8.
11 Vgl. S. 349ff.

vestra rapturae propius accesserint. Doch würde man bei der Interpretation der Quellen des 1. Jh. n. Chr. kaum zu dem Paradigma der Krise übergehen respektive von ihm ausgehen.

Auch real begründete Ausbrüche von Katastrophenstimmung und akuter Panik klingen nach der unmittelbaren Beseitigung der rational nicht verarbeitbaren, subjektiv empfundenen Bedrohung rasch ab, wie gerade das Beispiel der großen Pestepidemien in Europa zeigt[12]. Während ihr Ausbruch zu Panik, religiöser Ekstase, persönlicher Frömmigkeit oder Apathie führte, kam es nach ihrem Ausklingen zu einer überaus raschen Wiederaufnahme des normalen Lebens, wobei geradezu ein Überschwang an Optimismus festzustellen ist[13]. Daß das Gefühl für die grundsätzliche Labilität der eigenen Existenz durch solches Erleben gesteigert werden mußte, soll dabei natürlich nicht bestritten werden.

Es besteht in der Forschung ein gewisses Einvernehmen, daß im 3. Jh. n. Chr. keine realitätsbezogene Ursachenanalyse nach dem heutigen Verständnis und seinen Vorgaben von Rationalität erfolgt ist[14]. Wir müssen uns für das zeitgenössische Denken von heutigen und vor allem von modernen intellektuellen Maßstäben lösen und die Ursachensuche im religiösen Bereich, in der Haltung der transzendenten Mächte zum Menschen sowie in den Tugenden und dem positiven bzw. negativen Wollen der einzelnen Persönlichkeit[15] als eine für die damalige Welt rationale Analyse sehen[16]. Die Lösungssuche im religiösen und magischen Handeln, in der Wendung an das Göttliche um Hilfe, und die Prognose mit Hilfe der Mantik waren rationale Handlungsweisen[17]. Wir müssen ferner beachten, daß die bisherigen Erklärungsmodelle, Erfahrungen und Lösungshandlungen zur subjektiven Bewältigung des Zeiterlebens noch ausreichen und damit eine wesentliche Voraussetzung für die Entwicklung eines Krisenbewußtseins fehlte[18]. Das überkommene Tyrannenschema, plakative psychologische Vorstellungen, die traditionellen *virtutes* und der Glaube an das Fatum konnten die innere Entwicklung ausreichend erklären, und für die sicherheitspolitischen Krisen stellte die immer befürchtete kausale Verknüpfung von Bürgerkrieg und Barbarenbedrohung neben dem Verweis auf das Fatum ein hinreichendes Erklärungsmodell[19]. Hinzu kam das sich in der gegenseitigen

---

12 Vgl. bes. J.-N. Biraben, Les hommes et la peste en France et dans les pays européens et méditerranéens, 2 Bde., Paris 1975–1976; allgemein W. H. McNeill, Le temps de la peste. Essai sur les épidémies dans l'histoire, Paris 1978.
13 Vgl. Biraben a.a.O. II, 7f., 56ff.; J. Ruffié – J. C. Sournia, Les épidémies dans l'histoire de l'homme, Paris 1984, 97ff., bes. 101–103, 104f.
14 Vgl. etwa Alföldy, Krise 346.
15 Vgl. zu den grundlegenden Aspekten des personenbezogenen Denkens, zu Willen und Handlungsfreiheit A. Dihle, Die Vorstellung vom Willen in der Antike, Göttingen 1985 (= The Theory of Will in Classical Antiquity, Berkeley 1982), bes. 9–13, 17ff., 82ff.; zur Entwicklung der späteren Kaiserzeit bes. 110ff.
16 Vgl. zur Frage der Rationalität in diesem Zusammenhang o. S. 62f.; etwa auch S. Lukes, in: B. R. Wilson (Hg.), Rationality, Oxford [4]1979, 207–213.
17 Vgl. etwa P. Winch, in: Wilson a.a.O. 78f., 80f.
18 Vgl. hierzu R. Vierhaus, in: K.-G. Faber – Chr. Meier (Hg.), Historische Prozesse, Theorie der Geschichte. Beiträge zur Historik II, München 1978, 321f.
19 Vgl. etwa die Erklärungsschemata noch in HA, Gall., bes. 3, 6–7; 5, 1.6; 13, 9; 16; Aur. Vict.,

Existenz konträr bestätigende religiöse Ursachendenken von Heiden und Christen (s. u.). Einzelpersonen konnten in ihrer Bewertung als entscheidende Faktoren prinzipielle Hoffnungen garantieren oder Ängste und negative Erwartungen direkt an sich binden; traditionelle Denkschemata und religiöse Vorstellungen reichten für den Beobachter zur Deutung und Erklärung des für ihn erlebbaren Geschehens aus[20].

Bei der Einschätzung der mentalgeschichtlichen Entwicklung in der 2. Hälfte des 3. Jh. müssen wir ferner berücksichtigen, daß die tatsächliche Existenzkrise des Reiches in den frühen 70er Jahren durch Aurelian schon 272 und 274 überwunden wurde. Zudem war der Osten des Reiches, von der palmyrenischen Reichsbildung abgesehen, nur durch die Feldzüge Schapurs I. wirklich erschüttert worden, die aber 262–264 n. Chr. durch römische Waffenerfolge abgelöst wurden; den inneren Konflikt des Jahres 260/61 bereinigte die rasche Niederlage der Macriani. Auch gegenüber den im Norden angreifenden Barbaren konnte man auf eine größere Zahl von Erfolgen verweisen und die eingetretenen Rückschläge immer wieder in überschaubaren Zeiträumen kompensieren. Daß die Lage und die Stimmung in den mehrfach heimgesuchten Grenzregionen, für die uns Quellen fehlen, eine spezifische Qualität bildeten, ist selbstverständlich vorauszusetzen; aber auch hier blieben die schließlich zu verzeichnenden römischen Erfolge und die Phasen der Stabilisierung sicher nicht ohne psychologische Wirkung[21].

Von der Frage nach einem Krisenbewußtsein und einer Krisenmentalität sind die Existenz pessimistischer Weltbilder und allgemeine oder gar nur intellektuelle pessimistische Geistesströmungen zu trennen[22]. Hier meine ich vor allem das grundlegende Interpretationsmodell für die Geschichte der Welt und des Reiches, das von dem Wissen um den Verlauf organischen Lebens auf einen entsprechenden Ablauf der Geschichte von Staaten, Reichen und der Natur selbst schließt[23]. Kennzeichnend für dieses Denken in den Kategorien des organischen Alters- bzw. Verfallsschemas

---

Caes. 33; zu letzterem H. W. Bird, Sextus Aurelius Victor. A Historiographical Study, Liverpool 1984, 24ff., 81ff., unddie Systematika.a.O. 104–111. Charakteristisch für die Denkschemata von personalem Verschulden bzw. von nicht erklärbarem Wirken transzendenter Kräfte (*fatum*) ist die Kombination der beiden Topoi in Paneg. 8 (5), 10, 2 als Erklärung für die Lage des Reiches unter Gallienus: *Tunc enim sive incuria rerum sive quadam inclinatione fatorum...*

20 Zum grundlegenden Unterschied gegenüber dem modernen und vor allem wissenschaftlichen Verständnis von Erkenntnis vgl. auch u. S. 313f., 327f.; I. C. Jarvie, in: Wilson (o. Anm. 16) 55f., 61; A. MacIntyre ebd. 73f.; R. Horton ebd. 155f. Widersprüche der Realität zu ihrer theoretisch-spekulativen Erklärung oder neue Phänomene führen besonders im vormodernen Alltagsdenken zu einer Erweiterung der spekulativen Annahmen, ohne die zugrundegelegte „Wahrheit" in Frage zu stellen.

21 Hierbei können wir sicher einen gewissen Gleichklang mit den für uns faßbaren öffentlichen Verlautbarungen voraussetzen; vgl. unter diesem Gesichtspunkt beispielsweise HA, Aurel. 35, 4; F. Wagner, BRGK 37–38, 1956–1957, 224 Nr. 30 (Probus, 281 n. Chr.); IBR 121 (Diokletian, 290 n. Chr.); Paneg. 10 (2); Paneg. 8 (5).

22 Im wesentlichen gleichgesetzt bei G. Lieberg, in: Krisen in der Antike, Düsseldorf 1975, 70–98.

23 Zum epikureischen Bild der Entwicklung des Kosmos vgl. F. Solmsen, AJPh 74, 1953, 34–51; die Vorstellung eines Nachlassens der Kräfte der Natur in der historischen (Jetzt-)Zeit gegenüber der Vergangenheit wurde bereits in der Antike bei Homer gesehen (Gell. 3, 10, 11; Plin.,N. h. 7, 16, 74). Vgl. G. J. M. Bartelink, Hermeneus 42, 1970, 91–98; H. Schwabl, Klio 66, 1984, 405–415, bes. 413.

sind die Schlagworte *senectus mundi* und *Roma senescens*[24]. Die Bedeutung dieses generellen, in seiner Zukunftserwartung negativen Weltbildes hat auch G. Alföldy hervorgehoben, damit aber m. E. zu sehr den Gedanken eines zeitgenössischen Erkennens der Strukturkrise des Reiches verbunden[25]. Dieses Weltbild ist im 3. Jh. nicht als eine Reaktion, sondern als eine allgemein präsente Vorgabe für die Verarbeitung von Zeiterleben und für das Geschichtsverständnis zu sehen[26]. Die Vorstellung von der Allgemeingültigkeit naturgesetzlichen Alterns hat A. Demandt mit gutem Grund als das prägende Leitmotiv des historischen Selbstverständnisses der Römer bezeichnet[27].

Der Gedanke einer naturgesetzlichen Verfallstendenz beruht auf dem für die menschliche Psyche bereits im Vorbewußten geprägte Erfahrung des Alterns, Sterbens und Vergehens alles Gewordenen. Prägnant haben dem neben der schon zitierten Formel Sallusts *omnia orta occidunt et aucta senescunt*[28] etwa Manilius[29] und Seneca Ausdruck verliehen: *Hoc unum scio: omnia mortalium opera mortalitate damnata sunt, inter peritura vivimus*[30].

Das daraus abgeleitete, auf das Imperium übertragene organische Weltmodell, das sich mit der Vorstellung verband, selbst nun in der *senectus saeculi* zu leben (s. u.), mußte selbstverständlich eine starke Beschränkung von Denkoptionen und von Perspektiven für die Problembehandlung bewirken. Der Gedanke eines aktiven Veränderns im Sinne eines progressiven Fortschritts fand hier keinen Raum. Die einzige realistische positive Prognose war im Grunde die statische Fortdauer[31], und

24 Vgl. zu diesem Weltbild bzw. dieser Geschichtskonzeption weiter R. Häußler, Hermes 92, 1964, 313–341; ders., in: Actes du VIIe Congrès de la F. I. E. C. II, Budapest 1983, 183–191; P. Archambault, REAug 12, 1966, 193–228, bes. 195f., 207; Schwarte 43–57; H. Schwabl, RE Suppl. XV, 1978, 783–850, bes. 820f.; Demandt (o. Anm. 6) 45–47, auch 347f.; ders., Zeitkritik und Geschichtsbild im Werk Ammians, Bonn 1965, 99ff., bes. 129–147; ders., Metaphern für Geschichte, München 1978, 18–55, bes. 36f., 37–40, 41–43, mit weiterer Lit.; H. Berthold, in: Roma renascens. Festschrift I. Opelt, Frankfurt – Bern – New York – Paris 1988, 38–51.
25 So Alföldy, Krise 319–342. Berthold a.a.O. 41f. betont, daß Äußerungen dieser Art nicht an bestimmte Zeitumstände oder Reaktionen darauf gebunden sind. Der Realitätsbezug dieser Topik sei durch den „historischen Ort" des jeweiligen Betrachters festzustellen; damit wird dies aber an unser retrospektives Urteil gebunden. Wenig glücklich a.a.O. 43 („das Ungenügen der gesellschaftlichen Systeme dumpf ahnend", „Wachstumsangst"); deutlich wird in den genannten Stellen die unabhängig von der ‚Krise' ansetzende mentale Entwicklung.
26 Vgl. P. Widmer, Die unbequeme Realität. Studien zur Niedergangsthematik in der Antike, Stuttgart 1983, 25f., 134f. (unrichtig, daß das biologische Schema selbst seinen zwingenden Alterungs- und Niedergangsgedanken allmählich eingebüßt hätte). J. Burckhardt, Die Zeit Constantins des Großen, München 1982 (= Gesammelte Werke I, Basel — Stuttgart 1978), 194–198 (mit einer suggestiven Zeichnung des 3. Jh. a.a.O. 194f.), bes. 195 weist hier in eine andere Richtung, wenn er in diesem Zusammenhang nach dem Hinweis auf die traditionelle Topik der Klage von einem breiten Eingeständnis des Verfalls spricht. Vgl. zu den persönlichen Voraussetzungen der Darstellung Burckhardts die Erläuterungen von K. Christ ebd. 356ff.
27 Vgl. Demandt (o. Anm. 24) 1978, 38.
28 Sallust., Iug. 2, 3.
29 Manil. 4, 14–16 *fata regunt orbem, certa stant omnia lege / longaque per certos signantur tempora casus / nascentes morimur finisque ab origine pendet.*
30 Sen., Epist. 91 (14, 3), 12; vgl. etwa Epist. 71 (8, 2), 12–13; 83 (10, 3), 4.
31 So Amm. 14, 6, 3–6, bes. 6. Vgl. zur Vorstellung eines Fortbestehens des Greisenalters auch Vittinghoff (o. Anm. 7) 560f., 563f.; Demandt (o. Anm. 24) 1965, 138ff.; u. S. 306.

die Utopie dieses organischen Weltbildes war die Wiedergeburt, konkret die Rückkehr eines idealen früheren Zustandes, eines *aureum saeculum*[32]. Das positive historische Modell bildeten hierfür die verklärten Idealbilder einer als normativ und optimal betrachteten Vergangenheit[33]. Die Stagnation des Bestehenden ohne jeden Wandel wurde zu einem grundsätzlich positiven Wert und die unveränderte Bewahrung des Erreichten zu dem anzustrebenden Ziel des Handelns in einem statischen Zeitbegriff[34].

Das Ideal der Vollkommenheit war die Unveränderlichkeit, wie dies Novatian in charakteristischer Weise für Gott formuliert hat: *Immutatio enim conversionis portio cuiusdam comprehenditur mortis...quicquid enim aliquando vertitur mortale ostenditur hoc ipso quod convertitur...*[35]. Nur in der Unveränderlichkeit lag die Garantie für Fortdauer, für *aeternitas*. Veränderung galt dagegen als Indiz der Vergänglichkeit und war nach dieser Vorstellungstradition bereits ein Teil des Unterganges. *Permutatio*, der Wandel einer Sache mit dem Fortschreiten der Zeit (*processu temporis*), ist in der Formulierung des Vincentius von Lérins[36] der Gegenbegriff für Fortschritt (*profectus*); dieser sei zwar in der christlichen Religion möglich, bringe jedoch auch hierin nichts Neues. Der Fortschritt einer Sache liege darin, daß sie sich nicht verändere, sondern nur wie die Religion vertieft und ausgebaut werde.

Wir müssen hier nochmals auf den organischen Lebensvergleich für die Geschichte Roms und seines Imperiums zurückkommen. Den daraus abgeleiteten Lebensaltervergleich referiert Lactanz im 7. Buch der „Institutiones divinae" nach Seneca[37]: Rom und damit das Imperium werden unter der Alleinherrschaft der Kaiser in ihrer *senectus*[38] gesehen, in ihrem Greisenalter, das *quasi ad alteram*

---

32 Vgl. hierzu B. Gatz, Weltalter, goldene Zeit und sinnverwandte Vorstellungen, Hildesheim 1967, bes. 135ff.; Demandt (o. Anm. 24) 1978, 50–55, bes. 50f., 52, 54f.; Schwabl (o. Anm. 24) 821ff., mit weiterer Lit. Zum Wiedergeburtsgedanken vgl. ferner K. D. Bracher, Verfall und Fortschritt im Denken der frühen römischen Kaiserzeit, Wien – Köln – Graz 1987, 274–289, bes. 287ff.; zu den Bedeutungsspannen des Begriffs *renasci* und den entsprechenden Vorstellungen L. Bösing, MH 25, 1968, 145–178.

33 Dieses Denkmuster, das auch dem Prinzip des *mos maiorum* zugrunde lag, wird etwa bei Vell. 2, 92, 5; Sen., Benef. 1, 10, 1, auch Epist. 97 (16, 2), 1; Tac., Dial. 18, 3; Ps. Long., Sublim. 44, 6; Philostr., VA 6, 2 formuliert. Siehe zu dem Problemkreis auch u. S. 312ff.

34 Vgl. auch W. Hartke, Römischer Kinderkaiser, Berlin 1951, 8, 388–402; zur Endzeitprophezeiung bei Lactanz und zum Lebensaltervergleich ebd. 353–355 (zu sehr unter dem Begriff der „Romfeindschaft" gefaßt), 393ff.

35 Novatian., Trin. 4, 23.24.

36 Vincent. Ler., Comm. 1, 20–23 (Migne PL 50, p. 666ff.).

37 Lact., Inst. 7, 15, 14–16.17. Vgl. o. Anm. 24.34; die Zurückführung dieses Lebensaltervergleichs auf den älteren Seneca, die zuletzt S. Döpp, RhM 132, 1989, 77 vertritt, bleibt m. E. ohne Grundlage; vgl. auch Schwabl (o. Anm. 23) 413f.; Berthold (o. Anm. 24) 40.

38 Lactanz gebraucht hier die Formel *prima senectus* (Inst. 7, 15, 16). Zum Verständnis als die beginnende *senectus* (Wendepunkt der Geschichte Roms 146/133 v. Chr.; siehe 7, 15, 15), damals als das Imperium Romanum durch die Bürgerkriege erschöpft *rursus ad regimen singularis imperii reccidit*, vgl. Häußler (o. Anm. 24) 1983, 186f. Bei Lactanz ist davon jedoch die *ultima senectus* der kommenden Endzeit als der Zeit der apokalyptischen Schrecken und des Auftretens des Antichristen abgehoben (7, 14, 16; vgl. Lact., Epit. 66, 1–6, bes. 6; 7).

infantiam - im Sinne der wiedergekehrten Regierungsform der Monarchie, nicht einer Wiedergeburt[39] - zurückgekehrt sei und sich nur mehr auf die Herrschaft eines Einzelnen gestützt aufrechterhalte. Die Folgerung ist im Sinne des naturgemäßen Alterns: *quid restat nisi ut sequatur interitus senectutem*[40]. Seneca hatte damit für das Imperium Romanum seiner Gegenwart eine konsequente Niedergangskonzeption formuliert, die Lactanz in dem Bemühen übernahm, die in **seiner** Zeit präsenten Aeternitas-Vorstellungen für Rom und sein Imperium zu widerlegen (s. u.).

Denn die offenkundig allgemein verbreitete Vorstellung, im *saeculum nostrum* der Kaiserherrschaft und der jeweiligen Gegenwart in der Altersphase der Stadt, des Reiches und der gesamten Welt mit sich erschöpfenden Lebensgrundlagen und schwindender Vitalität zu leben[41], konnte mit jener anderen Überzeugung verbunden werden, welche dem statischen (Erwartungs-)Denken und der darin gegebenen positiven Perspektive der Zeitgenossen entsprach, die nicht im Besitz eines eschatologischen Glaubens waren. Die *senectus* der Stadt konnte als ein fortdauernder, statischer Zustand verstanden (und erhofft) werden, wie wir dies besonders deutlich bei Florus und Ammianus Marcellinus finden[42]. Die hier zum Tragen kommende Aeternitas-Vorstellung war der real gesehene Hoffnungsträger in einem vielschichtigen mentalen Geflecht mit sich überlagernden konkurrierenden positiven und negativen Erwartungen, wie es für das normale menschliche Denken vorauszusetzen ist[43]. Die Grundhaltung gerade für das frühe 2. Jh. n. Chr. bringt dabei Florus treffend zum Ausdruck: *praeter spem omnium senectus imperii quasi reddita iuventute revirescit*[44], und zwar durch die außen- und expansionspolitischen Initiativen Trajans.

Kehren wir aber an dieser Stelle zum genaueren Kontext und Ziel der Ausführungen des dogmatisch überzeugten Chiliasten Lactanz zurück. Das Ziel seiner Argumentation[45], die er auf eine Sammlung der bekannten Untergangsprophezeiungen nichtchristlicher Seher und Denker stützt[46], ist der Beweis für das kommende

39 *Prima infantia* unter Romulus und *pueritia* unter den anderen Königen; Inst. 7, 15, 14.
40 Inst. 7, 15, 17. Vgl. Sen., Epist. 83 (10, 3), 4 *iam enim aetas nostra non descendit, sed cadit*; auch Epist. 90 (14, 2), 40.44.
41 Vgl. Döpp (o. Anm. 37) 73–101, bes. 80; u. S. 315. Vgl. zum antiken Niedergangsmodell des Alterns der Welt Gatz (o. Anm. 32) 108–113; E. R. Dodds, Der Fortschrittsgedanke in der Antike, München–Zürich 1977, 29f. mit Anm. 76f., 31; Demandt (o. Anm. 24) 1978, bes. 38f.; 41f.; ders. (o. Anm. 6) 45f., 57f.; zur antiken Modellvorstellung der Erschöpfung der Lebensgrundlagen Demandt (o. Anm. 6) 347f. mit dem treffenden Hinweis auf die Mahnworte des Ipuwer, der das Alter dieser Vorstellungstradition verdeutlicht.
42 Flor., praef. 4–8; Amm. 14, 6, 3–6; auch o. S. 304f. mit Anm. 31. Zu Prudentius vgl. Häußler (o. Anm. 24) 1964, 333f.; Demandt (o. Anm. 6) 66. Der Autor der Historia Augusta zeichnet das Greisenalter Roms instabil, verneint jedoch eine eschatologische Perspektive (HA, Car. 2–3, bes. 3); die Ursachen für die Wechselfälle in dem Zustand der *senectus* sieht er in den Personen der Kaiser und in einer feindlichen und neidischen *fortuna*.
43 Die grundsätzliche, stets labile Vielschichtigkeit betont auch Widmer (o. Anm. 26) 160, 163; zur Aeternitas-Vorstellung vgl. u. S. 309, 320ff.
44 Flor., praef. 8. Unrichtig Widmer (o. Anm. 26) 135.
45 Lact., Inst. 7, 14, 5 *nos autem, quos divinae litterae ad scientiam veritatis erudiunt, principium mundi finemque cognovimus: de quo nunc in fine operis disseremus, quoniam de principio in secundo libro explicavimus*.
46 Siehe bes. Inst. 7, 14, 17.

Ende der Welt, der Beweis für die Richtigkeit der eschatologischen Erwartung der Christen insbesondere in ihrer chiliastischen Ausformung[47]. Das Gegenüber, auf das sich die Ausführungen richten, sind dabei ohne Zweifel die Aeternitas-Vorstellungen, die im zeitgenössischen Denken nicht nur ideologisch präsent, sondern als ein in sich konsistentes, religiös fundiertes Weltbild verbreitet und mental wirksam waren[48]. Die heidnischen Adressaten des Lactanz sollten in einer auf nichtchristliche Autoritäten gestützten Argumentation von der Gewißheit des kommenden Endes dieser Welt überzeugt werden, ebenso von der Notwendigkeit, ihre Sorge angesichts der zwingenden eschatologischen Perspektive auf das künftige Heil ihrer ewigen Seele[49] auszurichten[50]. Das Telos der Schöpfungskonzeption des Lactanz waren die Heilsvollendung des Menschen in der Erkenntnis und Verehrung Gottes sowie sein künftiger Eingang in die eschatologische Verheißung für die Gläubigen und Gerechten[51].

Den grundsätzlichen Beweis für seine Darlegung möchte Lactanz in der Übereinstimmung zwischen heidnischen Propheten und den eschatologischen Aussagen der Heiligen Schrift gesehen wissen[52]: *sed et saecularium prophetarum congruentes cum caelestibus voces finem rerum et ocasum post breve tempus adnuntiant describentes quasi fatigati et dilabentis mundi ultimam senectutem* – d. h. als prophetische Beschreibung der in der Zukunft kommenden Endzeit. Der Beweis wird von Lactanz also nicht durch den Bezug auf die zeitgenössische Wahrnehmung von geschichtlichen Entwicklungen, von Gegenwart oder negativen Zeitumständen gestützt, sondern auf die Übereinstimmung prophetischer eschatologischer Aussagen über die Zukunft dieser Welt. Inst. 7, 15 geht von dem Auszug der Israeliten aus Ägypten zur Befreiung des Volkes Gottes im Sinne der christlichen Gläubigen aus der *gravis servitus mundi* über[53]. Gemeint ist damit jedoch die endzeitliche Befreiung und die Errichtung des 1000-jährigen Reiches durch die (erste) Wiederkehr des Herrn[54]. *Propinquante igitur huius saeculi termino* – das Saeculum ist das 6. Jahrtausend der chiliastischen Weltrechnung[55], und selbst Christus ist unter Augu-

---

47 Vgl. Inst. 7, 14, 7–14; ebd. 15 *quomodo autem consummatio futura sit et qualis exitus humanis rebus inpendeat, si quis divinas litteras fuerit scrutatus, inveniet*; 7, 25, 3; vgl. Epit. 66–67.
48 Diese Zielrichtung des Lactanz wird bei Lieberg (o. Anm. 22) 81f., 90 nicht berücksichtigt; vgl. auch u. S. 309, 320ff.
49 Die Unsterblichkeit der Seele ist der Gegenstand der vorausgehenden Ausführungen, denen nun das Fehlen von *immortalitas* und *aeternitas* in dieser Welt gegenübergestellt wird (Inst. 7, 14, 1ff.).
50 Vgl. bereits Inst. 7, 1, 5f.; zum Aufgreifen der Vorstellung *des mundus senescens* für das Verdikt weltlichen Handelns in der christlichen Tradition auch Bartelink (o. Anm. 23).
51 Vgl. Inst. 7, 6, 1–2; Schwarte 164f.; zu Lactanz allgemein J. Fontaine – M. Perrin (Hg.), Lactance et son temps. Recherches actuelles, Paris 1978; M. Perrin, L'homme antique et chrétien. L'anthropologie de Lactance – 250–325, Paris 1981; A. Wlosok, in: R. Herzog (Hg.), Restauration und Erneuerung. Die lateinische Literatur von 284 bis 374 n. Chr., HdA VIII 5 = HLL 5, München 1989, 375–404.
52 Inst. 7, 14, 16.
53 Inst. 7, 15, 1–6, bes. 4 (und zwar *in extrema temporum consummatione*).
54 Vgl. Epit. 66, 10; 67, 1ff.
55 Vgl. Inst. 7, 14, 6.9.

stus bereits *ut esset necesse adpropinquante saeculi termino*[56] in die Welt gekommen – wird sich der Zustand der menschlichen Dinge notwendigerweise zum Schlechteren wandeln[57]. Auch hier sind aber die vorhergesagten Schrecken und Wirrnisse der kommenden Zeit vor dem Ende dieser Welt gemeint[58]. Die eigentliche Aussage des Lactanz über seine eigene Gegenwart finden wir in Inst. 7, 15, 7, wobei das Verfolgungserlebnis der Christen zweifellos den Bezugspunkt bildet: dieser endzeitliche Wandel zum Schlechteren wird so stark sein, daß selbst die Gegenwart, deren Ungerechtigkeit und Bosheit ein höchstes Maß erreicht hätten, dann als glücklich und fast golden beurteilt werden könnte[59]. Von einem aktuellen Krisenbewußtsein oder einer akuten Endzeiterwartung finden wir hier keine Spur. Allerdings wird die einzige Zukunftsperspektive klar ausgesprochen, die mit der nichttransponierten eschatologischen Verheißung des christlichen Glaubens zu vereinbaren ist: eine Perspektive der Verschlechterung des Zustandes der Menschen und der Welt bis zur dramatischen Entwicklung der apokalyptischen Endzeit unmittelbar vor der Wiederkehr des Auferstandenen.

Lactanz sammelt für seine Argumentation gegen die *aeternitas* Roms und seiner Herrschaft systematisch Nachweise aus der prophetischen Literatur der Vergangenheit, so neben den Oracula Sibyllina das Orakel des Hystaspes, das aus der romfeindlichen hellenistischen Tradition stammt (*sublatuiri ex orbe imperium nomenque Romanum*)[60]. Die Erläuterung des prophezeiten (!) kommenden Untergangs Roms einschließlich der Teilung des Reiches unter die zehn apokalyptischen Könige in Inst. 7, 16 folgt dem Buch Daniel, der Johannes-Apokalypse, der synoptischen Apokalypse und den Oracula Sibyllina. Dabei entsprach die Annahme, daß der Zerfall des Reiches allein in einer endlosen Reihe von inneren Kriegen zu erwarten sei[61], zweifellos zugleich der eschatologischen Verkündigung und dem traditionellen, auf dem politischen Erfahrungsschatz der Menschen basierenden Denkschema[62]. Die Vorhersage des Lactanz, die Herrschaft der zehn Könige werde gekennzeichnet sein durch die Vermehrung der Heere ins Unermeßliche und durch das

---

56 Inst. 4, 10, 1. Vgl. bereits S. 109f., 166; ferner Aug., Serm. 81, 8 *miraris quia deficit mundus? miraris quia senuit mundus?*, da Christus doch *in ipsius mundi senectute* in die Welt gekommen sei, so wie dem greisen Abraham ein Sohn geboren wurde; *Res facta, res condita, res peritura iam vergebat in occasum*. Ambrosius (Exp. ev. sec. Luc. 7, 222–223, bes. CCL XIV, p. 291, Z. 2464–2466) deutet die Zeit der Welt als den zwölfstündigen Tag des Herrn; in der 6. Stunde stehen Abraham, Isaak und Jakob; die 9. Stunde neigt sich bereits dem Untergang zu (*Nona inclinante iam saeculo et tamquam pallescente luce lex et prophetae decoloratos mores hominum notaverunt*), aber erst in die 11. Stunde fällt die Geburt des Herrn (ebd. 2467f.)! In Hymnus 84 (A. S. Walpole, Early Latin Hymns, Hildesheim ²1966, 300) entsprechend *Salvasti mundum languidum... vergente mundi vespere.*
57 Inst. 7, 15, 7.
58 Vgl. Epit. 66 zu Inst. 7, 15, 8ff. (Quellen: Or. Sib. III, V, VIII; vgl. S. Brandt, CSEL XIX 1, p. 632f.).
59 Inst. 7, 15, 7, Z. 26–28 (ed. Brandt).
60 Lact., Inst. 7, 15, 19. Vgl. hierzu S. 349ff.
61 Vgl. P. Jal, Latomus 21, 1962, 8–48; ders., La guerre civile à Rome. Étude littéraire et morale, Paris 1963.
62 So Lact., Inst. 7, 16, 1.

Aufgeben der Feldbestellung, *quod est principium eversionis et cladis*[63], nimmt eine persönliche Zeitreflexion des Autors auf, die er auch in „De mortibus persecutorum" in rhetorischer Phrase zur negativen Zeichnung der Regierung Diokletians benutzt[64]; sie ist hier auf die künftig zu erwartende Endzeit projiziert. Im weiteren folgen seine Ausführungen übernommenen und systematisierten Stoffen der verschiedenen Endzeitprophetien[65]. Lactanz' Darstellung der eschatologischen Wahrheit ist entsprechend seiner Zielsetzung in den „Institutiones divinae" in höchstem Maße suggestiv; eine Krisenbeschreibung der eigenen Zeit liegt aber nirgends vor[66].

Es ist m. E. das Bezeichnende in den Ausführungen des Lactanz, daß er in der Zeit der Fertigstellung der „Institutiones divinae" um 311/312 n. Chr.[67] nicht auf eine konkrete pessimistische Zeit- und Zukunftssicht zurückgreifen konnte, sondern gegen die Aeternitas-Vorstellungen für Rom und sein Reich, welche die säkulare Welt und ihre Ordnung verkörperten, (nichtchristliche) prophetische Autoritäten heranziehen mußte[68]. Daß er selbst von der chiliastischen Verheißung überzeugt war, deren Kommen er jedoch – und dies ist bei der Wertung seiner Aussagen stets zu berücksichtigen – erst in einer weiteren Zukunft von etwa zwei Jahrhunderten erwartete[69], steht außer Frage. Damit mußte er die Vorstellung einer *Roma aeterna* und die mit dem Aeternitas-Begriff verbundenen Staatsdoktrinen ablehnen; dies ist aber die Konsequenz seiner religiösen Überzeugung mit ihrer Dogmatik und kann nicht als Indiz für ein aktuelles Krisenbewußtsein des Lactanz auf Grund der Zeitumstände nach 306 gewertet werden. Ebenso wie bei Tertullian oder Cyprian mußte das Dogma der christlichen Verheißung das Welt- und Geschichtsbild des Lactanz bestimmen. Noch deutlicher wird dies, wenn man die zwischen 320 und 325, vermutlich 320/321 entstandene „Epitome" der Institutionen in die Betrachtung einbezieht[70]. In Epit. 65–67 werden die chiliastische Verheißung und die apokalyptischen Prophezeiungen für die Endzeit dieser Welt zusammengefaßt, wobei das Leitmotiv noch prägnanter formuliert wird: . . . *interitum et consummationem rerum fieri necesse est, ut innovetur a deo mundus. Id vero tempus in proximo est, quantum de numero annorum* – der chiliastischen Weltzeitberechnung! – *deque*

---

63 Ebd. 16, 2.
64 Lact., Mort. pers. 7, 3.
65 Vgl. die Verweise bei Brandt, CSEL XIX 1, p. 635ff.
66 Auch nicht in Inst. 7, 17.18.
67 Für einen etwas späteren Abschuß der Schrift sprechen Inst. 5, 6, 13; 5, 7, 1f.; 7, 27, 2. Die Formulierung des zeitlichen Abstands zwischen den Institutionen und der Epitome mit *iam pridem* ergibt keinen exakteren Anhaltspunkt; vgl. M. Perrin (Ed.), Lactance, Épitomé des Institutions Divines, Paris 1987, 14–16 mit Anm. 1. Die Abschlüsse von „Institutiones divinae", „De ira" und „De mortibus persecutorum" (Sommer 314–Dezember 315) dürften relativ rasch zwischen 311 und 315 n. Chr. aufeinander gefolgt sein. Für einen Abschluß der einheitlichen Erstfassung der Institutionen bis 311 vgl. Wlosok (o. Anm. 51) 390f.
68 Vgl. explizit Epit. 65, 8; 68, 1; auch Inst. 7, 25, 1–2.
69 Vgl. Lact, Inst. 7, 14, 6; 14, 7–11; 25, 3–8, bes. 5; Epit. 65, 9; vgl. J. Daniélou, VChr 2, 1948, 14f.; Schwarte 163–168.
70 Vgl. Perrin (o. Anm. 67) 14–16; allgemein ebd. 7–36. Perrin a.a.O. 36 charakterisiert die Epitome als wesentlichen Fortschritt in Versachlichung und Vertiefung des Denkens, aber ohne eine Veränderung der Überzeugungen.

signis quae praedicta sunt a prophetis[71] *colligi potest*[72]. Zusammengefaßt werden von Lactanz in Epit. 66 die entsprechenden Aussagen der Propheten und Seher, die als autoritative Belege für die Richtigkeit der eschatologischen Erwartung[73] dienen sollen[74]; es werden ihre Voraussagen für die Zeit *cum coeperit mundo finis ultimus propinquare*[75] resümiert: Depravation der Menschen, der Sitten und der Natur (Epit. 66, 1–3.4–6); das Reich werde in die Herrschaft von zehn apokalyptischen Königen zerfallen (ebd. 66, 3); Naturkatastrophen, Hunger, Seuchen und Schwinden der Fruchtbarkeit der Erde durch Dürre und Frost; kosmische Zeichen; der Verlust der Regelmäßigkeit der Jahreszeiten; die Jahre, Monate und Tage werden kürzer: *„hanc esse mundi senectutem ac defectionem" Trismegistus elocutus est. Quae cum evenerint, adesse tempus sciendum est quo deus ad commutandum saeculum revertatur* (ebd. 66, 6). Erst dann wird der Antichrist erscheinen und seine Schreckensherrschaft vor dem Kommen des Herrn und des 1000-jährigen Reiches der Gerechtigkeit aufrichten[76].

Für die Frage, wann die prophezeite Endzeit mit ihrem völligen Verfall, ihren Katastrophen, Wirrnissen und Schrecken eintreten wird, beruft sich Lactanz auf die eschatologischen Offenbarungen und in erster Linie auf die chiliastische Weltzeitberechnung[77]. Der letzte Tag am Ende des 6. Jahrtausends der Weltzeit nähere sich schon und werde nach der Übereinstimmung der verschiedenen, leicht abweichenden Berechnungen in nicht mehr als 200 Jahren eintreten[78]. Und Lactanz fährt fort: *etiam res ipsa declarat lapsum ruinamque rerum brevi fore, nisi quod incolumi urbe Roma nihil istius videtur esse metuendum*[79]. Auch für Lactanz ist also Rom das Katechon für das Kommen des Antichrist und der apokalyptischen Endzeit, und die *incolumis urbs Roma* erfüllt diese Funktion bis zum berechneten Zeitpunkt: *illa est civitas quae adhuc sustentat omnia*[80]. Gott ist von den Menschen darum zu bitten *ne citius quam putamus* (d. h. letztlich nach der chiliastischen Berechnung) *tyrannus ille abominabilis* (d. i. der Antichrist) *veniat, qui tantum facinus moliatur ac lumen illut effodiat, cuius interitu mundus ipse lapsurus est*[81]. Dabei wird von Lactanz allgemeiner Konsens für den Gedanken angenommen, daß ein Fall Roms, wie ihn die „Sibylle" für das *caput illut orbis* voraussagt, auch das Ende der res humanae und des Erdkreises sein müsse[82]. Eine Perspektive dieser Welt über die Existenz

---

71 Epit. 65, 8 *Sed cum sint innumerabilia quae de fine saeculi et conclusione temporum dicta sunt*, ist wohl eine rhetorische Phrase.
72 Epit. 65, 7.
73 Natürlich auch gegenüber anderen Formen der christlichen Dogmatik.
74 Orakel des Hystaspes, Oracula Sibyllina, Hermes Trismegistos, Daniel, Synoptische Apokalypse und Johannes-Apokalypse.
75 Epit. 66, 1.
76 Epit., 66, 7ff.
77 Inst. 7, 25, 3–5.
78 Ebd. 25, 3.5; bereits o. S. 307ff. mit Anm. 69.
79 Inst. 7, 25, 6.
80 Ebd. 25, 8.
81 Ebd. 25, 8.
82 Ebd. 25, 7.

Roms und des Imperium Romanum hinaus erschien den Zeitgenossen offenkundig als nicht möglich[83].

Es muß an dieser Stelle nochmals betont werden: Die christlichen Denker und die im Sinne des katholischen und des eschatologischen Dogmas Gläubigen des 2. und 3. Jh mußten den Gedanken einer *aeternitas* des heidnischen Rom und seines Reiches als unvereinbar mit der christlichen Lehre ablehnen[84]. Dies gilt auch dann, wenn sie selbst aus der Ober- oder Bildungsschicht der römischen Gesellschaft kamen. Als Ausdruck eines Krisenbewußtseins kann dies deshalb nicht gewertet werden. Die Argumente und die suggestiven Bilder, die von christlicher Seite gerade im 3. Jh. gegen die offenkundig allgemein präsenten Aeternitas-Vorstellungen, gegen Schuldzuweisungen der antichristlichen Polemik oder Agitation und zum Beweis für die eigene eschatologische Erwartung angeführt wurden, waren aus den offensichtlich ebenfalls allgemein verbreiteten, traditionellen Vorstellungen vom Altern und Niedergehen der Welt bzw. Roms nach dem Schema des organischen Modells genommen, wobei sich die Zeitgenossen selbst in der Phase des Greisenalters sahen. Erst die Umformung des Reiches zu einem christlichen Imperium, also nicht nur die Anerkennung der Religion und der Kirche, sondern ihr Einbau als tragendes Element in die Ideologie und das öffentliche Leben, wie er bei der Niederschrift der Werke des Lactanz noch nicht abzusehen war, mußte für das christliche Denken einen Neuansatz erzwingen[85].

Zur glaubensmäßigen Präsenz und zur Diskussion der eschatologischen Verheißung bedurfte es auch bei den Christen des frühen 4. Jh., die noch nicht in einem christianisierten *orbis terrarum* lebten, keines zwingenden psychologischen Anstoßes durch das reale Zeiterleben. Die Naherwartung, die noch nicht durch eine endgültige theologische Bewältigung des Problems der Parusieverzögerung und eine Transponierung der Gerichts- und Gottesreichvorstellungen in neue Bahnen gelenkt war, mußte als Thema durch die ihr autoritativ zugrundeliegenden Schriftstellen des Neuen Testaments[86] unabhängig von säkularem oder innerkirchlichem Geschehen virulent bleiben. Dies muß vor allem für die bildungsmäßig und sozial

---

83 Fortschritt als säkularer geschichtlicher Leitbegriff blieb im christlichen Bereich undenkbar solange man sich seit der Geburt des Herrn in dem letzten Zeitalter dieser Welt wußte, in dem grundsätzlich nichts Neues mehr möglich sein konnte. Der Stand der Welt kann sich im Zeichen der Gnade und der Annäherung des *ultimus finis* nicht mehr verändern, wie dies Thomas von Aquin prägnant zusammengefaßt hat (Summa theologica I 2, qu. 106, art. 4 c; auch II 2, qu. 183, art. 4). „Fortschritt" zielt allein auf Gott und bleibt transhistorisch; vgl. R. Koselleck, in: O. Brunner – W. Conze – R. Koselleck, Geschichtliche Grundbegriffe II, Stuttgart 1975, 363–366.

84 Selbst die Ausführungen des Victorinus von Pettau über den Untergang Roms (*ruina Babylonis*; Victorin. Poetov., In apoc. 8, 2) entsprechen nur dem direkten Verständnis der Johannes-Apokalypse und der traditionellen Auffassung des Katechon. Victorinus, der ein eifernder Chiliast war, erlitt nach traditionellem Ansatz 304/309 n. Chr. den Märtyrertod. Daß in der Zeit der diokletianischen Verfolgung die feindliche Haltung gegenüber dem Reich und die Betonung der Untergangsprophezeiungen für Rom zur Stärkung der eigenen Gemeinschaft und zur Bekräftigung des Glaubens eher in den Vordergrund traten, ist eine selbstverständliche Reaktion. Vgl. zu Victorinus von Pettau jetzt Wlosok (o. Anm. 51) 410–415.

85 Vgl. etwa Demandt (o. Anm. 6) 63ff., auch 57ff.

86 Neben den synoptischen Apokalypsen insbesondere Mt 16, 28; 25, 1–13, bes. 13; vgl. Mk 9, 1; Lk 9, 27; ferner bes. 1 Kor 10, 11; Mt 4, 17; Mk 1, 15.

niederen Schichten der christlichen Gemeinden gelten. Daß hierin zudem ein emotional überaus wirksames, durch die ganze Geschichte des Christentums angewendetes Mittel der Bekehrungsarbeit und der Exhortatio lag, wurde bereits betont.

Das mehrfach angesprochene Welt- und Geschichtsbild von Niedergang und Verfall als den grundlegenden Denkschemata war seit der späten Republik[87] im römischen Denken dominant[88], und man hat gerade der Niedergangsklage bei den Autoren des 1. und des frühen 2. Jh. n. Chr. eine grundsätzliche Bedeutung zuzumessen[89]. Damals setzte sich offensichtlich die Vorstellung endgültig durch, in einer Altersphase der Geschichte Roms und der Welt zu leben[90]. Selbst in der augusteischen Zeit war der Verfallsgedanke nicht verdrängt, sondern nur vorübergehend von anderen Zeitgefühlen überlagert worden[91]. Dieses Verfallsempfinden verband sich nun im 1. Jh. n. Chr. mit dem Fehlen einer möglichen Perspektive für die weitere historische Entwicklung, wie dies in den Werken des Tacitus in besonderer Weise zum Ausdruck kommt[92]. Es beruht aber im Grunde auf einer Konstanten der menschlichen Gegenwartswahrnehmung und -analyse, nämlich der Sicht der eigenen Zeit als Phase der Dekadenz[93]. Die grundsätzliche Konstanz dieser Denkstruktur wurde bereits von intellektuellen Denkern der frühen und hohen Kaiserzeit prägnant erfaßt: *hoc maiores nostri questi sunt, hoc nos querimur, hoc posteri nostri querentur, eversos mores, regnare nequitam, in deterius res humanas et omne nefas labi. .*.[94]. Hinzu tritt konstitutiv das retrospektive, normative Modell des *mos maiorum* als Bezugspunkt für die Erfassung von Wirklichkeit und für die Urteilsbildung[95]. Die Norm der idealisierten Vergangenheit, im römischen Kontext das Geflecht der *mores*, *virtutes* und *exempla* der *maiores*[96], ließ die jeweilige Gegenwart nur in der

---

87 Auf dem Hintergrund des Verschwindens der bisher selbstverständlichen politischen Größen und der Erschütterung sämtlicher, nicht nur der römischen Systemstrukturen der Mittelmeerwelt im 2. und 1. Jh. v. Chr.; vgl. etwa J. D. Minyard, Lucretius and the Late Republic, Leiden 1985, 1ff.
88 Vgl. bes. Bracher (o. Anm. 32), bes. 25f., 44ff.; vgl. u. S. 318ff.
89 Vgl. Bracher a.a.O. 86; Döpp (o. Anm. 37) 73–101, bes. 77ff. Fuhrmann (u. Anm. 97) 138 spricht anstelle der adäquaten Phänomene von Niedergangs- und Verfallsdenken von „Krisenbewußtsein"; siehe hierzu auch u. S. 322f.
90 So auch Döpp a.a.O. 80, 95.
91 Vgl. Bracher a.a.O. 57f., 59. Charakteristische Formel bei Mart. 5, 7, 3 (*exuta est veterem nova Roma senectam* mit dem Bild des Phönix; Propaganda Domitians).
92 Vgl. etwa G. E. F. Chilver, A Historical Commentary on Tacitus' Histories I and II, Oxford 1979, 37f.
93 Vgl. Bracher a.a.O. 83f.; Döpp a.a.O. 79f.; F. Hampl, Das Problem des Kulturverfalls in universalhistorischer Sicht, in: ders., Geschichte als kritische Wissenschaft I, Darmstadt 1975, 252–298, bes. 253, 295f.; auch ders., Universalhistorische Vergleiche und Perspektiven zum Themenkreis Politik – Staatsethik – Sittenverfall im republikanischen Rom, ebd. III, Darmstadt 1979, 120–158, bes. 136f.; R. Herzog – R. Koselleck, in: dies. (Hg.), Epochenschwelle und Epochenbewußtsein, München 1987, IX.
94 Sen., Benef. 1, 10, 1; siehe ferner etwa Tac., Dial. 18, 3.
95 Vgl. zusammenfassend Bracher (o. Anm. 32) 44f.; Minyard a.a.O. 5–12, auch 20f. (mit weiterer Lit.).
96 Minyard a.a.O. 8f. hebt zu Recht die vorgegebene autoritative Gesamtkonnotation des Wortes *maiores* hervor, die bereits eine grundlegende Beziehung zwischen Vergangenheit, Gegenwart und auch Zukunft strukturiert.

Distanz von dem Idealzustand bzw. -verhalten definieren und dessen Wiederherstellung bzw. die Rückkehr zu dem Standard des positiven Modells (*renovatio, restitutio*) als das legitimierte und legitimierende Programm[97] erscheinen.

Hier bewegen wir uns in einem zentralen Bereich der sozialpsychologischen Attributionsprozesse und -mechanismen[98]; Attribution ist der im menschlichen Denken grundlegende Interpretationsprozeß der Erfahrungswelt, durch den der Einzelne Ereignissen und Handlungen sowie eigenem und fremdbestimmt erfahrenem Verhalten Gründe bzw. Ursachen zuschreibt oder solche auf Grund von vorgegebenen Attribuierungsmustern, Bewertungsschemata und Kategorien folgert. Er ermöglicht Ordnung, Strukturierung, Deutung und Prognose für die Situationen und Ereignisse des täglichen Lebens, wobei die generelle Tendenz einer Ursachensuche und -projektion in Personen als ein naiv-psychologisches Erklärungsschema hervortritt, dessen höhere Ebene durch die Annahme von Formen übernatürlichen Willens gegeben ist. Dabei gründet das anthropologische Prinzip der Normativität vergangener bzw. individuell erlebter positiver Erfahrung in dem bereits genetisch vorgegebenen Erkenntnis- und Lernprinzip, das positive Erfahrungen und die Erwartung der erneuten Bestätigung solcher Informationen im kognitiven Prozeß höher gewichtet[99]. Ohne dieses kognitive Muster wären stabile individuelle Wissensstrukturen, die Entwicklung von ‚erfolgversprechenden' Strategien und damit der Gewinn von Entscheidungssicherheit in der ständigen Auseinandersetzung des Individuums mit der Umwelt nicht möglich. Voraussetzungen sind dabei die ratiomorphen, d. h. vorbewußten Grundannahmen von Vergleichbarkeit, Stetigkeit, Regelmäßigkeit und Wiederholbarkeit in der Umwelt. Die Erwartung des Wiedereintrittes des bereits Bekannten respektive Bestätigten wird erst durch die falsifizierende Serie erschüttert, kann aber schon durch Zufallskoinzidenzen wieder stabilisiert werden.

---

97 Vgl. Aug., RG 8; auch M. Fuhrmann, in: Herzog – Koselleck (o. Anm. 93) 131–151 zum spätrepublikanischen und frühaugusteischen Rom.

98 Vgl. zusammenfassend B. Six, in: D. Frey – S. Greif (Hg.), Sozialpsychologie, München – Weinheim ²1987, 122–135; W. Herkner (Hg.), Attribution – Psychologie der Kausalität, Bern 1980; ders., Einführung in die Sozialpsychologie, Bern – Stuttgart – Wien ³1983, bes. 332–343, mit weiterer Lit.; zum „fundamentalen Attributionsfehler" der generellen Tendenz einer Kausalitätssuche in Personen und ihren Dispositionen Six a.a.O. 130; Herkner, in: ders. a.a.O. 1980, 11–86, bes. 33f.

99 Vgl. R. Riedl, Biologie der Erkenntnis, Berlin – Hamburg ³1981, 41ff., bes. 46–48, 51ff.; ders., Evolution und Erkenntnis, München – Zürich ²1984, bes. 133f.; 245–247; ders., Die Spaltung des Weltbildes. Biologische Grundlagen des Erklärens und Verstehens, Berlin – Hamburg 1985, bes. 44ff., bes. 46f., 47–49; zusammenfassend zur komplexen Basis ders., Begriff und Welt. Biologische Grundlagen des Erkennens und Begreifens, Berlin – Hamburg 1987. Zur neuen Erkenntnis- und Bewußtseinstheorie, welche den unabdingbaren Einschluß von Neurophysiologie und Evolution vollzieht, vgl. zusammenfassend E. Oeser – F. Seitelberger, Gehirn, Bewußtsein und Erkenntnis, Darmstadt 1988, bes. Oeser a.a.O. 123ff.; F. M. Wuketits, Evolution, Erkenntnis, Ethik, Darmstadt 1984; ders. (Hg.), Concepts and Approaches in Evolutionary Theory of Knowledge, Dordrecht – Boston – Lancaster 1984; die Beiträge in: K. Lorenz – F. M. Wuketits (Hg.), Die Evolution des Denkens, München – Zürich 1983 (bes. G. Vollmer ebd. 29–91; R. Kaspar ebd. 125–145); R. Riedl – F. M. Wuketits (Hg.), Die Evolutionäre Erkenntnistheorie, Berlin – Hamburg 1987; allgemein E. Oeser, Psychozoikum. Evolution und Mechanismus der menschlichen Erkenntnisfähigkeit, Berlin – Hamburg 1987.

In den Bereich dieser Strukturen von Wahrnehmung und Kognition gehören die Phänomene der Immunisierung bzw. Selbstimmunisierung von einmal entwickelten Wissens-, Denk- und Urteilsmustern sowie von Erklärungsmodellen, bei denen das Prinzip der Mißachtung negativer Information gegenüber bereits gewonnenen Überzeugungen, Vergleichsvorstellungen, Prognoseschemata und tradierten Erwartungshorizonten zur Wirkung kommt, insbesondere mit Hilfe der Neutralisierung nichtpassender Information durch Zusatzannahmen oder erweiterte modelltreue Deutungshypothesen[100]. Derartige negative, d. h. falsifizierende Information wird selbst bei ihrem wiederholten Erscheinen gegenüber tradierten Normen und Erfahrungen respektive gegenüber einer vielfach rein subjektiv gesehenen Bestätigung neutralisiert. Selbst solche Momente, die auf Grund von evidenten Ereignishäufigkeiten zu erwarten sind, können dabei subjektiv bestätigend gewertet werden, ebenso das Eintreten einer Koinzidenz erst nach einer entsprechend in Zeit und Inhalt subjektiv gedehnten Erwartung. Die aktive Gegenreaktion kann sich über das Bezweifeln des Nichtpassenden, über Unglauben, Indifferenz oder die Postulierung immunisierender Ad-hoc-Annahmen bis zur Unterdrückung von Wahrnehmungen und zum Rückzug auf ein nicht mehr hinterfragbares Dogma steigern, wobei die Vermutung eines fremden ‚bösen Willens' oder von Kräften des ‚Bösen' bzw. ‚Schlechten' als Ursache meist die Regel ist. Das Geflecht religiöser Glaubensvorstellungen, von transzendent verankerten Welt- und Daseinsinterpretationen wird durch negativen Informationszufluß oder enttäuschte Prognosen in seinem Kernbestand über sehr lange Zeit kaum erschüttert; Glaubensinhalte, ekstatische Ausnahmezustände, psychische Wahnbilder und spontanes bzw. suggestives religiöses Erleben besitzen hier einen eigenständigen Realitätscharakter.

Das grundsätzliche kognitive Verrechnungsmuster des menschlichen ‚Alltagsverstandes', auf das wir im Zusammenhang einer solchen mentalgeschichtlichen Untersuchung hinzuweisen hatten, ist also dem (deduzierenden) Falsifikationsprinzip genau entgegengesetzt, das K. Popper als die Grundlage des modernen Wissenschaftsverständnisses formuliert hat[101]. Das nur in der intellektuellen Leistung zurücktretende ‚unkritische' induktive Denken sucht primär nach dem Analogen und dem Bestätigenden zu Bekanntem und bereits entwickelten Vorstellungsmustern, wobei die Tendenz besteht, jegliche Koinzidenz direkt kausal zu deuten. Das Verifikationsprinzip fragt als vorgegebenes Analysemuster nach dem positiven bzw. dem positiv bestätigenden negativen Exempel. Das einzelne, als Bestätigung erfahrene Erlebnis respektive Faktum besitzt in der menschlichen Psyche eine überaus große stabilisierende Wirkung.

100 Vgl. hierzu ausgehend vom Wissenschaftsbereich Th. S. Kuhn, Die Struktur wissenschaftlicher Revolutionen, Frankfurt ⁹1988, bes. 21, 33, 90f., 162ff., 212ff.; allgemein A. R. Luria, in: F. G. Worden – J. P. Swazey – G. Adelman (Hg.), The Neurosciences: Paths of Discovery, Cambridge Mass. 1975, 335–361, bes. 339; M. Bunge, Understanding of the World, Dordrecht – Boston – Lancaster 1983, bes. 62f., 76; zu konkreten Mechanismen L. Festinger – H. W. Riecken – S. Schachter, When Prophecy Fails, Minneapolis 1956; R. A. Shweder (Hg.), Fallible Judgement in Behaviour Research, San Francisco 1980.

101 Vgl. K. R. Popper, Logik der Forschung, Tübingen ⁷1982, bes. 47ff.; ders., Objektive Erkenntnis. Ein evolutionärer Entwurf, Hamburg ⁴1984, 13ff.; zur Regelmäßigkeitserwartung und zum ‚Alltagsverstand' auch ebd. 1984, 3, 20ff.; 24; I. C. Jarvie, in: Wilson (o. Anm. 16) 55f., 61.

Schon das Niedergangs- und Verfallsdenken der frühen Kaiserzeit erfaßte mit seinen Interpretationsschemata das Zeitverständnis der Menschen auf nahezu allen Gebieten[102]. Der ältere Plinius brachte dies im Rahmen einer allgemeinen Dekadenzvorstellung für den Bereich des Wissens zum Ausdruck[103], ebenso neben vielen anderen Stimmen etwa der ältere Seneca für die zentralen Bereiche des Geisteslebens[104]. Plinius d. J.[105] und Columella[106] haben sich gegen die allgemein vertretenen Ansichten über das Altern bzw. Gealtertsein der Natur und des Bodens in der eigenen Zeit gewandt. Senecas pessimistische Verfallsperspektive im Sinne eines naturgesetzlichen Vergehens für Rom und seine Herrschaft sahen wir bereits oben; doch gilt sie ebenso für die Geschichte und die Natur an sich[107]. Bereits Lukrez betrachtete die Natur als gealtert und erschöpft[108]: *iamque adeo fracta est aetas, effetaque tellus*[109]. Das Altern ist hier das Grundprinzip des Kosmos[110]. Die gleiche grundsätzliche Perspektive findet sich als eine für die Zeitgenossen selbstverständliche Formel bei Claudius Aelianus; die Physis der Menschen ist wie die gesamte Natur und selbst die höchsten Berge Tod und Vergänglichkeit ausgeliefert[111]: ... τὴν τῶν ὅλων φύσιν κατεσκέφθαι λέγουσι καὶ τὸν κόσμον διαφθείρεσθαι αὐτόν. Und es ist bezeichnend, daß Augustinus schließlich sogar den Glauben an die wahre Offenbarung ausdrücklich von dem grundsätzlichen Prinzip des Alterns der Welt ausnehmen muß[112].

Wie stark dieses allgemeine, weit zurückreichende Denkmuster mit seinem reichen Formel- und Bilderschatz gegenüber der Reflexion von Zeiterleben gelöst und verselbständigt war, zeigt uns etwa die sogenannte Asclepius-Apokalypse im Corpus Hermeticum, die wohl dem 3. Jh. n. Chr. zuzuweisen ist und im 4. Jh. nochmals überarbeitet wurde[113]. Sie vermengt ägyptische apokalyptische Traditionen mit stoischer Katastrophenerwartung und nahöstlichen Endzeitschematismen, wie sie parallel in den Oracula Sibyllina erscheinen, und formuliert eine allgemeine negative Topik für das Altern der Welt[114], ohne damit aber eine Form von Naherwartung zu implizieren; eine eigentliche eschatologische Konzeption fehlt[115].

102 Vgl. Bracher (o. Anm. 32), bes. 60ff., 107ff.; Döpp (o. Anm. 37) 73–101, bes. 82ff.; auch K. Heldmann, Antike Theorien über Entwicklung und Verfall der Redekunst, München 1982; o. S. 303f., 312.
103 Plin., N. h. 2, 117–118; 14, 1, 2–7.
104 Sen., Contr. 1, praef. 6–10.
105 Plin., Epist. 6, 21, 1,
106 Colum. 2, 1, 1; vgl. 1 praef. 1.
107 Vgl. Sen., Epist. 90 (14, 2), 11ff.; auch 83 (10, 3), 4; Bracher a.a.O. 127ff., 144, 154f.
108 Lucr. 2, 1150–1174. Die Perspektive ist der naturgegebene Untergang (2, 1144f.; 5, 65f., 95–109). In 5, 324ff. argumentiert Lukrez gegen die Ewigkeitsvorstellungen und für eine Entstehung der Welt in einer geschichtlichen Zeitdimension; nur in diesem Sinne gerät er dort in einen gewissen Widerspruch zur Alterssicht der Welt.
109 Lucr. 2, 1150.
110 Lucr. 5, 826–828.834.
111 Ael., Var. hist. 8, 11.
112 Aug., Serm. 81, 7–9.
113 A. D. Nock – A. J. Festugière, Corpus Hermeticum II, Paris 1945, p. 326—332 (§ 24–26).
114 Vgl. bes. § 26.
115 Vgl. J. Assmann, Zeit und Ewigkeit im Alten Ägypten, Abh. Heidelberg, Phil.-hist. Kl. 1975, 1, Heidelberg 1975, 26, 30–36, bes. 30, 33f.

Die generelle Präsenz des gedanklichen Schemas von Verfall und Altern spiegelt sich um die Mitte des 3. Jh. n. Chr. in der selbstverständlichen, ja in gewisser Weise unbefangenen Verwendung von Formeln und Metaphern wie *totus orbis paene vastatus, finis mundi, occasus rerum, ruina rerum, mundus in defectione, res labentes* oder *saeculum moriens*, wobei die deterministische eschatologische Erwartung des Christentums noch stimulierend gewirkt haben muß[116]. Cyprian nutzte die allgemeine Akzeptanz der Alters- und Niedergangsvorstellung für die Welt zu einer überaus suggestiven Abwehr antichristlicher Agitation[117]. Ebenso selbstverständlich verwendete der unbekannte pagane Verfasser der pseudoaristeidischen Rede „Eis basilea" solche negativen Zeitformeln und Bilder für die apologetische Behandlung des Abbruchs des Perserkrieges durch Philippus Arabs[118]. Als geradezu selbstverständliche Metapher für das Vorliegen von Problemen erscheint τὸ κλῖνον in dem Edikt des Severus Alexander über den Erlaß des Aurum coronarium, was nicht aus Überfluß oder Reichtum geschehe, sondern aus seiner Gesinnung heraus καίπερ κέκμηκα τὸ κλῖνον ἀναλήμψασθαι, und zwar trotz eigenem Finanzmangel auf Grund der Sophrosyne und des Willens, das Reich durch Philanthropie und Wohltaten zu mehren[119]. Als ein weiteres Beispiel sei auf den ebenfalls dem topischen Formelgut des Verfallsdenkens entnommenen, zur rhetorischen Kontrastbildung dienenden Ausdruck *post priorum temporum labem* im Panegyricus auf Maximian vom 21.4.289 verwiesen[120]. Diese Sprachbilder sind ohne Zweifel sowohl Ausdruck als auch Interpretationsvorgabe eines entsprechenden allgemeinen Denkmusters, vergleichbar der heute omnipräsenten Vorstellung von Wachstum, welche selbst Paradoxien wie ‚Nullwachstum' und ‚Minuswachstum' zu tragen vermag.

In diesem Zusammenhang haben wir auch die Behandlung der Synoptischen Apokalypse im Matthäus-Kommentar des Origenes zu betrachten[121]. Zu Mt 24, 6 werden die prophezeiten Kriege der Endzeit vor dem Kommen des Endes dieser Welt zuerst im klassischen Sinne des zwischenstaatlichen Kampfes definiert, dann aber in der allegorischen Schriftdeutung auf die dogmatischen Auseinandersetzungen um den wahren Glauben bezogen[122]. Zu Mt 24, 7.8 *„Exsurget enim gens*

---

116 Siehe o. S. 151; zum festen lateinischen Formelschatz auch die Texte bei Bartelink (o. Anm. 23).
117 Siehe o. S. 172ff.
118 Ps.-Aristeid., Or. 35, 14. Vgl. zur Einordnung der Schrift L. De Blois, GRBS 27, 1986, 279–288; nicht überzeugend in seinen Darlegungen S. Faro, Athenaeum 58, 1980, 406–428.
119 P. Fay. 20, Col. II, Z. 14.15f.
120 Paneg. 10 (2) 4, 2. Vgl. jetzt P. L. Schmidt, in: Herzog (o. Anm. 51) 164f.
121 Orig., In Matt. ser. 34ff.; entstanden in den 40er Jahren des 3. Jh. (ca. 244–249). Der Text ist nur in einer lateinischen Übersetzung erhalten, die jedoch nicht wortgetreu ist und auch vor Erweiterungen und Präzisierungen nicht zurückschreckte (vgl. H. J. Vogt (Ed.), Der Kommentar zum Evangelium nach Matthäus I, Stuttgart 1983, 52f.; ders., in: R. Hanson – H. Crouzel (Hg.), Origeniana Tertia, Rom 1985, 91–108). Die Terminologie ist deshalb nur unter diesem Vorbehalt auszuwerten. Vgl. zu Origenes allgemein P. Nautin, Origène. Sa vie et son oeuvre, Paris 1977. Gegen eine Leugnung der Untergangsperspektive dieser Welt verweist Origenes auf die Offenbarungslehre des Glaubens über Anfang und Ende dieser Welt (vgl. Princ. 1 praef. 7; 3, 5, 1; In Matt. ser. 13, 1).
122 In Matt. ser. 34.35.

adversus gentem et regnum adversus regnum. et erunt fames et pestilentiae et terraemotus per loca; haec enim omnia initia sunt dolorum" gibt Origenes die folgende Deutung des Litteralsinns[123]: Zur Erklärung der prophezeiten Phänomene am Beginn der endzeitlichen Wehen verweist er auf das organische Modell und auf das Prinzip des Alterns für die ganze Schöpfung[124]. Wie die Körper vor ihrem Tode erkrankten, so würde auch die Welt, *cum corrumpi coeperit, quasi initium habens et finem*, notwendigerweise vor ihrem Zugrundegehen ermatten; Erdbeben würden häufiger auftreten, Pesthauch und Seuchen entstehen, bis die zu Ende gehende Lebens- und Zeugungskraft der Erde Fruchtbarkeit und Bewuchs ersticken werde[125]. Die prophezeiten Kriege würden dann aus der *inopia ciborum* entstehen[126]. Eine zweite Erklärung für die angekündigten Wirren gibt Origenes in der Möglichkeit eines gleichzeitigen Mangels an Menschen guten Sinnes, so daß anstelle ruhigen und friedlichen Lebens *insurrectiones et lites et perturbationes* entstehen würden, und zwar wegen der *avaritia*, gelegentlich auch wegen der *concupiscentia principatus* oder auch wegen der *cupiditas insana gloriae vanae*, wegen des Strebens nach nichtigem Ruhm von Seiten der Herrscher, die nicht mit ihrem Reich zufrieden seien, sondern ihre Herrschaft ausdehnen und sich viele Völker unterwerfen wollten[127]. Kriegerische Wirren auf Grund von Habgier, Ruhmsucht und Expansionsstreben sind dabei traditionelle Topoi, und das Streben nach der Kaiserherrschaft als Ursache von inneren Konflikten gehörte ebenfalls bereits seit dem 1. Jh. n. Chr. zum Allgemeingut. Die tieferen Gründe für die prophezeiten (!) Wirren deutet Origenes im Sinne der christlichen Lehre als Rückzug der Gnade Gottes auf Grund des Übermaßes der Schlechtigkeit der Menschen[128] und des Schwinden des Lichtes des Glaubens[129]. Der nächste Schritt seiner allegorischen Schriftdeutung ist die Auslegung von Wirren, Hunger und Seuchen als Sinnbild des dogmatischen Konfliktes und der Häresie innerhalb des christlichen Glaubens[130].

Im folgenden deutet Origenes die angekündigte endzeitliche Verfolgung der Gläubigen (Mt 24, 9), nachdem die Katastrophen der Endzeit nach Mt 24, 7 eingetreten sein würden, mit der Ursachensuche der Heiden[131]: *amant enim, qui in calamitatibus sunt, causas earum discutientes invenire aliquid quod loquantur*[132]. Er spricht hier ein allgemeinanthropologisches Verhaltensmuster innerhalb der Attributionsprozesse und das grundlegende religiöse Ursachendenken an, das die tradi-

---

123 Ebd. 36.
124 Ebd. 36, Z. 23ff. (GCS XI, p. 68). Die entsprechende Vorstellung vom Altern und naturgemäßen Untergehen der Schöpfung ist in den beiden Testamenten mehrfach formuliert; vgl. Pss 102, 27; Hebr 8, 13.
125 Ebd. Z. 26ff.
126 Ebd. Z. 5ff.
127 Ebd. Z. 10ff.
128 Vgl. Mt 24, 12.
129 In Matt. ser. 37.
130 Ebd. 37.38.
131 In Matt. ser. 39, Z. 26ff. (GCS XI, p. 74f.).
132 Ebd. Z. 30f.

tionelle antichristliche Agitation trug[133]: Wenn diese endzeitlichen Schrecken gekommen sein werden, so wird man die Ursache in der Vernachlässigung des Kultes der Götter suchen und der Zahl der Christen die Schuld an Kriegen, Hunger und Seuchen geben, wie dies schon in der Vergangenheit bei Hunger, Seuchen und Erdbeben – auffallend ist das Fehlen gerade des Krieges in der Aufzählung – der Fall gewesen sei und zu Verfolgungen geführt habe[134]: *sed et qui videbantur prudentes, talia in publico dicerent, quia propter Christianos fiunt gravissimi terraemotus*[135]. Origenes führt den Gedanken fort, daß dies bisher nur in begrenztem Umfange und nicht in einem ‚weltweiten' Konsens der Heiden geschehen sei; beim Eintreten der (alles erfassenden) endzeitlichen Schrecken werde es dann jedoch zu einer allgemeinen Verfolgung des Gottesvolkes kommen[136].

Auch Arnobius von Sicca hat im 1. Buch seiner apologetischen Schrift „Adversus nationes" aus der Zeit der großen Verfolgung zwischen 303 und 311 n. Chr. das religiös begründete, stereotype Ursachendenken der Heiden[137] scharf bekämpft, daß mit dem Eintritt der Christen und ihrer *impietas* in die Welt Übel und Elend zugenommen hätten und daß dies die Strafen der erzürnten Götter seien[138]. Arnobius argumentiert gegen diese heidnische Agitation nun nicht wie Cyprian mit dem Verweis auf das traditionelle Alters- und Niedergangsschema, sondern vielmehr mit dem Axiom, daß sich der Weltzustand überhaupt nicht geändert habe, daß Kriege, Not und Katastrophen zu allen Zeiten eingetreten seien und daß das Gute und Positive einschließlich militärischer Siege und überragender Ernteerträge gar nicht verschwunden sei. Der Verweis auf die keineswegs so verschlechterte Lage der eigenen Zeit war zur Widerlegung des antichristlich gedeuteten Niedergangsschemas offenkundig möglich und entsprach wohl nicht zuletzt der realen Situation in den weiten Kerngebieten des römischen Nordafrika[139].

Niedergang und Verfall, das Altern und die Erschöpfung der Welt in einer organischen Vergleichskonzeption sind die traditionellen Leitvorstellungen[140] für die Verarbeitung von subjektiv erlebter negativer Erfahrung und für die subjektiv empfundene oder intellektuell reflektierte Entfernung der eigenen Zeit von einem in

---

133 Vgl. hierzu o. S. 171ff.; u. S. 328ff.
134 Orig. ebd. Z. 1ff. (a.a.O. p. 75).
135 Ebd. Z. 11f.
136 Ebd. Z. 13ff.
137 Zu den Formen antichristlicher Agitation vgl. Lact., Inst. 5, 2, 2ff.; 5, 4, 1; Mort. pers. 12, 1; 16, 4. Zur religiösen Schuldzuweisung an die Christen siehe weiterhin u. S. 329ff.
138 Arnob., Nat. 1, 2–16.17–24; gegen den Vorwurf der *religio impia* ebd. 25–65. Vgl. zu Arnobius zusammenfassend Wlosok (o. Anm. 51) 365–375.
139 Vgl. auch Ph. Leveau, Caesarea en Maurétanie, une ville romaine et ses campagnes, Rom 1984, bes. 503 (kein „déclin urbain" im 3. Jh.).
140 Zu den Konzeptionen von Niedergang und Verfall vgl. R. Koselleck – P. Widmer (Hg.), Niedergang. Studien zu einem geschichtlichen Thema, Stuttgart 1980; siehe bes. R. Koselleck ebd. 7–11; P. Widmer ebd. 12–30; ders., Die unbequeme Realität. Studien zur Niedergangsthematik in der Antike, Stuttgart 1983, bes. 17–30; im einzelnen nicht immer befriedigend a.a.O. 133ff. zur römisch-heidnischen Niedergangskonzeption, 163ff. zur Haltung der Christen.

der Vergangenheit vorgegebenen positiven Modell oder Idealzustand[141]. Das Denken im Niedergangsschema und ein Dekadenzbewußtsein[142], verbunden mit einer moralisierenden Bezugnahme auf die Norm der idealisierten Vergangenheit, der *mores et exempla maiorum*, reichten zur Verarbeitung von Erfahrungs- und Normabweichungen sowie zur mentalen Bewältigung von negativer Ereigniswahrnehmung aus, wie sie das Zeiterleben zwischen 160 und dem ausgehenden 3. Jh. mit sich brachte. Und in dem Konzept der *renovatio*, der Möglichkeit einer Rückkehr zum positiven Modell der Vergangenheit, war ein hinreichender Hoffnungsträger gegeben, zu dem sich der Glaube an die entscheidende Rolle der Eigenschaften von Personen gesellte. Seit dem 2. Jh. n. Chr. wurde der als optimal gesehene, idealisierte Zustand des Reiches, auf den sich die historischen und politischen Maßstäbe bezogen, mit den Namen des Augustus und des Trajan verbunden, wie dies in der akklamatorischen Formel *felicior Augusto melior Traiano* (Eutr. 8, 5, 3) zum Ausdruck kam. Das dominierende Zeitgefühl war, wie oben ausgeführt, seit dem 1. Jh. v. Chr. pessimistisch, und es bedurfte augenscheinlich der Wirkung tatsächlicher positiver Ausnahmeerlebnisse, wie zuletzt der Expansion des Reiches unter Trajan, um diese Einschätzung der eigenen Geschichte und Gegenwart zeitweise zu durchbrechen respektive zu überlagern.

Niedergang bzw. Verfall als eine subjektiv oder objektiv empfundene wertwidrige Veränderung eines Zustandes gehört zu den selbstverständlichen Denkmustern von menschlicher Kognition und Geschichtserleben, zumal die Dissonanz zwischen Idealen und Wirklichkeit nie zu überbrücken ist[143]. Dabei haben wir mit R. Koselleck die grundsätzliche Bedeutung der Denkstruktur des organischen Modells bzw. der Wachstumsmetapher hervorzuheben[144]; gerade ihr Wandel unter Aufgabe des organisch vorgegebenen Gedankens einer Unentrinnbarkeit des Verfalls ist ein Kennzeichen für die Ausprägung des neuzeitlichen Fortschrittsbegriffs. Hierin verdeutlicht sich die langsam bewußt werdende Öffnung der Zukunft, die Perspektive einer grundsätzlichen Offenheit dieser Zukunft. Hier wurde ein vorbewußt verankertes Vergleichsdenken in mental entscheidender und rationaler Weise durchbrochen; dennoch ist auch heute das Interpretationsmodell des Lebenszyklus als Vorstellung und Prognoseschema im menschlichen ‚Alltagsverstand' stets präsent. Vor dem breiten Durchbrechen der modernen Denkstrukturen bildete der

---

141 Vgl. auch H. Günther, in: Koselleck – Widmer a.a.O. 31–40 unter Betonung der anthropologischen Konstanten; Döpp (o. Anm. 37) 82 schließt in den Komplex zu Recht die Irritation des Selbstwertgefühls mit ein. Vgl. auch E. Spranger, Die Kulturzyklentheorie und das Problem des Kulturverfalls, SB Berlin, Phil.-hist. Kl. 1926, Berlin 1926, XXXV–LIX. Niedergang ist die grundlegende Sichtweise der ausgehenden Antike, deren Schematik und Topik aber in bezeichnender Weise an der Realität des Auflösungsprozesses vorbeiging und die nicht mehr passenden traditionellen Konzepte und Begriffe nicht veränderte, ja im Grunde das überkommene Gedankengebäude gegen die Realität aufrechterhalten ließ; vgl. hierzu F. G. Maier, in: Koselleck – Widmer a.a.O. 59–78, bes. 71ff. Das klassische Dekadenzmodell als generalisierende Erklärungshilfe in der Spätantike betont zu Recht etwa Demandt (o. Am. 6) 68.
142 Fuhrmann (o. Anm. 97) 151 spricht m. E. zu Unrecht von „Dekadenz- und Krisenbewußtsein".
143 Vgl. auch Spranger a.a.O. XLVIII, LV; Bracher (o. Anm. 32) 83ff.; Widmer (o. Anm. 140) 1983, 17ff.
144 Koselleck (o. Anm. 83) 372

(naturgemäße) Niedergang die universelle Gegebenheit, während Aufstieg, Verbesserung u. ä. nur als partielle und nur begrenzt mögliche Erscheinungen gedacht werden konnten[145]. Die implizierte (fernere) Zukunftsprognose war eine negative, der kontrastierende Bezugspunkt zur ursprünglichen Norm der Untergang.

Das in einem festen Denkmuster verankerte Weltbild von Altern, Niedergang und Verfall war von grundsätzlicher Natur; es war für das zeitgenössische Denken und Gegenwartsempfinden des späteren 2. und des 3. Jh. n. Chr. als Interpretationsschema, als mentale Struktur vorgegeben und wurde nicht durch das zeitgenössische Erleben evoziert. Natürlich konnte man sich durch die Häufigkeit von Phänomen negativen Zeiterlebens insbesondere im politischen Bereich in diesem traditionellen Welt- und Geschichtsverständnis bestätigt sehen. Zu einem Untergangsbewußtsein hat es sich allerdings im 3. Jh. weder auf christlicher noch auf heidnischer Seite verstärkt. Die offenbar um 270 n. Chr. in gewissen Teilen der Bevölkerung wahrgenommene Gefährdung der Fortexistenz eines geeinten Imperium Romanum als Ordnung des *orbis terrarum* konnte rasch genug überwunden werden. Dabei ist nochmals zu betonen, daß religiöse Gruppen mit einer determinierten eschatologischen Erwartung, und hier vor allem die Christen vor der Verchristlichung des Reiches, jede Möglichkeit statischer Ewigkeitsvorstellungen für diese Welt verwerfen mußten. Ihre Geschichtsteleologie blieb auf die Wiederkehr des Herrn ausgerichtet oder entwickelte sich zu einer individuellen Heilsteleologie. Dualistische Vorstellungen mußten ihrerseits zu einer völligen Abwertung des materiellen und säkularen Bereichs führen; sie waren jedoch kein zeitspezifisches Phänomen der von uns betrachteten Epoche.

Gegen das kognitive und weltanschauliche Schema, in einer Zeit des Niedergangs, der *senectus saeculi* zu leben, hat die offizielle Ideologie der monarchischen Führung des Imperiums die grundlegenden Doktrinen von der *aeternitas* Roms und seines Reiches gestellt[146]. Die seit Augustus mit der Herrscheridee verbundene Aeternitas-Ideologie[147] zielte auf die Vermittlung und die Festigung der Perspektive von Fortdauer und statischer Stabilität[148]. Die allgemeinen Idealvorstellungen steti-

---

145 Vgl. Widmer a.a.O. 131; auch u. S. 325f. Widmer a.a.O. 27–30 verengt das prognostische Element zu sehr auf die Perspektive der totalen Negation der ursprünglichen Norm, wenn dies auch deren finale Konsequenz bleibt.
146 Vgl. H. U. Instinsky, Kaiser und Ewigkeit, in: H. Kloft (Hg.), Ideologie und Herrschaft in der Antike, Darmstadt 1979, 416–472; F. Paschoud, Roma Aeterna, Rom – Neuchâtel 1967; W. Suerbaum, Vom antiken zum frühmittelalterlichen Staatsbegriff, Münster ³1977, passim, bes. 335–337; B. Kytzler, Roma Aeterna, Zürich – München 1984; Bracher a.a.O. 44, 333–341, mit weiterer Lit.; auch o. S. 304ff. Es ist bezeichnend, daß bereits Cicero seine bewußte negative Zeitanalyse mit der Idee der Ewigkeit Roms verband; vgl. etwa H. Roloff, in: H. Oppermann, Römische Wertbegriffe, Darmstadt ³1983, 298–301, 322; Bracher a.a.O. 50–52.
147 Vgl. etwa Vell. 2, 103 (zur Adoption des Tiberius) ... *spemque conceptam perpetuae securitatis aeternitatisque Romani imperii*; Plin., Paneg. 67, 3 *nuncupare vota et pro aeternitate imperii et pro salute principum* ... ; CIL VI 32326 (Säkularfeier 204 n. Chr.), Z. 23f. *pro securitate adque aeternitate imperii*.
148 Vgl. Bracher a.a.O. 324–333 (Es trifft nicht, wenn Bracher a.a.O. 332 formuliert, daß es „eine Steigerung des Fortschrittsgedankens ins Einmalige" sei). Zur grundlegenden Bedeutung im 3. und 4. Jh. n. Chr. vgl. F. Cumont, RHLR 1, 1896, 435–452; M. P. Charlesworth, HThR 29, 1936, 107–132, bes. 110, 122ff.

ger Fortdauer[149] nahm seit dem 1. Jh. n. Chr. die sich steigernde Verwendung der Prädikate *aeternus, perpetuus* oder *semper* auf[150], die im späten 3. Jh. in die offizielle Kaisertitulatur übernommen wurden[151]. Die Idee der „Ewigkeit" von Stadt und Reich gründete in starkem Maße auf der Gleichsetzung von *orbis terrarum* und Imperium bzw. *urbs Roma*[152]. Eine gedankliche Alternative zur Ordnung des *orbis Romanus* fehlte für diese Welt. Selbst die nahöstlichen eschatologischen Erwartungen und romfeindlichen Prophezeiungen konnten nur auf die transzendente historische Perspektive einer End- bzw. Heilszeit verweisen. Die Aeternitas-Vorstellungen waren ein im statischen Erwartungsdenken verankerter konkreter Hoffnungsträger[153]; das Hoffen auf ein dem Wandel entzogenes Fortbestehen bildete den unmittelbaren Gegenpol zum Gedanken von naturgegebenem Altern und Niedergang. Die Formel der *Roma aeterna* war keineswegs nur ein ideologisches Schlagwort; sie beinhaltete eine in sich konsistente, von religiösen Vorstellungen unterbaute Weltanschauung. Die Idee war, wie die weitere Entwicklung zeigte, ein gegenüber realen Entwicklungen weithin immuner Glaubensinhalt, der die einzig denkbare (säkulare) Perspektive für eine geordnete und zivilisierte Zukunft des *orbis terrarum* umschrieb[154]. Neben die unmittelbaren Formeln der Aeternitas-Ideologie traten die Schlagworte der *felicitas temporum*, der Erneuerung des goldenen Zeitalters, des *novum saeculum* und der damit verbundenen *renovatio imperii* im Sinne der Wiederherstellung tradierter positiver Modelle respektive des vergangenen idealisierten historischen Zustands[155]. Es sind jedoch auch dies Schlagworte, die wir bereits seit dem 1 Jh. n. Chr. finden[156]. Renovatio- und Aeternitas-Vorstellungen verbanden sich zu einem engen Geflecht, das zugleich der retrospektiven Form der Utopie Rechnung trug[157]. Die Projektion von Erwartungen auf den Herrscher als Hoff-

---

149 Vgl. o. S. 304f.
150 Vgl. zum Auftreten dieser Prädikate *aeternus* und *perpetuus* in den zentralen römischen Münzserien unter Septimius Severus und Caracalla den Index bei P. V. Hill, The Coinage of Septimius Severus and His Family of the Mint of Rome, London 1964, p. 50ff. Vgl. weiter die Indices in RIC IV 1-3; V 1-2.
151 Instinsky a.a.O., bes. 436ff., 441ff. betont zu Recht, daß die direkte Annahme des Epitheton *aeternus* in der offiziellen Titulatur erst im späten 3. Jh. einsetzte und sich dann in der Zeit Diokletians voll entfaltete.
152 Vgl. J. Vogt, Vom Reichsgedanken der Römer, Leipzig 1942, 5-34, 170-207; Suerbaum a.a.O., bes. 335f.; auch Bracher a.a.O. 336ff.
153 Vgl. o. S. 305f.
154 Vgl. etwa Demandt (o. Anm. 6) 52ff., 65ff., 68f.
155 Siehe bereits die parallele Perspektive in der intellektuellen Reflexion Ciceros; vgl. Roloff a.a.O. 295-307, bes. 302ff., 305ff. Vgl. ferner o. S. 24f.; Bösing (o. Anm. 32) 170f.; I. Hahn, Klio 59, 1977, 323-336, bes. 324, 328f., 331 zu der Utopie der *renovatio*, des *novum saeculum aureum* in HA, Prob. 20, 4-6; 22, 2-4 (Weltfriede unter römischer Herrschaft; Sicherheit ohne Soldaten und Kriegslasten) um 400 n. Chr.
156 Vgl. Bracher a.a.O. 282ff., 289ff., bes. 296ff.; Döpp (o. Anm. 37) 76 Anm. 10; auch etwa ILS 6043.
157 Vgl. zu Renovatio- und Aeternitas-Vorstellungen J. Gagé, in: Mélanges Franz Cumont, Brüssel 1936, 151-187, bes. 169ff.; Alföldy, Krise 353-356. In diesem Zusammenhang kommt der Tausendjahrfeier der Stadt Rom 248 n. Chr. wesentliche Bedeutung zu; vgl. Gagé a.a.O.; ders., in: Transactions of the International Numismatic Congress 1936, London 1938, 179-186; L. Polverini, in: Alte Geschichte und Wissenschaftsgeschichte. Festschrift K. Christ, Darmstadt 1988, 344-357, bes. 347f.

nungsträger konkretisierte der bereits im Zusammenhang des Jahres 68/69 n. Chr. formulierte und seit severischer Zeit dominante Restitutor-Anspruch, der mit Severus Alexander in den Titel *restitutor orbis* mündete[158]. Auf eine detailliertere Betrachtung muß hier aus Gründen einer notwendigen Beschränkung verzichtet werden.

Ich möchte die Idee des Niederganges und des naturgemäßen Verfalls als eine „Schlüsselidee, ja eine Denknotwendigkeit"[159] in den mentalen Strukturen der Kaiserzeit seit ihren Anfängen sehen. Der Erwartungshorizont der Menschen war statisch strukturiert; das ‚dynamische' Element ihres letztlich retrospektiven geschichtlichen Denkens war durch das Interpretationsmuster des Niederganges geprägt, wobei statische Fortdauer und Wiederherstellung eines früheren Zustandes als Hoffnungsträger fungierten. Die in der Vergangenheit liegenden idealisierten positiven Modelle waren durch personalisierte Elemente, durch *mores, virtutes* und *exempla*, aufgebaut[160] und vielfach mit der Utopie eines einstigen goldenen Zeitalters verbunden. Auch an dieser Stelle wird die Bedeutung des Schwellenerlebnisses deutlich, das mit der Durchsetzung des Christentums als einer dogmatischen monotheistischen und in ihrem Anspruch totalitären Religion verbunden war. Ein derartiger Vorgang lag im Grunde außerhalb der Exempla und der Erwartungshorizonte. Zum Modell menschlichen Verhaltens wurden nun der Gehorsam gegenüber dem Willen Gottes und ein Handeln im Einklang mit den Geboten der christlichen Lehre und der Kirche(n)[161].

Niedergang und Verfall sind die dominierenden zeitgenössischen Interpretationsmuster für die jeweilige Gegenwart und das negative Zeiterleben der Menschen gewesen. Niedergangsempfindung und Verfallsbewußtsein sind neben einem im Grundsatz statischen bzw. retrospektiven geschichtlichen Erwartungshorizont – von heilsgeschichtlichen Teleologien einmal abgesehen – m. E. die einzig adäquaten Beschreibungen und Kategorisierungen für die mentalen Strukturen der Gegenwartswahrnehmung und -verarbeitung im 3. Jh. n. Chr. Dagegen sind die Begriffe von Krise, Krisenwahrnehmung, Krisenbewußtsein oder Krisenmentalität in ihren Konnotationen untrennbar mit dem modernen neuzeitlich-europäischen Denken und seiner Geschichtserfahrung verbunden und in ihren konstitutiven Inhalten für die mentalgeschichtlichen Phänomene während des Übergangs des Imperium Romanum in die Spätantike nicht zutreffend. Mit dem Niedergangs- und Verfallsdenken sind sie jedenfalls nicht gleichzusetzen[162]. Es war nicht das damalige Zeitgefühl,

---

158 Vgl. MacMullen, Response 33, auch 42f. (unrichtig eingeschätzt die Bedeutung der retrospektiven Tendenz a.a.O. 47 „... nothing constructive. It was a retreat, pure and simple"); Alföldy, Krise 353–355 mit Anm. 24. Zu den römischen Prägungen unter Septimius Severus vgl. Hill (o. Anm. 150) Nr. 459f., 462, 511, 514, 518f., 521, 523, 543, 545, 960, 963, 967, 970–974, 976f. Es ist bezeichnend, daß diese Programmatik insbesondere nach Bürgerkriegsphasen in den Vordergrund gestellt wird. Zur vespasianischen Zeit vgl. etwa Charlesworth (o. Anm. 148) 126f.; Instinsky (o. Anm. 146) 434f.
159 So Bracher (o. Anm. 32) 22 in Bezug auf die neuzeitliche Idee des Fortschritts.
160 Vgl. etwa das panegyrische C. Einsidl. II (Anth. Lat. 726), bes. 21–24.
161 Vgl. Dihle (o. Anm. 15), bes. 9–13, 82ff.
162 So u. a. Alföldy, Krise 335.

in einer Zeit des beschleunigten Wandels und Umbruchs zu leben, sondern in einem Zeitalter, das als ein grundsätzlicher Niedergang, der schon vor der eigenen Gegenwart eingesetzt hatte, zu betrachten war und dessen Erfahrung von einem teilweisen Mangel an statischem Beharren und statischer Stabilität geprägt wurde. Die Zeiterfahrungen der Menschen haben dabei die Bandbreiten traditioneller Deutung und Erwartung noch nicht überschritten, und die positiven Erwartungen konnten selbst für die Menschen in den meisten Grenzbereichen des Imperiums im 3. Jh. immer wieder in absehbarer Zeit bestätigt werden.

Die Problematik der Standortgebundenheit von moderner Betrachtung und Begrifflichkeit hat R. Herzog am Beispiel der modern konstituierten Epoche der Spätantike als einem im Grunde selbst neuzeitlichen historischen Phänomen aufgezeigt[163]. Man versucht für diese „sehr spät, aus dem Erlebnis der modernen Dauerkrise seit der französischen Revolution konstituierten historischen Epoche durchaus ex post ein dieser zugehöriges Bewußtsein ihrer Zeitgenossen" aus den wenigen heranziehbaren Zeugnissen zu konstruieren, ohne die signifikanten Unterschiede zur modernen Erfahrung der Krisenpermanenz zu berücksichtigen[164]. Herzog betont zu Recht die notwendige Korrektur der Ansicht, „daß das zeitgenössische Bewußtsein sich als ein Faktor den anderen, ‚objektiv' zu begründenden Epochenindizien einfüge" ließe[165]. Diese Überlegungen sind in vollem Umfange für das spätere 2. und vor allem für das 3. Jh. n. Chr. zutreffend. Die herkömmliche moderne Betrachtung dieser Übergangszeit wird von dem neuzeitlich-abendländischen Erleben des permanenten beschleunigten bzw. sich beschleunigenden Wandels, des Epochenwandels, der als ‚Krise' perpetuiert wird und der das neuzeitliche ‚Krisenbewußtsein' konstituiert[166], bestimmt. Die konzeptionellen Projektionen der Neuzeit mit ihrer zukunftsorientierten Öffnung zwischen Erwartung und Erfahrung seit dem 18. Jh.[167] und mit dem bewußt vollzogenen Schwellenerlebnis der ‚europäischen Krise' seit dem Ende des 18. Jh. sowie der Vorstellung prozessualer Krisendynamik werden zu einem grundlegenden Problem des adäquaten historischen Verstehens von vormodernem Zeiterleben und Epochenverständnis. Das Verständnis der Welt und das Erwartungsspektrum der Antike oder des Mittelalters sind für den Beobachter, der im modernen Denken und Erleben mit einer ganz anderen Wahrnehmung von Raum, Objektbezogenheit und Zeit sowie in seinen so verschiedenen Wissensvoraussetzungen und seinem Erkenntnisbegriff verhaftet bleiben muß, nicht mehr nachvollziehbar[168]. Es bleibt nur der Versuch, sich den mentalen Phänomenen zu nähern, ohne die eigenen zeitgebundenen und subjektiven Voraussetzungen aus dem Auge zu verlieren.

---

163 R. Herzog, in: Herzog – Koselleck (o. Anm. 93) 195–219, bes. 196f.
164 Siehe ebd. 197.
165 Siehe ebd. 198.
166 Vgl. auch R. Koselleck, in: Herzog – Koselleck a.a.O. 269–282.
167 So auch Herzog a.a.O 199. Vgl. u. S. 324f.
168 Vgl. etwa B. R. Wilson, in: ders. (o. Anm. 16) X; Chr. Meier, Res publica amissa, Frankfurt ²1980, LV.

2. Historisches Verstehen in der Sicht der Strategien von Gegenwartswahrnehmung und Problembewältigung

„Daß die Welt im Argen liege: ist eine Klage, die so alt ist, als die Geschichte ... Alle lassen gleichwohl die Welt vom Guten anfangen: vom goldenen Zeitalter, vom Leben im Paradiese, oder von einem noch glücklicheren, in Gemeinschaft mit himmlischen Wesen. Aber dieses Glück lassen sie bald wie einen Traum verschwinden; und nun den Verfall ins Böse (das Moralische, mit welchem das Physische immer zu gleichen Paaren ging) zum Ärger mit akzeleriertem Falle eilen: so daß wir jetzt (dieses Jetzt aber ist so alt, als die Geschichte) in der letzten Zeit leben, der jüngste Tag und der Welt Untergang vor der Tür ist ... Neuer, aber weit weniger ausgebreitet, ist die entgegengesetzte heroische Meinung ... daß die Welt gerade in umgekehrter Richtung, nämlich vom Schlechten zum Bessern unaufhörlich ... fortrücke ..." (I. Kant, Die Religion innerhalb der Grenzen der bloßen Vernunft, Erstes Stück, in: I. Kant, Werke VII, Darmstadt 1983, 665 = BA 3, 4).

R. Koselleck hat in treffender Weise das Epochenverständnis der Neuzeit dahingehend definiert, daß sie jene Epoche sei, in der sich die Erwartungen von allen bisher gemachten Erfahrungen immer mehr und, wie wir ergänzen können, immer schneller entfernt haben[169]. Hier liegt ein fundamentaler Unterschied zwischen vormodernem und modernem Zeiterleben respektive Erwartungshorizont. Das neuzeitliche abendländische Vergangenheits- und Erfahrungsverständnis hat sich von der früher selbstverständlichen, normativen Funktion vergangener Erfahrungswerte gelöst. Erst mit dieser Lösung aus der normativen Beschränkung bisheriger Erfahrbarkeit dieser Welt war die Möglichkeit eines Fortschrittsdenkens im Sinne einer aktiven, in die offene Zukunft gerichteten Veränderung der Lebenswelt gegeben[170]. Dieses Denkschema des Fortschritts ist für die Moderne zu einem grundlegenden Bezugspunkt, ja zu einer Denknotwendigkeit geworden[171]. Der Begriff des Fortschritts mit seiner räumlich-metaphorischen Relationsbestimmung zwischen *jetzt, dann* und *früher* wurde im späten 18. Jh. geprägt und war das Ergebnis eines tiefgreifenden Erfahrungswandels[172]. Zirkuläre Verlaufsformen wurden nun verneint und universeller Fortschritt zu einem quasireligiösen Hoffnungsträger, zum Legitimationsbegriff für Handel und zur grundlegenden temporalen Perspektive[173]. Fortschrittsbewußtsein und die Vorstellungen eines dynamischen prozessualen Vollzuges von Geschichte in einer offenen Zukunft sind Spezifika des modernen abendländischen Denkens. Sie sind unlösbar mit der Voraussetzung des Gedankens einer offenen Zukunft und einer ‚futurischen Progressivität', d. h. der Existenz eines grundsätzlichen prognostischen Potentials für die Gestaltung der Zukunft, verbunden[174]. Als umfassender Veränderungsprozeß konnte Geschichte in der Antike –

---

169 R. Koselleck, Vergangene Zukunft. Zur Semantik geschichtlicher Zeiten, Frankfurt 1979, bes. 359. Zum modernen Fortschrittsbegriff und seiner Entwicklung vgl. ders. (o. Anm. 83) 1975, 351–423, bes. 351ff., 371ff.; ders., in: Koselleck – Widmer (o. Anm. 140) 214–230.
170 Vgl. Koselleck a.a.O. 1979, 341ff., bes. 364f.
171 Vgl. etwa Bracher (o. Anm. 32) 22–31, bes. 22f., 24.
172 Vgl. Koselleck a.a.O. 1975, 351f.
173 Vgl. ebd. 352f.
174 Vgl. ebd. 423.

eschatologische Teleologien in einem gewissen Sinne ausgenommen – nicht verstanden werden[175].

Die Antike kannte keinen solchen Fortschrittsbegriff[176]. Fortschritt war für das antike Denken nur als partielles Fortschreiten in spezifischen Bereichen und mit begrenzter zeitlicher und finaler Dimension denkbar; er blieb eine deskriptive, sachgebundene Vorstellung, die sich in der Regel retrospektiv auf die Vergangenheit und Gegenwart bezog. Es fehlte das grundsätzliche Element futurischer Progressivität außerhalb heilsgeschichtlicher oder philosophisch-transzendenter Teleologien. Chr. Meier hält deshalb für das antike Denken den Begriff ‚Verbesserungsbewußtsein‘ für angebrachter[177]. Die Vorstellung von Vermehrung und Verbesserung war im antiken Denken nur ein Schema neben anderen Denkmustern und zudem mit dem Gedanken des folgenden Niedergangs des organischen Modells und des Kreislaufs verbunden[178]. Gerade die Vorstellung von zivilisatorischem respektive materiellem Fortschritt oder besser Fortgeschrittensein wurde mit dem Gedanken des parallelen moralischen Verfalls gekoppelt, wobei das Moment des moralischen Verfalls für die Antike und insbesondere für das römische Denken das entscheidendere gewesen ist[179]. Man hat selbst das Erreichen des Friedens nicht von einer negativen Sicht ausgenommen[180]. Es darf in unserem Zusammenhang zudem nicht übersehen werden, daß bereits im griechischen Denken nach den großen Brüchen des 5. Jh. v. Chr. das Ideal der πάτριος πολιτεία seit dem späten 5. Jh. an Boden gewonnen hatte; politische Verbesserung wurde im wesentlichen als eine Wiederherstellung bereits einmal erreichter Höhepunkte verstanden und in der Zukunft keine Steigerung mehr als möglich erachtet[181].

Für die antike oder die mittelalterliche Welt war der Grundsatz unvorstellbar, daß alle bisherige Erfahrung kein Einwand gegen die mögliche Andersartigkeit der Zukunft sei[182], daß es nicht so bleiben werde, „wie es von jeher gewesen ist"[183]. Ganz

175 Vgl. etwa Chr. Meier, in: Koselleck (o. Anm. 83) 1975, 353f.; ders., HZ 226, 1978, 265–316, bes. 270 unter Betonung der Unvergleichbarkeit des Erlebens von Veränderung in der Neuzeit.
176 Vgl. zu den Formen antiken Fortschrittsdenkens Meier a.a.O. 1975, 353–363; ders. a.a.O. 1978, 265–316; ders., Die Entstehung des Politischen bei den Griechen, Frankfurt ²1983, 435ff.; ders., in: Herzog – Koselleck (o. Anm. 93) 375–380; zur Fortschrittsidee in der Antike allgemein L. Edelstein, The Idea of Progress in Classical Antiquity, Baltimore 1967; J. de Romilly, RPh 43, 1969, 125f.; E. R. Dodds, Der Fortschrittsgedanke in der Antike, Zürich – München 1977, bes. 7–35 (in Auseinandersetzung mit Edelstein); völlig überzogen ist das ideengeschichtliche Kontinuitätspostulat in dem begrifflich unscharfen Werk von R. Nisbet, History of the Idea of Progress, New York 1980. Zu den Formen römischen Fortschrittsdenkens vgl. Bracher a.a.O. 23f., 270ff., sowie die breit angelegte Studie von A. Novara, Les idées romaines sur le progrès d'après les écrivains de la Republique, 2 Bde., Paris 1982 (allgemeine Einführung a.a.O. 11–37, bes. 13ff.).
177 So in: Herzog – Koselleck (o. Anm. 93) 376; vgl. auch Romilly a.a.O.; Novara a.a.O. 13f.; 836.
178 Vgl. etwa Bracher a.a.O. 23; Koselleck, in: ders. – Widmer (o. Anm. 140) 217f.
179 Vgl. etwa Dodds a.a.O. 8, 28; Romilly a.a.O.
180 Vgl. zur Vorstellung des unheilvollen Wohlstands in Frieden H. Fuchs, HSCP 63, 1958, 363–385.
181 Vgl. Meier (o. Anm. 175) 1975, 358; ders. (o. Anm. 176) 1983; ders. (o. Anm. 177) 353–380, bes. 375ff.
182 Vgl. I. Kant, Idee zu einer allgemeinen Geschichte in weltbürgerlicher Absicht, Siebter Satz, in: I. Kant, Werke IX, Darmstadt 1983, 41–45, bes. 43 (= A 401).
183 Kant a.a.O. 43.

anders als dieses grundlegende moderne Prognosemuster war die Grunderwartung der römischen Kaiserzeit strukturiert: Der normative Gedanke, den Lukrez in die klassische Formel *eadem sunt omnia semper* gekleidet hat[184], findet sich etwa ebenso in den Selbstbetrachtungen des Kaisers Marc Aurel[185]. Plotin bringt darüber hinaus eine Sinnentleerung weltlichen Handelns prägnant zum Ausdruck[186]. Die Aufgabe des Denkens wurde in der Interpretation der überlieferten Autoritäten gesehen, und diese grundsätzliche Beschränkung mußte durch das Christentum noch weiter verstärkt werden. Bei Plotin finden wir die charakteristische Verteidigung gegen den Vorwurf mangelnder Orthodoxie: „Diese Doktrinen sind nicht neu. Sie sind nicht erst jetzt, sondern schon vor langer Zeit aufgestellt worden ... unsere jetzigen Lehren sind nur die Auslegungen dieser alten Doktrinen. Daß diese Doktrinen alt sind, wird durch die Schriften Platons sicher bezeugt"[187]. Ein als bewußte Selbstdefinition aufgefaßtes ‚Epigonentum' finden wir aber bereits im 1. Jh. n. Chr. unter den Charakteristika der römischen Geisteswelt[188]. Auch hier haben wir eine geistesgeschichtliche Grundtendenz vor uns, zu der E. R. Dodds für die Geisteswelt des 3. Jh. n. Chr. bemerkt: „Wo Menschen ihre Systeme nur noch mit Elementen aus zweiter Hand aufzubauen vermögen ... (ist) die Zukunft schon im voraus abgewertet"[189]. Im Denken der Kaiserzeit fehlte die positive Erwartung, daß man durch Veränderung des Bestehenden und Überkommenen eine positive Perspektive in eine offene Zukunft gewinne, daß man durch ein nicht im religiösen Bereich angesiedeltes aktives Verändern einen optimaleren Zustand als die in der Vergangenheit gemachten positiven Erfahrungen erreichen könne. Es fehlte ein Konzept von positiv konnotierter und bereits im Grundsatz legitimierter Veränderung des Bestehenden auch gegenüber der Norm der Vergangenheit[190], ebenso die aus der jüdisch-christlichen Tradition kommende Vorstellung, daß die Unterwerfung der Schöpfung durch den Menschen, der das Telos der Schöpfung bilde, ein Vollzug göttlichen Willens sei. Dieser Gedanke, der die Entstehung der Moderne wesentlich ermöglicht hat, ist aber bewußt oder unbewußt Teil unserer heutigen Denkweise[191].

Es ist nach dem Gesagten deutlich, daß J. Moreau den Phänomenen des 3. Jh. n. Chr. mit einer ungeeigneten Modellbildung entgegentritt, wenn er urteilt: „Der Niedergang ist nicht unvermeidbar, wenn die Menschen ihren Willen darauf richten,

---

184 Lucr. 3, 945; vgl. zur unreflektierten Präsenz dieser Sichtweise Sen., Epist. 24 (3, 3), 26; Tranq. anim. 2, 15; im jüdisch-christlichen Bereich das berühmte Diktum von Eccl 1, 9.
185 M. Aurel. 9, 1.
186 Vgl. Plot., Enn. 3, 2, 15–18; 8, 4; vgl. zur Problematik von Freiheit und Aufstieg des Menschen durch theoretische, d. h. nicht auf ein Handeln in der Sinnenwelt bezogene Tätigkeit des Intellekts Dihle (o. Anm. 15) 127–130; bei Plotin und Porphyrios besteht die Realität nur im Intelligiblen jenseits der sinnlich erfahrbaren Welt. Vgl. zur Plotin auch Dodds (o. Anm. 176) 151–167, bes. 151f.
187 Plot., Enn. 5, 1, 8.
188 Vgl. etwa Döpp (o. Anm. 37) 93f.
189 Dodds a.a.O. 33.
190 Alföldy, Gesellschaft 334–377 (= Die Rolle des Einzelnen in der Gesellschaft des Römischen Kaiserreiches, SB Heidelberg, Phil.-hist. Kl. 1980, 8), bes. 351ff., 355, 365ff., zeigt, wie gerade auch der ‚innovatorische' Bezug der Einzelleistung in das stabile Normensystem der Tradition eingebunden war.
191 Vgl. Bracher (o. Anm. 32) 26; auch Dihle (o. Anm. 15) 9ff.

Mittel zu finden, um ihn zu hemmen"[192]. Die mentalen Dispositionen der Zeit werden hier durch ein modernes Rationalitäts- und Handlungsdenken ersetzt. Ebenso verfälscht ist das Urteil von Moreau, wenn er zwei Idealtypen von Politikern bzw. Herrschern als die Faktoren postuliert, welche die Zeit strukturiert hätten: einmal den Typus des untätigen, nur bewahren wollenden Kaisers, zum anderen den Typus des „wahren Staatsmannes", der „starke Politik" macht[193]. Die Berufung „auf die großen Ahnen" war eben nicht nur „einüblicher Rückgriff der konservativ eingestellten Unentschlossenen", denen man die Phasen einer aktiven und innovativen Auseinandersetzung mit der „Krise" idealtypisch gegenüberstellen könnte[194]. Ein „forcierter Rückgriff auf die alten Werte Roms" war vielmehr eine im zeitgenössischen Sinne aktive Antwort auf die Herausforderungen der Zeit[195]. Der Rückgriff auf die Tradition und die Religion war als Ausdruck eines grundsätzlichen Welt- und Geschichtsverständnisses mehr als nur eine „Orientierungshilfe"[196] für die neuen politisch-militärischen Führungsschichten des Reiches im 3. Jh.[197]. Die Forcierung dieses Zurückgreifens läuft dabei in gewisser Weise parallel zum Anwachsen des säkularen Entscheidungsdruckes.

Es wäre ein Mißverständnis, im 3. Jh. von einer ‚Wiederbelebung' heidnischer Religiosität oder von einem Verlust an Rationalität[198] und einem Wachsen persönlicher Gläubigkeit zu sprechen[199]. Sieht man von kleinen intellektuellen Zirkeln ab, so waren Religion(en) und der Glaube an göttliche Mächte die Grundlagen des antiken Weltverständnisses[200]. Erst die Moderne kennt eine breitenwirksame Aufklärung und einen Übergang zu grundlegender rationaler Skepsis gegenüber Wunder und Zauber; doch der Glaube an solche Phänomene ist auch heute ebensowenig verschwunden wie jener, mit den Mitteln der Religion das Geschehen in dieser Welt beeinflussen zu können. Wir müssen, von wenigen rationalistischen Skeptikern abgesehen, Götter-, Orakel-, Wunder-, Magie- und Geisterglauben als konstituierende Elemente von Wahrnehmung und Analyse der Welt in der Bevölkerung der Kaiserzeit betrachten, die auch vom Christentum keineswegs zurückgedrängt wurden[201].

---

192 J. Moreau, Heidelbg. Jb. 5, 1961, 138.
193 Ebd. 132–138, bes. 133f., 138.
194 Vgl. ebd. 133f., 136; zu kurz greift sein Axiom „Die Unbeweglichkeit, vor allem die politische, ist die Ursache für den Niedergang der Gemeinschaften" (ebd. 138).
195 Vgl. auch Alföldy a.a.O. 373; grundsätzlich o. S. 312ff., 321f.
196 So die m. E. zu schwache Formel bei Alföldy ebd.
197 Vgl. Alföldy, Krise 349–387, bes. 385ff.
198 So etwa F. Kolb, in: Bonner Festgabe J. Straub, Bonn 1977, 278; siehe dagegen P. Brown, Religion and Society in the Age of Saint Augustine, London 1972, 17; vgl. o. S. 59ff.
199 Vgl. auch R. J. Lane Fox, Pagans and Christians, New York – London 1986, 64f., 123ff. mit 137, 200ff. (Betonung der Kontinuität a.a.O. 221f.). Gegen das Erklärungsmodell eines „Zeitalters der Angst" oder der religiösen Krise für die geistig-religiöse Welt des 2. und 3. Jh. vgl. ebd. 65f., 125f.; ebd. 102f. mit Anm. 1, 141f., 164 gegen die entsprechende Deutung der Orakelschrift I. Didyma 496 (2./frühes 3. Jh.) etwa bei L. Robert, Hellenica XI–XII, Paris 1960, 543–546.
200 Zur Bedeutung der Träume für das individuelle religiöse Erleben vgl. Lane Fox a.a.O. 150ff.; o. S. 61.
201 Vgl. H. C. Kee, Miracle in the Early Christian World, New Haven – London 1983, zu den religiösen Bedürfnissen etwa MacMullen, Paganism 49–62; Lane Fox a.a.O, bes. 36–38, 117, 125, 133; o. S. 60ff.

Sie entfalteten sich seit dem mittleren 2. Jh. n. Chr. in einer – aus moderner Sicht gegebenen – Vermischung von Religiosität und Aberglauben zum beherrschenden Denkmuster auch der literarisch faßbaren Führungs- und hohen Bildungsschicht[202]. Magie und Religion sind grundlegende Strategien des menschlichen Denkens zur Bewältigung existentieller Ängste durch subjektiv erfahrenen Sicherheitsgewinn, ebenso die Spielarten der Mantik für den Gewinn von Entscheidungssicherheit[203].

Wie bereits P. Brown hervorgehoben hat, sind religiöse Entwicklungen keine direkten Reaktionen auf säkulare historische Ereignisse[204]. Ihnen ist vielmehr eine grundlegende Autonomie zuzubilligen. Bei dem Zurücktreten von rationalistischen und skeptischen Strömungen in der intellektuellen Gesellschaft bleibt zu beachten, daß in der antiken Geistesgeschichte im Grunde nach Wahrheiten und nicht nach einem positiven Wissen über die Wirklichkeit gesucht wurde, wie es für unser (akademisches) Denk- und Beurteilungsmuster selbstverständlich ist. So finden wir bei Plotin den Eigenwert sinnlicher Wahrnehmung geleugnet; sie ist nur insoweit von Bedeutung, als sie Hinweise auf höhere Wahrheiten und Welten gibt[205]. Die Erkenntnissuche wurde hier als Heilssuche verstanden[206].

Eine solche Disposition öffnete keinen Weg zur rationalen Problemwahrnehmung; die Priorität des Religiösen und des Transzendenten in der Analyse der Lebenswelt blieb unangefochten und bestimmte die Mechanismen für die Erfassung und gedankliche Konstruktion der Wirklichkeit. Dabei führt ein zunehmender Druck der Realität noch zu einer Verstärkung der Illusionszuwendung und der Suche nach psychologischen Ausnahmeerlebnissen als Mittel der irrationalen Problembewältigung[207]. Die Dogmen von Ideologie und Religion forderten wie zu allen Zeiten das Passendmachen oder Ignorieren der Realitäten zu ihrer eigenen Bestätigung, aber nicht ihre Veränderung gemäß der Wirklichkeit.

Alle christlichen Apologeten konnten sich nicht nur auf den allgemeinen Konsens berufen, daß es das Göttliche und göttliche Macht gebe und daß sie korrekt verehrt werden müssen[208], sondern sie hatten sich gerade gegen den schweren Vor-

---

202 Vgl. MacMullen a.a.O. 72f.; o. S. 62f., 66, 72.
203 Vgl. F. Rieman, Grundformen der Angst, München – Basel [12]1977, 7f.; auch C. E. Izard, Patterns of Emotions: A new analysis of anxiety and depression, New York 1972; ders. (o. Anm. 8) 155ff., 397ff. Zudem vermitteln Ritual und Mythos Identität; vgl. Kee a.a.O. 59f. Die Erklärungsfähigkeit dieser Strategien war nicht erschüttert; vgl. etwa Lane Fox a.a.O. 233f.
204 P. Brown, The Making of Late Antiquity, Cambridge Mass. – London 1978, 4f., 6f.; Lane Fox a.a.O. 125; vgl. zur Entwicklung auch Dihle (o. Anm. 15) 17ff., 77f., 110ff. D. Potter, JRA 1, 1988, 211f. Besonders deutlich zeigt sich die Problematik des Krisenmodells für das 3. Jh. bei Liebeschütz (u. Anm. 215) 305, der „the crisis of the third century" als Erklärungsmodell für die Ausbreitung des Christentums zu einer allgemein bedeutenden Sekte übernimmt. Die Zeit vor 249 n. Chr. kann aber so nicht erfaßt werden; siehe auch Potter a.a.O.
205 Plot., Enn. 3, 6, 6; 4, 4, 23. Vgl. Enn. 1, 3, 3; 4, 4, 2; 5, 3, 3–4; 6, 7, 35–36.
206 Plot., Enn. 1, 1, 7; 5, 3, 3; auch 4, 8, 4; 5, 7, 1; 5, 8, 4–6.10.
207 Vgl. E. Topitsch, Erkenntnis und Illusion, Hamburg 1979, 9–35, 53.
208 Vgl. gerade mit Bezug zur kaiserlichen Autorität M. Aurel. 12, 28, 1–2; auch 6, 30, 3–5.14; Cass. Dio 72 (71), 34, 2; MacMullen, Paganism 62ff., bes. 62.

wurf des Atheismus zu verteidigen[209]. Er beruhte auf der von den Christen geteilten Überzeugung, daß der Glaube an das Göttliche eine Pflicht des Menschen sei, der Atheismus, *impietas* oder *religio neglecta* dagegen ein öffentliches und die Gemeinschaft schädigendes Vergehen, das den Zorn und die Strafe des Göttlichen heraufbeschwöre[210]. So schließt Kelsos ganz bezeichnend seinen Angriff auf das Christentum mit der Mahnung, für die Erhaltung der bestehenden Ordnung, für die Rettung von Gesetz **und** Frömmigkeit einzutreten[211]. Das zentrale Motiv des Kelsos, der im Christentum eine Gefährdung der bestehenden religiösen, sittlichen und politischen Ordnung, ja eine das Leben bedrohende und verderbende Lehre sah[212], wird in der Formel ἕνεκεν σωτηρίας νόμων καὶ εὐσεβείας zusammengefaßt[213].

Es ist zu betonen, daß die heidnische Religiosität nicht nur in der von uns betrachteten Zeitspanne, sondern noch erheblich über das Jahr 300 n. Chr. hinaus ein lebendiger Religionshorizont war, der sehr wohl auch persönliche Frömmigkeit befriedigen konnte; die traditionellen heidnischen Religionsformen und insbesondere die traditionelle römische Religion[214], wie sie unter Einschluß von einheimischen Göttervorstellungen im Westen des Reiches etabliert war, sind noch im 3. Jh. die dominierende und lebendige Grundlage des geistigen Lebens der großen Mehrheit der Bevölkerung[215], und sie blieben dies zusammen mit dem allgemein präsen-

---

209 Siehe etwa Martyr. Polyc. 3.12; Lukian., Alex. 25.38; Martyr. Lugd. 9; Min. Fel. 8, 1–5; Orig., C. Cels. 7, 62. Vgl. W. Nestle, RAC I, 1950, 866–870, bes. 869f.; auch ders., Griechische Studien, Stuttgart 1948, 567–596, 597–660 (= J. Martin – B. Quint (Hg.), Christentum und antike Gesellschaft, Darmstadt 1990, 17–80, bes. 65ff., 74); W. Schäfke, ANRW II 23, 1, 627–630; ausführlich Heck 1987.
210 Vgl. Porphyr., Adv. Christ. frg. 1; 80 (mangelnde Hilfe der Götter, seit Jesus verehrt werde); zu Porphyrios' Schrift gegen die Christen M. Meredith, ANRW II 23, 2, 1980, 1119–1137, bes. 1125ff.
211 Orig., C. Cels. 8, 75; vgl. 8, 73. Vgl. auch Eus., Praep. ev. 4, 1, 2.
212 Vgl. K. Pichler, Streit um das Christentum. Der Angriff des Kelsos und die Antwort des Origenes, Frankfurt – Bern 1980, bes. 86ff.; ders., Origenes. Gegen Kelsos, München 1986, 204–211; Th. Baumeister, ThPh 53, 1978, 161–178.
213 Orig., C. Cels. 8, 75.
214 Vgl. auch P. Scherrer, in: H. Ch. Ehalt (Hg.), Volksfrömmigkeit, Wien – Köln 1989, 100f.
215 Vgl. Alföldy, Krise 349–387, bes. 349ff., 359ff. (= W. Eck (Hg.), Religion und Gesellschaft in der römischen Kaiserzeit, Köln – Wien 1989, 53—102); MacMullen, Paganism, bes. 5ff., 49ff., 62ff., 73ff., 106ff., 126ff.; Lane Fox a.a.O. 33f., 35f.; Potter a.a.O. 207, 211f. mit Anm. 1; J. H. W. G. Liebeschütz, Continuity and Change in Roman Religion, Oxford 1979, 197ff., 234f., auch 201ff. (in einem gewissen Widerspruch dazu a.a.O. 306; zu Recht betont er die Kontinuität des traditionsgebundenen Heidentums im 3. Jh.), 235ff. (zur Religionspolitik Diokletians, der an vorhandene Kontinuität anknüpfte; auch ebd. 306f.); T. Christensen, Christus oder Jupiter. Der Kampf um die geistigen Grundlagen des Römischen Reiches, Göttingen 1981, bes. 17, 24f., 26, 100, der allerdings a.a.O. 96 ohne wirkliche Begründung von einer Krise der offiziellen Religion spricht. Christensen a.a.O. 76ff. postuliert noch eine synkretistische Religionspolitik der severischen Kaiser; vgl. jedoch zum religiösen Konservatismus der Severer (mit Ausnahme Elagabals) etwa MacMullen a.a.O. 104; Alföldy, Krise 353; auch R. M. Krill, ANRW II 16, 1, 1978, 40f.; zur Bedeutung der Dea Caelestis auch I. Mundle, Historia 10, 1961, 228–237. Vgl. allgemein auch A. Momigliano, Ottavo contributo alla storia degli studi classici e del mondo antico, Rom 1987, 236–259; J. A. North, JRS 76, 1986, 251–258; zu A. Wardman, Religion and Statecraft among the Romans, London 1982 vgl. S. R. F. Price, CR 98, 1984, 139f.; zu J. Scheid, Religion et piété à Rome, Paris 1985 vgl. P. Herz, Gnomon 58, 1986, 666–668.

ten dämonologischen und magischen Unterbau bis in das fortschreitende 4. Jh. hinein, wobei der Osten des Reiches mit den Formen hellenistisch-paganer Kulte und Religiosität sowie bodenständigen Göttertraditionen sich prinzipiell nicht anders verhält und ihre Ausgrenzung als orientalische oder östliche Kulte der griechischsprachigen Bevölkerung des Reiches nicht gerecht wird[216]. Dieser Kult- und Götterhorizont war keineswegs durch synkretistische Religionsformen oder Mysterien- respektive Erlöserreligionen zurückgedrängt worden. Seine traditionelle Vorstellungswelt bot einen in die Breite wirksamen Rahmen für religiöse und soziale Identität und Solidarität[217], für Welterklärung und Lebensbewältigung im täglichen Leben, für ein religiöses Reichsverständnis und für Adoratio und Kulthandeln gegenüber der Welt jenseits der Grenzen menschlichen Vermögens und Verstehens. In Religion und Mantik wurden Antworten für säkulare Probleme nicht wegen des Versagens rationaler Mittel gesucht[218], sondern weil dies nach dem allgemein verbreiteten zeitgenössischen Verständnis eine in sich rationale und vorrangige Lösungssuche war[219]. Wir müssen, wie R. MacMullen zu Recht hervorhebt, die in der Forschung verbreiteten Periodisierungsvorstellungen und Entwicklungskategorien der Religionsgeschichte überdenken[220]. Dabei ist die nicht durch exklusive Ansprüche strukturierte Vielfalt des zeitgenössischen religiösen Lebens und der individuellen Glaubensvorstellungen eine Gegebenheit, die wir heute in unserer unausweichlichen Prägung durch die christliche Geistestradition kaum nachvollzie-

---

216 Vgl. zur bedeutenden Größe der heidnischen Bevölkerung noch im fortgeschrittenen 4. Jh. und in Städten mit langer Tradition von Mission und kirchlicher Organisation etwa R. M. Grant, Christen als Bürger im Römischen Reich, Göttingen 1981, 20f.; mit einer differenzierten Darstellung der Christianisierung des Reiches R. MacMullen, Christianizing the Roman Empire (A. D. 100–400), New Haven – London 1984, bes. 118f.; auch Liebeschütz a.a.O. 296ff. Siehe etwa die epigraphischen Zeugnisse für die kleinasiatischen Vorstellungen des 2.–3. Jh. von Sünde, Strafe und Sühne und für das unmittelbare Wirken der Gottheit bei L. Robert, BCH 107, 1983, 515–523; H. Malay – G. Petzl, EpAnat 12, 1988, 147–166; dies., GRBS 28, 1987, 459–472, bes. 459f.; E. Varinlioglu, EpAnat 13, 1989, 37–50; A. Chaniotis ebd. 15, 1990, 127–131. Die Kontinuität beschränkte sich in der Spätantike nicht nur auf die Gebiete außerhalb der größeren städtischen Zentren. Vgl. zur lebendigen Kontinuität des traditionellen Heidentums im Osten des Reiches weiter Lane Fox a.a.O. 12–14, 27–46, 64–261, bes. 35f., 38f., 92f, 124ff., 150ff. mit 164f., 217ff., der den aktiven Aspekt in der religiösen Erfahrung des Göttlichen durch Orakel und Visionen zu Recht betont. Der aktive Aspekt des Zugangs des Einzelnen zum Göttlichen im Rahmen der traditionellen lokalen Kulte muß m. E. noch stärker akzentuiert werden. Zu Recht kritisiert Potter a.a.O. 211f. noch das Zurücktreten von schriftbegründeten Glaubensinhalten und Dogmendiskussionen sowie der Indoktrination in Fox' Sicht des Christentums. Dessen Aufstieg ist nicht aus einer angenommenen Schwäche der städtischen Kulte zu erklären.
217 Vgl. zur unmittelbaren Beziehung zwischen Religion und sozialer Solidarität etwa P. L. Berger, The Social Reality of Religion, Harmondsworth 1973, bes. 38f., 59f.
218 Auch R. MacMullen, Enemies of the Roman Order, Cambridge Mass. – London 1967, 151ff. bleibt weithin einem realgeschichtlichen Verständnis religiöser Erscheinungen verhaftet.
219 Vgl. bereits o. S. 62ff., 65ff.
220 MacMullen, Paganism 64f., 123f.; ebd. 66, 68f. gegen die häufige Überschätzung von intellektuellen Sonderpositionen; Ch. R. Philipps, ANRW II 16, 3, 1986, 2677–2773; vgl. o. S. 62ff. Stark an traditionelle Beurteilungsschemata gebunden R. Turcan, Les cultes orientaux dans le monde romain, Paris 1989 (etwa a.a.O. 263 zu den Voraussetzungen für das Vordringen von östlichen Kulten und Okkultismus).

hen können, zumal wir auf das Gegenüber der monotheistischen, dogmatischen und formalisierten Religionen von Judentum und Islam fixiert sind[221]. Der Glaubensakt hat auf dieser Ebene eine neue Qualität erreicht; er scheidet nun primär in Gläubige und Ungläubige und nicht mehr in die Kategorien von Religiosität und Götterverneinung. Mit der Verbreitung des Christentums traten der Kampf für den einen wahren Gott gegen alle konkurrierenden Religionsvorstellungen und die Bekehrung zu dem einzigen wahren Gottesglauben, der sich auf die absolute Autorität göttlicher Offenbarung in der Schrift stützte, als eigenständige, dynamische Denknotwendigkeiten in die geistige und soziale Wirklichkeit des römischen Mittelmeerraumes[222]. Der exklusive Gottesanspruch des nicht an nationalreligiöse Schranken gebundenen Christentums und die traditionellen heidnischen Religionsformen boten sich dabei gegenseitig die Erklärung für das Negative in der Welt, einmal in der Existenz des Unglaubens an Gott und zum anderen in der verweigerten Verehrung der Götter[223]. Auch für einen Heiden ohne vertiefte persönliche Frömmigkeit stellte die offene Verweigerung der Verehrung der traditionellen Götter und ihre Bekämpfung durch die Christen einen real zu sehenden Faktor dar, der die tiefere Grundlage der Existenz des *orbis Romanus* in Frage stellte (s. u.). Die zunehmende Ausbreitung des Christentums konnte sehr wohl aus heidnischer Weltsicht die zunehmende zeitliche Dichte negativer Ereignisse für das Reich rational erklären. Aus christlicher Sicht lag die Begründung hierfür wiederum in der Existenz des Unglaubens und der Mißachtung Gottes, wobei man seit den Katastrophen des Decius und Valerian gegenüber der paganen Umwelt auf diese scheinbar zwingenden Exempel der Macht und der Strafe des christlichen Gottes verweisen konnte. Nach der Christianisierung des Reiches wurde das Schema religiöser Ursachendeutung konsequent gegen Nichtgläubige und Häretiker angewendet. Das selbstverständliche religiöse Ursachendenken ist gerade in dem Gesetz gegen Juden, Samaritaner, Häretiker und Heiden vom 31.1.438 in wesentlichen Aspekten zusammengefaßt:

Inter ceteras sollicitudines, quas amor publicus pervigili cogitatione nobis indixit, praecipuam imperatoriae maiestatis curam esse perspicimus verae religionis indaginem; cuius si cultum tenere potuerimus, iter prosperitatis humanis aperimus inceptis. . . Quis enim tam mente captus, quis tam novae feritatis inmanitate damnatus est, ut, cum videat caelum divinae artis imperio incredibili celeritate intra sua spatia metas temporum terminare, cum siderum motum vitae commoda moderantem, dotatam messibus terram, mare liquidum et inmensi operis vastitatem finibus naturae conclusam, tanti secreti, tantae fabricae non quaerat auctorem? . . . An diutius perferemus mutari temporum vices irata caeli temperie, quae paganorum exacerbata perfidia nescit naturae libramenta servare? Unde enim ver solitam gratiam abiuravit? unde aestas messe ieiuna laboriosum agricolam in spe destituit

---

221 Ähnlich MacMullen, Paganism 67ff., auch 73–94, bes. 88f.; ders. (o. Anm. 216) 4f., 12f. Charakteristisch ist etwa die Unterschätzung persönlicher religiöser Erfüllung im Opfer- und Ritualvollzug.
222 Vgl. etwa Christensen (o. Anm. 215), bes. 100.
223 Vgl. zum breiten Vorstellungshorizont für die kausale Wirkung religiösen und sittlichen Verhaltens W. Speyer, Frühes Christentum im antiken Strahlungsfeld, Tübingen 1989, 254–263, 499, bes. 261f., auch 140–159, 495.

aristarum? unde hiemis intemperata ferocitas ubertatem terrarum penetrabili frigore sterilitatis laesione damnavit? nisi quod ad inpietatis vindictam transit legis suae natura decretum. Quod ne posthac sustinere cogamur, pacifica ultione, ut diximus, pianda est superni numinis veneranda maiestas[224].

Das Weltverstehen und die Verarbeitung von Erleben waren, um dies nochmals zu betonen, wie das ganze Denken der Zeitgenossen religiös bezogen, und je weiter man die bildungsmäßige und soziale Skala nach unten betrachtet, desto unreflektierter und unmittelbarer waren ohne Zweifel wie in allen vormodernen Kulturen die Vorstellungen vom Wirken übernatürlicher Mächte und göttlicher Kräfte im Leben der Menschen und in ihrer Umwelt. Religiös bzw. superstitiös geprägtes Ursachendenken und die Lösungssuche im Ritual, in der Beeinflussung transzendenter Faktoren oder göttlichen Willens waren konstitutive Phänomene der Zeit[225], zu denen ebenso die Glaubensüberzeugung von der in der römischen *religio* begründeten Größe Roms gehörte (s. u.). Es ist deshalb berechtigt, wenn G. Alföldy hervorhebt, daß der Gedanke der *restitutio* der Verfaßtheit des Reiches für die Zeitgenossen untrennbar mit der Idee der Wiederherstellung respektive Vertiefung des traditionellen religiösen Systems als unabdingbarer Grundlage verbunden war[226].

Es kann hier nicht das Ziel sein, detaillierter auf das Vorgehen der öffentlichen Institutionen im Imperium Romanum gegen die Christen einzugehen; dennoch müssen im Zusammenhang dieser mentalgeschichtlichen Betrachtung einige grundlegende Fragen aus diesem Problemkreis erörtert werden. Ohne leugnen zu wollen, daß unmittelbare und schwerwiegende negative Erlebnisse oder persönliche Extremsituationen religiöses Verhalten stimulieren können, ist die Formel von dem „Ausbruch wahrer religiöser Angst", wie sie J. Vogt im Zusammenhang der großen Christenverfolgungen für das 3. Jh. n. Chr. prägte[227], nicht treffend. Es ist dabei zu betonen, daß sich diese Aussage bei Vogt weder aus den Darlegungen zu den Hintergründen der Christenverfolgungen ergibt noch zu deren im Kern aufgezeigten Verständnis notwendig ist[228]. Die Formel greift letztlich pauschale Vorstellungen

---

224 NTh III praef., Z. 1–4; 1, Z. 6–10; 8, Z. 75–81.
225 Vgl. o. S. 327ff.
226 Vgl. Alföldy, Krise 349ff., bes. 354ff., 359, 385; Christensen a.a.O. 24ff., bes. 25 zur traditionellen römischen *religio* als Realität des Lebens und Denkens, die mit dem Glauben an die Abhängigkeit der Lage des Reiches von dem geschuldeten Vollzug der Kulte gegenüber den Göttern Roms als breitem heidnischem Konsens verbunden war.
227 J. Vogt, Zur Religiosität der Christenverfolger, SB Heidelberg, Phil.-hist. Kl. 1962, 1, 20f.; vgl. ders., RAC II, 1954, 1184. Gefolgt etwa von Alföldy, Krise 384. Das traditionelle Katastrophenbild erscheint bei Sordi 108f. erst als Hintergrundzeichnung für die Maßnahmen Valerians. Doch auch hier (nach dreieinhalb gefahrlosen und positiven Jahren) ist für 257 kein wirklicher chronologischer Zusammenhang erkennbar. M. M. Sage, WS 96, 1983, 137–159, bes. 137f. (Chronologie z. T. überholt) bleibt der modernen Topik zum 3. Jh. verhaftet („Military disaster and natural calamities ... deeply troubled the minds of many men ... in the mid-Third Century A.D. ... The Empire, pressed upon from all sides, attempts to marshal its human and divine resources").
228 Siehe Vogt a.a.O. 1962, 8f., 20ff. Gegen eine Sicht der Christenverfolgungen als Symptome der ‚Krise' vgl. prägnant, K.-H. Schwarte, in: W. Eck (Hg.), Religion und Gesellschaft in der römischen Kaiserzeit, Köln – Wien 1989, 103–163, bes. 104–106.

zum 3. Jh. auf. Vogt nimmt als Grund für den angenommenen Ausbruch religiöser Angst eine allgemeine Notlage von anhaltenden Kriegen und Massenverelendung an, und zwar bereits um 250 n. Chr. Schon dieser Zeitpunkt muß Anlaß zu Zweifeln an dem postulierten Hintergrund von allgemeiner Not und Verelendung geben. Die Lage des Reiches im Jahre 249 rechtfertigt ein solches Urteil objektiv nicht. Eine wirkliche Krise ist vielmehr erst im ‚Vierkaiserjahr' 253 n. Chr. eingetreten. Selbst wenn man sich vorrangig auf die psychologischen Wirkungen der schweren Seuchenwelle der frühen 50er Jahre des 3. Jh. beziehen wollte, so würde dies die Maßnahmen des Decius schon aus chronologischen Gründen nicht erklären können[229]. Ebenso zeigen sich für den Beginn der Maßnahmen Valerians keine signifikanten chronologischen Zusammenhänge. Auch darf nicht übersehen werden, daß es sich damals um keinen Ausbruch der Schwarzen Pest handelte; ihre Wirkungen haben in byzantinischer Zeit und im Mittelalter ganz andere Dimensionen erreicht.

Das tragende religiöse und politische[230] Dogma des römisch-heidnischen Selbstverständnisses war es, daß die überragende *religiositas* der Römer bzw. ihre *religio*[231] die Ursache der Größe Roms sei, daß die Wohlfahrt und der Bestand des Reiches von dem Wohlwollen der Götter und einem dementsprechenden korrekten Kultvollzug abhängen und daß man Rückschläge respektive einen Niedergang konsensgemäß entgegengesetzten religiösen Ursachen zuzuschreiben habe[232]. Das ‚Rom-Credo', wie E. Heck diese religiös-weltanschauliche Überzeugung der direkten Abhängigkeit der Größe Roms von der römischen *religio* nennt[233], konnte sich auf die Tatsache des Aufstiegs und der Existenz des römischen Reiches selbst als Beweis in einem religiös bestimmten Weltbild stützen, in dem ein fast ungeteilter Konsens über die Existenz göttlicher bzw. transzendenter Macht herrschte[234]. Der zentrale heidnische Schuldvorwurf *omnis publicae cladis, omnis popularis incommodi Christianos esse in causa*[235] besaß hier einen unmittelbaren, realpolitischen Bezug auf die als staatstragend angesehenen Grundlagen des Imperium Romanum. Gegen die aus dem Selbstverständnis der an die traditionelle *religiositas* bzw. *religio* gebundenen Größe Roms und seines Reiches und aus dem religiösen Ursa-

---

229 Vgl. o. S. 167, 189; zu Alexandria (Pogrom – Pest) 190ff.
230 Die beiden Aspekte sind nicht zu trennen.
231 Vgl. zu diesem Zentralbegriff u. S. 334f.
232 Prägnant Tert., Apol. 25, 2; vgl. Min. Fel. 6, 2–3; 25, 1; Eus., Praep. ev 4, 1, 2; zusammenfassend Heck, bes. 16f., 22–41; C. Koch, Religio. Studien zu Kult und Glauben der Römer, Nürnberg 1960, 142–175, 176–204; A. Wlosok, Rom und die Christen, Stuttgart 1970, 53–67, 77; auch dies., in: H.-G. Frohnes – U. W. Knorr, Kirchengeschichte als Missionsgeschichte I. Die Alte Kirche, München 1974, 147–165; Frend 104–126, bes. 113, mit weiterer Lit.
233 Heck 20f.
234 Siehe bereits Tert., Apol. 25, 2 (gegenüber der von Tertullian benützten Balbus-Rede in Cic., Nat. deor. mit ihren getrennten Argumentationsgängen (vgl. Heck 36) dürfte hier die verschränkte zeitgenössische Argumentation gegenüber dem christlichen Standpunkt aufgegriffen sein). Vgl. auch o. S. 328f.
235 Tert., Apol. 40, 1; vgl. Cypr., Demetr. 3, Z. 19–21 (CSEL III 1, p. 352). Gegen diese in sich stimmige und schwerwiegende Argumentation mußte sich Augustinus nach der Einnahme Roms durch Alarich ausführlich wenden; vgl. Aug., Civ. I–V. Vgl. auch Schäfke (o. Anm. 209) 648–656.

chendenken resultierende Schuldzuweisung an die Christen, welche die Teilnahme an dem Vollzug dieser *religio* verweigerten, waren die Ausführungen der christlichen Apologeten wirkungslos[236], da sie hier mit einer gleichrangigen, aber konträren Überzeugungsebene konfrontiert waren[237], an der ihre Argumente ohne vorherige Konversion zum christlichen Gottesglauben vorbeigehen mußten[238]. Erst mit dem Aufbau einer faktengestützten Exempeltradition für die Folgen der Mißachtung des christlichen Gottes konnte hier von christlicher Seite mit verifizierenden *exempla irae vel ultionis Dei* wirkungsvoll erwidert werden, was Tertullian in „Ad Scapulam" begann, wofür aber erst mit den Schicksalen des Decius und des Valerian in ihrer Aussage offenbar eindeutige Beispiele verfügbar waren[239].

Die Schuldzuweisung an die Christen konkretisierte sich in den Vorwürfen des Atheismus und der Asebie (s. o.), vor allem aber des Nichtvollzugs des Kultes gegenüber den Göttern, welche das Wohl des Reiches gewährleisteten, und der Abweichung von dem *mos maiorum*[240]. Das römische Denken war von einem hohen religiösen Selbstbewußtsein getragen[241], dessen ‚Rom-Credo' bereits oben ausgeführt wurde. Sein praktisches Selbstverständnis hat Valerius Maximus deutlich ausformuliert: *non mirum igitur, si pro eo imperio augendo custodiendoque pertinax deorum indulgentia semper excubuit, quo tam scrupulosa cura parvula quoque momenta religionis examinari videntur, quia numquam remotos ab exactissimo cultu caeremoniarum oculos habuisse nostra civitas existimanda est*[242]. *Religio* als der zentrale Begriff der römischen Religionsvorstellung und Eigenart beinhaltet die angemessene Verehrung der Götter als wirkende Mächte in der Welt im sorgfältigen Kultvollzug gemäß der vorgegebenen Tradition; seine rituellen Handlungen füllten das *ius divinum* aus[243]. *Religio* als *cultus deorum*[244], als der gewissenhafte öffentliche Vollzug des korrekten Ritus[245] im Sinne der *religio* der *maiores,* stellte die in sich durch die Tradition sanktionierte, von philosophischen Erörterungen abgehobene geistige Grundlage des Staatswesens dar[246]. Jedes Bemühen um die *renovatio*

---

236 Vgl. Wlosok (o. Anm. 232) 1974, 147–165, bes. 157f.; Heck passim, bes. 88f.
237 Siehe deutlich Tert., Apol. 40, 1 : 41, 1; vgl. ähnlich Heck a.a.O. 87f. Siehe die Position des Reskriptes des Maximinus Daia (Eus., H. e. 9, 7, bes. 7–9). Zum Unvermögen gegenseitigen Verstehens in der Bindung an die eigenen religiösen Konzeptionen vgl. auch C. A. Contreras, ANRW II 23, 2, 1980, 974–1022 (christlicher Standpunkt).
238 Dies gilt gerade für Tert., Apol. 25–26; vgl. Heck 65ff.
239 Vgl. Heck passim, bes. 17ff., 94ff., 102ff.
240 Vgl. bereits o. S. 329; mit weiteren Belegen R. Muth, ANRW II 16, 1, 1978, 296f., 310–312; Schäfke (o. Anm. 209) 631–639, 642f.; Heck 44f. Die Apostasie der Christen greift auch Porphyr., Adv. Christ. frg. 38 an.
241 Vgl. etwa Cic., Nat. deor. 2, 8; Sall., Catil. 12, 3 *nostri maiores, religiosissimi mortalium*; Tert., Apol. 25, 2; Min. Fel. 6, 1–3; zusammenfassend Muth a.a.O. 291ff.
242 Val. Max. 1, 1, 8.
243 Vgl. zusammenfassend Muth a.a.O. 290–354, bes. 299f., 326, 338, 342–346.
244 Cic., Nat. deor. 2, 8 *religione, id est cultu deorum, multo superiores* (s.c. die Römer); siehe auch 1, 14; 2, 72.
245 Vgl. Terentius Varro bei Aug., Civ. 6, 5 = Varro ant. frg. 7.9 (ed. B. Cardauns, Mainz 1976) ... *quos deos publice colere, qua sacra ac sacrificia facere quemque par sit.*
246 Siehe bereits Cic., Nat. deor. 3, 5–6; vgl. auch Heck 38.

imperii im Sinne der Wiederherstellung eines positiven Modells der Vergangenheit mußte innerhalb dieses Gedankenhorizontes gerade die *restitutio* der religiösen Grundlagen der *maiores* zwingend beinhalten.

Das religiöse Denken mit seinem generellen Schuldvorwurf an die Christen, den Origenes als bleibende Konstante und als Ursache von künftigen Verfolgungen bis hin zu der endzeitlichen Verfolgung der Gläubigen sah[247], äußerte sich in der konkreten Forderung nach Ehrfurcht vor den Göttern und nach ihrer überlieferungsgemäßen Verehrung als grundlegendem Moment der *utilitas publica*[248]. Die populäre Formel gegen die Christen lautete in der Fassung Tertullians: *deos non colitis et pro imperatoribus sacrificia non penditis*[249]. Damit verweigerten die Christen nach dem heidnischen Verständnis die Voraussetzungen für die Gewährleistung der *salus publica*. Die Götter, nicht der Kaiser, waren Gegenstand der von den Christen allgemein und in den Christenprozessen geforderten Kultleistungen[250]. So stand auch im Verfahren nach dem Reskript Trajans[251] die Anerkennung respektive Wiederanerkennung der traditionellen *religio* durch den Beweis der den Göttern geschuldeten Verehrung im Mittelpunkt[252], vor allem im Vollzug des Opfers an die Götter für das Heil des Kaisers[253], der als alleiniger Mittler und Garant der *salus publica* galt[254]. Damit war das Opfer *pro salute imperatoris* nach heidnischer Überzeugung auch ein zentrales Kriterium für die Loyalität gegenüber Kaiser und Reich, für die Bejahung des *orbis Romanus* als der bestehenden Ordnung der Welt. Die von den christlichen Apologeten geforderte Anerkennung des Gebets an Gott für das Heil des Kaisers und des Reiches, nach Tertullians Formel das christliche *sacrificamus pro salute imperatoris, sed deo nostro . . . pura prece*[255], als eine in diesem Sinne vollwertige Leistung hat erst das Edikt des Galerius von 311 rechtlich vollzogen[256] und damit die formale und religionspolitische Grundlage für die Einstellung der bisherigen Politik gegenüber den Christen geschaffen.

Als zentrales Anliegen der staatlichen Autorität im Christenprozeß stellte Origenes in seiner 235 n. Chr. entstandenen Schrift „Exhortatio ad martyrium" den

---

247 Orig., In Matt. ser. 39, Z. 29ff. (GCS XI, p. 74f.); o. S. 317f.
248 Vgl. Porphyr., Marc. 18; Eus., Praep. ev. 4, 1, 1–5; auch Tert., Adv. nat. I 10, 3.8; MacMullen, Paganism 2f.
249 Tert., Apol. 10, 1.
250 Vgl. F. Millar, in: Le culte des souverains dans l'Empire romain, Vandoeuvre – Genf 1973, 143–165 (mit Diskussion 166–175); Schwarte (o. Anm. 228) 121ff.
251 Vgl. K.-H. Schwarte, in: Spätantike und frühes Christentum, Frankfurt 1983, 21, 22f. Die Restituierung der traditionellen *religio* und *pietas* hebt Plin., Epist. 10, 96, 9–10 hervor.
252 Vgl. auch den Gegenstand des Statthalterverfahrens gegen Pionius, nämlich die Erzwingung des Opferrituals vor den Göttern, deren Definition der Prokonsul dem Angeklagten offenläßt (Passio Pionii 19–20; ed. H. Musurillo). Die Datierung des Martyriums, das Eus., H. e. 4, 15, 46f. unter Marc Aurel ansetzt, erst in die decische Verfolgung bleibt problematisch (vgl. H. Musurillo, The Acts of the Christian Martyrs, Oxford 1972, XXVIII–XXX).
253 Vgl. Millar a.a.O. 154, 159ff.
254 Vgl. K.-H. Schwarte, in: Bonner Festgabe J. Straub, Bonn 1977, 225–246; ders. (o. Anm. 251) 21.
255 Tert., Scap. 2, 8.
256 Eus., H. e 8, 17, 10; Lact., Mort. pers. 34, 5 (ed. J. L. Creed, Oxford 1984) *debebunt deum suum orare pro salute nostra et rei publicae ac sua.*

Opfervollzug vor den Göttern und den Schwur bei der Tyche des Kaisers heraus[257]. In der Passio Perpetuae et Felicitatis lautete die Forderung des Prokonsuls: *fac sacrum pro salute imperatorum*[258]. In dem Prozeß gegen die Christen von Scilli, der am 17.7.180 vor dem Prokonsul von Africa P. Vigellius Saturninus stattfand, lautete die Urteilsbegründung ausdrücklich *quoniam oblata sibi facultate ad Romanorum morem redeundi obstinanter perseveraverunt*[259]. Diese Rückkehr zum *mos maiorum* wäre durch den vom Prokonsul allein geforderten Schwur beim Genius des Kaisers zu dokumentieren gewesen[260]. Doch dürfen wir den religiösen Gehalt dieses im Alltag ständig präsenten Aktes nicht übersehen, der auch in dem Prozeß von 180 als Teilnahme an der *religio* nach dem *mos Romanorum* charakterisiert wird, indem der Prokonsul als den Kern des Vollzuges der von ihm geteilten römischen *religiositas* eben den Schwur beim Genius des Kaisers und das Opfer für sein Heil vorstellte: *Et nos religiosi sumus et simplex est religio nostra, et iuramus per genium domni nostri imperatoris et pro salute eius supplicamus*[261]. Der Vollzug dieser zentralen Riten wurde von allen als Pflicht erwartet: *quod et vos quoque facere debetis*[262]. Ganz entsprechend besagte das erste Edikt Valerians, dessen Inhalt in den Acta Proconsularia Sancti Cypriani wiedergegeben ist[263], *eos, qui Romanum religionem non colunt, debere Romanas caeremonias recognoscere*[264]. Das Edikt verlangte also von denen, welche die römische *religio* nicht übten, den römischen Kultvollzug als

---

257 Orig., Exh. mart. 7, 1; 40; auch 17.32. Zum Hintergrund der Befürchtung einer intensiveren Verfolgung nach dem lokalen Vorgehen gegen die Christen im pontisch-kappadokischen Raum nach dem dortigen Erdbeben vgl. Firmilian in Cypr., Epist. 75, 10; Molthagen 52ff.
258 Passio Perpetuae 6, 3 (ed. Musurillo).
259 Acta Scillit. 14; vgl. zu diesem protokollartigen zeitgenössischen Dokument R. Freudenberger, WS 86, 1973, 196–215; H. A. Gärtner, WS 102, 1989, 149–167 (mit maßgebender Textgestalt). Gärtner weist überzeugend auf die literarische Geschlossenheit und die überlegte Gestaltung des Textes unter Verwendung eines teilweise prätentiösen, die Personen in der Sprache charakterisierenden Protokollstils hin, durch den die Darstellung den Eindruck größter Authentizität erhalten sollte. Es handelt sich also um kein originales Protokoll; auf der Grundlage des authentischen Stoffes aus dem Amtslokal des Prokonsuls wurde dieser protokollmäßig gestaltete Märtyrerbericht wohl nur ganz kurze Zeit nach dem Prozeß am 17.7.180 durch einen gebildeten Christen als exemplarische Ermahnung zur Standhaftigkeit für die christlichen Gemeinden redigiert (vgl. bes. ebd. 165f.). Dennoch sind die Inhalte der Aussagen und die Formulierung der Sentenzen auch der römischen Gegenseite als zutreffende Darstellung für die grundsätzlichen Positionen und Argumentationen zu werten.
260 Acta Scillit. 5.
261 Ebd. 3. Zu sehr auf eine Loyalitätsbekundung gegenüber dem Kaiser verengt bei Schwarte (o. Anm. 251) 24.
262 Acta Scillit. 3. Vgl. allgemein A. Wlosok, AuA 16, 1970, 39–53, bes. 45f.
263 Vgl. hierzu die Literatur bei R. Freudenberger, in: Donum Gentilicium. New Testament Studies in Honour of D. Daube, Oxford 1978, 238–254; ausführlich jetzt zu den valerianischen Christengesetzen Schwarte (o. Anm. 228), bes. 109–127 zum 1. Edikt (gegen Freudenbergers Interpretation auch ebd. 124f. Anm. 57).
264 Acta Cypr. 1, Z. 4–7 (ed. Musurillo p. 168). *Religio* und *caeremoniae* bzw. *ritus* sind dabei eine für das römische Denken und Religionsverständnis unauflösliche Einheit. Schwarte a.a.O. 125f. mit Anm. 60 übernimmt die Textvariante *qui Romanum religionem colunt*; dies kann nicht überzeugen.

öffentliche Verpflichtung zu übernehmen und zu leisten²⁶⁵. Das Todesurteil für Cyprian folgte in der zweiten Phase des Verfahrens auf die Verweigerung des geforderten Kultvollzuges²⁶⁶ wegen seines Bekenntnisses zum Christentum und seiner Funktion als Bischof (*sacrilega mente vixisti et nefarios tibi plures conspirationis homines aggregasti et inimicum te diis Romanis et sacris religionibus constituisti*²⁶⁷) mit der zentralen Sentenz *nec te pii et sacratissimi principes . . ad sectam caeremoniarum suarum revocare potuerunt*²⁶⁸. Die Überlieferung der Sentenz ist variantenreich und z. T. bereits in der längeren älteren Version verderbt²⁶⁹; die dort erkennbare Formel *ad caeremonias populi Romani percolendas bonamque mentem habendam revocare*²⁷⁰ läßt aber in ihrer Aussage an Deutlichkeit nichts zu wünschen. Dabei hatte erstmals Valerian eine reichsweite religionspolitische Initiative unmittelbar gegen die Christen und die Kirche als die tragende Organisation des Glaubens gerichtet²⁷¹.

Als Intention der Maßnahmen des Decius, Valerian und Diokletian hatte bereits J. Vogt die beabsichtigte Rückführung zur traditionellen Religion hervorgehoben²⁷²,

265 Vgl. zur Bedeutung von *recognoscere* auch Freudenberger a.a.O. 244–247. Seine Deutung a.a.O. 238–254, bes. 251ff., das *caeremonias recognoscere* bezöge sich auf die Übernahme der *munera* für die Durchführung der *caeremoniae*, geht fehl; die von ihm gesuchte Absetzung gegenüber *religionem colere*, das selbst bereits die kultische Verehrung der Götter enthält (so auch richtig Freudenberger a.a.O. 243f.), trifft den Inhalt des Ediktes nicht. Entscheidend sind hierfür die Parallelen in den Ausführungen des Dionysius von Alexandrien (Eus., H. e. 7, 11, 7.9). Vgl. Schwarte a.a.O. 112f., 122f., 127.
266 Acta Cypr. 3, 4 *iusserunt te sacratissimi imperatores caeremoniari*. Freudenberger a.a.O. 241f. betont zwar richtig, daß § 3, 4–5 so nur in der jüngeren Fassung des zweiten Teiles der Acta enthalten sind, doch geben sie den Inhalt des zweiten Verfahrens und das Urteil richtig wieder; vgl. o. S. 148; Schwarte a.a.O. 150–154.
267 Acta Cypr. 4, 1.
268 Ebd. 4, 1; Fassung nach Musurillo (o. Anm. 252) 168–175, bes. 172; vgl. ebd. XXXf., basierend auf R. Reitzenstein, Die Nachrichten vom Tode Cyprians, SB Heidelberg, Phil.-hist. Kl. 1913, 14, Heidelberg 1913. Seine Abwertung der längeren Fassung ist nicht berechtigt gewesen. Vgl. zum 2. Christengesetz Schwarte a.a.O. 130–150.
269 Vgl. Freudenberger a.a.O. 242.
270 Es ist zwar richtig, wenn Freudenberger a.a.O. 238ff. betont, daß nur der erste Teil der Acta von einem Originalprotokoll gebildet wird und der mit Überlieferungsproblemen behaftete zweite Teil eine Erweiterung darstellt; dennoch ist dieser Bericht keine abhängige Konstruktion, sondern in Schilderung und Inhalt zutreffend.
271 Und zwar gerade mit dem 1. Edikt; vgl. Schwarte a.a.O 106, 113–115, 117f., 118f., 120f.; weiter ebd. 127ff., bes. 148–150, 155–159, 162f.; auch Sordi 105, 108ff.; zur religiösen Motivation Valerians auch C. J. Haas, Church History 52, 1983, 133–144, dessen Beitrag insgesamt nicht befriedigen kann. Zu den RELIGIO AUGG(ustorum) – Prägungen 257/258 n. Chr. vgl. RIC V 1, 114; 29. Die angebliche Verfolgung der christlichen Kirche unter Maximinus Thrax ist unhistorisch; vgl. Molthagen 52–58; Sordi 91f.
272 Vogt (o. Anm. 227) 8f., 20ff., bes. 21f.; vgl. ders. RAC II, 1954, 1204; im Akzent anders ebd. 1185f. Wie F. Vittinghoff, Historia 33, 1984, 331–357, bes. 333 nochmals hervorhebt, wäre die Christenfrage verkannt, wenn man sie auf den Konflikt mit dem römischen Staat als alleinigem oder vornehmlichem Widerpart verkürzen würde, dessen Institutionen nur in den begrenzten Fällen von tatsächlichen Christenprozessen agierten, während das Leben in Städten und Gemeinden die Hauptebene der Auseinandersetzung mit der heidnischen Umwelt bildete. Mit den religionspolitischen Initiativen von Decius, Valerian und Diokletian war hier demgegenüber aber eine entscheidende Gewichtsverlagerung erfolgt.

d. h. die Rückkehr der Reichsbevölkerung zu den in der Tradition verankerten Kulten des Imperium Romanum und die Gewährleistung des Vollzuges der anerkannten Riten[273]. Dies haben auch H. Pohlsander und G. Alföldy weiter herausgearbeitet[274]. Die Ideologie der transzendenten Grundlagen des Reiches in der traditionellen *religio* und ihrer Bewahrung, einer Bewahrung gegenüber *novae religiones*, wie sie im Manichäeredikt von 302 n. Chr formuliert ist[275], finden wir explizit in dem Gesetz Diokletians gegen die Ehen zwischen nahen Verwandten angesprochen: *Ita enim et ipsos immortales deos Romano nomini, ut semper fuerunt, faventes atque placatos futuros esse non dubium est, si cunctos sub imperio nostro agentes piam religiosamque et castam in omnibus mere colere perspexerimus vitam*[276]. Auch das Toleranzedikt des Galerius von 311 betonte nochmals die Intention der bisher verfolgten Maßnahmen gegen die Christen zum Wohle und Nutzen des Staates; die Verhältnisse des Gemeinwesens sollten entsprechend den *leges veteres* und *mores maiorum* wiederhergestellt werden und deshalb die Christen zu der Religion ihrer Vorfahren, die sie verlassen hatten, zurückgeführt werden[277].

Die Ausformulierung dieser politisch-religiösen Programmatik ging jedoch den Erschütterungen des Reiches im 3. Jh. n. Chr. voraus, denn sie bildete in einer stärker rationalisierten Form bereits ein Kernstück des Grundsatzprogrammes, das Cassius Dio in seiner „Maecenas-Rede" vorlegte, deren Entstehung in die Zeit Caracallas gehören dürfte[278]: „ ... verehre selbst das Göttliche allenthalben und auf alle Art gemäß der Überlieferung unserer Väter und zwinge die anderen, es (so) zu verehren! Die aber, welche im Bereich der Religion fremde Riten ausüben, verabscheue und bestrafe, nicht nur um der Götter willen, deren Verächter wohl auch nichts Anderes höherachten wird, sondern weil diejenigen, die irgendwelche neuen Gottheiten anstelle der überkommenen Götter einführen, auch viele andere dazu verleiten, nach fremden Sitten zu leben, und daraus Verschwörung, Aufruhr und unerlaubte Gemeinschaften entstehen, alles, was einer Monarchie am wenigsten zuträglich ist. Laß folglich keinen Atheismus und keine Zauberei zu"[279]. Für ein

---

273 Vgl. Passio Crispinae (5.12.304 n. Chr.), bes. 1, 3 *ut omnibus diis nostris pro salute principum sacrifices, secundum legem datam a dominis nostris* ...; 1, 4 *amputa superstitionem et subiuga caput tuum ad sacra deorum Romanorum*; 2, 4 *cole religionem Romanam quam et domini nostri invictissimi Caesares et nos ipsi observamus*; 4, 1. Vgl. R. Andreotti, in: Studi in onore di A. Calderini e R. Paribeni I, Mailand 1956, 369–376, bes. 376; Molthagen 61ff., bes. 63, 70, 74ff.; H. A. Pohlsander, ANRW II 16, 3, 1986, 1836f.; auch Christensen (o. Anm. 215) 22ff.
274 Pohlsander a.a.O. 1826–1842, bes. 1837–1839, 1841f.; Alföldy, Krise 349–387, bes. 352, 356ff., 382.
275 Coll. 15,3, 1–2; vgl. zur Datierung T. D. Barnes, HSPh 80, 1976, 239–252; ders., The New Empire of Diocletian and Constantine, Cambridge Mass. – London 1982, 55. Siehe auch Lact., Inst. 5, 2, 7.
276 Coll. 6, 4, 1. Vgl. Porphyr., Adv. Christ. frg. 80.
277 Eus., H. e. 8, 17, 6f.; Lact., Mort. pers. 34 (ed. J. L. Creed, Oxford 1984).
278 Vgl. F. Millar, A Study of Cassius Dio, Oxford 1964, 103f. (214 n. Chr.); die Argumente bei T. D. Barnes, Phoenix 38, 1984, 240–255, bes. 254 für eine Niederschrift nach 223 sind nicht zwingend.
279 Cass. Dio. 52, 36, 1–2; vgl. entsprechend Philostr., VA 5, 36.

transzendent bzw. religiös ausgerichtetes Denken war die hier noch gebotene, politisch reflektierende Zusatzbegründung dieser Maximen verzichtbar.

Wenn wir abschließend nochmals das Opferedikt des Decius betrachten, so ist für diese politisch-religiöse Initiative ersten Ranges vor allem festzuhalten, daß sie sich nicht gegen die Christen richtete, auch wenn diese Gruppen in der wohl vorauszusehenden Praxis die Hauptbetroffenen waren[280], sondern daß sie den Vollzug der traditionellen Verehrung der anerkannten Götter Roms durchsetzen und garantiert sehen wollte[281]. Decius, der *restitutor Daciarum*[282], stilisierte seinen Sieg über die Philippi in gängiger Weise als die Begründung eines neuen Zeitalters[283], dessen Modell ohne Zweifel die Herrschaft Trajans darstellen sollte[284]. Ein explizites politisch-religiöses *restitutio*-Programm des Decius steht darüber hinaus außer Frage[285]. Es ist wohl nicht ohne Grund anzunehmen, daß Decius selbst im Rahmen des Denkens seiner Zeit von einer vertieften konservativen Religiosität im Sinne der tradierten Kulte Roms erfüllt war; eine extreme religiöse Gesinnung oder eine tiefe Frömmigkeit nach christlichem Verständnis brauchen wir aber zum Verstehen seiner Maßnahmen nicht anzunehmen[286].

Man vermutet für den Inhalt des Opferediktes des Decius die Anordnung einer reichsweiten allgemeinen Supplicatio; obwohl hierfür keine unmittelbaren Belege vorliegen, kann diese Annahme jedoch als sehr wahrscheinlich gelten[287]. Daraus ist nun aber gerade nicht auf ein ‚allgemeines Bittgebet an die Götter in der Not des Reiches' o. ä. zu schließen[288]. Die Supplicatio hatte den religiösen Sinn einer Gnädigstimmung der Götter in einer Notlage des Gemeinwesens bereits im 1. Jh. n. Chr. endgültig verloren[289]. Sie war zur gängigen Form des Opferrituals geworden, das insbesondere an den kaiserlichen Jubiläumstagen und periodischen Feiern des römischen Festkalenders zur Anwendung kam; die Supplicatio war die konventionelle Danksagung an die Götter bei Erfolgen und positiven Nachrichten respektive

---

280 Vgl. auch Pohlsander (o. Anm. 273) 1839f.; das Bewußtsein der zu erwartenden Konfrontation mit den Christen darf m. E. nicht unterschätzt werden. Nicht überzeugen kann die eigenwillige Deutung der Initiative des Decius bei Schwarte (o. Anm. 251) 26–28.
281 Vgl. Pohlsander a.a.O. 1826–1842, bes. 1829ff., 1839ff.; ferner Wittig, RE XV 1, 1931, 1279f.; Millar (o. Anm. 250) 159f.; Molthagen 63f., 70ff., 80f. Im Kern der Beurteilung bereits richtig Greg. Nyss., Vita Greg. Thaumat. (Migne PG 46), p. 944.
282 ILS 514.
283 Vgl. RIC IV 3, 67; 115; 199; 205; nicht treffend zur politischen Wertung RIC IV 3, 1949, p. 119.
284 Zur Annahme des Beinamens *Traianus*, zu verstehen als *novus Traianus*, nach der Machtergreifung vgl. PIR² V 2, 1983, 264.
285 Vgl. die Divi-Prägungen des Decius; H. Mattingly, NC VII 9, 1949, 75–82; Alföldy, Krise 358.
286 Ähnlich Pohlsander a.a.O. 1841f.
287 Vgl. Pohlsander a.a.O. 1838 mit Anm. 92. Eine solche reichsweite Danksupplicatio, allerdings ohne vergleichbaren Durchführungszwang, ist etwa unter Caracalla nach der sogenannten ‚Vereitelung der Verschwörung des Geta' erfolgt (siehe u. Anm. 290).
288 So noch von Molthagen 73f. als Bittopfer um die Gunst der Götter in der Gefahr gedeutet.
289 Vgl. zur Supplicatio zusammenfassend G. Freyburger, ANRW II 16, 2, 1978, 1418–1439; ferner K. Latte, Römische Religionsgeschichte, München 1960, 245f.; R. Freudenberger, Das Verhalten der römischen Behörden gegen die Christen im 2. Jahrhundert, München 1967, 121–141.

Ereignissen in der Regierung eines Kaisers geworden[290]. Dieses Ritual hatte als Danksupplicatio die göttlichen Mächte oder Götter zu ehren, deren Wirken sich im Erfolg des Herrschers manifestiert hatte[291]. Geht man von der Richtigkeit der Annahme aus, daß Decius eine allgemeine Supplicatio angeordnet hatte, so müßte im Grunde eine Dankesabstattung an die Götter für den Erfolg des Kaisers und damit vor allem für seinen Sieg im Kampf um den Thron impliziert gewesen sein. So wäre der Maßnahme des Decius neben dem grundsätzlichen Aspekt der *restitutio* auch eine direkte und aktuelle innenpolitische Intention des zwar siegreichen, aber in seiner Legitimation erst noch abzusichernden Usurpators im Sinne eines allgemeinen Loyalitätsaktes zuzusprechen. Hier verbinden sich Loyalitätsforderung und legitimierendes Restitutio-Programm im Sinne des *mos maiorum* und der *religio Romana* als der anerkannten Grundlagen des ‚positiven Modells der Vergangenheit'. Als Beleg für den Ausbruch einer allgemeinen religiösen Angst oder einer schwereren Erschütterung bisheriger mentaler Strukturen ist die Maßnahme des Decius nicht zu werten. Wie die Initiativen Valerians und Diokletians war sie eher Teil eines weithin stabil bleibenden, nur vom Christentum als konkurrierendem System und doktrinärer Glaubensbewegung in Frage gestellten Welt- und Geschichtsverständnisses[292], dessen religiöse bzw. transzendente Ausrichtung und Begründung dann durch die Christianisierung der Reichsspitze in neue Bahnen gelenkt wurde.

3. Der Übergang des Imperium Romanum in die Spätantike: Gedanken zu einer Epochenkategorisierung

In der Rückschau des Historikers zeigt sich die Epoche zwischen der Regierung Marc Aurels und dem Ausgang des 3. Jh. n. Chr., als sich das tetrarchische Herrschaftssystem ausbildete, als jene Übergangsphase, in der sich ein grundlegender Wandel der außenpolitischen Bedingungen und eine phasenweise Destabilisierung innerer Bedingungen vollzogen, Veränderungen, aus denen heraus die Welt des spätantiken Imperium Romanum erwuchs[293]. Die dabei als eigentliche Schwellenzeit[294] für die Entstehung der spätrömischen Lebenswelt ins Auge zu fassende

---

290 Vgl. auch die religiöse Formalbegründung Caracallas in P. Giess. 40 I, Z. 5–7.
291 Vgl. Freyburger a.a.O., bes. 1439.
292 Es besteht m. E. die Neigung, ausgehend von Teilen der Bildungskreise im 2. Jh. n. Chr. und literarisch fixierten Personen bzw. (Sonder-)Positionen zu sehr von einer restaurativen Bewegung oder Tendenz in der Religionsgeschichte des 3. Jh. zu sprechen (so auch bei Alföldy, Krise 382ff.). Das Dynamische liegt eher in der allgemeinen Verankerung traditionellen römischen Vorstellungsgutes in den weiten Gebieten des Reiches vor dem beginnenden 3. Jh. Vgl. zum Konflikt von Sinnwelten P. L. Berger – Th. Luckmann, Die gesellschaftliche Konstruktion der Wirklichkeit, Frankfurt ⁵1977, bes. 120ff., 130f.
293 Als Übergangszeit auch bei Brown (o. Anm. 204) 2; ders. (o. Anm. 198) 17f. Gegen eine verfassungsgeschichtliche Abgrenzung vgl. J. Bleicken, Prinzipat und Dominat, Wiesbaden 1978, bes. 27ff.
294 Vgl. zum Begriff der Epochenschwelle H. Blumenberg, Philos. Rundsch. 6, 1958, 94–120; ders., Aspekte der Epochenschwelle – Cusaner und Nolaner, Frankfurt 1976, 7ff., bes. 20; die Beiträge in: Herzog – Koselleck (o. Anm. 93).

Periode kann durch die Ausbildung der Ersten Tetrarchie und die schließliche Etablierung der konstantinischen Ordnung abgegrenzt werden: Zum einen war bereits die Konstruktion der tetrarchischen Ordnung ein einzigartiger Vorgang[295], auch wenn Diokletian dabei in gewisser Weise ein politisches Resümee der Erfahrungen und der ideologischen Grundlagen der vorausgegangenen Epoche der späteren Kaiserzeit gezogen hat. Die Vorgaben der *exempla maiorum* wurden jedoch unzweideutig durchbrochen und selbstverständliche Strukturbildungen im inneren Aufbau des Reichssystems verändert. Zum zweiten erfolgte mit der Ausformung der konstantinischen Ordnung ein grundsätzlicher weltanschaulicher und mentaler Paradigmenwechsel, der sich einerseits aus der offiziellen Anerkennung des Christentums und dem rasch voranschreitenden Einbau der Kirche in die Struktur und Ideologie des Reiches ergab[296] und sich andererseits mit der Errichtung eines neuen Zentralortes des Imperium Romanum in Byzanz vollzog. Dem letztgenannten Schritt Konstantins war zwar durch die Residenzordnung der Tetrarchie wesentlich vorgearbeitet worden, aber die bewußte Errichtung einer zweiten Urbs Roma mußte zwingend zu einem Bruch in der bisherigen Strukturierung des Autoritäten- und Legitimationsbezuges führen, der eben nicht abstrakt gesehen wurde.

Der gewählte Anfangspunkt für die nachgezeichnete Übergangsepoche folgt aus einer historischen Analyse der Jahre nach 161 n. Chr., als sich eine Koppelung von sicherheitspolitischen Problemen an der Ost- und an der Nordgrenze, insbesondere der Donaugrenze, entwickelte, deren Bedeutung mit der Errichtung des Sassanidenreiches weiter zunahm, ohne allerdings das 3. Jh. vorrangig zu prägen[297], und zum Erbe des spätrömischen und des byzantinischen Staates wurde. Auch die Usurpation des C. Avidius Cassius, eines durch den Kampf gegen die Feinde des Reiches herausgehobenen Militärführers, und deren Auswirkungen auf die gebotene Handlungsfähigkeit des Reiches nach Außen war ein deutliches Zeitsignal.

Die hier umrissene Zeitspanne und Zeiterfahrung von rund sechs Generationen zwischen Marc Aurel und Diokletian kann m. E. unter der Verwendung der Kategorie der allgemeinen und umfassenden ‚Krise des Reiches' in ihrer Eigenart nicht zutreffend erfaßt werden. Auch ein Urteil über das sogenannte 3. Jahrhundert, wie es Ch. G. Starr formuliert hat: „In the third century the result was internal chaos, centrifugal splittering as parts of the Empire broke away, and severe external threats"[298], ist eine Vereinfachung, die der notwendigen zeitlichen und räumlichen Differenzierung militärischer und politischer Krisenereignisse nicht gerecht wird. Schon J. Moreau hat sich mit vollem Recht gegen die Wertung der Zeit nach 235 als einer ‚nur Krise' gewandt[299]. Hierin ist ihm u. a. F. Kolb gefolgt, der den Begriff der Krise auf die Phase der realen Existenzbedrohung des Reiches in den 60er Jahren

---

295 Vgl. F. Kolb, Diolectian und die Erste Tetrarchie. Improvisation oder Experiment in der Organisation monarchischer Herrschaft?, Berlin – New York 1987, bes. 178f.; zu den Wertungen Diokletians ebd. 1–9; vgl. auch J. Engelmann, RAC XIV, 1988, 967f.
296 Vgl. auch Brown (o. Anm. 198) 14f.
297 So etwa noch A. R. Birley, BRL 58, 1975/76, 258f.
298 Ch. G. Starr, Past and Future in Ancient History, New York – London 1987, 52f.
299 Moreau (o. Anm. 192) 128–142, bes. 130, 131f.; differenziert auch F. Millar, in: Fischer Weltgeschichte 8, Frankfurt 1966, 241–249, bes. 247, 249.

des 3. Jh. beschränken möchte; an die Stelle von „Krise" setzt er als Epochencharakterisierung erneut den neutraleren Begriff des beschleunigten Wandels und warnt davor, das 3. Jh. wie gewöhnlich in der Forschung in die Diskussion über die Ursachen des Untergangs des Weströmischen Reiches einzubeziehen als jene Epoche, in welcher der Verfall des römischen Reiches einsetzte oder erstmals klar zum Vorschein gekommen sei[300]. Ein mißbräuchlicher Gebrauch des Begriffs ‚Krise' für den Wandel des 3. Jh. wie für andere historische Epochen führe dazu, daß die Antike „fast nur noch aus ‚Krisen' zu bestehen scheine"[301].

Neben anderen vertreten dagegen etwa G. Walser und G. Alföldy den Epochenbegriff der allgemeinen Krise des 3. Jahrhunderts, der dabei stark im Sinne der modernen Vorstellung von System- und Strukturkrise vorgetragen wird[302]. Bestimmend für den heutigen geschichtstheoretischen Krisenbegriff sind prozessual gesehene Phänomene wie „Rationalitätskrise", „Legitimationskrise", „Motivationskrise" u. ä.[303]. Krise ist heute im Alltagsverständnis zum Äquivalent für jeden Wandel und jede prozessuale Verzögerung mit negativer Wertung, ja zum allgemeinen Gegenbegriff für Fortschritt und Wachstum geworden. Während ‚Krise' im antiken Sprachgebrauch eine klar abgegrenzte Konnotation der Entscheidung, des „entweder oder" hatte[304], erfuhr der Begriff seit dem 17. Jh. eine metaphorische Ausweitung, die ihn als Schlagwort in die Alltagssprache übergehen ließ; er wurde seit ca. 1780 zum Ausdruck einer neuen spezifischen Zeiterfahrung, zum Indikator und Faktor eines epochalen Umbruchs[305]. Im 20. Jh. entwickelte er sich vollends zur vielschichtig schillernden und emotionsbeladenen Formel für den Ausdruck entscheidungsträchtiger Momente in allen Lebensbereichen[306].

Schon im 18. Jh. konnte der Begriff „Krise" zur Dauer- und Zustandskategorie für die Geschichte als Prozeß an sich werden[307]. Seit der französischen Revolution wurde ‚Krise' zur Kategorie für die Erfahrung des permanenten Umbruchs, entweder als langfristiger, einmaliger Wandel oder als Situationsbeschreibung der Zuspitzung und der akuten Entscheidungssituation[308]. Um die breite Begrifflichkeit von ‚Weltkrise', ‚Dauerkrise' und insbesondere ‚Wirtschaftskrise' erweitert, wurde sie zu einem grundlegenden und immer stärker unreflektierten Denkmuster. Die Zeit

---

300 Kolb (o. Anm. 198) 277–295, bes. 277f., der aber im Grunde selbst keinen beschleunigten Wandel für die gesamte Epoche skizziert.
301 Kolb a.a.O. Anm. 2.
302 Vgl. etwa G. Walser, Schweiz. Beitr. z. Allgem. Geschichte 18–19, 1960–61, 142–161, bes. 144; Alföldy, Krise 298f.
303 Vgl. bes. J. Habermas, Legitimationsprobleme im Spätkapitalismus, Frankfurt ²1973, 72f. Vgl. zur Entwicklung des modernen Krisenbegriffs R. Koselleck, in: O. Brunner – W. Conze – R. Koselleck (Hg.), Geschichtliche Grundbegriffe III, Stuttgart 1982, 617–650; G. Schnurr, TRE 20, 1990, 61–65.
304 Vgl. Koselleck a.a.O. 617–619.
305 Vgl. ebd. 617, 619ff. Die Ausweitung über das Organismusmodell betont Schnurr a.a.O. 61f. (beschleunigte Wende einer zerrütteten Lage zum Besseren oder Schlechteren).
306 Vgl. Koselleck a.a.O. 617; auch K. Röttgers, Kritik und Praxis, Berlin – New York 1975, bes. 165ff.; unspezifischer Begriff „crisis" bei Potter VIII.
307 Vgl. Koselleck a.a.O. 627.
308 Ebd. 634ff., 641ff., 647ff.

seit dem 1. und besonders seit dem 2. Weltkrieg kennt geradezu eine Inflation des Wortgebrauchs, ohne daß der Begriff an Klarheit gewonnen hätte; er erfaßt vielmehr immer vagere Stimmungs- und Problemlagen, wobei die Unschärfen der inhaltlichen Aussage zustatten kommen[309]. In den Human- und Sozialwissenschaftlichen ist ‚Krise' im Rahmen einer zeitgenössischen Phänomenologie zu einem Schlüsselbegriff geworden, hat jedoch ohne terminologische Klärung ihren theoretischen Aussagewert verloren[310].

Als geschichtstheoretischer Begriff wurde ‚Krise' im 19. Jh.[311] vor allem von J. Burckhardt mit großer Wirksamkeit verwendet[312]. Burckhardt zielte dabei auf eine „Pathologie kritischer Prozesse"[313], die er historisch-anthropologisch begründete[314]: Krise als die Kategorie der beschleunigten historischen Prozesse[315], die vielschichtige strukturelle Veränderungen und ihre (potentielle) explosive Verknüpfung zu beschreiben hat. Im Grunde ist der Krisenbegriff Burckhardts keineswegs stringent oder formal präzisiert. Die theoretische Abhandlung „Die geschichtlichen Crisen" mit den Zusätzen „Ursprung und Beschaffenheit der heutigen Crisis" zeigt die große Breite der verschiedenen Formen und Dimensionen der so erfaßten historischen Prozesse, wobei revolutionäre Vorgänge deutlich in den Vordergrund treten[316]. Die Existenz echter Krisen im Sinne grundsätzlicher „Entwicklungsknoten" wird dabei stark relativiert[317]; paradigmatischen Charakter bekommt neben der eigenen Zeitgeschichte nur die Völkerwanderung zugebilligt[318]. Die Sicht einer ‚Krise des 3. Jahrhunderts' wird dabei entscheidend zurückgenommen[319].

Das geschichtstheoretische Konzept der ‚Krise' hat R. Vierhaus differenziert und vertieft[320]. Er bemerkt zu Recht, daß ‚Krise' als historisches Deutungsmodell mehr besagt als Niedergang, Zerfall, Wandel oder Auflösung und deshalb in seiner inhaltlichen Bedeutung präzisiert werden muß[321]. Vierhaus definiert die beiden wesentlichen Grundbedingungen für eine sinnvolle Verwendung des Begriffes einmal in der Forderung, daß Krisen zeitlich konkret abgrenzbar sein müssen, da ein Dauerzustand nicht sinnvoll als Krise angesprochen werden kann; zum anderen muß die Gesellschaft von einer Krise in objektiver Weise substantiell betroffen sein,

---

309 Ebd. 649.
310 So zu Recht Koselleck a.a.O. 649f.
311 Vgl. ebd. 637–641.
312 Vgl. zusammenfassend ebd. 639f.; Vierhaus (o. Anm. 18) 316–318.
313 Koselleck a.a.O. 639.
314 Vgl. Th. Schieder, Begegnungen mit der Geschichte, Göttingen 1962, 129–162; zur persönlichen Zeitbedingtheit von Burckhardts Krisenbegriff J. Wenzel, J. Burckhardt in der Krise seiner Zeit, Berlin 1967; K. Christ, in: J. Burckhardt, Die Zeit Constantins des Großen, München 1982, 256ff.
315 Burckhardt (o. Anm. 3) 1982, 342 (= Ges. Werke IV, 116).
316 Burckhardt a.a.O. 342–376 (= 116–150).
317 Ebd. 348f., 363f. (= 122, 138).
318 Ebd. 348 (= 122).
319 Ebd. 347f. (= 121f.).
320 Vierhaus (o. Anm. 18) 313–329.
321 Vgl. ebd. 328.

ohne daß dies zu einer Totalveränderung führen müßte[322]. „Krisen sind Prozesse, die durch Störungen des vorherigen Funktionierens politisch-sozialer Systeme entstehen und dadurch gekennzeichnet sind, daß die systemspezifischen Steuerungskapazitäten nicht mehr ausreichen, sie zu überwinden, bzw. nicht mehr zur Anwendung gebracht werden. Solche Störungen können... in unterschiedlichsten Bereichen des jeweiligen Systems auftreten und sich mit zeitlichen Verzögerungen auf andere Bereiche, schließlich das ganze System auswirken. Damit wird ein krisenhafter Vorgang zur Systemkrise"[323]. Der Krisenbegriff definiert dabei keine einlinigen und keineswegs nur beschleunigte Entwicklungsprozesse; er muß dynamische Prozesse und Brüche fassen. Gemeinsam ist der stringenten Krisenvorstellung die Hervorhebung von Entwicklungsverläufen, die ihre Geschwindigkeit ändern, die sich verlangsamen, stocken oder rapide beschleunigen, oder ihre Orientierung wechseln, wobei sich bestehende Verhältnisse auflösen und funktionale bzw. hierarchische Beziehungen zerbrechen oder in Frage gestellt werden; gemeint sind zeitlich begrenzte prozessuale Erscheinungen, die auf eine Überwindung oder Lösung zulaufen[324]. ‚Krise' muß m. E. mit den Phänomenen der bedenklichen Zuspitzung, der sich verdeutlichenden Möglichkeit eines Wendepunktes oder einer existentiellen Entscheidung über bestehende Strukturen und Systeme verbunden bleiben.

In einer oberflächlichen und wenig spezifischen Definition wäre Krisenwahrnehmung das Wahrnehmen eines In-Bewegung-Geratens von Gewohntem im Sinne ungewollten Wandels und der (subjektiv) negativ gewerteten Veränderung von Entwicklungsverläufen. Sie wäre damit als Begriff auf jede kurz- oder längerfristige Veränderung der verschiedensten Qualität anzuwenden, auf jedes Gefühl der Veränderung gegenüber einem bestehenden Zustand oder Prozeß. Krisenwahrnehmung muß aber das Moment der Konfrontation mit einem prozessualen Vorgang, der subjektiven Aktualität, der direkten oder indirekten Betroffenheit und der Ungültigkeit bisheriger Prognosen bzw. des Versagens von Erfahrungsmaßstäben und Erwartungsbandbreiten enthalten. Krisengefühl entsteht aus einer dynamischen Verzerrung sozialer (oder wirtschaftlicher) Funktionszusammenhänge[325] und führt in seiner gesteigerten Form durch das Versagen der bisherigen Muster von Interpretation, Orientierung, Prognose, Handlungsoption und Problemlösung zu einem subjektiven Krisenbewußtsein[326]. Dieses kann sich durch kontinuierliche Fortsetzung solcher Erfahrung zur Krisenmentalität mit ihren psychologischen Implikationen entwickeln. Man bemerkt Veränderung, ohne Ursachen, Ausmaß und Folgen überblicken oder erklären zu können. Man fühlt sich verunsichert, weil die bisherigen Erfahrungen nicht mehr ausreichen, das Geschehen zu beurteilen und zu beantwor-

---

322 Vgl. ebd. 320f.; auch R. Rilinger, AKG 64, 1982, 293; Schnurr a.a.O. 62f.
323 Vgl. Vierhaus a.a.O. 328f.; auch Chr. Meier, Res publica amissa, Frankfurt ²1980, XLIIIf.
324 Vgl. Vierhaus a.a.O. 315; Schnurr a.a.O. 62f. (geschichtsphilosophisch als Entwicklungsknoten des evolutionären Sprungs, als epochaler Augenblick/Wende zu präzisieren, als Wendepunkt-Ereignisse mit gleichzeitigem Zerbrechen von Identitäten); auch G. A. Almond – S. C. Flanegan – R. J. Mundt (Hg.), Crisis, Choice and Change. Historical case studies in comparative politics, Boston 1973; entsprechend Kolb a.a.O. 277 mit Anm. 2.
325 Vgl. Vierhaus a.a.O. 321f.; Schnurr a.a.O. 63f. (Gefühl des Zerbrochenseins).
326 Vgl. auch ebd. 322.

ten bzw. eine gedankliche Sicherheit herzustellen. Krisenmentalität stellt darüber hinaus die Entscheidungssicherheit grundsätzlich in Frage; ihre Merkmale sind Verunsicherung und negative Bestimmung des Erwartungshorizontes. Krisenmentalität geht über momentane Stimmungen und Zeiterlebnisse hinaus und bestimmt längerfristig die grundlegenden Analysemuster der Wahrnehmung und Verarbeitung von Wirklichkeit. Krisenbewußtsein ist dagegen im Grunde eine Kategorie der Reflexion, der rationalen Denkleistung.

Auch als modern gedachter krisenhafter Systemprozeß kann der Begriff der Krise die Zeit zwischen den späten Antoninen und dem frühen 4. Jh. nicht adäquat beschreiben. Wir können für die Zeit vor allem ab 235[327] Krisen als einzelne zeitliche und sachbezogene Teilphänomene der historischen Entwicklung bestimmen. Das Gleiche gilt für eine Betrachtung der zeitgenössischen wirtschaftlichen und sozialen Bereiche. Eigentliche Krisen gab es bis zum Ausgang des 3. Jh., von den Phänomenen temporärer Versorgungs- und Gesundheitskrisen und dem Währungsverfall nach den 60er Jahren abgesehen, im wesentlichen als zeitlich relativ kurz abgrenzbare Entwicklungen im innen- und sicherheitspolitischen Bereich. Solche krisenhaften Phasen der politischen Ordnung des *orbis Romanus* finden wir seit dem Ende der severischen Dynastie 235 n. Chr. in den Jahren 238, 253, 260–261, 268, 270, 276 und 284/5 n. Chr. vor allem im direkten Zusammenhang mit Bürgerkrieg und Herrscherwechsel, wobei die Zeitspanne zwischen 260 und 274 durch die Existenz des Gallischen Sonderreiches eine für das Herrschafts- und Organisationssystem des Imperium Romanum eigene Qualität besaß. Die Jahre 270–272 n. Chr. weisen darüber hinaus die Merkmale einer politischen Existenzkrise dieses Systems auf[328]. Sicherheitspolitische Krisen in den Grenzregionen des Reiches griffen zeitweise unter Valerian bzw. Gallienus und Aurelian bis nach Oberitalien und unter Gallienus und Claudius II. bis tief in den Ägäisraum aus; die Krisenjahre Galliens folgten dem Tode Aurelians. Im Osten blieben die Einbrüche auf die kurzen Phasen der Offensiven Schapurs I. beschränkt.

Betrachten wir die Zeitspanne zwischen der Mitte des 2. und dem frühen 4. Jh. unter der Kategorie des beschleunigten Wandels, so zeigt sich, daß auch dieser Begriff im Grunde nur auf einzelne Abschnitte der historischen Entwicklung angewendet werden kann. Im strengen Sinne ist beschleunigter Wandel ein Veränderungsprozeß, welcher die vorbewußte Stetigkeitsannahme der menschlichen Kognition durchbricht, die ihrerseits an das Zeitmaß der Generationenfolge gebunden ist. Dabei ist eine dynamische Permanenz der Veränderung oder ein grundsätzlicher

---

327 Von einem moralisierenden Standpunkt aus hat Aurelius Victor die Ermordung des Severus Alexander als Wendepunkt zum Schlechten gesehen, wobei er die folgende Epoche durch den inneren Kampf um die Macht gekennzeichnet sieht (Caes. 24, 8.9): eine erste Phase des Imperium Romanum von Romulus bis Severus Alexander, dann: *Abhinc dum dominandi suis quam subigendi externos cupientiores sunt atque inter se armantur magis, Romanum statum quasi abrupto praecipitavere*: Gute und Schlechte, Vornehme und ignobiles seien von nun an vermischt an die Macht gekommen und ein genereller moralischer Verfall eingetreten (ebd. 9–11). Vgl. auch Birley (o. Anm. 297) 253; H. W. Bird, Sextus Aurelius Victor. A Historiographical Study, Liverpool 1984, 81f., 84.
328 Vgl. zu den Bedingungen Vierhaus a.a.O. 326.

Entwicklungsumbruch und ein daraus resultierendes Auseinanderklaffen von Entwicklung und bisherigen Erfahrungswerten vorauszusetzen. Auch der Begriff des beschleunigten Wandels[329] erwuchs letztlich aus der europäischen Geschichtserfahrung seit dem ausgehenden 18. Jh.[330]. Für die Anwendung als Epochenkategorie muß ein komplexes Ausgreifen der Veränderung auf die verschiedenen Systemebenen einer historischen Lebenswelt gegeben sein.

Ein solcher beschleunigter allgemeiner Wandel setzte in der Geschichte der römischen Welt nach dem 1. Jh. v. Chr. ohne Zweifel wieder in den Jahrzehnten nach 284 n. Chr. ein und dauerte im wesentlichen bis in die 30er Jahre des 4. Jh. an[331]. Innerhalb dieser Phase des beschleunigten Wandels entwickelten sich Krisen des politischen Systems in den Jahren des Zusammenbruches der tetrarchischen Ordnung und der Machtkämpfe bis zur Etablierung der Alleinherrschaft Konstantins I.[332]. Das entscheidende Charakteristikum dieser Schwellenzeit beschleunigten Wandels liegt m. E. aber im mentalen Bereich, in dem ideologischen und geistesgeschichtlichen Wandel durch die faktische Ablösung des Rombegriffs von der Stadt und durch die beginnende Verknüpfung von Staat, Christentum und Kirche[333], wodurch ein totalitärer religiöser Wahrheitsanspruch zu einem zentralen Faktor der Geschichte und des Denkens der Zeit wurde.

Die Periode zwischen der späten severischen Dynastie und dem Aufbau der Tetrarchie ist dagegen in ihrer Grundstruktur durch die wiederkehrende Instabilität des monarchischen Führungssystems des Reiches[334] und durch die Neuformierung seines außen- und machtpolitischen Umfeldes gekennzeichnet. Will man die Zeitspanne zwischen den späten Antoninen und dem Einsetzen der Schwellenzeit nach 284 n. Chr. mit einer geschichtstheoretischen Kategorie erfassen, welche zu keiner einseitigen Bewertung der Entwicklung zwingt und auch nicht die Phasen vor allem der politisch-militärischen Krisen verabsolutiert, so bleibt m. E. der Begriff des Wandels bzw. des Strukturwandels die angemessene Beschreibung. Ein krisenhaft

---

329 Eine vormoderne Vorstellung von Beschleunigung findet sich in charakteristischer Weise in eschatologischen Konzeptionen für die Visionen endzeitlicher ‚Wehen' vor dem Ende dieser Welt.
330 Vgl. Koselleck (o. Anm. 169) 1979, bes. 130ff.; 349ff.; ders. (Hg.), Studien zum Beginn der modernen Welt, Stuttgart 1977.
331 Vgl. auch MacMullen, Response 206f.
332 Vgl. A. Demandt, Die Spätantike, München 1989, 61ff.
333 Vgl. auch Liebeschütz (o. Anm. 215) 293, 296.
334 Einschließlich des Mißlingens bzw. der Unmöglichkeit von Dynastiebildungen. Der rasche Herrscherwechsel findet sich auch bei Birley a.a.O. 257f. als Charakteristikum der Epoche; politische Instabilität und militärische Schwäche nach außen prägen nach Birley die Jahre 235–284 n. Chr. Unter den komplexen Gründen für die Entwicklung betont er a.a.O. 277–281 das ökonomische Ungleichgewicht zugunsten der Grenzzonen und ihrem Hinterland, das durch die feste lineare Aufreihung des Heeres an den Grenzen bedingt gewesen sei und dort Reichtum, Wachstum und Investitionen konzentriert habe. Dieses Bild kann jedoch der Entwicklung Ägyptens, des römischen Nordafrika, Kleinasiens und auch des syrisch-palästinischen Raumes nicht gerecht werden und ist zu sehr von der Sicht der Nordgrenze des Reiches geprägt. Auch schätzt er die Entwicklung der Räume hinter der Donaulinie etwas zu gering ein (ebd. 286f.). Die Aufgaben der Versorgung Roms und der Großstädte des Reiches fehlen in diesem Bild.

beschleunigter Wandel, ein Auflösungsprozeß oder ein komplexer und in sich permanenter Destabilisierungsprozeß, wie sie dem stringenten Begriff von Strukturkrise zugrunde liegen, ist m. E. als Epochenmerkmal nicht gegeben. Zu einer adäquaten Einschätzung der Periode muß man sich verdeutlichen, daß wir einen Erfahrungs- und Erlebenszeitraum von ca. 120 Jahren vor uns haben. Die von uns (unbewußt) als Erwartung in vergangene Perioden projizieren mentalen Zwänge aus dem eigenen Zeit- und Veränderungserleben führen in eine falsche Richtung. Diese 120 Jahre entsprechen in der Zeitgeschichte einem Zeitraum wie seit der frühen Industrialisierung in Deutschland oder der Zeitspanne zwischen der französischen Revolution und dem 1. Weltkrieg. Aber selbst im Vergleich mit dem mittelalterlichen und dem neuzeitlichen Europa haben wir in der betrachteten Periode ein bemerkenswert stabiles System vor uns. Die wertneutrale Kategorisierung als Wandel und Übergang eröffnet einen breiteren und von dem Vorverständnis der modernen Begrifflichkeit der ‚Krise' gelösten Zugang zu den Quellen und zu den inhaltlich, räumlich und chronologisch sehr differenzierten Phänomenen in der Entwicklung des ‚Dritten Jahrhunderts'. Sie lenkt den Blick stärker auf die relative Stabilität von Strukturen und auf die Akzentuierung der einzelnen Brüche und Krisen im Entstehungsprozeß des spätantiken Imperium Romanum. So darf auch nicht übersehen werden, daß der Grundgedanke des terarchischen Systems Diokletians, das einen konzeptuellen Ansatz beinhaltete und nicht nur auf Situationen und Anforderungen der Zeit antwortete[335], das ‚positive Modell der Vergangenheit' und das heißt konkret der Zeit der Kaiser von Trajan bis Marc Aurel wiederherzustellen suchte: formal gleichberechtigtes Doppelprincipat (M. Aurel/L. Verus) und Ideologie des Adoptivkaisertums als der von Iupiter ausgehenden Wahl des Besten zum Nachfolger und seiner Kooptation zum Mitregenten durch Adoption und Caesarerhebung[336]. Es ist m. E. berechtigt, in der 293 n. Chr. ausgebildeten Herrschaftsordnung den erstmaligen Versuch zu einer tatsächlichen Verwirklichung der Ideologie des Adoptivkaisertums als Grundlage des monarchischen Systems im Sinne der Nachfolgeregelung zu sehen. Selbstverständnis und propagierte Selbstdarstellung des ausgebildeten tetrarchischen Systems lesen sich bisweilen auch wie eine Umsetzung von Formeln des Panegyricus des jüngeren Plinius oder der Münzprogramme von 97/98 bis 168/180 n. Chr.

Selbst als unreflektiert übernommene Bezeichnung der Epoche muß sich der Begriff der Krise bzw. der Reichskrise des 3. Jh. auf Grund der mit dem Bild implizierten Wertungen und Vorgaben verengend und vorprägend auf die Sicht der historischen Entwicklung, der Interpretation der Quellen und der Wertung von Positivem und Negativem auswirken. Auch der bloße Epochenbegriff beinhaltet bewußt oder unbewußt die Übernahme von Sichtweisen und Wertungskategorien, die einseitig bestimmte Aspekte und ein bestimmtes historisches Verständnis bzw.

---

335 Vgl. ausführlich zur Analyse des terarchischen Systems und seiner Entwicklung Kolb (o. Anm. 295); zur Kooptation von 293 ebd. 66f., 68ff., 88ff., 150ff., 177.
336 Vgl. K. Strobel, in: ders. – J. Knape, Zur Deutung von Geschichte in Antike und Mittelalter, Bamberg 1985, 26ff. mit weiterer Lit. Eine detailliertere Behandlung muß an anderer Stelle folgen.

eine entsprechende geschichtliche Einordnung in den Vordergrund treten lassen. Es erscheint zudem notwendig, sich stärker von der machtvollen Tradition des modernen dialektischen Entwicklungsdenkens, das für jeden wesentlichen Wandel die Krise der vorausgehenden Entwicklungsebene als Voraussetzung annimmt, zu lösen, wenn wir die Entwicklung des Imperium Romanum zwischen dem 1. und dem 4./5. Jh. n. Chr. betrachten.

Anhang

Anhang I
Die Vorgaben der sibyllistischen Tradition und Topik

Die politische und ideologische Haltung, die wir, wie angesprochen, hinter dem ursprünglichen 8. Buch der Oracula Sibyllina zu sehen haben, baut auf dem diasporajüdischen, nahöstlichen Weltbild und der geistigen Haltung, insbesondere aber auf der Topik auf, welche durch die Bücher III, IV und V der Oracula Sibyllina repräsentiert werden. In diesen Orakelschriften zeigen sich außerdem die für die gesamte sibyllistische und apokalyptische Tradition charakteristischen Sprachformen und Formeln, deren Subjektivität deutlich von der Realität gelöst ist[1], und ebenso jene Technik der Redundanz, welche die Information nur in sich ergänzenden Stücken und in variierenden Fassungen der Stoffe gibt[2]. Früher galt gerade diese Redundanz vielfach fälschlich als das Indiz für die Möglichkeit einer analytischen Aufgliederung der Texte. In den frühen Sibyllen finden wir ferner das charakteristische Spiel mit Symbolen und traditionellen Bildern bzw. Orakelstoffen, die aus einer bereits autoritativen Vorgängerliteratur geschöpft werden, sowie jenen gewollten Mangel an Logik, welche durch emotionale Expressivität ersetzt wird[3]. Das zentrale funktionale Element der Exhortatio ist dabei allen jüdischen und christlichen ‚Sibyllen' in typischer Weise eigen[4].

Or. Sib. III und V repräsentieren eine eigenständige Tradition innerhalb des geistigen Lebens des Judentums in der ägyptischen Diaspora[5]; sie knüpfte an das Vorbild der hellenistischen politischen Orakel des ägyptischen und nahöstlichen Raumes[6] und an die politisch-prophetische Tradition des Alten Testaments an[7] und begründete so eine jüdische Sibyllistik, welche bewußt an die Gestalten der paganen Sibyllen und an die Formen und Stoffe der heidnischen Orakelsibyl-

---

1 Vgl. bes. G. W. Nickelsburg, in: Hellholm, Apoc. 651. Zur Apokalyptik in ihren Gattungen allgemein Collins, Apocalyptic 2–8, 9–11.
2 Vgl. hierzu Collins a.a.O. 85f.
3 Vgl. zu diesen Charakteristika Collins a.a.O. 11–17.
4 Vgl. auch K. Berger, ANRW II 23, 2, 1980, 1433–1436; siehe etwa Or. Sib. 3, 796–809, eine traditionelle Prodigiensammlung als apokalyptische Vision im Kontext einer Bekehrungspredigt.
5 Vgl. etwa Collins, Oracula XIII; auch H. W. Attridge, Semeia 14, 1979, 168–170, 180f., 185. Zur hellenisierten Diaspora mit griechischer Muttersprache unter besonderer Berücksichtigung Ägyptens vgl. M. Hengel, Judentum und Hellenismus, Tübingen ²1973; ders., Juden, Griechen und Barbaren, Stuttgart 1976. Hengel betont zu Recht die religiöse und soziale Vielfalt des hellenisierten Diasporajudentums, was eine unkritische Verallgemeinerung der Inhalte der Oracula Sibyllina verbietet. Vgl. auch M. Hengel, in: Hellholm, Apoc. 656 mit Anm. 2, 681.
6 Vgl. bes. Collins, Oracula 12–15. Zur ägyptischen politischen Prophetie vgl. J. Assmann, in: Hellholm, Apoc. 345–377, bes. 357ff.; zum Töpferorakel ebd. 362f. sowie L. Koenen, ZPE 2, 1968, 178–209; 13, 1974, 313–319. Zu den (hellenistisch-)nahöstlichen Wurzeln vgl. Collins, Apocalyptic 22, 26–28, sowie u. S. 351ff.
7 Vgl. Collins ebd. 16f.

listik[8] anschloß und politische Haltung, religiöse Propaganda sowie mystisches Milieu vereinigte. Die jüdische Sibylle ist eine Konstruktion der Diasporagemeinde der hellenistischen Zeit, ein fiktives literarisches Konstrukt des gebildeten und politisch aktiven ägyptischen bzw. alexandrinischen Judentums[9].

Ältester Bestand dieser Tradition ist die explizit proptolemäische und auch im aktuellen dynastischen Konflikt Stellung beziehende Fassung des 3. Buches aus der Mitte des 2. Jh. v. Chr.[10], die später erweitert wurde[11] und dann in der Zeit unmittelbar vor Actium die gegen Rom polemisierende Passage der V. 350–380 als aktualisierenden Zusatz erhielt[12].

Von den nicht zur originalen Endredaktion gehörenden Versen Or. Sib. 3, 1–96 sind die Passagen 46–62 und 75–92 Teile eines verlorenen 2. Buches[13], wobei die nunmehr gegen Kleopatra VII. gerichtete Polemik in V. 46–62 zweifellos eine unmittelbare Reaktion der alexandrinischen Diasporagemeinde auf den Sieg bei Actium und auf die erfolgte Errichtung der römischen Herrschaft in Ägypten spiegelt[14]. Derartige zeitgeschichtliche und politische Tendenzen innerhalb der ägyptisch-alexandrinischen jüdischen Sibyllistik werden uns später in Or. Sib. XI–XIII wieder begegnen, nicht jedoch in gleichem Sinne in Or. Sib. IV, V oder VIII. Schon in den Fragmenten des verlorenen 2. Buches traten an die Stelle der Erwartung einer (ptolemäischen) Herrscher-Erlöser-Gestalt, wie sie im ursprünglichen 3. Buch enthalten war[15], die Vision des Tages der Zerstörung als die grundsätz-

---

8   Vgl. zusammenfassend zur paganen Sibyllistik jetzt H. W. Parke, Sibyls and Sibylline Prophecy in Classical Antiquity, London – New York 1988, bes. 1–22; auch ders., Greek Oracles, London 1967, 49–55, 119ff., ferner noch immer A. Bouché-Leclercq, Histoire de la divination dans l'Antiquité II, Paris 1879 (ND. Brüssel 1963), 133–214, bes. 199ff.; Rzach 2073–2103, 2103–2117; Collins, Oracula 1–19; M. P. Nilsson, Geschichte der griechischen Religion II, München ²1961, 109–111, 481f.; auch A. Momigliano, ASNP III 17, 2, 1987, 407–428; D. Potter, JRA 3, 1990, 471–483.

9   Vgl. auch V. Nikiprowetzky, ANRW II 20, 1, 1987, 460–542, bes. 463ff.; einführend Potter 95–140, bes. 114ff. zum großen kontinuierlichen Interesse an sibyllinischen Orakeln seit hellenistischer Zeit; zusammenfassend M. Goodman, in: G. Vermes – F. Millar – M. Goodman (Hg.), The History of the Jewish People in the Age of Jesus Christ (175 B.C. – A.D. 135) III 1, Edinburgh 1986, 618–628, 628–632.

10 Vgl. Goodman a.a.O. 632–638; Collins 430–436; ders., Oracula 21–55; ders., Pseudepigrapha 354–361; ders., Apocalyptic 95–100. Gegen die überzogene analytische Zergliederung bei Geffcken, Komposition 1–17 vgl. auch V. Nikiprowetzky, La Troisième Sibylle, Paris 1970, bes. 195–225 (a.a.O. 11ff. gegen die Thesen eines Anschlusses an eine chaldäische Sibylle). Es darf damit natürlich nicht bestritten werden, daß hier ältere und an sich eigenständige Orakel aufgenommen bzw. verarbeitet wurden.

11 Der originale Bestand umfaßt V. 97–349, 489–829. Später wurden die heidnischen Orakel der V. 381–488 in die Sammlung inkorporiert.

12 Vgl. bes. Collins 433; ders., Oracula 57–64.

13 Vgl. Rzach 2130f.; Collins 434–436; Goodman a.a.O. 639–641.

14 Vgl. auch Collins, Oracula 64–70, bes. 65, 69f.; ders., Pseudepigrapha 359–361. Es ist allerdings nicht treffend, nur von einem „disillusionment of Cleopatra's supporters after her defeat" (Collins 434) zu sprechen; hier dürfte vielmehr eine wohlberechnete politische Absicht zugrunde gelegen haben.

15 Vgl. zur Erwartung des Heils von einem ptolemäischen König als Erlöserfigur bes. Or. Sib 3, 608f., 652–656.

liche Zukunftsperspektive und das Hoffen auf einen göttlichen Messias und sein ewiges Reich jenseits der historischen Welt[16].

Aufgabe der jüdischen Sibyllistik war es, eine Definition des Verhältnisses zwischen den entsprechenden jüdischen Gruppen und ihrer paganen Umwelt zu propagieren, außerdem die Haltung und die Erwartungen in dieser Umwelt für die eigene Gruppe zu normieren und die so entwickelte theologisch-politische Programmatik durch den gewählten prophetisch-autoritativen Rahmen zu legitimieren[17]. Die Verwendung von solchen Orakeln als Träger politischer und ideologischer Propaganda gehörte zu den Grundzügen nicht nur der jüdischen Sibyllstik; den Gebrauch bzw. Mißbrauch der (politisch-)prophetischen Orakelschriften hatte bereits Aristophanes angeprangert[18]. So dienten die natürlich *post eventum* formulierten jüdischen Orakel wie jene der paganen Sibyllistik zur Festlegung der Deutung von Ereignissen und zur Dokumentation der Autorität der eigenen Aussage. In ihrer zeitgenössischen Rezeption und in ihrer mentalen Wirksamkeit darf diese populäre Literatur, die sich esoterisch gab und auch so verstanden wurde, weder im paganen noch im jüdischen oder schließlich christlichen Bereich unterschätzt werden.

Aus der paganen Tradition der sibyllinischen Orakel haben alle erhaltenen (diaspora-)jüdischen Sibyllisten zahlreiche, quasi zeitlos gewordene Sentenzen übernommen[19]. Gleiches gilt in einem großen Umfange für allgemeine Sibyllenstoffe und Orakel der heidnischen Welt[20]. Dazu gehören etwa die Prophezeiungen gegen kleinasiatische Städte und Völker[21]. Ein typisches Beispiel für solche aufgenommenen, meist vage formulierten Prophetien, deren Bestätigung auf Grund der bekannten Voraussetzungen und Ereignishäufigkeiten (Erdbeben, Überschwemmungen, Kriege) zu erwarten war, sind die Voraussagen gegen Laodikeia in Karien[22]. Aktualisierungen der Stoffe konnten dabei jederzeit durch Umarbeitung oder Interpolation erfolgen. Die gebrauchten traditionellen prophetischen und apokalyptischen Topoi hat bereits Lactanz zusammengefaßt: moralischer Verfall, äußerer und inne-

---

16 V. 60f., 80–85; 49f. (gegen V. 46–48 kontrastierend).
17 Vgl. zu den autoritätsbildenden Mechanismen der Sibyllistik Parke (o. Anm. 8) 1988, bes. 7–9; zur entsprechenden Technik in der gesamten historisierenden Apokalyptik etwa Rzach 2118f.; P. Vielhauer – G. Strecker, in: Hennecke-Schneemelcher 495f.; Potter 121f. (Verifizierung für den Leser durch allgemein bekannte Orakel und bereits in der Vergangenheit ‚erfüllte' Prophezeiungen).
18 Aristoph., Equ. 120ff.; vgl. allgemein auch K. Latte, RE XVIII 1, 1939, 853f., 861ff.
19 So etwa der ‚Camarina-Spruch' in Or. Sib. 3, 736; vgl. Parke a.a.O. 4; H. W. Parke – D. E. W. Wormell, The Delphic Oracle II. The Oracular Responses, Oxford 1956, 56 Nr. 127.
20 Vgl. bes. Parke a.a.O. 1988, 4f., 14f., 133. Hier sind die meisten Übernahmen aus dem paganen Prodigienschatz einschließlich der Staatsprodigien zu fassen; vgl. Berger (o. Anm. 4) 1433f.
21 Siehe etwa Or. Sib. 3, 433–488; 5, 306–341 sowie 4, 97f. zu Strab. 1, 3, 7; 12, 2, 4.
22 Vgl. auch Parke a.a.O. 15 mit Anm. 32. Es ist deshalb kaum möglich, aus Or. Sib. 3, 471–473 einen unmittelbaren zeitgenössischen Bezug auf das dortige Erdbeben von 60 n. Chr. (Tac., Ann. 14, 27) zu erschließen und damit die Endfassung von Buch III erst nach 60 n. Chr. sowie seine Entstehung unter Beschränkung des Begriffes „Asien" in Kleinasien bzw. in Antiochia anzusetzen, wie dies in den unglücklichen Ausführungen von J. Schwartz, REJ 130, 1971, 355–361; ders., DHA 2, 1976, 413–420 versucht wird.

rer Krieg, Untergang von Städten, Erdbeben, Überschwemmungen, Seuchen und Hunger[23]. Es ist geradezu ein Kennzeichen der Or. Sib. III, V, VIII und auch XI, nach einer bewußten Bereicherung mit heidnischen Orakeln und allgemeinen Sibyllenstoffen zu streben. Neben diesen hat gerade das in Ägypten entstandene 3. Buch selbst zur Ausbildung einer spezifischen Topik der jüdischen Sibyllistik geführt, die dann im späten 1. Jh. n. Chr. noch durch charakteristische Elemente erweitert wurde und so die Grundlage für die späteren ‚Sibyllen' bildete.

Zu den traditionellen Stoffen der jüdischen Oracula Sibyllina gehört die Gestalt des Königs, der von „Asien" bzw. von Syrien als der Zerstörerkönig kommt[24]. Dies war ein bekanntes Standardthema der ägyptischen Überlieferung und der heidnischägyptischen Orakel bereit seit der Zeit der persischen Invasionen[25]. Zu dem topischen Bestand gehört auch der Erlöserkönig[26] und die Figur des Königs „von der Sonne her"[27]; letzterer zeigt deutlich seine Herkunft aus der altägyptischen und ptolemäischen Herrscherideologie und -theologie[28].

Ebenfalls zur Tradition gehörte im hellenistischen Osten schon seit dem 2. Jh. v. Chr. die Deutung Roms als Inbegriff für den der hellenistischen Welt feindlichen Westen, womit sich die prophetische Heraufbeschwörung der Rache Asiens und der Zerstörung Roms durch einen von Asien kommenden König und seine Heerscharen verband[29]. Es ist für die Betrachtung aller überlieferten ‚Sibyllen' hinsichtlich der hinter ihnen stehenden ideologischen Haltung und Weltsicht, aber auch für die Suche nach möglichen zeitgenössischen Anspielungen, von entscheidender Bedeutung, daß man sich dieser Topik und Traditionsstoffe bewußt bleibt und erst aus ihnen heraus die Entwicklung und die Besonderheit der jeweiligen Aussagen zu fassen sucht.

Um ein für Or. Sib. VIII/1 wesentliches Element wurde die jüdische Sibyllentradition im späten 1. Jh. n. Chr. erweitert, nämlich um die Legende von der Flucht

---

23 Lact., Epit. 66, 1–4, bezogen auf die Sibyllen und Hystaspes.
24 Vgl. bereits Or. Sib. 3, 611ff.
25 Vgl. Collins, Oracula 29, 39f.; vgl. etwa das Töpferorakel P³ (= P. Oxy. 2332) Col. I, Z. 30–31 (L. Koenen, ZPE 2, 1968, 203). Wenig glücklich zu Struktur und Herkunft dieser eschatologischen Figur G. Amiotti, CISA 8, 1982, 18–26.
26 Vgl. Collins, Oracula 38f., 87–90.
27 Or. Sib. 3, 652ff.; vgl. Collins a.a.O. 40–44 (zu Recht gegen die häufige vereinfachte Deutung als „der König von Osten"); ders., Apocalyptic 96, 233 Anm. 24f.
28 Siehe die direkte Parallele des Töpferorakels P³ (= P. Oxy 2332) Col. III, Z. 63ff. (Koenen a.a.O. 207). Vgl. auch Collins, Oracula 41f.
29 Vgl. schon Or. Sib. 3, 350ff.; Antisthenes, FGrHist II B 257, fr. 36 III (p. 1174–1177); Lact., Inst. 7, 15, 11.19 (Hystaspesorakel). Vgl. H. Fuchs, Der geistige Widerstand gegen Rom in der antiken Welt, Berlin 1938 (ND. 1964), 4–7, bes. Anm. 16; Collins, Oracula 7, 58; weiter Hengel (o. Anm. 5) 1973, 339ff.; H. Windisch, Die Orakel des Hystaspes, Verhandel. Akad. Wetenschappen Amsterdam, Afd. Letterkunde NR 28, 3, Amsterdam 1929, bes. 55ff.; G. Widengren, in: Hellholm, Apoc. 87f., 121–126. Bei Eliminierung des verzerrenden Klassenkampfdogmas vgl. zur politischen Auseinandersetzung des 2. und 1. Jh. v. Chr. zwischen Rom und der Bevölkerung des hellenistischen Ostens auch R. Günther, Klio 42, 1964, 224–230, 254–258; zum Gegensatz Osten – Westen bzw. Rom in den jüdischen ‚Sibyllinen' auch E. Kocsis, NT 5, 1962, 105–110.

Neros und seiner Wiederkehr aus dem Osten[30]. Das Thema der Wiederkehr Neros, der aber noch nicht als Nero redivivus und Inkarnation des eschatologischen Widersachers erscheint, sondern dessen Gestalt auf der konkreten Gerüchte- und Legendenbildung im Osten des Reiches nach 68 n. Chr. aufbaut, tritt in den Oracula Sibyllina erstmals im 4. Buch auf, das in seiner jüdischen Endredaktion unmittelbar nach dem Vesuvausbruch und vor dem Tod des Titus, also um 79/80 n. Chr. zu datieren ist[31]. Der Glaube, daß Nero noch lebe und zu den Parthern geflüchtet sei, daß er aus dem Osten als reale Herrschergestalt zurückkommen werde, trug schon das historische Auftreten der drei Prätendenten, die sich 68/69 n. Chr., unter Titus und dann nochmals im Jahre 88 n. Chr. als Nero ausgaben, und ihre teilweise Unterstützung im Osten[32]. Die Nerolegende in dieser frühen Gestalt, die wir im orientalischen Teil des Reiches bis in trajanische Zeit finden, war auch die unmittelbare Basis für die erste Aufnahme der Nerogestalt, seiner Rückkehr in einem Zuge gegen Rom und seiner Funktion als Rächer Asiens bzw. des Ostens an Rom in den Oracula Sibyllina[33]. Wir müssen deshalb aber für diese Teile des 4. Buches keinen unmittelbaren zeitgeschichtlichen Zusammenhang oder gar eine konkrete politische Erwartung anläßlich des historischen Auftretens eines falschen Nero annehmen, wie dies mehrfach vermutet wurde.

Or. Sib. IV war in seiner ursprünglichen Form ein hellenistisches (jüdisches?) Orakel aus der Zeit vor 190 v. Chr.[34] Seine vorliegende jüdische Fassung, die durch ihre massive antirömische Polemik auffällt, steht in einer direkten Beziehung zu den jüdischen Taufsekten des syrisch-palästinischen Raumes, so zu den Taufzirkeln des

---

30 Vgl. zur Nerolegende Tac., Hist. 2, 8; Suet., Nero 40, 2; Dion Chr., Or. 21, 10 (positiver Wunsch, Nero wäre noch am Leben, und Glaube, daß er noch lebe; der Wandel zur eigentlichen Legende wird hier schon deutlich). Vgl. umfassend im Material C. Pascal, Nerone nella storia aneddotica e nella leggenda, Mailand 1923; zusammenfassend J. Geffcken, Studien zur älteren Nerosage, NGG 1899, 1, Göttingen 1899, 441–461 (mit älteren Lit.); R. MacMullen, Enemies of the Roman Order, Cambridge Mass. – London 1967, 143–146; Collins, Oracula 80–87; ferner Fuchs a.a.O. 34f., 68, 81; M. Grant, Nero, New York 1970, 250–252; W. Jakob-Sonnabend, Untersuchungen zum Nerobild in der Spätantike, Hildesheim – Zürich – New York 1990, bes. 133–152; zum jüdischen und christlichen Traditionsstoff bes. W. Bousset, Der Antichrist in der Überlieferung des Judentums, des neuen Testaments und der alten Kirche, Göttingen 1895, 76ff., bes. 98f., 122ff.; A. Yarbo Collins, The Combat Myth in the Book of Revelation, Missoula Mont. 1976, 176–183; ferner S. J. Bastomsky, JQR 59, 1968–1969, 321–325 (z. T. nicht treffend); Stemberger 56f., 66.
31 Vgl. Rzach 2131–2134; Collins 427–429; ders., JJS 25, 1974, 365–380; ders., Pseudepigrapha 381–383; ders., Apocalyptic 74f., 191, 193f.; Goodman (o. Anm. 9) 641–643.
32 Tac., Hist. 2, 8–9, bes. 8, 1; Cass. Dio 66, 19, 3b.3c (Zonar. 11, 18 mit Joann. Antioch. fr. 104); Suet., Nero 57, 2. Vgl. auch C. J. Tuplin in: C. Deroux (Hg.), Studies in Latin Literature and Roman History V, Brüssel 1989, 364–404 (nicht immer überzeugend).
33 Or. Sib. 4, 119–124, 137–139; vgl. Collins, Oracula 80f., 86; ders., JJS 25, 1974, 377; auch Jakob-Sonnabend a.a.O. 138ff., 147–149; Tuplin a.a.O. 386ff.
34 V. 49–101, 149–151, wohl auch 173–192. Vgl. Collins (o. Anm. 31); D. Flusser, Israel Oriental Studies 2, 1972, 148–175, der für dieses Orakel, das sich in der Prophetie des hellenistischen Vier-Reiche-Schemas gegen die griechische Vorherrschaft richtete, einen jüdisch-hellenistischen Ursprung annimmt. Nicht zwingend bleibt dagegen die Argumentation bei Collins, JJS 25, 1974, 375 für einen paganen Ursprung dieses politischen Orakels.

Jordantales[35]. Der Vesuvausbruch wird als Strafe für die Zerstörung Jerusalems und des Tempels gedeutet[36]. Ohne eine konkrete Endzeiterwartung wird nach der Vorlage von Or. Sib. 3, 350–380 das traditionelle östlich-hellenistische Motiv[37] prophetisch verkündet, Rom werde Asien das Erlittene doppelt und mehr, mit Zins und Vergeltung wiedererstatten müssen; Asien werde die zusammengeraubten Schätze Roms erhalten[38]. Diese Verse des 4. Buches sind Teil der Aktualisierung der ursprünglichen Fassung durch die jüdische Redaktion[39]. Bei deren Erweiterung handelt es sich nur um eine Verlängerung des bereits vorgefundenen Geschichtsschemas, das den nahöstlichen Vorbildern von Dan 2 eng gefolgt war; ein Einbau Roms in das eschatologische Vier-Reiche-Schema erfolgt dabei aber nicht[40]. Ganz charakteristisch ist ferner die massive ethisch-moralische Exhortatio der V. 152–172 mit ihrer Androhung des Gerichtes und der Strafe Gottes für die frevelhafte Welt[41].

Sowohl in dem nichtägyptischen Ursprung als auch in der antirömischen Tendenz weist das 4. Buch Beziehungen zu Or. Sib. VIII/1 auf, das zudem mehrfach aus ersterem zitiert[42]. Weiter benutzte und zitierte Or. Sib. VIII/1 direkt Buch V mit seiner ähnlichen und doch in charakteristischer Weise verschiedenen Tendenz. Or. Sib. V[43] ist eine Zusammenstellung von sechs Orakelkollektionen der Zeitspanne nach 70 und vor 115/117 n. Chr., die als eine durchstrukturierte Komposition in Ägypten, genauer in Alexandria, entstanden war und ihre letzte Redaktion in hadrianischer Zeit erfuhr, wie das Enkomion auf den Kaiser in V. 46–50 zeigt. V. 51 ist eine nachträgliche Interpolation und entspricht dem nach Or. Sib. 8, 65–68 gebildeten Vers Or. Sib. 12, 176[44]. Die Endredaktion des 5. Buches erfolgte wohl vor der Reise Hadrians durch Iudaea 130 n. Chr. und vor der Gründung von Aelia Capitolina[45]. Zu dieser Redaktion gehört der gesamte, bis Hadrian geführte Geschichtsabriß der Anfangsverse 1–50[46]. Mit der Einfü-

---

35 Vgl. J. Thomas, Le mouvement baptistique en Palestine et Syrie, Gembloux 1935, bes. 46–60; Collins a.a.O. 378; auch M. Hengel, in: Hellholm, Apoc. 656. Eindeutig ist die scharfe Verwerfung des Tempelkultes und die Betonung der Taufe (mit entsprechenden Beziehungen zum ebionitischen Christentum). Der Versuch von V. Nikiprowetzky, HUCA 43, 1972, 29–76, bes. 74f., auch die 4. ‚Sibylle' der jüdischen Diaspora Ägyptens zuzuweisen, kann nicht überzeugen; zu ihrem jüdischen Inhalt vgl. aber ebd. 33ff.
36 V. 115–119, bes. 116; 125–127; 130–136, bes. 135f.
37 Vgl. auch Fuchs (o. Anm. 29) 66f.
38 V. 145–148.
39 Zur Aktualisierung durch Einfügung der V. 102/103–149 vgl. bes. Collins (o. Anm. 35) 376–380.
40 Nicht begründet deshalb Nikiprowetzky (o. Anm. 35) 54f.
41 Vgl. auch die Erweiterung des politischen Orakels durch die V. 1–48 mit ihrer moralischen und theologischen Verdammung von Idololatrie, sexueller Ausschweifung, Unrecht und Gewalt sowie der Betonung des monotheistischen Glaubens und der Verwerfung des Tempelkultes.
42 Siehe 4, 89 – 8, 161; 4, 91 – 8, 166; 4, 101 – 8, 160; 4, 173–180 – 8, 15–16.
43 Vgl. Collins 436–438; ders., Pseudepigrapha 390–392; ders., Oracula 73–95; ders., Apocalyptic 187–191; auch Goodman (o. Anm. 9) 643–645.
44 Vgl. Rzach 2134; Nikiprowetzky (o. Anm. 35) 30–33, bes. 32f.
45 Vgl. zur Reise Hadrians Halfmann 207.
46 Vgl. etwa Rzach 2135; Collins, Oracula 73. Geffcken, Komposition 22–30 betont zwar die Einheit von Or. Sib. 5, 52ff. unter Feststellung des eingearbeiteten älteren bzw. paganen Sibyllenstoffes, ordnet jedoch die V. 1–51 zu Unrecht als Einheit einem loyalen Juden unter Marc Aurel zu (so auch ders., NGG 1899, 1, 454).

gung des Enkomions auf den regierenden Kaiser dürfte der Endredaktor, der aus den die trajanischen Ereignisse überlebenden Teilen der Diasporagemeinde Alexandrias kam, auf das Scheitern der großen Judenerhebung von 115–117 n. Chr. reagiert und in dem Streben nach einem Arrangement mit der römischen Macht[47] das offen antirömische Erscheinungsbild von Or. Sib. V korrigiert haben[48]. Denn sonst ist diese Orakelschrift gekennzeichnet von einer antiägyptischen bzw. antigriechischen Einstellung, die in der Ankündigung des Strafgerichts über Ägypten von Alexandria bis Syene gipfelt[49], und von einer romfeindlichen Polemik, welche in dem haßerfüllten Ausbruch der V. 162–178 ihren Höhepunkt findet und die Vernichtung Roms durch Gott prophezeit. In dieser Form ist das 5. Buch als eine unmittelbare Spiegelung der militanten Stimmung und der messianischen Erwartungshaltung zu werten, welche den religiösen und ideologischen Hintergrund für die große Judenrevolte in der nahöstlichen Welt, vor allem in der Diaspora der Kyrenaika, Ägyptens und Zyperns, gebildet haben[50]. Die Erhebung hatte ihre Schwerpunkte bezeichnenderweise in den Gebieten des ehemaligen Ptolemäerreiches, wo eine breite, nicht literarisch gebildete jüdische Bevölkerungsschicht mit einer bedeutenden militärischen Tradition existierte[51]. Der Verfasser dieser ersten Form von Or. Sib. V stand bildungsmäßig selbst weit über der durchschnittlichen jüdischen

---

47 Das vor 130 n. Chr. positive Hadriansbild in der jüdischen Überlieferung (vgl. auch Stemberger 78–81) stand wahrscheinlich mit der Normalisierung und dem wachsenden Wohlstand nach 118 n. Chr., mit der begrüßten Tötung des Lusius Quietus (vgl. KohR 3, 17) und besonders in Alexandria mit dem Schutz der überlebenden jüdischen Gemeinde nach der Niederschlagung des Judenaufstandes in Zusammenhang. Hierbei ist für Ägypten vermutlich auch auf die offenbar national- und sozialreligiöse Revolte von ca. 122 n. Chr. zu verweisen, die in den Quellen nur schemenhaft faßbar ist, aber sehr wohl eine direkte Folgewirkung der schweren Erschütterungen von 115/117 n. Chr. mit einer antijüdischen Stoßrichtung in Alexandria gewesen sein konnte; vgl. K. Strobel, ZPE 71, 1988, 268f. Vgl. zum gegenseitigen Verhältnis Hadrians und der Juden auch M. Hengel, JANES 16–17, 1984–1985, 152–182, bes. 155f., 157f., 158f. (das Bild des Verhältnisses zu Juden und Christen fällt m. E. zu positiv aus); die Einwände von H. Nesselhauf, Hermes 104, 1976, 348–361 gegen die Echtheit des sogenannten Reskripts Hadrians an Minicius Fundanus zugunsten der Christen sind nicht vollständig ausgeräumt.
48 Vgl. ähnlich Collins, Oracula 94f.; auch M. Hengel, in: Hellholm, Apoc. 668 mit Anm. 46.
49 V. 52ff., 88ff., 194f.
50 Vgl. bes. Hengel, in: Hellholm, Apoc. 655–686, bes. 668ff., auch gegen die Thesen von U. Fischer, Eschatologie und Jenseitserwartung im hellenistischen Diasporajudentum, Berlin – New York 1978, der nationale eschatologische Vorstellungen verneinen möchte; auch Fuchs (o. Anm. 29) 66f.
51 Vgl. Hengel a.a.O. 679–681, 682; zu den jüdischen Militärsiedlern im Ptolemäerreich A. Kasher, JSJ 9, 1978, 57–67; bes. 65ff.; zur Struktur der ägyptischen Diaspora zusammenfassend A. Kasher, The Jews in Hellenistic and Roman Egypt, Tübingen 1985, bes. 38ff., 88ff.; zur systematischen Erfassung der Chora ebd. 106ff. (in der Regel als Teil mittlerer und unterer Bevölkerungsschichten); zu Alexandria, der größten geschlossenen Diasporagemeinde (nach 115/117 n. Chr. zumindest noch eine der drei größten) ebd. 168–191, bes. 186ff. unter Betonung der sozialen und bildungsmäßigen Unterschiede. Vgl. hierzu auch H.-F. Weiß, TRE I, 1977, 505–512, bes. 508, 510f., der die religiöse Uneinheitlichkeit der ägyptischen Diaspora und die Unterschiede in Assimilierung und Hellenisierung hervorhebt.

Bevölkerung in der ägyptischen Chora und ist sicher der jüdischen Bildungsschicht in Alexandria zuzuordnen[52].

Entscheidend stimuliert wurden die hier faßbare und schließlich bis zum Vernichtungskrieg gesteigerte Aggression gegen die heidnische Umwelt[53] und der Haß auf die römische Herrschaft durch die Zerstörung Jerusalems und seines Tempels, aber auch durch die Beseitigung des ägyptischen Sondertempels in Leontopolis und seines bedeutenden Tempelkultes durch Vespasian[54]. Es ist nun kennzeichnend, daß auch der Autor des ursprünglichen 5. Buches keine Hoffnung auf eine Erlösung in der historischen Welt zum Ausdruck bringt; es findet sich vielmehr die Vision des endzeitlichen Sternenkampfes, welcher die allgemeine kosmische Katastrophe bringen werde[55]. Als der eschatologische Gegenspieler wird im Anschluß an die in Ägypten traditionelle Gestalt des von Asien kommenden Zerstörerkönigs (s. o.) der aus dem Osten an der Spitze persischer Scharen zurückkehrende Nero eingeführt, der in den vier zentralen Orakeln nicht nur als ein Akteur des eschatologischen Geschehens, sondern bereits als die Inkarnation des Zerstörenden erscheint[56]. Dieser Nero ist als Antimessias, oder in christlicher Terminologie gesagt, als Antichrist gezeichnet; er ist als Element des eschatologischen Chaos zugleich der König und der Zerstörer Roms[57]. Hier treffen wir bereits auf die in christlicher Zeit so charakteristische Gestalt des Nero redivivus der apokalyptischen Nerolegende[58]. Sie treffen wir auch in den wahrscheinlich aus der gleichen Zeit stammenden V. 63–74 des verlorenen 2. Buches, wo diese Verse eine späte Einfügung gebildet haben müssen[59]. Es ist im übrigen bezeichnend, daß die rabbinische Literatur zwar die nahöstliche Legende um die märchenhaft verklärte Figur des Nero, dessen Rückkehr erwartet wird, in den Talmudim aufgreift, nicht jedoch die Gestalt des Nero als Antimessias[60].

Anhang II
Die christlichen Bücher I/II, VI und VII der Oracula Sibyllina

Die in der Überlieferung des Corpus der Oracula Sibyllina gezählten Bücher I und II gehören in Wirklichkeit zu einem einzigen, ursprünglich eigenständigen und

---

52 Vgl. auch Hengel, in: Hellholm, Apoc. 670.
53 Vgl. bes. Hengel a.a.O. 674ff.
54 Ios., B. J. 7, 10, 2–4; vgl. zur religiösen Bedeutung des Tempels von Leontopolis R. Hayward, JJS 33, 1982, 429–443, bes. 442f.
55 V. 512ff.; vgl. Collins, Oracula 93, 117f.
56 In den Orakeln V. 52–110, 111–178, 179–285, 286–434. Vgl. Collins a.a.O. 80–87, bes. 82ff. mit Anm. 88.101, der die These von Geffcken, NGG 1899, 1, 444–446 zurückweist, die Passagen Or. Sib. 5, 139–142 und 8, 160–166 seien alte pagane Orakel gewesen.
57 Siehe bes. V. 137ff., 361ff. (eschatologische Figur); die Passage V. 28–37 zeichnet noch keine eschatologische Gestalt.
58 Vgl. grundlegend W. Bousset, Der Antichrist in der Überlieferung des Judentums, des neuen Testaments und der alten Kirche, Göttingen 1895.
59 Jetzt im Text als Or. Sib. 3, 63–74; es ist Beliar, der Antichrist, aus dem Geschlechte der Augusti stammend; dies ist Nero. Vgl. Collins 435; ders., Oracula 86; Goodman (o. Anm. 9) 640f.
60 Siehe etwa Git 56 a; vgl. Stemberger 64–66.

christlich überarbeiteten Sibyllinenbuch[61]. Ihm liegt eine jüdische Orakelschrift zugrunde, die zwischen 30 v. Chr. und vor 66/70 n. Chr., vermutlich aber nicht viel später als in die ausgehende Regierung des Augustus datiert werden kann und in Kleinasien, genauer in einer jüdischen Disporagemeinde Phrygiens, entstanden ist[62]. Von dem jüdischen Substrat des Buches sind die V. 1, 1–323[63]; 2, 6–33 und 2, 154–176 weitgehend unverändert erhalten[64]. Diese ursprüngliche Schrift periodisierte die Geschichte in dem traditionellen Zehn-Generationen-Schema[65], wobei am Ende der 5. Generation die Sintflut und am Ende der 10. Generation die Zerstörung der Welt durch Feuer steht. Rom ist die dominierende Macht der zehnten und damit letzten Generation; sein Untergang wird am Ende dieser Epoche erwartet[66]. Es zeigen sich gewisse strukturelle Ähnlichkeiten zum 4. Buch, was jedoch auf die gemeinsam zugrundeliegende hellenistische Tradition zurückzuführen ist[67]. Geteilt wird auch die antirömische Tendenz des 4. Buches, der nun aber der spezifische geschichtliche Situationsbezug fehlt; die Erwartung der universellen Herrschaft Israels ist als explizite eschatologische Perspektive selbstverständlicher Teil der jüdischen Vorstellungstradition[68].

Zentrales Thema dieser ursprünglichen Schrift war das Gericht Gottes über den Einzelnen nach dem Tode. Das historische Schema bildete nur den Rahmen für die ethische Paränese und die moralisch-religiöse Forderung; beides sind die eigentlichen Anliegen des Verfassers und die angestrebte Funktion der Schrift im Leben der jüdischen Disporagemeinde. Mit dem ursprünglichen Substrat des Buches I/II haben wir damit neben IV und VIII/1 die einzigen erhaltenen Zeugnisse der jüdischen Sibyllentradition außerhalb Ägyptens vor uns, die vermutlich nur einen Bruchteil des ehemals vorhandenen sibyllistischen Materials repräsentieren. Ein besonderer Wert der Schrift liegt auch in der Dokumentation einmal der zweitrangigen Bedeutung von historischem Rahmen und zeitgeschichtlichem Bezug hinter der paränetischen und exhortativen Funktion solcher ‚Sibyllen' und zum anderen der Verkündung eschatologischer Programmatik ohne konkretere oder gar akute Endzeitstimmung bzw. Naherwartung.

---

61 Vgl. zu I/II Rzach 2146–2152; A. Kurfess, ZNW 40, 1941, 151–165; ders., HJb 77, 1958, 328–338; Collins 441–446; ders., Pseudepigrapha 330–334; ders., Apocalyptic 191–193; auch J. H. Charlesworth, in: F. Sanders u. a. (Hg.), Jewish and Christian Self-Definition II, Philadelphia 1981, 48–50; zu den christlichen Oracula Sibyllina insgesamt vgl. A. Kurfess, in: Hennecke-Schneemelcher³ 498–502; Charlesworth a.a.O. 27–55, 310–315, bes. 48–54; U. Treu, in: Hennecke-Schneemelcher 591–593.
62 Zur Lokalisierung vgl. 1, 196–198, 261–262; zur Datierung besonders Kurfess a.a.O. 1941, 165; Collins 442f. Zu spät ist die Datierung bei Geffcken, Komposition 47–53, bes. 49ff. (seine allgemeinen Argumente sind ohne Grundlage), und Rzach 2151f.
63 Gegen die Annahme von Geffcken, Komposition 48, Or. Sib. 1, 175–179.193–196 seien christliche Interpolationen vgl. Kurfess a.a.O. 1941, 151–160.
64 Zur Gliederung siehe jetzt Collins 441f., zur jüdischen Schrift ebd. 441–444.
65 Vgl. A. Yarbo Collins, ANRW II 21, 2, 1984, 1221–1268, bes. 1242–1244 (einschließlich Or. Sib. III und IV); auch 1270–1287.
66 Siehe bes. Or. Sib. 2, 18f.
67 Vgl. bes. Collins 443.
68 V. 2, 154–176, bes. 171ff.

Diese jüdische ‚Sibylle' hat sich für eine christliche Adaptation geradezu angeboten, wobei die christliche Überarbeitung in zahlreichen Interpolationen, aber auch in Überformungen und wesentlichen Kürzungen des ursprünglichen historischen Schemas zum Tragen kommt[69]. Datieren kann man die christliche Adaption nach 70 und vor 250, sehr wahrscheinlich aber noch vor 150 n. Chr.[70]. Spezifisch christlich sind die Passagen Or. Sib. 1, 324–400; 2, 34–55, 149–153, 177–186, 238–251, 311–312 und auch 214–237[71]. Insbesondere im sogenannten 2. Buch sind jüdische und christliche Schichten schwer zu unterscheiden, von V. 2, 56–148 einmal abgesehen, die eine späte, nur in der Manuskriptgruppe Ψ enthaltene Interpolation aus den Pseudophokylidea beinhalten[72]. Ziel des Redaktors war die Einfügung Christi als Erlösergestalt und endzeitlicher Richter in die autoritative Aussage einer passenden älteren und sicher bekannten Sibylle[73]. Hier sollte die allgemein anerkannte Autorität der Sibyllenprophetie in den Dienst der Verbreitung und des Wahrheitsbeweises der christlichen Offenbarung gestellt werden[74]. Das zentrale Anliegen des christlichen Redaktors war ferner die suggestive Exhortatio im Bereich der individuellen Moral und der christlichen Lebenswerte sowie das Zeichnen der Bestrafung der Gottlosen. Eine besondere Bindung zu dem übernommenen, historisch periodisierenden Rahmen ist nicht erkennbar. Das Geschichtsbild des Redaktors ist jenes der christlichen Heilsgeschichte, die in dem Weltgericht Christi ihr Ziel findet.

Aus dem wohlinformierten philosophischen Angriff des Kelsos auf das Christentum, dessen Abfassung wir zwischen der Mitte des 2. und der Wende zum 3. Jh. n. Chr. anzusetzen haben[75], sind die weite Verbreitung sibyllinischer Schriften in christlichen Kreisen und ihre von Kelsos als Verfälschung durch Blasphemien gebrandmarkte christliche Bearbeitung belegt[76]. Dies findet auf christlicher Seite in dem rechtfertigenden Sibyllenverweis bei Iustin und in seinem Hinweis auf die angedrohte Todesstrafe für das Lesen solcher prophetischer Schriften seinen Nie-

---

69 Vgl. zur christlichen Redaktion Collins 446–448.
70 Vgl. zur Datierung bes. auch Kurfess, ZNW 40, 1941, 151–165.
71 Nicht überzeugen kann eine jüdische Zuordnung der V. 214–237 etwa bei Collins 443.
72 Allerdings unter monotheistischer Überarbeitung der pseudophokylideischen V. 70–75. Vgl. Rzach, 2149f.; P. van der Horst, The Sentences of Pseudophocylides, Leiden 1979, bes. 84f.; zum Spruchbuch des Pseudophokylides van der Horst ebd.; P. Derron (Ed.), Pseudo-Phocylide, Sentences, Paris 1986, bes. LI–LXVI. Die jüdische Gnomensammlung ethischen Inhalts ist nicht später als in das 1. Jh. n. Chr. (sehr wahrscheinlich vor 70 n. Chr.) zu datieren und der ägyptischen oder syrischen Diaspora zuzuweisen. Ein Zeitansatz in das 2. oder 3. Jh. n. Chr. wird heute zu Recht ausgeschlossen.
73 Vgl. explizit Lact., Epit. 68, 1–3.
74 Vgl. besonders die treffende Charakterisierung dieses christlichen Vorgehens durch Kelsos, nämlich das Neue als Erfüllung der älteren Prophetie, als mit dieser übereinstimmend zu zeichnen (Orig., C. Cels. 7, 2–3). Vgl. allgemein auch Collins 445f.
75 Vgl. K. Pichler, Streit um das Christentum. Der Angriff des Kelsos und die Antwort des Origenes, Frankfurt – Bern 1980, bes. 94–98; die traditionelle Datierung auf 178 n. Chr. beruht nur auf Mutmaßungen.
76 Orig., C. Cels. 7, 53.56; 5, 61 zur Sekte der Sibyllisten. Zur Sibyllistik in christlicher Zeit vgl. jetzt auch Parke (o. Anm. 8) 1988, 152–173.
77 Iustin., Apol. 1, 44.

derschlag⁷⁷, ebenso in den etwas späteren Sibyllenzitaten in der apologetischen Schrift „An Autolykos" des Theophilus von Antiochia, wo sie als Argumentationsgrundlage mit allgemein anerkannter Autorität dienen[78]. Die Funktion einer normativen Selbstdefinition und einer exhortativen Propaganda ist sowohl in den christlich überarbeiteten und ergänzten Büchern der Oracula Sibyllina als auch in den christlichen Interpolationen der sonst weitgehend unverändert tradierten jüdischen Sibyllen ersichtlich[79].

Von der christlichen Sibyllistik haben sich neben dem adaptierten 1./2. Buch und dem christlichen Teil des 8. Buches im überlieferten Corpus nur das 6. Buch, eigentlich nur ein Hymnus an Christus, den schon Lactanz zitiert[80], und das 7. Buch[81] erhalten. Allerdings ist letzteres schlecht und nur in Teilen auf uns gekommen, sein Entstehungsort bleibt unsicher[82], ebenso seine Datierung innerhalb des 2. und 3. Jh. n. Chr., auch wenn m. E. das spätere 2. Jh. n. Chr. eher zutreffen dürfte[83]. Ein vorchristliches Substrat ist für das 7. Buch nicht nachzuweisen, obwohl natürlich Orakel aus der paganen Sibyllentradition aufgenommen worden sind[84]. Die eigentümlichen (juden-)christlich-magischen und gnostischen Züge[85] weisen wahrscheinlich auf eine Herkunft aus dem christlichen Sektentum des syrischen und palästinischen Raumes hin. Hierfür spricht vermutlich auch das Orakel gegen Koele-Syria und Phönikien[86]. Die eschatologischen Partien des 7. Buches[87] zeigen eine allgemeine christliche Thematik und Theologie, gleiches gilt für die exhortativen Passagen; eine Zeitbedingtheit oder ein konkreterer Zeitbezug sind nicht zu erkennen. Die bekannten und undifferenziert wiederholten Zerstörungsorakel gegen Städte und Völker lassen keine spezifische politische Intention erkennen. Dies gilt auch für die entsprechenden V. 108-113 mit ihrem Spruch zum Schicksal und Unheil Roms. Dagegen bezeichnen die endzeitliche Zerstörung der Welt durch Feuer, die ewigen Qualen der Sünder und Frevler und die irdisch verstandene Auferstehung der Gerechten die zentralen Punkte des Weltbildes des Verfassers und seines religiösen Umfeldes[88].

78 Vgl. Theophil., Ad Autol. 2, 3.31.36.
79 Vgl. Charlesworth (o. Anm. 61) 27–55, 310–315; zur christlichen Interpolation und Erweiterung der apokryphen Tradition ebd. 49, 51f., 54f.
80 Vgl. zum 6. Buch Rzach 2140f.; Collins 449; ders., Pseudepigrapha 406.
81 Vgl. zum 7. Buch Rzach 2141f.; J. G. Gager, HThR 65, 1972, 91–97; Collins 449–451; ders., Pseudepigrapha 408f.
82 Vgl. Collins 450f.
83 Vgl. auch Kurfess, in: Hennecke-Schneemelcher³ 501.
84 So in den V. 40–50 ein auf Karrhae bezogenes Orakel *post eventum*; siehe auch die Orakel zu Troja (V. 51–54), zu Kolophon, Thessalien, Korinth, Tyros (V. 55–64), gegen Sardinien sowie Mygdonien (V. 96–102) und gegen die Kelten (V. 103–107), ferner zum Aufstieg Roms nach dem Fall Makedoniens (V. 108–111).
85 Gager a.a.O. betont mit guten Gründen, daß die Schrift nicht als gnostisch zu bezeichnen ist, sondern pagane, gnostische und (juden-)christliche Elemente in christlich-synkretistischer Weise verarbeitet und kombiniert. Vgl. auch Geffcken, Komposition 33–37; Rzach 2141f.; A. Kurfess, Sibyllinische Weissagungen, München 1951, 313–315.
86 V. 64ff.
87 Siehe bes. V. 24–39, 118–125, 126–129, 139–149.
88 Siehe bes. V. 118ff., 126f., 139ff., 144ff.; zusammenfassend etwa Collins 451.

Anhang III
Die apokryphe Epistula Apostolorum

Ein besonderes Problem stellt die sogenannte Epistula Apostolorum im Zusammenhang der Frage nach einer breiteren Endzeiterwartung für das spätere 2. Jh. n. Chr., und zwar vor allem im Osten des Reiches, dar. Die Schrift in pseudepigraphischer Briefform und mit einer zentralen Dialogstruktur[89] ist nicht in ihrem griechischen Urtext erhalten; es liegen jedoch eine, wenn auch lückenhafte koptische Übersetzung auf einem Papyrus des 4. oder 5. Jh. n. Chr., eine äthiopische Übertragung wahrscheinlich nach einer arabischen Übersetzung und kleinere lateinische Palimpsestfragmente vor[90]. Die Schrift, welche den Anspruch erhebt, Gespräche Jesu mit seinen Jüngern nach der Auferstehung zu enthalten und diese Offenbarungen des Herrn dem ganzen *orbis Christianus* mitzuteilen, ist zwar nie in den patristischen Quellen zitiert oder erwähnt, hat aber offensichtlich im nahöstlich-ägyptischen Raume und auch im lateinischen Westen eine gewisse Verbreitung gefunden; das hauptsächliche Wirkungsgebiet dieser gemeindenahen theologischen Streitschrift war aber zweifellos Ägypten. Als Verfasser, der von einer dualistischen Offenbarungsfrömmigkeit und von der Gnosis beeinflußt war, kann ein hellenisierter Christ erschlossen werden, der entweder selbst vom Judentum zum Christentum konvertiert war oder aus einem solchen Konvertitenkreis stammte, wobei der jüdische Glaubenshintergrund heterodoxen und essenischen Charakter hatte[91]. Als Ort für die Entstehung der Schrift ist mit gewichtigen Gründen der unterägyptische Raum anzunehmen[92]. Die alternative Möglichkeit, in dem Verfasser einen hellenisierten Judenchristen Palästinas mit Kenntnis der ausstrahlenden ägyptischen Gnosis und der Hermetik zu sehen, ist weniger wahrscheinlich[93].

Zielsetzung der Schrift war die Abwehr christlicher gnostischer Lehren, insbesondere der antiapokalyptischen doketischen Gnosis, wobei sich der Traktat an eine Glaubensgemeinschaft mit starker gnostischer Beeinflussung richtete und zum Festhalten am traditionellen Glauben und an den synoptischen Evangelien mahnte bzw. vor falschen Propheten warnte[94]. Die antihäretische Schrift ist aus einer deutlichen Verteidigungshaltung heraus geschrieben und will unter dem Anspruch eines katholischen Briefes Wahrheiten dogmatischen und ethischen Inhalts verkün-

---

89 Text in Übertragung nach C. D. G. Müller, in: Hennecke-Schneemelcher I, 205–333.
90 Vgl. die grundlegende Untersuchung bei M. Hornschuh, Studien zur Epistula Apostolorum, Berlin 1965 (mit der älteren Lit.); A. A. T. Ehrhardt, in: Studia evangelica III, Berlin 1964, 360–382; J. V. Hills, Tradition and Composition in the Epistula Apostolorum, Diss. Cambridge Mass. 1985 (Mikrofilm); Müller (o. Anm. 89) 205–207; ferner J. Quasten, Patrology I, Utrecht – Brüssel 1950, 150–153; Altaner – Stuiber 124f. (zu spät im Ansatz); Vielhauer 683–687; R. McLachlan Wilson, TRE III, 1978, 339; G. Schöllgen, JbAC 27–28, 1984–85, 78f.
91 Vgl. Hornschuh a.a.O. 4–8, 55f., 67–80, 90, auch 99–113; Ehrhardt a.a.O.
92 Vgl. Hornschuh a.a.O. 99–115; Ehrhardt a.a.O. 367ff.; Müller a.a.O. 206f.
93 Eine Lokalisierung der Entstehung in Kleinasien, wie verschiedentlich angenommen, ist dagegen völlig auszuschließen.
94 Epist. Apost. 1 [12]. Hills (o. Anm. 89) hebt die Unterschiede gegenüber den gnostischen Dialogmodellen hervor.

den, welche unmittelbar als Offenbarungen des Auferstandenen formuliert und autorisiert werden[95].

Für die Datierung der Briefschrift ergibt sich aus inneren Kriterien, so aus der starken Beeinflussung durch ein heterodox-essenisches Judentum und aus dem Fußen auf einer nichtkanonischen synoptischen Tradition, ein Zeitraum im frühen 2. Jh. n. Chr.[96]. Ein weiterer Anhaltspunkt ist die Kenntnis des Apokryphon des Jakobus, dessen Entstehung mit einiger Wahrscheinlichkeit auf ca. 70–100 n. Chr. einzugrenzen ist[97]. Die Epistula Apostolorum selbst gibt nun eine exakte chronologische Festlegung für die Parusie Christi, die vom Verfasser als explizite Offenbarung verkündet wird; jedoch beinhalten die beiden in der koptischen und in der äthiopischen Übersetzung vorliegenden Überlieferungstraditionen bzw. -schichten hierfür zwei unterschiedliche Zeitangaben. So prophezeit die koptische Version die Wiederkehr des Auferstandenen für den ersten Ostertag nach dem Ablauf einer Frist von 120 Jahren[98], die äthiopische Version aber nach dem Verstreichen von 150 Jahren[99]. Es wird dabei nicht explizit gesagt, ob dies vom Tag der Geburt oder von der Auferstehung Jesu an zu rechnen ist, doch läßt der Kontext mit der Frage der Apostel „Oh Herr, wieviel Jahre noch?", auf die hin der Auferstandene die Prophezeiung gibt, keinen Zweifel, daß die Auferstehung selbst als der Ausgangspunkt zu sehen ist[100]. Damit haben wir rund vom Jahre 30 n. Chr. auszugehen, wodurch das verkündete Datum der Parusie und des Gerichts auf ca. 150 bzw. 180 n. Chr. fallen würde.

Nun hat zuletzt G. Schöllgen trotz der von ihm selbst gemachten Vorbehalte letztlich den Eindruck vermittelt, daß die Frist von 150 Jahren zum Originalbestand des Werkes gehöre und damit die Parusieerwartung auf ca. 180 n. Chr. zu legen sei, wobei er die Abfassung der Schrift nur kurz vor das angegebene Parusiedatum setzen möchte[101]. Schöllgen legt besonderes Gewicht auf die breite Beschreibung der Pest und die Problematisierung ihrer Folgen innerhalb der Topik der eigentlichen Apokalypse der Epistula Apostolorum[102]. Die Passagen[103] scheinen in der Tat Berührungen mit überlieferten Berichten über die Epidemien der Jahre nach 166 n. Chr. aufzuweisen[104].

---

95 Der Begriff „Missionsbefehl" für den Verkündungsauftrag des als katholischer Brief „an die Kirchen des Ostens und des Westens, gen Norden und Süden" firmierenden Traktates (Epist. Apost. 1.2 [12.13]) bei Vielhauer 684, 687 trifft den spezifischen Zweck und Kontext nicht. Zu den Methoden von Fälschung und Gegenfälschung in der religiösen Auseinandersetzung mit den Gnostikern vgl. etwa C. Colpe, RAC XI, 1981, 643f.
96 Vgl. überzeugend Hornschuh a.a.O., bes. 116–119.
97 Vgl. Ehrhardt a.a.O. 367; zur „Epistula Iacobi apocrypha" vgl. Henning Paulsen, TRE XVI, 1987, 488–495; ihre Entstehung ist in Ägypten oder Syrien möglich.
98 Verklausuliert in Epist. Apost. 17 [28] (koptisch).
99 Epist. Apost. 17 [28] (äthiopisch).
100 Anders noch Hornschuh a.a.O. 118.
101 Schöllgen (o. Anm. 90) 78f. Das apokalyptische Traditionsgut in Epist. Apost. 34 [45] ist weiter verbreitet und nicht auf die Johannes-Apokalypse beschränkt gewesen.
102 Epist. Apost. 34–38 [45—49].
103 Epist. Apost. 34 [45]; vgl. 36 [47].
104 Vgl. HA, Marc. 13, 3–6; Dig. 47, 12, 3, 4; auch 11, 7, 6, 1; 11, 7, 14, 14; 11, 7, 39; A. R. Birley, Marcus Aurelius, London ²1987, 150f.

Als Vorzeichen für das Kommen der Endzeit und der Parusie[105] werden neben kosmischen apokalyptischen Zeichen und Katastrophen prophezeit (34 [45]): „... beständig der Schrecken von Donner und Blitzen, Donnerkrachen und Erdbeben, wie Städte einstürzen und Menschen sterben, beständig Dürre infolge des Ausbleibens des Regens, eine große Pest und ein ausgebreitetes und häufiges schnelles Sterben, so daß denen, die sterben, das Begräbnis fehlen wird; und es wird das Hinausgehen (= Hinausgetragenwerden) von Kindern und Verwandten auf einem Bett (= Bahre) geschehen. Und der Verwandte wird sich seinem Kinde nicht zuwenden, noch die Kinder ihrem Verwandten, und ein Mensch wird sich seinem Nächsten nicht zuwenden. Und die Verlassenen aber, welche verlassen wurden, werden auferstehen und die sehen, welche sie verlassen haben, indem sie sie (nicht) hinausbrachten, weil Pest (war). Alles ist Haß und Bedrängnis und Eifersucht, und dem einen wird man nehmen und dem anderen schenken, und schlimmer als dies wird sein, was nach diesem kommt ... ".

Bei seiner These hat Schöllgen die starke Betonung der Lästerer und der falschen Propheten[106] sowie der Verfolgung der Frommen[107] in der Apokalypse der Epistula Apostolorum zu wenig berücksichtigt, wobei auch die engen Beziehungen zur alttestamentlichen und jüdischen apokalyptischen Topik nicht übersehen werden dürfen. Für die angegebenen Parusiedaten selbst kann zudem die koptische Version der Schrift mit großer Sicherheit als die ursprüngliche Version gelten; dieses Datum wurde in dem weiteren Tradierungsgang der volkstümlichen antignostischen Schrift etwa Mitte des 2. Jh. n. Chr. offenbar angesichts der Tatsache, daß es zeitlich überholt war, um die Spanne einer Generation aufgestockt[108]. Außerdem können wir bereits das ursprünglich prophezeite Datum mit der Frist von 120 Jahren nicht als Ausdruck einer auf historischem Hintergrund zu verstehenden Naherwartung interpretieren; wir bewegen uns hier im Bereich der dogmatischen Spekulation[109].

Die genannte Zeitspanne von 120 Jahren gehört zur traditionellen Zwölfer-Periodisierung in Kombination mit der Symbolik der Vielfachen von 10, wie sie der jüdisch-christlichen Zahlenmystik geläufig ist[110]. Außerdem ist hier mit besonderem Nachdruck auf die sogenannte Noah-Typologie mit ihrer Frist der 120 Jahre nach Gen 6, 3 zu verweisen[111]. Der Verfasser der Epistula Apostolorum richtete sich gegen das Einbrechen der christlichen Gnosis, in deren eschatologischer Lehre das Eschaton durch die Gnosis des Einzelnen vorweggenommen und die leibliche Auf-

---

105 Entsprechend Apk 6, 13; 8, 5.7.10; 9, 1; 11, 13.19; 16, 18–19.21.
106 Epist. Apost. 35 [46].
107 Epist. Apost. 36 [47].
108 Vgl. H. Lietzmann, ZNW 20, 1921, 173–176, bes. 174 (allerdings zu Unrecht ab Christi Geburt rechnend); L. Gry, RevBibl 49, 1940, 86–97.
109 Schöllgen a.a.O. 78 spricht m. E. zu Unrecht davon, daß die Schrift von einer außergewöhnlichen eschatologischen Erwartung geprägt sei.
110 Vgl. Yarbo Collins (o. Anm. 65) 1241f.; 1242–1244; siehe etwa Apk 21, 1; Ass. Mos. 1, 2.
111 Vgl, zur sogenannten Noah-Typologie A. Strobel, Untersuchungen zum eschatologischen Verzögerungsproblem auf Grund der spätjüdisch-urchristlichen Geschichte von Habakuk 2, 2ff., Novum Testamentum Suppl. 2, Leiden – Köln 1961, 129f.

erstehung verworfen wurde¹¹². Gegen den Angriff der Gnosis mußten die Parusieerwartung und die Hoffnung auf die leibliche Auferstehung verteidigt werden, d. h. gegen einen Angriff, der gezielt auf die Frage des Wann, des „wann aber dann?" gerichtet war¹¹³. Auf diese zentrale Frage war eine Antwort zu geben, welche für die Parusie einen determinierten und absehbaren Zeitpunkt nennen mußte, um Zweifel an der eigenen eschatologischen Erwartung zu beseitigen oder zu verhindern und um die eigene Evangelientradition sowie den Anschluß an das Alte Testament gegen die Gnosis zu verteidigen¹¹⁴. Die dabei verkündete christliche Naherwartung geht nicht über das in der 1. Hälfte des 2. Jh. n. Chr. auch sonst auf der Basis des traditionellen Dogmas der eschatologischen Verheißung zu findende Maß hinaus.

Es steht außer Frage, daß die Schrift mit ihrer apokalyptischen Vision den eigenen Glaubensstandpunkt mit den propagierten dogmatischen und ethischen Inhalten exhortativ gegen die ‚Irrlehrer' vertreten will. Da in dem Traktat selbst nicht zum Ausdruck kommt, daß das genannte Parusiedatum in der unmittelbaren Zukunft liege oder noch von der eigenen Generation des Autors zu erwarten sei, kann die Entstehung der Schrift sehr wohl erheblich vor dem ursprünglich genannten Parusiedatum von ca. 150 n. Chr. liegen. Die Epistula Apostolorum ist sehr wahrscheinlich vor dem endgültigen Bruch zwischen Judentum und jüdisch-christlicher Gemeinschaft in Palästina 132/135 n. Chr. anzusetzen, zumal Alexandria selbst zum Missionsgebiet Jerusalems gehörte¹¹⁵. Seit 135 n. Chr. dominierte das nichtjüdische Christentum in Palästina und insbesondere in Jerusalem, wo jetzt kein jüdisch-christlicher Bischof mehr residierte, während das Judenchristentum in seiner Bedeutung auf sektiererische Gruppen zurückging¹¹⁶. Die Bezugnahme auf den Krieg geht in dem vorgestellten Katalog der apokalyptischen Phänomene ebenfalls nicht über die gewohnte Topik hinaus¹¹⁷.

Die apokryphe Epistula Apostolorum ist also weder ein Zeugnis für eine determinierte christliche Naherwartung in der Zeit zwischen 160 und 180 n. Chr. noch eine zeitgenössische Spiegelung der Seuchenwellen unter Marc Aurel. Die ausführliche, jedoch nicht zwingend auf einem direkten Erleben des Verfassers beruhende Beschreibung der Pest unter den Zeichen für das Nahen der Endzeit ist wohl als Anknüpfung an lokale oder regionale Epidemien zu sehen, die in der Erinnerung der Menschen und der Gemeinden lebendig waren. Regionale und lokale Seuchen sind gerade im nahöstlichen Milieu keine so seltenen Ausnahmeer-

---

112 Vgl. zur Eschatologie der Gnosis zusammenfassend G. May, TRE X, 1982, 300f.; C. Colpe, RAC XI, 1981, 579–585, 601–612, 615–624, auch 636–638; zum Doketismus ebd. 611f.
113 Siehe ähnlich 1 Clem 23, 3–5; 2 Petr 3, 3–4; 2 Clem 11, 2.
114 Vgl. etwa Hornschuh a.a.O. 7.
115 Vgl. C. D. G. Müller, TRE I, 1977, 514f., 517. Siehe auch den um 135 n. Chr. zu datierenden, in Ägypten entstandenen fiktiven Barnabasbrief, dessen antijüdische Diatribe (Barn 2–17) eine Konzentrierung auf die Bekämpfung des Judentums und seiner theologischen Tradition deutlich werden läßt; vgl. J. Schmid, RAC I, 1950, 1212–1217; Vielhauer 599–612; Altaner — Stuiber 53–55.
116 Vgl. zum Bruch besonders in Palästina etwa L. H. Schiffman, in: E. Sanders u. a. (o. Anm. 61), 115–156, 338–352.
117 Epist. Apost. 37 [48].

scheinungen gewesen[118]. Das Wissen über das typische Verhalten der Menschen in solchen Extremsituationen dürfte zum Allgemeingut gehört haben; darin finden auch die Berührungen mit den Schilderungen der Pest unter Marc Aurel ihre hinreichende Erklärung.

Anhang IV
Commodian – Ein Zeuge für ein Krisenbewußtsein im mittleren oder späteren 3. Jh. n. Chr.?

Aufgrund der zuletzt über längere Zeit favorisierten Datierung der schriftstellerischen Tätigkeit Commodians[119] in das 3. Jh. n. Chr.[120] wurde insbesondere das „Carmen Apologeticum" bzw. „Carmen de duobus populis" als Nachweis eines zur Endzeitgewißheit entwickelten akuten Krisenbewußtseins im Imperium Romanum nach 251 n. Chr. gewertet[121]. Allerdings kann man selbst dann, wenn man einer Spätdatierung der Werke des christlichen Dichters gegenüber kritisch bleiben will,

---

118 Vgl. allgemein auch L. Friedländer, Darstellungen aus der Sittengeschichte Roms I⁹, Leipzig 1921, 30f.

119 Zusammenstellungen der Literatur zu Commodian bei L. Krestan, RAC III, 1957, 248–252; K. Thraede, JbAC 2, 1959, 90 Anm. 7; I. Opelt, VChr 24, 1970, 291f. Anm. 10; A. Salvatore, Vichiana 3, 1974, 50–81; A. di Berardino, in: Patrologia III, Rom 1978, 246–253, bes. 251ff.; J. Günther (s. u. Anm. 127), bes. 38–45, 45–65.

120 Vgl. J. Martin, CCL 128, 1960, XIIf.; ausführlich ders., Traditio 13, 1957, 1–71 mit der Annahme eines Terminus ante quem von 312 n. Chr.; zu Thraede a.a.O. s. u. Anm. 153. J. Fontaine, Naissance de la poésie dans l'Occident chrétien, Paris 1981, 39–52, führt nicht über eine axiomatische und die gesamte Behandlung beherrschende Annahme einer Datierung auf 250–260 n. Chr und einer zeitgenössischen Stellung zu Cyprian hinaus. Die Annahme, Commodian sei ein heidnischer Syrer gewesen, der erst Jude geworden sei und sich dann in Karthago zum Christentum bekehrt habe, bleibt ohne Grundlage. Fontaine a.a.O. 43 verkennt in Comm., Apol. 911 den traditionellen apokalyptischen Topos der drei Könige des endzeitlichen Kampfes, wenn er sie in einer konkreten historischen Interpretation als Valerian, Gallienus und den Usurpator Macrianus (!) identifiziert. Ebenso unhaltbar ist seine Identifikation des zweiten Antichristen (Apol. 932f.) mit Mani; die traditionelle Symbolik der Zahlen 7 und 3 1/2 hat Fontaine a.a.O. 43 nicht berücksichtigt, wenn er für Apol. 885f. „une correspondance intéressante" zu den sieben Regierungsjahren Valerians herstellen will, obwohl er doch selbst auf Apk 13, 5 verweist. J. Daniélou, Les origines du christianisme latin, Paris 1978, 94–111, auch 224–234 (Ansatz auf 220–240!) folgt letztlich der begriffsgeschichtlichen Betrachtung Thraedes, sieht Commodian aber als Nachhall der altrömischen lateinischen Theologie vor Iustin, Irenaeus und Hippolyt. Seine Darlegungen, in denen Daniélou selbst einräumt, daß bei Commodian kein einheitliches theologisches System faßbar ist, bleiben mehrfach widersprüchlich; siehe weiter u. Anm. 134. V. Loi, in: La poesia tardoantica: tra retorica, teologia e politica, Messina 1984, 187–207 hat entsprechend seiner Themenstellung wieder eine dogmengeschichtliche Betrachtung vorgezogen, ohne jedoch neue Argumente zu bringen oder auf die Abhängigkeit Commodians und auf die Heterodoxie des 4.–5. Jh. n. Chr. einzugehen. Er siedelt Commodian ohne wirkliche Begründung in der 2. Hälfte des 3. Jh. n. Chr. in der nordafrikanischen Pentapolis an, „aperta ai contatti con l'Oriente e l'Occidente". M. Sordi, Augustinianum 22, 1982, 203–210 geht im zeitgeschichtlichen Bezug axomatisch von einem Ansatz um 260 n. Chr. aus, zeigt jedoch zugleich eine der vorliegenden, zeitlich ganz unspezifischen Stofftraditionen auf.

121 Vgl. etwa Alföldy, Krise 325f., 333.

kaum umhin, zumindest das begründete Urteil anzuerkennen, daß die chronologische Zuweisung des Autors nicht erwiesen ist und zwischen dem 3. und 5. Jh. n. Chr. offen bleiben muß, wie es zuletzt etwa I. Opelt formulierte[122].

Der auf H. Brewer[123] zurückgehende und insbesondere von P. Courcelle[124] weitergeführte Ansatz der Werke Commodians erst in das 5. Jh. n. Chr., genauer ab den 40er Jahren des 5. Jh. n. Chr.[125], ist durch die Arbeiten von P. Gruszka[126] und J. Günther[127] ausführlich zusammengefaßt und überzeugend vertieft worden. Es kann deshalb auf eine breite Vorstellung der Argumente für diesen späten Ansatz verzichtet werden.

Commodian, offensichtlich ein Laie mit Zugehörigkeit zum Pönitentenstand und mit Ansehen bei seinen Gemeindebrüdern[128], stammte aus dem griechischsprachigen Osten des Reiches, sehr wahrscheinlich aus dem syrischen (oder syrischpalästinischen) Raume[129]. Die Lokalisierung seines späteren Lebens und insbeson-

---

122 I. Opelt, Commodiano, in: Dizionario patristico e di antichità cristiane I, Casale Monf. 1983, 743–745. Ebenso spricht A. di Berardino (o. Anm. 119) 246 von „L'enigma Commodiano, poeta cristiano senza data e senza patria" und verneint, daß eine sichere Lösung bereits gefunden sei. Krestan (o. Anm. 119) hat sich in seiner ausgewogenen Darstellung letztlich für den späten Ansatz entschieden. Ältere Zusammenstellung bei M. Simonetti, Aevum 27, 1953, 227–239, dessen Präferenz für Mitte 3. Jh. ebenfalls offen bleibt.
123 Grundlegend für die Revision des Ansatzes Commodians waren die Arbeiten von H. Brewer, Kommodian von Gaza, ein arelatensischer Laiendichter aus der Mitte des 5. Jahrhunderts, Forschungen zur christlichen Literatur und Dogmengeschichte VI 1.2, Paderborn 1905; ders., Die Frage um das Zeitalter Kommodians, ebd. X 5, Paderborn 1910; ders., ZKTh 36, 1912, 641–650, 849–862. Trotz Korrekturen in Details blieb seine Grundargumentation für eine Datierung nach 410 n. Chr. unwiderlegt.
124 P. Courcelle, Histoire littéraire des grandes invasions germaniques, Paris ³1964, 319–337 (vgl. schon ders., REL 24, 1946, 227–246). Zu Recht betont er, daß hier keine zeitgeschichtlichen Darstellungen bezweckt wurden, sondern historische Ereignisse, die weit zurückliegen konnten, in der Form einer Prophetie *post eventum* präsentiert sind. Diese Technik ist uns aus den Oracula Sibyllina und den Apokalyptikern bestens vertraut, denen Commodian auch hierin verpflichtet ist. Ausführlich dargelegt werden das von den Zeitgenossen sehr wohl als Verfolgungen aufgefaßte Vorgehen gegen Heterodoxe, Orthodoxe und auch Christen im geographischen Raum des Imperium Romanum und seines Vorfeldes im 4.–5. Jh. n. Chr. sowie die Priorität von Orosius und Salvian. Wesentlich gestützt hat die Argumentation J. P. Brisson, Autonomisme et Christianisme dans l'Afrique romaine de Septime Sévère à l'invasion vandale, Paris 1958, 378–410, der nochmals die Verfolgungssituation der Heterodoxie insbesondere in Nordafrika im Zeitraum 4. – 1. Hälfte 5. Jh. hervorhebt.
125 Zur Krisenstimmung des 5. Jh. n. Chr. vgl. auch A. Demandt, Der Fall Roms, München 1984, 45–62, bes. 57ff., 67–70, wo die Datierung Commodians in das 5. Jh. n. Chr. bevorzugt wird (a.a.O. 62).
126 P. Gruszka, Klio 66, 1984, 230–256; zum literarisch-sprachlichen Aspekt ebd. 235ff., zu Hieronymus/Gennadius ebd. 235.
127 J. Günther, Geschichtskonzeptionelles und soziales Denken des christlich-lateinischen Schriftstellers Kommodian. Spätantikes Christentum im Spannungsfeld von sozialer Utopie und historisch Möglichem, Dissertation A Leipzig 1983 (Masch.schr.); zur Datierung ebd. 45–65, zu Themen und Quellen der Apokalyptik Commodians ebd. 86–123, zur historischen Deutung ebd. 122–130.
128 Vgl. ebd. 66–71; auch Martin (o. Anm. 120) 1957, 43–51.
129 Vgl. Martin a.a.O. 35–38; Günther a.a.O.

dere der Entstehung seiner literarischen Werke bleibt problematisch, ist jedoch ohne Zweifel dem lateinischen Westen des Mittelmeerraumes zuzuweisen. Nordafrika und eine Zugehörigkeit zu dortigen heterodoxen Glaubensgruppen können dabei die größte Wahrscheinlichkeit für sich in Anspruch nehmen[130]. Commodian war klassisch gebildet und breit belesen[131]; eine Rezeption von Orosius und Salvian[132] sowie von Augustinus und den kappadokischen Kirchenvätern[133] dürfte heute neben der Benützung von 4 Esra, der Oracula Sibyllina, Tertullian und Cyprian feststehen. Commodian war weder ein Theologe noch ein geschulter Dogmatiker; er war ein von seinem Glauben bewegter, vielbelesener Christ mit einer von der katholischen Orthodoxie in gewissem Ausmaße abweichenden Grundeinstellung und er war ein eifernder Aktivist seiner Überzeugung und seiner ethischen Vorstellungen. Er schöpfte in seinem literarischen Schaffen aus seinen Vorlagen und blieb ihnen bis in die Tendenz, bis in die ausgetragenen Kontroversen und in die zeitspezifischen Themenstellungen hinein verpflichtet[134], ohne sie zu einem geschlossenen System zu harmonisieren oder auch nur grobe Widersprüche zu mildern. Commodian hat sowohl in den „Instructiones" wie auch im „Carmen Apologeticum" aus der älteren christlichen Literatur, der Johannes-Apokalypse und der christlich adaptierten Apokalyptik geschöpft und die Oracula Sibyllina in extensiver Weise ausgebeutet[135]. Gerade dieses Schöpfen aus seinen Vorlagen durch den Nichttheologen und Nichtdogmatiker haben die Vertreter einer Frühdatierung Commodians mit theologischen und dogmengeschichtlichen Argumenten nicht berücksichtigt und auch seiner nichtorthodoxen Grundkonzeption zu wenig Aufmerksamkeit geschenkt[136]. Gerade bei der allgemein akzeptierten starken Benutzung der Schriften Cyprians kann eine scheinbare Nähe zu den Problemen der Zeit zwischen 250 und 257 n. Chr. nicht überraschen und ist als Datierungskriterium letztlich ohne Wert. Ein grundsätzliches Argument gegen eine Frühdatierung in das 3. Jh. n. Chr. ist schließlich die Feststellung des Gennadius[137], der Dichter habe Lactanz benutzt[138], eine Aussage,

130 Vgl. bes. Brisson (o. Anm. 124); Courcelle (ebd.); Gruszka (o. Anm. 126); offen ließ die Frage Martin a.a.O. 39–43.
131 Vgl. etwa Gruszka a.a.O. 232, 235. Die Selbstbezichtigung eines geringen Herkommens in diesem theologischen Zusammenhange ist keine zwingende Angabe für seinen tatsächlichen sozialen Status.
132 Vgl. bes. Courcelle a.a.O.; Günther a.a.O. 57–59.
133 Vgl. Gruszka a.a.O. 242ff.
134 Daniélou (o. Anm. 120) setzt Commodian zwar auf 220–240 n. Chr. an, sieht ihn jedoch bereits als den Widerhall lateinischer Theologie und christlicher Mentalität des 2. und noch des frühen 3. Jh. mit einer judenchristlichen Basis; als Kennzeichen gelten für Daniélou (bes. a.a.O. 104f.) jüdisch-christliche Apokalyptik und radikaler Millenarismus, jedoch auf der Grundlage älterer (!) Quellen und Vorlagen (ebd. 105–108).
135 Vgl. die zahlreichen Verweise zu Or. Sib. bei Kurfess (o. Anm 85); Collins, Pseudepigrapha; J. Martin, CCL 128, 1960, 3–70 (Instructiones), 73–113 (Carmen Apologeticum). Martins Textapparat ist im übrigen deutlich von seiner Frühdatierung geprägt. Zu 4 Esra vgl. auch Günther a.a.O. 93; A. F. J. Klijn (Ed.), Der Lateinische Text der Apokalypse des Esra, Berlin 1983. Zu den cyprianischen Parallelen auch Salvatore (o. Anm. 119).
136 Vgl. auch Günther a.a.O. 51f.
137 Gennad., Vir. ill. 15 (Migne PL 58, p. 1068f.).
138 Ebd. 1069.

der die eigene Lektüre des Gennadius zugrunde lag[139]. Diese Feststellung konnte eigentlich nie zwingend entkräftet werden[140].

Der apokalyptische Teil des Carmen Apologeticum (V. 791–1060), der m. E. geradezu als ein lateinisches Kompendium der altchristlichen apokalyptischen Tradition bezeichnet werden kann, weist die augenfällige Besonderheit auf, daß Commodian für die V. 810–822 eben nicht das in Apk 18, der Prophezeiung des Falles Roms, vorliegende Material benutzt, sondern daß hier von einer Einnahme Roms durch eine barbarische Völkerschaft gesprochen wird, also nicht von dem Untergang der Stadt, wie er allein Gegenstand der apokalyptischen Tradition war. Die entsprechende apokalyptische Topik nach Apk 18 findet sich erst in V. 910–918.925 für den Siegeszug des endzeitlichen Widersachers und die Zerstörung Roms. Die Besetzung der Stadt durch Apollyon[141] und seine Goten ist lediglich ein Droh- und Strafgericht, nach dem die Stadt bis zu ihrem endgültigen Fall im Chaos der Endzeit weiterexistiert. Es ist dies eine augenfällige Neuerung gegenüber der apokalyptischen Tradition und ihrer Topik und ist kaum als prophetische Antizipation o. ä. abzutun; denn die Prophezeiung des apokalyptischen Endes Roms, wie sie insbesondere in den von Commodian so ausgiebig benützten Oracula Sibyllina und natürlich in der Johannes-Apokalypse formuliert war, erfolgt an dieser Stelle gerade nicht. Hier liegt die tatsächliche historische Erfahrung von 410 n. Chr. in der Form einer *vaticinatio ex eventu* zugrunde[142]. Gleiches gilt im übrigen auch für V. 817f., wo ebenfalls deutlich von der Johannes-Apokalypse und dem jüdisch-christlichen apokalyptischen Traditionsmaterial abgewichen wird[143].

Eine weitere Besonderheit Commodians ist die Vorstellung von den beiden Antichristen, wie sie im Carmen Apologeticum formuliert wird[144] und gerade bei Martin von Tours[145] ihre Parallele hat[146]. Der erste Antichrist, „Cyrus", ist die Gestalt des Nero redivivus als Verderber Roms, dessen Topik von den apokryphen christlichen Apokalypsen seit dem beginnenden 5. Jh. n. Chr. und von der Tiburtinischen Sibylle ausgemalt wurde[147]. Der zweite Antichrist ist der „König aus dem Osten", der eigentliche Antichrist und Verderber der ganzen Welt. Hier zeigt sich eine deutliche Fortentwicklung der Konzeption des Antichristen gegenüber den Instructiones Commodians mit ihrer apokalyptisch-chiliastischen Eschatologie, die nur einen Antichristen kannte, und zwar den Nero redivivus[148]. Da Commodian

---

139 So auch Martin (o. Anm. 120) 1957, 25.
140 Dies gilt auch für Martin a.a.O. 22–35. Zur Benutzung des Lactanz vgl. L. Gasperetti, Didaskaleion N. S. 4,2, 1926, 1–48, bes. 11–25; die Gegenargumente bei Martin a.a.O., bes. 15 sind nicht zwingend.
141 Dieser Name stammt natürlich aus Apk 9, 11.
142 Vgl. zu dem Gesamtkomplex jetzt Günther a.a.O. 57–60, 90–105.
143 Vgl. Günther a.a.O. 103f.
144 V. 823–940. Vgl. ausführlich bei Günther a.a.O. 105–123.
145 Sulp. Sev., Dial. 2, 14, bes. 14, 1.2.
146 Zu Martin v. Tours Beziehungen zur nordafrikanischen Theologie vgl. C. Stancliffe, St. Martin and his Hagiographer. History and Miracle in Sulpicius Severus, Oxford 1983 (ND. 1987), 241ff.; zur Antichristlehre ebd. 248, 298–300; allgemein auch Bousset (o. Anm. 58) 51.
147 Vgl. etwa Günther a.a.O. 106f., 110, 112f.; auch Bousset a.a.O. 49–53, 76ff., 134ff.
148 Instr. 1, 41. Vgl. Jes 14, 16f.; Or. Sib. 5, 222f.; 8, 171 (vgl. Comm., Apol 871).

selbst auch sonst keine eigenständige theologische Spekulation durchführte, können wir wohl zu Recht davon ausgehen, daß diese Veränderung seiner Konzeption einer zeitgenössischen Fortentwicklung der Eschatologie folgte, die auch bei Martin von Tours nachweisbar ist[149].

Die Prophezeiung der Zerstörung Roms war sicher eine zentrale Aussage des Carmen Apologeticum; allerdings darf dabei der „Romhaß" des Autors keinesfalls überschätzt werden[150]. Denn gerade in diesen Passagen schöpft Commodian aus dem offensichtlich für den Dichter schon stereotyp gewordenen antirömischen Formelschatz seiner Vorlagen, vor allem der Johannes-Apokalypse und den Büchern III, V und VIII der Oracula Sibyllina. Die Geschichtskonzeption Commodians ist zwar von einem ausgeprägten chiliastischen Glauben bestimmt, doch das Weltende erwartet er noch nicht für die eigene Generation[151]. Zweifellos war Commodian selbst von der eschatologischen Erwartung in der Ausformung des spätantiken Chiliasmus[152] zutiefst überzeugt; eine Hoffnung sieht der seine Vorstellungen literarisch verbreitende Eiferer nur in dem kommenden 1000-jährigen Zwischenreich.

Commodian, dessen Muttersprache mit Sicherheit das Griechische gewesen ist, hat seine Werke offensichtlich für ein volkssprachlich-lateinisches Publikum verfaßt. Seinem unpräzisen Sprachgebrauch entstammt auch die von Commodian verwendete christliche Begrifflichkeit, die kaum mit den Maßstäben regulärer Dogmatik gemessen werden kann. Dadurch finden auch die Versuche, Commodian durch eine begriffs- und dogmengeschichtliche Systematisierung zeitlich einzuordnen, rasch ihre Grenze[153]. Gerade die Vertreter einer Frühdatierung Commodians haben darüber hinaus zu wenig die zwingende Subjektivität seines Welterlebens in Rechnung gestellt, und nicht selten gilt dies gerade für die Symbolik, die ein apokalyptisches Denken charakterisiert. Letzteres trifft wohl besonders auf das immer wieder herangezogene Argument zu, die in V. 808–811 des Carmen Apologeticum vorausgesagte siebte und letzte Verfolgung sei die valerianische Christenverfolgung[154]. Zu der offenen Frage der verschiedenen Zählungen der Ver-

---

149 Es stellt sich m. E. die Frage, ob die mehrfach festgestellte Harmonisierung der Oracula Sibyllina mit der Johannes-Apokalypse (vgl. Günther a.a.O., bes. 108f.) überhaupt eine eigenständige Leistung Commodians war oder auf eine bisher nicht näher bekannte spätantike, populäre lateinische Vorlage zurückgriff (siehe in dieser Richtung auch die Bemerkungen bei Günther a.a.O. 110f.).
150 So bei Brisson a.a.O. 405f.
151 Apol. 791f. mit 65–68; anders Günther a.a.O. 88.
152 Zum Chiliasmus nach 300 n. Chr. vgl. etwa Günther a.a.O. 97ff. Nicht überzeugend J. Gagé, RHPhR 41, 1961, 355–378, der das millenaristische Denken Commodians auf das spätere 3. Jh. n. Chr. festzulegen sucht.
153 So auch bei Thraede (o. Anm. 119) 90–114, der a.a.O. 90–111 auf der Basis einer „bedeutungsgeschichtlichen Methode" die Datierung für das frühe 3. Jh. n. Chr. und dann auf Grund der Gotenerwähnung für die Zeit nach 240 n. Chr. erschließt. Zudem legt Thraede ein Bild des Spätjudentums zugrunde, das heute korrekturbedürftig ist. Zu der Aktualität der Auseinandersetzung mit den Juden und dem Judentum gerade in der spätantiken lateinisch-christlichen Literatur und Poesie vgl. allgemein H. Schreckenberg, Theokratia 3, 1973–1975 [1979], 81–124. Zu den unausgeräumten Widersprüchen in den Darlegungen Commodians vgl. etwa Krestan (o. Anm. 119) 251; Günther a.a.O. 53.

folgungen in der christlichen Tradition und der möglichen Abhängigkeit Commodians von spätantiken Schriftstellern kommt dabei vor allem die Tatsache, daß die Sieben in der Zahlensymbolik der jüdischen und christlichen Apokalyptik als Endzeitbegriff eine zentrale Rolle spielt[155] und andererseits die endzeitliche Verfolgung der Gläubigen schon in der synoptischen Apokalypse dogmatisch festgelegt ist. Eine Verfolgungssituation, wie man sie hinter dem Denken Commodians zu sehen meint, kann darüber hinaus sehr wohl in den Zusammenhang der Verfolgungen von Heterodoxen, Orthodoxen und außerhalb des römischen Machtbereiches von Christen im 4. und 5. Jh. n. Chr. gehören[156]. Sollte man der durch Gruszka und Günther vertieften Argumentation für eine Spätdatierung Commodians in die Jahrzehnte nach 410 n. Chr. nicht folgen wollen, so müßte man doch die Frage seiner Datierung als offen betrachten. Es erscheint deshalb auf keinen Fall gerechtfertigt, Commodian als einen Zeugen für die Mentalitätsgeschichte des 3. Jh. n. Chr. und als Kronzeugen für eine akute Endzeiterwartung nach 251 n. Chr. heranzuziehen[157].

---

154 Der vermeintliche zeithistorische Bezug auf den Beginn der valerianischen Verfolgung für Apol. 833ff., Asturius (Eus., H. e. 7, 16–17) = Elias, den Sordi 113 mit Anm 17.19 vertritt, geht an der apokalyptischen Tradition der Elias-Figur vorbei (vgl. u. a. Hippol., Antichr. 46f.; Tert., An. 50, 5; Orig., Comm. in Ioh. 2, 39; 4, 7; Aug., Quaest. ev. 2, 21; K. Wessel, RAC IV, 1959, 1147, 1154–1156). Abzulehnen sind auch ihre Darlegungen in RPAA 35, 1962–63, 138–141 (allgemein mit Frühdatierung ebd. 136–146).
155 Vgl. Yarbo Collins (o. Anm. 65) 1236, 1250–1269, 1273f., 1275–1279.
156 In Comm., Instr. 2, 25.27.29.30 liegt keine zeitgenössische Reflexion der Diskussion über die Bußproblematik in der Zeit Cyprians vor (vgl. zu Recht etwa Günther a.a.O. 52). Der Angriff richtet sich gegen die geübte christliche Lebenspraxis und die kirchliche Hierarchie.
157 Zu Recht zurückhaltend in Datierung und Auswertung auch L. Polverini, in: Alte Geschichte und Wissenschaftsgeschichte. Festschrift K. Christ, Darmstadt 1988, 351f.

Abkürzungsverzeichnis

Alföldi =	A. Alföldi, Studien zur Geschichte der Weltkrise des 3. Jahrhunderts n. Chr., Darmstadt 1967.
Alföldy, Gesellschaft =	G. Alföldy, Die römische Gesellschaft, Habes 1, Stuttgart 1986.
Alföldy, Krise =	G. Alföldy, Die Krise des römischen Reiches. Geschichte, Geschichtsschreibung und Geschichtsbetrachtung, Habes 5, Stuttgart 1989.
Altaner - Stuiber =	B. Altaner - A. Stuiber, Patrologie, Freiburg - Basel - Wien ^{8}1978.
Apokalyptik =	K. Koch - J. M. Schmidt (Hg.), Apokalyptik, WdF 365, Darmstadt 1982.
Baldus =	H. R. Baldus, Uranius Antoninus. Münzprägung und Geschichte, Bonn 1971.
Besly - Bland =	E. Besly - R. Bland, The Cunetio Treasure. Roman Coinage in the Third Century AD, London 1983.
Bienert =	W. A. Bienert, Dionysius von Alexandrien. Zur Frage des Origenismus im dritten Jahrhundert, Berlin - New York 1978.
Carson =	R. A. G. Carson, Coins of the Roman Empire, London - New York 1990.
Chastagnol =	A. Chastagnol, L'évolution politique, sociale et économique du monde romain de Dioclétien à Julien, Paris ^{2}1985.
Christol =	M. Christol, Les règnes de Valérien et de Gallien (253–268), ANRW II 2, 1975, 803–827.
Clarke =	G. W. Clarke, The Letters of St. Cyprian of Carthage, New York - Ramsey N. J. I–II, 1984, III 1986, IV 1989.
CMC =	L. Koenen - C. Römer (Ed.), Der Kölner Mani-Kodex, Bonn 1985.
Collins =	J. J. Collins, The Development of the Sibylline Tradition, ANRW II 20, 1, 1987, 421–459.
Collins, Apocalyptic =	J. J. Collins, The Apocalyptic Imagination, New York 1984.
Collins, Oracula =	J. J. Collins, The Sibylline Oracles of Egyptian Judaism, Missoula Mont. 1974.
Collins, Pseudigrapha =	J. J. Collins, Sibylline Oracles, in: J. H. Charlesworth (Hg.), The Old Testament Pseudigrapha I, London 1985, 317–471.
Felix =	W. Felix, Antike literarische Quellen zur Außenpolitik des Sāsānidenstaates I (224–309), SB Wien, Phil.-hist. Kl. 456 (Veröffentl. d. Iran. Komm. 18), Wien 1985.
Frend =	W. H. C. Frend, Martyrdom and Persecution in the Early Church, Oxford 1965.
Geffcken =	J. Geffcken, Römische Kaiser im Volksmunde der Provinz, NGG 1901, 2, Göttingen 1902, 183–195.
Geffcken, Komposition =	J. Geffcken, Komposition und Entstehungszeit der Oracula Sibyllina, Leipzig 1902.
HAC =	Bonner Historia-Augusta-Colloquium (Antiquitas IV; Bonn).
Halfmann =	H. Halfmann, Itinera Principum. Geschichte und Typologie der Kaiserreisen im Römischen Reich, Stuttgart 1986.
Heck =	E. Heck, MH ΘEOMAXEIN oder: Die Bestrafung des Gottesverächters, Frankfurt - Bern - New York 1987.
Hellholm, Apoc. =	D. Hellholm (Hg.), Apocalypticism in the Mediterranean World and the Near East, Tübingen 1983.
Hennecke - Schneemelcher =	W. Schneemelcher (Hg.), Neutestamentliche Apokryphen, Tübingen, I ^{6}1990; II ^{5}1989.
Hennecke - Schneemelcher^3 =	E. Hennecke - W. Schneemelcher (Hg.), Neutestamentliche Apokryphen, 2 Bde., Tübingen ^{3}1959–1964.

Honigmann - Maricq =	E. Honigmann - A. Maricq, Recherches sur les Res Gestae Divi Saporis, Mém. Acad. Royale Belg. 47, 4, Brüssel 1953.
Kettenhofen =	E. Kettenhofen, Die römisch-persischen Kriege des 3. Jahrhunderts n. Chr. nach der Inschrift Šāhpuhrs I. an der Ka'be-ye Zartošt (ŠKZ), TAVO-Beih. B 55, Wiesbaden 1982.
Keph. kopt. =	Manichäische Handschriften der staatlichen Museen Berlin I. Kephalaia. 1. und 2. Hälfte, Stuttgart - Berlin - Köln - Mainz 1940–1966.
Kienast =	D. Kienast, Römische Kaisertabelle, Darmstadt 1990.
Lafaurie =	J. Lafaurie, L'empire Gaulois. Apport de la numismatique, ANRW II 2, 1975, 853–1012.
Loriot =	X. Loriot, Les premieres années de la grande crise du IIIe siècle: De l'avènement de Maximin le Thrace (235) è la mort de Gordien III (244); Chronologie du règne de Philippe l'Arabe (244–249 après J.-C.), ANRW II 2, 1975, 657–787; 788–797.
Luneau =	A. Luneau, L'histoire du salut chez les Pères de l'Eglise. La doctrine des âges du monde, Paris 1964.
MacMullen, Paganism =	R. MacMullen, Paganism in the Roman Empire, New Haven - London 1981.
MacMullen, Response =	R. MacMullen, Roman Government's Response to Crisis. A. D. 235–337, New Haven - London 1976.
Maricq =	A. Maricq, in: Honigmann - Maricq (s. o.).
Molthagen =	J. Molthagen, Der römische Staat und die Christen im zweiten und dritten Jahrhundert, Göttingen ²1975.
Peachin =	M. Peachin, Roman Imperial Titulature and Chronology, A. D. 235–284, Amsterdam 1990.
PGM =	K. Preisendanz - A. Henrichs (Ed.), Papyri Graecae Magicae. Die griechischen Zauberpapyri I–II, Stuttgart ²1973–1974; III, Leipzig 1941; Supplementum Magicum I (Suppl. Mag. I), ed. R. W. Daniel - F. Maltomini, Opladen 1990.
PIR =	Prosopographia Imperii Romani saec. I. II. III.
PLRE =	The Prosopography of the Later Roman Empire.
PME =	H. Devijver, Prosopographia militiarum equestrium quae fuerunt ab Augusto ad Gallienum, 4 Bde., Leuven 1976–1987.
Potter =	D. S. Potter, Prophecy and History in the Crisis of the Roman Empire. A Historical Commentary on the Thirteenth Sibylline Oracle, Oxford 1990.
Rathbone =	D. W. Rathbone, The Dates of the Recognition in Egypt of the Emperors from Caracalla to Diocletianus, ZPE 62, 1986, 101–131.
Rzach =	Rzach, RE II A 2, 1923, 2073–2183.
Sage =	M. M. Sage, Cyprian, Cambridge Mass. 1975.
Schöllgen =	G. Schöllgen, Ecclesia sordida? Zur Frage der sozialen Schichtung frühchristlicher Gemeinden am Beispiel Karthagos zur Zeit Tertullians, JBAC Erg.-Bd. 12, Münster 1984.
Schwarte =	K.-H. Schwarte, Die Vorgeschichte der augustinischen Weltalterlehre, Bonn 1966.
Sordi =	M. Sordi, The Christians and the Roman Empire, London - Sydney 1983.
Stemberger =	G. Stemberger, Die römische Herrschaft im Urteil der Juden, Darmstadt 1983.
Strack - Stemberger =	G. Stemberger - H. L. Strack, Einleitung in Talmud und Midrasch, München ⁷1982.
A. Strobel =	A. Strobel, Ursprung und Geschichte des frühchristlichen Osterkalenders, Berlin 1977.
TRE =	Theologische Realenzyklopädie.
Vielhauer =	Ph. Vielhauer, Geschichte der urchristlichen Literatur, Berlin - New York ²1978.

Walser - Pekáry =	G. Walser - Th. Pekáry, Die Krise des römischen Reiches, Berlin 1962.
Winter =	E. Winter, Die sāsānidisch-römischen Friedensverträge des 3. Jahrhunderts n. Chr. - ein Beitrag zum Verständnis der außenpolitischen Beziehungen zwischen den beiden Großmächten, Frankfurt - Bern - New York - Paris 1988.

Für die Abkürzungen papyrologischer Editionen und Werke siehe *J. F. Oates - R. S. Bagnall - W. H. Willis - K. A. Worp, Checklist of Editions of Greek Papyri and Ostraca*, BASP Suppl. 4, Atlanta 1985; zu den rabbinischen Quellen *Strack - Stemberger* (s. o.).

Für die weiteren benutzten Abkürzungen von Quelleneditionen, Periodica und Nachschlagewerken siehe *SAL. Siglenschlüssel der archäologischen Literatur, hg. v. O. von Müller - W. Nagel - E. Strommenger*, Acta Praehistorica et Archaeologica 9/10, 1978/9, 167–383; *Bibliographia Patristica; Index des périodiques dépouillés et Index de leurs sigles*, APh Suppl. 51, Paris 1982 sowie die laufenden Bände der *Année philologique*.

Jahresangaben wie *266/7 n. Chr.* etc. beziehen sich auf die umgerechneten Jahre der ägyptischen, seleukidischen, (seleukidisch-)babylonischen, sassanidisch-persischen oder attischen Jahreszählung.

Indizes

Allgemeines Register

Abendland, Kultur des A. 15, 19f., 22, 130, 347
Aberglaube 60, 62, 72, 328, 338
Abgar IX. 245
Abraxas 64
Abritus, Schlacht von A. 188, 212, 223, 231, 232, 242, 285, 286, 295, 297
Achämenidenreich 287f.
Acta Mariani et Iacobi 153
Actium 350
Adrianopel, Schlacht bei A. 231
Adventistische Bewegungen 110, 112f., 117, 120, 124
Ägäis 15, 261, 288, 345
Ägypten, Ägypter 33, 35, 54, 57f., 62, 65, 74, 109, 122, 131, 137f., 139, 141, 145, 185ff., 216, 229, 240f., 246f., 251, 253, 257ff., 266ff., 270ff., 279ff., 294, 307, 315, 346, 349f., 352, 354ff., 360f.; Währungssystem 268f., 270ff., 285; s. auch Mittelägypten
Aelius Aristeides 21, 87
Aelius Septimius Abgar s. Abgar IX.
Aemilianus 25, 43, 203, 232, 234f., 240, 241f., 243, 264
M. Aemilius Aemilianus s. Aemilianus
Aeternitas, aeternitas imperii 24f., 41, 135, 137, 166, 174, 177, 305f., 307f., 309, 311, 315, 320f.; s. auch Utopie
Äthiopien 122
Afra, Vetus latina Afra 159, 162, 166, 181, 183f.
Africa (Proconsularis) 149, 158
Afsa (Abasa?) 224
Aig(e)ai 215
Aion 78, 80
Ala I Flavia Augusta Britannica milliaria c. R. 221
Ala I civium Romanorum 221f.
Ala I Ulpia contariorum milliaria c. R. 221
Alamannen 293
Alarich 333
Alexander d. Gr. 121, 141, 145, -kult 145; -legende 280; – imitatio 238
Alexander v. Abonouteichos 70, 72, 111, 134
Alexandria 15, 24, 35, 54, 57, 94, 114f., 131, 136, 139f., 145f., 153, 185ff., 208ff., 211f., 213, 216, 229f., 241f., 251f., 253, 260ff., 282f., 290, 350, 354ff., 356, 363; Boule 186; Bürgerkrieg 190ff., 230, 253; Epidemie 196ff.; Getreideversorgung 197f.; Pogrom 189ff., 197f., 208, 333; Münze, Münzprägung 136, 240, 246f., 258f., 260, 262, 264f., 266, 268, 272ff.; Bruchium-Viertel 193, 195
Alföldi, A. 12
Alföldy, G. 12, 34, 135, 299f., 304, 342
Allath (– Athena) 237
Altern von Saeculum, Welt, Kosmos (Organisches Modell) 36, 78, 97, 164, 172ff., 181, 183, 303f., 306, 311, 315ff., 325
Altes Testament 20, 51f., 74, 76, 79, 83, 86, 108, 122, 125, 130, 132, 141, 155, 158, 166, 195, 199, 214, 281, 349, 362f.
Ambrosius v. Mailand 308
Amida 228
Ammianus Marcellinus 288, 306
Anachoresis 274
Anamus 234
Anatha ('Anat) 239, 243
Anatolien 15, 217
Anatolius 193
Anazarbos 192
Andreas-Akten 70
Anemourion 215
Anka 218
Ankara 216
M. Annius Florianus 270
Anthropologie (historische) 26f.
Antichrist s. Antimessias
Antimessias, Antichrist (Apollyon, Beliar) 53, 55, 79, 81, 83, 85, 89, 92, 97, 107f., 114f., 116f., 122f., 125f., 127, 130, 154, 156ff., 167, 207, 236, 280, 282, 305, 310, 352, 356, 364, 367f.
Antinoopolis 193f.; Hieroniken 193f.
Antinous 54
Antiochia ad Cragum 215
Antiochia am Orontes 44, 55, 57, 94f., 189, 212f., 215f., 218, 230, 233f., 235f., 240, 244; Münze, Münzprägung 44, 136, 219f., 222f., 228, 231, 240, 257, 263, 265, 270, 277
Antiochos IV. 127, 255, 280
Antoninen (Dynastie, Epoche) 12, 14, 18, 22, 39f., 45f., 69, 72, 299, 345
Antoninus Pius 24, 42f., 56, 61, 109
M. Antonius 50
M. Antonius Memmius Hiero 220
Apamea am Orontes 216, 221f., 223
Aphrodite Urania s. Astarte

Apokalyptik (Vorstellungen, Tradition, Formeln) 20, 23, 34, 52f., 57, 71ff., 82f., 85f., 115, 118, 122, 125f., 127, 130, 132, 135, 141, 143, 154, 156, 159, 162, 172, 195, 198, 205f., 214, 244, 252, 255, 279ff., 308f., 315, 349, 351, 361ff.; Synoptische Apokalypse 79f., 97, 100, 103, 105, 123, 133, 155f., 161, 167, 169f., 308, 310f., 316, 369
Apokryphon des Jakobus 361
Apollonius v. Tyana 70
Apologetik, christliche 19, 89f., 92f., 97, 128f., 171f., 173, 179f., 181f., 328f., 335f.
Appadana (-Neapolis) 243
Appia 216
Apuleius v. Madaura 67
Aquae 217
Aquileia 134
Aquincum 217, 232, 292
Arabia, Arabien, Araber 141, 230, 249, 252, 256f., 258, 261
Ardaschir I. 217f., 222, 224f., 287f., 289
Ardawan V. 224
Ares 143f., 145, 215
Aristeides (christl. Autor) 92
Aristophanes 351
Armenien 51, 211, 214, 219ff., 229, 239, 250
Arnobius v. Sicca 318
Arsakiden 239, 250, 288f.
Arsinoïtes 191, 194, 208f., 210, 247, 262f.
Artaxata 229
Artemidor v. Daldis 22, 62, 69
Ascensio Isaiae 53, 125
Asclepius-Apokalypse 315
Asien 53f., 351f., 354, 356
Astarte 237f.
Astralsymbolik 135f.
Astrologie 61ff., 68ff., 101, 230
Astrologumena des Nechepso und Petosiris 62
Asturica Augusta 157
Asturius s. Elias-Gestalt
Atheismus, Asebie 67, 102, 329, 334, 338
Athen 135
Attributionsmechanismen 313f., 317
Augst (Augusta Raurica) 293
Augusta (Kilikien) 192, 240
Augusta Traiana 217
Augustinus 50, 315, 333, 366
Augustodunum (Autun) 296
Augustus 50, 61, 67, 116, 123, 137, 142f., 176, 307f., 312, 319f., 357
Aurelian 44, 193, 233, 257ff., 263ff., 272f., 276f., 278, 289, 292, 294ff., 303, 345; Münzreform 268, 275, 278; Münzarbeiteraufstand 277

Aurelius Appius Sabinus 191f., 195
A. Aurelius Claudius Quintillus s. Quintillus
Aurelius Heraclianus 256
Aurelius Mucatralis 221
Aurelius Ptolemais, genannt Nemesianus 270
Aurelius Theodotus 202
Aurelius Victor 17, 293, 303, 345
Aureolus 202, 247, 259
Aurum coronarium 207, 316
C. Avidius Cassius 56f., 58f., 116, 134, 143f., 193, 341

Babylon 51, 254
Balbinus 213
Balkanraum 180, 215, 218, 228, 244, 248, 286
Ballista (– Callistus) 211, 245f., 248, 250, 252, 254, 287
Barbalissos 233f., 236, 243
Barbaren (B.-bedrohung) 55, 233, 286, 290f., 293, 297, 302f., 367
Bar Kokhba-Aufstand 38, 115, 121, 142
Barnabasbrief 75, 363
Basilides (Bischof) 157
Batnai 228
Belgica 14, 292
Bergwerke 177f.
Beroia (Aleppo) 234
Beroia (Makedonien) 192
Beroia (– Augusta Traiana; Thrakien) 192
Bet Schearim 258
Bibel, hl. Schrift 34f., 75, 113, 132, 152, 161, 172, 175, 183f., 187, 195f., 207, 307, 317
Bijan 218
Birtha 215
Birtha Aspôrakou 243
Birtha Okbanôn 243
Bīšāpūr 224
Bischöfe 112f., 148f., 152, 154, 157, 187, 291; B.-versammlungen, Synoden 152, 153, 154, 155, 156, 157, 158
Bithynien 57, 144, 244, 258
Bizye 217
Blessing, W. K. 28
Bölcske 232
Boranen 291
Bostra 57, 216, 220, 230, 258; Iupiter Hammon-Tempel 258
Bürgerkriege 25, 57, 268, 295, 297, 300, 302, 305, 332, 345; 68/69 n. Chr. 25, 295; 193 n. Chr. 133, 135, 137f., 143f., 295; 249 n. Chr. 214, 339f.; 253 n. Chr. 151, 203, 234, 240ff., 286, 295, 333; 260/261 n. Chr. 245ff., 256ff.; s. auch Alexandria

Burckhardt, J. 11, 343
Buße, Bußforderung 74f., 85, 88, 369
Byzanz (Konstantinopel) 191f., 244, 269, 341
Byzanz (oström. Reich) 134, 294, 333, 341

Caesar 123, 141, 143
Caesarea (Mazaka; Kappadokien) 136, 212, 215, 231, 250
Caligula 142
Callistus s. Ballista
Capricorn 136f.
Capua 149, 160
Caracalla 43f., 99, 218, 221, 238, 248f., 290, 321, 338f., 340
Carausius 271, 277
Carinus 41
Carnuntum 232
Carus 254, 287
Cassius Dio 17f., 67, 135, 140, 143f., 286f., 288f., 338
Chalcedon 258
Chalkis (Nordsyrien) 234
Chanar 228
Charisma, Charismatiker 41, 44, 48, 70, 73, 147, 294
Chiliasmus, Millenarismus, chiliad. Weltchronologie 78, 84, 106f., 116f., 123, 165, 168, 306f., 310, 366f.; in Ägypten 206ff.
Chorasan 223
Chosroes II. 255
Christen, Christentum, Christianisierung 15, 19f., 21f., 23, 34f., 36, 54, 62ff., 73ff., 90, 94f., 97f., 103, 109, 128, 131, 174, 185, 201, 232, 285, 290f., 297, 303, 305, 318, 320, 322, 326ff., 334f., 339f., 341; Christen als eschatologisches Volk 104, 108f., 110, 160, 166f., 170, 176, 307f.; Christologie 49, 74, 77, 88, 130, 200
Christenverfolgungen 16, 50, 82f., 86f., 93, 98, 100, 105, 114f, 118, 126, 128, 132, 155, 160f., 162, 167, 179f., 182, 188, 200f., 208, 308, 317f., 332ff., 368f.; M. Aurel 50, 106, 109; Septimius Severus 89f., 118f., 120, 126; Maximinus Thrax 337; Decius 147, 149, 151f., 154, 157, 161f., 165, 167, 180, 186,, 189, 199, 212, 333, 335, 337, 339f.; Trebonianus Gallus 153f., 158f., 167, 203; Valerian 148f., 154, 162, 167, 185f., 189, 201, 203ff., 222, 245, 291, 332f., 337, 340, 368f.; Diokletian 308, 311, 318, 337, 340; Alexandria 114ff.
Chronik v. Arbela 225
Chronographen, christl. 113ff., 118

Cicero 320f., 333
Cirta 241
Claudius I. 272
Claudius II. (Gothicus) 44, 256ff., 264, 268, 272f., 277f., 294, 296f., 345; Münzprägung 257, 276
Claudius Aelianus 68, 315
Claudius Iulianus 114
Ti. Claudius Marinus Pacatianus 190, 214
Ti. Claudius Pompeianus 41
Ti. Claudius Subatianus Aquila 114
Clemens v. Alexandrien 42, 72, 84, 86, 114f., 116, 120, 124
1. Clemensbrief 93
2. Clemensbrief 74f.
D. Clodius Albinus 138, 262
Cohors I milliaria Hemesenorum sagittariorum equitata c. R. 238
Cohors II Ulpia Paphlagonum equitata 223
Cohors XIV Urbana 221
Colonia Ulpia Traiana Sarmizegetusa 43
Columella 315
Comana 215
Commodian 35, 364ff.
Commodus 18, 45, 47, 55f., 57, 108, 111f., 119, 134f., 138, 142f., 144, 272f., 289
Constantius I. (Chlorus) 294
Constantius II. 288
Constitutio Antoniniana 291
Coresnius Marcellus 217
Cornelianus, Bischof v. Rom 153, 156f.
Cyprian 11, 14, 34f., 108, 113, 128, 146ff., 185, 199f., 206, 290, 309, 316, 318, 364, 366, 369; Person 146f.; Konversion 149; Prozeß 148, 336f.
Cyriades s. Mareades
Cyzicus 257

Dämonenglaube 62ff., 73, 327, 330
Dakien 217, 294, 296f.
Damaskus 264
Daniel, Buch D., Visionen D.s 75, 83f., 107f., 114, 118ff., 126f., 132, 135, 280, 284, 308, 310; Statuenvision 107f., 121f., Tiervision 121f., 126f., 254f., 70-Wochen-Prophetie 83f., 114f., 123f.
Dea Caelestis 329
Decius 12, 42f., 44, 151, 153, 155, 160, 171f., 178f., 180, 188, 190ff., 202f., 206, 211f., 223, 230f., 232f., 242, 253, 255, 268, 273, 285f., 290, 295, 331, 334, 339f.; Münzprägung 239, 339; Opferedikt 87, 93, 189f., 191, 208, 230, 339f.; Porträt 42f.

Dekadenzschematik s. Niedergangsvorstellungen
Dekurionenstand 14, 95, 147
Demetrianus, antichristl. Agitator 171f., 174f., 177f., 179
Demetrianus, Bischof v. Antiochia 222
Demetrius, Bischof v. Alexandria 186
Dertona 241
Deultum 217
Deutschland 347
Dexippus 192, 225, 233, 248, 258f., 262
Dichor 228
Didache 73f.
Didius Iulianus 144f.
Diokletian 41f., 193, 271, 282, 297, 309, 321, 329, 338, 341, 347; Gesetzgebung 338; Manichäeredikt 338
Dionysius v. Alexandrien 35, 185ff., 230, 239, 245, 290, 337; Person 185f., 187
Dionysius v. Alexandrien (6. Jh. n. Chr.) 185
Dionysius, Bischof v. Rom 201, 245
Dioskoros, Sohn des Hephaistion 271
Dodds, E. R. 21, 326
Dogmatik (christl.), dogmat. Denken 19, 75f., 77, 85, 87, 103f., 109, 113, 129, 151, 154, 182f., 200, 297, 301, 309, 311, 314, 322, 328, 331, 363
Dogmenkontroversen (christl.) 35f., 76, 81, 85f., 106, 108, 120, 125, 128, 130, 154, 156, 161, 316, 330, 360ff.
Doliche 228
Dometioupolis 215
Domitian 83, 90, 98, 138, 142, 282, 295, 312
L. Domitius Domitianus 282
Donatus 149
Donau, Donaukriege 14f., 59, 72, 111, 116, 134, 142, 174, 180, 214, 216, 223, 231f., 234, 242f., 245, 252, 286, 290, 292f., 297
Dorylaeum 216
Dura-Europos 217f., 222ff., 243, 250, 274; sass. Satrap/Garnison in D. 227; Synagoge 224f., 226; Münzhorte, Münzumlauf 227f.
Dux ripae 226f.
Dynastische Strukturen, dynastischer Gedanke 24f., 138, 140, 142f., 234, 245, 256f., 261f., 269, 295f., 346; dynast. Bruch, Herrscherwechsel 24f., 137f., 261, 269f., 295f., 345f.

Eddana 218
Edessa 222f., 229, 244f., 281, 285, 287
Elagabal 146, 211, 248, 329
Elchasai (Lehre des E.) 83f.
Eleusis 135
Elias-Gestalt 369

Elija-Buch, hebräisches 39, 255, 284
Elijah-Apokalypse 35, 255, 279ff.
El Kantara 238
Emerita 157
Emesa 211, 213, 236f., 238f., 244, 246, 248, 250, 252, 294
Endzeitberechnung 55f., 83f., 94, 107, 114ff., 120, 123f., 200
Endzeiterwartung 23, 55, 59, 74ff., 100ff., 121, 124f., 126, 128, 141, 151f., 154, 157, 165f., 176, 181f., 183, 200, 283, 299, 307f., 309, 315f., 357, 360, 364, 369
Endzeitprophetie (-spekulation) 55f., 58f., 72f., 81f., 84, 112f., 119, 132, 164, 176, 178, 200, 280, 284, 307f., 309, 315f.
Ephesos 94, 217
Epikureer 303
Epiphanius 111
Epistula Apostolorum 34, 86, 360ff.
Epochenbegriff s. Epochenverständnis
Epochenverständnis 11f., 13, 16f., 18, 32, 35f., 39, 80, 104, 323f., 325f., 340ff.
Erkenntnisprozeß 16f., 26ff., 42, 300, 303, 312f., 314, 319, 323ff., 345
Erleben, historisches 13f., 15, 20, 23, 27, 29f., 32f., 35, 37, 47f., 59f., 75ff., 81, 85, 128, 130, 132, 135, 175, 183, 185, 206, 231, 267f., 283, 286, 289f., 292, 294, 297, 299ff., 311, 314, 318, 322f., 324f., 327f., 332, 341, 347, 368
Erlösergestalt, Erlöserkönig 211, 236, 247, 251f., 253, 280ff., 350, 352
Erlösungserwartung 52f., 58f., 74ff., 93, 100, 104, 106, 117, 130f., 132, 160f., 168f., 170, 182, 196, 280, 307, 320f., 350, 356f.; Auferstehungsglaube 78f., 80, 362f.
Ertaje 218
Erwartungshaltung (Disposition der Erwartung) 19f., 22, 27ff., 36, 39, 59, 74ff., 130f., 133, 166, 169, 182f., 185, 205, 252, 266f., 268, 276f., 289f., 294, 299f., 301, 304, 306ff., 314, 318, 320ff., 354; s. auch Endzeiterw., Erlösungserw., Eschatologie; statistisches Erwartungsdenken s. Aeternitas, Utopie
Eschatologie, eschatologische Perspektive 23, 53ff., 73, 74ff., 89, 91, 93, 100, 104ff., 119, 121f., 124f., 128, 130ff., 141, 143, 150, 152, 155f., .159ff., 167, 169, 172f., 174, 176, 178, 198, 200, 205, 209f., 280ff., 306ff., 315f., 320f., 325, 346, 350f., 356f., 359, 362f., 367f.; Prodigien s. Zeichen
4 Esra 23, 86, 366
5 Esra 86

6 Esra 86f.
Eunapius v. Sardes 258
Euprat, Euphratraum 51, 58, 116, 218f., 220, 223, 229, 239, 243f., 250, 274, 289
Eusebius v. Caesarea 71, 86, 113f., 115, 118, 153, 185, 187f., 193, 199f., 202, 205, 207f., 209
Eusebius, Diakon 193
Evangelium, Evangelien 75ff., 113, 117, 120, 124, 363; Synoptische Tradition 74, 77ff., 80, 120, 132, 169, 360f.
Evocati 264
Exhortatio (ethisch, religiös) 34, 50f., 52, 58f., 74f., 86f., 141, 159f., 164, 312, 349, 354, 357, 359
Exodus-Tradition 195
Exorzismus s. Dämonenglaube

Fabius, Bischof v. Antiochia 188
Familia Caesaris 95
Fatum 302f., 306
Faustina II. 57
Février, P. A. 25
Fihrist (d. Moh. ibn Is-hak An-Nadîm) 225
Firmicus Maternus 22, 62, 69
Firmus (Aufstand des F.) 193
Fittschen, K. 25f., 43
Florianus s. M. Annius Florianus
Florus 306
Fortschritt, Fortschrittsdenken 36, 38, 96, 304f., 311, 316, 319f., 322ff., 324ff., 342
Fortuna s. Fatum
Fortunatus (Schisma des F.) 156f.
Fries, Großer trajanischer F. 45
(T.) Fulvius Macrianus 201ff., 237, 245ff., 252, 254, 287, 290, 303, 364
T. Fulvius Iunius Macrianus 201ff., 245ff., 270, 273, 290, 303
T. Fulvius Iunius Quietus 201ff., 211, 245ff., 250, 270, 273, 290, 303
C. Furius Sabinius Aquila Timesitheus 213, 218f.

Gaius (Häretiker) 125
Galatien 249, 257
Galerius 93, 335, 338; Toleranzedikt 335, 338
Galerius Maximus 148
Galiläa 37
Gallien 15, 106, 111, 245, 292
Gallienus 14, 40f., 43ff., 193, 201ff., 233, 241f., 244ff., 250, 252, 256, 259, 267, 273, 277f., 286f., 289, 292ff., 303, 345, 364; Münzprägung 201, 240, 246, 250, 269, 276f.; Toleranzedikt 201ff., 247; Reskript 187, 202, 206; Panegyricus auf G. 201, 204f., 206
Garamanten 152
Gebet 60, 62, 64; G. für Kaiser und Reich (orbis terrarum) 89, 92ff., 101, 181, 203, 335
Geburt des Herrn s. Jesus Christus
Geld (Wert-/Kaufkraftentwicklung) 14, 268f., 270ff., 285, 345; Monetarisierung 274, 277f.; Münzreformen 278, s. auch Aurelian
Gematria s. Orakel
Gemellae 241
Gemma Augusta 137
Gennadius 366f.
Gerichtsvorstellung (Gericht Gottes) 75, 77f., 79, 82f., 85, 102, 105, 112, 120, 123, 130, 156, 180, 182, 198, 311, 350, 354, 357, 361
Germanen 14, 134, 215, 257, 259, 297
Germania Inferior 294
Germania Superior 293f., 297
Germanikeia 228
Germanus 186, 199
Geschichte, Historischer Prozeß 11, 324, 342ff., 347; Wahrnehmung von G. 13, 15, 18, 20, 27, 31f., 33, 231, 252f., 289, 297, 299f., 303f., 307, 312, 319, 322ff.; Begrifflichkeit 16f., 340ff.; Kategorien 11, 16f., 36
Geschichtsschreibung 16f., 139f., 202f., 204, 207, 212, 365
Geschichtsbilder 13, 15, 18, 20f., 27, 32ff., 38, 56, 58, 88, 104ff., 116f., 123, 156, 166f., 169f., 173, 176, 183, 185, 201ff., 212f., 247, 252f., 268, 299f., 303f., 308f., 312, 315, 318ff., 324ff., 340f., 358, 368
Geta 89, 99, 339
Getreidepreis 274f.
Getreidespekulation 177f.
Gibbon, E. 17, 286
Globus (Symbol) 136, 290
Gnosis 74, 77, 79, 82, 85, 100, 104, 106, 108, 120, 124f., 126, 130f., 359f., 362f., 364; Doketische G. 360, 363
Gordian I. 152, 213
Gordian II. 213
Gordian III. 41, 67, 152, 211, 213f., 216ff., 221, 225, 249; Münzprägung 290
Goten 180, 191f., 231f., 233, 240, 242, 244, 257f., 259, 261, 269, 285f., 291, 367
Gotenkriege s. Goten
Gregor Thaumatourgos 291

al-Haditha 218
Hadrian 24, 45, 53ff., 72, 109, 135, 139f., 142, 216, 354f.; Reskript 355

Häresie 76, 82, 84, 120, 125, 132, 155f., 162, 207ff., 331f., 358f., 360, 362, 364, 366, 369; s. auch Gnosis
Hasmonäer 78
Hatra 218, 225, 250, 287f., 289
Ḥaurān 264
Hebräerbrief 82
Heiden, paganes Element 36, 150, 162, 168, 177, 179f., 181, 200, 303, 318, 320
Heidentum, pagane Religiosität 51, 54, 58, 60, 63, 65f., 68, 83, 129f., 173, 307, 327ff., 337, 359
Heliopolis (Ägypten) 281
Helios (Helios Kronos) 238
Hellenen 55, 73, 355
Hemesani 236f.; s. auch Emesa
1 Henoch 39, 256
Heraclea Pontica 249
Heraklas, Bischof v. Alexandria 186, 210
Herennia Etruscilla 192, 231
Herennius Decius 12, 188, 192, 232, 242, 285, 290, 299
Hermammon, Bischof 185, 200f.
Hermes Trismegistos s. Hermetik
Hermetik, Corpus Hermeticum 66, 71, 310, 360
Herodian 17f., 139f., 143f., 145, 152, 211, 287f., 289
Herodianos (Sohn des Odaenath) s. Septimius Hairan
Heruler 258; s. auch Goten, Skythen
Heterodoxie s. Häresie
Hierapolis (Syrien) 234
Hieronymus 147, 153, 199
Hippolyt v. Rom 34, 84, 88, 91f., 94, 108, 110, 112f., 114, 117ff., 132f., 165, 364
Hirt des Hermas 82, 85, 88
Historia Augusta 118, 140, 211, 306
Hormizd (H.-Ardaschir) 220, 222f.
Hostilianus 231f., 234f.
Hystaspes s. Orakel des H.

Ianuarius, Bischof 152
Ichnai s. Chamar
Iconium 215
Idios Logos 204
Idololatrie 97f., 99, 230, 354
Ikonographie 24
Imperium Galliarum 257, 267, 283f., 292, 296, 345; s. auch Postumus
Imperium Palmyrenum 33, 35, 39, 253, 256ff., 283f., 296; s. auch Palmyra, Vaballath, Zenobia
Imperium Romanum 13ff., 18, 20, 22, 34ff., 51f., 58f., 60, 63f., 66, 77, 81, 83, 89ff., 97f., 102, 108f., 121f., 123, 126f., 129, 132, 153, 159, 169, 182, 185, 205, 220, 229, 250f., 252, 263, 266f., 268, 283, 286ff., 294ff., 299, 305f., 308f., 310, 315, 320, 323, 331, 333, 335, 337, 340ff., 364f.; Ostteil 24, 33, 35f., 51, 57f., 75, 86, 95, 111f., 113, 135, 137f., 139, 145, 161, 185, 192, 202f., 212f., 216ff., 256ff., 281, 286f., 288, 290, 292, 294, 296, 330, 353, 360, 365; Westteil 15, 32, 51, 88f., 91, 95, 165, 220, 234, 257, 278, 300, 329, 366; Ostgrenze 33, 35, 203, 211, 214ff., 286ff., 341; Nordgrenze 14f., 58, 111, 134, 241, 286, 292f., 303, 341, 346; Provinzen, Provinzbevölkerung 15, 56, 58f., 60, 139, 145f., 185, 256, 267, 288, 290ff., 297; Bevölkerungsgruppen 11, 14f., 16, 18, 23, 36f., 38, 56ff., 94f., 196, 253, 281, 289f., 294, 299, 301, 311f., 328; Bevölkerungsgröße 96f., 154, 196ff.; soziale Ordnung, soziales Verhalten 51f., 58f., 60, 66, 72, 140, 147; Verhältnis der Christen 34, 83, 89ff., 97f., 99, 108f., 118f., 123, 125f., 128, 166, 177, 201, 311, 332ff.; Verständnis des I. R. 59, 77, 83, 89f., 91, 95ff., 102, 108f., 123, 126f., 128, 177, 247, 254f., 266f., 268, 270, 311, 320f., 330, 333f.
Indien 224
Interamna 241f.
Intercisa 238
Interpretationsmuster s. Muster des Denkens, Erkenntnisprozeß, Kausalitätsdenken
Iordanes 203
Iotapianus 194, 230f., 235
Ipuwer, Mahnworte des I. 306
Irenaeus v. Lyon 34, 84, 88, 91, 106ff., 120, 123f., 125, 166, 364
Irrationalität 21, 34, 64
Islam 331
Israel, Israeliten 38, 52, 254, 280, 284, 307
Italien, Italiker 51, 55, 217, 229, 232, 242f., 257, 262, 292, 294
Iudaea 105, 354
Iulia Domna 70, 236f.
Iulia Maesa 236
Iulia Mamaea 126, 146
Iulische Alpen 242
Sex. Iulius Africanus 114, 116f., 124, 165
L. Iulius Aurelius Septimius Vaballathus Athenodorus s. Vaballath
L. Iulius Aurelius Sulpicius Severus Uranius Antoninus s. Uranius Antoninus
M. Iulius Philippus s. Philippus (I.) Arabs

C. Iulius Priscus 193, 219f., 230, 249
P. Iulius Scapula Tertullus Priscus 89f., 101f.
C. Iulius Vindex 25
Iupiter Optimus Maximus 347; Teutanus 232, 292; Karnuntinus 232
Iustinus 71, 82, 84, 92, 358, 364
Iustitia Augusti 136f.

James, W. 21
Jerusalem (Aelia Capitolina) 52f., 57, 83, 100, 124, 126, 254, 281, 284, 354, 356, 363; Neues Jerusalem 105f.
Jesaja 161
Jesus Christus 54, 70, 76, 78, 80, 83f., 91, 103f., 106ff., 116f., 124, 164ff., 170, 176, 181, 307, 311, 329, 360f., 362
Johannes-Akten 131
Johannes-Apokalypse 23, 53, 76, 82f., 84, 86, 91, 108, 110, 119f., 121, 124ff., 132, 153, 161f., 164, 196, 204f., 208f., 308, 310f., 361, 366f., 368
Johannes-Evangelium 78, 108f., 164
Johanneisches Schrifttum s. Johannes-Evangelium
Johannes Damascenus 198
Johannes Mandakuni 73
Jordan 258, 354
Judas (Chronograph) 113ff., 117
Juden, Judentum 36ff., 52f., 54, 58f., 61f., 83, 86f., 94, 100, 109, 121, 126, 139f., 141, 162, 166, 168, 195f., 211f., 215, 225f., 251f., 253, 279ff., 290, 326, 331f., 336, 349f., 354f., 357f., 360f., 363f., 368; jüdische Sekten, Heterodoxie 353f., 360f.; Samaritaner 331f.
Judenchristen 86, 94, 115, 354, 359, 363, 366
Jüdische Diaspora s. Juden
Jüdischer Tempel (in Jerusalem) s. Jerusalem
Juthungen 233

Ka'be-ye Zartošt 220
Kaiser, Kaisertum (monarchische Führung) 18, 23f., 59, 77, 81, 89f., 91, 123, 127, 140, 142, 201, 207, 239, 247, 252, 260, 263, 265ff., 270, 286, 291, 294ff., 300, 306, 317, 321f., 335, 347; Doppelprincipat 347
Kaiserkult 83, 335f.; Opfer pro salute Imperatoris 335f., 338; Schwur 336
Kaisertum (Ideologie, Legitimation, Verständnis) 23f., 40ff., 135ff., 201, 207, 239, 265, 267f., 290, 294ff., 302; oriens Augustus 290; christlich 205, 207; cura imperii 43f.; pietas Augusti 207; Virtus-Porträt 40f., 43f., 48; Adoptivkaisertum 347; s. auch Dynastischer Gedanke, Porträt
Kallinikos v. Petrai (Petra) 251
Kant, I. 324
Kappadokien 57f., 147, 194, 215, 218, 223, 228f., 244, 246, 249, 257, 336; Kirchenväter 366
Karpen 234
Karrhae 217f., 219, 222f., 229, 244, 249, 274, 359
Karthago 34, 88ff., 146ff., 151, 153f., 156f., 165, 171, 175, 177, 189, 200, 364
Kasius 234
Katechon 81f., 89f., 91, 94, 108, 123, 127, 310f.
Kausalitätsdenken 36, 302f., 306, 313f., 317, 331; personal 207, 302f., 313, 319, 321f.; religiös 102, 136f., 171, 174, 290, 302f., 317f., 331ff.
Kelenderis 215
Kelten 359
Kelsos 52, 54, 59, 71f., 92, 98, 329, 358f.
Ketzertaufstreit 161
Kirche, Kirchenorganisation 19, 23, 35, 73f., 80f., 92ff., 98, 119, 127, 130f., 132, 148, 154, 161, 182, 199, 201f., 205, 208, 311f., 337, 369; in Ägypten 186f.; Zeit der K. als letzte Zeit 104, 156, 163, 166, 170
Khabur 243f.
Kifrin 218f.
Kilikien 144, 215, 223, 234, 269
Kirkesion 219, 226, 228f., 243, 250
Klaudios Ptolemaios 62, 68f., 71
Kleinasien 18, 57, 83, 110, 135, 215f., 218, 230, 234, 249, 252, 258, 269, 289f., 330, 346, 351, 360
Kleopatra VII. 50, 141, 143, 350f.
Kleopatra Thea 251
Klerus s. Kirche
Kniva 231f.
Köln 244
Kognition, kognitiver Prozeß s. Erkenntnisprozeß
Kolophon 359
Kommagene 51
Konstantin I. 43, 68, 95, 205, 286, 297, 341
Konsulndatierung, anonym 259, 262f., 267f.; Postkonsulatsformel 262
Korakion (Schismatiker) 209
Korinth 104, 359
1. Korintherbrief 77
Koselleck, R. 27, 319, 324
Kostoboken 135
Kreta 13f., 259, 261

Krieg (als geschichtl. Faktor) 14f., 134f., 318
Krise, 'Krise des 3. Jh.' 11ff., 20, 22ff., 32ff., 39, 42, 47, 85, 87, 111, 113, 134f., 153, 175, 182, 185, 195f., 285f., 291f., 294, 296, 299f., 302f., 304, 322f., 327f., 332f., 341ff.
Krisenbegriff s. Krise
Krisenbewußtsein, Krisenwahrnehmung 11f., 13, 16, 18f., 20, 23, 33ff., 39, 58f., 128f., 134f., 138, 150f., 182, 184, 285f., 290, 294, 299f., 302f., 304, 307, 309, 312, 322f., 344f.; Panik 133f., 168, 284, 301
Krisenmentalität 11, 13, 18f., 20, 23, 285, 290, 299, 303, 322, 344f.
Krisenmodell s. Krise
Krisenreflexion, Krisenstimmung s. Krisenbewußtsein
Kronos s. Helios Kronos
Ktesiphon 218f., 225, 249f., 259, 287f., 289
Kult, Kulthandeln 19, 60, 67, 134, 294, 297, 327, 330f., 332, 336f.; Kultvollzug als Pflicht 328ff.; Kultvollzug zum Heil von Kaiser, Reich, Welt 93, 102, 171, 181, 318, 331f., 334f.
Kybistra 215
Kyniker 72
Kyrenaika 263, 355
Kyriades s. Mareades

Lactanz 36, 50, 72, 163, 172, 205, 291, 305ff., 351, 359, 366f.
Lakonien 45
Lambaesis 152, 241
Laodikeia (Karien) 351
Lapsi 151, 155, 159ff., 188
Laranda 215
Laterculus Veronensis 293
Legio (León) 157
Legio II Parthica 216, 218, 221; praepositus reliquationis legionis II P. 216
Legio II Traiana 264
Legio III Augusta 90, 152, 241f.
Legio III Cyrenaica 258
Legio IV Flavia 221
Legio IV Scythica 221
Legio XIII Gemina 221
Legio XIV Gemina 221
Leiturgien, Munera 15, 150, 337
Leontopolis (jüdischer Tempel v. L.) 356
Libyen, Libyer 122, 263
Libyssa (Bithynien) 246
Licinii, Dynastie der L. 295; s. auch Valerian, Gallienus, Saloninus
Limes (obergermanisch-rätischer L.) 292f.;

Limesfall 14, 292f.
Lucianus, Bekenner 155
Lucius Verus 55f., 142, 238, 262, 347
Lucius, Bischof v. Rom 155
Lugdunum (Lyon) 106, 109
Lukas-Evangelium 80f.
Lukian v. Samosata 68f., 73, 133f., 135, 301
Lukrez 315, 326
Lusius Quietus 355
Lykien 234
Lykos 234, 238

MacMullen, R. 13f., 22, 68, 330
Macriani, Usurpation 244ff., 252, 254; Prägungen 246, 270f., 273; s. Fulvii
Macrianus d. Ä., s. (T.) Fulvius Macrianus
Macrianus d. J. s. T. Fulvius Iunius Macrianus
Q. Maecius Laetus 114
Magie 21, 30, 34, 59ff., 133, 302, 327f., 330, 338; Gesetzgebung 61, 66f., 68
Magier 66f., 70f., 73
T. Magnius Felix Crescentillianus 193f.
Mailand 259; Münzstätte 257, 276
Makedonien 259, 288, 359
Mani 224, 364
Manilius 304
Mantik 21, 34, 59ff., 134, 302, 327f., 330; Gesetzgebung 61, 66f., 68
Maqām Er-Rabb 251
Mar Samuel 250
Marc Aurel 11, 32, 34f., 45, 47, 55f., 57, 72, 88, 97, 109, 111, 133f., 135, 138, 140, 142, 144, 180, 232, 238, 262, 272, 286, 290, 326, 335, 340f., 347, 354, 363f.; Säule des M. Aurel 48
Mareades (– Cyriades, Kyriades) 230, 234f., 236, 254
Marinus, Märtyrer 201
Markomannen 286
Markus-Evangelium 80f.
Marmarica 261, 264
Marmariden (-Stämme) 261, 263f.
Marsyas (Fluß) 234
Martialis, Bischof 157
Martin v. Tours 367f.
Martyrium, Märtyrer 93, 100, 105, 115, 132, 153, 155, 158ff., 163ff., 170, 180, 188f., 201, 311
Matthäus-Evangelium 74, 80f.
Mauretanien 89, 149, 152
Maximian 271, 316
Maximilla (montanist. Prophetin) 111
Maximinus Daia 334
Maximinus Thrax 17, 41, 44, 213, 295

Maximus (nob. Caesar) 41
Medien, Meder 258, 288
Meliouchos 65
Melito(n) v. Sardes 96, 108, 195
Memor 259
Memphis 265, 280, 283
Menander Rhetor 137, 201
Mentalität, mentale Strukturen 11ff., 18, 21ff., 26ff., 31f., 34, 36, 60ff., 75ff., 94, 113, 130f., 131, 166, 181, 285, 297, 299f., 303, 306f., 311ff., 315f., 319, 322f., 324ff., 341, 347, 366; s. auch Muster des Verhaltens und Handelns
Mentalitätsforschung 26ff., 31, 33
Mentalitätsgeschichte 11f., 18, 21f., 23, 26f., 32, 61, 63, 129, 185, 285, 297, 301, 369
Mesopotamien 51, 217ff., 223, 227f., 229, 239, 243f., 246, 249f., 253, 257, 259, 281, 287f., 289
Messias 38, 52, 80, 121, 126, 253, 284, 351
Messianische Erwartung s. Messias
Metaphorik, christliche 130, 132, 150f., 157ff., 162f., 166ff., 182f., 184, 187, 195, 311, 316
Metaphorik von Verfall und Untergang 151, 155ff., 166, 169, 172, 176, 181, 307, 309f., 311, 315f., 320
Midrasch Suta zum Hohenlied 284
Millenarismus s. Chiliasmus
Minucius Felix 34, 73, 128f., 166, 172f., 174, 201
Misichē (Pērōz Šahpuhr) 214, 218, 220
Mithradates VI. v. Pontos 51
Mithraskult 90, 99
Mittelägypten 210, 263, 265, 267
Modell der retrospektiven Utopie und normativen Vergangenheit 175, 177, 305, 312f., 318f., 321f., 324ff., 335, 340, 347; s. auch Mos maiorum
Modellbildungen, historische 11ff., 16f., 20f., 32, 36; s. auch Krise
Modestinus (Herennius Modestinus) 68, 72
Moesien, moesische Provinzen 190, 192, 231f., 242f.; ebd. moesische Provinzheere
Monarchianismus 168
Monarchie, römische s. Kaisertum
Monotheismus 60, 130, 331, 354
Montanus 111
Montanismus, montanistische Glaubensvorstellungen 84, 90, 96f., 99f., 103f., 105, 110ff., 120, 125; montanist. Prophetie 106, 110f.
Mopsuestia 192, 215
Moreau, J. 326f., 341
Mos maiorum 305, 312, 319, 322, 325f., 335f., 338, 340f.

Münzhortung 271, 277
Münzprägung 23f., 34, 135ff., 211, 234, 250, 256f., 258, 271ff.; Antoninian 275ff.; palmyrenische 256f., 266, 273; gallische Kaiser 276; Divius-Claudius-Prägungen 257, 277f.; zweite östliche Hauptmünze unter Valerian 228, 246
Münzumlauf 14, 211, 272ff., 292f.
Munera s. Leiturgien
Mursa 217
L. Mussius Aemilianus 193, 201f., 203, 246f., 260, 280
Muster des Denkens 13, 15, 19, 22f., 27ff., 35ff., 48, 61ff., 72ff., 85, 87f., 104, 130f., 132, 137f., 173, 175, 183f., 187, 285, 290, 294, 297, 300ff., 308, 312ff., 316, 318ff., 322f., 324ff.; s. auch Religion, Kausalitätsdenken
Muster des Erkennens s. Attributionsmechanismen, Erkenntnisprozeß
Muster des Verhaltens und Handelns 19, 23, 27f., 30f., 33, 35f., 62ff., 72f., 132f., 168, 285, 294, 297, 300ff., 302, 304, 314, 322, 324ff.; Lösungsstrategien 294, 324ff., 330, 344 f.; Panikreaktion 133f., 168, 284, 301; s. auch Kult, Ritual
Mygdonien 359
Myon(polis) 215, 364
Mystik 21, 66, 112, 350
Mythos 30, 294

Naherwartung, eschatologische 23, 53, 58, 73, 75ff., 84, 86, 88, 93f., 97, 100f., 103ff., 110ff., 117, 119f., 124, 128f., 130, 132, 154, 157, 161f., 165, 167f., 170, 181, 198, 205, 210, 301, 311, 315, 357, 363; s. auch Endzeiterwartung
Naissus 259
Narses 288
Nasi (Fürst) s. Patriarch
Nebukadnezzar 280
Nehardea 250, 253
Nemesis, Nemesis-Nike 251; Nemesis-Pax 251
Neocaesarea (Pontus Polemoniacus) 291
Nepos, Bischof in Ägypten 208ff.
Nero 52f., 58, 83, 90, 98, 138, 141f., 272, 353; Nerolegende, Nero als apokalyptische Gestalt 53, 55, 83, 141f., 145, 236, 352f., 356, 367
Nerva 142
Nestos 259
Neues Testament 20, 50, 74ff., 91, 108, 130, 132, 155, 159, 166, 311; Apokryphen 159
Nicopolis (b. Alexandria) 261

Niederbieber 293
Niedergangsvorstellungen 14, 17, 20, 35, 173ff., 286, 303ff., 311f., 315f., 318ff., 324ff., 333, 343; s. auch Altern des Kosmos, Verfallsvorstellungen
Nikaia (Iznik) 217
Nikomedien 240
Nil, Delta 263f., 265; Nilschwelle 195, 274; Transportwesen 275
Nipperdey, Th. 27
Nisibis 217f., 219, 222f., 229, 243f., 249
Nordafrika 15, 68, 88, 90, 96, 128, 151f., 153, 177, 199, 242, 290, 292, 318, 346, 364, 366; Kirche 88, 146ff., 365f.; Nomaden 153
Noricum 294
Novatian 151, 156, 188, 305
Novatianisches Schisma s. Novatian
Nufeili 218
Numenius 42
Numerus Hemesenorum 238
Numidien 89f., 149, 151, 238, 261

Odaenath 39, 211f., 222, 226, 236f., 247ff., 256ff., 265, 281f., 287; Stellung 248ff., 256; Königtum 250f.
Okkultismus s. Magie
Oenomaos v. Gadara 72
Oracula Sibyllina (allgem., Überlieferung) 49, 60, 71, 86, 91, 211, 301, 308, 310, 315, 349ff., 357f., 365ff.; christliche 34, 49f., 349, 356ff.
Oracula Sibyllina, Buch I/II 49, 356ff.
Oracula Sibyllina, Buch II (urspr.) 350f., 356
Oracula Sibyllina, Buch III 49f., 51, 55, 58, 251, 308, 349ff., 354, 357, 368
Oracula Sibyllina, Buch IV 23, 49, 51, 58, 349f., 353f., 357
Oracula Sibyllina, Buch V 29, 49f., 51, 55, 58, 140ff., 308, 349f., 352, 354f., 356, 368
Oracula Sibyllina, Buch VI 359
Oracula Sibyllina, Buch VII 359
Oracula Sibyllina, Buch VIII 34, 49ff., 140, 142f., 145, 213, 308, 349f., 352, 354, 357, 359, 368
Oracula Sibyllina, Buch XI 49, 139f., 141, 350, 352f.
Oracula Sibyllina, Buch XII 34, 49, 54, 139ff., 212f., 253, 350
Oracula Sibyllina, Buch XIII 35, 49, 139f., 141, 211ff., 229ff., 233ff., 240, 244f., 247f., 251f., 253, 281f., 283, 350
Oracula Sibyllina, Buch XIV 49, 139f., 141
Orakel 34, 59ff., 134, 139, 280, 327, 330, 349, 351, 357; gematrische O. 55, 56, 59, 143, 229f.; Gegner 61, 68
Orakel des Hystaspes 71, 308, 310, 352
Orakelschrifttum s. Orakel, Oracula Sibyllina, Sibyllistische Tradition
Orbis Romanus s. Imperium Romanum
Orbis terrarum s. Imperium Romanum
Origines 36, 71, 98, 114, 116, 120, 124, 130, 161, 186f., 209f., 316ff., 335f.
Ornamenta consularia 249
Orontes 236
Orosius 365f.
Osrhoene 228
Osterfestbriefe 187f., 189
Osterhomilie 195f.
Osterzyklen 187f.
Ostia 95, 241f.
(Marcia) Otacilia Severa 217
Oxyrhynchites 275
Oxyrhynchos 240, 242, 262f., 274

Pacatianus s. Ti. Claudius Marinus Pacatianus
Paikuli 225
Palästina 15, 37f., 39, 54, 57f., 73, 249, 251, 253, 257, 265, 277f., 281, 284, 346, 353, 359f., 363, 365
Palmyra (= Tadmor), Palmyrener 193, 202, 220, 226f., 248ff., 256ff., 266ff., 281ff., 287, 296, 303; s. auch Imperium Palmyrenum
Palmyrenisches Herrscherhaus 248ff., 255ff., 263, 265f., 282f.
Pamphylien 246, 261, 278
Pannonia Inferior 223
Pannonia Superior 223
Pannonien 191, 217, 223, 231, 294
Paraklet (montanist.) 84, 105, 110f., 120
Parther, Partherreich 53, 83, 143, 255, 288; s. auch Arsakiden
Partherkriege 221; Lucius Verus 47, 52, 111, 116, 142, 238; Septimius Severus 106
Parusie (des Herrn) 74ff., 82ff., 88f., 91, 94, 100f., 104, 107, 110, 112ff., 116f., 119f., 123ff., 130, 132f., 151, 162, 165f., 308, 310f., 320, 361f., 363; Noah-Spekulation 84, 111, 362
Parusieerwartung, Parusiebestimmung s. Parusie
Parusieverzögerung s. Parusie
Passio Perpetuae et Felicitatis 153
Patriarch, jüdischer (Nasi) 38
Paulinisches Schrifttum s. Paulus
Paulus 76f., 78, 81, 103f., 105, 130, 157, 176
Paulus v. Samosata 201
Paulus-Sentenzen 66, 68, 72

Pax (aeterna, Augusti) 134, 138, 150, 201, 325
Pentateuch 172
Pergamon 64
Perge 278
Perinthos 191f.
Perser, Perserreich 12, 36, 39, 52, 121, 211f., 214ff., 255, 267, 280f., 282, 285ff., 295, 299, 356; s. auch Sassaniden
Perserkriege 212ff., 221ff., 233, 248, 251f., 255, 268, 281, 286ff.; Severus Alexander 146, 255; Gordian III. 214, 217f., 225, 249, 255; Philipp I. 216, 219f., 255, 316; Schapur I. 39, 194, 203, 215, 345; 252 n. Chr. 221f., 223, 233, 239; 2. Agoge (253 n. Chr.) 203, 211, 213, 215, 221ff., 228ff., 233ff., 242f., 244, 287; 256 n. Chr. 227f., 229; 259 n. Chr. 222f., 229; 3. Agoge 215, 222, 229f., 245f., 286f.; 262–264 n. Chr. 246f., 249f.
Pertinax 41, 138, 144f.
Pescennius Niger 34, 135ff., 143ff., 193; Iustus Augustus 136f., 145; Münzprägung 34, 135ff., 145
1. Petrusbrief 83
2. Petrusbrief 82
Philadelphia 274
Philippopolis 216, 220, 230
Philippus (I.) Arabs 41, 44, 190ff., 195, 202, 207, 211f., 214ff., 219f., 229f., 249, 295, 316, 339f.; Siegerbeinamen 219f.; Münzprägung 219
Philippus II. (M. Iulius Philippus Iunior) 190ff., 195, 211, 214ff., 230, 339f.
Philostrat 42, 70
Phönikien 57, 73, 359
Phoenix (Symbol) 24f., 312
Phrygien 110, 216, 357
Pieseis 271
Pionius 335
Pisidien 216, 277
Platon 174, 326
Platonismus, Neuplatonismus 42
Plinius d. Ä. 315
Plinius d. J. 25, 147, 315, 347
Plotin 42, 70, 326, 328
Plutarch 63
Polemik, antichristliche 90, 92, 101f., 103, 129, 171ff., 177, 179f., 190, 206, 311, 317f., 333f., 335, 358f.; christliche Erwiderung 101f., 103, 129, 166, 172ff., 206, 316, 318
Polykarp 106, 108
Pontius (Biograph) 147, 153
Pontus, Pontus-Raum 112, 249, 257, 291, 336
Populärphilosophie (pagane) 172f.

Porphyrios 68, 70, 121, 326, 329
Porträt, Herrscherporträt 40ff.
Postumus 14, 245, 247, 259, 286, 292, 296
Pothinus, Bischof von Lyon 106
Praefectus Aegypti 67, 114, 193f., 270
Praefectus Mesopotamiae 220
Praefectus Praetorio 90, 220
Praeparatio ad martyrium s. Martyrium
Prätorianer 218
Predigt (christl.) 20, 23, 74ff., 88, 132, 149, 158, 160, 163, 167f., 181f., 195f., 198
Primuspilus 216
Probus 44, 260, 270, 272f., 295f.; Porträt 44
Proconsul Africae 89f., 94, 99, 148, 336
Proconsul Asiae 335
Prokop v. Gaza 200
Propheten, Seher 52, 61, 70ff., 106, 110f., 310
Prophetie 34, 59ff., 110ff., 139, 153, 284, 307, 316f., 349, 351f., 365; romfeindliche P. 50f., 52, 55, 71f., 143; Unheilsprophetie 60f., 71f., 73, 133; s. auch Mantik
Propontis 216, 244, 258
Prudentius 306
Pruth 243
Psalmen Salomons 78
Pseudo-Aristeides (Eis basilea) 207, 316
Pseudo-Cyprian, Ad Novatianum 151; De laude martyrii 161ff.; De montibus Sina et Sion 117, 168; De pascha computus 117, 124
Pseudophokylidea 358
Pseudo-Plutarch (De fato) 68
Psychologie 21, 26, 30, 79, 302
Ptolemäer 62, 141, 251, 350f., 352, 355
Pupienus 213
Pyramos 234

Quaden 232
Qual'at el-Ḥawâys 238
Quietus s. T. Fulvius Iunius Quietus
Quintillus 257, 259f., 262, 264, 277; Münzprägung 257, 260

Rab Kahana 254
Rabbinen, rabbinisches Judentum 36ff., 121, 141, 251, 253f., 281, 284
R. Ammi 254
R. Jose ben Chalafta 121
R. Samuel 254
R. Zeira ben Chanina 254
Rabbinische Tradition 37f., 113, 253f., 255, 277, 281, 295, 356
Raetia 241f., 293f., 297
Räuberunwesen 150, 152f., 274

Q. Rammius Martialis 216
Rationalität 27, 34, 62f., 64, 72, 302, 327f., 330
Rechtswesen 58, 150, 154
Regensburg 293
Religiositas s. Religio
Religio 60, 67, 72, 102, 128f., 329, 331, 333ff.; traditionelle Religiositas Roms 329ff.; religio neglecta 101f., 172, 179, 329, 331
Religion, religiöses Denken 19ff., 23f., 30, 32, 36, 38f., 60, 62ff., 76, 85f., 102, 104, 128f., 134, 138, 174, 181, 268, 297, 303, 305, 314, 321, 326ff.
Renovatio 25, 137, 313, 319, 321, 334f.; s. auch Saeculum
Restitutio 25, 313, 322, 332, 339f.; s. auch Saeculum
Restitutor, R. Italiae 24; R. Daciarum 339, R. orbis 297, 322
Revolution, Begriff 16; Französische R. 323, 347
Rhakoundia 215
Rhein, Rheinlande 14f., 234, 242, 252, 286, 290, 292f., 297
Rhesaina 218
Rhodos 259, 261
Ritterstand (röm.) 94, 98, 148
Ritual s. Kult
Rom 15, 25, 34f., 37, 39, 50ff., 55f., 58, 77, 83, 90, 92, 94f., 99, 109, 118, 128f., 133, 138, 142f., 148, 151f., 165, 188f., 191f., 194, 197, 201, 216f., 219, 229, 232ff., 239, 241ff., 252, 257, 259, 262f., 267, 281, 285, 290, 297, 304f., 306, 309f., 312, 321, 341, 352, 354, 357, 359; Münzstätte 240, 257, 276f.; Bischöfe 118, 146, 152, 158, 203; christl. Gemeinde, Klerus 82, 88, 94f., 119, 125, 149, 151, 158, 189, 203; Einnahme durch die Goten 292, 333, 367; Tausendjahrfeier 190, 214, 229, 321; Roma aeterna 25f., 138, 166, 309, 320f.; heidn. Romideologie 102, 128f., 166, 172, 290, 320f., 332f., 334, 338, 341; christl. Romideologie 205; Lebensaltervergleich 305f., 311; Romkritik, romfeindl. Prophetie 51f., 58f., 60, 126, 128f., 305, 308, 321, 352ff., 357, 368; Enderwartung, -prophetie 106, 121f., 123, 143, 229, 255, 308ff., 352ff., 359, 367f.
Romulus 345
Rostovtzeff, M. 11f.
Rufinus 258
Rusicade 241
M. Rutilius Lupus 217

Sabazios-Kult 186
Sabinianus (Aufstand des S.) 152
Saeculum (Novum Saeculum) 24f., 34, 135ff., 164, 184, 239, 295, 321, 339; aureum saeculum (novum aureum s.) 18, 24, 135f., 137, 205, 295, 305, 321f., 324; saeculare Erneuerung (Wiedergeburt) 24, 205, 305, 312, 318; s. auch Phoenix
Sallust 172, 175, 304
Salonina (Cornelia S.) 273
Saloninus 246
Salus publica 43, 93f., 331, 335
Salvian 365f.
Samos 217
Sampsigeramus s. Uranius Antoninus
Sardinien 359
Sarkophagkunst 44f., 47
Sassaniden 35, 211, 222, 224, 281, 286ff., 290, 341; s. auch Perserreich, Ardaschir I., Schapur I.
Satala 229
Scilli, Scillitanische Märtyrer 76, 336
Scythopolis 258
Sebasteia 215
Seder Olam Rabba 121
Sefer Serubbabel 255
Sekten s. Häresie
Seleucia ad Calycadnum 215
Seleukeia (Syrien) 215
Seleukiden 24, 62
Selinous 215
Sellin, V. 28, 31
Senat, Senatoren(stand) 18, 51, 94, 144, 148, 186, 241f., 248, 269; Adlectio 249
Seneca 133, 301, 304f., 306, 315
Seneca d. Ä. 305, 315
Septimus Hairan 249f., 252
Septimius Kallikles 193
Septimius Odaenathus s. Odaenath
Septimius Severus 67, 106, 114f., 118f., 138, 143ff., 238, 242, 248f., 262, 271, 295, 321f.
Septimius Vaballath s. Vaballath
Sereth 243
Seuchen, Epidemien 34, 57f., 59, 72, 111, 116, 133f., 135, 153f., 162f., 167ff., 171, 175, 177f., 182, 188, 191, 196ff., 233, 235f., 244, 268, 289, 301, 317f., 333, 352, 361, 363f.
Severina Augusta s. Ulpia Severina
Severische Dynastie (= Severisch-emesanisches Kaiserhaus) 34, 88, 218, 236f., 289, 295, 329, 345f.
Severus Alexander 17, 34, 41, 117, 139f., 146, 207, 218, 221, 238, 247f., 286, 288f., 293, 316, 322, 345

Shari'at al-Ghazal 218
Sibylle, Tiburtinische 367
Sibyllistische Tradition, Sibyllistik 34, 51ff., 55, 60, 71, 86f., 190, 212ff., 233f., 349ff., 356ff.
Side 213, 246f., 250, 278; Münzprägung 278
Sieg, Sieghaftigkeit 48, 140, 239, 286, 290, 294f., 303, 318
Simitthus (Marmorbrüche) 177
Singara 218f.
Sinn, Sinnhaftigkeit, Sinnstrukturen 29f., 31
Sinope 192
Sirmium 244, 257, 260
Siscia (Münzstätte) 257, 276
Skythen s. Boranen, Goten, Heruler
Smith, Morton 72
Smyrna 217
Sol Invictus Elagabal 236f., 238
Spätantike 11, 34, 36, 40, 44, 130, 319, 322f., 330, 340, 347
Spanien 15, 292
Sparta 45
Speculator 89, 99
Spoletium 241
Sphorakene 243
Successianus 243
Superstitio s. Aberglaube
Supplicatio 339f.
Sura 243
Syene 355
Synesios 268
Syrien, Syrer 55, 57f., 59, 62, 73, 112, 144, 194, 211ff., 221, 223, 228f., 231, 233f., 236, 239, 243, 246, 257f., 262, 265, 270, 280f., 287f., 289, 294, 346, 353, 358f., 361, 364f.; = Assyria, Assyrer 214f.; Syria – Phoenice 249
Schamasch 237f.
Schapur I. 203, 211, 213ff., 218ff., 233ff., 237, 243ff., 250, 253, 256, 286f., 289; s. auch Perserkriege
Schapur II. 288f.
Scherira Gaon 250
Schisma 117f., 125, 151f., 155f., 157, 182, 208f., 210
Schlachtsarkophage 47f.
Schwarzmeerraum s. Pontus
Schwellenzeit 340f.
Stadt der Sonne 211, 251f., 280ff.
Städte 14, 94f., 289f., 294, 301; Prägungen 213, 240, 277f., 289f., 294
Sterben, christl. 87, 167ff.
Steuern 15, 109, 140, 154, 174
Stil, Stilentwicklung 25f., 36, 39ff.

Stoa 174, 315
Strafe Gottes 101f., 172, 179, 206f., 329, 331, 334; Verfolgerschicksal 172, 179, 206, 290f., 331
Strymon 288

Tabarī 222, 287
Tacitus 44, 269f., 273, 278, 295
Tacitus (Historiker) 312
Tadmor s. Palmyra
Talmud 254
Tarraconensis 292
Tarsus 240
Taurus 58
Telbis 218
Tell Batnan 228
Tenagino Probus 258, 260ff., 283
Tertullian 34, 84, 88ff., 108, 110f., 113, 123, 128, 160, 165f., 170, 172, 176, 179f., 181, 309, 333f., 335, 366
Tetrarchie, Tetrarchen 11, 42, 296f., 341, 346f.
Tetricus I. 292
Tetricus II. 292
Theophilus v. Antiochia 86f., 107, 114, 116f., 120, 359
Thessalien 359
2. Thessalonicherbrief 81, 89f., 91
Thessalonike 13, 192, 216f.
Theurgie s. Magie
Thibaris 158, 162
Thomas von Aquin 311
Thomas-Evangelium 106
Thrakien 144, 192, 217, 259
Thugga 158
Thukydides 199, 233
Tiberius 61, 142, 272, 320
Tigris 218, 227
Timagenes (Aurelius Timagenes) 252, 260f., 265
Titus 52, 142, 353
Töpferorakel 349, 352
Tora 38
Trajan 45, 84, 140, 205, 306, 347; Reskript 335; als Idealfigur 24, 43, 319, 339; Trajanssäule 45, 48
Trapezunt 291
Traumdeutung, Traumgläubigkeit 61f., 113, 327
Trebonianus Gallus 25, 154, 158f., 167, 194, 202f., 206, 211, 222f., 231ff., 239ff., 273, 295f.
Tripolitanien 96, 152, 261
Troja 359
Tyana 215, 231

Tyros 249, 359

Übergangsperiode, Übergangsprozesse 11, 16, 33f., 36, 322f., 340ff.
Ulpia Severina 269f., 273
Ulpian 60, 68
Untergangserwartung 12f., 25, 32, 34, 36, 151f., 155, 157f., 182, 285, 290, 299, 301, 308, 316, 320
Uranius Antoninus 194, 211, 226, 236ff., 248f., 252; Münzprägung 237f., 239
Usurpation 204f., 214, 238, 245, 259, 269f., 286, 294f., 296, 317, 340f.
Utopie 36, 87, 305, 321; U. der statischen Fortdauer 177, 304f., 306, 320f., 322; s. auch aeternitas

Vaballath 251, 256f., 258, 263, 265f.
Valens 231
Valerian 11, 39, 43, 148, 180, 193, 203f., 206f., 211f., 215, 221ff., 229f., 233f., 239ff., 249, 256, 268, 273, 278, 281, 285, 290, 295f., 299, 331, 334, 337, 345, 364; Münzprägung 229, 240, 295, 337; Christengesetze 148, 336f.
C. Valerius Firmus 191
Verfallsvorstellungen, Verfallsempfinden 78, 80, 87, 163, 169, 172, 175, 182, 303f., 310, 312, 315f., 319f., 322, 324f., 343; s. auch Niedergangsvorstellungen; Altern des Kosmos
Verhalten, Disposition des V., s. Muster des V.
Verona 191f.
Vespasian 51, 75, 83, 140, 142, 295, 322, 356
Vesuv (Ausbruch des V.) 353f.
Vettius Valens 62, 69
C. Vibius Afinius Gallus Veldumnianus Volusianus s. Volusian
Victoria Augusta 241
Victorinus v. Pettau 311
Vierhaus, R. 343f.
P. Vigellius Saturninus (P. Vigellius Raius Plarius Saturninus Atilius Braduanus Caucidius Tertullus) 336
Viminacium 190
Vincentius v Lérins 305
Vindobona 191

Visionen 76, 105f., 112f., 132, 158, 330
Völkerwanderungszeit 343
Vogt, J. 332f., 337
Vologaeses (Arsakide) 288
Volusian 203, 211, 231ff., 240, 242f.; Münzprägung 240f.

Walachei 243
Wandel, Wandlungsprozesse 11f., 16, 26, 32, 39ff., 299f., 323, 340ff.
Weltalter(lehre) 114f., 116f., 123, 176, 305ff.; s. auch Weltchronologisches Schema
Weltbild(er) 15, 20, 28, 35, 37, 58f., 63, 65f., 67, 77f., 80, 85, 87f., 96f., 104, 109f., 125f., 129f., 134, 150f., 155f., 163, 165ff., 175, 184f., 200, 284, 290, 297, 300f., 303f., 307, 309, 311f., 315f., 318ff., 325ff., 330, 332, 340, 349, 359; heilsgeschichtliche Teleologie 19, 34, 38, 74ff., 91, 170, 325, s. auch Eschatologie, Weltchronologisches Schema
Weltchronologisches Schema 34, 51, 53, 58, 76f., 80f., 83f., 87f., 89, 91, 97, 104ff., 114ff., 120ff., 131ff., 156f., 158, 163, 166f., 170, 173, 176f., 207, 306ff., 320, 353f., 357
Weltwochenschema (chiliastisches) 106f., 108, 114ff., 123, 165, 167f.
Wunderglaube 63f., 65, 67f., 327
Wundertäter 67, 70

Zabdas 260f.
Zahlenmystik 56, 143, 362, 369; s. auch Gematria
Zaitha 219
Zarathustra 78
Zauber s. Magie
Zauberbücher s. Zauberpapyri
Zauberpapyri 64ff., 71
Zeichen, apokalyptische 57, 59, 79f., 101, 103, 105, 122, 131f., 133, 161, 163, 167, 310, 317, 349, 351, 362f.; s. auch Apokalyptik
Zeitbegriff 305, 312, 323f.
Zenobia (Septimia Z.) 250f., 254, 256ff., 263, 266, 273, 283, 294
Zenobia (Festungsstadt, Halebiye) 250
Zeugma 52
Zosimus 233
Zypern 261, 355

1. Antike Autoren

Acta Cypr.: 336; 1, Z. 4-7: 336f. u. A. 264; 3, 4: 337 A. 266; 3, 4-5: 337 A. 266; 4, 1: 337 u. A. 268; 4, 1-2: 148 A. 69.

Acta martyrorum et sanctorum 2, 128: 224f. A. 269; 135: 224f. A. 269.

Acta Scillit.: 76; 3: 336 u. A. 261f.; 5: 336 A. 260; 14: 336 u. A. 259.

Ael., Var. hist. 2, 31: 68 A. 115; 8, 11: 315 u. A. 111;
Frg. 9-20: 68 A. 115;
Frg. 21ff.: 68 A. 115;
Frg. 35: 68 A. 115;
Frg. 89: 68 A. 115.

Agath. 4, 24: 225 A. 272.

Ambr., Exp. ev. sec. Luc. 7, 222-223: 308 A. 56.

Amm. 14, 6, 3-6: 304 A. 31; 306 A. 42; 17, 5, 2-15: 288 u. A. 646; 17, 5, 3-8: 288 A. 646; 17, 5, 5-6: 289 A. 648; 22, 16, 15: 193 A. 53; 23, 5, 3: 235 A. 331.332; 236 A. 338; 23, 5, 7f.: 219 A. 228; 23, 5, 17: 218 A. 219; 219 A. 228; 24, 11, 6: 218 A. 221; 31, 5, 15: 261 A. 491.

Anon. de rebus bellicis, III: 273 A. 569.

Anon. Iambl. 7, 1: 268 A. 536.

Anon. post Dion. (in Exc. de sent.): 235; 157: 235 A. 331.332.335; 337 A. 337; 158: 235 A. 331; 243 A. 388; 159: 237 A. 347; 246 A. 408; 166: 252 A. 446; 258 A. 472; 167: 247 A. 413; 248 A. 421.

Antisth. in Phlegon v. Tralles, FGrHist 257, F 36 III: 352 A. 29.

Apollon. Tyan., Epist. 68: 70 u. A. 128.131.

Apul., Flor. 19: 67 A. 108; Pro se de magia 25-27: 67 A. 108.

Aristeid., Hieroi Logoi: 87 A. 258; Or. 48, 38: 134 A. 622.

Aristeides, Apol. 16, 6: 92 A. 292; 203 A. 113; 65-68: 368 A. 151; 791f.: 368 A. 151.

Aristoph., Equ. 120ff.: 351 A. 18.

Arnob., Nat. 1: 318; 1, 2-16: 318 A. 138; 1, 17-24: 318 A. 138; 1, 25-65: 318 A. 138.

Artem., Oneirokritika: 22; 62; 69 A. 122; 1, praef. 1-2: 61 A. 71; 1, praef. 2: 62 A. 74; 1, praef. 3: 62 A. 74; 1, 26: 69 A. 125; 5, 31-33: 69 A. 125.

Athenag., Leg. 37: 93 A. 298.

Aug.,
Civ. 1-5: 333 A. 235; 6, 5: 334 A. 245; 20, 24: 121 A. 527;
Enchir. 3, 9: 297 A. 685;
Quaest. ev. 2, 21: 369 A. 154;
Serm. 81, 7-9: 315 A. 112; 81, 8: 308 A. 56.

Augustus, RG 8: 313 A. 97.

Aur. Vict., Caes. 24, 8: 345 A. 327; 24, 9: 345 A. 327; 24, 9-11: 345 A. 327; 28, 1: 217 A. 205; 28, 10-11: 192 A. 51; 29, 2: 194 A. 55.56; 30, 2: 235 A. 329; 31: 240 A. 369; 31, 2: 241 A. 376; 31, 3: 242 A. 377; 32, 3: 242 A. 378; 33: 294 A. 668; 302f. A. 19; 35, 10-14: 269 A. 537; 36, 1: 269 A. 537.

Cass. Dio 52, 36, 1-2: 338 u. A. 279; 52, 36, 1-3: 190 A. 34; 52, 36, 2-3: 67 A. 105; 56, 25, 4f.: 61 A. 69; 57, 18, 4f.: 61 A. 70; 58, 26, 1: 288 A. 645; 66, 19, 3b: 353 A. 32; 66, 19, 3c: 353 A. 32; 72 (71), 27, 1a: 57 A. 52; 72 (71), 27, 3^2: 57 A. 52; 72 (71), 28, 2: 57 A. 52; 72 (71), 34, 2: 328 A. 208; 72 (71), 36, 4: 18; 73 (72), 14, 3: 289 A. 652; 73 (72), 15, 6: 18; 73 (72), 16, 1: 18; 73 (72), 15, 6: 138 A. 657; 73 (72), 24, 2: 135 A. 627; 75 (74), 6, 2a: 145 A. 45; 75 (74), 14, 1-6: 146 A. 52; 76 (75), 13, 2: 145 A. 43; 77 (76), 36, 4: 144 A. 33; 80, 3, 1: 288 A. 635; 80, 3, 2-3: 288 A. 635; 80, 3, 2-4, 1: 289 A. 650; 80, 4, 1: 287 A. 635; 80, 4, 1 (= Xiphilinus 356, 15-19): 288 A. 637; 80, 4, 1-2: 288 A. 635.

Cedren. 257: 214 A. 192.

Chronik von Arbela: 225 A. 269.

Chron. Se'ert, Acta Sanctorum IV, 386: 215 A. 200; 221 A. 245; 222 A. 258.

Chron. a. 354 (Chron. min. I, p. 147f.): 192 A. 51; 242 A. 377; 259 A. 481.

Cic.,
Dom. 17: 137 A. 648;
Nat. deor.: 333 A. 234; 1, 14: 334 A. 244; 2, 8: 334 A. 241.244; 2, 72: 334 A. 244; 3, 5-6: 334 A. 246;
P. red. in sen. 34: 137 A. 648;
Rep. 3, 12: 129 A. 585.

Clem. Alex.,
Paid. 1, 83, 3: 86 A. 245; 3, 11, 60, 2-61: 42 A. 130; 3, 11, 62, 1: 42 A. 130; 3, 48, 3: 86 A. 245;
Strom. 1, 9, 43, 1: 120 A. 521; 5, 9, 3-6: 86 A. 245; 5, 90, 4 - 91, 2: 86 A. 245; 6, 109: 86 A. 245; 7, 12: 86 A. 245; 7, 34, 4: 86 A. 245; 7, 56, 3 - 57, 5: 86 A. 245; 7, 74, 7: 86 A. 245; 7, 78, 3: 86 A. 245; 7, 102, 3-5: 86 A. 245.

Cod. Iust. (CJ) 3, 42, 6: 216 A. 201; 5, 3, 5: 244 A. 394; 6, 10, 1: 216 A. 201; 6, 42, 15: 244 A. 393; 9, 9, 18: 244 A. 394; 9, 18, 2-6.8: 68 A. 114; 10, 16, 3: 191 A. 47.

Cod. Theod. (CTh) 9, 23, 1, 2: 271 A. 550.

Mosaicarum et Romanarum Legum Collatio (Coll.) 6, 4, 1: 338 u. A. 276; 15, 3, 1-2: 338 A. 275.

Colum. 1, praef. 1: 178 A. 328; 315 A. 106; 2, 1, 1: 178 A. 328; 315 A. 106.

Comm.,
Apol.: 364ff.; 65-68: 368 A. 151; 791f.: 368 A. 151; 791-1060: 367; 808-811: 368; 810-822: 367; 817f.: 367; 833ff.: 369 A. 154; 871: 367 A. 148; 885f.: 364 A. 120; 910-918: 376; 911: 364 A. 120; 925: 367; 932f.: 364 A. 120;
Instr.: 366f.; 1, 41: 367 A. 148; 2, 25: 369 A. 156; 2, 27: 369 A. 156; 2, 29: 369 A. 156; 2, 30: 369 A. 156.

Corpus Hermeticum II, 24-26 (ed. A.D. Nock - A.J. Festugière, p. 326-332): 315 u. A. 113f.

Cypr.,
Demetr.: 149 A. 83; 153; 162; 163; 165; 171ff.; 182 A. 359; 1-3: 171 A. 262; 2: 171 A. 259; 174; 177 A. 323; 2, 22-24: 174 A. 285; 2, 24-27: 174 A. 285; 2, 26f.: 177 A. 312; 3: 14 A. 22; 154 A. 118; 171 A. 259; 172 A. 273; 174; 177 A. 318; 3, 37-39: 174 A. 288; 3, 39f.: 175 u. A. 289; 3, 39-41: 173 A. 276; 3, 41f.: 175 A. 289; 3, 43f.: 173 A. 277; 3, 43-46: 175 u. A. 290; 3, 44-46: 173 A. 278; 3, 46f.: 177 A. 312; 3, 46-49: 177 A. 311; 3, 46-55: 175 A. 295; 3, 49f.: 177 A. 313; 3, 50-52: 177 A. 315; 3, 52f.: 177 A. 317; 3, 53-55: 175 A. 298; 3, 55-57: 175 u. A. 300; 3, 57f.: 176 u. A. 301; 3, 58-64: 176 A. 302; 3, 64ff.: 176; 3, 64-67: 175 u. A. 294; 3, Z. 19-21: 333 A. 235; 3-4: 163 A. 198; 4: 175 A. 297; 176; 4, 68-74: 176 u. A. 303; 4, 72-74: 176 A. 304; 4, 76ff.: 176 A. 306; 5: 174; 177 A. 318.323; 5, 81-85: 178 A. 331; 5, 85-87: 178 A. 332; 5, 87-90: 179 A. 335; 5, 90ff.: 179 A. 337; 6: 179 A. 337; 6, 111ff.: 179 A. 337; 6, 115f.: 179 A. 336; 7: 177 A. 318.323; 179 A. 337; 7, 117-119: 179 A. 338; 7, 120: 177 A. 319; 7, 121f.: 177 A. 320; 7, 122f.: 177 A. 321; 7, 123: 177 A. 322; 7, 129: 179 A. 339; 8: 177 A. 318; 178 A. 329; 8, 137f.: 177 A. 322; 8, 138f.: 177 A. 312; 9: 179 A. 337; 10, 180-184: 179 A. 339; 10, 189-192: 178 A. 325; 10, 192f.: 177 A. 312; 10, 193: 174 A. 287; 10: 171 A. 259; 10: 174; 175; 175 A. 299; 177 A. 318.323.324; 179 A. 337; 11: 178; 11, 225-227: 179 A. 340; 12: 178 A. 327; 12-16: 179 A. 341; 16: 179; 17: 171 A. 261; 172 A. 268.269; 179; 17, 323-334: 179 A. 342; 17, 334f.: 180 A. 346; 17, 334-337: 180 A. 343; 17, 342-344: 180 A. 347; 18: 180 A. 349; 181; 19: 181 A. 350; 19, 194ff.: 178 A. 326; 20: 181; 20, 380-384: 181 A. 351; 20, 400-404: 181 A. 352; 22: 181; 22, 414f.: 181 A. 353; 22, 416ff.: 181 A. 354; 22, 440ff.: 181 A. 353; 23: 181; 23, 446-448: 181 A. 355; 23, 448ff.: 182 A. 356; 23, 460: 182 A. 357; 24: 182; 25: 182; 25, 509-514: 182 A. 358; 26: 182;
Domin. orat.: 171;
Donat.: 149; 150; 175 A. 298; 2-4: 149 A. 80; 3: 147 A. 65; 149 A. 82; 5ff.: 150 A. 92; 5, 114: 150 A. 94; 6: 150 u. A. 88; 7: 150 A. 92; 8: 150 A. 92; 9: 150 A. 92; 10: 150 A. 91.92; 154 A. 124; 10, 226-228: 150 A. 95; 12: 154 A. 124; 14, 321-324: 150 A. 86; 14, 328ff.: 150 A. 89; 14-15: 149 A. 80;

Eleem.: 153f.; 6: 154 A. 119; 13: 154 A. 120; 16: 154 A. 121; 18: 154 A. 121; 182 A. 359; 18, 354-357: 154 u. A. 122; 19: 154 u. A. 123; 21-22: 150; 22: 154 A. 120;
Epist.: 94; 4: 154 u. A. 125; 7: 113 A. 470; 7, 1: 147 A. 60.62; 8, 1: 147 A. 59; 8, 2: 151 A. 97; 10: 162 A. 183; 11, 2: 155 A. 131; 11, 3: 113 A. 470; 11, 3-5: 147 A. 62; 11, 4: 113 A. 470; 11, 7: 147 A. 62; 13, 4: 149 A. 77; 16, 4: 147 A. 62; 18, 1: 153 A. 115; 20, 1: 147 A. 60; 20: 149 A. 81; 22, 1: 155 A. 129; 27: 147 A. 62; 28: 147 A. 62; 30: 147 A. 62; 151 A. 98; 153; 30, 5: 151 A. 99; 31: 147 A. 62; 149 A. 77; 32, 1: 148 A. 73; 36, 5: 151 A. 100.101; 37: 162 A. 183; 37, 2: 172 A. 272.311; 43: 149 A. 76; 153 A. 114; 43, 3: 189 A. 28; 43, 4: 147 A. 63; 44-45: 153 A. 114; 45, 4: 148 A. 73; 48, 3: 149 A. 78; 49, 3: 148 A. 73; 55: 156 A. 140; 162 A. 183; 55, 5: 153; 55, 9: 153; 57: 159; 57, 1: 158 A. 158; 57, 2: 158 A. 158; 57, 5: 158 A. 158; 159 u. A. 160; 58: 158; 159; 162 A. 183; 167; 58, 1: 105 A. 397; 158 A. 158; 58, 1, Z. 14ff.: 159 u. A. 166; 58, 2: 160; 58, 2, Z. 21ff.: 161 A. 172; 58, 3: 160; 58, 3, Z. 8-12: 160 A. 170; 58, 4: 161 A. 173; 58, 7: 160 A. 171; 58, 10: 160 A. 171; 59: 155 A. 132; 156; 157 A. 149; 59, 1-2: 157 A. 146; 59, 3: 157 A. 150; 59, 3, Z. 9ff.: 157 A. 150; 59, 6: 147 A. 60; 171 A. 264; 59, 7: 157; 59, 14: 157 A. 146; 59, 18: 157; 157 A. 146; 59, 18, Z. 10ff.: 157 A. 148; 59, 19: 148 A. 73; 60: 203 A. 112; 61: 152 A. 103; 61, 2: 155 A. 130; 61, 3: 203 A. 112; 62: 152; 153 A. 110; 62, 4: 152 A. 108; 67: 157 A. 151; 67, 3: 157 A. 152; 67, 4-5: 157 A. 152; 67, 6: 157 A. 153; 67, 7: 158 A. 154; 67, 8: 158; 67, 8, Z. 18-23: 158 A. 155; 69, 1: 152 A. 102; 156 A. 145; 69, 4: 156 A. 145; 69, 10: 156 A. 145; 70: 149 A. 78; 72, 2: 156 A. 145; 73: 149 A. 78; 74, 4: 156 A. 145; 75, 10: 147 A. 62; 336 A. 257; 76: 154 u. A. 127; 76, 7: 155 A. 128; 76-79: 177 A. 316; 76-81: 155 A. 128; 77: 149; 77, 1: 149 A. 74; 80: 154 A. 126; 189 A. 28; 81: 149 A. 77; 154 A. 126; 82: 148 A. 72;
Fort.: 152 A. 102; 158 A. 157; 162; 162 A. 183; 167; praef.: 160; praef. 1, 2-5: 167 A. 226; praef. 2: 165 A. 215; 167 A. 225; praef. 2, 23-24: 167 A. 227; 7: 167 A. 225; 11: 167 A. 228; 11, 61ff.: 182 A. 359; 11, 88ff.: 165 A. 216; 11-13: 167 A. 225; 13, 40f.: 167 A. 228;

Hab. virg.: 154; 162 A. 183; 7: 183 A. 361; 23: 154 A. 126;
Idol.: 166; 5: 166 A. 221; 10: 166 A. 221; 11: 166 A. 221; 11, Z. 1-4: 166 A. 221;
Laps.: 155; 171 A. 260; 180 A. 344; 1, 4-6: 180 A. 344; 1, 12-14: 180 A. 344; 5-7: 155 A. 131;
Mort.: 11; 149 A. 83; 153; 162; 162 A. 183; 163; 165; 167ff.; 171; 199 A. 90; 200; 1: 168 A. 232; 2: 168 A. 232; 169 A. 248; 2, 15ff.: 169 u. A. 247; 2, 17-18: 169 A. 246; 2, 29: 170 u. A. 250; 2, 30ff.: 170 u. A. 249; 3-5: 170 A. 255; 6-7: 170 u. A. 256; 8: 168 A. 232; 8-14: 170 A. 258; 15: 168; 198 A. 85; 15, 241-243: 168 A. 235; 15-16: 163 A. 196; 170 u. A. 257; 17-19: 168 A. 233; 18: 168 A. 232; 19: 168; 20: 169 A. 244; 20-22: 169 A. 243; 22: 169 A. 244; 23: 169 A. 245; 24: 168; 183 A. 361; 24, 397-399: 168 A. 236; 24, 399ff.: 168 A. 237; 25: 163 A. 198; 168; 25, 418-420: 169 u. A. 239; 25, 426: 11 A. 2; 25, 426-429: 169 u. A. 241; 26: 169; 26, 430-434: 169 u. A. 242;
Patient.: 161; 12: 161 A. 178; 15: 161 A. 177; 16: 150 A. 87; 161 A. 177; 21: 161; 21, 470-478: 162 A. 179;
Sent. episc. 87: 152 A. 102; 87: 156 A. 145;
Testim.: 159; 168; 2, 28-29: 168 A. 231; 2, 28ff.: 151 A. 96; 3, 11, 32: 170 A. 251; 3, 16: 159 A. 161; 3, 17: 168 A. 231; 3, 58: 168 A. 231; 3, 89: 151 A. 96; 3, 118: 151 A. 96;
Unit. eccl.: 151 A. 102; 155 u. A. 132; 156; 162 A. 183; 171 A. 260; 1-3: 155 A. 133; 16: 155 A. 137; 16, 392-395: 155 A. 135; 16, 395-408: 155 A. 136; 16, 408-413: 155 A. 137; 16-17: 155 A. 135; 17, 416f.: 156 u. A. 139; 17, 417ff.: 156 A. 139; 21-22: 156 A. 141; 26: 156 A. 143; 27: 156 A. 143.

Ps.-Cypr.,
Laud. mart.: 161ff.; 162 A. 182; 165; 2: 163 A. 190; 7 (p. 32): 163 A. 193; 8: 163 A. 195; 8, Z. 7ff.: 163 A. 194; 8, bes. Z. 10-18: 163 A. 192; 8, Z. 18 (p. 31); 13, bes. Z. 12-14: 163 A. 198; 13, Z. 14 (p. 35) - 1 (p. 36): 164 A. 199; 13, Z. 1ff. (p. 36): 164 A. 201; 164 A. 202; 14: 164 A. 203; 14, Z. 12-15: 164 A. 204; 14, Z. 15ff.: 164 A. 205; 15: 162 A. 187; 16: 164 A. 206; 17-18: 164 A. 207; 19-24: 164; 22: 164 A. 208; 23: 164 A. 208; 27: 164 A. 205.209; 27, Z. 15-17: 164 A. 210; 28, Z. 12-15: 165 A. 212; 28, Z. 15ff.: 165 A. 211; 30: 164 A. 205;

Mont. 2: 168 A. 238; 4: 117 A. 493;
Pasch.: 117 A. 498; 13-18: 124 A. 551.

Dexipp., FGrHist 100 F 6: 233 A. 323; F 6-7: 297 A. 683.

Dig. 11, 7, 6, 1: 361 A. 104; 11, 7, 14, 14: 361 A. 104; 11, 7, 39: 361 A. 104; 18, 1, 1: 271 A. 550; 47, 12, 3, 4: 361 A. 104; 48, 19, 30: 68 A. 112; 72 u. A. 141.

Dion Chr., Or. 21, 10: 353 A. 30.

Dionys. Alex. (in. Eus., H. e.): 35; 199;
Ep. ad Fabium Antiochenum: 188 u. A. 25; 190;
Ep. ad Germanum: 186; 199;
Ep. ad Dionysium Romanum: 193 A. 52; 247 A. 414;
Ep. ad Dometium et Didymum: 189; 199;
Ep. ad Hermammonem: 185; 189; 200ff.; 247 A. 414;
Ep. ad Alexandrinos: 188f.; 190; 191 A. 43; 196; 199ff.;
Ep. ad Hieracem: 188f.; 190; 194ff.; 199.

Elias Nisib., Chron. 1, 42, 16-20: 225 A. 272; 1, 91, 18-21: 225 A. 272; 1, 92, 20-22: 225 A. 272.

Epiphan., Panar. 48: 110 A. 447; 48, 1: 111 A. 455; 51, 33: 119 A. 512.

Epit. de Caes. 28, 2-3: 192 A. 51; 30, 2: 235 A. 329; 31: 240 A. 369; 31, 1: 241 A. 376; 31, 2: 242 A. 377; 32, 2: 242 A. 378; 32, 4: 202 A. 105; 34, 5: 260 A. 481; 35, 2: 297 A. 684; 35, 2-4: 297 A. 683; 35, 8: 269 A. 540; 35, 10: 269 A. 537; 36, 2: 270 A. 545.

Eus.,
Animadv. in Philostr. Apollon. comm. 5: 71 A. 134;
Chron. (armen.), p. 226 (ed. Karst): 199 A. 90;
H. e. 4, 15, 46f.: 335 A. 252; 4, 26, 7-8: 70 A. 324; 5, 16, 11: 111 A. 450; 5, 16, 13: 111 A. 453; 5, 16, 15: 111 A. 453; 5, 16, 18f.: 111; 5, 16, 19: 110 A. 447; 111 A. 451; 134 A. 623; 5, 16-19: 110 A. 447; 5, 17, 4: 111 A. 451; 6, 1: 114 A. 473; 114 A. 474; 118; 6, 2, 2: 114 A. 474; 6, 2, 12: 114 A. 474; 6, 2-3: 114 A. 475; 6, 3, 3: 114 A. 474; 6, 3, 3-6: 114 A. 474; 6, 4-5: 114 A. 474; 6, 6: 114 A. 473.476; 6, 7: 113 A. 472; 114; 114 A. 479; 115; 6, 29, 4: 186 A. 10; 6, 41, 1: 190 A. 35.37; 6, 41, 1-9: 190 A. 34; 6, 41, 9: 191 A. 40; 202 A. 108; 6, 41, 9, Z. 21ff.: 191 A. 44; 6, 41, 9-10: 189 A. 28; 6, 41, 20: 189 A. 30; 6, 41-42: 188 A. 24; 6, 42, 4: 152 A. 106; 6, 44: 188 A. 24; 6, 44, 1: 188 A. 24; 7, 1: 201 A. 102; 202 A. 107.109.111; 203 A. 114; 7, 10: 203 A. 117; 7, 10, 1: 202 A. 109; 203 A. 114; 7, 10, 2-9: 201 A. 102; 7, 10, 3: 202 A. 108; 203 A. 117; 204 A. 119; 7, 10, 4: 204 A. 120.123; 204 A. 126; 7, 10, 4-7: 203 A. 118; 204 A. 124; 7, 10, 5: 204 A. 121.122; 7, 10, 6: 204 A. 124; 7, 10, 7: 204 A. 120; 7, 10, 8: 204 A. 122; 247 A. 413; 7, 10, 8-9: 204 A 125; 7, 11, 7: 337 A. 265; 7, 11, 8: 203 A. 113; 7, 11, 9: 337 A. 265; 7, 11, 18: 186 A. 3; 7, 11, 24: 189 A. 30; 196 A. 71; 199 A. 93; 7, 13: 187 A. 18; 201 A. 104; 202 A. 106; 7, 16-17: 369 A. 154; 7, 21, 1: 191 A. 39; 7, 21, 1-2: 188 A. 21; 7, 21, 1-3: 194 A. 60; 7, 21, 2-3: 194 A. 59; 7, 21, 2-10: 194 A. 57; 7, 21, 3: 191 A. 39; 7, 21, 3ff.: 194 A. 60; 7, 21, 4: 195; 7, 21, 4-8: 196 A. 76; 7, 21, 5-6: 195 A. 64; 7, 21, 6-8: 195; 7, 21, 9: 196; 7, 21, 9, Z. 6: 196 A. 72; 7, 21, 9, Z. 7: 196 A. 73f.; 7, 21, 9, Z. 7f.: 196 A. 75; 7, 21, 9, Z. 8ff.: 196 A. 77; 7, 21, 9, Z. 15f.: 198 A. 83; 7, 21, 9-10: 196 A. 69; 7, 21, 10: 198; 7, 21-23: 188 A. 22; 7, 22, 1: 188 A. 21. 26; 189 A. 27; 191 A. 42; 7, 22, 1-6: 199 A. 88; 7, 22, 1-10: 191 A. 43; 7, 22, 2: 200 A. 98; 7, 22, 4: 191 A. 38; 7, 22, 4f.: 189 A. 29; 7, 22, 4-6: 199 A. 92; 7, 22, 5: 191 A. 41; 7, 22, 5-6: 191 A. 42; 7, 22, 6: 196 A. 71; 199 A. 87.94; 7, 22, 6, Z. 17f.: 200 A. 95; 7, 22, 6, Z. 18f.: 200 A. 96; 7, 22, 7-10: 199 A. 88; 200 A. 97; 7, 23: 201 A. 102; 7, 23, 1: 204 A. 128.129; 205 A. 135; 7, 23, 1-2: 204 A. 131; 7, 23, 1-4: 202 A. 109; 7, 23, 2: 204 A. 132; 205 A. 135; 7, 23, 3: 205 A. 134.135.137; 7, 23, 4: 200 A. 101; 205 A 134.136; 7, 24, 1: 208 A. 149.156; 210 A. 176; 7, 24, 1-2: 208 A. 151; 7, 24, 3: 208 A. 150; 209 A. 164; 7, 24, 4: 208 A. 153; 7, 24, 4-5: 208 A. 151f.; 210 A. 170.176; 7, 24, 5: 208 A. 154.156; 210 A. 171.172.173.175. 177; 7, 24, 6: 208f. u. A. 157; 210 A. 172.173.174; 7, 24, 6-8: 208; 7, 24, 6-9: 209 A. 158; 7, 24, 7: 210 A. 171.172; 7, 24, 8: 210 A. 172.177; 7, 24, 9: 209 u. A. 159; 209 A. 162.163; 7, 24-25: 207 A. 147; 7, 25, 1: 209 A. 164; 7, 26, 2-3: 187 A. 17.19; 7, 27,

1: 222 A. 258; 7, 27, 2: 186 A. 6; 7, 28, 3: 186 A. 7; 7, 32, 6: 193 A. 53; 7, 32, 7-11: 193 A. 53; 195 A. 62; 7, 32, 11: 193 A. 53; 7, 32, 11-12: 193 A. 53; 7, 32, 12: 193 A. 53; 7, 32, 21: 193 A. 53; 8, 17, 6f.: 338 A. 277; 8, 17, 10: 335 A. 256; 9, 7: 334 A. 237;
Praep. ev. 4, 1, 1-5: 335 A. 248; 4, 1, 2: 329 A. 211; 333 A. 232; 5, 19-36: 72 A. 145; 6, 7: 72 A. 145.

Eus.-Hieron., Chron. (ed. R. Helm ²1956): 199; p. 218: 192 A. 51; p. 219: 199 A. 90; p. 220: 242 A. 378; p. 222: 259 A. 481.

Eutr. 8, 5, 3: 319; 9, 2, 2-3: 218 A. 223; 9, 2, 3: 219 A. 228; 9, 3: 192 A. 51; 217 A. 212; 9, 5: 241 A. 376; 9, 5-6: 240 A. 369; 9, 6: 242 A. 377; 9, 7: 242 A. 378; 293 A. 668; 9, 8: 293 A. 668; 9, 9, 1: 12 A. 11; 9, 10: 249 A. 433; 9, 11, 1: 251 A. 443; 9, 12: 259 A. 481; 9, 13, 1: 297 A. 683; 9, 13, 2: 297 A. 684; 9, 15, 1: 294 A. 668; 9, 15, 2: 269 A. 540; 9, 15, 2 - 16: 269 A. 537.

Exc. Val. 343: 146 A. 42; 415: 288 A. 637.

Firm., Math.: 22; 62 A. 75; 2, 30, 1-2: 69 A. 123; 2, 30, 14-15: 69 A. 123; 4, praef. 3: 69 A. 123; 5, praef. 1.4.6: 69 A. 123; 7, 1, 1: 69 A. 123; 8, 1, 7: 69 A. 123; 8, 33, 2-4: 69 A. 123.

Flor. praef. 4-8: 138; 205 A. 138; 306 A. 42; praef. 8: 205; 306 u. A. 44.

Galen.,
Simpl. medic. temp. VI, p. 792f. (ed. Kühn vol. XI): 64f. A. 91;
Praecog. 159f.: 69 A. 121;
Lib. propr. 4 (Scripta Minora II, p. 88): 69 A. 121.

Gell. 3, 10, 11: 303 A. 23.

Gennad., Vir. ill. 15: 366 A. 137f.

Georg. Mon. 358: 214 A. 192.

Greg. Nyss., Vita Greg. Thaumat. p. 944: 339 A. 281.

Greg. Thaumat., Epistula Canonica p. 1019-1048: 291 u. A. 658.

Herod.: 18 A. 37; 140 A. 5; 1, 1, 4f.: 144 A. 34; 1, 1, 4-6: 18; 1, 2-4: 144 A. 34; 2, 7, 9: 145 A. 48; 2, 8, 2-5: 138 A. 658; 2, 8, 8: 138 A. 658; 6, 2-4: 288 A. 639; 6, 4, 4-5: 288 A. 641; 7, 9, 4-11: 152 A. 105.

Hieron.,
Chron. s. Eus.-Hieron.;
In Ion. 3, 6f.: 147 A. 66;
Vir. ill. 67: 147 A. 66.

Hippol.,
Antichr.: 84 A. 237; 118ff.; 124; 6: 126 A. 566; 15: 125 A. 558; 23-28: 121 A. 530; 25: 121 A. 530; 122 A. 531.532.534.541; 126 A. 566; 28: 122 A. 531.532.533; 123 A. 546; 126 A. 567.568; 29: 126 A. 567; 33: 122 A. 533; 126 A. 568; 43: 122 A. 538; 123 A. 544; 123 A. 550; 46f.: 369 A. 154; 49: 126 A. 566.568; 50: 126 A. 568; 51: 126 A. 566; 57: 126 A. 566;
Capita c. Gaium: 125 A. 559;
Chron. 700: 117 A. 495;
Comm. in apoc.: 91 A. 286; 126 A. 570; frg. 6: 122 A. 541; 126 A. 567.570; frg. 12: 126 A. 567; frg. 15: 126 A. 568; frg. 21: 126 A. 567;
Frg. zum Pentateuch., p. 110f. (ed. Achelis): 123 A. 549;
Haer.: 126; 9, 12, 26: 126 A. 563; 9, 13: 84 A. 235; 9, 13, 4: 84 A. 235; 121 A. 530; 235; 9, 15: 84 A. 235; 9, 16: 84 A. 235;
In Dan.: 91; 94; 112; 118f.; 120 A. 520; 124; 127; 133; 2, 11-12: 121 A. 530; 2, 12, 7: 122 A. 531; 3, 18: 112 A. 458; 3, 18, Z. 10: 112 u. A. 459; 3, 18, Z. 11-13: 113 A. 465; 3, 19: 112 A. 461; 3, 19, Z. 1: 112 A. 462; 3, 19, Z. 12-14: 112 A. 463; 3, 19, Z. 18f.: 113 A. 464; 3, 20: 112 A. 460; 3, 23: 126 A. 562; 4, 2, 1: 126 A. 562; 4, 5: 92 A. 292; 4, 5, 1: 122 A. 532; 4, 5, 1-2: 122 A. 533; 4, 5, 3: 122 A. 531; 4, 5, 4: 120 A. 515; 124 A. 554; 132 A. 603; 4, 5, 6: 119 A. 514; 120 A. 515; 124 A. 554; 4, 6, 4: 122 A. 534.536; 4, 7, 4: 122 A. 533.537.538; 4, 7, 5-6: 122 A. 539; 4, 7, 23-24: 122 A. 535; 4, 8, 7: 127 A. 572; 4, 9, 1-3: 127 u. A. 574; 4, 9, 2: 127 A. 573; 4, 10, 2: 122 A. 541; 127 A. 577; 4, 12: 92 A. 292; 4, 12, 2: 92 A. 292; 4, 12, 4: 122 A. 535.539.541; 127 A. 571; 4, 12, 4-5: 122 A. 542; 4, 15, 1: 124 A. 553; 129 A. 515.517; 132 A. 605; 4, 16: 132 A. 606; 4, 16, 1: 120 A. 518; 4, 16, 8: 122 A. 543; 4, 17, 1: 119 A.

514; 132 A. 607; 4, 17, 8: 133 A. 610; 4, 17, 9: 120 A. 519; 133 A. 608; 4, 21, 2: 123 A. 546.547; 4, 21, 2-3: 123 A. 547; 4, 21, 3: 123 A. 546; 4, 21, 4: 119 A. 514; 120 A. 515; 124 A. 553.555; 4, 22, 1-4: 119 A. 514; 4, 22, 2: 123 A. 547; 4, 22, 3-4: 132 A. 603; 4, 23, 1: 120 A. 515; 4, 23, 3: 123 A. 549; 4, 23, 4-5: 123 A. 550; 4, 23-24: 123 A. 549; 4, 24, 1-4: 123 A. 548; 4, 24, 5-6: 123 A. 548; 4, 30, 1: 120 A. 515; 4, 30, 2: 120 A. 517; 124 A. 553; 4, 30, 3: 117 A. 496; 124 A. 552; 4, 30ff.: 123 A. 550; 4, 35, 3: 117 u. A. 496; 120 A. 519; 124 A. 552; 4, 49: 126 A. 566; 4, 50: 123 A. 544;
Resur.: 126 u. A. 564.

HA: 12 A. 11; 17 A. 34; 140 A. 5; 211 A. 178; 235 A. 330; 235;
Aurel. 293 A. 668; 18, 2-3: 297 A. 683; 21, 1-3: 297 A. 683; 32, 2-3: 193 A. 53; 35, 4: 269 A. 539; 303 A. 21; 35, 5-36, 6: 269 A. 540; 37, 6: 259 A. 481; 40-41: 269 A. 537;
Avid. 7, 7: 57 A. 52;
Car. 2-3: 306 A. 42;
Claud. 11, 1: 261 A. 489; 11, 1-2: 260 A. 486; 11, 2: 259 A. 477; 265 A. 517; 12, 1: 262 A. 492; 12, 5: 259 A. 481;
Comm. 14, 3: 138 A. 657;
Gall.: 293 A. 668; 2, 5: 245 A. 404; 2, 5 - 3, 5: 247 A. 413; 3, 1-5: 248 A. 421; 3, 3: 249 A. 432; 3, 5: 249 A. 432; 3, 6-7: 302 A. 19; 4, 1-2: 202 A. 105; 5, 1: 302 A. 19; 5, 6: 302 A. 19; 10, 1: 248 A. 423; 251 A. 444; 10, 2-8: 249 A. 433; 10, 3: 222 A. 256; 10, 4: 249 A. 432; 10, 4-5: 250 A. 434; 11, 1-2: 258; 12, 1: 222 A. 256; 248 A. 423; 13, 4-5: 256 A. 463; 13, 9: 302 A. 19; 16: 302 A. 19;
Gord. 23, 5: 218 A. 215; 225 A. 271; 23, 4: 152 A. 105; 225 A. 271; 26, 3: 225 A. 271; 26, 6 - 27, 1: 218 A. 219;
Marc. 13, 1-2: 134 A. 616; 13, 6: 133 A. 614; 24, 4: 143 A. 26; 25, 2: 57 A. 52; 13, 3-6: 361 A. 104;
Pesc. 12, 6: 136 A. 641;
Prob. 9, 1: 263 A. 508; 9, 1-5: 260 A. 486; 10, 1: 270 A. 545; 20, 4-6: 321 A. 155; 22, 2-4: 321 A. 155;
Sev. 9, 3-8: 146 A. 52; 14, 6: 146 A. 52; 17, 1: 118;
Tac. 1-8: 269 A. 537; 13, 2: 269 A. 539;
Trig. tyr.: 235; 235 A. 330; 2: 235 A. 333; 2, 3: 236 A. 338; 12, 12-14: 247 A. 413; 14, 1: 247 A. 413; 15, 1: 251 A. 443; 15, 4: 247 A. 413; 248 A. 421; 15, 7: 251 A. 444; 22: 202 A. 105; 22, 8: 202 A. 105;
Val. 4, 2-4: 287 A. 630; 4, 4: 248 A. 420.

Ioann. Antioch., frg. 104 (FGH IV p. 578f.): 353 A. 32; frg. 118 (FGH IV p. 582): 57 A. 52; frg. 147 (FGH IV p. 597): 192 A. 51; frg. 148 (FGH IV p. 597f.): 191 A. 50; 192 A. 51; frg. 150 (FGH IV p. 598): 192 A. 51; 240 A. 369; frg. 152, 2 (FGH IV p. 599): 252 A. 446.

Iord. Get. 19, 105: 240 A. 369; 243 A. 380; 19, 106: 203.

Ios.,
Ant. J. 20, 5, 1: 61 A. 70; 20, 8, 5-6: 61 A. 70; 20, 8, 10: 61 A. 70;
B. J. 6, 5, 4, 312: 61 A. 70; 7, 5, 1, 105f.: 52 A. 20; 7, 10, 2-4: 356 A. 54.

Iren., Haer.: 106f.; 1, 8, 2: 109 A. 438; 1, 10, 3: 109 A. 437; 1, 23, 4: 73 A. 150; 1, 23, 5: 73 A. 150; 1, 25, 3: 73 A. 150; 2, 26, 1-2: 108 A. 424; 3, 5, 3: 109 A. 441; 3, 12: 108 A. 430; 3, 17, 1: 109 A. 441; 3, 17, 3-4: 108 A. 430; 3, 22, 2: 106 A. 408; 4, praef. 4: 109 u. A. 439; 4, 7, 1: 109 A. 437; 4, 22, 1: 109 A. 440; 4, 24, 1: 109 A. 440; 4, 30, 3: 108 A. 424; 134 A. 623; 4, 33, 15: 109 A. 441; 4, 34, 4: 107 A. 420; 4, 35, 5: 109 A. 437; 4, 36, 3: 109 A. 438; 4, 41, 4: 109 A. 439; 5, 6, 1: 106 A. 408; 5, 15, 4: 109 A. 437; 5, 18, 3: 109 A. 439; 5, 23, 2: 107; 107 A. 414.417; 5, 24, 1: 109 A. 434; 5, 24, 1-3: 108; 5, 24, 2: 91 A. 284; 108; 109 A. 435; 5, 24, 4-5: 123 A. 544; 5, 25, 1: 107 A. 418; 5, 25, 2-4: 107 A. 422; 5, 25, 3: 108 A. 426.432; 5, 26: 107 A. 415; 5, 26, 1: 107 A. 422; 108f. A. 426.438; 5, 28, 1: 107 A. 415; 5, 28, 2-3: 107 A. 421; 5, 28, 3: 106; 107 A. 418; 5, 29, 2: 107 A. 414.417; 5, 30, 1: 108 A. 425; 5, 30, 1-2: 108 A. 429; 5, 30, 2: 107 A. 422; 5, 30, 2-3: 107 A. 418; 5, 30, 3: 107 A. 423; 109 A. 433; 5, 30, 4: 107 A. 415; 5, 31, 1-2: 107 A. 415; 5, 32, 1-2: 107 A. 423; 5, 33: 107 A. 415; 5, 33, 2: 107 A. 414; 5, 34, 2: 107 A. 418; 5, 34, 2-4: 107 A. 415; 5, 34, 4: 107 A. 414; 5, 35, 1: 107 A. 415.

Iustin.,
Apol. 1, 28, 2: 92 A. 292; 1, 44: 71 u. A. 137; 358 A. 77; 1, 45: 82 A. 226; 2, 7, 1: 92 A. 292;
Dial. 17: 113 A. 471.

Iuv., Sat. 1, 3, 75-78: 73 A. 149.

Jakob Edess. 283, 3-16: 225 A. 272; 286, 15f.: 225 A. 272.

Kosm. Ind., Top. 2, 83f.: 297 A. 685.

Lact.,
Epit.: 309f.; 65, 7: 309f. u. A. 72; 65, 8: 309 A. 68; 310 A. 71; 65, 9: 309 A. 69; 310 A. 78; 65-67: 309f.; 66: 163 A. 197; 308 A. 58; 310; 66, 1: 310 u. A. 75; 66, 1-3: 310; 66, 1-4: 352 A. 23; 66, 1-7: 305 A. 38; 66, 4-6: 310; 66, 7ff.: 310 A. 76; 66, 10: 307 A. 54; 66-67: 307 A. 47; 67, 1ff.: 307 A. 54; 68, 1: 71 A. 139; 309 A. 68; 68, 1-3: 358 A. 73;
Inst.: 309 u. A. 67; 4, 10, 1: 308 u. A. 56; 5, 1, 24f.: 147 A. 66; 5, 2, 2ff.: 318 A. 137; 5, 2, 7: 338 A. 275; 5, 4, 1: 318 A. 137; 5, 4, 3-7: 172 A. 273; 5, 6, 11-13: 205 A. 139; 5, 6, 13: 309 A. 67; 5, 7: 205 A. 139; 5, 7, 1f.: 309 A. 67; 5, 22, 23: 291 A. 655; 6, 9, 2-4: 129 A. 585; 6, 10, 1: 156 A. 138; 6, 11, 22-24: 150 A. 93; 6, 12, 19-20: 150 A. 93; 6, 12, 39f.: 150 A. 93; 7: 305f.; 7, 1, 5f.: 307 A. 50; 7, 6, 1-2: 307 A. 51; 7, 14, 1ff.: 307 A. 49; 7, 14, 5: 306 A. 45; 7, 14, 6: 307 u. A. 55; 309 A. 69; 310 A. 78; 7, 14, 7-11: 309 A. 69; 310 A. 78; 7, 14, 7-15: 307 A. 47; 7, 14, 9: 307 A. 55; 7, 14, 16: 72 u. A. 140; 305 A. 38; 307 u. A. 52; 7, 14, 17: 306 A. 46; 7, 15, 1-6: 307 u. A. 53; 7, 15, 7, Z. 26-28: 308 A. 59; 7, 15, 7: 308 u. A. 57; 7, 15, 8ff.: 308 A. 58; 7, 15, 11: 352 A. 29; 7, 15, 14: 306 A. 39; 7, 15, 14-17: 305 A. 37; 7, 15, 15: 305 A. 38; 7, 15, 16: 305 A. 38; 7, 15, 17: 306 u. A. 40; 7, 15, 19: 71 A. 138; 308 A. 60; 352 A. 29; 7, 16: 308; 7, 16, 1: 308 A. 62; 7, 16, 2: 309 u. A. 63; 7, 17, 18: 309 A. 66; 7, 25, 1-2: 309 A. 68; 7, 25, 3: 307 A. 47; 310 A. 78; 7, 25, 3-5: 310 A. 77; 7, 25, 3-8: 309 A. 69; 310 A. 78; 7, 25, 5: 310 A. 78; 7, 25, 6: 310 u. A. 79; 7, 25, 7: 310 u. A. 82; 7, 25, 8: 310 u. A. 80.81; 7, 27, 2: 309 A. 67;
Ira: 309 A. 67;
Mort. pers.: 291; 309 u. A. 67; 7, 3: 309 u. A. 64; 12, 1: 318 A. 137; 16, 4: 318 A. 137; 34: 338 A. 277; 34, 5: 335 A. 256.

Laterc. Veron. § 15, p. 253 (ed. O. Seeck): 293 A. 668.

Liban.,
Epist. 1006: 251 A. 440;
Or. 24, 38: 235 A. 331f.; 60, 2: 235 A. 331f.

Liber Calipharum 2, 2, 4: 221 A. 245.

Lucr. 2, 1144f.: 315 A. 108; 2, 1150: 315 u. A. 109; 2, 1150ff.: 97 A. 326; 2, 1150-1174: 178 A. 328; 315 A. 108; 3, 945: 326 u. A. 184; 5, 65f.: 178 A. 328; 315 A. 108; 5, 95-109: 315 A. 108; 5, 324ff.: 315 A. 108; 5, 826: 178 A. 328; 5, 826-828: 315 A. 110; 5, 834: 315 A. 110.

Lukian.,
Alex. 5: 73 A. 149; 8: 133 A. 613; 301 A. 10; 8, Z. 1f.: 133 u. A. 612; 8, Z. 4: 133 u. A. 613; 25: 329 A. 209; 28, 30ff.: 72 A. 146; 36: 70 A. 128; 133 A. 615; 38: 329 A. 209; 48: 134 A. 617;
Demon. 23.37.45.63: 64 A. 91;
Deor. conc. 12: 72 A. 146;
D. deor. 16, 1: 68 A. 115;
Hist. conscr. 15: 199 A. 94;
Iupp. trag. 53: 64 A. 91;
Merc. cond. 40: 73 A. 149;
Nigrin., 4: 59 A. 60; 17: 59 A. 60; 19: 59 A. 60; 21: 59 A. 60; 22: 59 A. 60; 30: 59 A. 60;
Peregr. 39-40: 64 A. 91;
Philops. 2-3: 64 A. 91; 7ff.: 64 A. 91; 7-10: 64 A. 91; 16: 64 A. 91; 22ff.: 64 A. 91; 30ff.: 64 A. 91;
Somn. 14: 61 A. 72.

Malal. 12, 293: 145 A. 42; 12, 295, 20 - 296, 4: 235 A. 335.336; 12, 295, 20 - 296, 10: 235 A. 332; 12, 296: 238 A. 356; 12, 296, 3-10: 235 A. 331; 12, 296, 5 - 297, 10: 236 A. 343; 12, 297: 237 A. 347; 287 A. 630; 12, 298: 258 A. 472; 12, 299: 265 A. 517; 12, 299, 4-9: 258 A. 472.

Manil. 4, 14-16: 304 A. 29.

M. Aur. 1, 62: 67 A. 105; 6, 30, 3-5: 328 A. 208; 6, 30, 14: 328 A. 208; 9, 1: 326 A. 185; 12, 28, 1-2: 328 A. 208.

Mart. 5, 7, 3: 312 A. 91.

Meliton von Sardes, in Eus., H. e. 4, 26, 7-8: 97 A. 324;
Osterhomilie: 195 A. 67.

Min. Fel., Octavius: 34; 128; 166; 173f.; 201 A.
104; 6, 1-3: 334 A. 241; 6, 2-3: 333 A. 232;
6, 2 - 7, 6: 129 A. 589; 6-7: 128 A. 582; 8, 1-
5: 329 A. 209; 11, 1: 73 u. A. 151; 174 A.
280; 11, 3: 73 u. A. 151; 12, 2: 129 A. 588;
24: 129 A. 589; 25: 128; 129 A. 588; 25, 1:
333 A. 232; 25, 4-7: 129 A. 591; 25, 6: 129
u. A. 590; 25, 7: 129 u. A. 592; 25, 7-12: 129
A. 593; 25-27: 129 A. 589; 26: 129 A. 589;
27: 129 A. 588; 29, 5: 129 A. 588; 34, 1-3:
174 A. 282; 34, 4-5: 174 A. 283; 34, 6ff.: 174
A. 284; 37, 7: 129 A. 587.588.

Martyr. Lugd. 9: 329 A. 209.

Martyr. Polyc. 3.12: 329 A. 209.

Men. Rhet. 2, 377, 22-24: 137 u. A. 649.

Mod., in Dig. 48, 19, 30: 68 A. 112; 72 u. A. 141.

Nechepsonis et Petosiridis fragmenta magica: 62
A. 75.

Novatian., Trin. 4, 23: 305 u. A. 35; 4, 24: 305 u.
A. 35.

Nov. Theod. (NTh), III praef., Z. 1-4.6-10: 331f.
u. A. 224; III 8, Z. 75-81: 331f. u. A. 224.

Or. Sib.: 83 A. 230; 86; 91 A. 283; 308; 310 A. 74;
315; 349 A. 5; 365 A. 124; 366 u. A. 135;
367; 368 A. 149;
1: 59 A. 55; 356ff.; 357 A. 61; 1, 1-323: 357;
1, 150-220: 53 A. 26. 1, 196-198: 357 A. 62;
1, 261f.: 357 A. 62; 1, 324-400: 358;
2: 59 A. 55; 350; 356ff.; 357 A. 61; 2, 6-33:
357; 2, 18f.: 357 A. 66; 2, 34-55: 358; 2, 56-
148: 358; 2, 63-74: 356; 2, 149-153: 358; 2,
154-176: 357 u. A. 68; 2, 177-186: 358; 2,
202: 53 A. 25; 2, 214-237: 358 u. A. 71; 2,
238-251: 358; 2, 311f.: 358;
3: 50; 55; 58; 143; 251; 308 u. A. 58; 349ff.;
351 A. 22; 352; 357 A. 65; 368; 3, 1-96: 350;
3, 46-48: 351 A. 16; 3, 46-62: 350; 3, 49f.:
351 A. 16; 3, 52: 53 A. 24; 3, 60f.: 351 A. 16;
3, 63-74: 356 A. 59; 3, 75-92: 350; 3, 80-85:
351 A. 16; 3, 97-348: 350 A. 11; 3, 115-119:
354 A. 36; 3, 125-127: 354 A. 36; 3, 130-
136: 354 A. 36; 3, 145-148: 354 A. 38; 3,
159-161: 51; 3, 314-333: 122 A. 542; 3,
350ff.: 352 A. 29; 3, 350-355: 143 A. 29; 3,
350-380: 51 A. 12; 52; 55 A. 39; 350; 354;
3, 381-488: 350 A. 11; 3, 433-488: 351 A.
21; 3, 470-488: 234 A. 328; 3, 471-473: 351
A. 22; 3, 489-829: 350 A. 11; 3, 608f.: 350
A. 15; 3, 611ff.: 352 A. 24; 3, 652ff.: 352 A.
27; 3, 652-656: 350 A. 15; 3, 736: 351 A. 19;
3, 796-809: 349 A. 4;
4: 23; 49; 58 A. 54; 349f.; 353f.; 357 u. A.
65; 4, 1-48: 354 A. 41; 4, 49-101: 353 A. 34;
4, 49-104: 51; 4, 67-69: 233 A. 321; 4, 89:
354 A. 42; 4, 91: 354 A. 42; 4, 97f.: 351 A.
21; 4, 101: 354 A. 42; 4, 102-104: 51; 4, 102/
103-149: 354 A. 39; 4, 119-124: 353 A. 33;
4, 137-139: 236 A. 339; 353 A. 33; 4, 149-
151: 353 A. 34; 4, 152-172: 354; 4, 159-178:
53 A. 26; 4, 173-180: 354 A. 42; 4, 173-192:
353 A. 34;
5: 23; 51; 55; 58; 140 A. 5; 141 A. 12; 142f.;
308 u. A. 58; 349f.; 352; 354ff.; 368; 5, 1-11:
141 A. 12; 5, 1-51: 354 u. A. 46; 5, 26ff.:
141; 5, 28-37: 356 A. 57; 5, 46-51: 54; 354;
5, 51: 55 A. 37; 5, 52-110: 356 A. 56; 5,
52ff.: 354f. A. 46.49; 5, 88ff.: 355 A. 49; 5,
111-178: 356 A. 56; 5, 137ff.: 356 A. 57; 5,
139-142: 356 A. 56; 5, 162-178: 355; 5,
169f.: 143 A. 29; 5, 179-285: 356 A. 56; 5,
194f.: 355 A. 49; 5, 222f.: 367 A. 148; 5,
286-434: 356 A. 56; 5, 306-341: 351 A. 21;
5, 342f.: 51 A. 15; 5, 361ff.: 356 A. 57; 5,
512ff.: 356 A. 55;
6: 49; 359 u. A. 80;
7: 49; 359 u. A. 81; 7, 24-39: 359 A. 87; 7,
40-64: 359 A. 84; 7, 64ff.: 359 A. 86; 7, 96-
102: 359 A. 84; 7, 103-111: 359 A. 84; 7,
108-113: 359; 7, 118-125: 359 A. 87.88; 7,
126-129: 359 A. 87.88; 7, 139ff.: 359 A. 88;
7, 139-149: 359 A. 87; 7, 144ff.: 359 A. 88;
8: 34; 49ff.; 59; 80 A. 197; 140 A. 5; 142f.;
145 A. 47; 213 A. 188; 308 u. A. 58; 349f.;
352; 354; 357; 368; 8, 1: 50 A. 10; 8, 1-16:
51; 8, 1-193: 50; 8, 1-216: 49; 51; 8, 9-16: 51
u. A. 17; 8, 15-16: 354 A. 42; 8, 17-36: 52;
58; 8, 17-49: 51; 8, 27: 50 A. 10; 8, 28-85: 50
A. 10; 8, 31-36: 52; 8, 50-70: 53f.; 8, 65-68:
354; 8, 65ff.: 55 A. 37; 8, 70-72: 53 A. 27; 8,
70-130: 55 u. A. 39; 8, 82f.: 52 A. 23; 8, 86:
50 A. 10; 8, 88: 50 A. 10; 8, 90f.: 57; 8, 91f.:
50 A. 10; 8, 100-106: 55 A. 38; 8, 102f.: 50
A. 10; 8, 104-189: 50 A. 10; 8, 107-122: 58;
8, 109: 55 A. 40; 8, 120-122: 58 A. 53; 8,
129f.: 143 A. 29; 8, 131-138: 54; 8, 139-150:
53 A. 27; 8, 140f.: 52; 8, 147-150: 55; 229;
230 A. 302; 8, 150: 56; 8, 151-159: 53 A.
27f.; 8, 160: 354 A. 42; 8, 160-166: 356 A.

56; 8, 160-193: 52; 8, 161: 354 A. 42; 8, 166: 354 A. 42; 8, 167f.: 52 A. 20; 8, 171: 367 A. 148; 8, 171f.: 53 A. 24; 8, 171-193: 53 A. 25; 8, 172f.: 59 A. 58; 8, 173-198: 53 A. 26; 8, 175: 57 A. 48; 8, 176f.: 53 A. 27; 8, 182ff.: 59 A. 58; 8, 190: 50 A. 10; 8, 192f.: 62 A. 75; 8, 193: 58 A. 53; 8, 194-216: 50; 8, 217-500: 49f.; 8, 218-428: 49; 8, 337-358: 80 A. 197; 8, 339ff.: 53 A. 25;
9: 49;
10: 49;
11: 139ff. u. A. 9.12; 253; 350; 352; 11, 243ff.: 143 A. 32;
11-13: 141; 350;
11-14: 49; 139f.;
12: 34; 54; 139 ff.; 139 A. 2.3.5; 141 u. A. 12; 144 A. 37; 212 u. A. 183; 213 u. 188; 253; 12, 1-11: 141 A. 12; 12, 14-29: 142 A. 18; 12, 30-34: 139 A. 5; 12, 30-34: 143 A. 28; 12, 35f.: 142 A. 18; 12, 47: 142 A. 23; 12, 48-67: 142 A. 22; 12, 78-94: 142; 12, 85-94: 141; 12, 115f.: 142 A. 23; 12, 120-123: 142; 12, 124-142: 142 A. 19; 12, 142-146: 142; 12, 163-176: 54 u. A. 36; 12, 164-175: 142 A. 20; 12, 176: 55 A. 37; 354; 12, 182-186: 143; 12, 183-186: 144 A. 38; 12, 187-206: 142; 12, 194-200: 143; 12, 205-223: 143 A. 27; 12, 207: 143 A. 31; 12, 207f.: 144; 12, 214-231: 143; 12, 231f.: 144; 12, 232: 139 A. 5; 143 A. 28; 12, 233-235: 143; 12, 234f.: 143 A. 30; 12, 235-239: 144; 12, 240-244: 144 A. 37; 12, 245-255: 144; 12, 250-255: 143 A. 27; 12, 256-268: 143 A. 27; 12, 258: 213 A. 186; 12, 258f.: 146 A. 53; 12, 259-276: 146; 12, 269-283: 146 A. 55; 12, 273-?-284: 146; 12, 285-289: 146;
13: 35; 139f. u. A. 3; 211ff.; 229ff.; 240; 251ff.; 281ff.; 13, 1-154: 211 A. 179.180f.; 13, 6-12: 213; 13, 7: 213 A. 186.188; 13, 7-12: 213 A. 187; 13, 13-42: 214; 13, 16: 213 A. 188; 13, 19f.: 214 A. 192; 13, 21-80: 214 A. 194; 13, 28-34: 214 A. 195; 13, 28-103: 230; 13, 31: 214 A. 197; 13, 31-49: 229; 13, 35-42: 215; 13, 35-49: 229 A. 301; 13, 37-42: 212 A. 180; 13, 37f.: 215 A. 199; 13, 43-49: 229 A. 302; 13, 43ff.: 212 A. 182; 13, 50-53: 230 A. 302; 13, 50-58: 230 A. 304; 13, 54: 212 A. 182; 13, 54-63: 215; 13, 55-58: 215 A. 200; 13, 56: 212 A. 182; 13, 59-63: 215 A. 200; 230 A. 305; 13, 64-73: 212 A. 180; 13, 69-73: 212 A. 182; 13, 81-102: 231 A. 307; 13, 84-88: 230 A. 306; 13, 87f.: 212 A. 182; 13, 89-100: 235; 13, 97: 235 A. 334;

13, 101f.: 253 A. 447; 13, 103-105: 212 A. 180; 13, 103-146: 233; 13, 104: 233 A. 319; 13, 104-106: 233 A. 320; 13, 105: 234; 13, 108: 214; 13, 108-112: 233 A. 323; 13, 108-150: 234 A. 326; 13, 108-154: 234; 13, 112: 212 A. 180; 236 A. 342; 13, 121-128: 236; 13, 125-136: 234 A. 325; 13, 138: 212 A. 181; 13, 139: 234 A. 328; 13, 142f.: 233 A. 319; 13, 147: 248 A. 419; 13, 147-150: 233 A. 323; 13, 147-154: 213 A. 184; 236; 13, 151: 236 A. 340; 13, 154f.: 244 A. 399; 13, 155-164: 244f.; 13, 155-171: 211 A. 179; 13, 155ff.: 233; 13, 158-171: 248 A. 419; 13, 164-169: 247f.; 13, 164-171: 251 A. 441; 13, 164ff.: 212 A. 183; 13, 167f.: 212 A. 180; 248; 13, 171: 212 A. 180; 248; 251 A. 443; 13, 179f.: 251;
14: 140f.; 14, 351-361: 141 A. 13;
15: 49.

Orig.,
Comm. in Ioh. 2, 39: 369 A. 154; 4, 7: 369 A. 154;
C. Cels. 1, 24: 71 A. 136; 1, 25: 71 A. 136; 1, 68: 71 A. 134; 3, 36: 54 A. 32; 5, 61: 358 A. 76; 7, 2-3: 358 A. 74; 7, 9: 52 A. 21; 59 A. 59; 73 A. 148; 7, 11: 59 A. 59; 73 A. 148; 7, 53: 358 A. 76; 7, 56: 358 A. 76; 7, 62: 329 A. 209; 8, 9: 54 A. 32; 8, 68: 92 A. 288; 8, 69-70: 98 A. 331; 8, 73: 92 A. 288; 329 A. 211; 8, 75: 329 A. 211; 329 u. A. 213;
Exh. mart.: 161 u. A. 174; 335f.; 1: 161 u. A. 174; 2: 161 u. A. 174; 7, 1: 336 A. 257; 17: 336 A. 257; 32: 336 A. 257; 40: 336 A. 257; 40-42: 160 A. 168; 48: 151 A. 100;
In Matt.: 316;
In Matt. XVII 35: 209 A. 166;
In Matt. ser. 13, 1: 316 A. 121; 34: 316 A. 122; 34ff.: 316 A. 121; 35: 316 A. 122; 36: 316f. u. A. 123; 36, Z. 5ff.: 317 u. A. 126; 36, Z. 10ff.: 317 u. A. 127; 36, Z. 23ff.: 317 A. 124; 36, Z. 26ff.: 317 u. A. 125; 37: 317 A. 129.130; 38: 317 A. 130; 39, Z. 1ff.: 318 A. 134; 39, Z. 11f.: 318 u. A. 135; 39, Z. 13ff.: 318 A. 136; 39, Z. 26ff.: 317 A. 131; 39, Z. 29ff.: 335 A. 247; 39, Z. 30f.: 317 u. A. 132;
Princ. 1 praef. 7: 316 A. 121; 2, 11: 209 A. 166; 3, 5, 1: 316 A. 121.

Oros. 7, 20, 4: 192 A. 51; 7, 19, 4: 219 A. 228; 7, 22, 1: 242 A. 378; 7, 22, 12: 287 A. 630.

Paneg.
8(5): 303 A. 21; 8(5), 10, 2: 267 A. 533; 303 A. 19; 8(5), 10, 2-3: 293f. A. 668; 10(2): 303 A. 21; 10(2), 4, 2: 316 u. A. 120.

Passio Crispin. 1, 3: 338 A. 273; 1, 4: 338 A. 273; 2, 4: 338 A. 273; 4, 1: 338 A. 273;
Passio Mar. et Iac. 11, 8: 153 A. 110; 12, 7.8: 153 A. 110;
Passio Perp.: 153 A. 110; 336; 6, 3: 336 u. A. 258;
Passio Pionii 19-20: 335 A. 252.

Paul., Sent. 5: 66 A. 99; 5, 21: 67 A. 106; 5, 21, 1: 68 u. A. 113; 5, 21, 2: 72 u. A. 142; 5, 21, 4: 68 A. 113; 5, 23, 14-19: 66 A. 99; 5, 23, 18: 68 A. 113.

Petr. Patr., frg. 9: 244 A. 396.398; frg. 10: 226 A. 279; 237 A. 347; frg. 11: 287 A. 631.

Philostr., FGrHist 99 F 2: 215 A. 200; 237 A. 347; 287 A. 630.

Philostr.,
Eicones: 42 u. A. 131;
Vita Apollonii (V A): 70 A. 131; 1, 3: 70 u. A. 127; 2, 22: 42 A. 132; 4, 4: 70 A. 128f.; 4, 6: 70 A. 128; 4, 10: 70 A. 129; 4, 12: 71 A. 133; 4, 20: 70 A. 129; 4, 45: 70 A. 129; 5, 36: 338 A. 279; 5, 42: 70 A. 129; 6, 2: 305 A. 33; 6, 19: 42 A. 132; 6, 41: 70 A. 132; 6, 43: 70 A. 129; 7, 39: 71 A. 133; 8, 2-3: 71 A. 133; 8, 7, 3: 71 A. 133; 8, 9-10: 71 A. 133; 8, 31: 70 A. 129.

Plin., Epist. 6, 21, 1: 325 A. 105; 10, 96, 9-10: 335 A. 251;
Paneg.: 25 A. 70; 347; 67, 3: 320 A. 147.

Plin., N. h. 2, 117-118: 315 A. 103; 7, 16, 74: 303 A. 23; 14, 1, 2-7: 315 A. 103; 28: 64 A. 88.

Plot., Enn. 1, 1, 7: 328 A. 206; 1, 3, 3: 328 A. 205; 1, 6: 42 A. 133ff.; 3, 2, 15-18: 326 A. 186; 3, 6, 6: 328 A. 205; 4, 3, 11: 42 A. 133; 4, 4, 2: 328 A. 205; 4, 4, 23: 328 A. 205; 4, 4, 40-44: 65 A. 91; 4, 8, 4: 328 A. 206; 5, 1, 8: 326 u. A. 187; 5, 3, 3: 328 A. 206; 5, 3, 3-4: 328 A. 205; 5, 7, 1: 328 A. 206; 5, 8, 4-6: 328 A. 206; 5, 8, 10: 328 A. 206; 6, 7, 22: 42 A. 132f.135; 6, 7, 35-36: 328 A. 205; 6, 9, 10: 42 A. 133; 6, 9, 11: 42 A. 134; 8, 4: 326 A. 186.

Plut., Mor. 574 E: 68 A. 118.

Pont., Vita Cypr. 2, 1: 147 A. 67; 7: 147 A. 62; 153 A. 116; 7, 6.7: 171 A. 261; 9: 153 A. 113; 167 A. 230; 168 A. 234; 14: 148 A. 68.

Porphyr.
Adv. Christ. XII: 121;
Adv. Christ., frg. 43: 121 A. 526; 1: 329 A. 210; 80: 329 A. 210; 338 A. 276; 38: 334 A. 240;
In Ptol.: 68 u. A. 120;
Marc. 18: 335 A. 248;
Plot.: 70 A. 128.

Prok. von Caesarea,
Aed. 2, 8, 8-25: A. 436;
Pers. 2, 5: 243 A. 382.

Prok. von Gaza, Katenen-Komm. 3, 10-11: 200 u. A. 100.

Prol. paschae ad Vitalem a. 395 (MGHAA IX 1, p. 738): 149 A. 75; 160 A. 167.

Ps.-Aristeid., Eis basilea: 316; 7-8: 214 A. 193; 13: 214 A. 193; 14: 219 A. 230; 316 A. 118; 15: 207 A. 146; 30-36: 214 A. 193; 32: 219 A. 230.

Ps.-Eustathius, In hexaem. comm. 757 C.D.: 116 A. 492.

Ps.-Long., Sublim. 44, 6: 305 A. 33.

Ps.-Phoc.: 358; 70-75: 358 A. 72.

Ps.-Plut., Fat. 11, 3: 68 A. 118.

Ptol., Tetr.: 62; 2, 14: 71; 4: 69 A. 122.

Sall., Catil. 12, 3: 334 A. 241; Iug. 2, 3: 172 A. 273; 175 A. 291; 304 u. A. 28.

Sen.,
Benef. 1, 10, 1: 305 A. 33; 312 u. A. 94;
Contr. 1, praef. 6-10: 315 A. 104;
De vita beata 26, 8: 133 u. A. 611; 301 u. A. 9; 28, 1: 301f.;
Epist. 24 (3, 3), 26: 326 A. 184; 71 (8, 2), 12-13: 304 A. 30; 83 (10, 3), 4: 304 A. 30; 306 A. 40; 315 A. 107; 90 (14, 2), 11ff.: 315 A. 107; 90 (14, 2), 40: 306 A. 40; 90 (14, 2), 44:

306 A. 40; 91 (14, 3), 12: 304 u. A. 30; 97 (16, 2), 1: 305 A. 33;
Tranq. anim. 2, 15: 326 A. 184.

Strab. 1, 3, 7: 351 A. 21; 12, 2, 4: 351 A. 21.

Suet.,
Aug. 31, 1: 61 A. 69; 67 A. 110;
Nero 40, 2: 353 A. 30; 57, 2: 353 A. 32;
Tib. 36: 61 A. 69; 63, 1: 61 A. 69;
Vesp. 4, 5: 61 A. 70.

Suid. IV, p. 335: 145 A. 42.

Sulp. Sev., Dial. 2, 14: 367 A. 145.

Syn. Sath. 36, 10: 214 A. 192.

Synes., De insomn.: 64 A. 89; Epist. 148, 10: 14f. A. 24f.; 268 A. 534.

Synk. 674: 287 A. 635; 681: 217f. A. 213.219; 682: 219 A. 230; 705: 233 A. 323; 715: 233 A. 323; 715f.: 215 A. 200; 716: 287 A. 630; 716f.: 249 A. 432.433; 720: 259 A. 481; 721: 265 A. 517; 269 A. 539.

Tabari, Ann. 118: 224 A. 269; 820.822.825f.: 225 A. 270; 826f.: 222 A. 254.

Tac.,
Agric. 41: 180 A. 346;
Ann. 2, 69f.: 67 A. 106; 3, 13, 2: 67 A. 106; 6, 12: 67 A. 109; 6, 31, 1: 288 A. 643.645; 14, 27: 351 A. 22;
Dial. 18, 3: 305 A. 33; 312 A. 94;
Hist. 5, 13, 2: 61 A. 70; 2, 8: 353 A. 30; 2, 8-9: 353 A. 32.

Tert.,
Adv. Marc.3, 24, 3: 106 A. 406; 3, 24, 4: 105f.; 3, 24, 4, Z. 27f.: 106 A. 405; 3, 24, 5-6: 106 A. 406; 4, 39: 103 A. 381; 5, 7, 8: 103 A. 388; 104 A. 391; 5, 8, 6f.: 104 A. 393; 170 A. 254; 5, 12, 2: 104 A. 395;
Adv. nat. I 10, 3: 335 A. 248; I 10, 8: 335 A. 248;
Adv. Val. 16, 1: 91;
An. 28-35: 96 A. 319; 30, 3: 96 A. 316.319.323; 30, 4: 96 A. 323; 97 A. 326; 33, 11: 100 A. 355; 101 A. 356; 45-49: 113 A. 468; 46, 12: 113 A. 468; 47, 2: 113 A. 469; 47, 4: 113 A. 469; 50, 5: 369 A. 154;

Apol.: 89; 91f.; 101f.; 166; 5, 3f.: 98 A. 334; 5, 4: 90 A. 277a; 5, 6: 92 A. 287; 10, 1: 102 u. A. 370; 335 u. A. 249; 18, 3: 102 A. 374; 19: 97 A. 326; 20: 97 A. 326; 20, 2-3: 103; 20, 3: 97 A. 326; 21, 6: 104 A. 392; 170 A. 254; 21, 24: 91 A. 280; 24, 1-2: 179 A. 334; 25, 14: 99 A. 342; 25, 14-15: 102 A. 368; 25, 14-17: 128 A. 581; 25, 2: 102 A. 368; 333f. A. 232.234.241; 25, 3-17: 102 A. 368; 25-26: 334 A. 238; 26, 1: 90 A. 276; 30, 1-4: 90 A. 276; 30, 4: 92 A. 289; 93 A. 298; 30, 4-5: 96 A. 321; 30, 7: 90 A. 277a; 31: 90 A. 277a; 31, 1-3: 90 A. 276; 31, 2: 90 A. 277a; 31, 3: 93 A. 298; 98 A. 332; 32, 1: 89 u. A. 268; 91 A. 282; 93 A. 298; 97 A. 326; 32: 90 A. 277a; 32, 1-3: 90 A. 276; 33, 1-3: 90 A. 276; 35, 1: 90 A. 276; 36, 2-4: 90 A. 276; 37, 4: 92 A. 287; 39, 2: 89 u. A. 269; 91 A. 282; 93 A. 298; 97 A. 326; 40, 1: 171 A. 265; 333 u. A. 235; 334 A. 237; 40, 3-9: 103; 40, 5: 102 u. A. 370; 40, 10-12: 103; 179 A. 334; 40, 13: 96 u. A. 322; 103; 40, 13-15: 96 A. 321; 41, 1: 102 u. A. 371; 179 A. 334; 334 A. 237; 41, 3: 102 A. 374; 42, 3: 92 A. 287; 48, 11-15: 89 A. 267; 48, 15: 102 A. 375; 50, 12: 98 A. 335; 140, 1-2: 102 u. A. 369;
Castit.: 98 A. 338; 105 u. A. 399; 4, 2: 105 A. 399; 6, 1-2: 105 A. 399; 6, 2: 97 A. 326; 9, 5: 105 A. 399;
Cor.: 98 A. 338; 99 A. 339; 105; 1, 1-2: 90 A. 273; 1, 3: 89 A. 273; 1, 4: 99 A. 354; 100 u. A. 346; 1, 5: 100 A. 347; 1, 6: 100 u. A. 348; 11, 1-7: 99 A. 341; 12, 1: 99 A. 342; 15, 3: 99 A. 345;
Cult. fem.: 104; 2, 9, 4: 103 A. 388; 2, 9, 6: 103 A. 384; 2, 9, 6, Z. 30: 103 A. 386; 2, 9, 8: 103; 170 A. 252;
Fug.: 105; 12, 3: 98 A. 335;
Idol.: 98 A. 338; 99; 15, 1: 97 A. 329; 15, 3: 97 A. 329; 15, 4: 97 A. 329; 15, 8: 97 A. 329; 98 A. 337; 16-17: 98 A. 337; 19, 1-3: 92 A. 290;
Ieiun. 12, 1-2: 105 A. 398; 12, 3-4: 105 A. 398;
Mart.: 160; 2: 160 A. 169;
Monog.: 105; 3: 105 A. 400; 3, 2-8: 105 A. 401; 3, 8: 105 A. 402; 7, 4: 105 A. 401; 14, 1-4: 105 A. 401; 14, 4: 105 A. 401; 16, 4-5: 104 A. 396; 16, 5: 105 A. 399;
Orat. 5, 1: 92f. u. A. 294; 5, 1-4: 92; 104 A. 396; 5, 3: 93 A. 295; 5, 4: 93 A. 295;
Pall.: 96f.; 1, 1: 96 A. 316; 1, 2: 91 A. 285; 97 A. 325; 2, 7: 90 A. 277; 96 A. 316.317.319;

Praescr. 7, 6: 297 A. 685;
Pud. 1, 2: 97 A. 326;
Nat. 1, 9, 1-8: 103; 2, 16, 7: 96 A. 316; 2, 17, 18f.: 89 A. 267; 91 A. 285;
Res.: 90; 100f.; 20-22: 100 A. 352; 22: 97 A. 326; 22, 2: 100 A. 353; 101 A. 356; 22, 3-4: 101 A. 357; 22, 5: 101 A. 358; 22, 7: 100; 22, 8-11: 101 A. 358; 22, 9: 101 A. 360; 24: 97 A. 326; 24, 10: 100 A. 355; 24, 17f.: 81 A. 217; 90 A. 275; 91 A. 285; 24, 17-20: 101 A 359; 25, 1: 97 A. 326;
Scap.: 89f.; 101 u. A. 363; 172; 334; 1, 1: 101 A. 363; 1, 4: 101 u. A. 361; 1, 4ff.: 101 A. 363; 1-3: 179 A. 339; 2, 3: 102 A. 375; 2, 5-8: 90 A. 276; 2, 6-7: 93 A. 300; 2, 6: 90 u. A. 274; 97 A. 326; 2, 8: 93 A. 300; 335 u. A. 255; 3, 1 - 4, 1: 101 A. 366; 3, 1-3: 101; 3, 1-6: 102 A. 372; 3, 2-3: 96 A. 317; 3, 3: 89 A. 273; 179 A. 334; 3, 3, Z. 15-17: 101 A. 364; 3, 6: 102 A. 377; 179 A. 334; 180; 4, 1: 102 u. A. 373; 4, 8: 89 A. 271;
Scorp.: 90; 14, 1-3: 90 A. 277;
Spect.: 98 A. 338; 29-30: 93 A. 295; 104 A. 396; 30, 1: 104 A. 396; 30, 2: 97 A. 326;
Ux. 1, 2, 3: 104 A. 391; 1, 5, 1-3: 93 A. 296; 1, 5, 1: 104f. A. 396.399;
Virg. vel.: 98 A. 338; 1, 7: 105 u. A. 403; 2, 1-2: 99 A. 338; 19: 99 A. 340.

Theophil., Ad Autol. 1, 11: 93 A. 298; 2, 3: 359 A. 78; 2, 9: 87 A. 253; 2, 24: 116 A. 489; 2, 31: 359 A. 78; 2, 36: 359 A. 78; 3, 16: 116 A. 489; 3, 16ff.: 116 A. 489; 3, 21: 116 A. 489; 3, 24-28: 116 A. 490.

Thomas von Aquin,
Summa Theologica I 2, qu. 106, art. 4c: 311 A. 83; II 2, qu. 183, art. 4: 311 A. 83.

Thuk. 2, 47-54: 199A. 94; 2, 64, 1 in H. e. 7, 22, 6: 199 A. 94.

Ulp.,
Coll. 15, 2, 1: 61 A. 69; 15, 2, 3: 60 A. 64; 15, 2, 4: 61 A. 69; 15, 2, 6: 57 A. 52; 72 A. 143; 15, 2: 68 A. 112; 15, 3: 68 A. 114; Tit. XXI; 72 A. 144.

Val. Max. 1, 1, 8: 334 u. A. 242.

Varro, Ant. frg. 7.9: 334 A. 245.

Vell. 2, 92, 5: 305 A. 33; 2, 103: 320 A. 147.

Vett. Val., Anthol.: 62 A. 75.77; 69 A. 122.

Victorin. Poetov., In apoc. 8, 2: 311 A. 84.

Vincent. Ler., Comm. 1, 20-23: 305 u. A. 36.

Zon. 11, 18: 353 A. 32; 12, 15: 287 A. 635; 12, 17: 218 A. 223; 12, 17, 4: 214 A. 192; 12, 18: 217 A. 213; 218 A. 219; 12, 19, 1: 219f. A. 224.226.229.230.235; 12, 19, 3: 192 A. 51; 12, 21: 222 A. 252; 240 A. 369; 12, 22: 242 A. 377; 243 A. 388; 12, 23: 215 A. 200; 248 A. 422; 12, 23, 4: 287 A. 630; 12, 23, 5: 287 A. 630; 12, 23-24: 249 A. 432; 12, 24: 247 A. 413; 248 A. 421.422; 252 A. 446; 12, 24, 5: 245 A. 404; 12, 26: 259 A. 481; 262 A. 492; 12, 27, 3: 265 A. 517; 12, 27, 4: 269 A. 539.

Zos. 1, 17: 152 A. 105; 1, 18, 2ff.: 218 A. 223; 1, 18, 3 - 19, 1: 218 A. 223; 1, 19, 1: 218 A. 223; 219 A. 230; 1, 19, 2: 220 A. 233; 1, 20, 2: 194 A. 55; 220 A. 233; 1, 21, 2: 194 A. 55.56; 1, 22, 1-2: 192 A. 51; 1, 25: 234 A. 329, 1, 26: 233 A. 324; 1, 26-28: 233 A. 324; 1, 27: 233 A. 324; 1, 27, 1: 233 A. 323; 1, 27, 2: 233 A. 323; 221 A. 245; 1, 27f.: 233 A. 323; 1, 28, 1-2: 240 A. 369; 243 A. 379; 1, 28, 1-3: 240 A. 369; 1, 28, 2: 243 A. 380; 1, 28, 3: 233 A. 323; 1, 29, 1: 240 A. 369; 1, 29, 2-3: 233 A. 324; 1, 31, 1: 233 A. 324; 1, 32-33: 291 A. 659; 1, 33, 3: 232 A. 314; 1, 34-36, 1: 244 A. 395; 1, 36, 1: 162 A. 186; 244 A. 396; 1, 38-39: 259 A. 475; 1, 39: 222 A. 256; 248 A. 422; 249 A. 432; 1, 39, 1: 248 A. 422.425; 249 A. 433; 259 A. 475; 1, 39, 1-2: 249 A. 433; 287 A. 630; 1, 39, 2: 250 A. 436; 252 A. 446; 1, 40, 1: 259 A. 475; 1, 41: 259 A. 475; 1, 42: 259 A. 475; 1, 42-43: 259 A. 475; 1, 43, 2: 259 A. 475; 1, 43-45: 258 A. 475; 1, 44: 258; 259 A. 475; 260; 1, 44, 1: 257 A. 467; 259 A. 475; 261; 261 A. 489; 1, 44, 2: 258 A. 475; 262 A. 492; 263 A. 507.509; 264 A. 515; 265 A. 516; 1, 44, 2, Z. 12ff.: 265 A. 517; 1, 45: 259 A. 475; 1, 45, 1: 259 A. 475; 1, 46: 258 A. 475; 1, 46, 1: 259 A. 475; 262 A. 492; 1, 47: 258 A. 475; 259 A. 475; 260 A. 481; 1, 48: 297 A. 683; 1, 49, 1: 297 A. 683; 1, 49, 2: 297 A. 683; 1, 50, 1: 249 A. 432; 257 A. 467; 257 A. 470; 258 A. 474; 1, 61, 1: 193 A. 53; 1, 63, 1: 269 A. 539; 1, 64, 1: 270 A. 545; 3, 32, 4: 218 A. 223; 219 A. 226.230.

1a) Altes Testament

Am 4, 7-8: 179 A. 337; 4, 8: 179 A. 336; 5, 18: 124 A. 555.

2 Chron 36, 22f.: 255 A. 460.

Dan: 84 A. 239; 127; 135 A. 627; 280; 308; 2: 121; 354; 2, 31-35: 121 A. 528; 2, 40-44: 283; 7: 121; 7-8: 244 A. 400; 7, 7-12: 121 A. 529; 7, 7-8: 254; 7, 8: 254; 7, 17: 121 A. 529; 7, 24-26: 206; 7, 24-47: 283; 7, 25: 203 A. 117; 280 A. 602; 9, 24: 83; 9, 24-27: 83 A. 234; 84; 114; 115; 124; 9, 26: 115 A. 485; 9, 27: 115 A. 485; 123; 280 A. 602; 12, 1: 92 A. 292; 12, 13: 107 A. 418.

Dtn 32, 35: 180.

Eccl (Koh) 1, 9: 326 A. 184; 5, 9: 52 A. 18; 8, 12: 198.

Esra 1, 11ff.: 255 A. 460.

Exod 8, 21: 153 A. 110; 10, 21-23: 143; 12, 13: 181 A. 354; 20, 5: 204.

Ez (Hesek) 6, 11: 57 A. 48; 9, 4: 181 A. 354; 9, 5: 181 A. 354; 9, 6: 181 A. 354; 38: 55 A. 38; 39: 55 A. 38.

Gen 6, 3: 84 A. 240; 362; 19, 24: 55 A. 38.

Hab 3, 17: 181 A. 351; 3, 18: 181 A. 351.

Jer 25, 10-12: 83 A. 234.

Jes 13ff.: 55 A. 38; 13, 6: 181; 13, 9: 181; 14, 16f.: 367 A. 148; 28, 9-11: 161; 34: 55 A. 38; 40, 10: 75 A. 170; 42, 9: 204; 43, 19: 204 A. 130; 62, 11: 75 A. 170.

Mal 3, 19: 75; 181 A. 354.

Ps 89 (90), 4: 107; 116 u. A. 490; 102, 27: 317 A. 124.

Sap. Sal. 18: 196 A. 68.

Soph 3, 8: 162.

Spr 14, 25: 159 u. A. 162; 20, 22: 180.

Apokryphen (Altes Testament)

AssMos 1, 2: 362 A. 110.

Syrischer Baruch
2 Baruch 85, 10: 78 A. 184.

4 Esra: 23; 1-2: 86 A. 247; 11-12: 53 A. 24; 15-16: 86 A. 247; 23; 244 A. 400; 366 u. A. 135.

1 Henoch: 55 A. 38; 244 A. 400; 256 A. 461; 56, 5-7: 39 A. 113; 256 A. 461.

2 Henoch: 256 A. 461.

1b) Neues Testament

Apg 1, 7: 151 A. 96.

Apk: 23; 50 A. 10; 53 A. 29; 76; 82f.; 84; 86; 91 A. 286; 108 u. A. 425; 118ff.; 124ff. u. A. 560; 127 u. A. 574; 132; 153 A. 110; 162; 164; 204f.; 208f.; 308; 310 A. 74; 361 A. 101; 366ff.; 368 A. 149; 1, 5-6: 83 A. 234; 1, 16: 196 A. 68; 6, 9: 93 A. 295; 6, 9-11: 132 A. 603.604; 159; 161f.; 6, 12-17: 182 A. 359; 6, 13: 362 A. 105; 8, 5: 362 A. 105; 8, 7: 362 A. 105; 8, 10: 362 A. 105; 9, 1: 362 A. 105; 9, 11: 367 A. 141; 11, 13: 362 A. 105; 11, 19: 362 A. 105; 12, 18-13, 18: 83 A. 230; 13: 126; 13, 1-4: 83 A. 229; 13, 5: 203 A. 117; 364 A. 120; 13, 11ff.: 204 A. 124; 13, 11-17: 205; 13, 12: 126 A. 566; 13, 15: 126 A. 566; 13, 18: 126 A. 568; 14, 8: 83 A. 230; 16, 18-19: 362 A. 105; 16, 19: 83 A. 230; 16, 21: 362 A. 105; 17: 126; 17f.: 83 A. 230; 17, 1-9: 83 A. 230; 17, 3ff.: 83 A. 232; 17, 8: 205; 17, 9: 83 A. 229; 17, 9-11: 83 A. 233; 122 A. 541; 17, 11: 205; 17, 12: 108 A. 426; 122 A. 531; 17, 12-14: 90 A. 275; 123 A. 545; 206; 18: 83 A. 230; 367; 18, 23: 83 A. 234; 19, 1-3: 83 A. 230; 19, 11ff.: 196 A. 68; 21, 1: 362 A. 110; 22, 10: 162 A. 180; 22, 10-12: 162; 22, 12: 75 A. 170; 162 A. 181; 22, 20: 80 A. 207.

Gal 6, 14: 165 A. 211.

Hebr: 82; 8, 13: 317 A. 124; 10, 27: 82 A. 222; 10, 32: 82 A. 222; 10, 34: 82 A. 222; 10, 37-39: 82 A. 222; 12: 82 A. 222; 13, 4: 50 A. 10.

Joh: 164; 7, 7: 168; 19, 14: 123 A. 548.

1 Joh 2, 15-17: 168; 183 A. 361; 2, 18: 80 A. 207; 116 A. 492; 156 A. 145; 2, 18-19: 156 A. 145; 14, 28: 170 A. 256.

Kol 2, 20: 165 A. 212.

1 Kor: 103 u. A. 385; 104f.; 170 A. 252; 7: 105; 7, 7: 165 A. 211; 7, 29: 103 u. A. 386; 105; 170 A. 251; 7, 29-31: 77; 130 A. 596; 10, 11: 77; 80 A. 207; 103 u. A. 387; 169 A. 240; 170 u. A. 252; 176 A. 308; 311 A. 86; 11, 1: 165 A. 211; 15, 20ff.: 80 A. 203; 15, 51f.: 104 A. 395.

Lk 3, 7: 50 A. 10; 6, 48-49: 151 A. 100; 9, 27: 311 A. 86; 12, 35-37: 156 A. 142; 21: 101; 21, 5-36: 79 A. 191; 81 A. 209; 21, 6: 81 A. 210; 21, 8-11: 81 A. 211; 21, 8-26: 80 A. 198; 21, 9-11: 79 A. 191; 122 A. 543; 133 A. 609; 21, 12: 79 A. 195; 105 A. 397; 115 A. 485; 21, 23: 77 A. 181; 21, 24: 81 A. 211; 21, 25-28: 79 A. 192; 21, 28: 100 A. 352; 21, 31: 122 A. 543; 133 A. 609; 169; 170; 21, 34-36: 80 A. 208; 21, 36: 81 A. 211; 100 A. 354; 23, 44: 116 A. 492.

Mk 1, 5: 77 A. 181; 1, 14f.: 80 A. 205; 1, 15: 311 A. 86; 9, 1: 311 A. 86; 13: 80; 80 A. 200; 101; 13, 4: 80 A. 200; 13, 4-37: 79 A. 191; 13, 5-25: 80 A. 198; 81 A. 210; 169 A. 247; 13, 6-9: 80 A. 201; 13, 7ff.: 80 A. 202; 122 A. 543; 133 A. 609; 170; 13, 9: 79 A. 195; 105 A. 397; 115 A. 485; 13, 10: 80 A. 205.206; 81 A. 220; 120; 13, 11-13: 79 A. 195; 13, 11: 115 A. 485; 13, 12: 80 A. 201; 13, 13: 80 A. 201; 13, 14: 115 A. 485; 13, 19f.: 92 A. 292; 13, 21-22: 81 A. 210; 13, 30: 77 A. 181; 80 A. 205; 13, 32-33: 80 A. 207; 100 A. 354; 13, 33: 156 A. 142; 13, 35: 80 A. 207; 132 A. 606; 15, 33: 115 A. 492.

Mt 3, 7: 50 A. 10; 4, 17: 76; 77 A. 181.182; 311 A. 86; 5, 26: 164 A. 200; 6, 10: 92; 7, 27: 151; 10, 23: 149 A. 81; 16, 28: 311 A. 86; 20, 6: 115 A. 492; 22, 21: 97; 24: 101; 24, 2-44: 79 A. 191; 81 A. 209; 24, 4-31: 81 A. 210; 167 A. 228; 24, 5-29: 80 A. 198; 24, 6-8: 133 A. 609; 169 A. 247; 316; 24, 7: 122 A. 543; 133 A. 610; 316f.; 24, 8: 316f.; 24, 9: 79 A. 195; 105 A. 397; 115 A. 485; 317; 24, 11: 81 A. 210; 24, 12: 317 A. 128; 24, 14: 80 A. 206; 81 A. 220; 120; 24, 15: 115 A. 485; 24, 21f.: 92 A. 292; 24, 23-25: 81 A. 210; 24, 32ff.: 77 A. 182; 24, 34: 77 A. 181; 24, 36: 100 A. 354; 24, 37ff.: 80 A. 208; 24, 42: 80 A. 208; 100 A. 354; 132 A. 606; 156 A. 142; 24, 42ff.: 77 A. 182; 24, 44: 80 A. 208; 25, 1-13: 77 A. 182; 311 A. 86; 26, 52: 99; 27, 45: 115 A. 492.

1 Petr: 83 A. 231; 2, 11-17: 83 A. 231; 4, 7: 80 A. 207.

2 Petr: 82 u. A. 233; 1, 12-21: 82 A. 224; 2: 82 A. 224; 3, 3f.: 82 A. 225; 363 A. 113; 3, 3-7: 82 A. 224; 3, 9f.: 82 A. 225; 3, 11ff.: 82 A. 225.

Phil 1, 21: 164; 170 A. 256.

Röm 3, 3-4: 157 A. 147; 5, 12ff.: 80 A. 203; 12, 19: 180; 13: 97 A. 329; 126 A. 562; 13, 1: 108; 13, 4: 108; 13, 6: 108; 109; 13, 18: 108.

1 Thess: 81; 1, 10: 50 A. 10; 5, 2: 100 A. 355; 5, 2-3: 151 A. 96.

2 Thess: 81 u. A. 213; 2: 90f.; 2, 1-2: 81 A. 216; 2, 1-9: 123 A. 546; 2, 1-12: 81; 2, 3f.: 107 A. 418; 2, 3-7: 89; 2, 3-8: 81 A. 214; 2, 4: 81 A. 219; 2, 6: 81; 81 A. 218; 2, 6-8: 123; 2, 8ff.: 108 A. 432; 127 u. A. 576; 2, 10: 115 A. 485; 2, 12: 115 A. 485; 2, 15: 81 A. 215; 3, 6-14: 81 A. 216.

1 Tim 2, 2: 94; 98 A. 332; 2, 3: 94 A. 303.

2 Tim 3, 1-9: 155f; 4, 6-8: 159.

Apokryphen (Neues Testament)

ActJoh: 131.

ApcEl: 35; 279ff.; 26, 4ff.: 280 A. 600; 28, 17ff.: 281; 28, 17 - 29, 4: 284 A. 619; 29, 5ff.: 280 A. 600; 29, 11 - 30, 5: 280; 30, 5-7: 282 A. 614; 30, 5-16: 280; 30, 10ff.: 282 A. 614; 30, 13-17: 284 A. 619; 30, 16: 282 A. 612; 31, 2-3: 282 A. 614; 31, 3: 280; 31, 3ff.: 284 A. 619; 31, 5-7: 282 A. 614; 31, 14ff.: 280 A. 601; 33, 13 - 34, 3: 282 A. 609; 35, 18 - 36, 13: 280 A. 600.

AscIsai: 125; III 13 - V 1: 125 A. 556; III 21-22: 125 u. A. 557; III 21-31: 125 A. 556; IV 1-18: 125 A. 556; IV 2-12: 53 A. 29; VI-XI: 125 A. 556.

Epist. Iac.: 361 u. A. 97.

Epist. Apost.: 34; 86; 360ff.; 1 [12]: 360 A. 94; 1.2 [12.13]: 361 A. 95; 17 [28]: 361 A. 98.99; 34 [45]: 361 A. 101.103; 362; 34-38 [45-49]: 361 A. 102; 35 [46]: 362 A. 106; 36 [47]: 361 A. 103; 362 A. 107; 37 [48]: 363 A. 117.

5 Esra: 86.

6 Esra: 86f.; 86 A. 247; 16, 19: 87; 16, 20: 87 A. 254; 16, 36-40: 86 A. 250; 16, 41ff.: 87 A. 257; 16, 69-73: 86 A. 251; 16, 71ff.: 87 A. 255; 16, 75: 86 A. 252; 16, 76: 87 A. 256; 16, 76-78: 87 A. 257; 16-17: 86 A. 250.

1c) Apostolische Väter

1 Klem: 93f. u. A. 302; 23, 3-5: 363 A. 113; 34, 3: 75 A. 170; 60, 4 - 61, 3: 93 A. 302; 61, 1: 203 A. 113.

2 Klem: 74; 8, 1: 74; 8, 3: 74; 11, 2: 363 A. 113; 16, 1: 74; 16, 1 - 18, 2: 74 A. 159; 16, 3: 75.

Barn 2-17: 363 A. 115; 4, 1 - 5, 4: 75 u. A. 169; 4, 3-5: 75 u. A. 169; 4, 3-6: 75; 16, 3-4: 75 A. 167; 21, 1-6: 75 A. 170.

Did: 73; 11, 3-12: 73 A. 148; 11, 6-9: 73 A. 148; 13, 1-7: 73 A. 148; 15, 1: 73 A. 148; 16, 1-2: 74 u. A. 154; 16, 1-8: 73 A. 153; 16, 3-11: 74.

Herm., Sim. 9, 14, 2: 82 A. 226; 88 A. 264; 10, 4, 4: 82 A. 226; 88 A. 264; Vis. 3, 5, 5: 82 A. 226; 88 A. 264; 3, 8, 9: 88 A. 264.

2. Rabbinische Quellen

Jerusalem. Talmud

jRH III, 8: 254 A. 452.

jTer VIII, 10, 46 b: 254 A. 451.

Babylon. Talmud

AZ 8b: 121 A. 524; 10 b: 256 A. 461.

Git 56 a: 356 A. 60.

Jeb 16 a-b: 254 A. 450; 17a: 254 A. 451.

Joma 10a: 255 A. 460.

Ket 51 b: 254.

Sanh 98 a-b: 255 A. 460.

GenR 42, 4: 127 A. 573; 76, 6: 254.

HldR 2, 19: 127 A. 573.

KlglR, Proem. II (4): 254 A. 452; 3, 58: 54 A. 31.

KohR 2, 16: 54 A. 31; 3, 17: 355 A. 47.

LevR: 141 A. 15 - 13, 5: 66 A. 99.

PesR 36, 2: 255 A. 459.

Midr. suta zum Hld: 284 u. A. 624; p. 33: 284 A. 621; p. 41: 284 A. 623.

SOR: 121 u. A. 523; 28: 121 A. 524; 30: 121 A. 523.524.

Tanchuma Bereschit 7: 54 A. 30.

3. Inschriften

AE
   1934, 257: 263 A. 508;
   1948, 55: 256 A. 463;
   1958, 238-240: 218 A. 216;
   1965, 304: 244 A. 391;
   1974, 723: 261 A. 490;
   1975, 765: 217 A. 208; 219 A. 231;
   1978, 721-723: 217 A. 208;
   1981, 134: 216 A. 203; 218 A. 217;
   1983, 530b: 220 u. A. 238;
   1983, 902: 246 A. 405;
   1984, 758: 219 A. 231.

J.Ch. Balty, CRAI 1987, 213-241: 221 A. 244; JRS 78, 1988, 102-104: 221 A. 244.

T. Bauzou, in: P. Freeman - D. Kennedy (Hg.), The Defence of the Roman East I, 1-8: 258 A. 473.

J. Cantineau, Inventaire des inscriptions de Palmyre III,
   p. 5f. Nr. 3: 250 A. 438.

A.M. Cavallaro - G. Walser, Iscrizioni di Augusta Pretoria,
   p. 26f. Nr. 4: 24 A. 65.

CIJ 1449: 251 A. 445.

CIL
   III 3255: 244 A. 391;
         3717: 217 A. 209;
         3718: 217 A. 209;
         4558: 191 A. 47;
         6583: 251 A. 445;
         12333: 297 A. 684;
   VI 793: 216;
         1112: 297 A. 684;
         31129: 188 A. 25; 232;
         31130: 188 A. 25; 232 A. 318;
         32326: 320 A. 147;
         36760: 188 A. 25; 232 A. 318;
   VIII 2482: 241;
         2555: 241 A. 373;
         2634: 241 A. 373;
         17976: 241; 242 A. 378;
         18072: 241 A. 373;
   X   3699: 232 A. 318;
   XI 4086: 232 A. 318;
   XIII 8261: 244 A. 392;
   XIV 352: 232 A. 318.

CIS II 3971: 250 A. 438.

The Excavations at Dura-Europos. Preliminary Report IX 3,
   p. 110-112 Nr. 971: 223 A. 260;
   p. 112-114 Nr. 972: 223 A. 260.

D. French, Roman Roads and Milestones in Asia Minor II 1,Nr. 17.30.508.531.547.553.561. 570.573.715.720.724.737.764.781.787.790. 795.798.806.817.818.824.838.972: 220 A. 237.

R.N. Frye, The Parthian and Middle Iranian Inscriptions of Dura-Europos: 223f. A. 261.

A. Gaál - G. Szabó - S. Soproni, Communicationes Archaeologicae Hungaricae 1990, 127-142: 232 A. 315; 292 A. 661.

D.F. Graf, in: D.H. French - C.S. Lightfood (Hg.), The Eastern Frontier of the Roman Empire I, 143-167,
   p. 152 Nr. 1-5: 258 A. 473.

M. Gawlikowski, Syria 62, 1985,
   p. 253 Nr. 1: 248 A. 424;
   p. 253f. Nr. 2: 248 A. 426;
   p. 254 Nr. 3: 249 A. 431;
   p. 254 Nr. 4: 249 u. A. 428;
   p. 254 Nr. 5: 249 A. 428;
   p. 254 Nr. 6: 249 A. 430;
   p. 255 Nr. 7: 249 A. 430;
   p. 255 Nr. 8: 249 A. 430;
   p. 255 Nr. 9: 249 A. 430;
   p. 255 Nr. 10: 249 A. 429; 250 A. 438;
   p. 256 Nr. 11: 250 A. 438;
   p. 257 Nr. 13: 248 u. A. 424.

IBR 121: 303 A. 21.

IG X 2, 162-165: 192 A. 51;
           167: 192 A. 51.

IGBulg II   732: 217 A. 208;
          III 900: 217 A. 208.

IGLS IV 1799: 238 A. 352.353;
             1800: 238 A. 352;
             1801: 238 A. 352;
      XIII 1, 9107: 258 A. 473.

IGRR   I   1315: 251 A. 445;
        III 1201: 220 A. 232;
             1202: 220 A. 232.

ILS
    505: 216;
    514: 339 u. A. 282;
    531: 241 A. 374;
    574: 251 A. 445;
    577: 297 A. 684;
    578: 297 A. 684;
    2296: 241 A. 373;
    2446: 241 A. 373;
    4174: 232 A. 318;
    6043: 321 A. 156;
    6870: 291 A. 657;
    8924: 258 A. 473;
    9005: 220 A. 233.

IMS I 378: 291 A. 657;
    VI 198: 219 A. 231.

C.H. Kraeling, The Excavations at Dura-Europos. Final Report VIII 1, 283-317,
    Nr. 42: 224 A. 264; 225 A. 274;
    Nr. 42-46: 226 A. 275;
    Nr. 42-57: 224 A. 262; 227 A. 286;
    Nr. 43: 224 A. 263; 226 A. 275;
    Nr. 44: 224 A. 263; 225 A. 274; 226 A. 275.276;
    Nr. 45: 224 A. 263;
    Nr. 46: 224 A. 265;
    Nr. 47: 224 A. 266;
    Nr. 48: 224 A. 266;
    Nr. 49: 226 A. 275;
    Nr. 50: 224 A. 263; 226 A. 275;
    Nr. 51: 226 A. 275;
    Nr. 52: 226 A. 276;

    Nr. 53: 226 A. 276;
    Nr. 54: 226 A. 275;
    Nr. 55: 226 A. 276;
    Nr. 56: 226 A. 275.

G. Manella, Athenaeum N.S. 67, 1989, 489-492:
    241 A. 372.

OGIS 129: 251 A. 445;
    519: 219 A. 230.

RGDS: 215 A. 200; 220 u. A. 240; 221 A. 244; 222; 228f. u. A. 294.297.298; 234; 243; 244 A. 397; Z. 3 (Z. 6f. griech.): 225 A. 272; Z. 3-4: 218 A. 222f.; Z. 4: 219 A. 224.225.226. 229; 220 A. 234.241; 243 A. 387; Z. 9-11: 222 A. 258; 244 A. 398; Z. 14: 215 A. 200; Z. 25 (griech.): 245 A. 402.

Ch. Roueché - J.M. Reynolds, Aphrodisias in Late Antiquity,
    p. 4-8 Nr. 1: 244 A. 392.

S. Şahin - A.M. Işin - M.K. Can, EpAnat 1, 1983,
    p. 50f. Nr. 5: 246 A. 405.

SEG VII, 743b: 218 A. 214;
    IX/1, 9: 263 A. 508;
    XVII, 528: 243f. A. 390;
    XIX, 476: 291 A. 657.

S. Soproni, FolArch 21, 1970,
    p. 95f. Nr. 2: 217 A. 209;
    p. 96f. Nr. 3: 217 A. 209.

F. Wagner, BRGK 37-38, 1956-1957,
    p. 224 Nr. 30: 303 A. 21.

4. Papyri

BGU I 326: 262 A. 498;
    VII 1655: 262 A. 497.

CMC: 225; 18, 1-16: 225 A. 270; 18, 2-5: 218 A. 215; 164: 224 A. 267.

CPR I 9: 265 A. 520.

H.M.A. Elmaghrabi, An Edition of unpublished Greek Documents from Roman Egypt,
    Nr. 11: 275 A. 579.

D. Feissel - J. Gascou, CRAI 1989, 535-561:
    220f. A. 243; 239;
    Nr. 1: 220 A. 232:
    Nr. 3-4: 221 A. 243;
    Nr. 6-8: 274 u. A. 577;
    Nr. 9: 221 A. 243; 274 u. A. 577.

R.O. Fink, Roman Military Records on Papyrus,
    Nr. 83: 232 A. 318.

FIRA II 657: 217 A. 211;
    III 50: 262 A. 498.

R.N. Frye, The Parthian and Middle Iranian Inscriptions of Dura-Europos,
 Nr. 20.22-23.25-28.33: 227 A. 284;
 Nr. 24: 227 A. 285.

Chr. Harrauer, Meliouchos: 65 u. A. 98.

B.W. Henning, in: The Excavations at Dura-Europos. Final Report V 1,
 p. 415-417 Nr. 154: 227 A. 280; 227 A. 286;
 p. 417 Nr. 155: 226f. u. A. 280.281.282.

L. Koenen, ZPE 2, 1968,
 P³ Col. I, Z. 30-31: 352 A. 25;
 P³ Col. III, Z. 63ff.: 352 A. 28.

O. Mich.　I 157: 270; 274 A. 574;
　　　　　III 1006: 266 A. 524.

P. Berol., Inv. Nr. 11517: 68 A. 116.

P. Cair. Isid.　85: 275 A. 585;
　　　　　　　108: 270 A. 543.

P. Col. IV 123: 271 A. 552.

P. Dura　32: 227 A. 286;
　　　　 97: 232 A. 318;
　　　　 155: 226 u. A. 280.

P. Erl. 101: 274 A. 573.

P. Fay. 20: 207 A. 144; 316 u. A. 119.

P. Flor. III 321: 275 A. 580.

P. Got. 4: 203 A. 116; 240 A. 371.

PGM III, Z. 1-164: 65 A. 98.

P. Köln IV 196: 240 A. 371; 241 A. 375; 242 A. 378; 275 A. 580.

P. Oxy.　907: 270 A. 544;
　　　　 1119: 240 A. 368;
　　　　 1286: 203 A. 116; 240 A. 371;
　　　　 1409: 271 A. 552;
　　　　 1441: 270 A. 548;
　　　　 1455: 270 A. 542;
　　　　 1544: 263 A. 502;
　　　　 1554: 231 A. 309;
　　　　 1636: 191 A. 47;
　　　　 1640: 240 A. 368;
　　　　 1646: 259 A. 479;
　　　　 2186: 246 A. 406;
　　　　 2332: 352 A. 25.28;
　　　　 2554: 60 u. A. 63;
　　　　 2586: 275;
　　　　 2902: 197 A. 81; 266 A. 530;
　　　　 2904: 266 A. 529;
　　　　 2906: 263 A. 502.503;
　　　　 2907: 263 A. 502;
　　　　 2908: 265 A. 520;
　　　　 2921: 263 A. 506;
　　　　 2977: 275;
　　　　 3112: 189 A. 30;
　　　　 3119: 189 A. 30;
　　　　 3476: 246 A. 410;
　　　　 3498: 275 A. 584;
　　　　 3610: 231 A. 309;
　　　　 3611: 193 A. 54;
　　　　 3781: 216 A. 201.

P. Princ. III 159: 64 A. 89.

P. Ross.-Georg. III　1: 264 A. 511.512;
　　　　　　　　　　1-2: 264 A. 510;
　　　　　　　　　　2: 264 A. 512; 265 A. 518.

P. Stras.　I 5: 247 A. 414;
　　　　　I 6: 247 A. 414;
　　　　　I 7: 247 A. 414; 259 A. 478;
　　　　　I 8: 270 A. 544;
　　　　　I 32: 246 A. 410;
　　　　　IV 557: 271 A. 548;

P. Stras. gr.inv. 2550: 263 A. 502.

PSI　V 457: 270 A. 544;
　　　IX 1039: 261 A. 489;
　　　X 1101: 262 A. 500; 263 A. 504.

SB　I 1010: 191 A. 49;
　　 V 7677: 270 A. 543;
　　 8487: 216 A. 201;
　　 VI 9235: 231 A. 309;
　　 9298: 191 A. 49;
　　 9406: 275 A. 580;
　　 9408: 275 A. 580;
　　 9409: 275 A. 580;
　　 XIV 11589: 263 A. 502; 265 A. 520;
　　 12010: 275 A. 578.

Stud. Pal. XX 71: 275;
　　　　　　　 74: 270 A. 544.

5. Münzen

H.R. Baldus, Uranius Antoninus,
  p. 143-145 Stempel 2.6.7.12: 238 A. 345; p.
  145 Stempel 13: 239 A. 359.

A.R. Bellinger, The Excavations at Dura Europos. Final Report VI, p. 165-187: 227 A. 288; p. 208-210: 228 A. 290.

E. Besly - L. Bland, The Cunetio Treasure,
  p. 113ff.: 277 A. 590.

R. Bland - A. Burnett, The Normanby Hoard and other Roman coin hoards,
  p. 114-215: 277 A. 590; p. 118: 271 A. 549.

R.F. Bland - A.M. Burnett - S. Bendall, NC 147, 1987,
  p. 65-83: 136 A. 632; p. 66 Nr. 1: 145 A. 50.

BMC Emp.
  III, p. 236ff. Nr. 456-459.460-462.463-469.510-512, p.304*,
    p.463*: 135 A. 630;
    p. 376 Nr. 1038: 135 A. 631;
    p. 380f. Nr. 26.27.28.38: 135 A. 631;
  IV, p. 64*: 56 A. 45;
    p. 476-480.641-646: 56 A. 45;
    p. 475 Nr. 625: 56 A. 45;
    p. 641*: 56 A. 45;
  V, p. 66ff. Nr. 275.276: 138 A. 662;
    p. 134ff. Nr. 538-542.548-550: 138 A. 662;
    p. 71-82: 136 A. 632; 145 A. 49;
    p. 74++: 145 A. 51;
    p. 78 Nr. 304: 136 A. 642; 145 A. 51;
    p. 78 Nr. 305.306: 145 A. 50;
    p. 81 Nr. 314: 145 A. 51.

BMC Galatia, p. 192 Nr. 344: 57 A. 46.

BMC Phoenicia (Commodus): 57 A. 46.

BMC Thrace, p. 91 Nr. 13: 217 A. 208; p. 114: 217 A. 208; p. 114 Nr. 30: 217 A. 208.

E.R. Caley, in: Centennial Publications of the American Numismatic Society,
  p. 170f. Nr. 11: 273 A. 564.

Comte du Mesnil du Buisson, Les tessères et les monnaies de Palmyre,
  p. 755-758: 266 A. 525.

J. Curtis, The Tetradrachms of Roman Egypt,
  Nr. 1557: 246 A. 407;
  Nr. 1571-1628X: 246 A. 405;
  Nr. 1629-1659: 246 A. 405;
  Nr. 1725-1732X: 264 A. 513;
  Nr. 1733f.: 264 A. 514;
  Nr. 1735-1748: 265 A. 519.520;
  Nr. 1749X-1750: 266 A. 525;
  Nr. 1751X-1752: 266 A. 525;
  Nr. 1765: 266 A. 531.

B. Czurda - F. Dick, Die Münzsammlung der Universität Wien,
  p. 177: 265 A. 522.

G. Dattari, Numi Augg. Alexandrini I,
  p. 359-365: 259 A. 476;
  p. 361f., 366f.: 265 A. 519.

A. Geißen - W. Weiser, Katalog Alexandrinischer Kaisermünzen,
  III, p. 84f.: 57 A. 46;
  IV, Nr. 3046-3048: 259 A. 476;
    Nr. 3049f.: 264 A. 513;
    Nr. 3051f.: 264 A. 514;
    Nr. 3053: 265 A. 519;
    Nr. 3054-3057: 265 A. 520;
    Nr. 3057: 265f. A. 524;
    Nr. 3064: 266 A. 526;
    Nr. 3065: 266 A. 527;
    Nr. 3066: 266 A. 531;
    Nr. 3067-3071: 266 A. 531.

H. Gesche, JNG 19, 1969, 47-77: 290 A. 654.

P.V. Hill, The Coinage of Septimius Severus and His Family,
  p. 15 Nr. 2.4.7.105.164.170.181.183.185.186.186A.200: 138 A. 662; p. 16f. Nr. 63.66.68.69.71.82.96A.109: 138 A. 662; p. 25ff. Nr. 459f.462.511.514.518f.521.523.543.545.960.963.967.970-974.976f.: 322 A. 158.

C.J. Howgego, Greek Imperial Countermarks,
  p. 279 Nr. 803: 277f. A. 591; p. 279f. Nr. 805: 277f. A. 591.

A. Kindler, The Coinage of Bostra,
  p. 109f.: 57 A. 46; p. 121 Nr. 43: 217 A. 205.

D.O.A. Klose, Die Münzprägung von Smyrna,
  p. 18: 57 A. 46.

J.G. Milne, Catalogue of Alexandrinian Coins in the Ashmolean Museum,
   Nr. 4050: 246 A. 407;
   Nr. 4051, 4059-4061: 246 A. 405.

R. Stuart Poole, Catalogue of the Coins of Alexandria and the Nomes,
   p. 300-311: 259 A. 476; p. 309-311: 265 A. 519.

RIC² I, p. 208 Nr. 60-63: 25 A. 71.

RIC II, p. 51ff. Nr. 310.407.445.520.735: 25 A. 70;
   p. 356 Nr. 136: 24 A. 63;
   III, p. 262-264: 56 A. 45;
   p. 304 Nr. 1153: 56 A. 45;
   p. 386ff. Nr. 185.193.490.537.548: 134 A. 623;
   IV 1, p. 22-39: 136 A. 632;
   p. 22 Nr. 1: 136 A. 638; 137 A. 653;
   p. 22f. Nr. 3: 136 A. 637;
   p. 22f. Nr. 4-6: 136 A. 640;
   p. 25 Nr. 13: 136 A. 634;
   p. 23 Nr. 14-17: 136 A. 635;
   p. 26f. Nr. 20-30: 136 A. 639;
   p. 27 Nr. 30A: 136 A. 636;
   p. 30 Nr. 44a: 136 A. 642;
   p. 30f. Nr. 45-50: 137 A. 651; 145 A. 50;
   p. 35 Nr. 73-74: 136 A. 635;
   p. 36 Nr. 81: 145 A. 51;
   IV 3, p. 67: 339 A. 283;
   p. X.70f.78f.82.88f.99: 190 A. 36;
   p. 78 Nr. 81: 217 A. 206;
   p. 105 Nr. 6: 190 A. 36;
   p. 115: 339 A. 283;
   p. 161 Nr. 17: 25 A. 68;
   p. 162 Nr. 30: 25 A. 68;
   p. 171 Nr. 102: 25 A. 68;
   p. 176 Nr. 154: 25 A. 68;
   p. 195 Nr. 9: 25 A. 66;
   p. 199: 339 A. 283;
   p. 199 Nr. 38: 25 A. 66;
   p. 200 Nr. 49: 25 A. 66;
   p. 205: 339 A. 283;
   V 1, p. 114 Nr. 29: 337 A. 271;
   p. 188 Nr. 652: 250 A. 434;
   V 2, p. 584f.: 266 A. 525.

RIC HCC
   III p. CV, CVI, CVIII: 240 A. 365;
   IV p. 142 Nr. 1-7: 265 A. 522;
   p. XXXIX.XLVII.LI: 229 A. 299;
   p. LXIX: 250 A. 434;
   p. CXIX: 265 A. 522; 266 A. 525.

The Rosenberger Israel Collection I,
   p. 6 Nr. 37: 57 A. 46.

SNG Aulock, Nr. 677: 217 A. 208;
   Nr. 2319-2322: 217 A. 207;
SNG Kopenhagen 41, Nr. 765-802: 273 A. 566;
   Nr. 803-825: 273 A. 566;
   Nr. 829-832: 273 A. 566;
   Nr. 833-854: 273 A. 568;
   Nr. 855-888: 273 A. 568;
   Nr. 889 895: 273 A. 568;
   Nr. 896-903: 273 A. 568;
   Nr. 904: 273 A. 568;
   Nr. 905-909: 273 A. 568;
   Nr. 910-944: 273 A. 568;
SNG Frankreich, Nr. 3109-3111: 273 A. 566;
   Nr. 3112f.: 273 A. 566;
   Nr. 3119: 273 A. 568;
   Nr. 3120: 273 A. 568.

A. Spijkerman, The Coins of the Decapolis and Provincia Arabia,
   p. 307 (sowie Prägungen Commodus 175-177 n. Chr.): 57 A. 46; p. 258-261: 217 A. 205.

I. Touratsoglou, Die Münzstätte von Thessaloniki,
   p. 289-297 Nr.1-103: 217 A. 204;
   p. 297-299 Nr. 104-122: 217 A. 204;
   p. 299-302 Nr. 123-149: 217 A. 204;
   p. 302-304 Nr. 1-6.7.8-11: 192 A. 51.

J. Vogt, Die alexandrinischen Münzen II,
   p. 149f.: 240 A. 370; p. 154: 247 A. 414; 260 A. 484;
   p. 160: 265 A. 519; p. 161: 266 A. 525.

W. Weiser, Katalog der Bithynischen Münzen 1. Nikaia,
   p. 235-243 Nr. 81-104: 217 A. 208;
   p. 243-248 Nr. 105-118: 217 A. 208;
   p. 249-252 Nr. 119-125: 217 A. 208;
   p. 252-254 Nr. 128-132: 217 A. 208.